はしがき

　本書は，2008年2月に東京大学大学院法学政治学研究科にいわゆる助教論文として提出され，2009年および2013年に法学協会雑誌に連載された「フランス法における返還請求の諸法理――原状回復と不当利得(1)～(10・完)」（126巻3・5・11号，130巻2・3・5・6・10・11・12号。以下「原論文」）を原型とする。刊行にあたり，必要な修正を施し，連載時に公表を見送った助教論文の一部を復元し，さらに，成ったばかりのフランス民法典の大規模改正を可能な限り取り込んだ。

　本書の着想は2003年の夏に遡る。フランス法の門を叩いたばかりの筆者は，指導教員に「概説書を一冊読み切る」という夏休みの宿題を課された。読み進める中で二つの違和感にとらわれる。その著者は，「契約は当事者の法律である」と唱えながら，肝心なところで「それは裁判官の専権」と嘯く。また，「この法理は判例法が認めたもの」と確認しながら，「古くはローマに原型がある」と呟く。前者は「契約の無効（および解除）には裁判上の請求を要する」という規範に関係し，後者は「action *de in rem verso*（転用物訴権）」という不当利得返還のための道具立てに関係する。日本法とは建て付けが異なることももちろん意識されるが，相異なる評価を並存させたままの書き振りが初学者を不安にさせる。道を誤ったかと後悔しつつも図書室に潜入（とくに東京大学法学部図書室地下2階書庫には「潜入」の語が相応しい）して頁を手繰るうちに，どうやら彼の地の人々も居心地の悪さを感じているらしいことがわかった。契約解除について中間レポート（修士論文）を提出しつつ，違和感を大事に抱えながら数年をすごし助教論文をなんとか仕上げた。在外研究による中断を経てようやく連載を終えたものの，違和感を拭い去ることは叶わぬまま，新判例の登場，（フランスの）債権法改正に翻弄され，いまに至る。著者の違和感が読者をも襲うだけに終わっているのではないかと恐れながら，本書は刊行される。

　それでも些かなりとも本書に意味があるとすれば，それはフランス法は我が国の法にとって文字通りの「異なる法」であることが示されている点に求めら

はしがき

れよう。図式的にいえば，ローマ法上の諸訴権をまとめ上げることで不当利得制度を築きあげたドイツ法，それを継受した日本法は，単一性を強く意識しつつ，その下に多元性をあらためて見出そうとする。いわゆる類型論はその結晶である。これに対してフランス法は，衡平・自然法に定位する不当利得返還原則の下に緩やかな連携こそ確保するものの，統合を目論まず，いくつかの訴権ないし制度を散在させ続けてきた。あえていえば，民法典内部に特別法を集積し，それが欠ける場合の一般法を判例が補う体系である。単一性の下で多元性を志向する類型論とは出発点がおよそ異なる。しかし，意図されてかどうかはともかく，保存された元来の多元性は，各制度の固有性を際立たせ，等閑に付されてしまう論点への気づきを与えてくれるかもしれない。そうした期待を込めて，本書には「返還請求の諸法理」という曖昧なタイトルが冠される。なお，本書はそうした気づきを日本法の解釈論として昇華させることをあえて自らに禁じ，比較法研究を標榜しない。外国法それ自体を認識することが先決である，との（時代遅れかもしれない）確信に基づく。比較法への発展は，筆者自身がこれを遂行するにせよ，批判的読者に委ねられるにせよ，将来に留保される。

　お一人お一人すべてのお名前を挙げることは叶わないが，本書の刊行に至るまで，実に多くの諸師諸君の厚遇を賜った。何よりもまず，上述の宿題を課してくださり，また，書きかけの論文に目を通され筆者の意図を直ちに汲まれて名付けをくださった maître かつ parrain の北村一郎先生（東京大学名誉教授）に本書を献ずる。気儘に悩むことだけが取り柄の筆者を辛抱強く見守られ，拙いながらも一書を上梓し得るまでに育ててくださったことへの感謝は，ひとかたの謝辞では尽くすことができない。

　木庭顕先生（東京大学教授），森田宏樹先生（東京大学教授）には，院生・助教時代から現在に至るまで，貴重なご指導ご助言を頂戴している。同期かつ同部屋で同時に同地で奉職した川村力君（北海道大学准教授）とは，助教論文執筆時に産みの苦しみを分かち合い，その後現在に至るまで学問的刺激を共有している。また，「もぐりの民法学徒」にとって，中原太郎君（東北大学准教授），竹中悟人君（学習院大学教授），作内良平君（首都大学東京准教授）という同期の友人を得たことも幸甚であった。

はしがき

　北海道大学在職時には，比較法科目の同僚であった鈴木賢先生（現明治大学教授），會澤恒先生（北海道大学教授）をはじめとして，すべての同僚から厚遇を賜った。とくに着任してまもなく留学のお許しをいただいたことに，あらためての感謝を記したい。現在の職場にお迎えいただいてからも，佐藤岩夫先生（東京大学教授），水町勇一郎先生（東京大学教授）をはじめとするすべての同僚のおかげで，この上ない研究環境を享受させていただいている。とくに，石川博康さん（東京大学教授）には，原論文に鋭利なご批判を頂戴するとともに，刊行のためにご紹介の労をおとりくださったことに感謝をお伝えしたい。

　最後に，外国法研究受難の時代に，本書刊行の機会を与えてくださった株式会社有斐閣の厚情に，深甚の謝意を表したい。編集をご担当くださった山宮康弘さんには，言い訳ばかりでなかなか脱稿しない筆者のせいで，大変なご心配とご苦労をおかけした。なんとか出版に漕ぎ着けられたのは，ひとえに山宮さんのおかげである。

　私事にふれるが，「おしごとがんばって」と送り出してくれる長男に，生を享けたばかりの次男に，そして，夫の放縦を赦し続けてくれる妻に本書を捧げる。

2016年7月

齋　藤　哲　志

---

* 本書は，公益財団法人全国銀行学術研究振興財団の助成を得て刊行される。
* 本書は，科学研究費補助金2009年度〜2010年度若手研究B（21730004）「フランス不当利得制度の研究——仏独私法の邂逅に関する比較法的事例研究」，同2013年度〜2016年度萌芽研究（25590018）「準契約概念の系譜的研究」（代表者：金子敬明千葉大学教授）の成果の一部である。
* 本書にかかる在外研究については，公益財団法人村田海外留学奨学会の支援を得た。

目　次

序 1

第1部　各種返還請求の史的諸相 13

第1篇　コンディクチオと原状回復 15

第1章　古法時代における諸問題 16

第1節　フランス法におけるコンディクチオ 16

　第1款　原因理論とコンディクチオ 17

　　序　ローマ法におけるコンディクチオ 19

　　（1）債務証書における原因 28

　　（2）合意の有効要件としての原因 48

　第2款　非債弁済のコンディクチオ 81

　　（1）非債弁済と所有権移転 82

　　（2）対人訴権性の克服 104

第2節　契約の無効・取消 110

　第1款　取消状と原状回復 111

　　（1）取消状の制度 112

　　（2）取消状の正当化言説 120

　第2款　返還訴権としての原状回復の性質 130

　　（1）混合訴権としての原状回復 130

　　（2）混合訴権・準対物訴権・コンディクチオ 136

第2章　民法典制定以降の諸問題 161

第1節　意思主義的所有権移転とコンディクチオ 161

　第1款　非債弁済による所有権移転 162

　　　　(1)　民法典の規律 …………………………………… 162
　　　　(2)　註釈学派その1──批判対象としての「旧説」…… 165
　　第2款　コンディクチオ批判の諸態様 ……………………… 167
　　　　(1)　註釈学派その2──意思主義・原因論による批判 … 167
　　　　(2)　註釈学派その3──対人訴権性の保存 …………… 178
　第2節　無効理論の変容と革新 ……………………………… 182
　　第1款　無効・取消をめぐる混乱 …………………………… 186
　　　　(1)　取消状の廃止と「無効または取消訴権」………… 186
　　　　(2)　古典理論──訴権の要否をめぐって …………… 197
　　第2款　無効と返還 …………………………………………… 222
　　　　(1)　新理論──無効訴権の否定と返還の独自化 …… 223
　　　　(2)　無効の第三者効 …………………………………… 236

第2篇　原因なき利得 ……………………………………… 251

第1章　転用物訴権・事務管理と action *de in rem verso* …… 252

　第1節　二つの原像 …………………………………………… 252
　　第1款　ローマ法上の転用物訴権 …………………………… 253
　　第2款　ポチエの事務管理論 ………………………………… 257
　第2節　action *de in rem verso* とは何か ……………………… 269
　　第1款　action *de in rem verso* の萌芽 ……………………… 270
　　　　(1)　組合・会社における利得の転用 ………………… 270
　　　　(2)　準契約・事務管理論 ……………………………… 275
　　第2款　action *de in rem verso* の確立 ……………………… 280
　　　　(1)　ツァハリエからオーブリー＆ローへ …………… 280
　　　　(2)　不真正事務管理 …………………………………… 302

第2章　原因なき利得制度の形成 ……………………………… 309

　第1節　諸事案の検討 ………………………………………… 310
　　第1款　三者間での利得移転をめぐって …………………… 311

　　　　　　　(1)　ブーディエ判決以前 ………………………………… 311
　　　　　　　(2)　ブーディエ判決とその解釈 ……………………… 332
　　　　第2款　action *de in rem verso* による利得追及 ……………… 348
　　　　　　　(1)　肯定例——無制限の利得追及 ………………… 349
　　　　　　　(2)　否定例——利得追及遮断の諸論拠 …………… 355
　　第2節　理論的彫琢 ………………………………………………… 366
　　　　第1款　「原因なき利得」とは何か ……………………………… 368
　　　　　　　(1)　ローマ法学の展開と利得の原因 ……………… 368
　　　　　　　(2)　民事責任への類比と因果関係論 ……………… 372
　　　　第2款　既存法理との整合 ……………………………………… 378
　　　　　　　(1)　契約の対抗と原因概念 ………………………… 378
　　　　　　　(2)　action *de in rem verso* による優先弁済 ……… 385

第2部　各種返還制度の現代的諸相 ……………………… 391

第1篇　損失補償としての不当利得返還 ………………… 395

第1章　action *de in rem verso* の枠付け ……………… 397

　　第1節　action *de in rem verso* の補充性 …………………………… 397
　　　　第1款　二者間の原因なき利得における補充性 …………… 398
　　　　　　　(1)　他の訴権との併用禁止 ………………………… 398
　　　　　　　(2)　他の訴権に関する「法的障害」の回避禁止 …… 400
　　　　第2款　三者間の原因なき利得における補充性 …………… 408
　　第2節　損失者側の要件 …………………………………………… 415
　　　　第1款　損失者の個人的利益（含，物権法上の費用償還）…… 416
　　　　第2款　損失者の過失 …………………………………………… 426

第2章　補償の範囲 …………………………………… 441

　　第1節　二重の上限 ………………………………………………… 441
　　第2節　価値債務論 ………………………………………………… 448

【補論 1】……………………………………………………………… 454

第 2 篇　給付物の返還と原状回復……………………… 461

第 1 章　非債弁済返還訴権……………………………………… 462
第 1 節　非債弁済返還と原因なき利得……………………… 462
　　　第 1 款　錯誤要件と弁済の原因……………………… 463
　　　第 2 款　他人の債務の弁済と原因なき利得………………… 473
　　　【補論 2】……………………………………………………………… 478
第 2 節　非債弁済返還と所有権に基づく返還……………… 480
　　　第 1 款　弁済された物の返還……………………… 481
　　　第 2 款　付随的返還……………………… 485

第 2 章　契約消滅後の原状回復……………………………… 490
第 1 節　給付された物の返還……………………………………… 497
　　　第 1 款　現物返還の原則……………………… 500
　　　　　(1)　現物返還不能と無効訴権の不受理………………… 500
　　　　　(2)　第三者に対する現物返還請求……………………… 506
　　　第 2 款　価額返還とその評価……………………… 514
　　　　　(1)　全部価額返還……………………… 515
　　　　　(2)　一部価額返還……………………… 520
第 2 節　付随的返還……………………………………………… 525
　　　第 1 款　費用償還……………………… 525
　　　第 2 款　果実・利息・使用利益の返還……………………… 532
　　　　　(1)　果実・利息の返還……………………… 532
　　　　　(2)　使用利益の返還……………………… 536
　　　【補論 3】……………………………………………………………… 553

結び……………………………………………………………………… 563
事項・人名索引…………………………………………………………… 569

凡　例

【段落番号】
　本文には，参照の便宜を考慮し，段落番号を付した。本文や脚注において，この段落番号によって参照を指示する場合がある。
　　例：前記本文 **26**

【文献引用】
- 本文および脚注における文献引用箇所において，筆者が付す注記（補充・言い換え・解説等）については，［　］で示した。
- 脚注における文献引用箇所では，原典の改行は「///」で示した。

序

　本書は，フランス法における物または利得の返還請求の諸法理について検討するものである。

1　フランス法上の一般的な不当利得返還制度は，判例法によって 19 世紀末に形成された。しかし，その外形上の広汎な射程に反して，現代における同制度の適用領域は著しく限定されている。日本法上の不当利得返還制度が非常に多様な事案を対象とすることに鑑みれば，類似の事案についてフランス法がいかなる解決を採用しているのか，という問いは興味深いものとなる。本書は，この比較への興味に動機づけられている。しかしながら，検討対象である法体系がよって立つ諸前提にまで考察を及ぼすのでなければ，外国法研究は皮相な観察に終始しかねない。本書は，以下の二つの問いによって限界を克服しようと試みる。

2　かつて我妻榮博士は，法律行為の無効・取消の効果に関して，以下のような議論を展開された[1]。まず，「法律行為に因って目的物を引渡した後に，その行為が無効であるか又は取消されたことを理由として，目的物の返還を請求する法律関係は，わが民法上如何なる規定によって規律せられるものであろうか」と問う。「然しこの問題は，わが民法が物権変動を目的とする法律行為に関して有因・無因何れの主義を採りたりやと関連して相当に困難なものである」とし，物権変動について有因主義を支持する側に立ちつつ，無効・取消の効果を不当利得制度によって規律することを提案する。すなわち，「所有権の移転なき以上相手方に『利得』なきが故に不当利得は成立しない」とされるが，「不当利得における『利得』をそのように抽象的に解する必要はな」く，無

---

1) 我妻榮「法律行為の無効取消の効果に関する一考察——民法における所有物返還請求権と不当利得との関係」同『民法研究 II（総則）』（有斐閣，1966）165 頁以下［初出，春木先生還暦祝賀 (1931)］。

効・取消の帰結として所有権は移転しなかったとみなされる場合であっても「占有又は登記の移転あるときは、『利得』は存在」し、目的物の返還も『利得』の返還と解して妨げない、と主張する[2]。その論拠とされるのは、一方で、ドイツにおいて主唱された「占有の不当利得」論[3]であり、他方で、フランス民法典が用意する規律であった。

我妻博士によれば、「フランス民法の理論構成は極めて平明である」[4]。フランスにおける契約の無効・取消の効果は民法典1235条および1376条以下[5]の非債弁済返還の規定によるが、無効・取消の遡及効により契約が消滅し、それに基づく所有権移転もまた否定される結果、「非債弁済の返還請求においては、返還請求者の許に所有権が存在することになるのは当然の帰結である」[6]。すなわち、不当利得の一類型と理解された非債弁済が問題とされる場合、既に給

---

2) 我妻・前掲注1) 167-169 頁。
3) 同上 176 頁。同 177 頁注（二）は、BRUNS, Carl Georg, *Die Besitzklagen des römischen und heutigen Rechts*, Hermann Böhlau, Weimar, 1874 を引用する。ドイツにおける占有の不当利得論について、参照、田中整爾「占有と不当利得——クルツの見解の批判を通して」同『占有論の研究』（有斐閣、1975）402 頁以下。
4) 我妻・前掲注1) 181 頁。
5) フランス民法典の条文訳について、参照、法務大臣官房司法法制調査部編『フランス民法典——家族・相続関係』（法曹会、1978）、同『フランス民法典——物権・債権関係』（法曹会、1982）。ただし、著者自ら訳したものが多い。
1235条　① あらゆる弁済は債務を前提とする。義務づけられることなく弁済されたものは返還（répétition）に服する。
　　　　② 任意に弁済された自然債務については、返還は認められない。
1376条　自らに対して義務づけられていないものを、錯誤によって、または、［債務がないことを］知りつつ受領した者は、債務なしになされた受領の相手方に対して、そのものを返還する義務を負う。
1377条　① 錯誤によって自らが債務者であると信じた者が債務を弁済したときは、その者は、債権者を相手方として返還を請求する権利を有する。
　　　　② 前項の規定にかかわらず、この権利は、債権者が弁済ののちにその証書を毀滅した場合には失われる。ただし、弁済者による真の債務者を相手方とする求償についてはその限りでない。
1378条　受領者の側に悪意があった場合には、その者は、弁済の日付から元本ならびに利息または果実を返還するよう義務づけられる。
1379条　債務なしに受領された物が、不動産または有体動産である場合には、その受領者は、それが現存する場合には現物を、それが自らの過失によって滅失または毀損されている場合にはその価額を、返還する義務を負う。その者がそれを悪意で受領した場合には、偶発的事象による滅失をも担保する。
1380条　善意の受領者が物を売却した場合には、その者は、売買代金のみを返還する義務を負う。
1381条　物の返還を受ける者は、悪意の占有者に対してであっても、物の保存のために支出されたすべての必要費および有益費を返還しなければならない。
6) 我妻・前掲注1) 181 頁。

付された物の現物返還を求める当事者は，無効主張者・取消権者と非債弁済者という二重の資格を有し，所有権に基づく返還請求権と不当利得返還請求権とを重複して行使していることになる。以上は，所有権の所在と不当利得返還請求の可否とが二律背反の関係に立たないことの例証となる。

他方，フランス民法典の非債弁済の規定（1378条）が，わが民法の占有権の効力に関する規定に相当する内容を包含することを強調される[7]。これは，所有権に基づく返還であれば適用される善意占有者による果実収取権（日民189条）と不当利得の返還であれば適用される返還範囲の現存利得への制限（日民703条）とが矛盾しないことを主張するものと解することができる[8]。鈴木禄弥博士は，我妻博士の論旨を以下のように敷衍する[9]。日本法において，果実の返還について，所有権の移転がなければ189・190条，それがあれば703・704条が返還範囲を規律するとすれば，返還義務者が善意の場合，効果に差異が生ずる。なぜなら，この者は，189条によれば，既に収取した果実について，それが現存していても返還を要しないが，703条によれば，現存する当該果実を返還しなければならない。よって，返還義務者への所有権移転を前提とする不当利得の場合の方が，返還の範囲が広くなる可能性がある。以上の不均衡を是正すべく，我妻博士は，所有権移転がない場合，したがって物権的請求権が行使され得る場合をも不当利得の問題としながら，他方で189・190条を現物での不当利得返還の場合の特則と理解し，703・704条の適用を排除しようとしたものと考えられる。すなわち，ここで認められる返還請求は，不当利得のそれにもっぱら依拠するのではなく，所有権に基づくそれをも同時に援用することで構成されている。日本法からすれば両制度を混交させた独自の返還請求権とでも称するよりほかない。これに対して，（我妻博士がそのように理解する）フランス法は，所有権者が非債弁済＝不当利得の返還を請求し得ることを前提としている。この法体系を参照することによって，上記の規律を矛盾なく説明す

---

7) 我妻・前掲注1) 182頁。1378条の反対解釈から，善意の非債弁済受領者＝善意占有者の果実収取権が導かれる。ただし，注（四）においては，フランスの学説に争いがあることが付言される。
8) 同上172-173頁。なお，我妻博士は，ドイツ民法典に即して議論を展開していることに注意。
9) 鈴木禄弥「法律行為の無効と給付物の取戻し」同『物権法の研究』（創文社，1976）217頁以下［初出，大阪市大法学雑誌9巻3・4号（1967）］，219-220頁。なお，参照，同「法律行為の無効・取消・解除の場合の給付物返還請求権は，どんな性質をもつか」『物権法の研究』229頁以下［初出，幾代通・鈴木禄弥・広中俊雄『民法の基礎知識(1)』（有斐閣，1964）］。

ることができる。」

　以上より，我妻博士は，「法律行為の無効又は取消を理由とする返還請求は，所有権の帰属に関係なく，不当利得の性質を有するものとなし，占有の規定をも適用することが理論に反するものでないのみならず，物権移転に関しフランス主義による日本民法の解釈としては妥当なるものであることを明らかにしえたと考える」[10]と結論づけられる。

3　「占有の不当利得」論と称される我妻説に対しては，不当利得類型論の立場から根本的な批判が提起されている[11]。しかしわれわれは，我妻博士は，物権変動の根本原則と整合的で[12]，かつ，返還の範囲について矛盾を生ぜしめない，不当利得制度の別ヴァージョンを探究し，それをフランス法に見出したと評価する[13]。逆に見れば，フランス法を参照することによって，以下の二つの問いが鍛えられたことになる。

　第一に，物権変動システムと不当利得制度とは，一方の仕組み方が他方のそれに不可避的に影響を与える関係にあるのではないか。第二に，フランス法の非債弁済返還訴権におけるのとは異なり，日本法において善意利得者の返還の範囲が現存利得に制限されるのはなぜか。そもそも，返還の範囲に関する規律の背後にはいかなる不当利得像が控えているのか。これら二つの問いにフランス法はいかなる解を与えているのであろうか。

4　われわれは，我妻博士の問題意識を継承し，問いをさらに精錬することで，錯綜したフランス返還法に一定の見通しを与えようとする。第一に，フランス

---

10) 我妻・前掲注 1) 185 頁。
11) とりわけ参照，川村泰啓「契約の無効・取消と不当利得」『契約法大系 VII 補巻』（有斐閣，1965) 154 頁以下。「極言すれば，占有の不当利得論は『所有権』に基づく返還請求権に不当利得返還請求権という構成をまとわせるための工夫である。」(169 頁)〔傍点原文〕
12) 我妻・前掲注 1) 169 頁。「［…］私の前掲の提案は，わが民法を，この点において，ドイツ民法にならわずフランス民法と同様に解釈せんとするものであることを知りうるであろう。わが民法をもって物権変動に関してフランス主義によるものと解する以上，この結果は首尾一貫した解釈であると考えるのである。」
13) もっとも，いわゆる「給付利得」の場合について，フランスでは，非債弁済の返還訴権によって規律されていると通常述べられるが（参照，加藤雅信『財産法の体系と不当利得法の構造』（有斐閣，1986) 761 頁)，このような基礎づけは現代のフランス法において必ずしも成功していない。第 2 部第 2 篇参照。

における物権変動システムと不当利得制度との関係を問い直す。周知のように，物権変動の有因主義と，不当利得返還請求権の原型とされるローマ法上のコンディクチオ（*condictio*）との間には，以下のような亀裂が存在する。

物権変動が有因的であれば，例えば，売買契約が無効とされる，または，取消される場合には，所有権は売主の許に復帰し，売主は所有権に基づく返還訴権（revendication, *rei vindicatio*）を行使することができる。物を取戻すために対人訴権（action personnelle, *actio in personam*）すなわち債権的な返還請求権であるコンディクチオを用いる必要はない。逆に，物権契約の独自性を承認し，債権契約の瑕疵が所有権の移転には影響を与えない無因主義システムであれば，（所有権移転の合意に瑕疵がない限りにおいて）物権的請求権を行使し得ない一方の当事者には，債権的な物の回収を許容する訴権としてコンディクチオが指示される。以上の事柄は，無因主義を支持する論者，例えばサヴィニーが，コンディクチオを失われた所有権の代償として与えられる訴権として理解していた（いわゆる Vindicationtheorie）ように[14]，ローマ法[15]の解釈によって自己を形成

---

14) SAVIGNY, Friedrich Carl von, *System des heutigen Römischen Rechts*, Bd. 5, 1841, Beylage XIV. Die Condictionen. S. 503 ff.［サヴィニー（小橋一郎訳）『現代ローマ法体系第五巻』（成文堂，2003）459頁以下］ 参照，川角由和「サヴィニーの不当利得論──ドイツにおける近代的不当利得論の確立とその現代的意義」同『不当利得とはなにか』（日本評論社，2004）19頁以下［初出，原島重義編『近代私法学の形成と現代法理論』（九州大学出版会，1988）］。

15) コンディクチオと所有権に基づく返還訴権との二律背反性を端的に示す法文として，D. 7, 9, 12. Ulpianus を挙げることができる。動産の使用収益のための引渡について，それを引渡した者は所有権を失っていないが故に所有権に基づく返還訴権を行使することができるとする。その上で，この者は，コンディクチオを有しているかと問い，「何人も，盗人に対してでなければ，自らの物をコンディクチオによって請求することができないことは明らかである。Et proditum est, neminem rem suam, nisi furi condicere posse.」とする。この窃盗のコンディクチオは，Vindicationtheorie に抵触する。Savigny は，この例外性を次のように正当化する。V. SAVIGNY, *supra* note 14, Bd. 5, S. 553-554.「［…］本来，盗まれた者は，盗まれた金銭が未だ混和することなく現存しているか否かを精確に調べねばならない。これについて忘れば，訴権が誤って選択されたとして，訴権［による保護］は拒否されるであろう。それどころか，この場合，最大限の慎重さをもってしても，この者は保護されない。なぜなら，盗人は意のままに，［盗まれた者による調査ののちにも］いまなお即時に，金銭を払渡したり他の金銭と混和させたりすることができるからである。すると，盗人との関係で，盗まれた者をこのような困難と危険から免れさせることは非常に正当であるが故に，この事案について，物が未だ現存しており，したがってこの物の Vindication［の行使］が可能であったとしても，例外的な仕方で，Condiction が許容されたのである。［…］この逸脱は，この［窃盗の］事案においては，その他の事案に妥当する Condiction と Vindication との二者択一的関係（alternative Verhältniß）が原告の利益のために廃棄された，ということに基礎づけられる。」

　ローマ法文の引用については，HULOT et BERTHELOT (éd. et trad. en français), *Les Cinquante livres du Digeste, ou, des Pandectes de l'Empereur Justinien*, 7 vol., Behmer et Lamort, 1803-1805;

してきた大陸法にとって，基本原理のレベルに属する事柄である。物権変動について有因主義を採り，不当利得返還を全面的にはコンディクチオに委ねなかったフランス法は，いずれについても正反対の構想を実現したドイツ法と対照的な法体系として記述され得る。契約の無効・取消後の返還を不当利得の返還であるとしながら，果実収取について所有権者と占有者との関係を想起させる我妻説は，その採否は格別，フランス型の物権変動システムとドイツ型の不当利得制度とを同時に獲得し，体系的に整理することがなかったわが国の法に対する論理的かつ「強力な」[16]批判たり得ているかにみえる。

しかしながら，批判の準拠枠を組成する外国の法制度の認識に厳密さが欠けているならば，この論理的な批判も空振りに終わる可能性がある。

5 フランスの古法時代において，例えば民法典の父と称されるポチエ（POTHIER, Robert-Joseph [1699-1772]）は，引渡（tradition, *traditio*）を独自の合意とし[17]，原因（cause, *causa*）ないし権原（titre, *titulus*）たる契約から抽象して観念していた。彼において，所有権移転論と非債弁済のコンディクチオ（*condictio indebiti*）論とは，原則として，論理的な関係に立つ。すなわち，原因・権原を欠く所有権移転を承認するために，非債弁済の場合，よって，原因・権原がなんら存在しない場合でも所有権は移転する。故に，その返還を求めるために，所有権を援用することは認められず，対人訴権たるコンディクチオが指示される。

しかしポチエにおいて，コンディクチオは契約上の給付の返還を求める訴権としては十全には敷衍されない。契約の無効・取消は，特殊な制度によっていた。原状回復（restitution）がそれである。古法時代において，ローマ法は法源

GODEFROY, HULOT et TISSOT (éd. et trad. en français), *Code et Novelles de Justinien*, 4 vol., Behmer, 1806 を用いている。ただし，法学提要については，HULOT (éd. et trad. en français), *Les Institutes de l'Empereur Justinien*, Behmer et Lamort, 1806 の番号付けが特異であり，汎用性を欠くため，Krueger 版 (*Institutiones, recognovit Paulus Krueger, Corpus juris civilis*, v. 1, Editio 16, Apud Weidmannos, Berolini, 1954) を用いる。

16) 鈴木・前掲注9) 217頁。

17) 古法時代における所有権移転論，および，Pothier が仮装の引渡（tradition feinte）を認めつつも，引渡主義を採ることについて，参照，森田修『強制履行の法学的構造』（東京大学出版会，1995）〔初出「履行強制の法学的構造——16〜19世紀フランス・ドイツ・日本の比較法史的考察」法学協会雑誌109巻7号〜110巻6号（1992-1993）〕76頁以下。

の序列において下位に置かれ，それが用意する諸種の無効・取消の手段は，王権により発給される取消状（lettre de rescision）を得たのでなければ適用をみなかった[18]。王権の例外的な介入による契約の覆滅は，ローマにおける法務官（*praetor*）の活動としての原状回復（*restitutio in integrum*）に類比される。では，この制度を訴権として表象し「無効訴権」または「取消訴権」と称する場合，この訴権の性質はいかなるものであったか。

これに答える前に指摘されるべき事実がある。取消状・原状回復の制度においては，契約の消滅を裁判外のメカニズムとし，その効果と区別して規律するという発想は生じない。民法典制定後においても，契約からの離脱には，訴権すなわち裁判上の請求が必要であった[19]。よって，不当利得類型論における「給付利得」の主たる事例である契約上の給付の返還について，これを実現するメカニズムの析出には困難を伴う。他方，無効・取消訴権の性質も曖昧なものたらざるを得ない。原状回復は，当事者を契約以前の状態に復せしめる。したがって，物権変動が有因的であれ無因的であれ，元の所有権者は所有権者であり続けたものとみなされる。そのため，無効・取消訴権は，契約の消滅を求める点では対人訴権でありながら，所有権に基づいて物を取戻し得る点で，対物訴権（action réelle, *actio in rem*）でもあることになる。無効・取消訴権が「混合訴権（action mixte）」と称される所以である。この性質は，物権変動の仕組み方とは無関係に付与され得る。また，債権関係を基礎としながら物権的な取戻を許容する多様な返還訴権を混合訴権と表現することが可能となる。したがってフランス法において，物権変動システムと契約上の「給付利得」返還制度は「非論理的な」関係にある。

本書の第一の課題は，フランス法において，消滅した契約に基づいて行われた給付の返還は，いかなる訴権によって実現されるのか，また，その訴権はどのような性質を有しているのか，という問題について，物権変動の原則との関係を意識しつつ[20]，一定の見通しを与えることに存する。物権変動システムと

---

18) 概観として，参照，山口俊夫『概説フランス法（下）』（東京大学出版会，2004）84-85頁。
19) 筆者は以前，契約解除についてこの問題を検討したが，同様の観点からの検討が無効・取消についても可能である。参照，拙稿「フランスにおける契約の解除（1）（2・完）——解除訴訟における判事の役割を中心として」法学協会雑誌123巻7号1305頁以下，8号1585頁以下（2006）。
20) 有因主義と不当利得および転用物訴権との関係についての問題提起として，参照，藤原正則「建

返還のシステムとの間に想定される論理的関係を一旦切断するならば，各種の返還請求が構想される際の他の考慮要因を析出することが可能となろう。

6 第二に，返還の範囲に関する問題が挙げられた。この問いを精錬するためには，そもそもフランスにおいて，不当利得制度がいかなる制度として形成されたのかが問われなければならない。フランスの不当利得制度に関する古典的論考を著した稲本名誉教授は，次のように述べている。

「なお，フランス法上の用語として不当利得を意味することばは，en-richissement sans cause（無原因利得）であるが，enrichissement injuste, enrichissement non causé, enrichissement aux dépens d'autrui などの語も共通に用いられている。しかし，これらの語がそれ自体不明確であり，多義的であることに加え，判例法によって理論形成がおこなわれたという経緯もあって，講学上も裁判実務上も action de in rem verso という訴権名称（または単に in rem versum の語）が不当利得返還訴権のみならず，不当利得制度を一般的に指称する語として広く用いられている【原注】ことに注意しなければならない。」[21]

【原注】「ロオマ法上（actio）de in rem verso とよばれたものとは，内容・性格がことなることに注意。[…]」[22]

以上の言明は，フランスの不当利得制度の原型が複数あることを予感させる。ドイツ法の一般的な不当利得制度は，ローマ法上の諸種のコンディクチオを統一的に把握することによって形成された[23]。わが民法典もこれを継受する。で

築請負人の債権担保に関する考察──スイス法，ドイツ法を手掛かりに，転用物（versio in rem）の視角から」同『不当利得法と担保物権法の交錯』（成文堂，1997）［初出，小樽商大商学討究46巻2・3号，4号，47巻1号（1996）］，特に，214-217頁注（17）。
21) 稲本洋之助「フランス法における不当利得制度」谷口知平教授還暦記念『不当利得・事務管理の研究（1）』（有斐閣，1970）73頁以下，77頁。
22) 同上77頁注5。
23) 加藤・前掲注13）93頁以下。また，ドイツにおける不当利得制度が，非債弁済のコンディクチオを基礎としつつ，弁済者の錯誤という要件を除外し，返還範囲において現存利得を指示すること

は，フランスにおいてはどうであったか。不当利得返還訴権が「転用物訴権」と訳し得る「action de in rem verso」と称されていることが示唆するように，不当利得制度はコンディクチオを原型としないものと理解される。しかし，コンディクチオ，中でも，一般的な不当利得返還訴権たり得る「原因欠缺故のコンディクチオ（condictio sine causa）」をフランス法は拒絶したわけではなかった。この問題は，フランス契約法に独自の概念とされる「原因（コーズ）」（cause）に関わる。原因欠缺故のコンディクチオは，契約法上の原因論の形成とともに合意の有効要件のレベルに回収される。原因を欠いた債務を無効とする議論は，17世紀末に至り，ドマ（DOMAT, Jean [1625-1696]）によって十全に展開されたとされる[24]が，そこで依拠されたのが，コンディクチオに関するローマ法文であったことに留意する必要がある。

以上の展開ののちに民法典上の固有の制度として残されたのは，非債弁済のコンディクチオのみであった。しかし，この訴権もまた，一般的な不当利得制度としては展開されない。稲本名誉教授が指摘しているように，19世紀末の判例法が制度化した不当利得返還訴権は，いまなお「action de in rem verso」（以下では翻訳によるイメージの限定を避け，原語のまま表記する）と称されている。

この訴権の原型は，いかなる制度に求められるのであろうか。古法時代において，不当利得の観念に対応する「何人も他人の犠牲［出費］において利得することはできない（nul ne peut s'enrichir au détriment (aux dépens) d'autrui）」という法格言は，必ずしも統一的な形象をもっては立ち現れない。議論の手掛りは，給付をめぐる利得の返還関係が，無効・取消の諸制度の中で既に解決されていた，という事実に求められる。民法典制定後に遡行の対象とされたのは，契約関係の外側で問題となる不当利得関係であり，中でも事務管理に依拠した議論が重要な位置を占めた。また，不当利得訴権が action de in rem verso と称されていたことそれ自体も重視されなければならない。その原型はローマ法における転用物訴権ではないのであろうか。判例においていかなる事案が問題とさ

で一般化されたことについて，参照，藤原正則『不当利得法』（信山社, 2002）5頁以下。また，BGBの起草過程に即してこの問題を扱うものとして，参照，廣瀬克臣「利得および収益の返還について――ドイツ民法典818条成立の経緯」法学新報97巻1・2号149頁以下（1990）。

[24] 参照，小粥太郎「フランス契約法におけるコーズの理論」早稲田法学70巻3号1頁以下（1995），特に16頁以下。もっとも，われわれの解釈はこの言明を相対化するものとなろう。

れていたのか，また，学説における解釈にはいかなる変遷が見られたのか，を明らかにするのでなければ，現代におけるこの訴権の適用範囲の狭隘さを説明することはそもそも不可能である。

　他方，返還の範囲について，非債弁済返還訴権と action *de in rem verso* との間には相違が見られる。我妻博士が自らの理論のよりどころとしていたように，前者では，弁済受領者の善意・悪意によって解決が分かれる。現存利得への制限は action *de in rem verso* について語られるが，ここでは利得者の善意・悪意によって解決が分かれることはない。この差異は，ともに不当利得訴権と称し得る二つの訴権が債務発生原因（source de l'obligation）のレベルにおいて別様に観念されることから導かれる。前者は準契約（quasi-contrat）に基礎づけられる。これに対して後者は，民法典上の債務発生原因を介することなく，直接的に衡平（équité）に基礎づけられていた。返還範囲の縮減は，非債弁済とともに準契約とされる事務管理との対抗関係において理解されなければならない。もっとも，action *de in rem verso* は，のちに「原因なき利得の返還訴権（action en enrichissement sans cause）」という別称を得ることになる。「sans cause（＝*sine causa*）」という文言が示唆するように，この訴権はコンディクチオに類比され，非債弁済返還訴権と再統合され得るものとなった。この複雑な道行きにはいかなる背景があったのか。

　本書の第二の課題は，各種の返還制度の狭間に産み落とされ，複数の構想の間を彷徨い続けた action *de in rem verso* について，それぞれの構想を丹念に解き明かすことで，フランス法が抱えるバイアスを析出することにある[25]。

7　以上の課題に対して，われわれは，「返還（restitution）」の語の下に包摂され得る各種の返還請求それぞれに固有の論理を析出することで答えようとする。予め統一的な像を措定し，もっぱらその地点に立脚する鳥瞰的な記述[26]を忌避

---

25) この意味において，われわれは磯村哲「仏法理論に於ける不当利得法の形成──続・不当利得・事務管理・転用物訴権の関連と分化」同『不当利得論考』（新青出版，2006）161頁以下［初出，法学論叢52巻3号，4号（1946）］が設定した問題を継承する。
26) ドイツ法の枠組みによってフランス返還法を記述するものとして，Filios, Christian, P., *L'enrichissement sans cause en droit privé français. Analyse interne et vues comparatives*, préf. de J.-J. Taisne, thèse Lille II, Ant. N. Sakkoulas, Bruylant, 1999 がある。

する。主たる検討の対象は，コンディクチオ，取消状・原状回復および無効・取消訴権，action *de in rem verso* である。しかし，それぞれの訴権が複雑に絡み合っており，錯綜を解きほぐすことは容易ではない。その一因は，時折顔を覗かせる，所有権の論理である。既述のとおり，対人訴権たるコンディクチオは所有権に基づく返還に抵触する。原状回復は，所有権に基づく返還訴権と同様に，第三者からの物の取戻を許容する。action *de in rem verso* においてもまた，所有権に基づく返還訴権との類比が見られ，第三利得者（tiers enrichi）への追及が許容される。所有権の論理との緊張関係を意識することによって，フランス返還法の諸相を解明することが目指される。

第1部では，諸制度の形成過程を追跡する。コンディクチオと原状回復について検討する第1篇では，先に提示したコンディクチオと原因論との関係が明らかにされるとともに，非債弁済のコンディクチオについてその対人訴権性の克服の態様が示される。他方，原状回復の制度について，その発生時点に遡行することによって，この制度の形成の意義を明らかにする。無効・取消に関する民法典の不分明さは，原型の探究によるのでなければ解明し得ない。これらの制度の検討によって，フランスにおける有因主義の意義，また，契約上の給付の返還訴権の所在が明らかにされる。第2篇では，action *de in rem verso* が検討される。わが国にも優れた論考が複数存在し[27]，この訴権の内実は既に明らかにされている。われわれの検討が目指すものは，この訴権が，のちに「原因なき利得の返還訴権」と称されたことの意義である。制度の形成過程において，ローマ法上の転用物訴権や事務管理といった複数のモデルが拮抗し，その中から，原因概念を構成原理とし，コンディクチオに類比され得るモデルが選択されたことが論証される。

以上の史的検討を踏まえ，第2部において，現代における返還の諸制度について議論する。ここでも制度ごとに要件・効果を概観する。叙述の対象は，原因なき利得，非債弁済，（契約消滅後の）原状回復（restitutions）[28]である。統一

[27) 代表的なものとして，参照，磯村・前掲注25）；谷口知平『不當利得の研究（再版）』（有斐閣，1965）［初版，1949］；稲本・前掲注21）；関口晃「不当利得における因果関係」谷口知平教授還暦記念『不当利得・事務管理の研究（3）』（有斐閣，1972）25頁以下；加藤・前掲注13）740頁以下［初出，法学協会雑誌92巻8号（1975）］；『新版注釈民法（18）』（有斐閣，1991）30頁以下［稲本洋之助執筆］。

的な制度を有しない法体系において，返還法の全容を明らかにするには，制度ごとに蓄積された議論に手掛りを求める必要がある。近年，様々な理論化の試みが見られ[29]，統一的な制度の形成を予感させるが，必ずしも成功を収めているわけではない。むしろ判例法の傾向は，各制度の独自性を際立たせるものとして記述され得るであろう。

　以上を踏まえ，結びにおいて，フランスにおける返還請求の諸制度を類別し得る二つの対抗的原理，すなわち，副題に掲げた「原状回復と不当利得」が提示される。

---

28) 「restitution (s)」の語については，ローマ法の *restitutio in integrum* という来歴を重視すれば，「原状回復」の語を充てるべきであるが，単に「返還」を意味する場合もあり，場合によって使い分けせざるをえない。Cornu, Gérard (éd.), Association Henri Capitant, *Vocabulaire juridique*, 11ᵉ éd., PUF, 2016, p. 921-922 は五つの語義を掲げる。第一に，失われた物の所有権者に対する返還（窃盗または遺失の場合）を意味する。第二に，使用貸借された物の返還など，所持において正当な物を権利者に返還することを意味する。第三は，債務の無効（annulation），行為の取消（rescision）と同義で，これは「その受益者に対して無効とされた行為の帰結の消滅をもたらす（emportant pour son bénéficiaire l'effacement des conséquences de l'acte annulé)」と説明される。ほかに，金銭について用いられる「償還（remboursement）」や，動産売買について用いられる「返品（remise）」が類義語とされる。第四に，第三の語義の延長として，無効に伴う返還，すなわち原状回復それ自体を指す場合がある。この場合には，複数型で用いられるとする。第五に，EU法上の農業政策における，農産物の価格補償の意味で用いられるとしている。第三の語義は「原状回復」，第一，第二，第四の語義は「返還」と訳出されるべきであろう。

29) 返還・原状回復の諸制度を総覧する先駆的業績として，Malaurie, Philippe, *Cours de droit civil 1974-75, Problèmes actuels du droit des obligations, Le droit civil des restitutions*, Cujas, 1974 が挙げられる。同書の参照にあたっては北村一郎名誉教授を煩わせた。ここに記して謝辞に代える。

第1部　各種返還請求の史的諸相

第1篇　コンディクチオと原状回復

8　本篇は，以下の記述の検証を目的とする。

　「ボワローによって法学における理性の再建者と称され，わが国の法学者のなかで民事法をその理性的な秩序のうちに説明しようと試みた最初の人物であるドマは，著名な一節において，際立って明確に，かつ，際立って力強く，契約における原因の理論を体系的に提示した。これ以来，原因は，法律行為の有効要件の主要素を構成する。原因が欠ける場合には法律行為は無効となる。したがって，有効な原因の欠缺に基づく諸々の訴権が，無効な法律行為の履行として行われた給付の返還にも同時に利用されることとなる。ローマ法の体系においては，諸々のコンディクチオこそが，有効な原因を欠く法律行為に起因する利得の返還を可能としていた。ドマによる原因論の提示以来，無効理論がこれに代わる。

　こうしてフランス法において，［法律行為の有効要件としての］原因の概念が，諸種の原因欠缺故のコンディクチオ (*condictiones sine causa*) を淘汰した。たしかに，伝統的には，ドマにせよ往時の大概説書［の著書たち］にせよ，彼らは常にこのコンディクチオに言及する。しかし，次第に著者たちはこれについて何も述べなくなる。有効な原因の欠缺による無効という理論の発展は，原因欠缺故のコンディクチオからあらゆる根拠を奪い去る。方式において有効な行為の効果を是正することはもはや問題とならず，無効な行為の結果を消し去ることが問題となる。重要なことは，原状回復 (*restitutio in integrum*) であって，コンディクチオ［による返還］ではない。」[1]

---

1) GORÉ, François, *L'enrichissement aux dépens d'autrui. Source autonome et générale d'obligations en droit privé français. Essai d'une construction technique,* thèse Grenoble, Dalloz, 1949, n° 29, p. 23-24.

第1部　各種返還請求の史的諸相

第1章　古法時代における諸問題

9　本章では，フランス法におけるコンディクチオの所在を史的に探究する。一方で，近世の諸学説により，コンディクチオが契約法へと統合されたという理解は相対化される。他方で，物権変動との相克を意識する諸学説により，非債弁済のコンディクチオは，その属性の枢要部分，すなわち，対人訴権性を否定される（第1節）。もっとも，以上の検討は，必ずしも無効・取消後の返還請求の所在を明らかにするものではない。

続いて，取消に関わる特殊な制度の形成過程とその意義を俎上に載せる。ここに至ってはじめて，効力を有しない契約によって給付された物の返還訴権が姿を現すことになる（第2節）。この返還訴権の性質を掘り下げるとき，われわれは再びコンディクチオに邂逅するであろう。

第1節　フランス法におけるコンディクチオ

10　サレイユ（SALEILLES, Raymond [1855-1912]）は，ドイツ民法典第一草案の不当利得制度について次のように論評した。

　「ご覧のとおり，法律行為の分野における原因（cause）の理論は，いわば新たな形式の下に立ち現れている。この理論を無益であると断じてみても意味がない。原因理論が，われわれの許におけるように行為の有効性の観点から問題とされるにせよ，ドイツにおいて，また，ローマ法においてそうであるように原因なき利得の返還訴権（action en répétition pour enrichissement sans cause）の領域において登場するにせよ，この理論を避けて通ることはできない。この理論から導出される帰結が無効であれ返還であれ，定義を望むにせよ，実際に定義するにせよ，原因の欠缺とは何を意味するのかについて定義するに至るのでなければならない。原因の欠缺の定義は，原因とは何か，そして，法的原因（cause juridique）という語がいかなる意味を持たなければ

ならないかを問うことに帰着する。」[2]

　以下では，フランス法におけるコンディクチオの存在態様について検討するが，われわれは，サレイユが述べるように，まず，「原因」[3]とは何かを明らかにしなければならない。これによって，合意の有効要件としての「原因」と，第2篇で検討される action *de in rem verso* の要件としての「原因」との異同[4]を論ずる手がかりを得ることができる。

　第一に，一般的な不当利得訴権たり得た原因欠缺によるコンディクチオ（*condictio sine causa*）[5]が，フランス法において，原因を欠いた合意の無効の制度に融解した，という理解[6]を検証する（第1款）。第二に，コンディクチオの一分枝たる非債弁済のコンディクチオ（*condictio indebiti*）の体系上の位置づけについて検討し，物権変動論との関係を明らかにする（第2款）。

第1款　原因理論とコンディクチオ

11　フランス契約法の特徴的概念の一つである原因については，わが国にも多くの研究が存在する[7]。しかし，古法時代における理論の展開は，必ずしも十分には扱われていない[8]。以下では，古法時代の原因論を，それが展開され

---

2) SALEILLES, Raymond, *Étude sur la théorie générale de l'obligation d'après le premier projet de Code civil pour l'empire allemand*, 3e éd., 1925 (réimpr., Mémoire du Droit, 2001), n° 346, p. 461, note 2.
3) 通常，合意の有効要件たる cause は，「コーズ」と音読表記されることが多いが，本書では，不当利得における原因との同質性を意識させるため，訳語として「原因」を採用する。
4) 参照，磯村哲「仏法理論に於ける不当利得法の形成――続・不当利得・事務管理・転用物訴権の関連と分化」同『不当利得論考』(新青出版, 2006) 161頁以下，特に163頁。
5) 中世ローマ法学において，*condictio sine causa* が各種の *condictio* を包摂する一般的な訴権として理解されていたことについて，V. SÖLLNER, Alfred, Die causa im Kondiktionen-und Vertragsrecht des Mittelalters bei den Glossatoren, Kommentatoren und Kanonisten, *Zeitschrift der Savigny-Stiftung*, Rom. Ab., 1960, S. 182 ff., insbes., S. 190 ff. 古代ローマ法において，また，フランス古法においても，この言明は必ずしも妥当しないが，差し当たり議論の前提とする。
6) V. aussi MOSOÏU, Marcel, *De l'enrichissement injuste. Étude de droit comparé*, thèse Paris, E. Duchemin, 1932, p. 186.「合意における法的原因の概念は，*condictio* の理論と直接的な関係にある。民法典は，契約の枠内で行われた原因づけられていない給付（prestation non causée）を，*condictio* によって返還させるのではなく，Domat を範例として，当該合意は無効であると規定している。したがって，*condictio* の理論は契約の概念に取り込まれたのである。」
7) 代表的論考として，参照，小粥太郎「フランス契約法におけるコーズの理論」早稲田法学70巻3号1頁以下 (1995)；竹中悟人「契約の成立とコーズ (1) ～ (8・完)」法学協会雑誌126巻12号2367頁以下 (2009)，127巻1号1頁以下，2号189頁以下，3号371頁以下，4号576頁以下，5号613頁以下，6号775頁以下，7号879頁以下 (2010)。

る文脈を強調しつつ概観する。

　第一に，古法時代における議論の焦点を成した「原因無記載の債務証書 (obligation non causée)」(obligation を「証書」と訳し得ることについて，後記 **16** 参照) の処遇について概観し，原因欠缺による無効という規律の意義を明らかにする。これは，第二に扱われる実体レベルの合意の有効要件としての原因概念，すなわち，それを欠く場合に合意が無効とされる原因概念を議論する上で避けて通ることができない問題である。その理由は，以下の叙述によって明らかにされるが，われわれが対峙すべき古法時代に関する一つの命題を予め提示しておこう。

　「[以下にみるように] 長い間，われわれの古き法は，二つの問題，すなわち，単純合意は拘束力を有するのかという問題と，単純合意は立証され得るのかという問題とをはっきりとは区別しないであろう。第二の問題の方がより重要とされるであろう。契約に関する新たな原則が完全な形で出現するのは，証拠の理論における根本的な修正がなされたのちのことでしかない。」9)

　ここに示された命題を以下ではしばしば「実体法と証拠法の未分化」10)と称する。原因論はこの命題に密接に関わる。すなわち，原因が欠けた場合に無効とされるのは，実体のレベルの合意ないし債務であるのか，それとも，証拠として機能する証書であるのか，が解かれなければならない。本篇冒頭に引用し

---

8) ただし，この欠缺は，後掲注 10) の翻訳である，ジョルジュ・シュヴリエ（岸上晴志・石堂典秀訳）「〈資料〉債務におけるコーズの歴史に関する試論 (1) 〜 (8・完)」中京法学 25 巻 2・3 号 77 頁以下，26 巻 1 号 38 頁以下，2 号 151 頁以下（1991），3・4 号 188 頁以下，27 巻 1 号 165 頁以下，2 号 64 頁以下（1992），3・4 号 132 頁以下，28 巻 1 号 153 頁以下（1993）によって補われている。

9) Esmein, Adhémar, Études sur les contrats dans le très ancien droit français, *NRHD,* 1880, p. 659 et s., 1881, p. 21 et s., 1882, p. 35 et s., 1883, p. 99 et s., spéc., 1880, p. 662.

10) 中世ローマ法学について，V. Chevrier, Georges, *Essai sur l'histoire de la cause dans les obligations (droit savant du moyen-âge, ancien droit français),* Sirey, 1929, p. 10.「権利は，これをサンクションする訴権の形態においてでなければ考察されない。故に，原因は，訴訟上の書面 (actes) において問題となる。この変容は，イルネリウスの学説によって先鞭をつけられた。」さらに古代ローマ法について，V. Villers, Robert, *Rome et le droit privé,* Albin Michel, 1977, p. 358.「問答契約について既に考察したところであるが，ローマ人には，非常に人間的な一つの傾向，すなわち，行為の証拠と行為それ自体とを混同する傾向があった。」

たドマに原因論の完成を見る伝統的な解釈は，彼において「実体法と証拠法の未分化」が存在しないことを前提としている。しかしながら，証書における原因記載に関する古法時代の諸学説を参照した上でドマの原因論を解釈するという手続きを経ると，この解釈には疑問符が付される。

この「証書における原因」という迂路を経ることで，ようやくわれわれは，原因欠缺故のコンディクチオを議論し得る地点に到達する。結論を先取りすれば，原因の有無が証書または合意・債務の有効性に関わることが示唆するように，少なくともドマにおいて，この訴権は，証書または合意・債務の無効を導くための訴権でしかなく，必ずしも給付された物，ないし，そこから派生した利得を返還させるための訴権ではない。ドマにおける給付された物の返還訴権の所在は，非債弁済のコンディクチオに関する第 2 款で明らかにされる。

本論に入る前に，ローマ法におけるコンディクチオならびに原因について，以下の叙述に必要な限りにおいて概観しよう[11]。

序　ローマ法におけるコンディクチオ[12]

12　フランスにおけるローマ法学は，19 世紀末以降，一つの書評論文[13]を嚆矢として，コンディクチオの起源に不当利得の観念を見出すようになる[14]。第

---

11) 以下が略述にとどまることは，叙述の対象がフランス法における *condictio* に存することから許される，と一応は言うことができる。しかしながら，古法時代の著者たちがローマ法を援用する際に，いかなるローマ法を念頭に置いていたのか，という点から各著者の構想の差異を批判的に記述することが可能となるのであれば，ローマ法さらには中世ローマ法学に関する正確な認識は，批判の準拠枠として不可欠のものとなるはずである。限界を自白しつつ，認識の深化に伴って絶えず更新されるべきものとして以下を論ずる。

12) ローマ法学上の議論の詳細（1930 年代まで）については，とりわけ参照，磯村哲「不当利得に就いての一考察——利得の不当性を中心として」同・前掲注 4）1 頁以下［初出，法学論叢 45 巻 6 号，46 巻 1 号（1941），47 巻 1 号（1942）］。なお参照，船田享二「ローマに於ける不當利得返還請求理論の形成（1）〜（6・完）」法律学研究 24 巻 7 号，8 号，9 号，11 号（1927），25 巻 2 号，5 号（1928）；松坂佐一『不當利得論』（有斐閣，1953）1 頁以下。

13) GIRARD, Paul Frédéric, L'histoire de la *condictio* d'après M. Pernice, NRHD, 1895, p. 408 et s. *condictio* の起源ならびに発展についてのローマ法学上の論争について，後記本文 **180** 参照。

14) p. ex. V. CUQ, Édouard, *Manuel des institutions juridiques des romains*, 2e éd., Plon, L. G. D. J., 1928, p. 534 et s. これ以前の著作，例えば Accarias のそれには，*condictio* 一般を不当利得に依拠させる理解は存在しない。狭義の *condictio sine causa* のみが不当利得返還訴権として理解されている。V. ACCARIAS, C., *Précis de droit romain*, 2e éd., t. 2, A. Cotillon et Cie, Libraires du Conseil d'Etat, 1881, n° 873 et s., p. 1160 et s., spéc., p. 1162.

　　V. aussi HAURIOU, Maurice, *Étude sur la* condictio. *Des contrats à titre onéreux entre époux en droit français*, thèse Bordeaux, 1879, n° 42, p. 52-53. Savigny と同様に，*mutuum* の基礎にある *creditum*

2篇で明らかにされるが，こうした理解はドイツにおけるローマ法学の展開に促されたものであった。しかし，古法時代におけるコンディクチオについて検討する際には，一旦はそうした理解から離れなければならない。

ローマ法におけるコンディクチオは，厳格法上の対人訴権（*actio in personam*）であり，請求（*intentio*）において（請求）原因（*causa*）の表示を必要としない抽象的訴権として登場した[15]。古典期のコンディクチオは，当初は確定金額について認められ（*condictio certae pecuniae*[16]），次いでその他の確定物について（*condictio certae rei, condctio triticaria*），方式書訴訟の時代には，不確定物についても認められた（*condictio incerti*）とされる[17]。

を *condictio* の法的基礎（base juridique）としつつ，のちの適用事例の拡張とともに，原告の原因なき損失（appauvrissement sans cause）が根拠とされたとする。その一里塚は，所有権移転を欠く *condictio* ＝占有の *condictio*（*condictio possessionis*）の承認とされる。

[15] GIRARD, Paul Frédéric, *Manuel élémentaire de droit romain*, 8ᵉ éd., par F. Senn, 1929（réed., par Jean-Philippe Lévy, Dalloz, 2003), p. 648-649. もっとも，その起源について未だ決着を見ない。V. LIEBS, Detlef, The History of the Roman Condictio up to Justinian, N. McCormick and P. Birks (ed.), *The Legal Mind. Essays for Tony Honoré*, Clarendon Press, 1986, p. 163 f.

[16] しばしば援用されるのは，キケロの法廷弁論の次の一節である。CICERO, *Pro Roscio*, V. 14 (CICÉRON, *Discours*, t. 1, texte établi et traduit par H. de la Ville de Mirmont, 4ᵉ tirage, Les belles lettres, 1973, p. 162). 確定金額の請求（ここでは *condictio* の起源とされる通告による法律訴訟（*legis actio per condictioem*）が想定されている。手続きについて，参照，原田慶吉『ローマ法（改訂版）』（有斐閣，1955) 383-384 頁）について次のように述べる。「確定金額が請求され，同時にその三分の一の額の誓約が行われた。この金銭は，供与されたか，帳簿に記載されたか，または，問答契約の対象とされたのでなければならない。Pecunia petita est certa; cum tertia parte sponsio facta est. Haec pecunia necesse est aut data, aut expensa lata, aut stipulata sit.」

datio に *mutuum* 以外のものも含まれるか，また，*condictio certae pecuniae* を発生させる根拠として，*datio, expensilatio, stipulatio* 以外のものが認められていなかったのか，が問題となるが，ここでは触れない。議論の詳細について，V. HEINE, Sonja, *Condictio sine datione*, Freiburger Rechtsgeschichtliche Abhandlungen, Neue Folge, Bd. 53, Duncker & Humblot, 2006, S. 22 ff.; DUQUESNE, J., À travers la *condictio*, *NRHD*, 1908, p. 213 et s.

[17] GIRARD, *supra* note 15, p. 648; GIFFARD, A.-F. et VILLERS, Robert, *Droit romain et ancien droit français (obligations)*, 4ᵉ éd., Dalloz, 1976, nº 22, p. 21; DE VISSCHER, Fernand, *La* condictio *et le système de la procédure formulaire*, thèse Gand, Librairie Moderne, Arthur Rousseau, 1923；磯村・前掲注 12) 2 頁以下。

一時期のローマ法学説は，*condictio incerti* をビザンツ期の制度とし，この存在を示唆する法文をインテルポラチオとして処理していた。これに対して，GIFFARD, A.-F., Observations sur l'enrichissement injuste incertain, *Revue internationale des droits de l'Antiquité*, t. 4 (Mélanges Fernand De Visscher, t. III), 1950, p. 499 et s., spéc., p. 511 は，この傾向を批判する。Giffard は，D. 12, 6, 26, §12. Ulpianus の解釈から，*condictio incerti* が古典期にも存在したことを導く。同法文は，解放奴隷（*libertus*）が主人（*patronus*）に対して債務なしに役務を提供したという事案に関する。結論としては，解放奴隷は自然債務を弁済したのであるから *condictio* を行使できないとされるが，論証の過程で Celsus の見解が参照され，金銭評価（*aestimatio*）によって *condictio* を行使し得る可

抽象的訴権であったコンディクチオは，多様な類型の請求を包摂した。問答契約上の給付の請求[18]や，消費貸借（*mutuum*）の目的物の返還請求に用いられた。これに対してユ帝法典では，発生原因によるコンディクチオの分類が試みられる。消費貸借の返還訴権たる *condictio ex mutuo*, 非債弁済のコンディクチオ（*condictio indebiti*），原因故に与えられた物のコンディクチオ，または，原因故に与えられたが原因が続かないことによるコンディクチオ（*condictio ob causam datorum, condictio causa data causa non secuta*），卑しき原因故のコンディクチオ（*condictio ob turpem causam*），不法原因故のコンディクチオ（*condicito ob injustam causam*），原因欠缺故のコンディクチオ（*condictio sine causa*）（狭義），が挙げられる。*condictio ex mutuo* を除き，これらはいずれも，物の移転（*datio*）に原因がない場合を対象とし，*condictio sine causa*（広義）として包括され得る。また，その他の場面でもコンディクチオは用いられ，窃盗によるコンディクチオ（*condictio furtiva*），法律に基づくコンディクチオ（*condictio ex lege*）が見られる[19]。

このように適用場面ごとに種々観念されるコンディクチオについて，それらを統一的原理の下に理解する試みが展開されてきた。そのうち最も広汎に諸種のコンディクチオを包摂し得る原理が，先にも言及した「不当利得の観念」である[20]。この理解は，消費貸借の返還訴権としてのコンディクチオをまず想定し，その拡張として他の事例を説明する立場[21]への反論として登場した。主たる論敵は，「コンディクチオは所有権に基づく返還訴権（*rei vindicatio*）の代償である」とするサヴィニーであった。サヴィニーによれば，消費貸借が所有権を移転させるように，他のコンディクチオが認められる事例でも，返還目的物の所有権は被告の許に移転しており，原告は *rei vindicatio* を行使することができない。それでは，コンディクチオの基礎にはいかなる考慮が見られるのか。

能性に触れられる。Giffard はこれを，事後に金銭評価される不確定物訴権（action incertaine avec estimation）(p. 507) が可能とされていた証左とし，方式書訴訟時代にも，非債の役務について金銭評価がなされれば，*condctio incerti* によってその価値を返還請求し得たとする。

18) 確定金額および確定物を請求する場合である。不確定物については，*condictio incerti* によってではなく，*actio ex stipulatu* によって請求される。V. Girard, *supra* note 15, p. 523.
19) 以上について，V. Girard, *supra* note 15, p. 655. なお参照，原田・前掲注 16) 206 頁以下。
20) 例えば，D. 50, 17, 206. Pomponius（後掲注 211）参照）を挙げることができる。
21) Goré, *supra* note 1, n° 10, p. 8.

第 1 部　各種返還請求の史的諸相

所有権を失う仕方での物の供与は，相手方への高度の信用（Vertrauen）を根拠としている[22]。この信用の存在が，他の類型にも妥当するか擬制されるが故に，*rei undicatio* ではなくコンディクチオが指示される[23]。しかしながら，この理解は，所有権が移転していない事案でコンディクチオを承認する法文によって論駁され得る[24]。

他方，コンディクチオの要件として，当事者間になんらかの「取引行為（*negotium*）」[25]が介在していたことを要求する法文が見られる[26]。この原則により，例えば，他人の土地の上に善意で建物を建造した者は，附合により材料の所有権を失ったとしても，費用償還を受けるためにコンディクチオを提起することができない[27]。当事者間に合意が存在しないためである。このように，

---

[22] Savigny, Friedrich Carl von, *System des heutigen Römischen Rechts*, Bd. 5, 1841, S. 512-514.「この行為［＝消費貸借］の本質として，*pecunia credita* という名称によって，特別の程度の信頼または信用（besonderer Grab der Glaubens oder Vertrauens）が表現されている。またそれ故に，供与者（Geber）は *creditor* という名称を有している。［…］では，この信用（Vertrauens）の本来的な内容は何か。//一般的に日常的な取引に関わるすべての行為において，信用が基礎にある。しかしながら，ここでは［＝消費貸借においては］信用に格別の重要性が置かれるが故に，まさに特別な種類の信用が意味されていなければならない。ところで，この信用の性質は，以下の考察によって明らかとなるであろう。」封金が与えられた場合には Vindication によって取戻すことができるが，消費貸借の場合にはそうではないとして次のように述べる。「この場面では，誠実な（redliche）受領者が支払不能となった場合には，供与者にとって，この金銭は失われる。したがって，消費貸借の場合に，供与者が受領者の誠実な心情とは無関係に服する高度の危険は，以下の事柄に基礎づけられている。すなわち，供与者が，金銭の所有権を譲渡し，したがって，Vindication のうちに含まれている保護を放棄したことに基礎づけられている。//実際のところ，この［法律関係の］変容（Veränderung）が *condictio* の根拠であり要件である。」

[23] 詳細について，参照，川角由朗「サヴィニーの不当利得論——ドイツにおける近代的不当利得論の確立とその現代的意義」同『不当利得とはなにか』（日本評論社，2004）19頁以下，特に31頁以下。

[24] Hauriou, *supra* note 14, p. 53.

[25] *negotium* のフランス語訳としては affaire が想起される。とりわけ事務管理（*negotiorum gestio*, gestion d'affaires）における「事務」を意味する。ドイツ語では Geschäft であり，Geschäftsführung を事務管理とするところまでは符合するが，法律行為（Rechtsgeschäft）にも用いられる。ここでの語義は後者に類する。しかし，フランス語において法律行為に対応する語は acte juridique であり，イメージがずれる。そこで，affaire の別の訳語である「取引」を用い，Rechtsgeschäft のニュアンスを補いつつ訳出した。

[26] Goré, *supra* note 1, n° 14, p. 12; Hänchen Susanne, *Die causa condictionis. Ein Beitrag zum klassischen römischen Kondiktionenrecht*, Schriften zur Rechtsgeschichte, Heft 98, Dunker & Humblot, 2003, S. 27.

[27] D. 12, 6, 33. Julianus.「かつてわたしがあなたの土地に家屋を建て，あなたがこの家屋を占有していたとしても，私は上述の［非債弁済の］コンディクチオを有しなかった。なぜなら，われわれの間では，いかなる取引行為もなされなかったからである。実際，例えば，義務づけられていない金銭を弁済する者は，このこと自体によってなんらかの取引行為をなしている。［…］Si in area tua

返還債務の発生原因として *negotium* の存在が要請されると、合意を前提としない非債弁済のコンディクチオについて、非債弁済を擬制的に消費貸借として理解することが必要となる。すなわち、これを準契約（*quasi contractus*）と見ることによって、*negotium* の存在という要件が充足されることとなる[28]。フランスにおいては、民法典の制定に至るまでこの理解が堅持され、非債弁済は民法典上準契約の章に置かれることとなった、と理解することができる。この理解をさらに敷衍すれば、契約・準契約・不法行為・準不法行為という市民法上の債務発生原因が存しないにもかかわらず物・利得の返還が実現されるべきと考えられる場面について、不当利得さらにはその背後に控える衡平によって端的に返還債務が基礎づけられ得るか否か、という問題が提起される。第2篇で詳述される。

原因概念の複数性[29] **13** 以下では、コンディクチオの基礎として援用され得る原因の概念と、他の原因概念との異同について確認する。

周知のように、ローマ法において、握取行為（*mancipatio*）など要式的な所有権移転行為とは区別される引渡（*traditio*）は、正原因（*justa causa*）を必要とした[30]。この規律をいかに解釈するかが、ローマ法を有因主義と見るか無因主義と見るかを分ける。売買など引渡に先立つ有効な行為を正原因と解すれば、

---

aedificassem et tu aedes possideres, condictio locum non habebit, quia nullum negotium inter nos contraheretur: nam is, qui non debitam pecuniam solverit, hoc ipso aliquid negotii gerit. [...]」
　この法文に見られる理解は "Juliansche Negotientheorie" と称される（V. HÄNCHEN, *supra* note 26, S. 27.）V. aussi GIRARD, *supra* note 15, p. 169. この法文に関する Pothier の理解について、後記本文 **122** 参照。

28) 前掲注 27) の D. 12, 6, 33 における « nam is, qui non debitam pecuniam solverit, hoc ipso aliquid negotii gerit. » がこれを示唆する。

29) 作動因（cause efficiente）、目的因（cause finale）など、原因概念をその機能に従って分類することも議論の整理にとって有用である。参照、小粥・前掲注 7) 14頁。しかしここでは、あえてこの手法を用いない。CAPITANT, *infra* note 34 のように、合意の有効要件としての原因概念を cause finale ないし当事者の目的（but）とし、この概念の完成へ至る道程を描出するという議論のスタイルを忌避する。予め議論の終着点を設定すると、例えば、後述する Domat の原因論について、複数の解釈の可能性が排除されてしまうためである。

30) GIRARD, *supra* note 15, p. 317 et s. この問題をめぐる D. 41, 1, 36 における Julianus と D. 12, 1, 18 における Ulpianus の対立は著名である。p. ex., V. GORDON, W. M., The importance of the justa causa of traditio, Peter Birks (ed.), *New Perspectives in the Roman Law of Property. Essays for Barry Nicholas,* Clarendon Press, 1989, p. 123-135. Pothier の理解について、後記本文 **41** 参照。

その不存在ないし無効は所有権を移転させない。すると，所有権の移転を前提とする「condictio 発生のためには」，「かかる iustae causae の存在は不可欠の要件」[31]となる。正原因を備えて所有権が移転されたのでなければコンディクチオを行使し得ず，他方，原因がない場合にコンディクチオの行使が可能となる以上，引渡の正原因とコンディクチオにおける原因とは別様に理解されなければならない。したがって，コンディクチオにおける原因を，返還の対象となる物の供与がなされた理由・目的を意味すると解し，正原因＝引渡の原因行為と切り離して観念する必要が生ずる[32]。これに対して，正原因を単なる引渡の合意と解し，売買などそれに先立つ合意の有効性を要求しないのであれば，後者に瑕疵があったとしても所有権は移転する。この場合には，コンディクチオにおける原因と引渡における正原因との間に，必ずしも実際上の差異は存在しないと考えることも可能となる。以上の問題については，非債弁済のコンディクチオを扱う本節第2款で再度検討するが，統一的な説明は困難かにみえる[33]。

他方，要式の言語契約たる問答契約（stipulatio）についても原因が語られる。元来は，これが抽象的債務負担行為であったことに争いはない[34]。ここでの問題は，問答契約を基礎づける合意の意味における原因の要否である。換言すれば，原因行為の有効性の有無が問答契約の効力を左右するか否かが問われる。古典期に至ると，法務官（praetor）が，問答契約について，悪意の抗弁（exceptio doli mali）を承認することとなった[35]。これは，問答契約に基づく請求を受けた者が，この抗弁を提出して原因について争い得ることを意味する[36]。例え

---

31) 磯村・前掲注12) 18頁。
32) V. Söllner, supra note 5, S. 189；磯村・前掲注12) 19頁。
33) 磯村・前掲注12) 11-12頁。「ローマの traditio による所有権移転の像として，所有権移転の是認根拠として iusta causa が要求せられ而かも種々なる iustae causae の体系は無因主義構成を原則として許さず寧ろ原則的には有因主義構成に近きものが想い得られ（Juilan-Ulpian の矛盾を近時の多数説の如く解くことを前提とする…）solutio indebiti のみ特異性を示すもしかも尚それ自体要物契約の一種として他の iustae causae と調和せしめられる如き解釈を容れ得る余地の必ずしも絶無ではないことを，描出し得ることを以て満足する外はないであらう。只近代法的には有因主義・無因主義何れの構成を以てしても統一的説明は困難であらう。」[（ ）および傍点は原文]
34) CAPITANT, Henri, De la cause des obligations (Contrats, Engagements unilatéraux, Legs), 3ᵉ éd., Dalloz, 1927, nº 42 et s., p. 96 et s. なお，stipulatio に基づく確定金額ないし確定物を請求する訴権が condictio とされていたことはここでの問題ではない。これは condictio において請求原因の挙示が不要であったことに関わる。
35) D. 44, 4, 1, §1. Paulus.
36) D. 44, 4, 2, §3. Ulpianus.

ば，問答契約によって負担されたある額の金銭の弁済が，消費貸借された金銭の返還であった場合，貸主による同額の払渡がなければ，返還義務は発生しない。なぜなら，要物契約である消費貸借上の債務は物の引渡によってでなければ成立しないからである。したがって，金銭の払渡がないことが立証された場合，問答契約に基づいて請求を受けても，被告は弁済する必要がない。その際，原告が悪意であること，すなわち，問答契約に原因がないことの立証責任，消費貸借ならば金銭の払渡がないことの立証責任は，抗弁を提出する被告に課される[37]。

　早くから問答契約は書面（*cautio*）化されたとされる[38]が，その場合にも，原因，すなわち，問答契約の基礎にある合意についての記載は要求されなかった。これを，原因無記載の問答契約証書（*cautio indiscreta*）と称する[39]。この証書によって請求を受けた場合でも，被告には，悪意の抗弁が与えられるにとどまる[40]。したがって，原因不存在についての立証は抗弁を提出する被告が行わなければならない。

　しかし，のちにこの規律は緩和され，立証責任が転換されることとなったとされる[41]。これを可能としたのが，金銭不払の訴えないし抗弁（*querela, exceptio non numeratae pecuniae*）であった。後3世紀に至り，証書または問答契約によって債務を負担した者が，相手方に対して金銭不払の訴えを提起すること，または，請求の際に抗弁を対抗することによって，債務の存在を争うことが可能とされた。この訴え・抗弁の効果は，証書の証拠力を奪い，金銭の払渡についての立証を債権者に課すことであったとされる[42]。

　ここでの原因もまた，コンディクチオにおける原因とは異なるかに見える。

---

37) D. 44, 4, 2, §1. Ulpianus. V. aussi GIRARD, *supra* note 15, p. 487.
38) VILLERS, *supra* note 10, p. 336; GIFFARD et VILLERS, *supra* note 17, n° 46, p. 38-39.
39) p. ex. D. 22, 3, 25, §4. Paulus.
40) CAPITANT, *supra* note 34, n° 42, p. 97.
41) 以下について，CAPITANT, *supra* note 34, n° 44, p. 99 et s.
42) しかし，ユ帝期には後退が見られ，原因記載証書（*cautio discreta*）がある場合には，金銭不払の訴えないし抗弁は認められないこととされたとされる。つまり，原因記載がある場合には，債務者が原因不存在の立証責任を負い，原因無記載証書が問題となる場合にのみ，債権者に原因の存在の立証責任が課されることとされた。さらに，争いはあるものの，以上の定めは，消費貸借ばかりではなく，あらゆる金銭支払を要する証書に妥当するものとされた。つまり，あらゆる証書において，原因が記載されていなければならなかった。以上について，V. CAPITANT, *supra* note 34, n° 44, p. 101.

しかしながらこの場合も，二つの原因概念は必ずしも截然とは区別されない。原因なしに問答契約によって債務を負担した者は，弁済期の到来を待たずとも原因欠缺故のコンディクチオを提起して機先を制し[43]，債務から解放され得た（解放のためのコンディクチオ（*condictio liberationis*））[44]。また，原因行為による基礎付けを欠く問答契約に基づいて物が供与された場合には，非債弁済のコンディクチオによってこれを取戻すことができた[45]。こうして，問答契約の原因とコンディクチオにおける原因とが重なり合う。以下に見るように，フランス古法において原因欠缺故のコンディクチオが問題とされるのは，主としてこの規律に関してである。

無名契約と裸の合意　**14**　次に，合意の有効要件たる原因の問題を扱う前提として，無名契約の規律について検討する。

有名の諾成契約と区別される双務契約として，無名契約（*contractus innominatus*）が存在する。ユ帝期には，「［あなたが］与えるがために［私は］与える（*do ut des*）」，「為すがために与える（*do ut facias*）」，「与えるがために為す（*facio ut des*）」，「為すがために為す（*facio ut facias*）」という4類型によって把握された。この契約は，諾成契約としては処遇されず，一方の側の先履行を待ってはじめて拘束力を生じた。すなわち，古典期においては，先履行した側には，当初は履行訴権が与えられず，コンディクチオが与えられたにとどまる。この関係を原因概念を通じて説明するならば，先履行した当事者にとって，相手方の給付の履行が原因であり，履行がなされなければ，原因欠缺を理由として自らの給付を取戻すことができる。これを可能とするのが，*condictio ob causam datorum* ないし *condictio causa data causa non secuta* であった[46]。

---

43) この *condictio* は不確定物のそれであった。p. ex. D. 12, 7, 3. Julianus.

44) CAPITANT, *supra* note 34, nº 43, p. 98-99. さらに，証書返還のコンディクチオ（*condictio cautionis*）も認められていたとされる。V. GIFFARD et VILLERS, *supra* note 17, nº 169, p. 106. C. 4, 5, 3.「義務づけられていないことを知らずに弁済された一定量の物［＝金銭］が返還され得るのだから，まして容易に，義務づけられていない一定額に関して交付された書面を対象として *condictio* が認められる，あるいは，原告に対して悪意の抗弁が提出される。Cum et soluta indebita quantitas ab ignorante repeti possit: multo facilius quantitatis indebitae interpositae scripturae condictio competit, vel doli exceptio agenti opponitur.」

45) D. 12, 7, 1 pr. Ulpianus. 後掲注 130）参照。この法文は以下随所に登場する。

46) 拙稿「フランスにおける契約の解除（1）——解除訴訟における判事の役割を中心として」法学協会雑誌 123 巻 7 号 1314 頁（2006）。なお参照，吉野悟「Datio ob rem における目的——ローマ法の目的不到達による不当利得返還請求訴権の位置について」谷口知平教授還暦記念『不当利得・事

ここで問題となるのは，無名契約において要求される原因と裸の（無方式）合意（*nudum pactum*）から訴権が生ずるために必要とされる原因との異同についてである47)。D. 2, 14, 7 において，ウルピアヌスは，訴権を生ぜしめる合意と，抗弁のみを生ぜしめる合意とを区別している。前者には有名契約およびそれ以外の双務契約（συναλλαγμα）が含まれるが48)，裸の合意であっても原因を基礎とすれば債務を生ぜしめるものと理解される（D. 2, 14, 7, §4 の反対解釈)49)。ここでの原因は，当事者の一方による先履行と理解されていたとされる50)。ここに，裸の合意に関する規律と無名契約のそれとが重ね合わされる素地が見出される。中世ローマ法学においては，裸の合意は，なんらかの「衣（*ves-*

　　務管理の研究（1)』（有斐閣，1970) 48 頁以下。
47) 以下について，V. CAPITANT, *supra* note 34, n° 72, p. 151 et s.
48) D. 2, 14, 7 pr. Ulpianus.「万民法上の合意には，訴権を生ぜしめるものと，抗弁を生ぜしめるものがある。Juris gentium conventiones quaedam actiones pariunt, quaedam exceptiones.」
　　eod., §1.「訴権を生ぜしめる合意は，合意という名称を有するにとどまらず，契約として固有の名称を有する。[名称を有する契約として]例えば，売買，賃貸借，組合，使用貸借，寄託，および他の類似のすべての契約が挙げられる。Quae pariunt actiones, in suo nomine non stant, sed transeunt in proprium nomen contractus: ut emptio, venditio, locatio, conductio, societas, commodatum, depositum et caeteri similes contractus.」
　　eod., §2.「しかしながら，ある事柄が，なんらかの[有名]契約とされなくとも，その基礎に原因がある場合には，Aristo は Celsus に対して，正当にも債務があると答えた。例えば，あなたが私になんらかの物を与えることを意図して私があなたに物を与えた場合，あなたが何かを為すことを意図して私が[あなたに物を]与えた場合，これによってシナラグマすなわち契約が存在し，故に市民法上の債務が生ずる。したがって私は，以下の事案において正当にも Julianus [の回答] を採り上げたと考える。あなたが Pamphilus を解放することを意図して私があなたに Stichus を与え，[その後] あなたは [Pamphilus を] 解放したが，Stichus が追奪された。Julianus は，[この場合あなたに] 法務官によって事実訴権が与えられると述べている。他の者は，不確定物に関する市民法上の訴権，すなわち，前書訴権が与えられると述べている。実際のところ，Aristo がシナラグマと称する契約が存在するのであって，故にこうした訴権が生ずるのである。Sed et si in alium contractum res non transeat, subsit tamen causa, eleganter Aristo Celso respondit, esse obligationem: ut puta, dedi tibi rem ut mihi aliam dares, dediut aliquid facias, hoc συναλλαγμα, id est, contractum esse, et hinc nasci civilem obligationem: et ideo puto, recte Julianuma Mauriciano reprehensum in hoc: dedi tibi Stichum, ut Pamphilum manumittas, manumisisti, evictus est Stichus: Julianus scribit, in factum actionem a praetore dandam: ille ait civilem incerti actionem, id est, praescriptis verbis sufficere: esse enim contractum, quod Aristo συναλλαγμα dicit, unde haec nascitur actio.」
49) eod., §4.「しかしながら，合意においていかなる原因もその基礎にないとすれば，債務が成立し得ないことはたしかである。したがって，裸の合意は債務を生ぜしめず，抗弁[のみ]を生ぜしめる。Sed cum nulla subest causa propter conventionem, hic constat non posse constitui obligationem. Igitur nuda pactio obligationem non parit, sed parit exceptionem.」
50) CAPITANT, *supra* note 34, n° 72, p. 151. 前掲注 48) の D. 2, 14, 7, §2 の事案は，*do ut facias* 型の無名契約と理解され得る。

timentum）」を身につければ，訴権を生ぜしめる[51]，と整理される。先履行たる原因が *vestimentum* の役割を果たすことになる。無名契約においても，一方の側の先履行がこの者の履行訴権（前書訴権（*actio praescriptis verbis*））を可能とし，相手方が合意に拘束される関係が見出された。これは，裸の合意による訴求可能性の承認の論理と同等のものと評価され得る。フランスの古法時代において，無名契約（contrat innommé）と単純約束（simple promesse）・単純合意（simple convention）（いずれも *nudum pactum* のフランス語訳）とが同列に論じられることは，意外なことではない[52]。

以上をまとめると，無名契約においては，原因は二重に機能することになる[53]。当事者の一方による給付は，相手方の債務にとって原因となる。つまり，相手方は自らの給付を義務づけられる。他方，相手方の給付がなされなかった場合，先履行した者は，自らの給付に原因が欠けることとなり，コンディクチオによって給付した物を取戻すことができる[54]。無名契約の原因と裸の合意の原因とが同視されるとき，双方の債務にとって相手方の給付が原因として表象される，ということができる。

（1） 債務証書における原因[55]

原因無記載の債務証書をめぐって[56]

15 中世法学さらにフランスの古法時代において[57]，原因無記載の問答契約証書（*cautio indiscreta*）ないし債務証書の証拠力および訴求力の問題が原因に関する

---

51) *ibid.*, p. 152. なお参照，石川博康『「契約の本性」の法理論』（有斐閣，2010）63-64 頁，155-156 頁［初出，法学協会雑誌 122 巻 6 号（2005），法学協会雑誌 123 巻 5 号（2006）］。

52) 中世ローマ法学においても同様であったことについて，V. MEYERS, E. M., Les théories médiévales concernant la cause de la stipulation et la cause de la donation, *Tijdschrift voor Rechtsgeschiedenis*, 1936, p. 365 et s., spéc., p. 369 et s.

53) V. SÖLLNER, *supra* note 5, S. 195. 「以上は，無名［要物］契約の場合には，先履行する当事者が，二重の法的保護を享受することを意味する。この者には，*actio praescriptis verbis* によって反対給付を請求することが許され，あるいは逆に，*condictio ob causam datorum* によって給付の返還を請求することが許される。」

54) これは解除に類似する。*condictio ob causam datorum* ないし *condictio causa data causa non secuta* を解除制度の起源と考え得ることについて，参照，拙稿・前掲注 46) 1314 頁。

55) 合意における原因に関する他の問題，例えば，贈与における原因等については，学説史を別様に構想する必要があるため，これを扱わない。邦語文献として，参照，森山浩江「恵与における『目的』概念——コーズ理論を手がかりに」九大法学 64 号 1 頁以下（1992）。

56) この問題については，柴崎暁「証拠法的抽象性概念の形成（1）——フランス民法典 1132 条の原

主要問題であったとされる[58]。既述のとおり，ローマ法において，cautio とは，問答契約がなされたことを確認する債務証書を意味する。債務証書が原因記載を欠き，債務を基礎づける事柄，すなわち原因の存否が争われるとき，立証責

因不記載証書」同『手形法理と抽象債務』（新青出版，2002）11 頁以下によってほぼ論じ尽くされている（多くの部分は ALEXANDRESCO, Vintila, *Du billet non causé*, thèse Paris, 1912 ［未見］の論述に依拠している）。したがって，以下の記述は屋上屋を架すものたらざるを得ず，コンディクチオ論という視角の相違ならびに同書に欠けた史料の解釈によって，独自性を標榜するほかない。主としてドイツ法についてこの問題を扱うものとして，参照，木内宜彦「手形の原因関係と手形抗弁（緒論）――手形の抽象的性質論成立史」同『手形抗弁の理論（木内宜彦論文集 1）』（新青出版，1995）3 頁以下 ［初出，法学新報 78 巻 10・11 号（1971）］；小川浩三「普通法学における causa 論の一考察」法学協会雑誌 96 巻 6 号 721 頁以下（1979）。

57) 教会法学については扱わない。詳細については，V. CAPITANT, *supra* note 34, n° 65 et s., p. 137 et s. (écrit par G. Le Bras) に，また，中世ローマ法学については，V. CHEVRIER, *supra* note 10; SÖLLNER, *supra* note 5, S. 213 ff.; MEYERS, *supra* note 52, p. 368 et s. に譲る。

58) 小川浩三「ジャン・ドマの lois de la religion と lois de la police（2・完）」北大法学論集 38 巻 4 号 (1988) 注（53）632 頁。問答契約証書と債務証書一般とを連続的に捉え得ることを論証する必要があり，本来は，中世ローマ法学・教会法学について検討しなければならない。したがって以下の記述は問題の所在を示すための概説にとどまる。詳細については，CAPITANT, *supra* note 34, n° 61 et s., p. 131 et s. なお参照，柴崎・前掲注 56）16 頁以下。
差し当たり，16 世紀における一つの理解として，デュ＝ムーラン（Du MOULIN, Charles [1500-1566]）の一節のみを引用する。*Molinæi Caroli Nova et analytica explicatio* rubr. et leg. I. et II. de Verb. oblig. [= D. 45, 1, 1 et 2], Rubrica de Verborum obligatio. Epitome, n° 37（*Omnia quæ extant opera*, Caroli Osmont, Paris, 1681, t. 3, p. 10）。「実際のところ，その場に居合わせる者の間で取引が行われたということは，書面によって明らかとなるのであろうか。それとも書面には表示されないのであろうか。この場合，約束した，または，約束がなされた，という文言があれば，この文言は問答契約を包含する。［…］さらに，請け合った，または，請け合われたというさらに強力な強調を伴った文言ならば，なお一層そうである。An vero per scripturam appareat, nec in ea contineatur negotium gestum esse inter præsentes: & tunc verbum promisi vel promissum esse, implicat stipulationem: [...] Idem multo magis de verbo cavi, vel cautum fuit, quod adhuc majorem habet emphasim.」口頭契約である問答契約は両当事者が対峙して行われるべきものであるが，書面（*scriptura*）があり，そこに約束がなされたことについて記載があれば，問答契約の存在が承認される。両当事者が実際に問答を交わしたことを意味する *cautio*［←*caveo*］の語には，二義的な位置づけしか与えられていない。
なお，小川・前掲 634 頁によれば，Du Moulin は裸の合意と問答契約とを同視する。小川教授が引用する箇所を参照しよう。Du Moulin は，市民法上自然債務しか生ぜしめない *pactum nudum* も，教会法においては訴権を生ずるとし，「教会法ではこの自然債務が訴権を生ぜしめるが，これは，市民法では問答契約が訴権を生ぜしめるのと同様である。Quæ naturalis obligatio dejure Cnonico actionem parit perinde ut stipulatio de jure civili.」とする（*Commentarius in codicem sacratissimi imperatoris Jusiniani*, Lib. 2, Tit. 3, De pactis（*Omnia*, t. 3, p. 604））。問答契約の意義が，訴権を生ぜしめる合意の意味に稀釈化されていることがわかる。他方，問答契約は，原因を欠く（*sine causa*），すなわち，なんらかの取引が存在しない（*non subsistente aliquo negotio*）場合には有効ではないとする（*Nova et analytica*, Epitome § Si quis ita [= D. 45, 1, 1, §2], n° 9, (*Omnia*, t. 3, p. 29)）。
以上より，Du Moulin においては，(1) 原因たる *negotium*, (2) 問答契約ないし *pactum*, (3) その *scriptura*, という三つの層が区別されていることになる。

任の所在が問題となる。

　この問題について，中世ローマ法学においては，二つの潮流が存在したとされる59)。一方の立場は，金銭不払の訴えの場合を除き，問答契約の原因の存在は推定され，証書において原因を明らかにする必要はないとする。よって，問答契約の規律のとおり，原因の不存在の立証責任は債務者＝被告に課される。他方の立場は，悪意の抗弁を原因無記載のあらゆる証書において可能とし，さらに，原因の存在の立証責任は債権者＝原告に課されるとする。ただしバルドゥス（Baldus de Ubaldus [1327?-1400]）は，原因が明らかにされない問答契約であっても，当事者の属性など一定の状況が存在すれば，原因の存在が推定され有効とされるとした60)。

　フランスにおいては，例えば13世紀に著されたボーマノワール（Beaumanoir, Philippe de [1250?-1296]）の著名な一節が，この問題を扱っている。

「[…] 私は某額の金銭を支払う義務を負っている，と記載されているが，なにゆえに私がそれを負うのか，について記載のない証書は，悪事（chose de malice）を疑わせる。このような証書が法廷に持ち込まれたときには，裁判官は，債務を弁済させる前に，その債務が生じた原因を知らなければならない。」61)

　原因無記載証書は「悪事を疑わせる」との記述からすれば，債務者＝被告には悪意の抗弁が与えられているものと理解することができよう。また，元来の

---

59) 以下について，V. Dumas, Auguste, *Histoire des obligations dans l'ancien droit français*, Publications du Centre d'Histoire institutionnelle et economique de l'Antiquité romaine (dactyl.), Aix-en-Provence, 1972, p. 160 et s.; Capitant, *supra* note 34, n° 61, p. 132 et s.

60) Dumas, *supra* note 59, p. 161. Baldus の理論について，参照，小川・前掲注58）注（53）632-634頁。

61) Beaumanoir, *Coutumes de Beauvaisis*, texte critique publié par Am. Salmon, Alphonse Picard et fils, 1900, t. 2, n° 1096, p. 56. « […] la letre qui dit que je doi deniers et ne fet pas mencion de quoi je les doi, est soupeçonneuse chose de malice; et quant tele letre vient en court, si doit savoir li juges la cause dont cele dete vint avant qu'il la face paier. »

　この箇所について，参照，柴崎・前掲注56）19頁。V. aussi Dumas, *supra* note 59, p. 161; Capitant, *supra* note 34, n° 67, p. 143. ここで Capitant は，*cautio indiscreta* に関する教会法学説が，古法時代の慣習法学説に影響を及ぼしたと想定する。なお，Beaumanoir の理論の全体像について，V. Chevrier, *supra* note 10, p. 209 et s.

ローマ法の規律とは異なり，原因の存在についての立証責任は原告に課される[62]。

ここに見られる原因無記載証書に対する疑義は，公証人をして新たな慣行を生ぜしめたとされる[63]。13世紀以降，公証人は，債務証書中に原因を記載するよう配慮することとなった。この慣行が一般化するならば，あえて原因を記載しなかった証書について，原因について隠匿する当事者の意図が一層強く推定される，ということができる。

他方，公証人は，債務者側のあらゆる抗弁を放棄させる条項を証書中に挿入するという慣行を発展させた[64]。放棄条項については本章第2節第1款で検討されるが，原因関係に関する抗弁または訴権も放棄の対象とされていた[65]。結果として，公証人の面前で作成される公署証書の場合には，事実上，事後的にその有効性について争うことは認められなくなる。

しかし，時代が下るにつれ，商人間の手形（billet）取引を中心として，原因無記載の私署証書（écriture privée, acte sous seing privé）が用いられるようになる。これについて，学説判例の展開があったことが確認される[66]。*cautio indiscreta* に関する中世ローマ法学における論争の再現とも評し得る。総じて16世紀において，原因記載がない場合，債務証書は証拠力を否定され，さらに証書が表象する合意ないし債務自体も無効とされることが通例であったとされる[67]。これに対して，17世紀後半において，当事者の属性などの諸状況（cir-

---

62) BEAUMANOIR, *supra* note 61, nº 1230, p. 135-136. Pierres が Jehan に消費貸借された金銭または売却された穀物の返還を求めた場合には人証が行われるが，その理由として，次のように述べる。「債務［の履行］を請求する者は誰であれ，その債務が生じた原因を述べ，それを理由として債務が負われた事柄を述べなければならないからである。car quiconque demande dete, il doit dire la cause dont la dete vient et nommer ce pour quoi la dete est deue.」

63) 以下については，DUMAS, *supra* note 59, p. 161 に全面的に依拠する。

64) DUMAS, *loc. cit.* は，この帰結として，あらゆる片務契約において，原因が有効要件とされたと考えられ，さらには，あらゆる promesse ないし pacte が，原因があれば有効であるという形で，諾成主義の原則を裏打ちすることとなったとする。

65) SÖLLNER, *supra* note 5, S. 194-195; MEYNIAL, Édouard Jean Marie, Les renonciations au moyen âge et dans notre ancien droit, *NRHD*, 1900, p. 108 et s., 1901, p. 241 et s., p. 657 et s., 1902, p. 49 et s., p. 649 et s., 1904, p. 698 et s., spéc., 1900, p. 120 et s.

66) CHEVRIER, *supra* note 10, p. 220. 私署証書が公証人証書と同様の効力を有するか否かが問題となる。公証人証書が作成されると，即時執行（exécution parée）が可能となる。また債権者は，債務者の財産一般を目的とする一般抵当権（hypothèque générale）を取得する。私署証書であってもこの権利が取得されるか否かが問題とされた。一般抵当権については，後記本文 **62** 参照。

constances) によって原因が補われる可能性を許容し，さらに，原因記載のない証書の有効性を一般的に認める学説判例が一般化する[68]。原因の存在が推定される結果，弁済を免れるには，債務者がその不存在を立証しなければならない。

フェリエールによる例証　**16**　以上の古法時代の学説判例の対立について，18世紀前半に，パリ大学の教授かつ弁護士として活躍したフェリエール（FERRIÈRE, Claude Joseph de [1666-1747 ou 48]）[69]が著した，*Dictionnaire de droit et de pratique*[70]（初版 1734 年）を用いて例解することとしよう。規範の変容過程の解明に資するクロノロジックな記述が見られる。

前提として指摘されるべきは，同書において，「obligation」とは，実体上の債務または債権債務関係であるとともに，債務を表象する証書でもあり得るということである。本款冒頭に指摘した「実体法と証拠法の未分化」を指摘することができる。

「Obligation とは，法的拘束関係（lien de droit）である。これによってわれわれは，誰かに対して，なんらかの物を与える，または，なんらかの事を為す債務を負う。」[71]

自然債務（obligation naturelle）と市民法上の債務（obligation civile）とについて解説し，市民法上の債務の発生原因として契約，準契約，不法行為，準不法

---

67) CAPITANT, *supra* note 34, n° 67, p. 144.
68) DUMAS, *supra* note 59, p. 162-163.
69) 父である FERRIÈRE, Claude de [1639-1715] も著名な法学者兼実務家であった。われわれが用いた *Dictionnaire* は，表紙の記載より子フェリエールによるものとして引用するが，実際は父フェリエールの著作であったと説明される。V. ARABEYRE, Patrick, HALPÉRIN, Jean-Louis et KRYNEN, Jacques, *Dictionnaire historique des juristes français, XII*^{e}*-XX*^{e} *siècle*, 2e éd., Quadrige, PUF, 2015, p. 423-425. 初版（1734）を参照できなかったため確定し得ない。なお，われわれが用いた版には，表紙によれば，匿名補訂者が関与している。
70) FERRIÈRE, Claude-Joseph de, *Dictionnaire de droit et de pratique*, nouv. éd., 2 vol., Chez la Veuve Brunet, Paris, 1769. おそらく，柴崎・前掲注 56）の記述を支える Alexandresco のテーゼも Ferrière を典拠としている。後掲注 82）に引用する箇所と柴崎・前掲注 56）20 頁注（60）とを比較。
71) FERRIÈRE, *supra* note 70, t. 2, p. 248, v° OBLIGATION. « OBLIGATION, est un lien de droit, par lequel nous sommes obligés à donner ou à faire quelque chose à quelqu'un. »

行為を列挙したのちに，次のように述べる。

　「諸債務についてわれわれがたったいま付与した諸原則は，ローマ法から導出される。また，この諸原則は，obligation とは何か，それにはどれほどの数の種類があるか，について知るためにこれを用いることができる。しかし，通常われわれの許において，obligation という語が意味するところを見ることとしよう。
　われわれは，公証人の面前で，金銭消費貸借または他の原因に基づいてなされる acte を obligation と称する。これとは異なり，私署による債務承認（reconnaissance sous signatures privées）は，単純約束（simples promesses），借用証（cédules）ないし手形（billets）と称される。」72)

問題となるのは，「obligation」の上位概念とされている「acte」という語の意味である。二つの定義がなされている。

　「Acte とは，一般的な意味においては，何らかの事柄を立証しかつ正当化するのに役立てられるあらゆるものである。」
　「Acte とは，ときに，ある者の所為（fait）をも意味する。」73)

フェリエールの理解するところによれば，obligation とは，公証人の面前でなされ lien de droit を生ずる「所為」であり，かつ／または，公証人の面前で証拠として作成される「証書」である。acte の下位概念である obligation も acte も二重の意味を帯びるはずであり，「所為」と「証書」のいずれの意味にも解することができる。もっとも，reconnaissance は，「私署による」という限定辞が付されている点，また，それを言い換えた cédules・billets によって

---

72) *ibid.*, t. 2, p. 249. « Les principes que nous venons de donner sur les obligations, sont tirés du Droit Romain, & peuvent beaucoup servir pour connoître ce que c'est qu'obligation, & de combien il y en a de sortes. Mais voyons ce qu'on entend ordinairement parmi nous par obligation. // Nous appellons obligation un acte passé pardevant Notaire, pour prêt d'argent ou pour autre cause; à la différence des reconnoissances sous signatures privées que l'on appelle simples promesses, cédules ou billets. »
73) *ibid.*, t. 1, p. 33-34, vº Acte. « Acte en général, est tout ce qui sert à prouver & justifier quelque chose; […] » « Acte, se prend aussi quelquefois pour le fait de quelqu'un; […] »

書面性が強調されている点を捉えれば,「証書」の意味で理解することが自然であろう。この推論は,もう一つの言い換えである promesse にも妥当する[74]。そうした私署による reconnaissance ないし promesse が,公証人の関与を要する obligation と対抗的に把握されているのであるから,「われわれの許において」obligation の語は「証書」の意味で通用している,との見解が披瀝されていることになろう。

　以上を踏まえて,フェリエールの記述に立ち戻ろう。先の箇所で語義を確認したのちに,一つの法規範が語られる。すなわち,「obligation に不可欠なことは,それを原因づける理由を含んでいなければならない,ということである」[75]。では,原因とは何か。

　「原因とは,ときに,ある者が,他の者に対して債務を負う理由（raison）を意味する。約束証書（promesses）および債務証書（obligations）は,そこに記載される適法な原因（une cause légitime qui y soit énoncée）を有していなければならない。そのため,これらは,原因づけられた債務証書または約束証書（obligations ou promesses causées）と称される。原因が記載されていなければ,それらを攻撃することができ,かつ,それら[76]が,卑しい原因によって（*ob turpem causam*),例えば,賭博を理由として,または,同様に非難されるべき他の原因に基づいて作成されたと信ずるのが当然であるという意味において,その無効を主張することができよう。Obligation の項を参照せよ。」[77]

　はるか昔ボーマノワールが語ったのと同様に,原因の無記載は,原因の違法

---

74) 教会法学において,約束された自体と証書とが同視され,いずれについても原因が必要とされていたことについて, V. CAPITANT, *supra* note 34, n° 66, p. 141.

75) FERRIÈRE, *supra* note 70, t. 2, p. 249, v° OBLIGATION. « Ce qui est essentiel à une obligaiton, c'est qu'elle doit contenir la raison pour laquelle elle est causée, comme nous dirons ci-après. »

76) ここでは,後掲注 77）下線部のように elle と単数になっており,直前の「obligations ou promesses causées」が複数であることと齟齬を来すが,ほかに被指示語を見出すことができない。

77) FERRIÈRE, *supra* note 70, t. 1, p. 225, v° CAUSE. « CAUSE, signifie quelquefois la raison pour laquelle un homme s'oblige envers un autre. // Les promesses & obligations doivent avoir une cause légitime qui y soit énoncée; ce qui fait qu'on les appelle obligations ou promesses causées, faute de quoi on pourroit leur donner atteinte, & en prétendre la nullité, en ce qu'il y a lieu de croire qu'elle a été faite ob turpem causam, pour raison du jeu, ou pour une autre cause également réprouvée. Voyez Obligation. »［下線筆者］

性を推認させる。しかし，「Obligation, ou promesse causée」の項においては，これとは異なる見解が提示される。

　「原因づけられた債務証書または約束証書とは，それらが作成された原因が記載されているものである。このことは，債務証書または約束証書が効力を有することができ，したがって，それらが攻撃され得なくなるための必要条件であるように見える。
　たしかに，債務証書または約束証書の原因を記載せずにそれらを作成した者であっても，義務を負っていると推定される。あるいはなんら義務を負っていなかったとしても，少なくともこの者は，与える［＝贈与する］意図を有していたものとみなされる。
　以上は，ブルターニュ慣習法第11章第9条についてのド・ペルシャンボール氏の[78]見解である。この見解によれば，債務証書は，それが作成された原因が記載されていなくとも，善意に適っていさえすればなお有効である。したがって，債権者であると称するものの悪意の立証責任は債務者に課される。
　［同様の立場に立つものとして］Journal des Audiences に収録された1664年5月16日の［パルルマンの］判決[79]がある。同判決は，証書に原因がなんら

---

78) De Perchambault の著作を参照することはできなかった。他方，Ferrière 執筆時のブルターニュ慣習法の正文を確定することも困難であるが，*Coûtumes générales du pais et duché de Bretagne*, Chez Guillaume Vatar, Rennes, 1745, t. 1, p. 542 を参照すると，その第11章（Des Obligations, Actions & Plevines）第9条文（通し番号で184条）は，第三者のための債務についての規定である。Ferrière の記述との対応関係について解釈を留保せざるを得ない。
「未成年者，浪費者，精神障害者などといった，その者のために債務が負担される者が能力を有しないとしても，債務を負担する者が能力を有しているならば，債務は他人によって負担され得る。債務を負担した者は，未成年者らに対しては，いかなる求償もなし得ない。ただし，債務が未成年者らの利益に向けられていたことが立証された場合にはこの限りでない。Obligation peut être faite par autrui, pourvû que la personne qui s'oblige soit capable, encore que celui pour lequel il s'oblige soit incapable de s'obliger; soient mineurs, prodigues, furieux, ou autres, contre lesquels ceux qui se sont obligés n'auront aucun recours, sinon qu'il se vérifiât que l'obligation eût tourné à leur profit.」
79) CHEVRIER, *supra* note 10, p. 233 によれば，軍役に従事する未成年者を債務者とする単純約束が問題となっている。原因記載がなくとも債務者は有責判決を受け得るが，債権者が原因について立証しなければならないとされた。原告敗訴。仮にこの引用が正しいとすれば，De Perchambault の見解と1664年判決との間には間隙が生ずる。後掲注88）で下線を付した「les nouveaux Arrêts」に1664年判決も含まれるならば，本文に引用した箇所はこの判決の一部のみを切り出したものとなる。Ferrière 自身の解釈は留保されている。後掲注89）参照。

記載されなかった債務（obligation dont la cause n'étoit point exprimée dans l'acte）を有効であると判示した。

　たしかに，この判決と，この点について特殊な規定を有する慣習法に関するド・ペルシャンボール氏の見解があるとはいえ，Loi 7. §. 4. ff. de pact.［= D. 2, 14, 7, §4］によれば，なんら原因を含まないあらゆる借用証，約束証書および債務証書は無効であると考えるのが妥当である。［…］」[80]［下線筆者］

　フェリエールは，学説およびパルルマンの判決を引きながらも，それらを突出したものと理解し，原因無記載証書は無効であるとする。その論拠として，裸の合意の訴求力の根拠を原因に求める D. 2, 14, 7, §4 が挙げられていることが注目される。仮に，この法文が実体レベルの債務・約束の無効について述べるものと解釈されており，また，obligation や promesse が債務・約束と証書の二重の意味を伴って用いられているならば，原因無記載であることのみを理由として，実体上の債務・約束もまた無効とされる，と考えることもできる。すなわち，「実体法と証拠法の未分化」は克服されていない可能性がある。もっとも，「obligation dont la cause n'étoit point exprimée dans l'acte」という表現では，「obligation」と「acte」とが区別して用いられており，フェリエールの語の使用に統一性が見られるかは定かではない。

17　ところで，D. 2, 14, 7, §4 を根拠とする厳格な規律は緩和されることが認

---

80) FERRIÈRE, *supra* note 70, t. 2, p. 249, v° OBLIGATION, OU PROMESSE CAUSÉE. « OBLIGATION, OU PROMESSE CAUSÉE, est celle où se trouve énoncée la cause pour laquelle elle est faite; ce qui paroît être une condition nécessaire, pour que l'obligation ou la promesse puisse avoir son effet, de sorte qu'on n'y puisse donner atteinte. // Il est bien vrai que celui qui aura fait l'obligation ou la promesse sans en exprimer la cause, est preésumé devoir; ou du moins s'il ne devoit rien, il est censé avoir eu intention de donner. // C'est le sentiment de M. de Perchambault sur l'article 9. du tit. 11. de la Coutume de Bretagne, qui porte que les obligations ne laisseront pas d'être valables, quoique la cause pour laquelle on les fait ne soit pas exprimée, pourvû qu'elles soient de bonne foi; en sorte que ce seroit au débiteur à prouver la mauvaise foi de celui qui se prétend créancier. // Il y a même un Arrêt du 16. Mai 1664 rapporté dans le Journal des Audiences, qui a jugé valable une obligation dont la cause n'étoit point exprimée dans l'acte. // Nonobstant cet Arrêt, & le sentiment de M. de Perchambault, qui a écrit sur une Coutume qui contient là-dessus une disposition particulière, il y a lieu de croire que toute cédule, promesse & obligation qui ne contient point de cause, est nulle, suivant la Loi 7. §. 4. ff. de pact. […] »

められているとされる。前記箇所に引き続いて次のように述べられる。

「[…] ただし，債務証書中に原因が記載されていないとしても，債務証書が適法な原因によって作成されたことを推定させるなんらかの状況（circonstance）が存在すれば，この限りではない。例えば，病人が医者に対して，または，依頼人がその代理人に対して作成した債務証書が挙げられる。」[81]
［下線筆者］

原因を欠く債務証書は原則無効でありながら，当事者の属性を考慮することによって原因は補われ得ることがわかる。続く箇所では，こうした解決は学説の支持を集めているとされる[82]。さらにフェリエールは，同様の解決を導く規則制定判決[83]の参照（16 mai 1650）[84]を指示する。しかしそうした規律と矛盾す

---

81) loc. cit. « [...] à moins qu'il n'y ait quelque circonstance qui fasse présumer que l'obligaiton est faite pour une juste cause, quoiqu'elle n'y soit pas exprimée, comme seroit l'obligation qu'un malade auroit faite à son Médecin, ou un client à son Procureur. »

82) loc. cit. « C'est le sentiment de Ranchin, quest. 176. de Papon dans ses Arrêts, livre 10. Titre 2. & de Belordeau en ses Observations forences, lettre C, art. 5, Voyez l'Arrêts de Règlement fait à ce sujet, rapporté dans le Journal des Audiences en date du 16. Mai 1650. »
Ranchin と Belordeau の著作については参照し得なかった。Papon の判例集については後掲注84) 参照。

83) 規則制定判決（法規的判決）（arrêts de règlement）が法律と同等の効力を有することについて，参照，野田良之『フランス法概論上巻（再版）』（有斐閣，1970）413-414 頁。

84) 前掲注82) の Ferrière の記述からこのように判断するが，1650 年判決の正文を確認し得なかったために確言は控える。Chevrier, supra note 10, p. 233 および柴崎・前掲注56) 21 頁によれば，1650 年判決は原因記載のない手形および約束を同時に無効とし，そうした手形の使用自体を禁ずるものであったとされる。
V. aussi Denisart, Jean Baptiste, Collection de décisions nouvelles et de notions relatives à la jurisprudence, mise dans un nouvle ordre, corrigée & augmentée, La veuve Denisart, Paris, 1784, t. 3, p. 527, v° Billet (simple), § I. n° 1-2.「1° billet とは義務負担証書である。これは，あらゆる義務負担証書と同様に，真正かつ適法な原因がなければ有効には作成されない。原因がなければ，義務負担証書は無効となろう。Un billet étant un engagement, ne peut, comme tout engagement, être fait valablement sans une cause vraie & légitime; autrement l'engagement seroit nul.
2°この原因は，billet に記載されていなければならない。1650 年 5 月 16 日のパリパルルマンの規則制定判決は，それが作成される理由となった原因を内容としない billet および約束証書は無効であると宣言する。Cette cause doit être exprimée dans le billet: un arrêt de règlement du parlement de Paris, du 16 mai 1650, déclare nuls les billets & promesses qui ne contiendront pas les causes pour lesquelles ils ont été passés.」
この記述を信頼するならば，Ferrière の参照指示の意味が問われなければならない。おそらくは，1650 年判決の射程を狭めようとしている。すなわち，Ferrière は，1650 年判決は証書の効力を否定したにすぎず，他の証拠によって原因が補われる可能性を排除していない，と読むのであろ

第 1 部　各種返還請求の史的諸相

るかのような王令も存する。1673 年の王令は為替証書（lettre de change）について，原則として原因記載を不要とする[85]。この二つの法源はいかにして調和されるべきか。

「この王令は，とりわけ，商人や取引をする者を対象とするが，1650 年の

う。後掲注 89）参照。

当事者の属性を顧慮する判例法についてはより時代を遡ることができる。V. Chevrier, supra note 10, p. 231-232. p. ex. Coquille, Guy, Les coustumes du pays et comte de Nivernois, dans Les oeuvres de maistre Guy Coquille, nouv. éd., t. 2, Chez Claude Labottière, Bordeaux, 1703, p. 308. ここでは，1544 年 12 月 2 日の判決が引用され，un Gentil-homme de Poitou がパリのホテル業者に対して交付した借用書（cédule）が問題とされている。この証書には原因の記載がなかったが，ホテル宿泊費を原因とすると推定され，債務は有効とされた，とする。« La présomption étoit que ce fût pour dépense faite en l'hostellerie, & fût l'obligation declarée valable. »

この判決について，Papon, Jehan, Recueil d'arrestz notables des courts souveraines de France, 3e éd., Par Ian de Tournés, Lyon, 1559, Livre X, Titre 2, Arrest II, p. 282 にも同様の記述が見られる。Arrest Ier, p. 281 において「消費貸借，売買，寄託などといった原因の記載がない債務証書は，履行されず，無効である。さらに，履行［請求］に対して［提出された］異議がある場合には，当地の判事は，当事者になんら配慮することなく，すべてが無効であると宣言しなければならない。[…] Lettres obligatoires sans expression de cause de prest, vente, depost, ou autres, ne sont executoires, & sont nulles: voire, que s'il y ha opposition contre l'execution, le Iuge sur le champ doit le tout declairer nul, sans adiuger aucune prouision à la partie: […]」としたのちに次のように述べる。「しかしながら，注記すべき事柄がある。ときに，債権者および債務者の属性に応じて原因が採り上げられる。例えば，学生が債務を負っていることを承認し，コレージュの校長またはエコールの校長に支払を約する場合，宿に滞在した旅行者がホテルの経営者に支払を約する場合，病人が医師に，潰瘍持ちが外科医に，戦士が武器屋または馬の卸売人に，被弁護人が弁護人に［支払を約する場合］，原因は，それが書かれていた場合と同様に採り上げられる。疑義がある場合には，債権者は立証を受理され，債務者は防御することを許される。以上は，1544 年 12 月 2 日パリ［パルルマン］の判決によって判示された。Toutefois fait à noter, que quelquefois lon prend les causes selon les qualitez du creancier, & debteur: comme si vn escollier confesse deuoir, & promet payer au Principal d'un college, ou Recteur d'escolle: ou vn passant ayant seiourné à vn logis promet payer à vn maistre d'hostellerie: vn malade à vn Medecin: vn vlceré à vn Chirurgien: vn homme de guerre à vn Armurier, ou Corratier de cheuaux: vn plaideur à son Procureur, les causes se prennent notoirement, comme si elles estoient escrites. Et s'il y ha doute, le creancier est receu à prouuer, & le debteur condanné à garnir. Et ainsi fut iugé par arrest de Paris, du 2. Decembre 1544.」以上を前提とすれば，1650 年判決の射程には疑義が付されよう。

85）Ferrière, supra note 70, p. 249-250. « L'article 1. du titre 5. de l'Ordonnance de 1673. porte, que les Lettres de change contiendront sommairement le nom de ceux auxquels le contenu devra être payé, le temps du payement, le nom de celui qui en a donné la valeur, & si elle a été reçue en deniers, marchandises ou autres effets. »

L'Ordonnance du commerce du mars 1673, Tit. V. Des lettres et Billets de change, et promesses d'en fournir, Art. 1 と文言は同一である。V. Isambert, Decrusy et Taillandier, Recueil général des anciennes lois françaises, depuis l'an 420, jusqu'à la Révolution de 1789, t. XIX, Belin-Leprieur, Verdière, 1829, p. 97-98. lettres de change の定義に原因の記載が含まれていないことに注意。

規則［制定判決］は一般的であり，あらゆる種類の人についてのものである。また，債務証書または約束証書が作成された原因がそこになんら記載されていないとき，当該債務証書または約束証書は無効であると判示するのちの一群の判決も同様である。」[86]

以上の法状況を提示したのちに，フェリエールは，そもそも原因記載のないobligationが無効とされるのはなぜか，と問いを発する。

「債務証書が，法律によって承認かつ許容される原因に基づかない場合には，その効果を生じ得ないのであるから，証書中に原因が記載されていないとき，当該債務証書は，卑しい原因または不正な原因によって（*ob turpem vel injustam causam*），［例えば］賭博を理由として，または，同様に非難される他の原因によって，作成されたと推定される。」[87]

以上の記述には，実体のレベルにおける原因論が垣間見える。たしかに原因なき債務証書は無効である。しかし，証書に原因記載がない場合に推定がはたらくということは，記載がなくとも原因が存在する可能性は否定されていないことを意味する。不法原因が推定されるにとどまる。債権者に不利な推定がはたらくことから推測すれば，この推定を覆すべきは，債権者ということになろう。これに対して，実務はさらに規律を緩和した，との認識が示される。

「しかし，新たな諸判決は，この点について判例を変更した。すなわち，今日では，債務証書が作成された原因がそこに記載されていないとしても，当該債務証書は有効であると判示される。現在では，そのような債務証書が

---

86) FERRIÈRE, *supra* note 70, p. 250. « Cette Ordonnance regarde particulièrement les Négocians & les gens d'affaires; mais le Règlement de 1650, est générale pour toutes sortes de personnes, aussi bien que quantité d'Arrêts postérieurs, qui ont jugé qu'une obligation ou promesse est nulle, lorsque la cause pour laquelle elle est faite ne s'y trouve point énoncée. »
87) *loc. cit.* « Comme les obligations ne peuvent produire leur effet, si elle ne sont fondées sur des causes approuvées & autorisées par les Loix; quand la cause n'y est pas énoncée, elles sont présumées faites ob turpem vel injustam causam, pour raison du jeu, ou pour autre cause également reprouvée. »

無効であると宣言させ得るのは，諸状況のみである。すなわち，王令の禁止に反して債務証書が作成されたであろうと推定するのがもっともである場合，例えば，賭博で損をした金銭について，または，適法でない原因によって作成された場合がそうである。こうして，当事者の属性，および，他の同様の状況こそが，債務［債務証書］が履行に値するかどうかについて宣言することを決定づけるのでなければならない。」[88]

　先の箇所でフェリエールが展開した原則無効論は，既に克服された議論であったことになる。「原因無記載故に不法原因が推定される」というかつての解決は，原因無記載証書の証拠力を否定するものであった。これに対して新たな判決は，原因無記載証書を一般的に有効とする。不法原因の推定ははたらかない。諸状況が立証されてはじめて，原因の不法性が認定される。証書は原因記載の有無を問わず，証拠力を認められることとなったと解することができる。さらに，証拠力が肯定され，原因の不法性が推定されないことから，原因関係についての立証責任は債務者に課されることになった，と理解されよう[89]。こ

---

[88] *loc. cit.* « Mais les nouveaux Arrêts ont en cela changé la Jurisprudence; & aujourd'hui l'on juge qu'une obligation est valable, quoique la cause pour laquelle elle est faite ne soit pas exprimée. Il n'y a que les circonstances qui pourroient à présent faire déclarer nulles de pareilles obligations; sçavoir lorsqu'il y auroit lieu de présumer qu'elles auroient été faites contre la prohibition des Ordonnances, comme pour argent perdu au jeu, ou pour autre cause non licite. Ainsi c'est la qualité des personnes qui doit déterminer à les déclarer exécutoires ou non, & autres circonstances semblables. »［下線筆者］

[89] ここで問われるべき問題は，前掲注88）下線部の「les nouveaux Arrêts」には前掲注79）の1664年判決が含まれるか否かである。Denisart は，同判決を1650年の規則制定判決に対置する。V. Denisart, *supra* note 84, t. 3, § I., n° 4, p. 527, v° Billet (simple).「上記の規則制定判決は，原因の記載を欠くことを理由として無効であると規定するが，諸状況が誠実な原因が存在したことを証し立てるであろうときには，原因記載を内容としない billets は有効であると宣言されることが幾度も見られた。［…］Quoique le règlement ci-dessus, prononce la nullité pour défaut d'expression de cause, il est arrivé plusieurs fois qu'on a déclaré valables des billets qui ne contenoient pas cette expression, lorsque les circonstances démontroient qu'il y avoit une cause honnête; [...] 」具体例として，1664年判決を第一に掲げ，ほかに1738年3月29日判決（嫁資の設定が原因として立証された事案），1755年5月5日判決（所持人（porteur）Y が billet を X に譲渡したのちに，この譲渡が X に対する債務についての質権設定による旨の証書を作成。X の相続人がこの証書を Y による X に対する債務承認証書（reconnaissance）として，Y に支払を請求。Y は原因について争ったが，弁済を命じられた事案）を挙げる。
　ここで前掲注79）で示唆した Ferrière のレトリックが問題となる。1664年判決が立証責任を債権者に課したのであれば，証書の有効性はなんら意味をなさない。前掲注84）のように1650年判決の射程を絞り不法原因の推定として理解する場合と差異はなくなってしまう。「les nouveaux

うしてフェリエールは，一旦は否定的に引用したブルターニュ慣習法に関する学説と同様の規律に辿り着く。

18 以上のフェリエールの記述を一般化し得るならば，次のような考察が可能となる。古法時代の実務において問題とされていた原因は，債務・約束およびその証書という二重の意味を有し得る obligation または promesse のそれであり，当初は，原因の有無の問題とその証書への記載の問題とが切り離せないものとして観念されていた，と理解され得る。実際，原因記載のない証書の効力について論ずる箇所で，裸の合意の拘束力を論ずる D. 2, 14, 7, §4 が引用されていた。つまり，証書の意味をも有する債務・約束は，原因がなければ拘束力を有しないことが議論の前提とされている，と考えることができよう。

この「実体法と証拠法の未分化」の段階から，原因無記載の場合には不法原因が推定される，という論理を経て，両者が切り離される過程を読み取ることができる。当初はこの推定が先行した。しかし，原因の記載がない場合であっても，証書を取り巻く状況が原因欠缺を補うこととなった。この論理の延長線上に，債務それ自体の無効については留保されつつ，原因無記載証書の有効性が一般的に承認される。こうして原因の問題は，実体のレベルの問題となる。

19 この言明は，フェリエールと同時代人であるプレヴォ＝ド＝ラ＝ジャネス（Prévôt de La Jannés, Michel [?-1749]）[90]の記述によって補強される。

「あらゆる obligations は，当事者に債務を負担することを合意させた動機

Arrêts」の新規性を強調するには，これらの判決について，立証責任の転換にまで射程を拡げる必要がある。したがって，1664 年判決をここから除外しなければならない。そのために，1664 年判決は一部のみを切り出して参照されたと考えられる。この推論が妥当であれば，1650 年判決の射程を絞ったのは，「les nouveaux Arrêts」との差異を際立たせるためであった，と理解することも可能である。すなわち，証書の効力においても，また，立証責任の点でも，1650 年判決は，「les nouveaux Arrêts」によって変更されたものと解釈されていることになる。しかしながら，わざわざ 1650 年判決の射程を絞る必要はあったのであろうか。おそらくその趣旨は，「原因は実体レベルの債務の有効要件ではない」という Ferrière の主張に関連する。後記本文 **31** 参照。

90) 彼は，オルレアン大学フランス法講座の Pothier の前任者である。Prévôt de la Jannés の古法時代における位置づけについて，とりわけ，訴権の観点から民事法を整理し，対物訴権と対人訴権の 2 部構成を採る編成の斬新さについて，V. Arnaud, André-Jean, *Les origines doctrinals du code civil français,* thèse Strasbourg, L. G. D. J., 1969, p. 150 et s.

のうちに，その原因を必ず有していなければならない。しかし，約束の原因が，債務の手形（billet）または証書（instrument）において明らかにされていない場合があり得る。1650年5月16日にパリパルルマンによって下された規則制定判決は，当事者が合意した理由が記載されなかった約束および手形は無効であると宣言するが，この判決が存在するとはいえ，上記の事態は生じ得る。パルルマン自身も，Journal des Audiences に収録された1664年5月16日の判決からわかるように，この判例に厳格には従っていない。

したがって，［債務の有効性については］手形を取り巻く諸状況を検討しなければならず，当事者の間で交わされたように見える取引の性質によって，かつ，衡平ならびに善意（bonne foi）は何を要求しているのかという観点から，判断されなければならない。」[91]

プレヴォ＝ド＝ラ＝ジャネスは，「債務・約束」と「手形・証書」とを明確に区別しており，債務の原因の有無の問題と，証書への原因記載の有無の問題とを別様に観念しているものと考えられる。フランス古法における「実体法と証拠法の未分化」は克服され，債務の原因を独立に考察する可能性が開かれている。

ボワソーによる例証　**20**　時代が前後するが，フェリエールについての解釈を補うために，16世紀にポワチエ上座裁判所附きの弁護士の職にあったボワソー（BOICEAU (DE LA BORDERIE), Jean [1510-1591]）[92]の著作を参照しよう。同書は，1566年のムーランの王令54条についての解説書として上梓された[93]。ボワソーは，私署証書について人証（preuve par témoins）が

---

91) PRÉVÔT DE LA JANNÉS, Michel, *Les principes de la jurisprudence françoise. Exposés suivant l'ordre des diverses espèces d'actions qui se poursuivent en justice*, Nouv. éd., Chez Briasson, Paris, 1759, t. 2, n° 410, p. 134 et s. なお参照，柴崎・前掲注56) 23頁。« De la cause de l'obligation. Toute obligation a nécessairement sa cause dans le motif qui a fait consentir la partie à s'obliger: mais il peut arriver que la cause de la promesse ne soit pas exprimée dans le billet ou instrument d'obligation, & quoiqu'il y ait un Arrêt de Règlement rendu au Parlement de Paris le 16 Mai 1650, qui déclare nulles les promesses & billets dans lesquels on n'aura pas exprimé les causes pour lesquelles ils ont été passés; le Parlement lui-même n'a pas suivi cette Jurisprudence à la rigueur, comme il paroît par un Arrêt du 16 Mai 1664, rapporté au Journal des Audiences. // Il faut donc examiner les circonstances du billet & se déterminer par la nature de l'affaire qui paroît s'être passée entre les Parties, & par la vûe de ce que demandent l'équité & la bonne foi. »

92) ARABEYRE, HALPÉRIN et KRYNEN, *supra* note 69, p. 128.

認められるか否かについて論ずる前提として，原因無記載証書の有効性について議論を展開している。

「[ムーランの]王令[54条][94)]の第2文についてしばしば提起される二つ目の問題[95)]は，なんら原因づけられていない私署による約束証書（promesse sous seing priveé, laquelle se trouve n'être point causée）に関わる。例えば，以下の文言において書かれた約束証書がしばしば見られる。私ガイウス（Gaïus）は，ティティウス（Titius）に対して100エキュを負っており，この金額について，彼の意思に基づいて支払うことを約している旨を承認する，と。ところで，この債務承認証書（reconnoissance）が，周知の如く，まったく裸の（tout nuë）それであることはたしかである。なぜなら，ここには記載された

---

93) Danty, *Traité de la preuve par témoins en matière civile, contenant le commentaire latin & françois de M. Jean Boiceau, Sieur de la Borderie, Avocat au Présidial de Poitiers, sur l'Article LIV de l'Ordonnance de Moulins*, 6ᵉ éd., Paris, Chez Delalain, 1769. [以下，Boiceau par Danty として引用] *Ad legem regiam Molinaeis habitam de abrogata testium a libra centena propatione commentarius* と題されたラテン語による初版は1582年にPoitiersで出版されたが，われわれが用いることができたのは，Dantyによる仏語訳（ラテン語併記）補訂の第6版である。Danty補訂のうちフランス国立図書館のウェブサイト上の目録から確認し得た最も古い版の出版年は1697年である。なお，表紙によれば，同版には匿名補訂者が関与している。
94) Ordonnance du Moulin (Ordonnance sur la réforme de la justice) du février 1566, Art. 54. V. Isambert, Decrusy et Taillandier, *supra* note 85, t. XIV, 1829, p. 203; Boiceau par Danty, *supra* note 93, p. xxxiii.「上に見たように，裁判において主張され，人証を要するがそれが忌避されるという事態が増えている。そうした事態のために，いくつもの訴訟上の不都合と遅延が生じている。そうした事態の増加を防ぐために，[朕は]以下のことを命じた。また[あらためてここに]命ずる。今後，一度に支払われるべき100リーヴルの金銭または価値を超えるあらゆる事項が，公証人および証人の面前で契約となる。この者たちを通じて[締結されたもの]だけが契約となり，当該事項の完全な証拠が作られかつ受理される。契約に含まれた事項のほかにいかなる人証も受理されず，契約の以前に，契約の際に，契約ののちに述べられたまたは合意されたと主張される事項についても人証は受理されない。//とはいえ，[朕は]私人によって行われた合意，並びに，当事者の署名，印および筆記において当事者によって行われる他の事項の証拠について，これを排除するつもりはない。Pour obvier à multiplication de faits que l'on a vû ci-devant estre mis en avant en jugement, sujets à preuve de témoins, et reproche d'ceux, dont adviennent plusieurs incovéniens et involutions de procès: avons ordonné et ordonnons que d'oresnavant de toutes choses excédans la somme ou valeur de cent livres pour une fois payer, seront passez contrats pardevant notaires et témoins, par lesquels contrats seulement, sera faite et reçuë toute preuve esdites matières, sans recevoir aucune preuve par témoins, outre le contenu au contrat, ne sur ce qui seroit allégué avoir esté dit ou convenu avant icelui, lors et depuis. // En quoi n'entendons exclure les preuves des conventions particulières, et autres qui seroient faites par les parties sous leurs seings, sceaux et écritures privées.」
95) 第一の問題は，あらゆる私署証書が54条の規律に服するか，というものであった。V. Boiceau par Danty, *supra* note 93, p. 570 et s.

いかなる原因も見られないからである【原注 a】。裸の単純合意（pacte nud & simple）はまさにこのように理解され，これについて法博士や註釈者が議論してきた。というのも，ウルピアヌスは【原注 b】，なんら原因づけられることがなくいかなる訴権をも与えない合意を，裸の合意と称していたからである。故に，この種の私署による約束証書に対する抗弁の形で，当該約束証書はなんら原因づけられていないが故に無効であるという主張が裁判においてなされることがしばしば見られるのである。人々は，これを根拠として，当該約束証書は原因なしに作成され，かつ，義務づけることなしに作成されたものとして無効であると宣言させるために，<u>取消状（Lettres de rescision）</u>を取得する。【原注 a²】」96)［下線筆者］

こののちには，私署証書は公署証書と同一の証拠力を有さず，書証の端緒（commencement de la preuve par écrit）でしかないという規律を前提に，その証拠力が否定される場合には，約束証書の原因について人証が許されることが説明される。

---

96) *ibid.*, IIe partie, Chapitre III, Des Écritures privées non causées, Art. 1, p. 611-612.

　［本文］« La seconde question qui se présente souvent sur cette seconde partie de l'ordonnance, est au sujet d'une promesse sous seing-privé, laquelle se trouve n'être point causée, comme il s'en voit souvent qui sont écrites en ces termes: Je Caïus confesse devoir cent écus à Titlus que je promets lui payer à sa volonté; car il est certain que cette reconnoissance est, comme on dit, toute nuë, parce qu'il n'y a aucune cause exprimée; & c'est ainsi que le pacte nud & simple est conçu, quelque chose qu'en aient dit les docteurs & glossateurs de droit; car Ulpien appelle une paction nuë, celle qui n'est point causée, & qui ne donne aucune action; & c'est pourquoi j'ai vu souvent alléguer en justice, par forme d'exception contre ces sortes de promesses sous seing-privé, qu'elle étoient nulles, parce qu'elles n'étoient point causées; & sur ce fondement, on prenoit des Lettres de rescision pour les faire déclarer nulles, comme faites sans cause, & n'ayant pas même dû être faites: […] »

　［脚注のラテン語ヴァージョン］« QUÆSTIO secunda, quæ in hanc posteriorem legis partem sæpe occurrit, est de scriptura privata, nullam causam habente, ut multoties visum est ita scribi: Ego Caius, fateor me debere Titio aureos centum, quos solvere, cum voluerit, promitto. Certum est enim talem confessionem omnimodo nudam esse, cum nullam habeat causam expressam. [a] Et hæc videtur vera pacti nudi diffinitio, quicquid inter doctores & glossatores tamdiu disputatum fuerit. Ulpianus [b] enim, pactionem, cui nulla subest causa, nudam appellat, nullamque ex ea actionem concedit; & idcirco sæpe vidi contra ejusmodi scripta privata, excipi in judicio, de nullitate propter non expressam causam: atque ob id nonnulli rescripto restitutorio uti solent, ut talis confessio annuletur, tanquam sine causa & indebite scripta. [a²] »

　Boiceau のこの箇所については，V. aussi Esmein, *supra* note 9, 1881, p. 41-42; Capitant, *supra* note 34, n° 67, p. 144.

「この場合，債権者は約束証書において明らかにされていない当該約束証書の原因の如何について人証を受理され得るか，という問いが提起される。私が判断するところでは，本王令によれば，［人証が］認められる。王令は，私署の書面（écritures privées）の信憑（foi）について予断を下そうとは考えていない，と規定している。したがって，債権者は，この種の書面を利用することができ，その信憑が否定される場合には，上述のように，人証を行うことができる。」[97]

原因のない promesse は裸の合意であり，これに基づく請求には無効の抗弁が提出され得る。しかし，原因についての人証が許され，したがって無効とされない可能性が認められている。すると，原因のない promesse は，これを確認する証書についてその証拠力を否定され得るにとどまることになろう。仮にボワソーによって当時の学説を代表させることが可能であれば，「実体法と証拠法の未分化」は，16世紀の時点で解消されているものと考えることができる[98]。

21 ボワソーの記述に対して，補訂者であるダンチ（Danty, Georges [1648-1708]）はこれに従うとしながらも，次のように注記している。ここから18世紀後半の法状況が明らかとなる。

---

97) Boiceau par Danty, *supra* note 93, p. 612.
　［本文］« [...] on demande si le créancier, en ce cas, peut être reçu à prouver par témoins quelle est la cause de cette promesse, qui ne s'y trouve point exprimée; ce que j'estime être permis, suivant cette ordonnance, qui déclare qu'elle n'entend point préjudicier à la foi des écritures privées, en sorte que le créancier peut se servir de ces sortes d'écritures, & si elles sont déniées, les prouver par témoins, comme nous avons ci-dessus. »
　［ラテン語］« [...] In his ergo casibus, nunquid creditor causam quæ deficit, & scripta non est, testibus probare poterit? Puto quod sic, ex dispositione constitutionis istius: qua cautum est, privatis scripturis principem præjudicare non velle, adeo ut, ipsis privatis scriptis uti possint creditores, & ea, si denegentur testibus probare, ut supra disputavimus. »
98) Capitant, *supra* note 34, n° 67, p. 144 は，16世紀以降，裸の約定が原因づけられていない約束と同義とされたとし，Boiceau についても，実体における promesse と écriture とがともに無効とされている，と理解する。しかし，ラテン語ヴァージョンを見れば，無効とされているのは，書面（*scriptura*）であることがわかる。ただし，Danty が promesse という語を実体レベルの約束の意味で用いている可能性は排除されない。

第 1 部　各種返還請求の史的諸相

　「まずは一般的な問題について，次のような考察が必要である。約束証書がなんら原因づけられていないとしても，この約束証書は，これを作成した者はそこに記載された金額について債務者である，という黙示の推定の代わりとなる。なぜなら，何人も原因なしに債務を負ったとは推定されないからである。人は，約束証書の金額を受領せず，したがって無償で，しかも，望めばなんら原因づけられていなかったが故に約束は無効であると宣言させ得ることを当てにして，約束証書に本気で署名しようとは考えない。」99)

　ボワソーが原因無記載証書の無効の可能性に言及し，債権者に立証責任を負担させるのに対して，原因無記載証書の有効性が端的に承認されていると考えることができる100)。なぜなら，証書の存在のみによって被告は債務者である

---

99) Boiceau par Danty, *supra* note 93, Addittions sur le Chapitre III, Art. 1, p. 616. « Il faut observer d'abord sur la question en général, que quoiqu'une promesse ne soit point causée, néanmoins elle tient lieu de présomption tacite, que celui qui l'a faite est débiteur de la somme qui y est exprimée; car personne n'est présumé s'obliger sans cause. On ne s'avise pas de signer sérieusement une promesse sans en avoir reçu la somme, & gratuitement, sous l'espérance de la faire déclarer nulle, quand on voudra, comme n'etant point causée. »

　引き続いて，立証責任の所在が明らかにされる。*ibid.*, Art. 2, p. 616.「［第二に］特殊な問題がある。それは，この推定は，債務者についての立証を拒否するものではない，ということである。債務者は，自分は何も受領していないことを立証する負担をなんら負わない（この推定は，立証され得ない否定的推定である）［＊割注原文］。［立証の負担を負うのは］債権者である。手許に証書（すなわち原因づけられていない約束証書）［＊割注原文］があったとしても，債権者は，自分は実際に金銭を与えた，故にこの約束証書は原因を有している，と立証する。この立証がなければ，債権者の証書は無効である［*］。Ce qu'il y a de particulier, est que cette présomption ne rejette point la preuve sur le débiteur qui n'est point chargé de prouver qu'il n'a rien reçu, (ce qui est une proposition négative qui ne se peut prouver;) mais c'est au créancier, quoiqu'il ait un titre en main, (sçavoir la promesse non causée,) à prouver qu'il a effectivement donné de l'argent, & que cette promesse a eu une cause, son titre étant nul sans cela［*］。」

　原文の割注および注［*］がいつの時点で付されたか，また，Danty によるのか匿名補訂者によるのかは定かではないが，注［*］では，判例法に触れられる。1650 年の規則制定判決が「原因の記載を内容としない手形および約束を無効とした déclare nuls les billets & promesses qui ne conteindront pas l'expression des causes」とするが，Prévôt de la Jannés と同様の筆致で，「しかしパルルマンもこの規範に厳格に従っているようには思われない」とする。そこで引用されるのは，1664 年 5 月 16 日判決，1738 年 3 月 29 日判決（以上 Denisart が典拠），1706 年 7 月 29 日判決（未見）である。やはり 1664 年判決の理解が問題となろう。前に示唆した Ferrière の操作から立証責任は債権者に課されるとする主張が読み取られ得るならば，Danty とは対立しており，1769 年の時点において，立証責任の問題については未だ確たる解決が見られないと言える。

100) 前掲注 99)の引用箇所の直後には本文で引用する箇所が続く。*nudum pactum* の規律について説明される箇所である。しかしながら，Art. 3 では，ローマ法においては，*nudum pactum* とは，

46

ことを推定されているからである。事後に争われるのは実体レベルの合意の有効性であると考えられる。

　以上のダンチの記述、および、既に検討したフェリエールの記述から、少なくともダンチ編・第6版の出版年（1769年）（フェリエールの第2版と同年）の段階において、ボワソーの理解を更新する判例法が形成されていたことが明らかとなる。

小括　**22**　合意と証書のいずれもが同時に無効とされるという理論がかつて存在していたか否かについては留保するとしても、裸の合意であるとして原因無記載の証書を直ちに無効とする理論は、われわれが参照し得た学説を一般化し得るならば、少なくとも18世紀において存在しない。したがって、網羅的な学説、判例の検討がなお要請されるとはいえ、差し当たり、原因論は実体レベルの問題となっていた、という仮説を提示することは許されよう。これまでの検討は、証書の問題を切り離すことを主眼としてきたが、以下では、実体レベルの無効論とそこにおけるコンディクチオに焦点が絞られる。なお、実体における原因の存在の推定という規律は、民法典1132条に結実するが[101]、本書ではこれを扱わない。

　以下への導入として、前掲箇所でボワソーによって引用されたローマ法文を参照しよう。【原注a】においては、原因欠缺故のコンディクチオに関するD. 12, 7, 1 が引用される。この法文については直後に詳述するが、差し当たり、*condictio sine causa* における *causa* が合意に訴求力を付与する原因の意味で理解されているものとする。【原注b】においては、*pactum* に関するD. 2, 14, 1, §4 から §6 が引用されるとともに、問答契約の原因に関する法文、および、売買に事後的に付加された合意（*pactum ex intervallo*）に関する法文が引かれる[102]。

「裸のまたは口頭の合意 convention nuë, ou verbale」のことであるとする。Art. 4 では、問答契約が付加されるならば、*nudum pactum* を援用することが可能となるが、「これもまた口頭でなされる」。そもそも同書で問題となっているのは、「原因の記載がない書面によって作成された約束証書 promesse rédigée par écrit en laquelle la cause n'est point exprimée」である。したがって、「不適切な仕方でなければ、この約束証書は裸の約定とは称され得ない。laquelle ne peut être appellée un pacte nud qu'improprement」とする。ボワソーの記述は事実上論駁されている。

101）柴崎・前掲注56) 24頁以下の記述に譲る。

民法典1132条　合意（convention）は、その原因が明らかにされていなくともなお有効である。

102）C. 2, 3, 27 が引用される。原因を有する問答契約の訴求力を認める法文である。「遵守されるべき合意を原因とし、その帰結としてなされた問答契約によって訴える者は、合意が事前になされて

問答契約にせよ単なる合意にせよ，原因がなければ訴求力が認められないと考えられている。さらに【原注a²】においては，非債弁済のコンディクチオに関する C. 4, 5, 3¹⁰³⁾ が引用される。先の引用箇所では，「取消状（Lettres de rescision, *rescriptum restitutorum*）」が取得されるとされていた。すると，無効な債務を弁済した者は，直ちに非債弁済のコンディクチオによっては返還請求し得ないことになる。取消状については本章第2節で扱われるが，少なくとも法文からは「取消状」の必要は導かれないことを確認しておく。

ここでは，引用された法文にコンディクチオが登場することのみを指摘して，ドマの原因論の検討に移ることとしよう。

(2) 合意の有効要件としての原因

23 以上で検討された実務上の問題とは異なる次元で，すなわち実体のレベルにおいて，原因を欠いた合意を無効とする理論は，17世紀末にドマによって完成されたとされる¹⁰⁴⁾。もっとも，ドマの原因論については，次のような評価も存在する。

「[…] ドマの論理展開は，主として無名契約のために規定された法文の解

いたにせよ，事後になされたにせよ，[訴えに] 引き続いて，判決されることを正当に請求する [ことができる]。Petens ex stipulatione, quae placiti servandi causa secuta est, seu ante cessit pactum, seu post statim interpositum sit, recte secundum se ferri sententiam postulat.」反対解釈によって，原因としての合意（*placitum*）がない問答契約によっては請求することができない，と解されているのであろう。続いて D. 18, 1, 72 pr. Papinianus が引用される。この法文については，参照，石川・前掲注51) 69頁 [初出，同名論文 (2) 法学協会雑誌122巻6号 (2005)]。売買ののちに合意されたいわゆる *pacta ex intervallo* に関する法文である。保証人による2倍額の *cautio* がなされる旨の事後的合意（ut cum fideiussore cautio duplae praestetur）について，「買主が訴えるとしても，合意は効力を有しないが，売主が訴える場合には，同じ合意が当然に抗弁としての効力を有する agente emptore non valet pactum, idem vires habebit jure exceptionis, agente venditore」とする。*cautio duplae* とは，売主に追奪担保責任を負担させるためになされる問答契約であるとされる。Boiceau の引用の意図は必ずしも定かではないが，おそらく *cautio duplae* に関する *pactum* が原因なく合意された裸の約定と解釈されているのであろう（ただし，仮に *cautio* を問答契約の「証書」と理解することができれば，この *cautio* に原因の「記載」がないことが前提とされていることになろう。第一の引用法文が示唆する）。そうであるとすれば，引用の趣旨が及ぶ範囲にもよるが，売主が請求してきた場合に買主が抗弁を提起しているのであるから，Boiceau が「しばしば見られる」とする事例と争いの型において近似する。

103) 前掲注44) 参照。
104) CAPITANT, *supra* note 34, n° 78, p. 163 et s. *Comp.*, CHEVRIER, *supra* note 10, p. 246 et s.

釈に基礎づけられていた。同時代の意思主義的な哲学の新しい諸原則に導かれ，ドマは，それらの法文に関して，まったく当然にも，原因とは，一方当事者が義務負担の目的または目的因（cause finale）として期待する反対給付である，と解釈した。これはそもそも，彼が，無名契約と双務諾成契約とを誤って同視したことによる。」[105]

われわれは，この混同こそが，ドマにおける原因理論の形成を促したと評価する。また，ドマと同時代の著作において，無名契約論からの契約総論の抽出が観察される。もっとも，合意の有効要件として原因を要求する学説が大勢を占めていたわけではない。そもそもローマ法と対置されるフランス法は，原因を必要とせず，あらゆる合意に拘束力を承認するはずである，との見解が見られた。古法時代の諸学説の布置状況を明らかにするには，この緊張関係を意識する必要がある[106]。

とはいえ，フランス民法典に結実したのは，原因を有効要件とする（ものと解し得る）ドマならびにポチエの学説であった。彼らの原因理論は，コンディクチオに依拠せられている。

ドマの原因理論 **24** ドマ（Domat, Jean [1625-1696]）は，その主著である *Les loix civiles dans leur ordre naturel*[107]（初版 1689 年）において，合意（convention）を四種に分類する[108]。第一が，当事者が互いに与える合意，

---

105) Hanard, Gilbert, La cause dans les contrats: données romaines et codes civils français et allemand, *Rev. int. dr. de l'Antiquité*, suppl. au t. XLI, 1994, p. 102 et s., spéc., n° 21, p. 114.
106) Capitant, *supra* note 34, n° 58, p. 128.「［原因概念の］の発展の歴史は，裸の合意（pacte nu）［概念］の歴史と分かち難く結びついている。なぜなら，合意のみが義務づける（*solus consensus obligat*）という規範の承認へと至る道程における一つ一つの歩みが，目的（but）の観念の展開に影響を与えてきたのであるから。」Capitant における原因の概念は，ある者が債務を負担する目的を意味する。*ibid.*, n° 1, p. 17 et s. なお参照，小粥・前掲注7) 22-23頁。
107) Domat, Jean, *Les loix civiles dans leur ordre naturel, Œuvres complètes de J. Domat*, nouv. éd. par J. Rémy, Alex-Gobelet, Paris, 1835, t. 1, pp. 75 et s.［以下「éd. par Rémy」として引用］引用は原則として Rémy 版によるが，*Les loix civiles dans leur ordre naturel*, 2ᵉ éd., t. 1, Jean Baptiste Coignard, Paris, 1695 をも併記する［以下「2ᵉ éd. chez Coignard」として引用］。後者では法文が抜粋されて引用される。以下では，原則として抜粋された部分を明示し，重要法文については全文を引用した上で抜粋箇所に下線を付す。
108) 小川・前掲注58) 626頁；小粥・前掲注7) 16頁。
　Domat, *supra* note 107, Liv. I, Tit. I. Des conventions en général, Sec. I. De la nature des conventions, et des manières dont elles se forment, Art. 4. éd. par Rémy, t. 1, p. 122; 2ᵉ éd. chez

第二が，当事者が互いに為す合意，第三が，一方が与え他方が為す合意，第四が，一方のみが与えまたは為す合意である。前三者はローマ法における無名契約の四類型を三つに縮減したものであるが[109]，それらを最後の片務無償契約と対比するものと理解される。そして，前三者について，次のように述べる。ドマが体系的に原因理論を展開する箇所である（説明の便宜のため，以下ではこ

Coignard, t. 1, p. 70-71.「人の使用および物の使用のためのやり取りと取引は四種から成り，それらが合意の四類型である。その理由は以下のとおりである。一緒に取引する者たちは，あるいは，売買や交換におけるように，相互に相手方に物を与え合う。あるいは，互いに事務を引き受け合う場合のように，互いになんらかのことを為す。あるいは，商人が一定の金額で自らの仕事を与える場合のように，一方が為し他方が与える。あるいは，一方が無償で相手方の事務を引き受ける場合，または，純粋な恵与［の感情］から贈与を行う場合のように，一方のみが為すか与え，他方は何も為さず与えない。Les communications et les commerces pour l'usage des personnes, et celui des choses sont de quatre sortes, qui font quatre espèces de conventions. Car ceux qui traitent ensemble, ou se donnet réciproquement une chose pour une autre*, comme dans une vente et dans un échange, ou font quelque chose l'un pour l'autre**, comme s'ils se chargent de l'affaire de l'un de l'autre; ou bien l'un fait et l'autre donne***, comme lorsqu'un mercenaire donne son travail pour un certain prix; ou enfin un seul fait ou donne: l'autre ne faisant ou ne donnant rien, comme lorsqu'une personne se charge gratuitement de l'affaire d'une autre****, ou que l'on fait une donation par pure libéralité*****.」

*L. 5, ff. de praescr. verb. = D. 19, 5, 5 pr. Paulus: « auto do tibi, ut des » 後掲注 114) 参照。
**Dict. leg.: « auto facio, ut des »
***Dict. leg.: « auto facio, ut des », « auto do, ut facias »; L. 2, ff. de verb. obl. = D. 45, 1, 2 pr. Paulus: « Stipulationum quaedam in dando quaedam in faciendo consistunt. »（全文抜粋）; L. 3, ff. de obl. et act. = D. 44, 7, 3 pr. Paulus.（抜粋なし）
****L. 1, 4, ff. mand. = D. 17, 1, 1, §4. Paulus: « Mandatum, nisi gratuitum, nullum est. »
*****L. 1, ff. de don. = D. 39, 5, 1 pr. Julianus: « Propter nullam aliam causam facit, quam ut liberalitatem etmunificentiam exerceat. Haec proprie donatio appellatur. »; L. 7, Cod. de his quae vi metusve caus. gest. sunt = C. 2, 20, 7: « donatio est contractus. »（ただし，GODEFROY, HULOT et TISSOT, t. 1 には該当箇所なし。Krueger 版による。）

[109] 小川・前掲注58) 注（52）631 頁。Domat は，前掲注 108) の引用箇所の脚注において，引き続き次のように説明する。「ここでは，一方が与え他方が為す場合のうち一つの組み合わせしか挙げていない。これに対してローマ法は場合を二つに分けている。しかしながら，実際には，自分の側で為すまたは与えることを開始するのが二人のうちのいずれであっても，合意としての性格は一つしかなく，一方が与え他方が為すという組み合わせしかない。ローマ法において行われた区別は，われわれが用いることがないある理由に基づいているが，これについて説明する必要はない。On ne fait ici qu'une seule combinaison du cas où l'un fait & l'autre donne, au lieu que le droit romain en distingue deux; une de faire pour donner, ef une autre de donner pour faire. Mais, dans la vérité, ce n'est qu'un seul caractère de convention et une seule combinaison de donner d'une part, et de faire de l'autre, lequel que ce soit des deux qui commence de sa part à faire ou donner. Et la distinction qu'on y faisait dans le droit romain, étant fondée sur une raison qui n'est pas de notre usage, il n'est pas nécessaire de l'expliquer.」［下線筆者］
　下線部の表現から，のちに引用する Danty と同様に，先履行が含意されているように見えるが，拘束力の根拠として援用されているわけではない。仮に「ローマ法においては」先履行が拘束力の根拠であった，と理解されているのであれば，「une raison」がこれを指す可能性があるが，推測の域を出ない。

の箇所を【総論】と称する）。

　「前三種の合意（conventions）においては，なんら無償な事柄が存在しない取引が行われ，一方の義務（engagement）は，他方の義務の基礎（fondement）である110)。さらに，一方のみが債務を負うように見える合意においてであっても，金銭の消費貸借の場合を例にとれば，借りる者のobligationには，相手方の側の，合意の成立のために与えなければならなかった物が先行していた。このように，この種の合意において，当事者の一方のために成立するobligationは，その原因を，常に相手方の側に有する【原注1】。よって，実際には原因がなかったとすれば，obligationは無効となるであろう

---

110) 義務負担のfondementという表現を用いる箇所として，V. aussi DOMAT, *supra* note 107, Liv. I, Tit. I, Sec. III. Des engagemens qui suivent naturellement des convventions, quoiqu'ils n'y soient pas exprimés, Art. 2. éd. par Rémy, t. 1, p. 134-135; 2e éd. chez Coignard, t. 1, p. 87. 「すべての合意において，一方の義務は他方の義務の基礎であるが故に，合意の第一の効果は，以下のようなものである。各々の契約当事者は，自らの側で自分の義務を履行することで，相手方に義務を履行する債務を負わせることができる。［これは］合意によって両当事者が債務を負ったところによる。［…］En toutes conventions, l'engagement de l'un étant le fondement de celui de l'autre, le premier effet de la convention est que chacun des contractans peut obliger l'autre à exécuter son engagement, en exécutant le sien de sa part, selon que l'un et l'autre y sont obligés par la convention, soit que l'exécution doive se faire de part et d'autre dans le même temps, comme s'il est convenu dans une vente que le prix sera payé lors de la délivrance, ou que l'exécution doive précéder de la part de l'un, comme si le vendeur doit délivrer, et a donné terme pour le paiement; ou de la part de l'autre, comme si l'acheteur doit payer par avance, avant que la chose lui soit délivré*. [...]」［下線筆者］
　*L. 19, ff. de verb. sign. = D. 50, 16, 19. Ulpianus: « Contractum, ultro citroque obligationem, quod Graeci συναλλαγμα vocant. »; L. 2, §ult. ff. de obl. et act. = D. 44, 7, 2, §3. Paulus: « Alter alteri obligatur, de eo quod alterum alteri, ex bono et aequopraestare oportet. »; L. ult. Cod. ad vell. = C. 4, 29, 25: « Quod ab initio sponte scriptum, non in pollicitationem deductum est, hoc ab invitis postea compleatur. »; L. 1, Cod. quando dec. non est op. = C. 5, 72, 1: « Id quod convenit servabitur. »; L. 5, Cod. de obl. et act. = C. 4, 10, 5: « Sicut ab initio libera potestas unicuique est habendi vel non habendi contractus, ita renuntiare semel constitutae obligationi, adversario non consentiente, nemo potest. »
　第一のD. 50, 16, 19を除き，いずれも合意は履行されなければならないという趣旨の法文である。われわれが注目すべきは，「chacun des contractans peut obliger l'autre à exécuter son engagement, en exécutant le sien de sa part」という文言の意味である。両債務が互いにfondementの関係にあるが故に（［または，］あったとしても），相手方の履行義務を導くには，自分の側で「先に」履行しなければならない，と読むことができる。一方の先履行が合意の拘束力の根拠とされているように見える。しかしながら，直後に，「selon que l'un et l'autre y sont obligés par la convention」と続けられ，いずれの側から履行するかは，合意によるとされている。したがって，一方の先履行が必ずしも拘束力の根拠ではない。おそらくこの箇所は，無名契約の拘束力の根拠を一方の先履行に求めないこととパラレルな関係にある。なお参照，小川・前掲注58) 注 (61) 639-640頁。契約不履行の抗弁（= 同時履行の抗弁）の問題とする。Fleuryを扱う箇所（後記本文**29**）で再言する。

第 1 部　各種返還請求の史的諸相

【原注 2】。」111)［下線筆者］

　この【総論】で問題とされるべきは，消費貸借の例示ののちの「この種の合意」という文言が，【総論】が対象とするすべての合意を指すのか，それとも，「一方のみが債務を負うように見える合意」のみを指すのか，という点である112)。前者であれば，また，前半で用いられる engagement が後半の obligation と同義であるならば，【総論】冒頭の fondement は cause に読み替えられ得る。すなわち，無償でない合意において，engagement または obligation は，相手方の側に存するはずの fondement または cause を欠いたときに無効となる。

　他方，後者であれば，すなわち，「この種の合意」が「一方のみが債務を負うように見える合意」を指すのであれば，もっぱら消費貸借などの片務の合意において，合意に原因が欠ける，すなわち先履行 (donner, *datio*) がない場合に，obligation が無効とされるにとどまることとなる。別の箇所では，消費貸借に

---

111)　Domat, *supra* note 107, Tit. I, Sec. I, Art. 5, éd. par Rémy, t. 1, p. 122-123; 2e éd. chez Coignard, t. 1, p. 71. « Dans ces trois premières sortes de conventions il se fait un commerce où rien n'est gratuit, et l'engagement de l'un est le fondement de celui de l'autre. Et dans les conventions mêmes où un seul paraît obligé, comme dans le prêt d'argent, l'obligation de celui qui emprunte a été précédée de la part de l'autre de ce qu'il devait donner pour former la convention. Ainsi l'obligation qui se forme dans ces sortes de conventions au profit de l'un des contractans, a toujours sa cause de la part de l'autre*; et l'obligation serait nulle, si, dans la vérité, elle était sans cause**. »［下線筆者］
　*L. 5, ff. de praescr. verb. = D. 19, 5, 5 pr. 後掲注 114) 参照；L. 19, ff. de verb. sign. = D. 50, 16, 19. 後掲注 115) 参照；L. 1, ff. de reb. cred. = D. 12, 1, 1. 後掲注 117) 参照
　**L. 7, §4, ff. de pact. = D. 2, 14, 7, §4. 後掲注 119) 参照；L. 1, ff. de cond. siine cau. = D. 12, 7, 1 pr. 後掲注 130) 参照。
112)　小川・前掲注 58) 注 (53) 635 頁以下は，前掲注 111) 下線部における「dans ces sortes de conventions」は，「dans les conventions mêmes où un seul paraît obligé」のみを指し，他の cause への言及事例も含め，Domat において cause が問題とされるのは，一方のみが債務を負う合意である問答契約の場合のみであるとされる。その結果，これ以外の合意については，「cause」による説明が該当しないこととなり，前段の「fondement」を「cause」と読み替えない。中世ローマ法学では，問答契約の *causa* が主要問題であったことを背景として，この点で，Domat の cause 論を「全く伝統的」であるとしている。のちに見る Domat の法文の引用，とりわけ D. 2, 14, 7, §4 (後掲注 119)) が，古法時代における obligation non causée の無効を導く論拠とされていたことを重視するならば，Domat の原因論は，問答契約証書に類比され得る債務証書の証拠力のみに関わると解することも可能である。ただし，小川教授は，D. 2, 14, 7, §4 を無名契約に関するものとされ，「fondement」を「cause」と読み替える，すなわち，Domat が掲げるすべての事例について原因論が妥当すると考える立場（したがって小川教授の自説とは異なる立場）に有利な論拠とする。われわれは，D. 2, 14, 7, §4 をむしろ obligation non causée の文脈に位置づけ得ると解する。

ついて物の引渡とともに obligation が成立すると述べられており[113]，この理解に立てば，物の引渡による債務の成立，すなわち要物契約性を，原因によって把握したにすぎないことになる。

　以上の問題を念頭に置きつつ，ドマが付した注を参照しよう。【原注1】は，三つの法文を指示する。第一に，無名契約の四類型について述べる D. 19, 5, 5[114]) が挙げられる。第二の D. 50, 16, 19[115]) は，*actum, contractum, gestum* の語

---

113) ただし，物の引渡のみによっては obligation が成立しないことに注意を要する。V. Domat, *supra* note 107, Tit. I, Sec. I, Art. 9, éd. par Rémy, t. 1, p. 126; 2ᵉ éd. chez Coignard, t. 1, p. 73.「使用貸借および寄託であれば同一の物，金銭または消費物の消費貸借であれば同一の性質の別の物といったように，受領した物を返還する債務を負わせる合意においては，債務は，引渡が意思合致に伴うときでなければ成立しない。故に，この種の債務は，物によって負担されると言われる。とはいえ，債務［負担］についての意思合致は必要である。Dans les conventions qui obligent à rendre ce qu'on a reçu, soit la même chose comme dans le prêt à usage et dans le dépôt, soit une autre chose de la même nature, comme dans le prêt d'argent ou de denrées, l'obligation ne se forme que quand la délivrance accompagne le consentement. C'est pourquoi on dit que ces sortes d'obligations se contractent par la chose*, quoique le consentement y sont nécessaire**.」

　*Inst. quib. mod. re cont. obl. = Inst. 3, 14 pr.: « Re contrahitur obligatio, veluti mutui datione. »; eod. §2. = Inst. 3, 14, §2: « Item is cui res aliqua utenda datur, id est commodatur, re obligatur. »; eod. §3. = Inst. 3, 14, §3: « Praeterea et is apud quem res aliqua deponitur, re obligatur. »; L. 1, §2, 3, 4, 5, ff. de obl. et act. = D. 44, 7, 1, §2, 3, 4, 5. Gaius. ［抜粋なし］; L. 2, ff. de reb. cr. = D. 12, 1, 2 pr. Paulus: « Mutuum damus recepturi non eamdem speciem quam dedimus（alio quin commodatum erit, aut depositum）sed idem genus. »

　**L. 4, ff. de obl. et act. = D. 44, 7, 4 pr. Gaius: « Ex contractu obligationes, non tantum re consitant, sed etiam verbis etconsensu. »

　L. 1, §3, ff. de pact. = D. 2, 14, 1, §3. Ulpianus: « Eleganter dicit Pedius, nullum esse contractum, nullam obligationem, quae non habeat in se conventionem: sive re, sive verbis fiat. »

114) この法文は，無名契約の履行訴権である前書訴権（*actio praescriptis verbis*）に関する節の冒頭に置かれる。事案は，合意の当事者双方の自然子（*naturalis filius*）が相手方の下で奴隷とされていたというもので，両者が互いに相手方の子を解放し合うことが合意されている。しかし，私（*Ego*）が解放したが，汝（*tu*）が解放しない。このとき私にはいかなる訴権が与えられるか，これがここでの問いである。ここから，この種の合意として，無名契約の四類型が掲げられる。

　L. 5, ff. de præscr. verb. = D. 19, 5, 5 pr. Paulus: « Naturalis meus filius servit tibi, et tuus filius mihi. Convenit inter nos, ut et tu meum manumitteres, et ego tuum. Ego manumisi: tu non manumisisti. Qua actione mihi teneris, quaestium est. In hac quaestione totius ob rem dati tractatus inspici potest: qui in his competit speciebus. Aut enim do tibi ut des: aut do ut facias: aut facio ut des: aut facio utfacias. In quibus quaeritur, quae obligatio nascatur. »［下線部は Domat による抜粋箇所］

　Digesta の以下のパラグラフにおいては，それぞれの類型について，提起可能な訴権が検討され，§5 において，本件事案においては，相手方が解放を拒絶しているのだから，解放していなかったら得られたであろう利益について相手方に有責判決が下されるとする（et necessario sequitur, ut ejus fiat condemnatio, quanti interest mea servum habere quem manumisi.）。

115) L. 19, ff. de verb. sign. = D. 50, 16, 19. Ulpianus: « Labeo libro primo praetoris urbani definit, quod quaedam agantur, quaedam gerantur, quaedam contrahantur. Et Actum quidem generale verbum esse, sive verbis, sive re quid agatur: ut in stipulatione vel numeratione. Contractum autem ultro

義についての法文である。actum について，言語 (verbis) または物の引渡 (re) によってなされることと定義され，具体例として，問答契約と金銭の払渡 (numeratio) が挙げられる。contractum は，ギリシア人がシナラグマ (συναλλαγμα) と称したものであり，具体例としては，委任を除く有名諾成契約が挙げられる。【総論】冒頭の「前三種の合意においては，[…] 一方の義務は，他方の義務の基礎である」という記述が，双務契約における二つの engagement の牽連性を認める116)ものであることに対応するであろう。実際ドマは，「相互に債務を [負う] (ultro citroque obligationem)」という部分を抜粋する。

第三の D. 12, 1, 1117)は，mutuum に関する節の冒頭の法文であり，消費貸借についての記述を補うものと考えられる。貸主の先履行を含意し得る「相手方を信用し，その後間もなくしてこの契約に基づいて物の返還を受けることに同意する (assentimur alienam fidem secuti, mox recepturi quid ex hoc contractu)」という部分が抜粋される。消費貸借については，ほかに次のような記述が存在する。

「債権者は，債務者に対して，自らが貸し付けたより小さい額について，問答契約を行う [約定する] ことができる (peut stipuler) が，より大きい額については，問答契約を行うことができない。なぜなら，債権者は，与えることはできるが，過剰に受け取ることはできないからである。よって，obligation が [実際に] 貸し付けた額に比して過大な額についてのものであるとみなされるとすれば，この超過分は，原因がなかったために，無効である【原注】。」118)

---

citroque obligationem, quod Græci συναλλαγμα vocant: veluti emptionem, venditionem, locationem, conductionem, societatem, gestum, rem significare sine verbis factam. » [下線部は Domat による抜粋箇所]

116) 参照，小粥・前掲注7) 18頁。

117) L. 1, ff. de reb. cred. = D. 12, 1, 1. Ulpianus: « Ere est, prius quam ad verborum interpretationem perveniamus, pauca de significatione ipsius tituli referre. Quoniam igitur multa ad contractus varios pertinentia jura sub hoc titulo praetor inservit, ideo rerum creditarum titulum praemisit. Omnes enim contractus, quos alienam fidem secuti instituimus, complectitur. Nam, ut libro primo quaestionum Celsus ait, credendi generalis appellatio est: ideo sub hoc titulo praetor, et de commodato, et de pignore edixit. Nam cuicunque rei adsentiamur [＊Domat は assentimur と引用する] alienam fidem secuti, mox recepturi quid ex hoc contractu, credere dicimur. Rei quoque verbum, ut generale, praetor elegit. » [下線部は Domat による抜粋箇所]

118) DOMAT, supra note 107, Liv. I, Tit. VI. Du prêt et de l'usure, Sec. I. De la nature du prêt, Art. 7, éd.

末尾に付された【原注】では，前掲の【総論】の参照が指示される。すると，ここでの obligation の原因が相手方の物の供与であることがわかる。つまり，先に給付がなされる，すなわち，一方の先履行が原因であって，それが欠けた場合，obligation は無効となり，借主は，問答契約（ないし約定）に拘束されることなく，返還義務を免れることとなる。同じく【原注】で引用される D. 12, 1, 11, §1 からすれば，債権者は，実際に払渡された額を超える部分については，消費貸借された物の返還訴権としてのコンディクチオを行使することができない。

25　続いて【総論】の【原注2】の検討に移ろう。第一に，これまでにも何度か登場した裸の合意に関する D. 2, 14, 7, §4[119] が指示される。この引用が合意一般に及ぶとすれば，ドマは，あらゆる合意を一旦は裸の合意と捉え，それが訴権を生ずる，すなわち，拘束力を有するには，原因が必要であると解しているものと考えられる。もっとも，裸の合意における原因は，当時の理解によれば，消費貸借に限らず，あらゆる合意について一方の先履行を意味していたとされる[120]。ここで，無名契約に基づく履行訴権が承認される，すなわち，相手方が合意に拘束されるための要件が，履行を請求する側の先履行であったことを想起しよう。例えば，前掲のボワソーの著作の補訂者であるダンチは次のように述べている。

　「ところで，原因なき約束証書は，ボワソーが言うように，法律家たちが

---

　　par Rémy, t. 1, p. 246; 2ᵉ éd. chez Coignard, t. 1, p. 294. « Le créancier peut stipuler du débiteur moins qu'il n'a prêté, mais non davantage. Car il peut donner, mais non prendre trop. Et s'il paraissait qu'une obligation fût d'une plus grande somme que celle qui aurait été prêtée, elle serait nulle pour cet excédant, comme étant sans cause.* »

　　*L. 11, §1, ff. de reb. cred. = D. 12, 1, 11, §1. Ulpianus: « Si tibi dedero decem sic ut novem debeas: Proculus, ait, et recte, non amplius te ipso jure debere quam novem: sed si dedero, ut undecim debeas, putat Proculus ampilius quam decem condici non posse. » ［全文抜粋］; V. l'art. 5 de la sect. 1 des convent.

119)　L. 7, §4. ff. de pact. = D. 2, 14, 7, §4. Ulpianus: « Sed cum nulla subest causa, propter conventionem hic constat non posse constitui obligationem: igitur nudapactio obligationem non parit, sed parit exceptionem. »［下線部は Domat による抜粋箇所］

120)　Chevrier, *supra* note 10, p. 195 et s.

裸の合意（convention nuë）と称するものである。すなわち，単純合意（simple convention）の域を出なかった合意（pacte）である。なぜなら，いかなる原因をも有しない以上，この合意（pacte）は，いかなる結果をも有さず，なんら履行されることがなかった，すなわち，この合意（convention）の帰結として何も与えられておらず，何も為されていなかった（n'ayant rien été donné, ni rien fait en conséquence de cette convention）とみなされるからである。他方，コロンベ（Colombet）氏は，その Paratitles において[121]，この合意（pacte）について説明し，これを確実な名称を有する契約とは完全に区別している。」[122]［下線筆者］

　下線部から明らかなように，pacte が単純合意の域を脱しなかったのは，原因を欠いたから，すなわち，いずれかの当事者からの先履行がなかったからである，と理解されている[123]。また，他の学説を引用しながら，この pacte が有名契約ではないことに言及する。反対解釈が許されるならば，有名契約においては，先履行が有効要件とされないことになる。したがって，一方の先履行は無名契約に固有の規律と考えられている。なお，無名契約をこのように理解する場合には，要物契約として，同じく先履行＝種類物の払渡を要する消費貸借との間に構造上の差異は認められなくなる。

　以上と比較すると，ドマ【総論】末尾における「この種の合意」を広く解することができるならば，無名契約に関する法文の引用が示唆するように，合意

---

121) V. Arabeyre, Halpérin et Krynen, *supra* note 69, p. 254-255. Colombet, Claude [?-1669]と考えられる。著作は，ローマ法の注釈書である *Paratitla in quinquaginta libros Pandectarum*, 1er éd., 1657 であろう。いずれにしても参照し得ていない。

122) Boiceau par Danty, *supra* note 93, Addittions sur le Chapitre III, Art. 1, p. 617. « Or une promesse sans cause, est ce que les jurisconsultes appellent, comme dit Boiceau, une convention nuë, nudum pactum, c'est-à-dire un pacte qui n'a point passé les bornes d'une simple convention, parce que n'ayant nulle cause, il est censé n'avoir eu aucun effet ni aucune exécution, n'ayant rien été donné, ni rien fait en conséquence de cette convention; ainsi que l'explique M. Colombet en ses Paratitles; & c'est ce qui le distingue entièrement des contrats qui ont un nom certain. »［下線筆者］

123) ここでは，「n'ayant rien été donné, ni rien fait en conséquence de cette convention」の部分を「n'avoir eu aucun effet ni aucune exécution」の敷衍，または，その理由と解釈するが，必ずしも定かではない。鍵となるのは時制であろう。原因がない（おそらくは証書に原因の記載がないことを問題としている）ことを根拠とする評価（être censé）は現在においてなされているが，この評価は過去についてのものである。effet や exécution の欠如は既に生じており，pacte に基づく履行請求または執行が問題とされていると解するのは難しいように思われる。

に名称があるか否かにかかわらず[124]，また，履行の段階に至らずとも，反対給付義務があれば，原因として十分であり，債務は有効であると理解したことが彼の独創であると評価され得よう[125]。すると，消費貸借などの片務要物契約における先履行の要求は，この規律の特則となる[126]。言い換えれば，原因として要求される事項は，契約類型ごとに異なることになる。この論理操作は，消費貸借の要物性を維持しつつ，原因論を有償契約一般に及ぼすために施されたと考えることができよう。

26 しかし，古法時代の原因論を参照してきたわれわれは，別様の問題を提起することができる。フェリエールが言及していたかつての理論は，ドマが引

---

124) DOMAT, *supra* note 107, Liv. I, Tit. 1, Sec. I, Art. 7, éd. par Rémy, t. 1, p. 124; 2ᵉ éd. chez Coignard t. 1, p. 72.「これら多様な種類の合意のうち，あるものの利用は至るところで非常に頻繁かつ慣例的であるため，固有の名称を有している。例えば売買，賃貸借，貸借，寄託，組合などが挙げられる。他方，固有の名称を有しない合意がある。例えば，ある者が誰かに対して，一定の代金で売却されるべきものとして物を，ただし，後者が有し得るより多くの物［＝指定された代金額を超える金銭］についてはこの者が自らのためにこれを留置することを条件として，与える場合が挙げられる。しかし，すべての合意は，それが名称を有しているのであれ有していないのであれ，合意した者に債務を負わせる。De ces différentes sortes de conventions, quelques-unes sont d'un usage si fréquent et si connu partout, qu'elles ont un nom propre: comme la vente, le louage, le prêt, le dépôt, la société, et autres*; et il y en a qui n'ont pas de nom propre, comme si une personne donne à quelqu'un une chose à vendre à un certain prix, à condition qu'il retiendra pour lui ce qu'il pourra en avoir de plus**. Mais toutes les conventions, soit qu'elles aient ou n'aient point de nom, ont toujours leur effet, et elles obligent à ce qui est convenu***.」
  *L. 1, §ult. ff. de pact. = D. 2. 14, 1, §4. Ulpianus: « Sed conventionum pleraeque in aliud nomen transeunt, velut inemptionem, in locationem, in pignus, vel in stipulationem. »［下線部は Domat による抜粋箇所］質と問答契約が除かれていることに注意。
  **L. 4, ff. de pr. verb. = D. 19, 5, 4. Ulpianus: « Natura enim rerum conditum est, ut plura sint negotia, quam vocabula. »［全文抜粋］; L. 13, ff. de pr. verb. = D. 19, 5, 13 pr. Ulpianus: « Si tibi rem vendendam, certo pretio dedissem, ut quo pluris vendidisses, tibi haberes. »［全文抜粋］
  ***L. 1, ff. de pact. = D. 2, 14, 1 pr. Ulpianus: « Quid tam congruum fidei humanae, quam ea, quae inter eos placuerunt, servare. »［全文抜粋］
  法文の引用の後に以下の解説が付されている。「ここでは，ローマ法において，名称を有していた契約と，それを有していなかった契約との間でなされた区別について説明する必要はない。この緻密さは，われわれが慣行とするところではなく，無益に人を混乱させる。Il n'est pas nécessaire d'expliquer ici la différence qu'on faisait dans le droit romain, entre les contrats qui avaient un nom, et ceux qui n'en avaient point. Ces subtilités, qui ne sont pas de notre usage, embarrasseraient inutilement.」
125) V. CAPITANT, *supra* note 34, n° 78, p. 166-167, note (1);小粥・前掲注 7) 17 頁。
126) 前掲注 113) に引用した箇所で，消費貸借の成立について合意と物の引渡の両方を要求していることが論拠となる。

用する裸の合意に関する D. 2, 14, 7, §4 を論拠として，原因無記載証書および債務を，または，前者の有効性を承認しつつ原因の不存在が立証されれば後者を，無効としていた。仮にそのような解釈がドマにおいても前提とされているとするならば，ドマの原因理論は，証書の効力の問題をも扱っていることになる。「実際には原因がなかったとすれば，債務は無効となるであろう（et l'obligation serait nulle, si, dans la vérité, elle était sans cause)」という記述のうち，「実際には」という表現が，証書のレベルと実体のレベルとの差異に配慮した表現であるとすれば，「obligation についての証書は［または「obligation ＝ 証書は」］原因記載がなくとも有効であるが，実際には原因がなかったとすれば，obligation は無効となろう」と読むことが許される。さらに次の箇所の解釈も問題となる。

「ある者がいかなる原因もなく債務を負う合意（conventions）において，obligation は無効である【原注1】。原因が存在しなくなった場合にも同様である【原注2】。ただし，諸状況によって，obligation がその原因を有しているか否かを判断しなければならない。」[127]

【原注1】では，【総論】の参照が指示される。原因なき obligation の無効について再言されていることになる。他方【原注2】では，原因故に与えられたが原因が続かないことによるコンディクチオ (*condictio causa data, causa non secuta*) に関する法文が引かれる。どのような事案が想定されているか定かではないが，既述のとおり，このコンディクチオは，無名契約において，一方が先に履行したが相手方が反対給付を履行しない場合に用いられるものと解し得た[128]（前記

---

127) DOMAT, *supra* note 107, Liv. I, Tit. I, Sec. V. Des conventions qui sont nulles dans leur origine, Art. 13, éd. par Rémy, t. 1, p. 151; 2ᵉ éd. chez Coignard, t. 1, p. 114. « Dans les conventions où quelqu'un se trouve obligé sans aucune cause, l'obligation est nulle*; et il en est de même si la cause vient à cesser**. Mais c'est par les circonstances qu'il faut juger si l'obligation a sa cause ou non. »
 *V. l'art 5 de la sec. 1.
 **L. 4, ff. de condict. sine causa ＝ D. 12, 7, 4. Africanus:「ある物が当初から原因を欠いて与えられたのか，あるいは，それ故に与えられたが続かなかった原因によって与えられたのか，は重要ではない。Nihil refert, utrumne ab initio sine causa quid datum sit, an causa propter quam datum sit, secuta non sit.」[全文抜粋]
128) この箇所は合意一般の無効を論ずる節に置かれており，贈与等の無償の合意にも妥当することに注意を要する。負担付贈与における負担の不履行や，忘恩行為による恵与の意図の消滅をも規律し得る。

14。なお，この点については，のちに再度検討する）。

　この箇所で第一に注目すべきは，節のタイトルが合意の無効を問題としているのとは異なり，「合意において」obligation が無効とされていることである[129]。合意の次元と obligation の次元とが区別されている。第二に，「諸状況によって，債務がその原因を有しているか否かを判断しなければならない」という表現に注意が向けられなければならない。原因無記載証書に関する規律について同様の表現が多用されていたことを想起するならば，ドマが当該規律を

---

129) ただし，以下の箇所では，合意について原因が語られ，合意が無効とされる。DOMAT, *supra* note 107, Liv. I, Tit. XVIII. Des vices des conventions, Sec. I. De l'ignorance ou erreur de fait ou de droit, Art. 7, éd. par Rémy, t. 1, p. 384; 2ᵉ éd. chez Coignard, t. 1, p. 550. 「事実に関する錯誤が，錯誤者がある事実に関する真実を知らなかったのでなければ合意に同意しなかったことが明らかであり，したがって，当該合意が知られることがなかったこの真実に反する事実以外の基礎を有しなかったというものである場合には，錯誤者がなんらかの損失において義務を負担したのであれ，自らが獲得した権利を行使しなかったのであれ，この錯誤は，合意を無効とするに十分であろう。なぜなら，合意は，原因を欠いているばかりか，その基礎として誤った原因しか有していないからである。例えば，生前に弁済したが弁済受領証を紛失した債務者の相続人が，当該弁済を知らずに，債権者の相続人に対して債務を負担した場合に，当該弁済受領証が発見されたときには，債務は効果を有しないであろう。[…] Si l'erreur de fait est telle, qu'il soit évident que celui qui a erré n'a consenti à la convention que pour avoir ignoré la vérité d'un fait, et de sorte que la convention se trouve n'avoir pas d'autre fondement qu'un fait contraire à cette vérité qui était inconnue; cette erreur suffira pour annuler la convention, soit qu'il se soit engagé dans quelque perte, ou qu'il ait manqué d'user d'un droit qui lui était acquis; car, non seulement la convention se trouve sans cause*, mais elle n'a pour fondement qu'une fausse cause. Ainsi, s'il arrive que l'héritier d'un débiteur, qui de son vivant avait payé, et dont la quittance ne s'est pas trouvée, s'oblige, envers l'héritier du créancier dans l'ignorance de ce paiement, l'obligation sera sans effet, lorsque la quittance aura été trouvée. [...]」［下線筆者］

＊ V. l'art. 5. de la sec. 1 des convent.

　ibid., Liv. I, Tit. XVIII. Sec. I, Art. 14, éd. par Rémy, t. 1, p. 386; 2ᵉ éd. chez Coignard, t. 1, p. 553-554. 「法に関する不知または錯誤が，義務を負っていない物について債務を負わせる合意の唯一の原因であり，かつ，債務を基礎づけ得る他の原因がなんら存在しないといったようなものである場合には，合意［（または）債務］の原因は誤っているのだから，合意［（または）債務］は無効となろう。[…] Si l'ignorance ou l'erreur de droit est telle, qu'elle soit la cause unique d'une convention, où l'on s'oblige à une chose qu'on ne devoit pas, et qu'il n'y ait eu aucune autre cause qui pût fonder l'obligation, sa cause se trouvant fausse, elle sera nulle. [...]」［下線筆者］

　いずれも錯誤についての記述であるが，前者では，合意が原因を欠くが故に無効とされ，obligation もまた効力を有しないとされる。後者では，合意の原因と obligation の原因とが同時に語られている（ただし，下線を付した「sa」と「elle」は convention とも obligation ともとることができ，無効の対象がいずれであるかは定かではない）。さらに，前者の「non seulement la convention se trouve sans cause」の後に付された注において【総論】に送り返されている。以上より，本文で直後に提示するわれわれの解釈は相対化されざるを得ない。なお，これらの箇所について，参照，小川・前掲注58）注（53）636-637頁。上記箇所に引き続いて引用される具体的事案が「一方のみが債務を負うように見える合意」の事案であることを根拠として，Domat の扱う原因は「方式を緩和された問答契約」の原因であるとする。

想定している，と解することも不可能ではない。【総論】における fondement という表現を cause と読み替え得るか否か，言い換えれば原因論が有償契約一般に妥当するか否か，については措くとしても，ドマの原因論の射程を証書における原因記載の問題に限ることもできよう。

原因とコンディクチオ　**27**　以上の留保を付した上で，われわれは，ようやくコンディクチオについて議論することができる。ドマは，【総論】の【原注2】において第二に原因欠缺故のコンディクチオに関する D. 12, 7, 1[130]を引用する。本法文においては，原因がない約束および非債弁済が問題とされる。弁済がなされる以前であっても，債務者は，*obligationem* を目的としてコンディクチオを行使することができる旨が告げられる。ドマは，原因欠缺故のコンディクチオを原因が欠けた債務を無効とする訴権として，また，非債弁済のコンディクチオを無効な債務に基づく給付を返還させる訴権として理解していたように見える。[131]先に引用したボワソーもまた，原因論において同法文を引用しており，さらに非債弁済された金銭の返還を許容していた[132]。

---

130) L. 1, ff. de condict. sine caus. = D. 12, 7, 1 pr. Ulpianus 「さらに，ある者が原因なしに約束したとき，ならびに，債務なしに弁済したとき，この種のコンディクチオ〔= *condictio sine causa*〔章題より同視〕〕が存在する。ただし，原因なしに約束した者は，与えることのなかった一定量の物〔= 金銭〕をコンディクチオによって請求する（*condicere*）ことはできないが，*obligationem* 自体をコンディクチオによって請求することができる。<u>Est et haec species condictionis, si quis sine causa promiserit, vel si solverit quis indebitum. Qui autem promisit sine causa, condicere quantitatem non potest, quam non dedit: sed ipsam obligationem.</u>」〔下線部は Domat による抜粋箇所〕

131) CAPITANT, *supra* note 34, nº 78, p. 166-167, note (1) は，この法文における *causa* を反対給付を意味する目的因（cause finale）と把握する。

132) BOICEAU par DANTY, *supra* note 93, nº 3, p. 613.
〔フランス語〕「第一の問題に依存する他の問題に関して同じ判断がなされなければならない。例えば，原因づけられていない借用証のためにある金額を支払った者は，債務なしに支払った場合と同様に，この金額の返還を請求することができる。これは〔ローマ〕法においても認められている。なぜなら，債務者は次のように言う。裸のすなわち原因なき合意であり，いかなる訴権をも生ぜしめなかった合意であったのであるから，自分には，義務づけがないことを理由に債務〔証書〕を返還させる権利があった，したがって，その弁済はなされるはずではなかった，と。〔…〕Il faut juger la même chose dans une autre question qui dépend de cette première. Si, par exemple, celui qui a payé une somme en vertu d'une cédule non causée, la peut répéter, comme l'ayant payé indûement, ainsi qu'il est permis en droit; car, dira le débiteur, puisque c'étoit une convention nuë, c'est-à-dire sans cause, & qui ne produisoit aucune action, il étoit même en droit de se faire rendre l'obligation comme non dûe: donc le payement n'en devoit pas être fait; [...]」

〔ラテン語〕« Idem judicandum est, in alia quæstione, quæ a præcedenti pendet, si nempe is qui ex

しかしながら，ここで注意を要するのは，われわれが用いることができた 1694 年の第 2 版では，D. 12, 7, 1 のうち，非債弁済に関する「*vel si solverit quis indebitum*」の部分が引用されていない，ということである[133]。したがってドマの理解によれば，obligation が原因なき故に無効の場合には，原因欠缺故のコンディクチオのみが指示される。では，このコンディクチオは，*condictio liberationis*（前記 **13**）として債務からの解放のみを意味しているのか，それとも，給付がなされていた場合の返還までをも含意しているのか。後者であれば，一般的な返還訴権としての原因欠缺故のコンディクチオが想定されている可能性がある。

われわれの法文の理解が正しければ，前者の理解が正当である。法文は第二文において，「原因なしに約束した者は，与えることのなかった一定量の物［＝金銭］をコンディクチオによって請求する（*condicere*）ことはできないが，*obligationem* 自体をコンディクチオによって請求することができる」[134]としているからである。すなわち，返還の対象は *obligationem* ＝債務証書でしかない。したがって，この箇所には，給付された物の返還訴権としてのコンディクチオは存在しないということにならざるを得ない。その所在については，あらためて第 2 款で検討する。

---

chirographo, causam non habente, solvit, tanquam indebitam hanc pecuniam repetere contendat, ut videtur jure cautum: [d] nam cum nuda, diceret actor, fuerit in hoc casu promissio, & ex qua nulla erat actio imo condicenda obligatio, [e] indebita ergo fuit solutio: [...] »

 d. L. Cum & soluta junct. Gloss. C. de Condict. indeb. ＝ C. 4, 5, 3. 前掲注 44) 参照。註釈については不明。

 e. L. 1, ff. de Condict. sine caus. ＝ D. 12, 7, 1 pr. 前掲注 130) 参照。

133) 第 2 版の引用をそのまま再現してみよう。非債弁済についての記述が丁寧に退けられていることがわかる。V. 2ᵉ éd. chez Coignard, t. 1, p. 71.

 « Est & hæc species condictionis, si quis sine causa promiserit. l. 1, ff. de cond. sine cau. Qui autem promisit sine causa, condicere quantitatem non potest, quam non dedit, sed ipsam obligationem. d. l. »［下線筆者］

134) 前掲注 133) 末尾の「sed [condicere] ipsam obligationem」という表現が，債務証書の返還を意味すると解することもできるであろうし，さらに本文との対応関係から，債務を無効とすることを意味すると理解することもできるであろう。債務証書の返還が含意されているのであれば，Domat の原因論が証書の問題にも妥当するという解釈にとって有利な論拠となる。

 例えば，後代において，MERLIN, Philippe-Antoine, *Recueil alphabétique des questions de droit*, t. 2, Garnery, Paris, 1828, vº CAUSES DES OBLIGATIONS, §1, p. 211 は，obligation の二重の意義を念頭に置きつつ，この法文を根拠に，債務からの解放と証書（titre）の返還とを導く。前掲注 132) の Boiceau についても，下線を付した「condicenda obligatio」に関して同様の解釈が可能である。証書の返還を認める C. 4, 5, 3 (前掲注 33)) の引用がこれを示唆する。

小括 **28** 以上のわれわれの解釈からは，「原因論を完成させたのはドマである」という命題も，また，「コンディクチオは合意の無効論に取り込まれた」という命題も，十全には論証されない。確言し得るのは，原因が欠けた場合には obligation は無効となる（D. 2, 14, 7, §4），その際の訴権として原因欠缺故のコンディクチオが想定されている（D. 12, 7, 1），ということのみである。obligation にせよ，原因欠缺故のコンディクチオにせよ，その内容は一義的ではない。

以下では，第一に，ドマと同時代人であるフルーリー（FLEURY, Claude [1640-1723]）の原因論を検討する。その筆致は，合意は原因の存在を要せず，それのみで拘束力が生ずるという理解との間で揺れ動く。その上で，原因論をローマ法上の規律であるとして拒絶する学説を検討し，古法時代における学説上の対立を再現する。以上を踏まえて，ドマの原因論を継承したとされるポチエの学説を検討し，そこでのコンディクチオの処遇について検討することとする。

フルーリーとアルグー[135] **29** 既述のとおり，ドマの原因論は，無名契約および裸の合意に関する議論と密接に関連付けられていた。ドマと同時代に「フランス法（droit françois）[ママ]」に関する概説書（*Institution au Droit françois* [1665年][136]）を著したフルーリーにも同様の論理の階梯が見られる。すなわち，あらゆる合意の拘束力が認められ，有名契約をも包摂する無名契約論が展開されたのちに，契約総則が出現する。彼は，「無名契約について」と題された章において，次のような定義から議論を開始する。

「[無名契約とはすなわち，] 履行され始めた合意（conventions qui ont com-

---

135) Fleury と Argou との関係について，参照，北村一郎「作品としてのフランス民法典」同編『フランス民法典の200年』（有斐閣，2006）27-28頁。V. aussi LABOULAYE, Édouard, Avertissement, en tête de FLEURY, *infra* note 136, p. XXIV et s.; ARNAUD, *supra* note 90, p. 301-302.

Fleury が著した Institution（完成は1665年と推定されている）は，Argou に贈与され，数多の書き換えとともに1692年に匿名で出版された。それぞれ独立した著作として検討し得るが，以下では，原因論が展開される箇所を対比することによって，当時の議論状況を再現してみたい。

136) FLEURY, Claude, *Institution au droit françois*, publiée par LABOULAYE, Édouard et DARESTE, Rodolphe, Auguste Durand, Paris, 2 vol., 1858. なお，Domat の Les loix civiles の初版刊行は1689年であり，また，前注に示したように Fleury の著作はそれ自体としては公刊されなかったため，互いの影響関係は想定されない。

mencé d'être exécutées) である[137]。それは以下の理由による。われわれの間では，良俗になんら反しないあらゆる合意は債務（obligation）[138]および訴権を生ぜしめるからである。とはいえ，それでも私は，あらゆる適法な合意が契約である，とまで言うつもりはない。[むしろ]この問題について論じたすべての者の慣用に従ったほうがよいであろうと考える。よって，受け入れられている用語を使うこととする。すなわち，単なる合意（seule convention）

---

[137] ibid., IVe Partie. Des obligations, Chap. I. Des obligations et des contrats, t. 1, p. 358.［なお，この箇所は，後掲注138）で第二に引用する箇所を承けている］「[…][よって]われわれは，法律によって許容される合意について契約という語を用いる。[ところで]われわれは，同一の事柄を欲する者たちの意思合致を合意と称する。この合意が，売買，寄託，組合等といった特有の名称を備えているものと見受けられるとき，または，この合意が履行され始めていたときは，それは法律によって許容されているものと考える。したがって，名付けられた契約と名称を持たない契約という二種の契約があることになる。[…] Nous appelons: convention le commun accord des personnes qui veulent que la même chose soit, et nous croyons qu'elle est autorisée par les lois, quand nous la voyons revêtue d'un nom particulier, comme vente, dépôt, société, etc., ou bien quand elle a commencé d'être exécutée; et c'est pourquoi nous faisons deux genres de contrats: nommés et sans nom.」

[138] Fleuryにおいて，obligationはおそらく証書の意味を有していない。論拠としてV. ibid., t. 1, p. 357.「この対人権は債務と称される。[このことは,] 拘束関係と称され得ることからもわかる。なぜなら，実際，債務は，なんらかの仕方で自然的自由を拘束する。債務は次のような帰結を生ぜしめる。われわれは，われわれが訴権と称する法律が規定する一定の方式を遵守することによって，その意思に反してある者をなんらかの事柄を為すように強制することができる。On les [＝droits personnels] appelle: obligations, comme qui dirait liens; parce qu'en effet ils contraignent, en quelque façon, la liberté naturelle, et font qu'en observant certaines formes prescrites par les lois, que nous appelons actions, nous pouvons contraindre une personne à faire quelque chose malgré elle.」
　ibid., t. 1, p. 358.「契約から[説明を]始めよう。この契約という語は，日常会話においてひどく誤って用いられている。すなわち，公署の書面についてこの語が用いられるが，この書面は，契約の証拠でしかない。ここでは，契約という語をその真の意義において用いなければならない。すなわち，法律によって許容された合意という意味において。Commençons par les contrats. On abuse fort de ce terme dans le discours ordinaire, le prenant pour un écrit authentique qui n'est que la preuve du contrat. Il faut ici le prendre dans son vrais sens: pour une convention autorisée par les lois.」
　ibid., IVe Partie, Chap. XXV. De l'échange et des deux espèces de prêts, t. 1, p. 425.「消費貸借は，われわれの間で非常によく用いられる契約である。そのため，この契約には，obligationという一般的な名称が，あるいは少なくとも消費貸借について行われる要式的なacte [という名称] が付与された。そのため，しばしば，次のように言われる。債務者とは金銭を借りた者であり，債権者とは金銭を貸した者である。ここは，公証人の面前でのobligationと単純約束との違いについて，また，obligationの執行方法について述べるべきところではない。これらの事柄はすべて，方式に関する概説で扱われる。Mutuum est un contrat si ordinaire parmi nous que nous lui avons attribué le nom général d'obligation, au moins l'acte solennel qui en est fait, et, le plus souvent, quand nous disons: un débiteur, c'est celui qui a emprunté de l'argent, et le créancier, celui qui en a prêté. Ce n'est pas ici le lieu de parler de la différence entre l'obligation pardevant notaire, et <u>la simple promesse</u>, ni de la manière dont s'exécute une obligation; tout cela est du traité des formalités.」[下線筆者]

をpacteと称し，他方，名称を有する合意，または，履行され始めた合意をcontratと称する。」139)［下線筆者］

pacteを含め，あらゆる合意は債務・訴権を生ずるが，契約と称されるのは，有名契約，または，履行が開始された合意すなわち一方の先履行を要する無名契約のみである。無名契約の数は無限であるとされるが，以下の四種に類型化される。ローマ法上の四類型に忠実であるが，しかしそれは，有名契約にも妥当するものとして提示される。

「無名契約は無数にあるが，すべてが当然に［以下の］四つの種目［のいずれか］に関係づけられる。これらは，有名契約をも包摂する。なぜなら，あらゆる合意は，あるいは，他の物を受領するためにある物を与える，あるいは，相手方が為すがために為す，あるいは，相手方が為すがために与える，あるいは，相手方が与えるがために為すよう義務づけるからである。」140)

フルーリーは，それぞれの類型について，有名契約を当てはめていく。第一は売買ならびに交換に尽きる。第二は，委任，および，それに類するものである。これを言い換えて，「互いの事務を管理し合う合意」とする。第三に，賃貸借，および，それに類するものが挙げられる。これは，「一定の事務が達成された場合に金銭を支払う旨の合意」である。最後に，第四の類型については，

---

139) *ibid.*, IVe Partie, Chap. XXVII. Des contrats innommés, t. 1, p. 429.「われわれは，名称を有しており，おそらくは最も日常的な，すべての契約について説明した。［続いて］名称をなんら有しない契約に移ろう。われわれはこの契約を次のように定義した。Nous avons expliqué tous les contrats qui ont des noms, et qui sont sans doute les plus ordinaires; venons à ceux qui n'en ont point, et que nous avons défini:［以下本文に訳出］des conventions qui ont commencé d'être exécutées. Car encore que, parmi nous, toute convention qui n'est point contraire aux bonnes mœurs produise une obligation et une action; je n'ose pas dire néanmoins que toute convention licite soit un contrat, et j'aime mieux suivre l'usage de tous ceux qui ont traité ces matières, et, me servant des termes qui sont reçus, appeler: pacte la seule convention, et contrat celle qui est revêtue d'un nom ou qui a commencé d'être exécutée.」

140) *loc. cit.* « Le nombre des contrats innommés est infini; mais ils se rapportent tous nécessairement à quatre chefs qui comprennent aussi les contrats nommés. Car toute convention obligatoire est: ou de donner une chose pour en recevoir une autre, ou de faire afin que l'autre fasse, ou de donner afin qu'il fasse, ou de faire afin qu'il donne. »

該当する有名契約はないとするが，価値の低廉な物に関して，代金についての合意なく職人（artisan）に対して注文される仕事はここに含まれるとする[141]。以上は，無名契約の四類型を利用したあらゆる双務契約に関する類型化であり，ドマの類型化に類比されよう。こうした合意があれば，当事者間には債務および訴権が生ずる。しかしながら，直後に要件が加重される。

　「いずれの契約においても，最初に合意を履行した者が，相手方に対して，その者の側の合意を履行するよう，または，自分に損害賠償を支払うよう命じさせるために訴えることができる。他方，単純な pacte (simple pacte) しか存在しない場合であっても，この pacte の締結から利益を得る者は，pacte を履行させるために訴えることができる。」[142]

　直前の箇所で，フルーリーは有名契約をも含んだ類型化を構想しているため，あらゆる双務契約の拘束力の根拠として一方当事者の先履行を要求しているように読むことも可能である。しかし，冒頭に引用した箇所では，良俗に反しないあらゆる合意が債務ならびに訴権を創出するとされていた。故に，単純な pacte であっても，これに基づく履行請求が許容される。この矛盾はいかに解消されるのであろうか。
　合意のみで当事者を義務づけるフルーリーは，先履行の要求を，契約成立の段階ではなく，契約履行の段階に位置づけたものと考えることができる。実際，損害賠償請求への言及は，相手方の不履行を含意していよう。すると，ここで述べられていることは，相手方への履行訴権または損害賠償請求訴権が認められるためには，自らの義務を先に履行しなければならない，というに尽きる。換言すれば，ここでは，同時履行関係が想定されていることになる[143]。では，

---

[141] *ibid.*, t. 1, p. 429-430.
[142] *ibid.*, t. 1, p. 430. « En tous ces contrats, celui qui le premier a exécuté la convention peut agir pour faire condamner l'autre à l'exécuter de son côté, ou lui payer ses dommages et intérêts. Et s'il n'y a que le simple pacte, celui en faveur de qui il est conçu peut agir pour le faire exécuter. »
[143] Domat についても，合意の拘束力の承認について原因が要求されるものの，これが先履行の意義を有さないと解釈し得ることを前提として，前掲注 110) に引用した箇所が，同時履行関係に関するものと解する余地があった。さらにここから，われわれが積み残した，Domat が原因欠缺による契約の無効を説く箇所（前記本文 **26**，前掲注 127)）で，二つの *condictio* を併存させている

第1部　各種返還請求の史的諸相

この議論は原因論に接続するのであろうか。無名契約論の締めくくりとして提示される総則（règles générales）では、「原因欠缺故に無効」という規律に言及する。

「以上について，約束（promesses）および合意（conventions）の総則（règles générales）とはいかなるものか，が示されるのが妥当である。第一に，不可能なものについてのあらゆる約束は無効である。不可能のもののうちには，良俗に反するものおよび地方の法律に反するものが含まれる。第二に，原因を欠くあらゆる約束は無効である。第三に，他人の意思に反して，その者の所為を約し，その者に債務を負担させることはできない。ただし，第四に，この者に債務（obligation）を得させ，この者の名において約定する［＝問答契約を行う］（stipuler）ことは可能である。第五に，ある者が所為を約定する［＝問答契約を行う］とき，常に違約罰が付加されなければならず，そうでなければ，この約束は損害賠償に解消される。第六に，約束の本質的部分に錯誤がある場合には，この約束は無効である，等々。

ことの意義の解明について一定の示唆を得ることが可能となろう。すなわち，二つの *condictio* は，合意の成立段階と履行段階とのそれぞれに対応せられている。その箇所では，*condictio sine causa* と *condictio causa data causa non secuta* とを対置する法文（D. 12, 7, 4）が引用されていた。法文においては，前者は「当初から（*ab initio*）」原因を欠く場合，後者は事後に原因を欠くに至った場合に認められていた。参照，前掲注127）。

他方，Domat における無効と解除（＝解消）（résolution）との概念上の区別にも留意する必要がある。V. DOMAT, *supra* note 107, Liv. I, Tit. I, Sec. VI. De la résolution des conventions qui n'étaient pas nulles, Art. 1, éd. par Rémy, t. 1, p. 152; 2ᵉ éd., chez Coignard, t. 1, p. 116-117.「合意の無効と解除との間には次のような違いがある。無効は，合意の外観しかなかったかのような状態を作出し，解除は，［実際に］存在した合意を覆す。Il y a cette différence entre la nullité et la résolution des conventions, que la nullité fait qu'il n'y a eu que l'apparence d'une convention*, et que la résolution anéantit une convention qui avoit subsisté**.」

*§2, Inst. de inut. stip. = Inst. 3, 19, §2: « Protinus inutilis. »; eod. §. = Inst. 3, 19, §2: « Nec statim ab initio talis stipulatio valebit. »

**L. 2, C. de cond. ob caus. dat. = C. 4, 6, 2: « Si placita observata non essent, donatio resolveretur. »

　Domat の résolution 概念には本章第2節で扱う「取消（rescision）」等も含まれるため，彼が，C. 4, 6, 2 を論拠として *condictio causa data causa non secuta* を不履行解除一般を規律する訴権と理解しているとまでは言えない。参照，拙稿・前掲注46）1333頁。とはいえ，少なくとも，*condictio causa data causa non secuta* は「無効訴権」としては遇されておらず，一旦は存在した合意を事後的に覆す訴権として理解されていることはたしかである。

　履行段階における原因論については，CASSIN, René, *De l'exception tirée de l'inexécution dans les rapports synallagmatiques* (*Exception non adimpleti contractus*), thèse Paris, Sirey, 1914 に譲る。

66

第1篇　コンディクチオと原状回復

　これらの合意は，それが，売買や交換といったより大きな契約の諸条項として挿入されるときは，stipulation と称される。あるいは，これらの合意のみがなされるときは，promesse と称される。[…]
　以上が，契約について述べられるべき事柄であり，我々は，契約を，債務の一般的な [発生] 原因（causes générales d'obligation）の一つとして提示した。[…]」144) [下線筆者]

　原因を欠いた「約束＝単独でなされる合意」は無効である。法文の引用はないものの，D. 2, 14, 7, §4 を想起することができよう。裸の合意または無名契約に要求されていたはずの原因が，有名契約を含むあらゆる約束ないし合意について要求される。とはいえ，「原因」の意義は敷衍されることがない。したがって，ドマと同様に複数の解釈の余地が残されざるを得ない145)。

---

144) FLEURY, *supra* note 136, t. 1, p. 430. « Sur quoi, il est bon de remarquer quelles sont les règls générales des promesses et de conventions. 1° Toute promesse de chose impossible est nulle. On met au rang des choses impossibles ce qui est contre les bonnes mœurs et contre les lois du pays. 2° <u>Toute promesse sans cause est nulle.</u> 3° On ne peut promettre le fait d'un autre, ni l'obliger, malgré lui. 4° Mais on peut lui acquérir une obligation et stipuler en son nom. 5° Quand on stipule un fait, il faut toujours ajouter une peine, autrement la promesse se résout en dommages et intérêts. 6° S'il y a eu erreur en la substance de la promesse, elle est nulle, etc. // Ces conventions sont appelées: stipulations, quand elles se trouvent insérées entre les clauses d'un plus grand contrat, comme de vente, d'échange, etc.; et s'appellent plutôt; promesses, quand elles sont seules. […] // Voilà ce qu'il y a avoit à dire des contrats, que nous avons marqués pour l'une des causes générales d'obligation. […] » [下線筆者]
　末尾の cause は，「契約」を指す以上，本文に訳出したとおり「債務発生原因」として理解されるべきであろう。この語義については，現代では通常 source の語が用いられる。
145) 管見の限り，Fleury の原因論はこの箇所にしか存在しない（前掲注138）で第三に引用した箇所で示唆された「方式に関する概説」は Institution 中には存在しない）。仮にここでの原因が先履行を意味しているのであれば，先履行は同時履行関係の文脈で要求されている，という先に提示した解釈は覆されるが，論旨を忠実に辿れば，本文の解釈が妥当であろう。ここでは，原因概念が先履行の意味を有していない，また，証書の意味で obligation が用いられていない（前掲注138）参照）点で原因記載の問題が扱われていない，と述べるにとどめざるを得ない。残されるのは，promesse が既存の合意を前提とした片務の約束を意味し，この既存の合意が原因として理解されている，という解釈の可能性である。これについて敷衍しておこう。
　前掲注139）に引用した箇所で，「la seule convention」が pacte と称されていた。これを本文に訳出したように「単独でなされる合意」と解し得るならば，pacte と前掲注144）の promesse とを同視することができる。なお参照，前掲注138）下線部。他方，pacte は，前掲注142）に引用した箇所において，双務の contrat と対比されており，これを片務の合意と理解することもできる（simple という形容詞によってこれが示唆されている可能性もある）。すると，原因は，「単独でなされ」かつ「片務の」合意である pacte＝promesse のみに要求されている，という解釈が成り立つ。本文では，原因に関する規律が「総則」に置かれていることを重視したが，以上の識別がなさ

67

第1部　各種返還請求の史的諸相

30　これに対して，フルーリーの Institution を展開したものとされる，アルグー（Argou, Gabriel [生没年不詳]）の Institution[146)]には，このような説明が見られない。フルーリーの無名契約論に対応する箇所[147)]において，アルグーが強調するのは，「裸の pacte＝単純合意」の拘束力のみである。

「ローマ法によれば，*nuda pacta* と称される単純合意（simples conventions）は，なんら訴権を生ぜしめない。ただし，単純合意が，一定の契約に挿入され，その一部となるとき，または，問答契約の要式性によって強固にされるときはこの限りでない。問答契約は，先行する問いとそれに引き続く答えによって行われる。それは以下の文言において行われる。『あなたは，これこれの事・物（chose）を為すまたは与えることを約するか？　私はそれを約する』。また最後になるが，単純合意が，<u>それを無名契約とする確実な原因（cause certaine）</u>を有するときも，この限りでない。例えば，<u>私がある物を与えた（j'ai donné une chose）</u>のに対して，あなたが他の物を与えるよう約した，などといった場合である。」[148)149)]　[下線筆者]

れているという解釈も，なんら排除されない。

146) Argou, Gabriel, *Institution au droit françois*, 9ᵉ éd., par A. G. Boucher d'Argis, 2 vol., Chez Desaint & Saillant, Paris, 1764.
147) 二つの著作は章立てにおいて大きく異なるが，Fleury の Chap. XXVII. Des contrats innommés が，Chap. XXVI. Du dépôt et du gage と Chap. XXIII. De la gestion de tutelle（後者は準契約の一種とされる）との間，すなわち，各種契約と準契約とのつなぎの部分に置かれ，同じく Argou の Chap. XXXIV. Des simples conventions が，Chap. XXXIII. Du Dépôt と Chap. XXXV. Des Clauses & Conditions des contrats との間に置かれ，続く Chap. XXXVI. が Des quasi-contrats と題されていることから，対応箇所と考えることができる。もっとも，われわれが用いた Argou の第9版には，Boucher d'Argis による注釈（¶によって示される）が付されており，章立てについても本文の記述についても改変されている可能性は否定されない。
148) Argou, *supra* note 146, Liv. III. Des obligations, Chap. XXXIV. Des simples conventions, t. 2, p. 302-303. « Par le Droit Romain les simples conventions, qu'ils appelloient nuda pacta, ne produisoient point d'actions, à moins qu'elles ne fissent partie de certains contrats dans lesquels elles étoient insérées, ou qu'elles ne fussent confirmées par les solennités de la stipulation, qui se faisoit par une interrogation précédente, & une réponse subséquente en ces termes, Prommettez-vous de faire, ou de donner une telle chose; Je le promets; ou enfin qu'elles n'eussent une cause certaine, qui fit des ces conventions des contrats innommés. Par exemple, j'ai donné une chose, & vous m'avez promis de m'en donner une autre, & c. [...] »
149) Contrat の語については，Fleury について前掲注 138）で第二に引用した箇所と同様の記述が見られる。V. *ibid.*, Liv. III, Chap. I. Des obligations en général, t. 2, p. 3.

問答契約と区別される裸の合意＝単純合意は，原則として訴求力を有しないが，先履行がなされた場合には，確実な原因を有し，無名契約として訴権を生ぜしめる。しかしながら，この規律はローマ法の規律でしかないとされる。続く箇所で，アルグーはフランス法を提示する。

「われわれの許では，法律および善良な風俗に反せず，かつ，ある者に利得を得させるこの者による詐欺および脅しによらないあらゆる合意は，その全範囲において履行されなければならず，したがって，あるいは適法な訴権を基礎付け，あるいは抗弁を生ぜしめる。例えば，代金 30,000 リーヴルである土地を買ったのちに，私が，自由な状態で，売主に対して，売買契約と切り離され，かつ，契約から数日後になされた単純合意によって，売主にさらに 3,000 リーヴルの額を支払う旨を約したとき，この合意は，ローマ法によれば，問答契約の方式において言い表されたのでなければなんら訴権を生ぜしめないであろう。しかし，われわれの許では，この合意は訴権を生ぜしめ，これによって，私は，3,000 リーヴルの額の支払について強制され得る。」[150]

事後的合意について，原因概念に依拠することなく，拘束力が基礎付けられている。原因を要求するのはローマ法であり，同時代のフランスにおいては，問答契約も原因も必要なく，裸の合意のみで訴権が生ずるという主張を読み取ることができよう。フルーリーがあらゆる適法な合意の拘束力を承認しつつ，promesse の無効論として，原因論を保存するのに対して，アルグーは，これ

---

[150] *ibid.*, t. 2, p. 303-304. « Parmi nous, toutes les conventions qui ne sont ni contre les loix, ni contre les bonnes mœurs, & qui ne sont fondées ni sur le dol, ni sur la surprise de celui au profit duquel elles sont faites, doivent être exécutées dans toute leur étendue, soit pour fonder une action légitime, soit pour produire une exception. Ainsi, lorsqu'après avoir acheté une terre moyennant le prix de 30 000 livres, je promets libéralement au vendeur, par une simple convention séparée du contrat de vente, & qui est faite quelques jours après le contrat, de lui payer encore la somme de 3 000 livres, cette convention, qui n'auroit produit aucune action par le Droit Romain, si elle n'avoit pas été conçue en forme de stipulation, en produit une parmi nous, en vertu de laquelle je puis être contraint au paiement de la somme de 3 000 livres. »

第 1 部　各種返還請求の史的諸相

をローマ法とともに端的に放逐している。

フェリエール再論　**31**　このようなローマ法とフランス法との対置はフェリエールにも見られる。彼は、「Contrat」の項において、既に検討した obligation における原因（前記 **16-17**）とは別に、合意に拘束力を付与する原因について、次のように述べている。

「二種類の合意が存在する。すなわち、単純な pacte、および、契約である。

pacte とは、名称も原因も有しない裸の合意であり、自然債務のみを生ぜしめ、その履行は債務を負った者の善意にのみ依存する。

契約とは、原因を有する、または、名称を有する合意のみであるから、これらの語が何を意味するのかが理解されなければならない。

原因という語は、ここでは、われわれにとって、なんらかの物について合意がなされるに至った理由としては理解されない151)。そう理解されるとすれば、あらゆる合意が契約となろう。しかしそうではなく、この語は、自らが義務を負担した物・事（chose）を与えるまたは為す、<u>当事者の一方の側からの合意の履行</u>と理解される。

---

151)　おそらく、obligation または promesse の原因（＝「ある者が、他の者に対して債務を負う理由（raison)」）と対置している。参照、前記本文 **16** および前掲注 77)。フランス法が用意する原因概念はこれのみであるとの主張が読み取れよう。Argou にもまた、無名契約における原因とは別に、obligation の原因論が見られる。V. Argou, *supra* note 146, Liv. III, Chap. I. Des obligations en général, t. 2, p. 2.「最後になるが、正当かつ自然的で、かつ、これに加えて、法律によって承認される原因を有する債務がある。［…］われわれは、法律によって許容されるすべての債務は、理性に叶った原因を有している、または、有していなければならないことを前提とする。Il y a enfin des obligations qui ont une cause juste & naturelle, & qui, outre cela, est approuvée par la loi: [...] nous présupposons que toutes les obligations qui sont autorisées par la loi, ont ou doivent avoir une cause raisonnable.」

原因記載の問題には触れられないものの（Boucher d'Argis による補注では言及される。*ibid.*, t. 2, p. 4)、合意の有効要件としての原因＝無名契約の原因を退けつつ、obligation の原因が語られていることから、Ferrière と同様の理解が前提とされているものと解される。Domat についても、engagement の fondement と obligation の cause とを区別し得るならば（前記本文 **24**、前掲注 111))、二つの問題が識別されていると解することもできる。さらに Fleury における promesse の原因についても同様の解釈が可能であるとすれば（前掲注 145) 参照)、実は学説上の対立は存在しない、と言うこともできよう。民法典を原因論の完成と見るならば、その揺籃期に一義的な概念規定を見出すことはおよそ困難とも言えるが、本書の基本的方針に従い、複数の解釈を併記してテクストの豊穣な含意を保存する。

契約に関して，名称という語は，特定の呼称の意味であり，市民法は，一定の契約に対して，特別にこれを付与する。ここから，市民法によって名称を付与され，かつ，当該訴権を生ぜしめる契約と同一の名称を持った訴権が生ずる。」152）［下線・傍点筆者］

有名契約の項では，各種の契約を列挙し，いずれもが訴権を生ぜしめるとする153）。引き続いて，無名契約について次のように述べている。

「無名契約とは，市民法によって与えられた，または，承認された特定の名称をなんら有しない契約であり，当初は単純な pacte であったが，当事者の一方の側の合意の履行によって，契約となったものである。
　この契約は，それぞれに特定の訴権をなんら生ぜしめないが，そのすべてに一般的な訴権を生ぜしめる。この訴権は，［ローマ］法（Droit）においては，前書の事実かつ準訴権（actio in factum, utilis præscriptis verbis.）と称される。」154）［下線・傍点筆者］

これに引き続いて無名契約の四類型を提示する。しかし，これはローマ法において妥当する類型化でしかなく，フランス法においては事情が異なる旨が付言される。

---

152) Ferrière, *supra* note 70, t. 1, p. 366, v° Contrat. « Il y a deux sortes de conventions; sçavoir, le simple pacte, & le contrat. // Le pacte est une convention nue qui n'a point de nom ni de cause, & qui ne produit qu'une obligation naturelle, & dont l'accomplissement ne dépend que de la bonne foi de celui qui est obligé. // Comme il n'y a que les conventions qui ont une cause ou un nom qui soient contrats, il faut voir ce qu'on entend par ces termes. // Le mot cause ne se prend pas ici pour le motif qui nous a fait convenir de quelque chose; autrement, toute convention seroit contrat: mais ce terme se prend pour l'accomplissement de la convention de la part de l'une des Parties, qui donne ou qui fait ce à quoi elle s'est engagée. // Par le mot de nom, en fait de contrats, on entend une dénomination particulière, que le Droit civil attribue spécialement à une certaine convention; d'où il naît une action dénommée par le Droit civil, & qui porte le même nom que le contrat d'où elle descend. »
153) *ibid.*, t. 1, p. 366-367, v° Contrats nommés.
154) *ibid.*, t. 1, p. 367. « Contrats innommés, sont ceux qui n'ont point de nom particulier qui leur ait été donné ou confirmé par le droit civil, & qui de simples conventions qu'ils étoient d'abord, deviennent ensuite contrats, par l'accomplissement de la convention de la part de l'une des Parties. // Ces contrats ne produisent point une action qui leur soit particulière, mais ils en produisent une qui leur est générale à tous, & qui est appellée en Droit, actio in factum, utilis præscriptis verbis. »

「契約は，フランス法からすれば，二または多数の者の間でなされるあらゆる合意である。この合意によって，すべての者が，互いに，または，当事者のうち一人のみが，他の者に対して，法律に反せず，かつ，善良な風俗および善意（bonne foi）に嫌悪されることのない，なんらかの物を与えるまたはなんらかの事を為す債務を負う。

こうしてわれわれは，ローマ諸法文がこの主題について導入し，われわれが上に述べた几帳面な諸規範の前で立ち止まることなく，人々の間で行われるすべての合意を，その性質がいかなるものであろうとも，一般的に契約と称する。したがって，すべての合意は，裁判上の訴権を基礎づけるためであれ，抗弁を生ぜしめるためであれ，そのすべての範囲において履行されなければならない。

ローマ法がpacteと称したものは，したがって，われわれの許では，拘束力を有し，訴権を生ぜしめる。また，ローマ人が無名契約と称し，市民法によれば，当事者の一方の側の合意の履行によってのみ契約となるものに関しては，われわれの許では，両当事者の同意（consentement）のみによって完全である。」155)

フェリエールが理解するフランス法には，実体のレベルの合意の有効要件としての原因概念は存在しない。無名契約ならびにpacteに拘束力を付与する先

---

155) *ibid.*, t. 1, p. 367-368, vº CONTRAT, par rapport au Droit François. « CONTRAT, par rapport au Droit François, est toute convention faite entre deux ou plusieurs personnes, par laquelle toutes s'obligent reciproquement l'une envers l'autre, ou une seule d'entr'elles s'oblige envers les autres à donner ou à faire quelque chose qui n'est point contraire aux Loix, & ne repugne aux bonnes mœurs ni à l'honnêteté. // Ainsi, sans nous arrêter aux scrupuleuses règles que les Loix Romaines avoient introduites sur ce sujet, & dont nous avons parlé ci-dessus, nous appellons contrats généralement toutes les conventions qui se sont entre les hommes, de quelque nature qu'elles soient; en sorte qu'elles doivent être exécutées dans toute leur étendue, soit pour fonder une action en Justice, soit pour produire une exception. // Ce que le Droit Romain appelloit pacte, est donc obligatoire parmi nous, & produit une action; & à l'égard des contrats que les Romains appelloient innommés, qui suivant le Droit civil ne devenoient contrats que par l'accomplissement de la convention de la part de l'une des Parties, ils sont parfaits parmi nous par leur seul consentement. »

続いて，交換の事例が挙げられ，これについてローマ法では一方の先履行が必要であったが，フランスでは直ちに訴権を生じ，請求する者は，履行を提供するだけで十分であるとしている。DomatやFleuryと同じく先履行は合意の履行段階において考慮されていると言える。

履行たる原因は，ローマ法上の概念でしかない。また，要物契約というカテゴリーは維持されるものの[156]，それを原因によって説明することもない。

なお，フェリエールの以上の箇所は，先に検討した「obligation の原因」に関する記述からは切り離されている。前者において原因を忌避しつつ，後者においてそれを援用する点を強調すれば，obligation の語が「債務証書」の意味しか有していないことがより説得的に理解されよう。

小 括　**32**　検討された学説は限られており，一定の結論を引き出すには不十分であるが，少なくとも，合意の有効要件として原因を要求する見解は必ずしも通説の位置を占めていない，と言うことは可能であろう。原因を合意の有効要件とするものと解する余地のあるドマ，および，原因の意義は明らかではないものの，それが欠ける場合に promesse の無効を導くフルーリーに対して，アルグーやフェリエールのように，原因を要求する理論をローマ法のみに帰し，フランス法においては合意のみで訴権が生ずること，すなわち，拘束力が生ずることを強調する立場が存在した[157]。しかし，フランス民法典は，合意の有効要件のレベルで，原因なき「債務」を無効とする[158]。これを媒介したのはダゲソーおよびポチエであると考えられる。さらに，彼らの原因論は，コンディクチオによる返還に直接的に結びつけられている。

---

156) *ibid.*, t. 1, p. 368.「ただし，以下のことが指摘されなければならない。われわれは，物の引渡によって成立する諸契約に関しては，ローマ諸法文によって導入された事柄を保存した。なぜなら，これらの契約は，われわれの許においても，この引渡によってしか完成されないからである。例えば，消費貸借は，貸す者の側からの種類物の引渡がなければ，約されない。使用貸借，寄託および質も同様である。Il faut seulement remarquer, que nous avons conservé ce qui avoit été introduit par les Loix Romaines, touchant les contrats qui se forment par la tradition de la chose; car ils ne prennent point non plus parmi nous leur perfection que par cette tradition. Ainsi le prêt ne se contracte point, s'il n'y a livraison de chose fongibile de la part de celui qui prête. Il en est de même du commodat, du dépôt & du gage.」

157) もっとも，前掲注 151) の理解が妥当であれば，学説上の対立は仮象にすぎない。

158) 民法典の文言においても，原因は obligation について語られていることに注意を要する。
　民法典 1108 条 [以下の] 四つの要件が合意の有効性にとって本質的である。
　　債務を負う当事者の同意。
　　この者の契約を締結する能力。
　　義務の内容となる確実な目的。
　　債務における適法な原因（Une cause licite dans l'obligation）。
　1131 条　原因を欠く債務（L'obligation sans cause），誤った原因に基づく債務，または，違法な原因に基づく債務は，いかなる効力をも有することができない。

ダゲソーとポチエ **33** 18世紀前半に大法官（chancelier）［1717-1750］の要職にあったダゲソー（D'AGUESSEAU, Henri-François［1668-1751］)[159]は，東西両インド会社株の売買について検討する際に[160]，その理論的前提として原因論[161]を展開する[162][163]。

[159) 一般に，d'Aguesseau が Domat と Pothier との「結節点」の役割を果たしたとされることについて，参照，北村・前掲注 135) 32 頁注（88）。V. aussi ARABEYRE, HALPÉRIN et KRYNEN, *supra* note 69, p. 8 et s.

160) D'AGUESSEAU, Henri-François, *Mémoire sur le Commerce des Actions de la Compagnie des Indes,* in *Œuvres complètes du Chancelier d'Aguesseau,* nouv. éd., par PARDESSUS, Fantin et Compagnie, Paris, 1819, t. XIII, p. 513 et s.
　d'Aguesseau の原因論を他の著者のそれと同列に扱うには慎重でなければならないことも事実である。ここで検討する覚書（Mémoire）（著された時期は不明）は，東西両インド会社（当時は東西のインド会社が合併されて一つの会社とされていた）の株取引を投機売買（agiotage）として論難するものである。すなわち，高く売ることを目的として高く買うこと，逆に，安く買うことを目的として安く売ることは通常の買主・売主の行動態様とは異なっており，買主と売主という二つの地位を一体化（union）させている。こうした行動は正当価格（juste prix）に反する価格を形成させてしまう。したがって，取引は規制されなければならない。実際この覚書を基礎として，東西両インド会社は株式の価格を五分の一に切り下げる旨議決すべきとする建議（*Proposition à examiner sur le Actions des Indes du 8 février 1721,* in *ibid.*, t. XIII, p. 639 et s.）が提出されている。
　d'Aguesseau の覚書・建議が著された背景には，John Law［1671-1729］との敵対関係がある。Law の政策に反対した d'Aguesseau は，ルイ十五世の摂政であったオルレアン公によって，国璽（Sceaux）を取り上げられる（1718-1720 年，V. ARABEYRE, HALPÉRIN et KRYNEN, *supra* note 69, p. 9）。しかし，その後 Law のシステムは破綻し（Law は 1720 年 12 月にフランスから逃れる），東西両インド会社は一旦清算される。覚書・建議は，この清算の方法をめぐって提出されたものと考えられる。
　当時の東西両インド会社，とりわけ株式価格の高騰とその下落を一因とする Law のシステムの破綻について，V. HAUDRÈRE, Philippe, *La compagnie française des Indes au XVIIIe siècle* (1719-1795), thèse Paris IV, 4 vol., Librairie de l'Inde, 1989, spéc. t. 1, p. 74 et s. なお参照，西村孝夫『フランス東インド会社小史』大阪府立大学経済研究叢書第 45 冊（大阪府立大学経済学部，1977）56 頁以下。

161) 定義として，V. D'AGUESSEAU, *supra* note 160, Art. I. Définitions, n° I, p. 516. 「法学者が，市民社会の様々な義務における原因と称するものは，利益または得利であり，義務負担の動機や理由である。Ce que les jurisconsultes appellent causes, dans les différens engagemens de la société civile, est l'intérêt, ou l'avantage, qui est le motif et comme la raison de l'engagement.」
　原因概念は，市民社会存立のために必要とされる engagement に関係づけられている。d'Aguesseau は，覚書の冒頭で，東西両インド会社株式の取引については，宗教（religion），賢慮（prudence），正義（justice）という三つの観点から検討されなければならないが，第一については神学者と教義解釈者（casuistes）に委ね，第二については，賢人（sages）と政治家に委ねるとして，第三の観点に議論を絞る。その際に次のように述べている。V. *ibid.*, p. 514. 「［…］私は，法学者また司法官として，非常に特異で現在に至るまでほとんど知られることのなかったこの題材に関する正義の規範（règles de la justice）とはいかなるものであり得るのかを検討するにとどめたい。［ところで，］まさしくこの点の検討は，私をして，市民社会および取引の必要によって人間間に形成される義務に関する諸々の第一原理にまで遡行するよう強いた。[...] je ne veux qu'examiner, en jurisconsulte et en magistrat, quelles peuvent être les règles de la justice sur une matière si

singulière et si peu connue jusqu'à présent; c'est ce qui m'a obligé de remonter jusqu'aux premiers principes de la société civile et des engagemens que la nécessité du commerce forme entre les hommes.」

具体的な取引関係を越えた市民社会における engagement という前提を置く点で Domat からの影響を想定することができる。*Comp.*, DOMAT, *Traité des loix*, Chap. II. Plan de la société sur le fondement des deux premieres loix par deux espèces d'engagemens, in *Les loix civiles dans leur ordre naturel*, 2ᵉ éd., chez Coignard, spéc., p. 10 et s. Domat における engagement の概念については、参照、野田良之「ジャン・ドマとフランス民法典——特に民事責任の規定を中心として」比較法雑誌 3 巻 2 号 1 頁以下（1956）、特に 65 頁以下および 73-74 頁注（8）；小川浩三「ジャン・ドマの lois de la religion と lois de la police (1)」北大法学論集 38 巻 3 号（1988）415 頁以下、特に注（14）435-436 頁。

162) 略述すれば原因論は、次のような論理構成を経て正当価格論に接合される。義務（engagement）は原因を有していなければならず、それを欠く場合には engagement は無効となる（D'AGUESSEAU, *supra* note 160, Art. II. Principes généraux sur le Commerce, principalement sur ce qui regarde les Ventes et les Achats de toutes les Marchandises en général, nº V, p. 524-525)。ところで、売買において、engagement の原因とは、売主については「自らの商品の代わりに金銭を得る必要（besoin）または利益（intérêt）」であり、買主については「自らの金銭の代わりに商品を得る必要または利益」のことを指す（nº IX, p. 529)。この必要ないし利益は、大部分の当事者にとって共通である。したがって、ここから商品の「正当価格」を確定することが可能となる（nº X, p. 529-530)。この価格を超えた取引がなされる場合には、当事者は「契約の原因を濫用している（abuse de la cause du contrat)」（nº XI, p. 530)。以下、正当価格論は過剰損害（lésion）論として展開されるが、d'Aguesseau は市民法上の過剰損害に関する規律を不十分であるとしてこれを退ける。なぜなら、ローマ法文によれば、過剰損害を理由として売買を取消し得るのは売主のみであり、また、不動産取引についてでなければ取消は認められない。さらに取消が認められるのは、正当価格の二分の一以下の価格で目的物が買われた場合のみである。この限定が付されたのは、完全に不正を正そうとすると「取引の流れ（cours du commerce）を妨げ、占有を不確実にし、個別的な悪を防ごうとして一般的な不都合を生じさせる可能性がある」からであり、自然法に対置される人定法（lois humaines）は、そうした帰結をもたらす是正措置よりも、「人々の間で生ずる訴訟を予防し、平和と平穏を維持することを目的とする」からである。しかしながら、「真の正義（véritable justice）である自然的正義（justice naturelle）は、社会の外的な平和と平穏ばかりではなく、とりわけ、各人の徳と完成（la vertu et la perfection de chaque homme）をも目的とする」。よって、過剰損害に関して「自然的正義が与える一般規範は、売主と同様に買主にも、不動産と同様に動産についても、また、[正当価格との] 差が二分の一に至る場合と同様に正当価格を著しく超える場合についても、同内容となる」。以上の事柄は、「原因を欠く、または、原因の限度を超えるあらゆる義務または債務は、不正である」という「普遍的原理（principe universel)」から導かれる（nº XIII, p. 531-533)。

以上について、義務ないし債務の原因が、相手方に求められるのではなく、自らの側に求められていることに注意を要する。言い換えれば、原因は動機のレベルに定位されている。したがって、Domat の原因論について双務契約における義務ないし債務の牽連性を問題にしているという解釈を採るならば、d'Aguesseau の原因論を直ちに Domat のそれの延長線上に位置づけることはできない。

163) *ibid.*, Art. I, nº II, p. 516.「原因には、現実のそれまたは仮想のそれが、真のそれまたは誤ったそれが、良俗に適ったそれまたは良俗に反するそれが、さらには、まっとうなそれまたは卑しいそれが、最後になるが、その帰結を伴うそれまたは帰結を伴わないそれがある。これらすべての用語は非常に明晰であるため、定義される必要はない。Une cause peut être réelle ou imaginaire, véritable ou fausse, juste ou injuste, conforme ou contraire aux bonnes mœurs, et, par là, honnête ou honteuse, enfin, suivie ou non suivie de son effet. Tous ces termes sont si clairs, qu'ils n'ont pas besoin d'être

原因なき義務（engagement）また，仮想の（imaginaire）原因，誤った原因，不正な原因，良俗に反する原因，結果が続かない（qui n'a point suivie de son effet）原因しか有しない義務は無効とされ，無効な義務に基づいて物を与えた者には，その返還を求める権能（faculté）が認められる[164]。この原則は，各種のコンディクチオに関するローマ法文をよりどころとするものと理解されている[165]。他方で，ダゲソーは，次のようにも述べている。

「義務が，原因なく，あるいは，原因の効力，言うなれば原因の自然法上の射程を超えて約されたすべての場合において，弁済した者は，与えた物の返還を求める権利を有する。受領した者は，自らに対する［返還］請求が提起されなくとも，［受領した物を］返還しなければならない。なぜなら，違法な利得（gain illégitime）を保持することは許されないからである。まさにこれは，［上記で］明らかにされた諸原則の必然的な帰結である。」[166]

原因を有しない義務は無効であり，給付された物の保持は違法な利得となる。受領者は返還を義務づけられる。ダゲソーの原因論は，コンディクチオを軸に展開されており，engagement の無効を導くだけでなく，給付された物の返還

---

définis.」
164) ibid., Art. II, n° I, p. 521-522.「【原注(1)】原因をなんら有しない，あるいは，仮想の原因，誤った原因，不正な原因，良俗に反する原因，または，その結果が続かない原因しか有しないあらゆる義務は，それ自体として無効な義務ないし債務である。無効な義務ないし債務は，いかなる権利をも与えず，当事者の一方に，そうした義務を信用して与えた物の返還を求める権能を残す。」(1) Tout engagement qui n'a point de cause, ou qui n'a qu'une cause imaginaire, ou fausse, injuste, ou contraire aux bonnes mœurs, ou qui n'est point suivie de son effet, est un engagement ou une obligation nulle en soi-même, qui ne donne aucun droit, et qui laisse à l'un des contractans la faculté de répéter justement ce qu'il a donné sur la foi d'un tel engagement.」
165) 前掲注 164) の【原注(1)】において論拠として援用される法文は，いずれも condictio に関するものである。
 　L. 1, ff. de condictione sine causa = D. 12, 7, 1 pr. Ulpianus. 前掲注 130) 参照；L. 1, ff. de ob turp. caus. = D. 12, 5, 1 pr. Paulus; L. 66, de cond. indebiti. = D. 12, 6, 66. Papinianus; L. 14, ff. eod. tit. = D. 12, 6, 44. Paulus.
166) D'AGUESSEAU, supra note 160, Art. II, n° V, p. 524-525. « Dans tous les cas où un engagement se trouve avoir été contracté sans cause, ou au-delà des forces, et, pour ainsi dire, de la portée naturelle de la cause, celui qui a payé est en droit de répéter ce qu'il a donné, et celui qui a reçu doit restituer, quand même on ne lui en feroit pas la demande, parce qu'il n'est pas permis de retenir un gain illégitime. C'est une suite nécessaire des principes qui ont été établis. »

までをも射程に収めている[167]。

34 ポチエの原因論に移ろう。前提として，ポチエにおける単純合意ならびに無名契約の位置づけについて確認する。ポチエは，単純な pacte と契約との区別を自然法に基づかないものとしてこれを退ける[168]。「ローマ法の解釈者たちは，契約を『市民法上，名称または原因を有する合意』と定義したが，われわれの法においては，このように定義されてはならない」[169]。

他方，契約の類型化に関する部分の冒頭では，有名契約・無名契約の区別がフランスにおいては妥当しないとして，一旦はこの区別を退ける[170]。しかしながら，「厚意契約（Contrats de bienfaisance）」と対置される「当事者双方にとって利益となる契約（Contrats intéressés de part et d'autre）」[171]に関する説明において，無名契約の四類型が利用される。

Contrats intéressés を二つに区分し，一方を実定的（commutatifs），他方を射倖的（aléatoires）とした上で，前者について，「契約当事者の各々が，与え，かつ，通常，自らが与えるものの等価物（l'equivalent）を受け取る契約である」と定義する。さらに，売買について例示したのちに，「この契約は，四種に分けられる。：*Do ut des, Facio ut facias, Facio ut des, Do ut facias.*」と述べてい

---

167) Domat もまた，合意の有効要件としての原因とは別に，*condictio*（および引渡）の（正）原因論を有していることについて，本節第 2 款参照。

168) Pothier, Robert-Joseph, *Traité des obligations*, n° 3 [1ʳᵉ Partie. De ce qui appartient à l'essence des obligations, et de leurs effets, Chap. I. De ce qui appartient à l'essence des obligations, Sec. I. Des contrats, Art. I. Ce que c'est qu'un contrat], *Œuvres de Pothier*, éd. par Bugnet, Cosse et N. Delamotte, Videcoq père et fils, Paris, 10 vol., 1845-1848, t. 2, p. 4.［以下，éd. par Bugnet として引用］「各種の pacte および契約と simples pactes との区分に関するローマ法の諸原則は，自然法に基づかず，また，自然法の簡潔性からかけ離れているために，われわれの法においては承認されない。［…］Les principes du droit romain sur les différentes espèces de pactes, et sur la distinction des contrats et des simples pactes, n'etant pas fondés sur le droit naturel, et étant très éloignés de sa simplicité, ne sont pas admis dans notre droit. [...]」

169) *loc. cit.* « De là il suit que, dans notre droit, on ne doit point définir le contrat, comme le définissent les interprètes du droit romian, Conventio nomen habens a jure civili vel causam; [...] »

170) *ibid.*, n° 9, éd. par Bugnet, t. 2, p. 8.「有名契約と無名契約，ならびに，誠意契約と厳正契約というローマ法が契約に関して行う区別は，われわれの許では妥当しない。Les divisions que le droit romain fait des contrats, en contrats nommés et contrats innommés, en contrats bonæ fidei et contrats stricti juris, n'ont pas lieu parmi nous.」

171) « Contrats intéressés » を「双務契約」ないし「有償契約」とは訳し得ないことについて，参照，小川・前掲注 58) 注（73）648 頁。

る[172]。ドマやフルーリーと同様に，無名契約の四類型が，双務契約一般の類型化に転用されていると言えるであろう。

では，原因概念にはいかなる位置づけが与えられるのであろうか。アルグーやフェリエールらと同様に，単純合意の概念も無名契約の概念も受容しない以上，それらと同時に原因論も，ローマ法上の問題にすぎないとして放逐されるかに思われる。しかしポチエは，「合意の瑕疵（vices de convention）」の一種として「契約中の原因の欠缺（défaut de cause dans le contrat）」を俎上に載せる[173]。

「あらゆる義務負担は，まっとうな原因（cause honnête）を有していなければならない。

［当事者双方にとって］利益となる契約（contrats intéressés）においては，当事者の一方が約する義務（engagement）の原因は，他方当事者がこの者に与える，もしくは，与える義務を負う物，または，他方当事者が負担する危険である。厚意契約（contrats de bienfaisance）においては，一方が他方に対して履行することを望む恵与（libéralité）が，一方が他方に対して義務を負う原因として十分である。しかし，義務がなんら原因を有しないとき，または，同じことであるが，義務負担がなされた原因が誤った原因であったとき，義務は無効であり，当該義務を含む契約も無効である。

例えば，父の遺言によってあなたに遺贈された 10,000 リーヴルの額が，私が了知していなかった遺言附属書（codicille）によって撤回されていたにもかかわらず，私があなたに対してこの 10,000 リーヴルについて義務を負っていると考えて，この額の弁済としてある不動産（héritage）をあなたに与える義務を負担した場合，この契約は無効である。なぜなら，私の義務の原

---

172) POTHIER, *supra* note 168, n° 13, éd. par Bugnet, t. 2, p. 11-12. « Les contrats commutatifs sont ceux par lesquels chacune des parties contractantes donne et reçoit ordinairement l'équivalent de ce qu'elle donne; tel est le contrat de vente: le vendeur doit donner la chose vendue, et recevoir le prix qui en est l'équivalent; l'acheteur doit donner le prix, et recevoir la chose vendue qui en est l'équivalent. // On les distribue en quatre classes: DO ut des, FACIO ut facias, FACIO ut des, DO ut facias. »

173) なお，Pothier において，義務の原因と証書における原因とは区別されている。後者については，証拠を扱う部分で，「dette の原因」が語られる。V. p. ex. *ibid.*, n° 745 et 834, éd. par Bugnet, t. 2, p. 406 et 445.

因は上記の債務の弁済（acquittement de cette dette）であったが，この原因は誤っていることがわかった原因である。したがって，原因の誤りが認められたのであるから，あなたは，自分に対して当該不動産を引渡させるための訴権を有しない。そればかりか，私が当該不動産を既に引渡してしまっていた場合には，私は，あなたに対してこれを返還させるための訴権を有するであろう。<u>この訴権は，原因欠缺故のコンディクチオ（condictio sine causa）と称される</u>。ディゲスタの *de Cond. sine causa* の節を参照せよ。」[174)] ［下線筆者］

ポチエの原因論はドマのそれを再言したものではない。第一に，一方の当事者の原因とされるのは，相手方の義務それ自体ではなく，相手方が与えるか与える義務を負った物，または，相手方が負担する危険である。もっとも，「ce que l'autre partie lui donne」という現在形の表現からすれば，ドマと同様に，義務づけしかなされていない物でも原因として処遇されている，と言うことができる。先履行が原因であれば，「[...] lui a donné」と表現されるはずである。第二に，ポチエは，原因なき義務を無効とし，同時に義務の基礎にある契約をも無効とする。第三に，ポチエが掲げる具体例は代物弁済の事案であり，不動産の引渡義務の原因として，相続債務という先存債務が想定されている。原因が相手方当事者にのみ見出されているわけではない。

第四に，誤った原因に基づいて弁済してしまった物を取戻す訴権について触

---

174) *ibid.*, n° 42 [1re Partie, Chap. I, Sec. I, Art. III. Des differents vices qui peuvent se rencontrer dans les contrats, §VI. Du défaut de cause dans le contrat], éd. par Bugnet, t. 2, p. 24. « Toute engagement doit avoir une cause honnête. // Dans les contrats intéressés, la cause de l'engagement que contracte l'une des parties, est <u>ce que l'autre partie lui donne</u>, ou s'engage de lui donner, ou le risque dont elle se charge. Dans les contrats de bienfaisance, la libéralité que l'une des parties veut exercer envers l'autre, est une cause suffisante de l'engagement qu'elle contracte envers elle. Mais lorsqu'un engagement n'a aucune cause, ou ce qui est la même chose, lorsque la cause pour laquelle il a été contracté, est une cause fausse, l'engagement est nul, et le contrat qui le renferme est nul. // Par exemple, si croyant faussement vous devoir une somme de dix mille livres qui vous avait été léguée par le testament de mon père, mais qui a été révoqué par un codicille dont je n'avais pas connaissance, je me suis engagé de vous donner un certain héritage en paiement de cette somme, ce contrat est nul, parce que la cause de mon engagement, qui était l'acquittement de cette dette, est une cause qui s'est trouvée fausse: c'est pourquoi la fausseté de la cause étant reconnue, non-seulement vous ne pouvez avoir d'action pour vous faire livrer l'héritage; mais si je vous l'avais déjà livré, j'aurais action pour vous le faire rendre; et cette action s'appelle condictio sine causa. Voyez le tit. ff. de Cond. sine causa. » ［下線筆者］

れられている。ドマの原因論における原因欠缺故のコンディクチオの扱いとは大きく異なる。すなわち，非債弁済のコンディクチオに先送りすることなく，原因欠缺故のコンディクチオを提示している[175]。ドマの原因論においては，給付された物の返還訴権としてのコンディクチオは析出されず，われわれの解釈が正しければ，そこでのコンディクチオは obligation を無効とする訴権，または，証書たる obligation を返還させるための訴権であった（前記 **27**）。ポチエにおいては，このコンディクチオは，原因の誤りが認められた場合に返還を導く訴権である。このように給付の返還訴権として遇されたコンディクチオは物権変動論にも影響を及ぼすが，これについては次款において検討される。

小　括　**35**　フランス古法における原因欠缺故のコンディクチオの所在の探究は，迂回を余儀なくさせるものであった。原因を欠く obligation は無効であるという理論は，証書の問題をめぐって展開されていた。しかし，証書の有効性と実体レベルの債務ないし合意の有効性とは，それぞれ異なる問題として把握されるに至る。それでも，証書の証拠力を奪うために講じられた債務・合意自体の無効という理論は，その原型を維持し，実体レベルにおける無効論として残存する。そこで依拠されたのが，原因欠缺故のコンディクチオであった。この訴権は，ドマにおいては給付物の返還を含意しないものの，ダゲソーおよびポチエによって，端的に原因を欠く債務・合意に基づく給付を返還させる訴権として提示されるに至る。

　もっとも，ここでのコンディクチオは，もっぱら原因欠缺による無効を理由として認められる。他のコンディクチオにもしばしば言及されるが，事由を問わず合意の無効後の返還関係を一般的に対象とする訴権は見出されない。これについては，他の無効事由に関する規律の内容，さらには，無効と取消との区別はいかなるものと考えられていたのかが明らかにされる必要がある。

　この問題を扱う前に，非債弁済のコンディクチオについて検討しよう。所有権に基づく返還訴権とコンディクチオとの関係が問われる。また，ドマにおける返還訴権としてのコンディクチオの所在が明らかにされる。

[175) さらには，「正義，信義誠実または良俗を害する原因（cause qui blesse la justice, la bonne foi ou les bonnes mœurs）」について説明する中で，卑しき原因故のコンディクチオにも言及される。*ibid.*, n° 43, éd. par Bugnet, t. 2, p. 24-25.

第2款　非債弁済のコンディクチオ

36　コンディクチオの一類型としての非債弁済のコンディクチオ（*condictio indebiti*）については，その発生原因たる非債弁済（*solutio indebiti*, paiement de l'indu）が消費貸借（*mutuum*）との類似性において把握され，古くから準契約（*quasi contractus*, quasi-contrat）として扱われてきた[176]。物の供与によって（*re*）返還債務が生ずることに，共通性が認められる[177]。

　同時に，消費貸借に類比されることから，弁済された物の所有権を移転させることが導かれる。しかしながら，原因たる債務の存在について錯誤がある状況で弁済がなされた場合，そもそも，所有権は移転するのであろうか。所有権が移転しないとすれば，非債弁済者は所有権に基づく返還訴権（以下ではしばしば原語のまま *rei vindicatio* ないし revendication と表記する）を提起し得ることになるが，所有権が移転するのであれば，対人訴権たるコンディクチオに依拠せざるをえない。以下では，所有権移転の有無を軸として，非債弁済のコンディクチオをめぐる学説の対立を素描する。

　なお，本款の検討は，本書の目的，すなわち，無効ないし取消後の返還関係の解明には直ちには寄与しない。われわれが検討の対象とする論者において，非債弁済のコンディクチオが無効・取消後の返還関係を規律する旨の言及は，（ドマを除けば）必ずしも見出されない。したがって，本款の課題は，あくまでコンディクチオの一類型としての非債弁済のそれについて，所有権移転との関

---

176) Vizioz, Henry. *La notion de quasi-contrat. Étude historique et critique,* thèse Bordeaux, Y. Cadoret, 1912, spéc., n° 3, p. 11-12.

　Inst. 3, 27, §6「同様に，錯誤によって非債の物を弁済した者に対して，［受領者は］契約によるかのようにして義務づけられる。Item is cui quis per errorem non debitum solvit, quasi ex contractu debere videtur.」

177) Augustin, Jean-Marie, *Introduction historique à l'enrichissement sans cause en droit français,* Vincenzo Mannino et Claude Ophèle (éd.), *L'enrichissement sans cause. La classification des sources des obligations,* L. G. D. J., 2007, p. 31 et s. spéc., p. 33-35. V. aussi Vizioz, *supra* note 176, n° 10, p. 35. p. ex. Gaius, *Institutiones,* 3, 91 (*Institutes,* par J. Reinach, 5ᵉ tirage, Les belles lettres, 2003, p. 108)。

「［消費貸借と］同様に，ある者が，誤って弁済した者から非債の物を受領した場合には，物によって債務を負う。というのも，受領者に対して，受領者が消費貸借を受領したかのように，『この者が供与することを要することが明らかなときは』［という文言で］コンディクチオによる請求が可能だからである。Is quoque qui non debitum accepit ab eo qui per errorem soluit, re obligatur: nam proinde ei condici potest SI PARET EVM DARE OPORTERE ac si mutuum accepisset.」

係を解くことに存する。そこで明らかにされる法理を無効・取消の場面にも応用し得るか否かは，第２節の検討を待ってはじめて解かれるべき問題である。

(1) 非債弁済と所有権移転

ドマとプレヴォー＝ド＝ラ＝ジャネスの非債弁済論

37 古法時代の他の学説[178]とは異なり，ドマは，準契約というカテゴリーから自由である[179]。彼は，「合意なしに（sans convention）」[180]「他人の物（chose d'autrui）」を有する者の義務[181]の一種として，非債弁済返還義務を把握する。

「自らに対して義務づけられていない物の弁済を受領する者は，自らに対して義務づけられているであろうと善意で信じていた場合であっても，また，弁済する者が同様に［＝善意で］そう考えていた場合であっても，このようにして自らに弁済された物についていかなる権利をも取得せず（n'acquiert aucun droit），この物を返還しなければならない。例えば，のちに偽造されたことが判明することとなる遺言に基づいて遺贈を受領した者は，当該遺言を

---

178) なお，Fleury および Argou において，非債弁済は，準契約の一つとして掲げられるのみで，詳細な記述は見られない。V. Fleury, *supra* note 136, IVe Partie, Chap. XXIX. Des autres quasi-contrats, t. 1, p. 435-436; Argou, *supra* note 146, Liv. III, Chap. XXXVI. Des quasi-contrats, t. 2, p. 311-312. なお，Fleury が非債弁済を消費貸借と類比し，消費貸借と同一の規範が適用されるとするのに対して，Argou は消費貸借に言及しない。
179) Vizioz, *supra* note 176, n° 48, p. 194. ただし，後掲注 182) では非債弁済返還義務を準契約上の義務とする法文が引用されている。
180)「合意なしに成立する義務について（Des engagemens qui se forment sans conventions）」と題された第 2 篇は，「神が人々の間に，彼らの社会を組成するために生ぜしめる義務（engagemens que Dieu fait naître entre les hommes, pour assortir leur société）」のうち，第 1 篇が扱う合意による義務以外の義務で，「義務の相手方の参与（participation）なしに，または，いずれの意思もなしに，もっぱら義務を負担するものの所為によって，かつ，神の命令（ordre divin）の純粋な効力によって」成立する義務を扱う。V. Domat, *supra* note 107, Liv. II, Préface, éd. par Rémy, t. 1, p. 399-400; 2e éd. chez Coignard, t. 2, p. 1-2. 通常準契約として類型化される後見や事務管理などと並んで，不法行為に基づく義務もまたこの第 2 篇で扱われる。
181) *ibid.*, Liv. II, Tit. VII. De ceux qui reçoivent ce qui ne leur est pas dû, ou qui se trouvent avoir la chose d'autrui sans convention, Préface, éd. par Rémy, t. 1, p. 461-462; 2e éd. chez Coignard, t. 2, p. 114-115.「多様な出来事によって，ある者が他人の物を有することとなり，両者の間に義務を成立させる合意が存在せずとも，この物を返還する債務を負うことがあり得る。Il peut arriver, par divers événemens, qu'une personne se trouve avoir une chose d'une autre, et qu'elle soit obligée de la rendre, sans qu'il n'y ait eu entre elles de convention qui ait formé cet engagement.」

権原（titre）として受領した物を返還しなければならない。また，遺言が偽造されたものでなくとも，弁済ののちに発見された附属書（codicille）によって遺贈が撤回されたことが判明した場合も同様である。」182)［下線筆者］

非債弁済返還の細則183)について検討されたのちに，合意なしに他人の物を保持する者の返還義務という抽象的な概念規定を媒介に，ドマは，コンディクチオ一般について，次のように述べている。合意の有効要件としての原因論では展開されることのなかった返還訴権としてのコンディクチオがここに登場する。

「他人の物を，なんらかの正当な原因なく（sans quelque juste cause）有していることが明らかとされた者，または，原因が引き続くことなく，もしくは，なんら成就しない条件の下で物を与えられた者は，当該物を留置する原因をもはや有しておらず，これを返還しなければならない。例えば，なんら成就しない婚姻，もしくは，無効とされた婚姻を理由として嫁資を受領した者は，婚姻のみを権原として与えられた当該物を返還しなければならない【原注】。まして，金銭その他の物を不正な原因（cause injuste）において受領した者は，

---

182) *ibid.,* Liv. II, Tit. VII, Sec. I. Quelques exemples des cas qui font la matière de ce titre, et qui n'ont rien d'illicite, Art. 1, éd. par Rémy, t. 2, p. 463; 2ᵉ éd. chez Coignard, t. 2, p. 117. « Celui qui reçoit un paiement de ce qui ne lui est pas dû, quand même il croirait de bonne foi qu'il lui serait dû, et que celui qui paie le penserait de même, n'acquiert aucun droit sur ce qui lui est payé de cette matière, mais il doit le rendre. Ainsi, celui qui a reçu un legs d'un testament, qui dans la suite se trouve faux, doit rendre ce qu'il a reçu à ce titre. Et il en serait de même quand le testament ne serait pas faux, si le legs se trouvait révoqué par un codicille qui ne parût qu'après le paiement*. » ［下線筆者］
    *L. 2, §1, ff. de cond. ind. = D. 12, 6, 2, §1. Ulpianus: « Si quid ex testamento solutum sit, quod postea falsum, vel inofficiosum, vel irritum, vel ruptum apparuerit, repetetur. »; L. 2, §1, ff. de cond. ind. = D. 12, 6, 2, §1. Ulpianus: « Si post multum temporis [...] codicilli diu celati, prolati: qui ademptionem contineant logatorum solutorum: vel deminutionem, per hoc, quia aliis quoque legata relicta sunt, (solutum ex testamento repetetur.) » [[...] および（ ）は Domat による抜粋ママ］; §6, inst. de obl. quae quasi ex contr. = Inst. 3, 27, §6: « Is cui quis per errorem non debitum solvit, quasi ex contractu debere videtur. » 前掲注 176）参照。
183) 債権者が非債務者による弁済を受領したとしても真の債務者は解放されない（Art. 2）が，この場合，債権者は返還の義務を負わず，弁済者は真の債務者に求償しなければならない（Art. 3）。期限（terme）前の弁済は非債弁済ではない（Art. 4）。既存の債務が消滅したのちの弁済も非債弁済となる（Art. 5）。債務の存在について疑義がある場合になされた弁済は和解の意思表示とみなされるが，債務が存在しないことが判明した場合には返還義務が生ずる（Art. 6）。さらに，選択債務の場合の規律（Art. 7）に触れる。

この物を返還する義務を負う。」[184]

　【原注】では，各種のコンディクチオに関する法文が一度に引用される。それらすべてが，「正当な原因なく（sans juste cause）」物が保持されている場合に返還を請求するための訴権として包括的に理解されていると言うことができる。実際，第一に引用される D. 12, 7, 1, §3 の文言は，一般的射程を有する。言い換えれば，広義の原因欠缺故のコンディクチオが含意されている。

　他方，ドマは，先の引用箇所で非債弁済受領者は「いかなる権利をも取得」しない，と述べていた。さらに，他人物の占有者の返還義務を非債弁済返還義務と同列に扱っている[185]。ここから，ドマは，非債弁済の場合には，引渡の正原因（juste cause）を欠くために弁済された物の所有権が移転しないと理解しているものと推測される。さらに，引渡の正原因とコンディクチオにおける原因とが重ね合わされて観念されているという仮説を提示することも可能であ

---

184) Domat, supra note 107, Liv. II, Tit. VII, Sec. I, Art. 10, éd. par Rémy, t. 1, p. 466; 2ᵉ éd. chez Coignard, t. 2, p. 121. « Celui qui se trouve avoir une chose d'un autre sans quelque juste cause, ou à qui une chose était donnée pour une cause qui cesse, ou sous une condition qui n'arrive point, n'ayant plus de cause pour la retenir, doit la restituer. Ainsi, celui qui avait reçu une dot pour un mariage qui ne s'accomplit point ou qui est annulé, doit rendre ce qui n'était donné qu'à ce titre*. Ainsi, à plus forte raison, ceux qui ont reçu de l'argent ou autre chose pour une cause injuste, sont tenus de le rendre. »
　*L. 1, §ult. ff. de cond. sine causa＝D. 12, 7, 1, §3. Ulpianus:「正当な原因によらずにある者の許に達する物，または，正当でない原因のためにある者に帰属する物こそまさに，この者を相手方とするコンディクチオによって返還され得ることは明らかである。Constat id demum posse condici alicui, quod vel non ex justa causa ad eum pervenit, vel redit ad non justam causam.」; L. 4, eod.＝D. 12, 7, 4. Africanus: « Nihil refert utrumne ab initio sine causa quid datum sit, an causa propter quam datum sit, secuta non sit. » 前掲注127) 参照; L. 7, §ult. ff. de condict. caus. dat.＝D. 12, 4, 7, §1. Julianus: « Fundus dotis nomine traditus, si nuptiae insecutae non fuerint, condictione repeti potest. »; L. 8, eod.＝D. 12, 4, 8. Neratius [抜粋なし]; L. 1, §1, ff. de cond. ob. turp. vel. injur. caus.＝D. 12, 5, 1, §1. Paulus [抜粋なし].

185) 実際 Domat は，所有権者による追奪を受けた者の返還義務を非債弁済返還義務と同様に扱っている。ibid., Liv. II, Tit. VII, Sec. I, Art. 8, éd. par Rémy, t. 1, p. 466; 2ᵉ éd. chez Coignard, t. 2, p. 120-121.「動産であれ不動産であれ，他人に帰属する物を占有している者は，売買，贈与などといったこの物を占有するなんらかの権原に基づいていたとしても，所有権者が現われ，その権利を立証するときは，所有権者に対してこの物を返還する義務を負う。例えば，土地の取得者は，その所有権者であった者によって土地を追奪された場合，所有権者に対してこの土地を返還しなければならない。よってこの義務は，合意なしに成立する義務に数えられる。Celui qui se trouve en possession d'une chose appartenant à un autre, soit meuble ou immeuble, à quelque titre qu'il la possède, vente, donation, ou autre, est obligé de la rendre au maître, quand il paraît et qu'il établit son droit. Ainsi, un acquéreur d'un fonds en étant évincé par celui qui en était le maître, il doit le lui remettre, et cet engagement est du nombre de ceux qui se forment sans convention.」

る[186]）。この理解が正しければ，のちに検討するポチエとは著しく対立する。

　われわれの解釈は，他人の物を保持する者の義務の具体的内容について説明される箇所によっても補強される。ドマは，金銭の返還の場合の利息支払の要否について検討した[187]）のちに，金銭以外の物の返還について次のように述べている。

「金銭以外の物が返還されなければならない場合，この義務負担［の存在］を知るに至った者は，物について注意しなければならず，かつ，物を返還するまで物を保存しなければならない。しかし，物が損傷を受けてしまった場合，または，物が滅失した場合，この物が自らに帰属すると善意で考えていた期間内に，かつ，自らに対してこの物についての訴えが提起され，物の返還について遅滞に附される以前の時点で，過失（faute）によって［滅失毀損が］生じたのだとしても，これについて責めを負わないであろう。<u>なぜなら，この者の状況は，この者が物の所有権者（maître）であったのと同様のはずだからである</u>。しかし，訴えののちに，この者が［物の返還について］遅滞したとすれば，この者は，過失がなくとも，生じた滅失毀損について責めを負うであろう【原注】。」[188]）［下線筆者］

---

[186]）権原（titre）と原因とが同義で用いられているとすれば，前掲注 185）引用箇所において所有権の立証により権原が占有を正当化しなくなるとされていることと，juste cause なしには物の保持・留置が許容されないこととを同視することが可能となる。しかしながら，Domat は引渡の要件を一般的に論じておらず，検証する余地がない。ただし Domat は，売買における所有権移転について意思主義を採らず，売主の引渡義務の履行によって目的物の所有権が移転するとするが，その説明に際して，L. 31, ff. de acq. rer. dom. = D. 41, 1, 31 pr. Paulus を引用する。*ibid.*, Liv. I, Tit. II. Du contrat de vente, Sec. II, Art. 10, éd. par Rémy, t. 1, p. 159; 2e éd. chez Coignard, t. 1, p. 131. D. 41, 1, 31 pr.「単なる引渡は所有権をなんら移転させないが，売却その他の正原因が先行し，これを理由として引渡が引き続く場合には［所有権が移転する］。Nunquam nuda traditio transfert dominium: sed ita, si venditio aut aliqua justa causa praecesserit, propter quam traditio sequeretur.」Domat の所有権移転論について，参照，森田修『強制履行の法的構造』（東京大学出版会，1995）70 頁。
[187]）返還義務者が善意の場合には，請求の時点からの利息を返還すれば足りるとする。Domat, *supra* note 107, Liv. II, Tit. VII, Sec. III. Des engagemens de celui qui a quelque chose d'une autre personne, sans convention, Art. 1, éd. par Rémy, t. 1, p. 468; 2e éd. chez Coignard, t. 2, p. 125.
[188]）*ibid.*, Liv. II, Tit. VII, Sec. III, Art. 2, éd. par Rémy, t. 1, p. 468-469; 2e éd. chez Coignard, t. 2, p. 125-126. « Si c'est quelque autre chose que de l'argent qui doive être restituée, celui qui commence de connaître cet engagement, doit prendre soin de la chose, et la conserver jusqu'à ce qu'il la rendre. Mais si la chose vient à être endommagée, ou que même elle périsse, pendant qu'il croyait de bonne foi qu'elle fût à lui, et avant que la demande lui en eût été faite, et qu'il fût en demeure de la restituer, il n'en serait pas tenu, quand il y aurait même de sa faute. Car sa condition doit être la même que s'il

第1部　各種返還請求の史的諸相

のちに見るように、ポチエにおいては、受領者は所有権者であるが故に、物の滅失毀損について責任を負わない。ドマは、弁済受領者を所有権者ではないと理解しているために、この規律をうまく説明することができない。そのために、弁済受領者は、所有権者に類比されているものと考えられる。さらに引き続く箇所では、返還義務者について「占有者」という表現が見られる。

　「返還されなければならない物が不動産（héritage）、または、なんらかの収益を生ぜしめる他の物である場合には、この物を返還しなければならない<u>占有者（possesseur）</u>は、この物から収取した果実ないし収益をもまた返還しなければならない。この返還は、あるいは、訴えの時点から、あるいは、使用収益したあらゆる時点から義務づけられるが、［いずれであるかは、］占有者の手許に物を移転させた原因の性格および状況による【原注】。」[189][190]

---

avait été le maître de la chose. Mais après la demande, s'il était en demeure, il serait tenu de ce qui arriverait même sans sa faute*. »

　*L. 13, ff. de rei vind. = D. 6, 1, 13. Ulpianus: « Non solutum autem rem restitui, verum & si deterior res sit facta, rationem judex habere debebit. Finge enim debilitatum hominem, vel verberatum, vel vulneratum restitui: utique ratio per judicem habebitur, quanto deterior sit factus. »; L. 15 §ult. eod. = D. 6, 1, 15, §3. Ulpianus: « Si servus petitus, vel animal aliud demortuum sit, sine dolo malo & culpa possessoris, pretium non esse praestandum, plerique aiunt. Sed est verius, si forte distracturus erat petitor, si accepisset, moram passo debere praestari. Nam si ei restituisset, distraxisset, & pretium esset lucratus. »; L. 45, eod. = D. 6, 1, 45. Ulpianus: « Si homo sit qui post conventionem restituitur, si quidem a bonae fidei possessore, puto cavendum esse de dolo solo, debere caeteros etiam de culpa sua: inter quos erit & bonae fidei possessor, post litem contestatam. »　いずれの法文も、所有権に基づく取戻の際に、目的物（奴隷・家畜）が滅失毀損していた場合の責任の所在に関わる。

189)　*ibid.,* Liv. II, Tit. VII, Sec. III, Art. 3, éd. par Rémy, t. 1, p. 469; 2ᵉ éd. chez Coignard, t. 2, p. 126-127. « Si c'est un héritage qu'on doive restituer, ou une autre chose qui produise quelques revenus, le possesseur qui doit la restituer, doit aussi les fruits ou revenus qu'il en a perçus, ou seulement depuis la demande, ou même de tout le temps qu'il aura joui, selon la qualité de la cause qui avait fait passer la chose en ses mains, et les circonstances*. »

　*L. 15 ff. de cond. indeb. = D. 12, 6, 15 pr. Paulus:「非債弁済のコンディクチオは、自然的である［＝自然法に基づく］。したがって、弁済された物に加った増大分もまた、コンディクチオの対象となる。奴隷から生まれた子や寄洲による増大分も同様である。いやそれどころか、弁済受領者が善意で収取した果実もまた、コンディクチオの対象となる。Indebiti soluti condictio naturalis est: & ideo etiam quod rei solutae accessit, venit in condictionem. Ut puta partus qui ex ancilla natus sit, vel quod alluvione accessit. Imo & fructus quos is, cui solutum est, bona fide percepit, in condictionem veniunt.」; L. 38 §2, ff. de usur. = D. 22, 1, 38, §2. Paulus [抜粋なし]; L. 65, §5, ff. de cond. ind. = D. 12, 6, 65, §5. Paulus:「非債弁済の返還を請求する者に対して、果実および子も返還されなければならない。Ei qui indebitum repetit, & fructus & partus restitui debent.」

第1篇　コンディクチオと原状回復

　そもそもドマは，非債弁済受領者と他人物の占有者とを同列に扱っていた。この記述は，いずれにも妥当するものとして提示されている。では，弁済受領者が物を第三者に譲渡してしまった場合にはどのように規律されるのであろうか。

　「他人の物を有しており，自らがその物の所有権者であると善意で信じていた者が，この物を，善意のままに移転した場合には，物から利益として得た物，例えば，この物を売却した場合であれば，正当な代金で売却したのではないとしても，この者が受領した代金のみを返還する義務を負う【原注】。」[191]

　金銭以外の物の滅失毀損に関する規律について見たように，弁済受領者は，所有権者ではないが，善意である限りにおいて，所有権者と同等に扱われる。そのため，非債弁済された物を有効に譲渡することができる。受領者はこの譲

[190) さらに割注において，ローマ法文が，弁済された物が金銭の場合には善意の弁済受領者に利息の返還を課さないにもかかわらず（前掲注187）参照），不動産については，受領者の善意か悪意かにかかわらず，果実・収益の返還を課すとしていることに疑義を呈する。例えば，貧しい受遺者に相続人が土地を弁済したが，後に遺言付属書によって遺贈が撤回されていたことが判明したという事案を想定し，家族の生計の維持のために善意で果実を消費してしまった受遺者は，「破産または大いなる窮状に陥るのでなければ（sans être ruiné ou beaucoup incommodé）」果実を返還することができないとし，法文が示す規範の不当性を主張する。そのため，事案に応じて，規範の適用を「裁判官の賢慮（prudence du juge）」に委ねるべきであろうとする。引用された諸法文の解決が区々であることが，事案ごとの判断を要請する，というロジックを支えているものと解される。
　一般的に，善意占有者に果実収取権があるとすれば，返還目的物が金銭である場合と不動産である場合とでの規律の違いは，困難な問題を惹起する。後述するように，この問題について，Pothier は，Domat も引用する D. 12, 6, 15 pr.（前掲注189）参照）を字義どおりに受け取り，端的に果実の返還を導く。これと対比するとき，Domat が見せる逡巡は，弁済受領者を「占有者」とする理解に起因するであろう。というのも，Pothier は，弁済受領者は「所有権者」であるが故に，善意占有者の果実収取権に配慮する必要なく，不当利得を禁ずる自然法（法文中の naturalis を参照）を根拠に，果実の返還を導くことができる。このように，弁済受領者の地位をいかに解するかが分水嶺となる。

191) Domat, *supra* note 107, Liv. II., Tit. VII., Sec. III., Art. 5, éd. par Rémy, t. 1, p. 469; 2ᵉ éd. chez Coignard, t. 2, p. 127. « Si celui qui avait une chose d'autre, croyant de bonne foi en être le maître, l'avait aliénée dans cette bonne foi, il ne serait tenu de rendre que ce qu'il en aurait tiré de profit, comme le prix qu'il en aurait reçu, s'il l'avait vendue, quoiqu'il ne l'eût pas vendue à son juste prix*. »
　*L. 26, §12, ff. de condict. ind. = D. 12, 6, 26, §12. Ulpianus: « Hominem indebitum (dedi) & hunc sine fraude modico distraxisti: nempe hoc solum refundere debes, quod ex pretio habes. »

渡から得た代金を返還すればそれで足りる。しかし，これを超えて，弁済者は所有権者として第三者から当該物を取戻すことができるであろうか。この問題についてドマは語らないが，非債弁済では所有権が移転しないのであれば，この者は revendication を提起することができよう。のちに見るように，非債弁済による所有権移転を観念するポチエは，この問題に非常な注意を払い，例外的に対物訴権による取戻を許容する。

　以上より，ドマにおいて，非債弁済によって所有権は移転せず，非債弁済者とその受領者との関係は，所有権者対占有者の関係として理解されていると解することができる。したがって，コンディクチオの提起について，所有権を喪失していることは前提とされておらず，コンディクチオと revendication との二律背反の関係は意識されていないものと考えられる。

38　プレヴォ＝ド＝ラ＝ジャネスは，コンディクチオと revendication との関係に配慮しつつ，端的に所有権移転を否定することで問題を解こうとする[192]。

　「［非債弁済の］返還は，他人の出費ならびに損失によって，非債であるにもかかわらず利得を得ることを認めない，自然的衡平上の規範に基づくばかりでなく，所有権，および，われわれになんら帰属しない物を返還するという債務にもまた，基づいている。

　というのも，錯誤によって，それについてなんら弁済義務を負っていなかった物を弁済した者は，実際のところ，この物の所有権をなんら移転しなかったのである。引渡とは，有形の行為（acte corporel）にほかならず，有効かつ十分な移転の意思を伴わない限りは，所有権を移転する効力を有し得ない。他方，事物の自然的理性によれば，いかなる動機にも基づかない，また同様に，錯誤以外の動機をなんら有しない，あらゆる意思，あらゆる同意（consentement）は，なんら有効かつ十分な同意ではない。なぜなら，この同意は，現実に設定された条件と結びつけられているかのように，錯誤と結びつけられているからである。［錯誤がある場合，］そうした条件が欠けているので

---

192) なお，Prévôt de la Jannés は，非債弁済返還義務を準契約上の義務の一つとして位置づけるものの，非債弁済を消費貸借に類比しない。

あるから，同意が挫折し，また，消滅することは，必定である。

　したがって，ここで問題となる訴権は，対人的というよりも対物的である。ローマの法律家たちは，この訴権をもっぱら対人的であると考えていた。たしかに，錯誤によって弁済された金銭が問題となる場合には，対人的である。金銭は，錯誤によって弁済されたとしても，なんら追及されず，識別され得ないからである。」[193]　［下線筆者］

　プレヴォ゠ド゠ラ゠ジャネスは，非債弁済について所有権移転を観念しない。引渡に伴うべき所有権移転の意思が錯誤による場合には，引渡は所有権を移転させないからである。所有権が移転しない結果，原則として，非債弁済の返還訴権は対物訴権たる revendication となる。ここには，コンディクチオは存在しない。しかし，金銭については，返還訴権は対人訴権となる。受領者の許で混和が生じるためである。

39　われわれは，非債弁済のコンディクチオ論に取り組むにあたって，非債弁済によって弁済物の所有権が移転するか否か，という観点を設定した。ドマは，引渡の正原因とコンディクチオの要件たる原因とを重ねて観念している，と理解することができた。したがって，非債弁済の局面では，「引渡に原因を欠くが故にコンディクチオを行使し得る」という論理的な関係が想定されているように見える。しかしながら，引渡の正原因の存在が所有権移転の要件であ

---

193) Prévôt de La Jannés, *supra* note 91, n° 588 [Tit. XXIV. De la répétition de ce qu'on a payé induement], t. 2, p. 324. « Cette répétition est fondée non-seulement sur la règle de l'équité naturelle, qui ne permet pas de profiter induement aux dépens & par la perte d'un autre, elle l'est encore sur le droit de propriété, & sur l'obligation de restituer ce qui ne nous appartient point. // En effet, celui qui a payé par erreur, une chose qu'il ne doit point, n'en a point dans la vérité transféré la propriété; la tradition qui n'est qu'un acte corporel ne peut avoir de force pour transférer la propriété, qu'autant qu'elle est accompagnée d'une volonté de transférer valable & suffisante: or suivant la raison naturelle des choses, toute volonté, tout consentement qui n'est fondé sur aucun motif, ou ce qui est la même chose, qui n'a point d'autre motif que l'erreur n'est point un consentement valable & suffisant, étant attaché à l'erreur, comme à une condition véritablement supposée; cette condition manquant, c'est une nécessité que le consentement tombe & s'anéantisse aussi. // L'action dont il s'agit ici est donc plutôt réelle que personnelle, quoique les Jurisconsultes Romains l'aient crue purement personnelle, & qu'elle le soit en effet lorsqu'il s'agit d'une somme d'argent payée par erreur; car l'argent payée par erreur; car l'argent n'a point de suite, & ne peut se reconnoitre. »

るならば，それを欠く以上，弁済物の所有権は移転していないことになり，弁済者は，revendicationとコンディクチオとを重畳的に行使し得ることにならざるを得ない。ドマは，非債弁済された物を返還させるための訴権の性質について，明確に語ることがなかった。実際，その記述には「対人訴権」「対物訴権」という用語法が見られなかった。その理由は，原因欠缺故のコンディクチオを「他人の物を保持する者の義務」に対応する一般的な返還訴権として措定したことに求められよう。ドマにとっては，本来帰属すべき者に物を帰属させるための訴権の析出のみが課題となっていた，と言うことも可能である。

これに対してプレヴォ＝ド＝ラ＝ジャネスは，非債弁済によっては所有権が移転せず，故に非債弁済者の返還訴権は原則として「対物訴権」である，と述べていた。それが対人訴権となるのは，弁済物が金銭であって，受領者の許で混和が生ずるためでしかなかった。

ポチエは，両者のいずれとも異なる立場に立つ。彼は，非債弁済についても所有権移転を観念する。これは，彼の引渡論からの論理的帰結である。

ポチエにおける無因の所有権移転

40 ポチエは，『所有権概論（*Traité du droit de domaine de propriété*）』において，所有権の移転のためには，真正な権原（titre vrai）または少なくとも誤想の権原（titre putatif）がなければならないとする[194]。直後に，「真正な権原」を「正当な権原（juste titre）」と言い換え，一般的には，売買，交換，贈与，遺贈などから生ずる与える債務（obligation de donner）がそれに相当するとする[195]。引き続いて，誤想の権原の解説が展開される。ここに非債弁済のコン

---

194) POTHIER, *Traité du droit de domaine de propriété*, nº 228 [1ʳᵉ partie. Ce que c'est que le droit de domaine de propriété; des manières dont il s'acquiert et dont il se perd, Chap. II. Comment s'acquiert le domaine de propriété, et comment il se perd, Sec. IV. De la tradition, Art. II. Des conditions requises pour que la tradition transfère la propriété, §III. Il faut que la tradition soit faite en vertu d'un titre vrai, ou du moins putatif, qui soit de nature à transférer la propriété]. *Œuvres de Pothier*, éd. par Bugnet, *supra* note 168, t. 9, p. 180.「引渡は，譲渡する能力を有する物の所有権者によって行われた，または，同意された場合であっても，真正または誤想の何らかの権原に基づいて行われるのでなければ，この物の所有権を移転させない。[＊以下 D. 41, 1, 31, pr.（前掲注186））を引用] La tradition, quoique faite ou consentie par le propriétaire de la chose, qui est capable d'aliéner, n'en transfère la propriété qu'autant qu'elle est faite en vertu de qulque titre vrai ou putatif: [...]」

195) *ibid.*, nº 229, éd. par Bugnet, t. 9, p. 180.「物の所有権を移転させる性質を有する権原を，正当な権原と称する。例えば，売買，交換，贈与，遺贈から生ずる権原がそうである。On appelle justes titres, ceux qui sont de nature à transférer le domaine de propriété des choses, tels que ceux

ディクチオが登場する。

　「以下のことに注意されたい。権原は，それが誤想のものでしかなくとも十分である。[すなわち]実際には存在しないにもかかわらず，誤って存在すると思い込んでいた権原であっても，私が自らの物についてあなたに対して当該権原を基にして行う引渡は，あなたにこの物の所有権を移転させるに足るのである。ただし，<u>この場合において，錯誤が認められるときには，私はあなたに対して対人訴権を有する。この訴権は，*condicito indebiti* または *condictio sine causa* と称される</u>。この訴権は，私があなたに与えた物を私に返還させるようあなたを義務づけるためのものである。」[196)][下線筆者]

　引き続き具体例として，相続人が遺言に基づき受遺者に物を弁済したが，のちに遺言附属書が発見され，遺贈が撤回されていたことが明らかになった，という事例が挙げられる[197)]。債務の存在について錯誤がある状況での引渡，すなわち非債弁済が，誤想の権原に基づく引渡として把握されている。ドマもほぼ同様の事例を挙げていたが，そこでは，受領者は「いかなる権利も取得しない」とされていた（前記 **37**）。これに対してポチエは，権原が正当なものである場合と同様に，弁済物の所有権は受領者に移転すると理解する。非債弁済は，

---

de vente, d'échange, de donations, de legs, etc. // 一般的に言えば，私が誰かに対して負担した所有物を与える旨のあらゆる債務は，当該物，またはそれに代わるなんらかの他の物についてなされる引渡が，[この債務の]債権者に，または，債権者の指示を基に債務の弁済として物を受領する債権者以外の誰かに，当該物の所有権を移転させるための正当な権原である。<u>Généralement</u> toute obligation que j'ai contractée de donner à quelqu'un une chose en propriété, est un juste titre pour que la tradition qui est faite de cette chose, ou de quelque autre chose en sa place, au créancier ou à quelque autre qui la reçoit de son ordre, en paiement de cette obligation, lui en transfère la propriété.」[下線筆者]

196) *ibid.*, n° 230, éd. par Bugnet, t. 9, p. 180. « Observez qu'un titre, quoiqu'il ne soit que putatif, suffit pour que la tradition que je vous fais de ma chose en conséquence de ce titre, que je me suis faussement persuadé exister, quoiqu'il n'existe pas, vous en transfère la propriété; j'ai seulement en ce cas, lorsque l'erreur aura été reconnue, une action personnelle contre vous, qu'on appelle condictio indebiti, ou condictio sine causa, pour que vous soyez tenu de me rendre ce que je vous ai donné. »
197) *loc. cit.* « Par exemple, je vois un testament, par lequel mon père vous a légué une certaine chose; j'ignore qu'il y a un codicille, par lequel ce legs a été révoqué: quoiqu'en ce cas il n'y ait point de legs fait à votre profit, puisqu'il a été révoqué, néanmoins la tradition que je vous ai faite de cette chose en conséquence de la fausse opinion en laquelle j'étais, vous en a transféré la propriété, sauf à moi, lorsque l'erreur aura été reconnue, à la répéter par l'action condictio indebiti. »

誤想のものとはいえ，権原に支えられた有効な引渡である。

41 続くパラグラフでは，引渡による所有権移転の要件の一つである，両当事者の同意（consentement）について解説する[198]。これは，権原を作出する売買や贈与等の合意（convention）の成立要件としての同意とは別個の同意である。すなわち，債権のレベルとは区別された所有権の移転のレベルにおいて，言い換えれば，引渡にとって権原・原因となる事項（以下ではしばしば「原因関係」と称する）とは独立に要求される同意である。この同意は，引渡の目的（objet），引渡を行う者の属性（personne），および，所有権が移転することそれ自体について要求される。ポチエは，それぞれに関して詳述した上で，引渡の原因（cause）についても同意が必要か，という問題を提起し，この点に関するローマ法文の対立，すなわちユリアヌスとウルピアヌスとの対立[199]に言及する。

この対立は，次のような事例をめぐるものである。Xは一定額の金銭を贈与を理由に引渡したが，Yは消費貸借がなされたものとして受領した。したがって，XとYとの間に，引渡を基礎づける契約すなわち原因関係についての同意が欠けている。この場合，金銭の所有権は，XからYに移転するであろうか。ユリアヌスが所有権移転を認めるのに対して，ウルピアヌスは認めない[200]。

---

198) *ibid.*, n° 231 et s. [§IV. Du consentement des parties, nécessaire pour que la tradition transfère la propriét], éd. par Bugnet, t. 9, p. 180 et s. V. spéc., n° 231, p. 180.「物の引渡によって当該物の所有権が引渡の相手方に移転するためには，両当事者の同意が必要である。すなわち，誰かに対して［自分で］引渡を行う，または，引渡が行われるよう指示する物の所有権者が，当該物の所有権を相手方に対して移転する旨の意思を有していることが必要であり，かつ，当該物を受領する者が，これを取得する意思を有していることが必要である。［…］Le consentement des parties est nécessaire pour que la traition d'une chose en transfère la propriété à celui à qui elle est faite; c'est-à-dire qu'il faut que le propriétaire de la chose qui en fait, ou par l'ordre duquel s'en fait la tradition à quelqu'un, ait la volonté de lui en transférer la propriété, et que celui qui la reçoit, ait la volonté de l'acquérir: [...].」
199) 参照，海老原明夫「19世紀ドイツ普通法学の物権移転理論」法学協会雑誌 106 巻 1 号 1 頁以下（1989），特に 28 頁以下。なお参照，磯村・前掲注 12）9 頁以下。
200) L. 36, ff. de Acq. rer. dom.＝D. 41, 1, 36. Julianus.「われわれが，たしかに引渡される物については同意しているが，［引渡の］原因については実は同意していない，という場合に，私は，なぜ引渡が効果を生じないのか理解できない。例えば，私が遺言によってあなたに土地を引渡す債務を負っていると思い込み，［他方］あなたは，問答契約によって当該土地［の引渡が］自らを相手方と

以上の著名な論争は，ローマ法上の所有権移転が有因的か無因的かを分けること[201]。ユリアヌスの立場は，原因関係である契約の成否が，所有権移転に影響を与えないという意味で，無因主義を表現したものと解し得る。反対にウルピアヌスの立場は，原因関係が有効に成立していなければ所有権も有効に移転されないという意味で有因主義を表現する。容易に解き難いこの対立について，ポチエは，整合的な解釈として以下の議論を展開する。

して義務づけられていると判断しているという場合である。[さらに]例えば，私が贈与を意図して支払手段たる金銭を引渡し，[他方]あなたは当該金銭を信用を与えられたものとして[＝消費貸借として]受領したという場合である。[これらの場合に，]所有権があなたに移転することは明らかであり，また，与える原因であり受領する原因でもある原因についてわれわれが互いに同意していないことが[所有権の移転にとって]妨げとならないことは明らかである。Cum in corpus quidem quod traditur, consentiamus, in causis vero dissentiamus: non animadverto, cur inefficax sit traditio: veluti si ego credam, me ex testamento tibi obligatum esse, ut fundum tradam: tu existimes, ex stipulatu tibi eum deberi. Nam et si pecuniam numeratam tibi tradam donandi gratia, tu eam quasi creditam accipias: constat proprietatem ad te transire, nec impedimento esse, quod circa causam dandi atque accipiendi dissenserimus.」[下線部は Pothier による引用箇所]：L. 18, ff. de Reb. cred.＝D. 12, 1, 18 pr. Ulpianus.「私はあなたに贈与するものとして金銭を与えたがあなたは消費貸借としてこれを受領した，という場合について，ユリアヌスは，ここに贈与は存在しない，と書き記している。しかしながら，消費貸借が存在するかどうかについても明らかにされるべきである。では私の考えはどうかといえば，受領者が[引渡した者とは]別の思惑から受領したのだとすれば，消費貸借は存在しないし，まして金銭は受領者に移転されない，と考える。したがって，受領者が[金銭を]消費した場合，コンディクチオによって請求を受けるのはよいとしても，金銭は引渡した者の意思に適って消費されたのであるから，受領者は，悪意の抗弁を用いることができるであろう。Si ego pecuniam tibi quasi donaturus dedero, tu quasi mutuam accipias, Julianus scribit, donationem non esse: sed an mutua sit; videndum. Et puto, nec mutuam esse: magisque nummos accipientis non fieri, cum alia opinione acceperit. Quare si eos consumpserit, licet condictione teneatur, tamen doli exceptione uti poterit: quia secundum voluntatem dantis nummi sunt consumpti.」[下線部は Pothier による引用箇所]両法文の訳について，参照，海老原・前掲注199) 28-29 頁。

201) 両法文をめぐる学説史について，V. VAN VLIET, L. P. W., *Transfer of movables in German, French, English and Dutch law,* Ars Aequi Libri, Nijmegen, 2000, p. 169-199. とりわけ，人文主義法学における学説の分岐について，V. p. 179-181. 所有権移転の意思 (*animus domini transferendi*) が当事者双方にあれば十分であるとして，引渡の *causa* を重視しない Doneau, 所有権移転の意思に瑕疵がある場合でも所有権は移転するとしつつ，原状回復 (*restitutio in integrum*) による物の取戻を許容する Duaren, 引渡の前提たる合意が有効であることを要求する，すなわち *causa* を必要とする Cujas が対比される。また，Savigny が Doneau の学説に影響を受けたことが指摘される。引渡の前提たる権原について錯誤がある場合にも所有権の移転を許容し，後述するように取消 (rescision)（取消を原状回復と関連づけ得ることについては，本章第 2 節参照）を別建てで観念する Pothier は，Duaren に類比され得ることを指摘するにとどめる。

　近時の概説として，V. aussi EVANS-JONES, Robin and MACCORMACK, Geoffrey D., *Iusta causa traditionis,* Birks (ed.), *supra* note 30, p. 99 f.; GORDON, W. M., The importance of the justa causa of traditio, in *ibid.,* p. 123 f. また，ドイツ普通法学上の論争についての詳細な研究として，参照，海老原・前掲注 199)。

第 1 部　各種返還請求の史的諸相

「202)[所有権移転についての同意に加えて]さらに，私が引渡を行った原因についての当事者の同意も必要であろうか。ユリアヌスは，原因についての同意は必要ではないと判断した。[＊以下 D. 41, 1, 36 を引用]

　ユリアヌスは[ローマ]法の緻密さ（subtilité du droit）に従って判断していることに注意されたい。たしかに，この事案においては，法の緻密さに従えば，当該金銭の所有権はあなたに移転されたことになる。われわれは同意したのであるから。私はあなたに所有権を移転することに，他方あなたは所有権を取得することに同意したのである。ただし，所有権は，原因なしにあなたに移転された。[したがって]<u>なんら原因がなくとも，あなたは所有権者となるのである</u>（c'est sans aucune cause que vous êtes le propriétaire）。あなたは，贈与を権原として所有権者となるのではない。というのも，あなたは，私があなたに対して行うことを意図した贈与を承諾しなかったからである。またあなたは，消費貸借を権原として所有権者となるのでもない。というのも，私はあなたに対して消費貸借を行う意思を有していなかったからである。したがって（donc)[203]，この金銭の所有権は，あなたに対して原因なく移転されたのであって，私が，あなたに対してそうする意図を有していた贈与を悔いるとき，私は，あなたに対して，原因欠缺故のコンディクチオ（condictio

---

202)　煩雑さを避けるため，冒頭に注を付す。Pothier, *supra* note 194, n° 238, éd. par Bugnet, t. 9, p. 182-183. « Faut-il encore que leur consentement intervienne sur la cause pour laquelle je fais la tradition? Julien décide que le consentement sur la cause n'est pas nécessaire: [＊以下 D. 41, 1, 36 を引用（引用箇所は前掲注 200）参照)] // Observez que Julien décide selon la subtilité du droit. Il est vrai que, dans cette espèce, la propriété de cet argent vous a été transférée selon la subtilité du droit, parce que nous avons consenti, moi à vous la transférer, et vous à l'acquérir; mais elle vous a été transférée sans cause; c'est sans aucune cause que vous êtes le propriétaire. Vous ne l'êtes pas à titre de donation, puisque vous ne l'êtes pas non plus à titre de prêt, puisque je n'ai pas eu la volonté de vous faire un prêt. Vous ayant <u>donc</u> transféré la propriété de cet argent sans cause, je puis, si je me repens de la donation que j'avais eu intention de vous en faire, vous demander la restitution de cet argent, par l'action qu'on appelle condictio sine causa. C'est ainsi que la décision de Julien se concilie avec celle d'Ulpien, que nous allons rapporter: [＊以下 D. 12, 1, 18 pr. を引用（引用箇所は前掲注 200）参照)] // Ce que dit Ulpien, nummos accipientis non fieri, s'entend en ce sens, que quoique, quant à la subtilité du droit, il acquière la propriété de ces deniers, comme le décide Julien, il ne l'acquiert pas efficacement par rapport à l'action condictio sine causa, que j'ai contre lui pour les répéter: de cette manière ces jurisconsultes ne sont point en contradicition. »[下線筆者]
203)　この「donc」によって指示される論理について，後掲注 204）参照。

94

sine causa) と称される訴権によってこの金銭の返還を求めることができるのである。このようにして，ユリアヌスの判断は，以下に引用するウルピアヌスの判断と両立せられる。[＊以下 D. 12, 1, 18 pr. を引用]

　ウルピアヌスが『金銭は受領者に移転されない (nummos accipientis non fieri)』という文言で理解したのは次のような意味においてである。すなわち，法の緻密さからすれば，ユリアヌスがそう判断したように，受領者はこの金銭の所有権を取得する。とはいえ，私がこの者に対してその返還のために有している condictio sine causa との関係では，有効な形では所有権を取得しない (il ne l'acquiert pas efficacement par rapport à l'action condictio sine causa)。このように解すれば，二人の法律家は矛盾していない。」[下線筆者]

　ポチエは，ユリアヌスによりながら，引渡の原因について当事者間に同意が見られない場合でも，所有権は移転すると理解する。すなわち，権原を作出する契約が有効に成立していなくとも，所有権移転についての同意のみによって，所有権は移転する。したがって，引渡の原因・権原[204]についての瑕疵が所有権移転に影響を及ぼさないという意味において，ポチエにおける所有権移転は，無因的である，と言うことができる。しかしながら，この場合には，所有権が移転するとしても，コンディクチオに掣肘される限りにおいてでしかない。つまり，いかなる返還請求をも許容しない完全な形での所有権移転は生じない。この限りにおいて，所有権は移転しないとするウルピアヌスの理解も同時に成立する。こうしてポチエは，両法文の矛盾を解消したと主張し[205]，無因の所

---

204) Pothier において，「権原」と「原因」とが同義で用いられているか否かは定かではない。前掲注 203) の「donc」が指示する論理関係は，Pothier が「権原」と「原因」とを同義に解していることの証左となるが，誤想ではあれ引渡が所有権を移転させるには「権原」が必要である，という説明とは齟齬を来している。法文の事例について，「誤想の権原」があると解されている余地があるが，「権原」についての錯誤があるとの説明はない。さらに後掲注 206) 参照。
205) Bugnet による脚注は，この説明を「非常に巧みである (fort ingénieuse)」としつつも，そもそも調和は不可能ではないか，と疑義を呈する。ローマ法についての著作である *Pandectæ justinianeæ* においても同様の記述が見られるが，Pothier はこの調和の作業を Vinnius, Arnold [1588-1657], *Quæstiones*, liv. 35 に帰している。V. Pothier, *Pandectæ justinianeæ in novum ordinem digestæ*, éd. et traduites par De Bréard-Neuville, Dondey-Dupré, Paris, t. 16, 1822, p. 599. Pothier と 17 世紀のオランダ・ローマ法学との関係を解明する手掛かりとして重要な意義を帯びるであろうことを示唆するにとどめる。なお，*Pandectæ justinianeæ* の性格について，参照，西村隆誉志「ポティエ『新編学説集成』の編成論理とキュジャス (1) (2) (3)」愛媛法学会雑誌 31 巻 3・4 号 1 頁以

有権移転とコンディクチオに基づく返還との連関を，整合的なものとして提示する。

　この理解は，非債弁済，言い換えれば，誤想の権原に基づく引渡の場合にも妥当するものと考えることができる。原因関係について同意が存在しない場合，そこで認められる訴権は *condictio sine causa* であった。他方，誤想の権原に関する説明においては，*condictio indebiti* と *condictio sine causa* とが同列に扱われていた。引渡の原因について同意を欠くにせよ，引渡の権原について錯誤があるにせよ[206]，受領者の許に所有権は移転するのであって，引渡した者ないし弁済者は revendication を行使することができない。そこで指示されるのは，対人訴権であるコンディクチオである。

　なお，以上の場面で物の所有権が移転するのは，あくまで引渡の効果としてであって，金銭・種類物に限って混和ないし消費によって所有権が移転するのではないことにも注意が向けられるべきである。ポチエは，合意の有効要件としての原因について論じる中で，返還をも含意する *condictio sine causa* に触れていた（前記 **34**）。そこでは，誤った原因に基づく代物弁済の合意の事例が挙げられていたが，引渡の対象は不動産であった。この箇所での *condictio sine causa* についてもユリアヌスとウルピアヌスとの調和の際に提示された見

下（2005），32 巻 3・4 号 29 頁以下（2006），33 巻 3・4 号 35 頁以下（2007）。
206) しかしながら，前掲注 204）に指摘した矛盾をさらに展開すると，Pothier において「権原」と「原因」とは異なる意義で用いられていると考えることも可能となる。ここで重要な意義を帯びるのは，Pothier が，正当な権原を，売買や贈与それ自体ではなく，そこから生ずる「与える債務」であると定義していた点である［前記本文 **40**，前掲注 195）参照］。彼において，売買等の「contrat または convention」がそこから生ずる「obligation または engagement」の cause となり，この「obligation または engagement」が「tradition または paiement」の titre となる，という図式が想定されている可能性がある。この解釈は，合意の有効要件としての原因に関する箇所［前記本文 **34**，前掲注 174）］において，「contrat」と「engagement」とを区別し，もっぱら「engagement」について原因を語ることからも間接的に補強される。すると，法文の事例について，両当事者の consentement は，cause＝「contrat または convention」の次元については成立していないものの，titre＝「obligation または engagement」は誤想ではあれ存在している，という解釈が前提とされていると考えることができる。したがって，titre が存在するが故に所有権は移転するが，cause を欠くために *condictio* が認められることとなる。このように理解すると，D. 41, 1, 31 pr., D. 41, 1, 36, D. 12, 1, 18 pr. という一見矛盾し合い，数多の理論を生ぜしめた三法文が整合的に説明される。さらに，titre のレベルに関わるはずの非債弁済の *condictio* が *condictio sine causa* と同列に扱われていたことも想起される必要がある。非債弁済にせよ引渡の原因についての同意の不在にせよ，いずれの場合も titre は存在し得るが cause は欠ける。故に，Pothier は「所有権は移転するが cause を欠くが故に *condictio* が認められる」と理解している，と解釈することができよう。とはいえ，決定的な論拠を欠く。

解が妥当するならば，引渡された物の性質にかかわらず，原因を欠く所有権移転が肯定されていることになろう[207]。

以上の解釈を前提として，ポチエの非債弁済論の検討に移ろう。

ポチエの非債弁済論　**42**　ポチエは，キュジャス（CUJAS, Jacques [1522-1590]）と同様に[208]，非債弁済を準契約たる「早まった消費貸借（*promutuum*）」として構成する[209]。実際，非債弁済が扱われるのは，『消費貸借概論』の補章においてである。*promutuum* と消費貸借との違いとしては，両当事者の同意の有無が指摘される。その上でポチエは，*promutuum* から生ずる債務は，契約とともに債務発生原因の一種とされる衡平（équité）[210]から生ずるとして，不当利得の観念を提示する。

---

207) 前掲注 200) において示したように，Pothier は，所有権が移転しないにもかかわらず金銭が消費された場合に限って *condictio* を認めるように読むことができる D. 12, 1, 18 pr. の後段を引用していない。この後段を根拠に，*rei vindicatio* による返還請求を原則としつつ弁済物が消費された場合に *condictio sine causa* が認められる，と理解するドイツ普通法上の学説（Glück）について，参照，海老原・前掲注 199) 31 頁。Prévôt de la Jannés の理解は，この学説と同旨と解される。

208) Cujas の理論の詳細について，V. VIZIOZ, *supra* note 176, n° 46, p. 184 et s.; AUGUSTIN, *supra* note 177, p. 33. CUJACIUS, Jacobus, *Opera postuma*, Neapoli, 1758, t. 9, p. 218 et s. Commentaria in Lib. IV. Codicis. Tit. V. De condictione indebiti., cité par AUGUSTIN, *loc. cit.*「消費貸借によっても早まった消費貸借によっても同一の訴権，すなわち *condictio* が付与されるのではないか。［法文引用］早まった消費貸借とは，非債弁済のことである。［…］Eadem actio datur ex mutuo & ex promutuo, nempe condictio, l. 5, § is quoque, ff. de oblig. & act.［= D. 44, 7, 5, §3. Gaius］Indebiti solutio promutuum est, […]」

209) POTHIER, *Traité du prêt à usage et du précaire*. 3e partie, *Traité du quasi-contrat applé* promutuum, *et de l'action condictio indebiti*, n° 132 [Sec. I. Du Promutuum, Art. I. Ce que c'est que le quasi-contrat promutuum; quels sont ses rapports avec le contrat mutuum, et en quoi il en diffère.], *Œuvres de Pothier*, éd. par Bugnet, *supra* note 168, t. 5, p. 101. « On appelle promutuum, le quasi-contrat par lequel celui qui reçoit une certaine somme d'argent, ou une certaine quantité de choses fongibles, qui lui a été payée par erreur, contracte envers celui qui la lui a payée par erreur, l'obligation de lui en rendre autant. // C'est le paiement qui est fait par erreur, qui forme ce quasi-contrat: on l'appelle promutuum, à cause des rapports qu'il a avec le contrat mutuum. »

promutuum の成立要件は，第一が引渡，第二が所有権移転（受領者による消費を含む），第三が両当事者それぞれの錯誤である。V. *ibid.*, n° 133, p. 101-102. なお，第二の要件について，引渡によるにせよ消費によるにせよ所有権が移転していない場合には，*promutuum* は完成せず，「もっぱらあなたは，当該種類物が帰属する者の側からの所有権に基づく返還訴権に服する。［…］vous êtes seulement sujet à la revendication des espèces de la part de ceux à qui elles appartiennent […]」と付言している。*Promutuum* から生ずる *condictio indebiti* が，revendication と排他的な関係にあることがわかる。

210) この衡平による基礎づけは，Pothier の準契約論一般から導かれる。この点で，**序**で指摘した返還の範囲の問題にも影響を与える。いま一つの準契約である事務管理について検討する第 2 篇第 1 章第 1 節第 2 款で詳述する。

第1部　各種返還請求の史的諸相

　「*promutuum* から生ずる債務は，したがって，これを成立させるための当事者のいかなる同意（consentement）も介在せずとも成立する。当該債務を成立させるのは衡平であって，衡平は，自らに対して義務づけられていなかった物の弁済を受領した者が，錯誤によってこれを弁済してしまった者を犠牲にして利得することを認めない。[＊以下 D. 50, 17, 206 を引用]」[211]

　この衡平から基礎づけられる *promutuum* に基づく債務は，非債弁済のコンディクチオによって実現される。しかしながら，*promutuum* と *condictio indebiti* とでは，包摂される事例に差異が認められる。消費貸借とのアナロジーで捉え得るのは，金銭または種類物の非債弁済に限られる。これに対して，*condictio indebiti* は，物の性質を問うことなく認められる[212]。訴権の目的（objet）を扱う箇所では，ローマ法文を引用しつつ次のように説明している。

　「この訴権［= l'action *condictio indebiti*］の目的は，錯誤によって弁済された物それ自体の返還，または，錯誤によって弁済された物と同額の金銭ないし同量の物の返還である。『錯誤によって非債の物が弁済された場合は，あるいはそれ自体が，あるいは同種同量の物が返還される』[＊D. 12, 6, 7 の引用]。
　この規範［の適用領域］には二つの事例が包含されている。第一は，同種同量の物が返還される（*tantumdem repetitur*）事例であり，これは，一定額の

---

211) POTHIER, *supra* note 209, n° 134, éd. par Bugnet, t. 5, p. 102. « L'obligation qui naît du promutuum, est donc formée sans qu'il intervienne, pour former, aucun consentement des parties. C'est l'équité qui la forme, et qui ne permet pas que celui qui a reçu le paiement de ce qui ne lui était pas dû, s'enrichisse aux dépens de celui qui le lui a payé par erreur: [＊L. 206, ff. de Reg. jur. を引用] »
　L. 206, ff. de Reg. jur. = D. 50, 17, 206. Pomponius.「自然法および衡平によれば，何人も他人の犠牲において不当に利得してはならない。Iure naturae aequum est neminem cum alterius detrimento et iniuria fieri locupletiorem.」
212) *ibid.*, n° 140 [Sec. II. De l'action applée condictio indebiti], éd. par Bugnet, t. 5, p. 103.「非債弁済のコンディクチオと称される訴権は，ある者が他人に対して錯誤によって弁済したあらゆる場合に生ずる訴権である。ただし，[弁済される物は] *promutuum* の事例たる一定額の金銭または一定量の種類物ばかりではない。いかなる物であれ，一般的に，弁済者が錯誤によって義務を負っていると思っていた物でもよい。L'action qu'on appelle Condictio indebiti, est celle qui a lieu toutes les fois que quelqu'un a payé par erreur à un autre, non-seulement une certaine somme d'argent, ou une certaine quantité de choses fongibles, qui est le cas du promutuum, mais généralement quelque chose que ce soit, qu'il croyait, par erreur, devoir.」

金銭，または，使用によって消費される一定量の種類物が，錯誤によって弁済された事例である。まさにこれが，われわれが前款で言及した *promutuum* の事例である。錯誤によって弁済した者は，この場合，弁済した物それ自体の返還を得られず，弁済した物と同額の金銭ないし同量の物の返還を得る。」213)

ポチエは，こののち，*promutuum* の概念では包摂され得ない事例について考察を展開していく。第一に，役務または使用収益の返還が非債弁済のコンディクチオの目的となる場合がある214)。もっとも，この場合については，「同種同量の物が返還される」という法文の文言に含めることができ，受領者は役務・使用収益の対価を返還しなければならないとする。

第二に，特定物の返還が目的となる場合がある。非債弁済による所有権移転の有無というわれわれの観点からすれば，この場合についてのポチエの理解が最も重要な意義を帯びる。ドマの立論と対比しつつ検討しよう。まず，所有権はいずれの側に帰属しているのであろうか。

「上記の規範［=D. 12, 6, 7］のうち，当該物それ自体が返還される（*hoc ipsum repetitur*）他方の事例について，ここで扱うこととしよう。この事例は，使用によって消費される種類物のうちには数えられないある種の物が弁済された，という事例である。この場合には，まさに，弁済された物それ自体［の返還］が，l'action *condictio indebiti* の目的である。

錯誤によってこのような物を弁済した者は，この場合，弁済された特定の（*in individuo*）物それ自体の債権者（créancier）であって，この者は，返還請

---

213) *ibid.,* n° 169 [Sec. II, Art. VI. Quel est l'objet de l'action condictio indebiti], éd. par Bugnet, t. 5, p. 114. « L'objet de cette action est la répétition de la chose même qui a été payée par erreur, ou bien d'une somme ou quantité pareille à celle qui a été payée par erreur: Quod indebitum per errorem solvitur, aut ipsum, aut tantumdem repetitur; [＊D. 12, 6, 7. Pomponius を全文引用] ∥ Cette règle contient deux cas. L'un, auquel tantumdem repetitur, est le cas où l'on a payé par erreur une certaine somme d'argent ou une certaine quantité de choses fongibles qui se consomment par l'usage: c'est le cas du promutuum, dont nous avons parlé dans la section précédente. Celui qui a payé par erreur, ne répète pas alors les choses mêmes qu'il a payées, mais une somme ou une quantité pareille à celle qu'il a payée. ∥ Nous n'en dirons pas davantage sur ce cas. »

214) *loc. cit.*

求を行使する時点におけるその物が，その時点における状態で返還されることを甘受しなければならない。

　錯誤による弁済を受けた者が物に対してごくわずかな注意しか払わなかったために，物が減価を被っていたり物が毀損を受けていたりしていた場合であっても，弁済した者は，減価・毀損について訴えを提起することができず，いかなる損害の塡補をも請求することができない。なぜなら［この事例は］，他人の物の善意占有者が，自らに帰属すると思っていた物の保存に関する注意の欠如について，所有権者に対していかなる義務をも負わない場合と同様であると言えるからである。『自らの物であるとしてこの物を放置した者は，いかなる訴えにも服さないが故に』［＊D. 5, 3, 31, §3 の引用］，［すなわち上記の場合と］同様に，自分を相手方として義務づけられていると思っていた物について錯誤による弁済を受けた者は，自らに帰属しており返還に服していることを知らなかったこの物を放置する（négliger）権限を有していたのであって，注意の欠如に起因した毀損について責任を負わされることがないからである。『自らの物であるとしてこの物を放置した者は，いかなる訴えにも服さないが故に』［＊D. 5, 3, 31, §3 を再度引用］。」215)　［下線筆者］

---

215)　*ibid.*, n° 170, éd. par Bugnet, t. 5, p. 114. « L'autre cas de la règle auquel hoc ipsum repetitur, qui est celui dont nous nous proposons de traiter ici, est le cas auquel on a payé une certaine chose qui n'est pas du nombre des choses fongibles qui se consomment par l'usage. C'est en ce cas la chose même qui a été payée, qui est l'objet de l'action condicito indebiti. // Celui qui a payé par erreur une telle chose, étant en ce cas créancier de la chose même, in individuo, qu'il a payée, il doit se contenter qu'on la lui rende telle et en l'état qu'elle se trouve au temps auquel il en exerce la répétition. // Quand même la chose se trouverait dépréciée ou détériorée par le peu de soin qu'en aurait eu celui à qui on a payé par erreur, celui qui a payé ne pourrait pas s'en plaindre, ni en demander aucun dédommagement; car de même qu'un possesseur de bonne foi de la chose d'autrui, n'est pas tenu envers le propriétaire de son défaut de soin à conserver une chose qu'il croyait lui appartenir; quia qui quasi rem suam neglexit, nulli querelae sujectus est; L. 31, §3, ff. de Petit. Hæred.; de même celui à qui on a par erreur payé une chose qu'on croyait lui être due, a été en droit de négliger cette chose qui lui appartenait, et qu'il ignorait être sujette à restitution, sans qu'on puisse le rendre responsable des détériorations qui ont résulté de son défaut de soin; quia qui quasi rem suam neglexit, nulli querelæ subjectus est. »

　L. 31, §3, ff. de Petit. Hæred. [D. 5, 3, 31, §3. Ulpianus] « Sicut autem sumptum quem fecit, deducit, ita si facere debuit, nec fecit, culpae hujus reddat rationem, nisi bonae fidei possessor est: tunc enim, quia ［＊Pothier は qui を付加する］ quasi suam rem neglexit, nulli querelae sujectus est ante petitam hereditatem: postea vero, et ipse praedo est. »　［下線部は引用箇所］

以上の記述から，ポチエにおいて，非債弁済であっても所有権が移転することが前提とされていることがわかる。弁済者は，特定物の「債権者」にすぎない。この点は，非債弁済のコンディクチオが対人訴権であることと符合する[216]。引渡論においては，具体例としては金銭の所有権移転しか扱われておらず，特定物については別様に解する余地もあり得た。しかし，特定物であっても非債弁済によってその所有権は移転する。そうであるが故に，所有権者である受領者は，自らに帰属する物を放置したとしても責任を負わないのである[217]。

　善意占有者との類比が見られるが，論理関係がドマとは正反対であることに注意しよう。ドマにおいては，善意の弁済受領者が責任を負わないことを説明するために，受領者を「所有権者に」類比していた（前記 **37**）。一方ポチエは，受領者を「善意占有者に」類比している。そもそも弁済された物は受領者に「帰属」している。したがって，滅失毀損について責任を負わないことは当然である。すなわち，ポチエにおける善意占有者との類比は，善意の「占有者」であっても責任を負担しないのだから，ましてや「所有権者」が負担しないのは当然である，という強調のためになされている[218]。「善意の受領者は滅失毀損について責任を負わない」という同一の規範を扱っているにもかかわらず，両者は鋭く対抗している。また，ポチエは，果実の返還については，次のように説明している。

---

216) ibid., n° 141, éd. par Bugnet, t. 5, p. 104.「非債弁済のコンディクチオは対人訴権である。この訴権は，自らを相手方としては義務づけられていなかった物について錯誤による弁済を受けた者が負担する対人的債務から生ずるためである。l'action condictio indebiti est une action personnelle, puisqu'elle naît de l'obligation personnelle que contracte celui à qui on a payé par erreur une chose qui ne lui était pas due.」
217) ただし受領者は，非債弁済の事実について悪意となった時点からは，過失による滅失毀損を負担するとされる。ibid., n° 172, éd. par Bugnet, t. 5, p. 115.「錯誤によって物を弁済した者は，その滅失および毀損を負担しなければならないが，弁済を受領した者が当該物が自らに対して義務付けられていないことについて認識を得た時点よりのちに，受領者の過失によってそれらが生じた場合には，この限りではない。Celui qui a payé la chose par erreur, devant en supporter la perte et détériorations, à moins qu'elles ne soient survenues par la faute de celui qui l'a reçue, depuis qu'il a eu connaissance qu'elle ne lui était pas due.」
218) すると，あえて善意占有者と類比する必要性はなくなるとも言えるが，前掲注 217) の悪意の場合の責任について説明するために必要な操作であった，と考えることができよう。後掲注 220) および 222) をも参照。

第 1 部　各種返還請求の史的諸相

　「したがって，この者［＝錯誤によって弁済した者］は，物［の返還］とともに，錯誤による弁済を受けた者がこの物から収取した果実の返還をも得る権利を有する。なぜなら，弁済を受けた者は，錯誤によって弁済した者を犠牲にして，利得してはならないからである。

　これについてはパウルスが教える。『弁済された物に加わった増大分もまた，コンディクチオの目的となる。奴隷から生まれた子や寄洲による増大分も同様である。いやそれどころか，弁済受領者が善意で収取した果実もまた，コンディクチオの目的となる』［＊D. 12, 6, 15 の引用］。

　以上の規範は，物の弁済を受けた者が，物が自らに対して義務づけられていなかったことを知っていた場合であっても，物が自らに対して義務づけられていると善意で信じていた場合であっても妥当する。これはまさに，上記の法文の末尾の文言から帰結する。『（弁済受領者が）善意で収取した果実もまた［コンディクチオの目的となる］(*et fructus quos bona fide percepit*)』」[219]

　ドマは，脚注において同一の法文を引用しつつ，本文では弁済受領者を「占有者」としていた（前記 **37** 注 189））。これに対して，ポチエは，弁済受領者を占有者とは表現しない。善意占有者であれば，果実を自らのものとすることができるはずであるが，非債弁済そのものが利得の禁止によって基礎づけられる結果，受領者は，善意・悪意にかかわらず[220]，果実を返還しなければならな

---

219) POTHIER, *supra* note 209, n° 172, éd. par Bugnet, t. 5, p. 115. « C'est pourquoi il a droit de répéter aussi avec la chose les fruits qu'en a perçus celui à qui elle a été payée par erreur: car celui-ci ne doit s'enrichir en rien aux dépens de celui qui a payé par erreur. // C'est ce qu'enseigne Paul: Et quod rei solutae accessit, venit in condictionem, ut puta partus qui ex ancilla natus sit, vel quod alluvione accessit; immo et fructus quos is cui solutum est bona fide percepit, in condictionem venient; L. 15, ff. de Condict. indeb.［= D. 12, 6, 15. 前掲注 189）参照］// Cela a lieu, soit que celui à qui la chose a été payée, sût qu'elle ne lui était pas due, soit qu'il crût de bonne foi qu'elle lui était due. C'est ce qui résulte de ces derniers termes de la loi, et fructus quos bona fide percepit. »

220) ただし，受領者が善意の場合と悪意の場合とでは，返還の範囲に差異が生ずる。善意受領者は現存利得を返還すればよい。V. *loc. cit.*「自らに弁済された物が，自らを相手方としては義務づけられていないことを知っていた者は，収取した果実ばかりでなく，収取しなかった果実についても返還するよう義務づけられる。また，果実から利得を得ようが得まいが，返還を義務づけられる。逆に，善意で，物が自らに対して義務づけられていると思っていた者は，物から収益を上げた分で，かつ_利得を得ている_［＊現在形］分に限って，返還する義務を負う。Celui qui savait que la chose qu'on lui a payée ne lui était pas due est tenu de faire raison, non-seulement des fruits qu'il a perçus, mais de ceux qu'il a manqué de percevoir, et il en est tenu, soit qu'il en ait profité, soit qu'il n'en ait pas

い。この規律は，ポチエが，非債弁済の返還の局面を「弁済者＝所有権者」対「受領者＝占有者」の関係で捉えていないことを裏づける。さらに，弁済受領者が特定物を転売した場合に，弁済者は現物での返還を請求し得ないことも，コンディクチオの対人訴権性によって説明することができる。

　「自らはその者を相手方として義務づけられていると思っていたある者に対して錯誤によって弁済された物が，現物で存在するものの，もはや受領者の占有下にない場合，例えば，受領者が物を売却したためにそうである場合［について検討しよう］。［この場合，］受領者は，利得している限りにおいて（quatenus locupletior est）でなければ，l'action condictio indebiti によって［返還を］義務づけられないのであるから，もはや有していない物を返還する義務を負わない。受領者は，不当に低い代金で（à vil prix）売却したのであるとしても，物を売却して得られた代金，および，売却以前に物から収取した果実を返還すれば十分である。」[221]

　善意の受領者であれば代金の返還のみで足りることについては，ドマも言及していた（前記 **37**）。そこでは，受領者が「所有権者であると善意で信じていた」ことが論拠とされていた。ポチエは，提起される訴権が，非債弁済のコンディクチオであることのみを論拠とする。この訴権は，対人訴権であり，不当利得の観念を根拠とする。故に，受領者は現物での返還義務を負わないのである[222]。

---

　　profité. Au contraire, celui qui a cru de bonne foi que la chose lui était due, n'est tenu qu'autant qu'il en a profité, et qu'il s'en est enrichi. 」［下線筆者］これに対して，民法典 1378 条が悪意受領者にのみ果実の返還を義務づけ，善意受領者についてはこれを免除することについて，後記本文 **68** 参照。

221) POTHIER, supra note 209, nº 177, éd. par Bugnet, t. 5, p. 118. « Lorsque la chose qui a été payée par erreur à quelqu'un qui croyait qu'elle lui était due, existe, à la vérité, mais n'est plus en sa possession, puta, parce qu'il l'a vendue; n'étant tenu de l'action condictio indebiti que quatenus locupletior est, il n'est pas tenu de rendre la chose qu'il n'a plus; il lui suffit de rendre le prix qu'il l'a vendue, et les fruits qu'il en a perçus avant qu'il l'ait vendue, quand même il l'aurait vendue à vil prix. » こののちの箇所では，Domat と同様に，D. 12, 6, 26, §12（前掲注 191））を引用している。さらに，「à vil prix」という文言が示唆するように，過剰損害による原状回復（restitution pour cause de lésion）の可能性に触れられる。後掲注 231) 参照。

222) 悪意の受領者の場合には現物の返還義務が課されるとするが，やはり第三者に所有権が移転しているために，弁済者は損害賠償を得られるにとどまる。V. loc. cit.「錯誤によって物の弁済を受

小　括　**43**　以上のように，ポチエにおいては，非債弁済によって所有権が移転する結果，指示される返還訴権は，対人訴権である非債弁済のコンディクチオとなる。金銭・種類物について，混和や消費によって所有権が移転するために，コンディクチオが指示されるのではない。特定物であっても，所有権は移転し，返還訴権は債権的なものとなる。しかしながら，このコンディクチオの属性は，ある特定の局面で克服されることになる。パラグラフを改めて検討しよう。

(2)　対人訴権性の克服

第三者追及のための　**44**　プレヴォ＝ド＝ラ＝ジャネスにおいて，非債弁済
準対物訴権　のコンディクチオは，特定物については端的に対物訴権であるとされていた。これに対してポチエにおいては，特定物についてもコンディクチオは対人訴権であった。したがって，非債弁済者は，受領者から物を譲り受けた第三者に対しては，訴権を行使できないはずである。ところが，『錯誤による弁済が，錯誤によって弁済された物の第三所持人（tiers détenteurs）を相手方とする訴権をもたらし得る場合について』と題された非債弁済論の最後の項において，第三者に対する訴えの可能性が模索される。以下，順を追って検討しよう。まずは，『所有権概論』で展開された引渡に関する準則が再言される。

「ある者に対して，錯誤によって，この者を相手方として義務づけられて

けた者は，自らを相手方として義務づけられてないことを知っていた場合，当該物を売却したとしても，これを自らに弁済した者に対して返還する債務を免れることができない。とはいえ，この者は，もはや自らの債務を履行することができず，［また，］もはや物を有していないのであるから，自らが物を返還しなければならなかった者に対して，物が返還されなかったことによって生じたすべての損害について賠償する義務を負う。Lorsque celui à qui la chose a été payée par erreur, a connaissance qu'elle ne lui est pas due, il ne peut pas, en la vendant, se décharger de son obligation de la rendre à celui qui la lui a payée; et comme il ne peut plus remplir son obligation, parce qu'il n'a plus la chose, il est tenu de tous les dommages et intérêts de celui à qu'il devait la rendre, résultant de ce qu'elle ne lui pas été rendue.」なお，Domat は，転売の事例について，受領者が悪意の場合には言及することがなかった（前記本文 **37**）。受領者は，善意であれば所有権者と「みなされる」が，悪意であるために所有権者と「みなされない」以上，転売自体が無効である，すなわち，詳述するまでもなく，弁済者は所有権に基づいてこれを返還させることができる，と解しているものと考えられる。

いると思って物を弁済する者は，この者に対して当該物についてなす引渡によって，当該物の所有権（domaine）を，この者に対して移転する意思を有している。当該物の弁済を受ける者は，同様に，当該物の所有権を取得する意思を有している。この者たちの意思の合致（concours de leurs volontés）は，引渡とともになされれば，所有権の移転にとって十分である。

　したがって，錯誤によってなされる弁済は，錯誤によるとはいえ，物を弁済する者が弁済を受ける者に対して弁済される当該物について行う譲渡 (aliénation) を包含する。故に，当該物を弁済した者は，この物の所有権者たることを止める。するとこの者は，この物について，revendication を有し得ない。というのも，この訴権は，もはや有していない物の所有権に関連づけられるからである。この者は，対人的債務（obligation personnelle）から生ずる非債弁済のコンディクチオしか有しない。この債務は，物の弁済を受けた者が，弁済の結果として，弁済した者に対して当該物を返還することについて負担する債務である。この訴権は，対人訴権の性質によれば，債務を負担した者，その相続人または包括承継人を相手方としてでなければ付与されない。したがって，弁済者は，物の第三所持人に対しては，いかなる訴権をも有しないのである。」[223]〔下線筆者〕

　このように，非債弁済によっても所有権が移転すること，また，コンディクチオが対人訴権であることが再言され，殊更に強調される。そして，その帰結として，対第三者追及が否定される。しかしながらポチエは，この規範から逸

---

[223] POTHIER, *supra* note 209, n° 178 [Sec. II, Art. VII. Si le paiement fait par erreur peut donner action contre les tiers détenteurs de la chose payée par erreur], éd. par Bugnet, t. 5, p. 118. « Celui qui paie à quelqu'un par erreur une chose qu'il croit lui devoir, à la volonté de lui en transférer le domaine par la tradition qu'il lui en fait; celui à qui elle est payée, a pareillement la volonté d'en acquérir le domaine: ce concours de leurs volontés suffit, avec la tradition, pour la translation de la propriété. // Le paiement fait par erreur contient donc une aliénation que celui qui paie une chose, quoique par erreur, fait de la chose qu'il paie à celui à qui il la paie. Celui qui l'a payée cesse donc d'en être le propriétaire; il ne peut donc avoir la revendication de cette chose, cette action étant attachée à la propriété de la chose qu'il n'a plus; il n'a que l'action condictio indebiti qui naît de l'obligation personnelle que celui à qui la chose a été payée, a, par le paiement, contractée de la lui rendre, laquelle action, selon la nature des actions personnelles, ne se donne que contre celui qui a contracté l'obligation, et ses héritiers, ou autres successeurs universels: il n'a donc aucune action contre les tiers détenteurs de la chose. »

脱してゆく。

　「以上は厳格法そのものである（Hæc ita stricto jure）。しかしながら，弁済の原因となった錯誤は，ときに（quelquefois），この弁済および弁済が包含する譲渡を取消す（rescinder）ための正当な事由（juste cause）となり得る。したがって，弁済した者は〔この取消（rescision）という方途によって，〕物の所有権者とみなされるのであるから，〔錯誤は，〕当該物を占有する第三者を相手方とする，当該物を取戻す（revendiquer）ための準対物訴権（action utilis in rem）を，この者に与える正当な事由となり得るのである。」〔＊〔　〕は原文〕224)〔下線筆者〕

　既に見たように，ポチエは，所有権移転について，売買等の債権関係とは別個の合意，すなわち，所有権移転の意思とその取得の意思との合致を要求していた。これが，「譲渡（aliénation）」という語で指示されているものと考えられる。そして，非債弁済の起点となった錯誤は，「譲渡」についても取消事由となると説明される。
　ここで注意が払われるべきは，「取消（rescision）」の語の意義である。詳細については第2節に先送りされるが，必要な限りで触れておこう。古法時代のフランスにおいて，取消は，手続きにおいても効果においても無効とは区別されていた。ポチエは，取消の効果たる原状回復（in integrum restitutio）について，取消請求者への所有権の復帰を観念し，訴権として準対物訴権を指示する（後記 **58**）。この理解が，上記の箇所にも反映されているとするならば，弁済および譲渡を取消すことによって，例外的に（quelquefois の語が示唆する），非債弁済者の許に所有権が復帰することになる225)。では，取消が認められるの

---

224) loc. cit. « Hæc ita stricto jure: mais l'erreur par laquelle il a fait le paiement, peut être quelquefois une juste cause pour rescinder ce paiement et l'aliénation qu'il renferme; et pour donner en conséquence à celui qui l'a fait, comme étant (au moyen de cette rescision) réputé propriétaire de la chose, une action utilis in rem pour la revendiquer contre le tiers qui la possède. »〔下線筆者。（　）は原文〕
225) もっとも，前掲注 224) で下線を付した「所有権者とみなされる」という慎重な表現に注意する必要がある。この表現は，Pothier が，取消および原状回復に関して，他の論者とは異なる理解を提示していることに関連するであろう。また，冒頭の「厳格法」という表現も，原状回復の来歴

は，いかなる場合であろうか。あらゆる第三取得者に対して，取消を理由とする準対物訴権が認められるのであろうか。

「226) 私は次のように考える。この取消訴権ないし準対物訴権（action rescisoire ou *utilis in rem*）は，例えば，錯誤による弁済を受けた者がこの物について行った贈与ないし遺贈を機縁に一儲けしたものとして［＝利得として］（à titre lucratif) 当該物を占有する第三者を相手方として，錯誤によって物を弁済した者のために付与されなければならない。

この訴権は，この場合，他人の犠牲において利得することを認めず，したがって，上記の，利得を得ようとした（*qui certat de lucro captando*）受贈者ないし受遺者が，自らに贈与ないし遺贈された弁済物について，錯誤によってそれを弁済した者の犠牲において利得することを認めない，という衡平上の規範に基づく。錯誤による弁済者は，物が債務なく弁済されたために生ずる損失から免れようとする者である（*qui certat de vitando damno quod ex hujus rei indebitæ solutione sensit*）227)。

との関係で重大な意義を帯びる。いずれの点についても，本章第2節参照。

226) 冒頭に注を付す。POTHIER, *supra* note 209, n° 179, éd. par Bugnet, t. 5, p. 119. « Je pense que cette action rescisoire ou utilis in rem, doit être accordée à celui qui a payé une chose par erreur, contre un tiers qui la possède à titre lucratif, puta, par la donation entre-vifs ou par le legs que lui en a fait celui à qui elle a été payée par erreur. // L'action est fondée, en ce cas, sur la règle d'équité qui ne permet pas qu'on s'enrichisse aux dépens d'autrui, ni par conséquent que ce donataire ou légataire, qui certat de lucro captando, profite de la chose payée qui lui a été donnée ou léguée, aux dépens de celui qui l'a payée par erreur, qui certat de vitando damno quod ex hujus rei indebitæ solutione sensit. // Il en doit être autrement de celui qui a acheté de bonne foi la chose payée par erreur. Il n'est pas dans le cas de la règle qui ne permet pas de s'enrichir aux dépens d'un autre, puisqu'il a payé le prix de cette chose qu'il a légitimement acquise: on ne doit donc pas donner d'action contre ce tiers détenteur; et on doit renvoyer celui qui a payé la chose par erreur, à se pourvoir contre celui à qui il l'a payée, pour répéter de lui le prix qu'il l'a vendue. // Mais si celui qui a acheté la chose payée par erreur, en avait eu connaissance en l'achetant, il devrait être sujet à l'action rescisoire, sans qu'il pût rien répéter contre son vendeur, que le prix qu'il lui a payé: car, ayant connu le vice de la chose, il ne peut prétendre aucuns dommages et intérêts. Voy. notre Traité du Contrat de Vente, n° 187. »

227) ここから，通常，詐害行為取消について援用される「損失を免れようとする者は，利得を得ようとする者に優先されるべきである（Qui certat de damno vitando ante ponendus est ei qui certat de lucro captando)」という法格言を想起することができる。この法格言について，V. ROLAND, Henri et BOYER, Laurent, *Adages du droit français*, 4e éd., Litec, 1999, n° 356, p. 712-713. すると，Pothier が想定する取消訴権が，詐害行為に基づく債権者取消訴権（action paulienne）を意味しているものと考えることもできる。しかしながら，そうであるとすれば，非債弁済の事例において取消の対象となるのは，弁済受領者と第三取得者との間でなされる行為である。これは，Pothier の

第1部　各種返還請求の史的諸相

　錯誤によって弁済された物を善意で買受けた者については，これとは別様でなければならない。この場合，他人の犠牲において利得することを認めないという規範の事例には該当しない。なぜなら，この者は，適法に取得した当該物の代金を支払ったからである。したがって，この第三所持人を相手方としては，訴権が与えられてはならない。錯誤によって物を弁済した者は，弁済を受けた者を相手方として，この者から物を売却して得た代金を返還させるために訴えを提起するよう指示されなければならない。

　しかしながら，錯誤によって弁済された物を買受けた者が，買受けた際にこのこと［＝非債弁済の事実］を認識していた場合には，取消訴権に服さなければならないであろう。この場合買主は，その売主からは自らが支払った代金以外は何も返還を得ることができない。なぜなら，物の瑕疵を知っていた以上，買主は，いかなる損害賠償をも主張することができないからである。『売買概論』n° 187[228]を参照せよ。」［下線筆者］

45　この準対物訴権は，いかなる考慮に支えられて付与されるのであろうか。Xを非債弁済者，Aを弁済受領者，Yを第三取得者として考察しよう。前述（前記**42**）のように，AがYに弁済物を転売した場合には，Aは，「Xを犠牲にして利得してはならない」ため，現存利得を返還しなければならなかった。したがって，XはAに転売代金を請求することができる。しかし，A―Y間の譲渡が無償であれば，Aの許には返還すべき利得が存在しないことになる。XのAに対する返還請求は意味をなさない。このとき，三者の関係からAが脱落し，X―Y間での不当利得の関係が浮かび上がる。この場合にXは，例外的に，直接Yに対して，この者が「Xを犠牲にして利得した」とみなされ

記述（rescinder ce paiement et l'aliénation qu'il renferme［前掲注224］下線部］）と矛盾する。したがってわれわれは，本文のように，弁済者と受領者との間で，弁済およびそれが包含する譲渡が取消されるものと理解する。それでも，上記の法格言が参照されていることから，詐害行為取消が妥当する事例と同様の利益考量が行われている，とまでは言うことができよう。民法典制定直後の学説が，同様の表現を用いることについて，本篇第2章注28）参照。なお，Pothierにおいて，詐害行為取消訴権を主題として論じた箇所が存在しないことについて，参照，佐藤岩昭『詐害行為取消権の理論』（東京大学出版会，2001）68-69頁。

228)　POTHIER, *Traité du contrat de vente*, n° 187, *Œuvres de Pothier*, éd. par Bugnet, *supra* note 168, t. 3, p. 79. 買主が追奪の原因について悪意の場合に，売主の担保責任を否定する記述がある。

るがために，しかも取消による準対物訴権という技巧に支えられて，訴えを提起することができる。

　他方，対物的な取消訴権が認められるか否かは，Y の属性によっても左右される。A―Y 間の譲渡が有償の場合，Y が非債弁済について善意であれば，Y は X からの追及を免れる。逆に Y が悪意の場合には，A―Y 間の譲渡が無償の場合と同様に，X の追及を受ける。ただし，この場合について，ポチエは論拠を提示していない[229]。

　以上の解決を Y の視点から整理してみよう。のちに見るように，通常の取消の事例においては，第三取得者に対する物的追及が原則として承認される。上記の引用箇所で示された事例において追及を免れるのは，売買目的物が非債弁済を機縁として X の許から離れたことについて善意であり，か つ[230]，対価を提供した Y のみであった。ポチエの説明を裏から記述することができるならば，取消の物権的効力に仮託した第三者追及の許容が本則であり，例外的に，善意かつ有償の転得者 Y が保護されると解することも許されよう。このように解するならば，ポチエにおいて，コンディクチオの対人訴権性は，事実上克服されてしまっている，と言うことが可能である[231]。所有権移転について無

---

[229] この点を問題として採り上げる際には，A―Y 間の譲渡が無償の場合の議論において，Y の善意・悪意が意味を持たなかったことを想起する必要があろう。そこでは，もっぱら「衡平」の観点から，X と Y とでいずれを保護すべきかが論ぜられていた。Y は非債について認識していようがいまいが，X の追及を受ける。この論理と対比するならば，有償の場合について論拠が提示されないこと，とりわけ「衡平」に触れられないことは，二つの場面でそれぞれ異なる考慮がはたらいていることを示唆する。この亀裂は，Pothier の「不当利得」の観念，および「衡平」の観念を解明する一助となろう。

[230] 前掲注 229) でも触れたように，A―Y 間の譲渡が無償の場合には善意・悪意は問題とされない以上，Y は，非債について善意であるだけでは，X からの追及を免れない。故に，「かつ (et)」の論理が妥当する。

[231] 先に引用した善意受領者による転売の場合に，価格のみの返還で足りるとする箇所 (前掲注 220)) に引き続いて，重要な記述が見られる。V. POTHIER, *supra* note 209, n° 177, éd. par Bugnet, t. 5, p. 118.「錯誤による弁済を受領した者は，不当に低い価格でこれを売却した場合，この価格があまりに低いために，正当価格の二分の一を超える過剰損害を原因とする原状回復を生ぜしめるならば，受領者は，[代金および果実に] 加えて，錯誤によって弁済した者に，この者が自らに固有の危険においてこれを行使できるようにすべく，買主を相手方とする取消訴権を譲渡しなければならない。Si celui à qui la chose a été payée par erreur, l'avait vendue à si vil prix qu'il y eût lieu à la restitution pour cause de lésion d'outre moité du juste prix, il serait en outre obligé de céder son action rescisoire contre l'acheteur, à celui qui la lui a payée par erreur, pour par celui-ci l'exercer à ses propres risques.」過剰損害に基づく取消訴権も物権的効力を有しており（後掲本文 **58**），ここにも非債弁済者に物権的追及の余地を与えようとする態度を見て取ることができる。また，この記述

因主義を採りつつ，返還訴権を対物訴権とすることは，背理とは考えられていない[232]。

なお，以上の対物訴権化を正当化する論拠として，不当利得の観念が援用されていたことも重要な意義を帯びる。不当利得が論拠とされることで，X—A，A—Y の間にそれぞれに取り結ばれた関係から，A が脱落する。その結果，三者の関係が，X と Y との二者の関係へと縮減されていた。上記のポチエの議論は，第 2 篇において，フランス法における返還請求の諸法理に通底する思考として解釈し直されることになろう。

われわれは，以上に示唆された問題を一つ一つ解き明かしていかなければならない。まずは，コンディクチオの対人訴権性が克服される際に登場する法理が「取消」であったことに立ち戻ろう。次節では，この「取消」とは何かが明らかにされる。

第 2 節　契約の無効・取消

46　本節は，これまで先送りにしてきた「取消（rescision）」を検討の対象に据える。その際当然に意識されるのは，成立段階におけるいま一方の契約覆滅事由たる「無効（nullité）」である。もっとも，取消と無効との対抗関係が，取消権者・無効援用権者の範囲や，追認の可否といった点に現れるにすぎないのであれば，本書の検討対象である返還請求との間には，必ずしも有意味な連関を見出すことはできない。しかし，両概念の対抗が法源の差異の認識を通じて歴史的に析出されたことに着目すると，それぞれに対応する返還請求に独自性を見出すことができる。それはとりわけ，取消に伴う返還について顕著である。着想はローマ法上の原状回復（*in integrum restitutio*）から得られる。これが厳格法に対する衡平法上の制度であったことが，取消のために要請される特異な制度を正当化する言説に固有の陰影を与える。

以下では，契約の取消をもたらす古法時代の制度を概略的に検討する[233]

　　から，X の追及から保護される第三取得者の範囲はさらに狭まる。すなわち，「善意かつ正当な価格で買い受けた第三取得者」でなければ，X による準対物訴権の行使を免れないことになる。
232) この対物訴権化は，民法典制定後，註釈学派において議論の対象となる。そこでの問題は，フランス民法典が採用した意思主義との整合性である。本篇第 2 章第 1 節参照。

（第 1 款）。次章で扱われる民法典制定以降の学説の展開を把握するためにも必要な作業である。続いて，取消，ないしこれと同視された原状回復がもたらす返還関係を扱い，他の返還訴権との関係を探る。したがって当然に，前節で検討されたコンディクチオにも言及される（第 2 款）。

第 1 款　取消状と原状回復

47　契約の無効・取消に関する中世ローマ法学における議論は，当然無効（nullité *de plano;* nullité *ipso jure*）と取消（annulabilité; nullité *ex post facto*）との区別に集中したものの，確たる成果は上げられなかったとされる[234]。しかし，フランス古法においては，こうした議論とは別の次元に，無効・取消が理論化されなかった理由が見出される。すなわち，12 世紀におけるローマ法の再発見とそれに対する実務の拒否反応が，「フランス法（droit françois）［ママ］」固有の制度を構築せしめたものと考えられる。債権法はローマ法の直接の影響を受け，フランス法独自の規範が形成されなかった分野であるとされるが，無効・取消をめぐる問題は，この分野におけるローマ法とフランス固有法との緊張関係[235]を最も雄弁に物語るものである。

ただし，以下に示す歴史的展開は，われわれの問題関心とは必ずしも直接的には交わらない。無効・取消の効果としての返還が論ぜられる前提として，そもそも契約を無効とする，契約を取消す，とはいかなる事態であるのか，より具体的には，それを行うことができるのは誰か，という問題が先行する。この点を解明してはじめて，取消に伴う返還の特殊性が十全に認識される。とりわけポチエにおいて，彼がローマ法から導出した返還の体系との間で顕著な軋轢

---

233) この問題については，分析視角を異にしつつも，既に小考を公にした。参照，拙稿「フランス古法時代における一法格言に関する覚書——取消・原状回復をめぐって」長谷川晃編『法のクレオール序説——異法融合の秩序学』（北海道大学出版会，2012）73 頁以下。以下では論旨の展開に必要な限りで概略を再述する。
234) V. Renard, Georges, L'idée d'annulabilité chez les interprètes du droit romain, *NRHD*, 1903, p. 214 et s., p. 327 et s. 同論文は，訴えの要否を分析軸として取消の概念を析出しようとする。しかし百家争鳴の諸学説から明晰な像が描かれることはない。おそらくその原因は，nullité *ex posto facto* と区別された nullité *ipso jure* は，裁判外の意思表示（déclaration）による無効のはずである，という著者の置く暗黙の前提に求められるであろう。実際，ドイツ法を意識するような記述（p. 339）が見られる。
235) この問題を通史的に概観するものとして，参照，北村・前掲注 135) 1 頁以下；大川四郎「アンシャン・レジームの法伝統」石井三記編『コード・シヴィルの 200 年』（創文社，2007）31 頁以下。

第1部　各種返還請求の史的諸相

を来す。われわれが目指すべきところは，第1節の末尾において指摘した（前記 **44**）取消に仮託したコンディクチオの対物訴権化の破格性の確認である。

(1) 取消状の制度

48　17世紀初頭に慣習法上の諸規範を法格言として定式化し集成したロワゼル（LOISEL, Antoine [1536-1617]）によれば，フランスにおいて「無効の主張はなんら実現されない（Voies de nullité n'ont point de lieu）」[236]。その一般命題たる外観は，果たしてフランス古法において要件を欠く契約はなんら無効の制裁を受けなかったのか，という疑念を生ぜしめずにはおかないであろう。しかし，ここにいう「無効の主張」は限定的な意義しか有しておらず，契約の効力剥奪は，他の制度によって担われていた。それが「取消状（lettre de rescision）」であった。取消状は，国王の行為形式である王状（lettre royale）の一種であり，司法部に対して国王の意思を伝える裁判状（lettre de justice）に分類される[237]。裁判所は，取消状を通じて，契約からその効力を奪う権限を付与される。

制度の生成　**49**　取消状の制度の生成は，私法史上の難問とされていた。しかし，20世紀前半に展開された古法時代の公証人実務に関する諸研究により背景事情が剔抉された。とりわけ，デュマ（DUMAS, Auguste [1881-1968]）の研究が決定的に重要である[238]。

12世紀におけるローマ法の再発見ののち，契約実務において，ローマ法文が伝える契約の効力を奪う諸手段に対して警戒の念が生ずる。当時の公証人は，

---

[236]　LOISEL, Antoine, *Institutes coutumières*, 1607, nouv. éd., par Dupin et Édouard Laboulaye, avec les notes d'Eusèbe de Laurière, Durand, Videcoq, 1846, t. 2, n° 706, p. 115.
[237]　拙稿・前掲注 233) 73 頁。
[238]　DUMAS, Auguste, Les lettres de rescision, *Recueil de mémoires et travaux publié par la Société d'histoire du droit et des institutions des anciens pays de droit écrit*, t. 1, 1948, p. 39 et s. (以下 DUMAS (1948) として引用); *id., supra* note 59 p. 113 et s. (以下 DUMAS (1972) として引用); *id.*, Dieu nous garde de *l'et caetera* du notaire, *Mélanges à Paul Fournier*, Sirey, 1929, p. 153 et s. (以下 DUMAS (1929) として引用)

　簡潔な見取り図を提供する直近の論考（ただし多くを Dumas の研究によっている）として，AUGUSTIN, Jean Marie, L'adage: « Voies de nullité n'ont point de lieu », Michel Boudot et P. M. Vecchi (éd.), *La théorie des nullités*, Faculté de droit et des sciences sociales de Poitiers, L. G. D. J., 2008, p. 53 et s. および VEILLON, Didier, La rescision des actes juridiques dans le Traité de procédure civile de Robert-Joseph Pothier, *in* Boudot et Vecchi (éd.), *ibid.*, p. 63 et s. がある。以下の記述は，拙稿・前掲注 233) と同じく，DUMAS の論考とともに，これらの論考に負う。

なんら攻撃を受けない証書を作成することを企図していたと言われる[239]。前節で検討した証書への原因記載についても同様の配慮が見られたことが想起されよう（前記 **15**）。このような状況下で発展を遂げたのが，ローマ法上の無効・取消の諸手段の「放棄（renonciation）」という慣行であった[240]。

公証人の面前で作成される証書には，ローマ法文に基づくのであれば当事者に認められ得る無効・取消を目的とする各種の抗弁・訴権・原状回復請求を予め放棄する旨の条項が挿入された[241]。この公証人実務については，その前提として「合意は法律に勝る（Convenances vainquent loi［ママ］）」[242]という法格言に刻印された観念の存在が指摘される。この法格言は，「法律に反しない合意はすべて有効である」と理解され，合意によってローマ法上の無効・取消の諸手段を排除することになんら妨げはなかったとされる[243]。実際，この時代には，放棄条項は非常に大部なものとなった[244]。

さらに公証人は，放棄条項の拘束力を強化すべく，債務者に宣誓（serment promissoire）を求めた[245]。これにより，放棄条項を付された契約に関する紛争は教会裁判所の管轄にも服することになる。したがって，ローマ法上の無効・取消の諸手段が援用されるためには，第一に教会裁判所において宣誓の効力が否定されなければならず，その上で世俗の法廷で放棄条項の適用が排除されなければならなかった。

宣誓については，既に 12 世紀において，教会裁判所での解放が容易に認められるようになったとされる[246]。教会裁判所は，当事者の訴えに基づき，実

---

239) Dumas (1948), *supra* note 238 p. 39; Meynial, *infra* note 240, 1900, p. 114.
240) 概略について，拙稿・前掲注 233) 75 頁以下。放棄条項に関する記念碑的研究として，V. Meynial, Édouard Jean Marie, Les renonciations au moyen age et dans notre ancien droit, *NRHD*, 1900, p. 108 et s., 1901, p. 241 et s., p. 657 et s., 1902, p. 49 et s., p. 649 et s., 1904, p. 698 et s.
241) 放棄条項の対象となった諸手段について，参照，拙稿・前掲注 233) 75-76 頁。また，当時の公証人証書の起草の態様について，V. Dumas (1929), *supra* note 238, p. 160.
242) Loisel, *supra* note 236, t. 1, n° 356, p. 358.
243) Cumyn, Michelle, *La validité du contrat suivant le droit strict ou l'équité: étude historique et comparée des nullités contractuelles,* thèse Paris I, préf. de J. Ghestin, L. G. D. J., 2002, n° 156, p. 111; V. aussi Meynial, *supra* note 240, 1900, p. 112-113.
244) Dumas (1972), *supra* note 59, p. 118.
245) Esmein, Adhémar, Le serment promissoire dans le droit canonique, *NRHD*, 1888, p. 248 et s., p. 311 et s., spéc., p. 333-351; Dumas (1972), *supra* note 59, p. 119; Mortet, Charles, *Étude sur la nullité des contrats dans le droit romain, l'ancien droit français et le code civil,* thèse Bordeaux, Typographie Lahure, 1878, p. 102.

体審理（＝請求原因についての判断）（*cognitio causae*）ののちに，当事者を宣誓から解放する。これを前提として，当事者は，あらためて放棄条項の無効を宣言させるべく世俗の裁判所に赴く。しかし，判決と同等の執行力を有する公証人証書中に挿入された放棄条項を無効とし，さらに契約それ自体を取消すことは，通常裁判所においては困難であったとされる。

そこで依拠されたのが王権であった。国王に代わって国璽（sceau）を保持する尚書局（Chancellerie）が，国王の名において取消状を発給する。取消状は，当該契約を取消すよう裁判官に命ずる国王の意思を化体したものであった。観点を変えれば，国王は，ローマ法上の無効・取消事由を，「フ・ラ・ン・ス・法・上・の・」それとして承認したものと理解される[246]。

取消状は，14世紀に，最初は過剰損害（lésion）[248]に関して発給されたものと考えられている[249]。その後，15世紀には一般化され[250]，詐欺，強迫，錯誤

---

246) 教会法において，この手続きは，ローマ法における原状回復に類比されたとされる。V. Esmein, *supra* note 245, p. 314.
247) Dumas (1972), *supra* note 59, p. 125. なお参照，拙稿・前掲注 233) 78頁以下。
248) 過剰損害の具体的な規律については立ち入らない。過剰損害に関する邦語文献として，参照，石部雅亮「契約の自由と契約正義 (1) ——「莫大損害」(*laesio enormis*) の歴史を中心に」大阪市大法学雑誌 30巻3・4号 307頁以下 (1984)；大村敦志『公序良俗と契約正義』(有斐閣, 1995) 65頁以下；堀川信一「莫大損害 (*laesio enormis*) の史的展開 (1) 〜 (3・完) ——その法的性質と要件・効果の結びつきを中心に」一橋法学 3巻2号 387頁以下，3号 349頁以下 (2004)，4巻1号 189頁以下 (2005)。
249) Cumyn, *supra* note 243, n° 162, p. 120; Timbal, Pierre Clément, *Les obligations contractuelles dans le droit français des XIIIe et XIVe siècles d'après la jurisprudence du Parlement*, CNRS, 1973, t. 1, p. 136; Olivier-Martin, François, *Histoire de la coutume de la prévôté et vicomte de Paris*, t. II, réimpr., Cujas, 1972, p. 568 [534].

当該取消状の起草年代を特定することはできないものの，過剰損害による取消を認める文面の具体例として，V. Guyot, Joseph Nicolas, *Répertoire universel et raisonné de jurisprudence civile, criminelle, canonique et bénéficiale*, 1784-85, v° Rescision, cité aussi par Mortet, *supra* note 245, p. 121 et Veillon, *supra* note 238, p. 78 [ただし，Guyot の *Répertoire* に Merlin が加筆したヴァージョンは見当たらない]。「神その他の恩寵の下に，朕ルイが，パリの代官またはその代理官に挨拶する。朕の親愛なる Fr. デュレから，朕に対して以下の上奏があった。去る年のこと，同人は債権者から厳しい追及を受けたため，身体強制から免れるべく失踪を余儀なくされた。［しかし結局，］債権者に債務を弁済するために，…通りにある同人所有の家屋を主たる債権者である Cl. フォンテーヌに売却し，債務を弁済した。この売買の代金は不当に低い金…であった。当該売買には二分の一を超える過剰損害があったことを理由として，同人は，本件上奏によって朕に助力を願い，朕が同人の側に立つことを求めている。以上の理由に基づき，朕は上奏者に良き取り計らいをするよう望み，汝［＝裁判官］に対して以下のように委任する。関係当事者を汝の面前に呼出し，上述の事実から，とりわけ当該売買に二分の一を超える過剰損害があったことが明らかであるならば，また，必要十分な限りでその他の事柄が明らかであるならば，その場合には，汝は，当該売買以前にそうであった状態またはそれに近似する状態に当事者を復すべし。これにより，汝は，フォンテーヌに対して，

といった同意の瑕疵（vices de consentement）を原因とする取消状が認められるとともに，未成年者たることを原因とするそれも認められることとなった[251]。取消状の適用範囲の拡大は，直後に指摘する小尚書局の設立と時を同じくする[252]。

その後の展開は，教会による放免を経る必要なく取消状のみで直ちに契約の拘束力を奪うことができるか否かを巡るものであったとされる。曲折が見られたものの[253]，16世紀には，取消状のみによる取消が可能とされる[254]。これにより，取消状は，放棄条項の無効，宣誓の効力否定，および，契約それ自体の取消という効果を一度に実現し得る手続きへと発展した，と評価することができる。

制度の概要　**50**　国王による裁判官に対する命令[255]である取消状の発給は，パリに唯一存在し，国璽尚書（Garde de seaux）すなわち大法官

当該家屋を，上奏者に返還するよう命ずる判決を下すべし。これと同時に，上奏者が当該売買の主代金および正当な費用をフォンテーヌに返還するよう命ずべし。以上の事柄をなすことについて，朕は汝に対して権限を付与する。蓋しこれは朕の喜びとするところである。朕の尚書局にて。パリ，…年…月…日。Louis, par la grâce de Dieu, etc.; à notre prévôt de Paris ou son lieutenant civil, salut: de la part de notre aimé Fr. Duret, nous a été exposé qu'étant poursuivi rigoureusement par ses créanciers, il y a un an, et s'étant même trouvé obligé de s'absenter pour se soustraire à la contrainte par corps, il a été forcé pour se libérer envers eux de vendre principalement au sieur Cl. Fontaine, une maison à lui appartenante, rue…, pour le payer; que cette vente a été faite à vil prix… et d'autant qu'il y a eu lésion d'outre moitié de ladite vente, il a recours à nous pour lui être sur ce pourvu. A ces causes, voulant favorablement traiter l'exposant, nous vous mandons que les parties intéressées étant assignées pardevant vous, s'il vous appert de ce que dessus et notamment qu'il y ait eu dans ladite vente lésion d'outre moitié, et autres choses tant que suffire doive, en ce cas vous remettiez les parties en tel et semblable état qu'elles étaient avant ladite vente; ce faisant, vous condamniez ledit sieur Fontaine à rendre et restituer ladite maison à l'exposant, en lui restituant par celui-ci le prix principal de ladite vente et les loyaux coûts. De ce faire nous vous donnons pouvoir, car tel est notre plaisir. Donné en notre Chancellerie du palais, à Paris, le…, etc….」

250) 取消状の制度化の年代に関する論証について，拙稿・前掲注233) 76-77頁。Mortet, *supra* note 245, p. 104 による。
251) 後掲注259) に掲げる王令を参照。
252) Augustin, *supra* note 238, p. 58.
253) 詳細について，V. Dumas (1948), *supra* note 238, p. 41 et s.
254) *ibid.*, p. 46; Dumas (1972), *supra* note 59, p. 126 et s.
255) 王権に基づく手続きである以上，領主裁判権による原状回復は認められない。V. Argou, *supra* note 146, t. 2, p. 431.「[…]領主たる裁判官は，決して原状回復について審理することができない。なぜなら，尚書局による書状は，常に，王国の裁判官を名宛人とするからである。[…] les Juges des Seigneurs ne peuvent jamais connoitre des restitutions en entier, parce que les Lettres de Chancellerie sont toujours adressées à de Juges Royaux.」

(Chancelier) の下に置かれる尚書局の管轄事項であった。しかし、15世紀中葉以降、次第に複数の小尚書局 (petites Chancelleries)[256]がこれを担うようになる。小尚書局は、パルルマン (Parlement)・最高評定院 (Conseil souverain) や上座裁判所 (sièges présidiaux)[257]など、国王の裁判権の委任を受ける裁判所のうち高位のものに附設され、小国璽 (petit sceau) を有し、重要度の低い王状の発給をその任務としていた[258]。

当事者は、小尚書局に対して、請願 (requête) を行う[259]。この請願には理由が付される必要があり、小尚書局において実体審理が行われていたことが指摘されている[260]。実際、当初は、各種の無効・取消の手段について選別が行われていたとされる[261]。しかし、次第に小尚書局は審理を行わなくなった。

---

[256] 古法時代の文献では、「petites」という形容詞が付されないことが多いが、「Chancelleries」と複数形が用いられている場合には、小尚書局を指すものと解される。

[257] 上座裁判所附属の尚書局は Chancellerie présidial と称される。V. DUMAS (1948), *supra* note 238, p. 46. この尚書局は 1557 年 12 月の告示によって創設され、1561 年に一旦廃止されたものの、1575 年 2 月の告示により再設された。

[258] MORTET, *supra* note 245, p. 119.

[259] *ibid.*, p. 120. 1510 年のルイ 12 世の王令から明らかとなる。V. Ordonnance de Lyon rendu par Louis XII, en juin 1510, Art. 58, ISAMBERT, DECRUSY, ARMET, *Recueil général des anciennes lois françaises, depuis l'an 420, jusqu'à la Révolution de 1789*, t. XI Belin-Leprieur, Verdière, 1827, p. 598-599. 「未成年、時効、力、強制、詐欺、詐術、恐れ、ないしそれに準ずる事由に基づくあらゆる解放ないし原状回復について、当該原状回復は、朕の諸尚書局において、原状回復を請求する理由となる事由を、当事者が、一般的名辞を用いてではなく、個別にまたは詳細に特定し申述するのでなければ付与されない。Qu'en tous relievemens ou restitutions, fondeés sur minorité, prescription, force, contrainte, dol, simulation, craintes ou autres semblables causes, lesdits relievemens ne seront donnez, ne octroyez en nosdites Chancelleries, si n'est que la partie spécifie et déclare, particulierement ou par le menu, les causes pour lesquelles elle demande estre relevée et non en termes generaux.」後述するように、「relievemens ou restitutions」という語は、取消の効果、あるいは取消それ自体を意味する。

[260] DUMAS (1972), *supra* note 59, p. 125. これに対して MORTET, *supra* note 245, p. 120 は、Ferrière の *Dictionnaire* における記述を根拠に、当初から実体審理が行われていなかったとする。しかし、これは後代の変化の局面に対応するものであろう。V. FERRIÈRE, *supra* note 70, t. 2, p. 119, v° LETTRES DE JUSTICE. 「裁判状とは、共通法に基礎づけられる王状か、または、[国王が] 裁判を行うことについて委任する王状である。国王は、厚意によってこれを付与するというよりはむしろ、衡平および理性に従って、臣下の窮状に救いの手を差し伸べるためにこれを付与する。したがって、国王陛下は、自らに対して王状を求める者たちにこれを付与するある種の義務を負っているとお考えである。取消ないし原状回復、または類似の他のものがこれに当たる。LETTRES DE JUSTICE, sont celles qui son fondées sur le droit commun ou qui portent mandement de rendre la justice, et que le Roi accorde moins par faveur que pour subvenir aux besoins de ses Sujets, suivant l'équité et la raison. C'est pourquoi Sa Majesté croit être dans une espèce d'obligation de les accorder à ceux qui les lui demandent. Telles sont les rescisions et restitutions en entier, et autres semblables.」

[261] 取消状の発給が拒否された事項、すなわち、放棄条項の効力が維持された事項としては、金銭

16世紀末以降，請願がされ，小尚書局に対して手数料が支払われれば，取消状は直ちに発給され，実体審理は裁判所に委ねられることとなった。取消状の本文には「汝［＝裁判官］にとって明らかであれば（s'il vous appert）」という条件節が付され262)，小尚書局ではなく裁判官が取消の要否について判断するものとされた。したがって，この時点において，取消状の手続きはもはや無意味なものとなった，と評価される263)。しかし，手数料収入は，財政収入として魅力的であり，王権はこれを手放さなかったと指摘される264)。

裁判官による審理は，「取消状の確認・執行（entérinement）」と称される265)。取消状取得者（impétrant）が確認・執行を求めると，裁判官は，契約の相手方の呼出を命ずる。確認・執行の対象は，主として以下の2点であった。第一に，取消状の申請には期間制限266)があったため，契約締結の日時と取消状の発給の日時が確認された。申請期間は，1510年の王令では契約締結から10年に限定される267)。未成年者については，1539年の王令により，成年（25歳）に達

不払の訴え・抗弁（*querella et exceptio non numeratae pecuniae*）や将来の相続に関する約定の無効が挙げられる。また，成文法地方では認められたが慣習法地方では認められなかったものとして，ウェレイアーヌム元老院決議（D. 16, 1; C. 4, 29. 妻による債務引受を禁ずる）に基づく抗弁，および，マケドニアーヌム元老院決議（D. 14, 6. 家子に対する消費貸借を禁ずる）に基づく抗弁がある。詳細について，V. DUMAS (1972), *supra* note 59, p. 13; V. aussi AUGUSTIN, *supra* note 238, p. 55-56.

とりわけ，金銭不払の訴え・抗弁の放棄とその後の展開については，MEYNIAL, *supra* note 240, 1900, p. 138 et s. この訴え・抗弁は，各地方の慣習法において禁止され，ロワゼルの法格言に結実する。V. LOISEL, *supra* note 236, t. 2, p. 116, n° 707. « Exception d'argent non nombré n'a point de lieu. » その結果，債務の額について，証書のレベルではもはや争うことができなくなったとされる。V. CHEVRIER, *supra* note 10, p. 222 et s. これは，原因欠缺による証書の無効が克服されたことに対応するであろう。前述のとおり，金銭払渡は，消費貸借における原因とみなすことができる。後者は実体の問題となり，債務者が立証すべき事柄となっていた。前記本文 **18**。

262) 前掲注 249) に引用した取消状の具体例を参照。V. aussi MORTET, *supra* note 245, p. 120.
263) CUMYN, *supra* note 243, n° 163, p. 121 は，「取消状は単なる方式（une pure formalité）」となり，訴訟当事者にとって「憤懣の源泉（une source de frustration）」となったとする。
264) *ibid.*, n° 163, p. 121-122. なお，DUMAS (1972), *supra* note 59, p. 129 は，取消状の手続きを廃止するよう求めるオルレアン三部会の請願（1560）（未見）を引用する。「共通法（droit commun）によって認められ宣言された事柄をパルルマンに委譲し，また，人民に国璽の費用ならびにその請求［という負担］を免れさせよ。」
265) 以下について，DUMAS (1972), *supra* note 59, p. 132 et s.「Entériner（←Integrare）」は，accomplir の同義語であり，取消状を完全なものとすることを意味する。
266) 当初は単なる出訴期間ないし除斥期間であったが，のちには中断，停止の余地のある時効として理解されたとされる。V. COUTURIER, Lucien, *Droit romain: De la "rei vindicatio", Droit français: De la prescription des actions en nullité ou en rescision*, thèse Paris, Impr. régional, Dijon, 1889, p. 88.
267) 民法典における無効訴権の消滅時効（1304 条）の起源はこの点に存する。当時の王令の理由づけは，次のようなものであった。Ordonnance de Lyon rendu par Louis XII, en juin 1510, Art. 46,

してから10年とされた。したがって，35歳になるまでに取消状を請求する必要があった[268]。他方，債権者からの訴えに対する抗弁として請願される取消状については，期間制限が設けられなかった。すなわち，債務者は，いかなる時点においても取消の抗弁を債権者に対抗することができる。この抗弁は延期の抗弁（exception dilatoire）とされ，取消状が発給されるまで手続きが停止される[269]。

第二に，取消状が「市民法および理性に適う（civiles et raisonnables）」か否かが審理される[270]。取消の妥当性が判断されることを意味する。審理ののちに

ISAMBERT, DECRUSY, ARMET, supra note 259, t. XI, p. 595-596.「［期間制限の目的は，］余りに長期に亘って物が占有者の許にあるのであれば，当該物の所有権が不安定で安全を欠いたものとなるため，これを避けることにある。また，当事者が有する証拠が時の経過によって毀滅して立証を困難にすることを避けることにある［…］。Et afin que les domaines et proprietez des choses ne soient incertaines et sans surete ès mains des possesseurs d'icelles, si longuement qu'ils l'ont esté ci-devant, et que la preuve des parties ne perisse ou soit rendue difficile par laps de temps, [...].」取消が物の所有関係に直接的な影響を与えることが示唆されている。なお，以上の理由づけとは対照的に，民法典制定後には，時効の根拠として「追認の擬制」が語られる。本篇第2章第1節参照。

268) Ordonnance de Villers Cotterets rendu par François Ier, en août 1539, Art. 134, ISAMBERT, DECRUSY, ARMET, supra note 259, t. XII, 1828, p. 628. V. MORTET, supra note 245, p. 140.

269) DUMAS (1972), supra note 59, p. 132.

270) ibid., p. 133. この表現は1535年の王令に見られる。Ordonnance d'Yzsur Tilles rendu par François Ier, en octobre 1535, Chap. VIII, Art. 28, ISAMBERT, DECRUSY, ARMET, supra note 259, t. XII, 1828, p. 472-473.（なお，この王令はプロヴァンスのパルルマンの管轄区域にのみ妥当した）「請願者が執拗であることなどを理由として，朕または朕の［小］尚書局から，複数の［取消状による裁判官への］委任ないし［取消状の］取得がされる例がしばしば見受けられる。そのために，当事者は訴訟の引き延ばしに遭い，良き法［の実現］が何度も遅延せられ妨げられている。またしばしば，判決を下すことが躊躇され，朕の書状に反する解決が与えられ，ひいては朕の書状が市民法および理性に反するとされることも見受けられる。朕はこのような不都合な事態を封ずることを欲しており，以下のように命じ宣言したが，［再びそのように］命じ宣言する。朕の意図するところは，朕の王国およびプロヴァンスの裁判官は朕の書状に従わず服さなくともよい，というものではない。朕が欲するところは，市民法および理性に適うものでない場合に，当事者が朕の書状に抗し，これを詐害，真実の秘匿および市民法違反として攻撃し得るようにすることである。［したがって，朕が欲するところは，］朕のパルルマンその他の法廷において，裁判官は，当事者の主張を聞き入れ，これを受理し，当該書状が詐害的であるか，真実を秘匿して取得されたか，市民法に反すると思われる場合には，その判決によって，この書状がそうしたものである旨宣言するか，あるいは［そうした書状ではないと思われる場合には］，善き裁きの状態に置かれる［＝承認・執行される］ことである。［…］Pour ce que plusieurs souventesfois obtiennent de nous et de nos chancelleries plusieurs mandemens et impétrations, par importunité des requérans ou autrement, pourquoy les parties sont souventesfois mises en grans évolutions de procez, et plusieurs fois en sont les bons droits des parties retardez et empeschez. Et doubtent souventesfois de juger, et donner appoinctement contre nos lettres, combien qu'elles soient incivles et desraisonnables. Nous voulans obvier à tels inconvéniens, avons décerné et déclaré, décernons et déclarons, que nostre intention n'est, que les juges de nostre royaume et pays de Provence, obéyssent ny obtempérent à nos lettres,

判決が下されるが，棄却の場合，取消状は，「詐害的に，真実の秘匿により，または，市民法に反して（subreptices, obreptices ou incivles）」取得されたと宣言される271)。逆に，認容の場合には，「取消状を確認・執行した（entérinait）」との文言が付された。この文言は，裁判官は，取消状の内容を確認しそれを執行するのみで，取消をなすのは，あくまで国王であることを含意する272)。

取消状が確認・執行されると，対象とされた契約が「破毀され，かつ，取消された（cassé et annulé）」旨が言渡される。この判決は「取消判決（rescindant）」と称されていた。これにより，損害があれば賠償されるとともに，履行された給付は返還される。さらに，給付された物が第三者の許にあれば，取戻が実現される。この第三者を相手方とする判決には，「取戻判決（rescisoire）273)の語が充てられる。

われわれの検討対象は，この「取消判決」および「取戻判決」の効果である。これについて，学説上いかなる説明が見られたのであろうか。この問題に取り組む前に，取消状を正当化する諸言説に一瞥を与えておこう。この迂路は，取消の特異性の認識，すなわち，それが「原状回復」と称されたことの意味を探

---

sinon qu'elles soient civiles et raisonnables, et voulons que les parties les puissent débatre et impugner de subreption, obreption et incivilité, et que les juges tant en nostredite cour de parlement qu'autres les oyent, et reçoivent, et que si les juges trouvent lesdites lettres estre subreptices, obreptices ou incivilies, que par leurs sentences il les déclarent subreptices, obreptices ou incivilies, ou telles que les trouveront estre en bonne justice [...]」。条文の後半部分の趣旨は，裁判官は取消状の内容を職権で審査し得ない，という点にあるように思われる。あくまで当事者が取消状の違法性を主張し，裁判官はそれに基づいて判断を下すことになる。以上は，取消状が国王による命令であることに対応するであろう。

271)「obreptice」ないし「subreptice」という語について，V. MERLIN, *Répertoire universel et raisonné de jurisprudence*, 5ᵉ éd., Garnery, Paris, t. 11, 1827, p. 627, v° OBREPTICE, OBREPTION. [GARRAN DE COULON 執筆]。「Obreption」とは，「上位の者のなんらかの恩恵，権原または認可状を得る際に，それら付与が有効なものとされるために申述する必要があった真実を，上位の者に対して秘匿することによって犯された詐害行為 la fraude qu'on commise dans l'obtention de quelque grâce, titre ou concession d'un supérieur, en lui taisant une vérité qu'il était nécessaire d'énoncer pour la validité de sa concession.」であり，「Subreption」とは，「上記の証書の取得に際して，真実に反する事実を提示することによって犯される詐害行為 la fraude qu'on commet dans l'obtention des mêmes actes, en avançant des faits contraires à la vérité.」であるとする。obreptice および subreptice は，形容詞形であり，「Obreption ないし Subreption によって取得された権原または認可のための書状は，obreptices ないし subreptices と称される」とする。

272) MORTET, *supra* note 245, p. 123. 前掲注 270）の王令の文言を参照。

273) 前記本文 **44**，前掲注 226) では，Pothier の引用について文脈上「action rescisoire」を「取消訴権」と訳出したが，彼が一般的な用法に従っているとすれば「取戻訴権」が正確であろう。

第1部　各種返還請求の史的諸相

るにあたって，不可欠の前提を成す。

(2)　取消状の正当化言説[274]

原状回復への類比　**51**　既に示唆したように，取消状の制度は，ローマ法上の原状回復の制度と重ね合わされて理解されていた[275]。方式書訴訟の時代に登場した原状回復は，法務官（*praetor*）によるある種の判決手続きである[276]。ここでの法務官は，訴訟指揮権（*jurisdictio*）に基づいてではなく，政務官（*magister*）の一人として有する「命令権（*imperium*）」に基づいて[277]，当事者を契約がなかった状態へと回復した。したがってこの制度は，法務官が担う衡平法上の制度と理解される。すなわち，厳格法によっては無効とし得ない行為について，衡平（*aequitas*）を実現すべく，当事者が被った損害（*laesio*）（＝同意の瑕疵一般を包摂する広義の概念。給付間の均衡が問題とされる場合には「過剰損害（*laesio enormis*）」の語が充てられる）の不当性に鑑みて，当該行為の効力を否定するものであった。

諸種の原状回復は，法務官告示（*edictum praetoris*）中に列挙された[278]。主要なものを挙げれば，合意の瑕疵に関するものとして，「錯誤による原状回復（*in integrum restitutio ob errorem*）」，「強迫による原状回復（*in integrum restitutio ob metum; quod metus causa*）」，「悪意［詐欺］による原状回復（*in integrum restitutio ob dolum*）」があり，ほかにも，本人または後見人・保佐人の行為により損害を受けた未成年者に認められる「年齢による原状回復（*in integrum restitutio ob*

---

274) 以下は，拙稿・前掲注 233) と構成は異なるが，内容において多くの部分が重複する。
275) 拙稿・前掲注 233) 80 頁以下。V. DUMAS (1972), *supra* note 59, p. 126.
276) GIRARD, *supra* note 15, p. 1127. なお，衡平法上の制度であることを強調する CUMYN, *supra* note 243 は，ローマ法上の原状回復，および，それに類比されるフランス法上の取消状を，イングランドのエクイティー裁判所に見られた法形成に類比している。いささか性急な比較ではあろうが，「第一の裁判官かつ衡平の体現者としての国王」という表象を強調するならば，興味深い視点を提供していると言えよう。
277) VILLERS, *supra* note 10, p. 97, p. 160 et s. *praetor* の *jurisdictio* は，訴訟要件の審査，訴権の指示，抗弁の付与，争点決定の主宰に関わる。他方，*imperium* の発露としては，特示命令（*interdictum*），法務官問答契約（*stipulatio*），占有付与（*missio in possessionem*），原状回復が挙げられる。*jurisdictio* が審判人（*recuperatores*）による本案判断を準備するための権限であるのに対して，*imperium* に依拠すれば，*praetor* 自らが，（事後に通常手続きに移行する場合はあるにせよ）実体について審理することができる。
278) GIRARD, *supra* note 15, p. 1128.

aetatem）」，正当な事由により不在を余儀なくされた成年者に認められる「不在による原状回復（*in integrum ob absentiam*）」がある[279]。

フランス古法において，取消状が，しばしば「原状回復状（lettre de restitution）」[280]と称されていたことから推論すれば，この制度はローマの原状回復を原型とする，と端的に理解することも可能である。しかし，なぜ原状回復に限って，国王の許可が必要であり，裁判所で直ちに請求され得ないのか疑義が生ずる。裁判官には原状回復を行う権限がなく，国王の権威によらなければならないことについて，なんらかの説明がなされなければならない。

一方には，原状回復を担ったローマの法務官の命令権を意識させながら，国王の介入の例外性を強調する見解が見られた[281]。最も極端な例として，17世紀末のフルーリーの言説を挙げることができる。彼は，原状回復を主権者の秘跡（miracle）ないし恩恵（grâce）として理解していた[282]。その上で，行為を破毀することとして「取消（rescision）」の語を用い，取消の効果として「原状回復（restitution）」の語を用いるべきであるとする[283]。もっとも，原状回復を要しない取消も認められる。なぜなら，「原状回復が必要とされるのは，表見的にはなんらかの正当な行為が存在し，この行為によって，自らの側の損害において相手方がなんらかの権利を取得した場合のみである」からである。履行前の委任や承諾のない贈与など，単なる所為（simple fait）（≠acte）しか存在し

---

279) それぞれの詳細について，*ibid.*, p. 1128 et s.
280) 同義の表現として，「解放状（lettre de relievement）」も見られる。前掲注259）の王令の文言を参照。
281) V. Charondas Le Caron Loys, *Pandectes ou digestes du droit françois*, Lyon, 1543, t. 1, p. 230-231 (facsimilé, Phénix Éditions, 2005)。「［…］原状回復は，法の定めに反するものではなく，むしろ，法が担う正義および衡平によって導入される。したがって，君主またはその補佐役が，原状回復を宣言し付与し得ること，また，この点において法の厳格さに違背することに疑義を抱いてはならない。なぜなら，ローマの政務官は，原状回復をなすことができたのだから。［...] elles [= restitutions en entier] ne sont contre la disposition de droit, ains introduictes par la justice & equité d'iceluy, & partant ne faut doubter, que le Prince ou son conseil ne les puisse decerner & octroyer, & pour le regard d'icelle deroguer à la rigueur de droict: puis que le Magistrat Romain le pouuoit faire.」
282) Fleury, *supra* note 136, t. 2, p. 43-44 [5ᵉ Partie. Suite des obligations, Chap. XIV. Des restitutions en entier]. « Les restitutions, qui produisent un genre d'exceptions assez fréquent, sont, à proprement parler, des grâces du souverain, qui, par une espèce de miracle, détruit un acte qui sembloit légitime, et rend aux parties les droits qu'elle avoient auparavant. »
283) *ibid.*, p. 44. « Il semble qu'à suivre exactement la signification des termes, on doit appeler: restitution, l'effet de la rescision, c'est-à-dire le rétablissement des parties en tel état qu'elles étoient auparavant. »

ない場合には，当事者自らが行う取消として「撤回（révocation）」が可能である。しかし，有効かつ衡平なものとなった行為については，当事者はこれに違背することができない[284]。よって，原状回復の前提として，「契約または判決[285]のように，表見的には正当であるが，実際には方式において瑕疵がある行為，または，衡平に反する行為が存在しなければならない」[286]。このとき，表見的行為を破毀できるのは，「君主による法外の救い（le secours extraordinaire du prince）」のみであり，ここから，「フランスにおいて，無効の方途はなんら実現されない」という法格言が導かれる，とする。

これに対して，無効な行為はそもそも法的には存在しないものとみなされ，したがって原状回復の必要もない[287]。そうであるとすれば，取消もまた無効に還元され得る限りで，王状の取得は「無益（inutiles）」と思われるとしながらも，一方で，他の学説（後記 **52**）に依拠し，他方で，取消・原状回復は「世俗の生における奇跡（un miracle dans la vie civile）」であるとして，この慣行は支持されなければならないとする[288]。

---

284) *loc. cit.* « Mais, sans s'attacher trop à ces subtilités, il est certain que la restitution n'est nécessaire que quand il y a quelque acte légitime en apparence, en vertu duquel quelque droit est acquis à un autre, à notre préjudice. Car s'il y a qu'un simple fait, sans qu'aucun droit s'en soit ensuivi, comme s'il y a mandement sans exécution, ou donation sans acceptation, nous pouvons nous-mêmes défaire ce que nous avons fait, et c'est cette volonté contraire qui s'appelle révocation; et au contraire, si l'acte est entièrement valable et équitable, il n'y a point lieu de venir contre. »

285) 本書では扱わないが，ローマ法において，判決もまた原状回復の対象とされ得た。判決の原状回復が上訴に相当する制度を創出せしめたか否かが法史学上の問いである。V. ZÉARO, Silvère, Annulation, cassation, révision: l'anéantissement du jugement dans la procédure civile française, Boudot et Vecchi（éd.），*supra* note 238, p. 155 et s.

286) FLEURY, *supra* note 136, t. 2, p. 44. « Il faut donc qu'il y ait un acte, comme un contrat ou un jugement, qui soit légitime en apparence, mais qui soit en effet ou vicieux en la forme, ou contraire à l'équité. »

287) *loc. cit.* « Et toutes les fois qu'il y a un acte apparent, on ne le peut détruire sans le secours extraordinaire du prince, qui est ce qu'on dit, que voie de nullité n'a point lieu en France. Car, au reste, il est bien certain qu'il n'est pas besoin de restitution contre un acte qui n'est point. » 続いて Fleury は，取消・原状回復の対象として判決，犯罪の認定，契約を挙げる。契約についてさらに敷衍し，方式違背の場合には「行為は無効と宣言される（l'acte est déclaré nul）」が，それ以外にも契約が破毀される場合があるとして，暴力，恐怖，詐欺，籠絡，正当価格の二分の一の過剰損害，未成年，不在の7つの事由を挙げる。さらに，衡平を根拠として，「裁判官の裁量（arbitrage des juges）」が取消・原状回復を導く場合があるとする。国王ではなく裁判官が取消権者・原状回復者として想定されることは，管見の限り，ほかに例を見ない。

288) *ibid.*, t. 2, p. 47. « [...] ce qui pourroit faire croire qu'elles [＝les lettres en chancellerie] seroient inutiles, aussi bien que plusieurs autres. Néanmoins, on peut en soutenir l'usage par deux raisons: la

第1篇　コンディクチオと原状回復

取消と当然無効　**52**　フランス固有法の観点から取消状を正当化する言説も見られる。放棄条項と宣誓とが実務において重要視されなくなったのちにも取消状の制度が廃止されなかったのはなぜか。この問題は，財政上の必要という実際的理由とは別に，フランスにおける法源としてのローマ法の処遇に関連する。フルーリーにも見られたように，取消状の必要性に関するこの時代の論拠は，「ローマ法はフランスにおいて効力を有しない」というものであった。すなわち，放棄の対象となり，フランスにおいては実現され得なかったローマ法上の無効・取消事由を援用するために，取消状という国王の明示の許可が必要とされた，と説明される。例えば，16世紀末葉に，ニヴェルネの在野の法学者であったコキーユ（Coquille, Guy [1523-1603]）は，次のように記している。

「未成年，詐欺，強迫または力を原因とする原状回復，ウェレイアーヌム元老院決議に基づく原状回復，正当な錯誤を理由とする原状回復，債務なしにかつ原因なしになされた約束についての原状回復，または，正当価格の二分の一を超える詐害による原状回復が，王国法上の権利に数えられる。これらの権利についての救済手段は，裁判状によるのであれば無論認められるが，恩恵（grace［ママ］）によらずとも，理性（raison）によることによって，通常裁判所において，裁判官の裁判権（juridiction）に従って，救済手段が請求されるはずである。

しかしながら，私は次のように考える。上に述べたような権利の導入は，ローマ人の市民法（droit civil des Romains）に原状回復というその救済手段が

première qui est de Coquille (Instit., Des exécutions) que la restitution pour les causes qui viennent d'être dites, ayant été introduite par le droit romain, qui ne fait point loi parmi nous, un François n'auroit aucun droit de s'en servir si le prince ne lui en donnoit permission; ce qu'il prétend montrer, en ce qu'il n'est point besoin de lettres contre un acte qui est vicieux, par notre droit françois, comme l'obligation d'une femme non autorisée, la donation faite à un tuteur, le contrat usuraire. L'autre raison est ce qui a été observé d'abord, que la restitution est comme un miracle dans la vie civile, puisqu'elle force en quelque façon les lois, et détruit ce qui paroissoit légitime. Or, il n'y a que le souverain qui puisse ainsi se dispenser des règles, et les juges ne le peuvent pas parce qu'ils ne sont pas commis pour exercer la puissance absolue. Et, pour ce qui est du contrat usuraire et des autres actes semblables, il ne faut point de lettres, parce qu'il n'y a point, à proprement parler, de restitution contre un acte nul et dont le vice est sensible. » 末尾の一文は後述する当然無効の類型を示唆している。

123

見出されることを根拠としている。しかし，ローマ人の市民法は，フランスにおいては法律としての効力を有しない。故に，これらの権利に関する主張を許容しかつ有効とするためには，書状を得るべく国王の尚書局に願い出るのでなければならない。なぜなら，フランスにおいては，ローマの法律は真の法律とはみなされておらず，真の法律の源とみなされているにすぎないからである。そうであるからこそ，フランスの首都たるパリにおいて，ローマの市民法に関する公の教育は存在しないのである。[…]

　以上は，フランスの国王の諸勅法（Constitutions de nos Rois）によって，または，フランスの市民法たる慣習法によって禁止される，契約または条項を，取消させるかまたは無効と宣言させるかするためには要求されない。この場合，例えば，[夫の]許可を得ずに負担された妻の債務，後見人に対してなされた贈与，および，[消費貸借に付加される]利息（usures）の設定に関する場合には，裁判官の職権のみで十分である。」[289]

　コキーユが述べるように，理性によるならば，取消状を必要とせず，裁判官自身が自らの裁判権に基づいて原状回復を命ずることができるはずである。しかし，ローマ法は，フランスにおける「真の法律」ではない。そうであるが故に，ローマ法上の諸種の原状回復は，その援用について国王の意思に基礎づけられなければならない。これとは逆に，主権者たる国王の勅法，および，フラ

---

[289] Coquille, Guy, *Institution au Droit François* (1595), *Œuvres de Guy Coquille*, nouv. èd., Claude Labottière, Bordeaux, 1703, t. 2, p. 6. « Aussi on a mis entre droits Royaux les restitutions en entier, fondées sur minorité, sur dol, sur crainte ou force, & à cause du Velleïan, ou à cause de juste erreur, ou pour promesse faite induëment & sans cause, ou pour deception d'outre moitié de juste prix, jaçoit que les lettres soient de Justice, sans grace dont le remede par raison dût être demandé pardevant le Juge ordinaire selon son office de juridiction. Mais je croy que l'introduction de tel droit est fondée sur ce que les remedes de restitutions dependent du droit civil des Romains, qui n'a force de Loy en France; & pour autoriser & faire valoir l'allegation qui s'en fait, on a recours à la Chancellerie du Roy pour obtenir lettres. Car en France nous n'observons pas les loix Romaines comme vrayes loix, mais pour la cause qui y est. Dont vient qu'à Paris, Ville Capitale de France, il n'y a Etude publique de droit civil Romain; dont est parlé in cap. super specula ext. de privileg. Et quand les privileges des Universitez sont verifiez en Parlement on y met la modification, sans reconnoître que ledit droit ait force de loix en France. // Ce qui n'est requis pour faire rescinder ou declarer nuls les contrats ou dispositions qui sont interdites par les Constitutions de nos Rois, ou par non Coûtumes, qui sont nôtre droit civil; esquels cas le seul office du Juge suffit, comme en obligation de femme mariée non autorisée, en donation faite à tuteur, en fait d'usures. »

ンスの市民法である慣習法に見られる無効事由については，取消状を要することなく裁判官が無効を宣言することができることになる。ローマ法とフランス法との対抗的な関係を指摘することができよう。

53 17世紀に至ると[290]，当然無効に関しては取消状が不要である，という規律が確立される。したがって，裁判官の判決のみで契約の効力を剝奪することが許される[291]。実際，上記に引用したコキーユに顕著なように，王令や慣習法に根拠を有する無効事由については，取消状は必要とされないことが既に明らかにされていた[292]。

では，ローマ法において当然無効とされていた事由についてはどうか[293]。コキーユのテクストでは，無効のカテゴリーに包摂され得る原因の不存在の場合にも，取消状が必要とされている[294]。17世紀においてアルグーは，王令または慣習法による無効を除き，当然無効の場合でも取消状は絶対的に必要であるとし，ロワゼルの法格言を援用している[295]。

---

290) 16世紀の他の学説として，V. IMBERT, Jean [1522?-159?], *Enchiridion ou Brief recueil du droict escrit, gardé et observé ou abrogé en France*, éd. par Pierre Guenois, Chez Louis Feugé, Paris, 1627, p. 61, v° CONTRACTS, cité aussi par CUMYN, *supra* note 243, n° 163, p. 120, note (93).「[…] したがって，契約は，当然に無効であっても，君主の書状によって取消され，無効を宣言されなければならないことに疑問が呈されてはならない。[…] Parquoy il ne faut douter qu'un contract estant nul de droict, ne doyve estre rescindé & declaré nul par lettres du Prince.」

291) MORTET, *supra* note 245, p. 117; BRISSAUD, Jacques, *Cours d'histoire générale du droit français public et privé*, t. 2, Albert Fontemoing, 1904, p. 1419.

292) もっとも，そのカタログについては論者によってばらつきがある。V. CUMYN, *supra* note 243, n° 168, p. 124. Charondas Le Caron は利息の禁止による無効を取消とし，Domat は，妻の能力制限による無効を取消としていたとする。V. DOMAT, *supra* note 107, éd. par Rémy, t. 2, p. 284.

293) DUMAS (1972), *supra* note 59, p. 131 は，取消状を必要とする事由は，ローマ法における原状回復とのそれと同一のものとなったとする。

294) 第1節で引用した Boiceau も，原因を欠いた約束証書の無効を導くために取消状を必要と解していた。前記本文 **20**，前掲注96）参照。

295) ARGOU, *supra* note 146, t. 2, p. 432.「それに対して訴え出ようとする行為が当然に無効であったとしても，この書状は，フランスにおいて絶対的に必要である。故に，ある種の諺の形態で，フランスにおいて無効の主張はなんら実現されないと言われるのである。ただし，王令または慣習法によって宣言されている無効についてはこの限りでない。[…] Ces Lettres sont d'une nécessité absolue en France, quand même l'acte contre lequel on veut se pourvoir, seroit nul de plein droit; c'est pourquoi on dit par une maniere de proverbe, que les voies de nullité n'ont point de lieu en France, à moins que la nullité ne soit prononcée par l'Ordonnance ou par la coutume; […]」BRISSAUD, *supra* note 291, p. 1419, note (5) は，17世紀末には当然無効に取消状が不要であったとの認識の下に，Argou が必要性に言及するのは，「あらゆる困難に備えて（pour prévenir toute difficulté）」のことであっ

第1部　各種返還請求の史的諸相

　さらに，18世紀に至っても，トゥールーズ大学の王立フランス法講座担当教授であったブタリク（BOUTARIC, François de ［1671-1733］）の著作に，同旨の見解が見られる[296)297)]。ポチエもまた同様である。無効および取消に関する議論は，『民事訴訟概論』において展開される。

　「ある当事者が，自らの請求または防御の根拠として，私署によるものであれ，公証人の面前でなされるものであれ，なんらかの行為［証書］（acte）を援用するとき，相手方当事者は，この行為の真実性を認める場合には，無効という方法（des moyens de nullité）に基づいて，あるいはこの行為に異議を述べる場合には，取消状（lettres de rescision）に基づいて，行為を攻撃することができる。」[298)]

　「以下の法格言によれば，当然に（de plein droit）無効である行為がある。

たとする。当然無効であると考えて取消状を得なかったがために，敗訴してしまう危険に備えていた，と解しているのであろう。この推論が正しければ，Argouのテクストは，当時において明確な規範が存在してなかったことを物語る。

296) BOUTARIC, François de, *Les institutes de l'empereur Justinien, conférées avec le droit françois*, Chez Gaspard Henault, Toulouse, 1740, p. 551 ［Titre XIII. De exceptionibus, §1. Si metu coactus, aut dolo inductus, aut errore lapsus, etc.］.「［…］行為に対して不服を申し立てようとする場合，当該行為が当然に無効の場合であっても，取消状は必要である。ここから，フランスにおいて無効の諸手段はなんら実現されないという法格言が生ずるのである。［ただし，］この法格言は，ローマ法が定める無効について理解されるのでなければならず，王令または慣習法によって宣言された無効については理解されない。［…］les Lettres en restitution sont nécessaires dans les cas même où l'acte contre lequel on veut se pourvoir est nul de plein droit; & de là cette maxime, que les voyes de nullité n'ont point lieu en France: Maxime qui doit être entendue des nullités établies par le Droit Romain, & non point des nullités prononcées par les Ordonnances ou les Coûtumes.」

297) ただし，地方によっては，ローマ法上の無効事由についても，取消状の必要なく無効が認められたとされる。V. GUYOT, *supra* note 249, v° NULLITÉ, p. 263, cité par CUMYN, *supra* note 243, n° 163, p. 122, note (96)。本来は地域ごとに取消事由・当然無効事由のカタログを精査する必要があるが，現時点ではこれを断念する。とりわけ，慣習法地方と成文法地方との間での差異が予想され，法学者による正当化言説にもニュアンスの違いが認められる可能性がある。本文の記述はこの差異に無頓着であり，したがって歴史学的な検証に耐えない。

298) POTHIER, *Traité de la Procédure civile*, n° 726 ［5ᵉ partie, Chap. IV. Des moyens de nullité, et des lettres de rescision］, *Œuvres de Pothier*, éd. par Bugnet, *supra* note 168, t. 10, p. 347. «Lorsqu'une partie rapporte quelque acte, soit sous signature privée, soit pardevant notaires, pour le fondement de sa demande, ou de ses défenses l'autre partie peut, en convenant de la vérité de cet acte, l'attaque, ou par des moyens de nullité, si elle en a à opposer, ou par de lettres de rescision.» なお，Pothierの理論の全体像については，V. VEILLON, *supra* note 238 に詳細な記述がある。各取消事由の検証や不受理事由については同論文に譲ることができる。

これを無効とするには，取消状を要しない。当然に無効な事柄は，取消され得ない（*Quod nullum est ipso jure, rescindi non potest*）［…］ただし，この無効は，なんらかの慣習法または王令によって宣言されているのでなければならない。［＊ARGOU, liv. 4, ch. 14. を引用］」[299]

このように述べられたのちに，当然無効の具体例が挙げられる[300]。第一に，行為の有効性が一定の方式に依存する場合には，方式違背から当然無効が導かれる[301]。具体例とされるのは，生前贈与の有効要件である方式が遵守されなかった場合である。ダゲソーが立法に関与した1731年の贈与王令の規定[302]が引用される。

第二に，能力制限（incapacité）が当然無効事由となる。夫の許可を得ずに為された妻の行為や，解放（émancipation）を受けていない未成年者の行為などが挙げられる。

第三は，公序および良俗に反する場合である。この場合には，「行為の本質を成す合意の瑕疵（vice de convention）によって」当該行為が無効とされる。具体例として挙げられるのは，将来の相続に関する合意（ただし，夫婦財産契約中での合意を除く），賭博を原因とする単純約束（promesse），または，利息を設定する契約（contrat d'usure）である。これらの無効事由はいずれも慣習法に根拠を有しているものとされる。

ここで注意が払われるべきは，強迫・詐欺・錯誤といった合意の瑕疵に包摂される主要な事由には言及がされていないことである。したがって，これらの

---

299) POTHIER, *supra* note 298, n° 727 [Art. Ier, Des moyens de nullité], éd. par Bugnet, t. 10, p. 347. « Il y a actes qui sont nuls de plein droit, sans qu'il soit besoin de lettres de rescision pour les annuler, suivant cette maxime: Quod nullum est ipso jure, rescindi non potest (Chassan, Burg. rubr., fol. 232, n° 14); mais il faut que cette nullité soit prononcée par quelque coutume ou quelque ordonnance. Argou, liv. 4, ch. 14. » Chassan のテクストは未見。Argou のテクストの被引用箇所は前掲注 295) に引用した。

300) *ibid.*, n° 727, éd. par Bugnet, t. 10, p. 347-348.

301) Fleury について，参照，前掲注 287)。

302) Ordonnance sur les donations, de Versailles rendu par Louis XV en février 1731, Art. 1, 6, 7, 19 et 20, ISAMBERT, DECRUSY, TAILLANDIER, *supra* note 85, t. XXI, 1830, p. 343 et s. 第 1 条のみ訳出する。「生前贈与に関するすべての証書は，公証人の面前でなされ，その正本が保存されるものとする。これに違背する行為は無効とする。Tous actes portant donations entre vifs, seront passés pardevant notaires, et il en restera minute, à peine de nullité.」

事由については，取消状が必要であると解されていることになる。事実，ポチエは，当然無効について解説したのちに節を改め，以下のように記述している。

「ある行為が当然に無効ではない場合で，かつ，この行為によってなんらかの義務を約し，損害を受けた当事者が，自らの債務について原状回復が行われ（se faire restituer），行為を取消させる（faire rescinder）ための正当な事由（juste cause）を有する場合は，当該当事者またはその相続人は，この行為を取消させ，それがなされなかったのと同じ状態に復されるために，この行為に対して，取消状（lettres de rescision）によって不服を申し立てることができる。

ローマ法によれば，政務官（magistrat）は，正当な事由があれば，自らの権威のみに基づいて（de sa seule autorité），当事者がなした行為について，当事者を原状に復せしめることができた。われわれの許では（parmi nous），国王の権威に助力を求め（avoir recours à l'autorité du prince），取消状と称される書状を得なければならない。

この書状は，パルルマン附属の尚書局（chancelleries des Parlements）において取得される。また，上座裁判所に関する告示（édit des présidiaux）が定める事案に関わる場合には，上座裁判所附属の［小］尚書局においても取得される。この書状によって，国王は，裁判官に対して，一定の行為について取消状取得者（impétrant）を原状に復せしめるよう委任し，取消状取得者［の主張］が当該原状回復に関する正当な事由によって根拠づけられている場合には，その行為がなんらなされなかったのと同じ状態に取消状取得者を復するよう委任する。」[303]

---

303) POTHIER, *supra* note 298, n° 728 [Art. II, Des lettres de rescision], éd. par Bugnet, t. 10. p. 348. « Lorsqu'un acte n'est pas nul de plein droit, et que la partie qui a contracté par cet acte quelque engagement, et qui se trouve lésée, a quelque juste cause pour se faire restituer contre son obligation, et faire rescinder l'acte, elle ou ses héritiers peuvent se pourvoir par lettres de rescision contre cet acte, pour le faire rescinder, et se faire remettre en pareil état que s'il n'eût point été passé. // Par le droit romain, le magistrat pouvait, pour justes causes, de sa seule autorité, restituer les parties contre les actes qu'elles avaient passés; parmi nous, il faut avoir recours à l'autorité du prince, et obtenir des lettres qu'on appelle de rescision. // Ces lettres s'obtiennent dans les chancelleries des Parlements, ou même des présidiaux, lorsque la matière est dans le cas de l'édit de présidiaux; par ces lettres, le roi mande au juge de restituer l'impétrant contre de certains actes, et de le remettre au

こののちには,まず未成年者の行為に関する取消・原状回復[304]が,次いで強迫・詐欺・錯誤・過剰損害による取消・原状回復が扱われる[305]。各事由について詳細な説明がされたのちに,相手方当事者が主張する取消状不受理事由(fin de non-recevoir),および,裁判官による取消状の承認・執行の効果が扱われる[306]。ただし,効果論としては,債務の消滅と当事者間での既履行物の返還が扱われるのみで[307],第三者に対する効果の拡張には触れられない。この点については,款を改めて検討する。

小 括　**54**　以上の検討から,古法時代の論者において,当然無効と取消・原状回復とは,取消状の要否によって区別されるカテゴリーであったことが理解されよう。さらにこの類型は,古法時代における法源の序列に対応せられていた[308]。フランスにおける実定法としての王令および慣習法に基づくのでなければ,裁判官による無効は認められない。なお,これまで検討してきたところから明らかなように,当然無効であれ,取消・原状回復であれ,その実現には訴訟を要することにも注意する必要がある。この点については,民法典制定後の議論に即して,次章第2節で検討することとする。

以上の当然無効と取消・原状回復との区別は,返還関係の処遇,とりわけ返

---

　　même état que s'ils n'eussent point été passés, au cas qu'il se trouve fondé dans de justes causes pour cette restitution. »
304) 未成年者による行為については,当然無効事由であるともされており,それぞれの記述の整合性について疑義を呈することができる。この点に関して直接の敷衍はされていないものの,次のように考えることができるであろう。一方で,当然無効については,「解放を受けていない未成年者(un mineur, non émancipé)」による行為がその対象とされる(*ibid.*, n° 727)。他方,取消・原状回復については,「解放後に行為をなした場合であっても,後見人の権威を伴って行為をなした場合であっても,未成年者は原状回復を受け得る。Les mineurs sont restituables, soit qu'ils aient passé ces actes depuis leur émancipation, soit qu'ils les aient passés avec l'autorité de leurs tuteurs.」(*ibid.*, n° 731) との記述が見られる。二つの記述を対比すれば,行為をなす能力(capacité)があったか否かが区別の基準であると考えることができる。もっとも,解放もなく,後見人の関与もない場合,すなわちサンクションが当然無効の場合であっても,取消状を取得して取消・原状回復を受けることができるか否かは,必ずしも明らかではない。しかし,あえて手続きが加重される取消・原状回復を選択した未成年者にその効果を拒否することに意義は見出されない。仮に承認・執行が否定されたとしても,当然無効を主張すればそれで済むはずである。以上の推論が許されるならば,Pothier の記述の整合性が確保されるように思われる。
305) *ibid.*, n° 729-742, éd. par Bugnet, t. 10, p. 348-355.
306) *ibid.*, n° 743-749, éd. par Bugnet, t. 10, p. 355-359.
307) *ibid.*, n° 749, éd. par Bugnet, t. 10, p. 359.
308) 分析の詳細について,参照,拙稿・前掲注233) 78頁以下。

還を目的とする訴権の性質にいかなる影響を与えるのであろうか。これがわれわれの検討課題であった。

第2款　返還訴権としての原状回復の性質

55　前款において，取消の効果ないし取消それ自体としての「原状回復」を析出したわれわれは，その帰結についていかなる説明がされていたのか，という点に議論の焦点を移すことができる。取消状という迂路を経るため，原状回復が直ちには訴権として表象されないことはたしかである。しかし，この特殊な制度を説明しようとする議論が見られ，ここにおいて物権変動との関係が意識されていると考えることができる。

　以下では，まず，古法時代における訴権の分類を参照し，その一類型たる混合訴権（action mixte）の概念が取消・原状回復を説明し得るとされていたことを確認する。その上で，混合訴権に分類される類似の訴権を検討し，共通性を把握する。もっとも，対物訴権化されたコンディクチオや，当然無効の効果を規律するコンディクチオも語られるのであり，統一的な理解は困難かに見える。古法時代を締め括るべきポチエにおいても同様であり，体系的記述は存在しない。しかしわれわれは，いくつかの考慮要素を積み重ねることで，ある意味では一貫した訴権理解を見出そうと試みる。とりわけ重要な前提は，慣習法上の訴権から抽出される。まさにこの隠れた論理を解明するために，混合訴権の概念が参照されなければならない。

（1）　混合訴権としての原状回復

56　フランスにおける訴権[309]は，その目的（objet）に従って三種に分類される。第一が，対人訴権（action personnelle）であり，特定人になんらかの給付ないし行為を求める訴権である。第二は，対物訴権（action réelle）であり，対象となる物の移転または物に関わる給付・行為を求める訴権である。この場合の相手方は，当該物を所持（détention）あるいは占有（possession）する者であればそれ以上の属性を問われない。現代の観点からすれば，それぞれに対応する

309）訴権の性質の観点からなされた研究として，参照，佐藤・前掲注227），特に78頁以下を挙げることができる。

実体権として，対人訴権には債権を，対物訴権には物権を措定することができる。この二つの類型についてはこれ以上の説明を要しないであろう。われわれがここで着目するのは，両者の性質を併せ持つ第三の類型，すなわち，「混合訴権（action mixte）」または「対物的対人訴権（action personnelle réelle）」である。

もっとも，混合訴権という性質づけからもたらされる効果は，実務上必ずしも重要なものではない。訴訟法上の主たる効果は，原告に認められる管轄の選択権（option）である。対人訴権であれば被告の住所地の裁判所が管轄を有し，対物訴権であれば物の所在地の裁判所が管轄を有するが，混合訴権の場合，原告はいずれの裁判所にも訴えを提起することが可能とされる[310]。

むしろわれわれの関心は，いかなる訴権が混合訴権に分類されるのか，という点にある。ローマ法に関しては，学説彙纂の一法文が，「両当事者が原告となる訴権」との定式化を示し，境界画定訴権（actio finium regundorum），相続財産分割訴権（actio familiae erciscundae），共有物分割訴権（actio communi dividundo），不動産占有保持の特示命令（interdictum uti possidens），および，動産占有保持の特示命令（interdictum utrubi）を挙げる[311]。他方，法学提要の一法文は，上記のうち前三者を挙げるにとどまる[312]。これに対してフランスにおいては[313]，カタログは論者によって異なるものの，混合訴権であるとされる

---

[310] この規律は，旧民事訴訟法典 59 条に受け継がれる。V. aussi GLASSON, E. et TISSIER, Albert, *Traité théorique et pratique d'organisation judiciaire, de compétence et de procédure civile*, 3ᵉ éd., t. 3, 1925, nº 194, p. 480 et s.

[311] D. 44, 7, 37, §1. Ulpianus. V. JOCCOTTON, M. A., *Des action civiles, envisagées sous le double rapport de la théorie et de la pratique, comme personnelles, réelles et mixtes*, Chez E. Guilbert, 1847, p. 428-429.

[312] Inst. 4, 6, 20. V. NAQUET, Éliacin, Caractères des actions mixtes en droit romain et dans l'ancien droit français, *Rev. de lég. ancienne et moderne française et étrangère*, 1873, p. 474 et s.

[313] フランス古法における混合訴権の用例は，13 世紀から見られるという。V. BRISSAUD, *supra* note 291, p. 1215, note (3). V. p. ex. BEAUMANOIR, *supra* note 61, t. 1, nº 228, p. 117. 「三種類の請求がある。第一は対人的と称され，聖職者はこれを対人訴権と呼ぶ。第二は対物的請求である。それ以外は混合的であり，すなわち対物的かつ対人的である。Trois manieres de demandes sont: les unes sont apelees personeus, que li clerc apelent action personel; les secondes sont demandes reeles; les autres sont mellees, c'est a dire reeles et personeus.」; *ibid.*, nº 231, p. 117. 「混合的である請求とは，対人的なものとして始まり，最終的に対物的なものへと至る。ピエールがジャンに対して，彼が自分に売った，または，担保として合意した一アルパンのブドウ畑を請求した場合，いずれの請求も混合的である。なぜなら，人を対象とする点でそれらは対人的であり，かつ，請求の目的は不動産に存するからである。Les demandes qui sont mellees, ce sont celes qui commencent personeus et descendent en la fin a estre reeles: si comme se Pierres demande a Jehan un arpent de vigne qu'il li vendi ou qu'il li donna ou qu'il li convenanca a garantir, teus demandes sont mellees, car eles sont

訴権は上記のものに限られない。

その理由は，原告が対人訴権と対物訴権の二つの訴権を同時に被告に対して提起し得る場合にもまた，原告は混合訴権を有している，とみなされることに求められる（以下では「同時提起（cumul）による混合訴権化」と称することとする）。これによって訴訟が一度で済むことになる。例えば，債権者が，債務者に対して，契約に基づく対人訴権と抵当権に基づく対物訴権とを同時に提起する場合が挙げられる[314]。抵当権設定者が債務者以外の者である場合には，訴訟参加を要するものの，この者をも被告として一度に審理がなされる。ほかに，所有権に基づく返還訴権などの現物の返還を目的とする対物訴権が提起された場合に，同時に果実の返還や損害賠償が請求される事例が挙げられる[315]。

同時提起は義務ではなく，もっぱら原告の選択によるが，いずれか一方のみが提起された場合に他方についても訴訟の対象とされるか否か，という点が，混合訴権に関する主たる論点であったとされる[316]。この「同時提起による混合訴権化」に依拠すれば，例えば，生前贈与の撤回訴権（action en révocation），解除訴権（action résolutoire），取消ないし原状回復を，合意の効力剥奪とともに物の取戻を帰結する点で，混合訴権として遇することが可能となる[317]。例えばフルーリーは，取消・原状回復の効果について，次のように記している。

「原状回復の効果は，失われた訴権を取戻させ，したがってまた，相手方

---

personeus pour ce qu'eles touchent la persone et si sont reeles pour ce que la fin de la demande descent seur l'eritage.」

314) NAQUET, *supra* note 312, p. 491 et s. 同論文によれば，15 世紀の Guy Pape を嚆矢とする。CHORIER, Nicolas, *La Jurisprudence de Guy Pape, dans ses décisions*, 2ᵉ éd., La veuve d'André Giroud, Grenoble, 1769, p. 290.「複数の請求は複数の訴えを生ぜしめる。債権者は，債務者またはその相続人に対して，対物的かつ対人的に訴権を行使することができる。われらが著者［= Guy Pape］は，弁護士であったが，M 婦人に対して，従兄弟である S 氏を相手方とする対物訴権と対人訴権とを同時提起する（cumuler）ことができると指摘する。パルルマンはこの併用（jonction）を承認し，この婦人が請求した事柄を，対人的に，かつ，抵当権に基づいて与えた。」なお，古法時代の文献において，抵当訴権に関する言及が多いことは，公証人証書が締結された場合，債務者の全財産上に一般抵当権が設定されることが慣行となっていたことによるものと思われる。この点について後記本文 **62** 参照。

315) NAQUET, *supra* note 312, p. 496. V. p ex. ARGOU, *supra* note 146, t. 2, p. 463.
316) NAQUET, *supra* note 312, p. 495.
317) *ibid*., p. 498 et s. もっとも同論文は，これらの訴権においては，対人訴権が対物訴権の前提となり，撤回・解除・取消それ自体は対人訴権であるはずであるとする。

の訴権に対する抗弁を与えることである。例えば，譲渡（aliénation）を破毀する（casser）ことが問題となっている場合，原状回復を受ける者は，かつて自らが有していた物を占有するあらゆる者を相手方とする対物訴権を有するばかりでなく，詐欺や籠絡によって譲渡をなさしめた者を相手方とする対人訴権をも有する。［後者における相手方は，自らの］不法行為を理由として，原状回復を受ける者に対して義務を負うからである。ここでの対物訴権は取戻訴権（rescisoire）と称され，他方，ここでの対人訴権は取消訴権（rescindant）と称されるが，われわれはこれらを同時提起する（cumuler）ことを慣習とする。ここでの対物訴権は対人訴権に完全に依存しているため，対人訴権が対物訴権に先行しなければならないように思われる［が，同時提起が可能である］。そしてまさに，これらの訴権の競合（concours）の故に，<u>原状回復諸訴権（les actions de restitution）は混合的（mixtes）と言われるのである</u>。とはいえ，これらの訴権は常に競合するわけではない。というのも，譲渡を帰結しなかった契約を破毀することのみが問題となっているときには，取戻訴権（rescisoire）は存在しないからである。［逆に，］相手方の所為を求める必要なく原状回復がされるような請求がなされる場合があるのであれば，この場合には，取消訴権（rescindant）は存在しないからである。」[318]［下線筆者］

このようにフルーリーは，「取消訴権（rescindant）」と「取戻訴権（rescisoire）」とを区別しつつ[319]，訴権の同時提起ないし競合という論理を介して，

---

318) FLEURY, *supura* note 136, t. 2, p. 48-49 [Chap. XV. Suite des restitutions]. « Les effets de la restitution sont de rendre les actions que l'on a perdues, par conséquent aussi, donner des exceptions contre les actions de l'adversaire. Or, quand il s'agit de casser une aliénation, celui qui se fait restituer n'a pas seulement l'action réelle, qu'il avoit auparavant contre tout possesseur de la chose; mais encore la personnelle, contre celui qui lui a fait faire l'aliénation par dol ou circonvention, comme lui étant obligé par son délit. L'action réelle s'appelle la rescisoire, et la personnelle, le rescindant, que nous avons coutume de cumuler, quoiqu'il semble que la personnelle dût aller la première, puisque la réelle en dépend absolument, et c'est le concours de ces actions qui fait dire que les actions de restitution sont mixtes. Car elles ne le sont pas toujours, puisque, quand il ne s'agit que de casser un contrat qui n'a été suivi d'aucune aliénation, il n'y a point de rescisoire; et s'il arrivoit qu'on demandât à être restitué, sans se plaindre du fait d'un autre, il n'y a point de rescindant. »

319) なお，rescindant と rescisoire との区別は，中世ローマ法学に由来するとされる。V. RENARD, *supra* note 234, p. 338 et s. 中世ローマ法学における *restitutio in integrum* に関する学説は，*restitutio* 付与のための審理を事前に必要とするか否かによってこれを二つに類型化していた。行為を取消すための原状回復について独自の審理が必要である場合を *restitutio officio judicis* と称し，

原状回復を求める訴権を混合訴権と説明している[320)][321)]。

実際，既に契約の履行が開始されていた場合には，二つの訴訟は一度に行われていたと言われる[322)]。この同時提起による混合訴権化が活かされるのは，とりわけ物について第三取得者が登場した場合である[323)]。あるいはむしろ，物の譲渡（aliénation）を実現する契約の取消が問題となる場合に，訴権の効果

当事者が損害賠償を得るための悪意（詐欺）訴権（*actio doli*）や強迫訴権（*actio quod metus causa*）と同時に物の取戻のために原状回復が求められる場合を *restitutio jure actionis* と称する。この区分が，フランス法においては，取消それ自体とその効果としての取戻との区別に重ね合わされたと考えることも可能であろう。

320) 他の学説として，PASQUIER, Étienne [1529-1615], *L'interprétation des Institutes de Justinien avec la conférence de chasque paragraphe aux Ordonnances Royaux, arreztz de Parlement et coustumes générales de la France*, publ. par Le duc Pasquier, Videcoq ainé, A. Durand, 1847（19世紀に発見され出版）, p. 769. 「混合訴権とは，物的性質と人的性質とを併せ持つ訴権である。具体例として，共有物分割訴権，血族取戻権，領主取戻権，約定による取戻権，未成年者の制限能力あるいは詐欺・強迫を理由とする契約の取消訴権，ならびに，正当価格の二分の一を超える損害を受けたことによる契約の取消訴権が挙げられる。[…] Les actions mixtes sont celles qui ont de la réalité et personnalité tout ensemblement, comme l'action de partage, retraict lignagier, retraict féodal, retraict conuentionnel, rescission de contracts, tant ex capite minoris aetatis, doli, metus, que pour auoir esté lezé d'outre moytié de juste prix, [...].」のちに Pothier に即して検討する封建法上の取戻権にも言及されていることが注目される。

321) しかし，様々な理解が見られる。例えば Guyot は，rescindant は形式の側面から把握された取消の事案を意味し，rescisoire は実体の側面から把握された取消の事案を意味するという用語法を伝える。MERLIN, *supra* note 271, t. 15, p. 185, v° RESCINDANT [GUYOT 執筆]。また，Ferrière は，「原状回復とは取消の効果である。すなわち，取消状に基づいて言渡され，かつ，その承認・執行（entérinement）を命ずる判決である」とする。V. FERRIÈRE, *supra* note 70, t. 2, p. 515, v° RESTITUTION EN ENTIER. その一方で，rescindant と rescisoire とをも使い分ける。「rescindant とは，裁判官が取消状を承認・執行し，原状回復を受ける者にとっての訴えおよび権利行使の障害を除去し，この者を取消状の対象たる契約を締結した時点の状態と同一の状態に復帰させる判決である」（*ibid.*, p. 511, v° RESCINDANT）「rescisoire とは，取消状取得者が rescindant によって獲得するものである。この点から，rescisoire は，rescindant の執行（exécution），帰結（suite）および効果（effet）と称される。」（*ibid.*, p. 512）

322) MORTET, *supra* note 245, p. 123-124.

323) Ferrière は，前掲注321）に引用した箇所の直後に，具体例として，未成年者ないしその後見人が相続を放棄したが，成年に達したのちに，放棄を取消すために取消状を取得したという事例を挙げる。この放棄を破毀する（casser）ことが rescindant であるとする。この判決の帰結として，取消状取得者は，相続財産から譲渡された物を所持および占有する者（détenteur & possesseur）を相手方とする訴訟の原告となり，当該物および果実の返還を命ずる有責判決を獲得する。これを称して rescisoire とする。その上で，「このように，resisoire が行為ないし契約の破毀の請求の相手方と異なる者を相手方とするとき，rescindant と rescisoire とは異なる。しかし，resicndant と resicoire が同一の者または同一の所持人を相手方として行われる場合には，裁判官は，同一の判決によって，双方について判示する」とし，契約の相手方の住所地の裁判所に訴えを提起するか，物の所在地の裁判所に提起するかは，取消状取得者の選択によるとする。V. FERRIÈRE, *supra* note 70, t. 2, p. 512.

を第三者にも及ぼすことが混合訴権の眼目である，と言うことができる。その
モデルを提供するのは，ローマ法における強迫[324]および年齢[325]を理由とする
原状回復であった[326]。

---

324) 強迫による原状回復の第三者効について，V. GIRARD, *supra* note 15, p. 445 et s.; LOISEAU, Victoir, *Droit romain: L'in integrum restitutio quod metus causa*, *Droit français: Du domicile comme principe de compétence législative dans la doctrine et la jurisprudence françaises depuis le code civil*, thèse Paris, Arthur Rousseau, 1893, spéc., p. 64 et s.; LASSERRE, Henry, *Droit romain: De la* restitutio in integrum quod metus causa, *Droit francais: Réhabilitation des condamnés*, thèse Toulouse, Arthur Rousseau, 1889, spéc., p. 72 et s. V. aussi VILLERS, *supra* note 10, p. 428-429.

　強迫訴権（*actio quod metus causa*），強迫の抗弁（*exceptio metus*），強迫による原状回復（*in integrum restitutio quod metus causa*）の間の関係については，創設の順序に関して学説上の対立がある。V. GIRARD, *supra* note 15, p. 446, note 4 は，原状回復が最古であるとする Savigny 説を退け，キケロの法廷弁論における記述を根拠として，まずスッラの時代に法務官であったオクタヴィアヌスの告示により不法行為訴権として強迫訴権が前 70 年代に認められたとする。次いで債権者からの請求に対抗すべく強迫の抗弁が認められ，さらに第三者からの取戻を許容するために強迫による原状回復が認められたとする。法務官が強迫による原状回復を承認したのちに付与される訴権が別に観念される場合には，譲渡取消訴権（*actio recissa alienatione*）の語が用いられる（*ibid.*, p. 447）。なお，強迫訴権の効果は 4 倍額（*quadruplum*）の賠償であり（p. ex. D. 4, 2, 9, §6. Ulpianus），強迫に加担していない第三者であっても利得を得ていればその 4 倍額を賠償しなければならなかった（D. 4, 2, 14, §1 et 3. Ulpianus）。この第三者への効果の拡張が原状回復が承認されたのちになって認められたのか否かも学説上の争点である（*ibid.*, p. 447, note 1）。

325) 年齢による原状回復の第三者効について，V. GIRARD, *supra* note 15, p. 250 et 1130 note 1; NICOLAU, Alexandre D., *Droit romain: De la* restitutio in integrum *accordée aux mineurs de vingt cinq ans*, *Droit francais: La propriété litteraire et artistique au point de vue international*, thèse Paris, Arthur Rousseau, 1895, spéc., p. 78 et s. V. aussi VILLERS, *supra* note 10, p. 245-246.

326) 例えば Domat は，それぞれの原状回復の法文を引用しながら，取消の効果について解説している。もっとも，混合訴権という定式化はなされていない。DOMAT, *supra* note 60, éd. par Rémy, t. 2, p. 270-271.「取消がなされるとき，取消は，それを生ぜしめた所為を行った者に対してばかりではなく，この者を代理する者に対しても，第三者たる占有者に対しても，その効果を有する。例えば，未成年者の不動産を買受けた者が，それを第三者に売却した場合，原状回復は，この第三者に対しても，他のあらゆる占有者に対しても行使され得る。第三者たる占有者は，自らの売主への求償権のみを有する。また，強迫の結果合意された売買または他の権原によってその不動産の占有を奪われた所有権者は，この不動産のいかなる占有者に対しても訴えを提起することができ，強迫がこの者の所為によるのではないとしても，当該不動産を追奪する。Lorsqu'il y a lieu à rescision, elle a son effet, non-seulement contre les personnes de qui le fait y a donné lieu, mais aussi contre ceux qui les représentent et les tiers possesseurs. Ainsi, par exemple, si celui qui avait acheté un héritage d'un mineur, le vend à un tiers, la restitution pourra être exercée contre ce tiers, et contre tout autre possesseur, et il n'aura que son recours contre son vendeur. Ainsi, un propriétaire dépouille de son héritage par une vente ou autre titre consenti par l'effet d'une violence, pourra agir contre tout possesseur de cet héritage et l'évincera, quoique la violence ne fût pas de son fait."」

*L. 13, §1, ff. de minor. = D. 4, 4, 13, §1. Ulpianus.「ところで，ときに，未成年者に対して原状回復が与えられ，しかも対物的に，すなわち，当該未成年者の物の占有者を相手方として，占有者が当該未成年者と契約していない場合であっても，原状回復が与えられることがある。例えば，あなたが未成年者から物を買い，他の者に売ったとしよう。[この場合] 当該未成年者は，ときに，自らの物を失うか奪われるかすることがないように，占有者を相手方として原状回復がなされるよう請

(2) 混合訴権・準対物訴権・コンディクチオ

57 以下に検討するポチエの議論は，その構造および対象の特殊性の点で，ほかに類を見ない。彼の訴権論は『オルレアン慣習法』の冒頭に付された『諸慣習法に関する一般的序論』の末尾において展開される。ポチエは，「固有の意味における混合訴権（actions proprement mixtes）」として，法学提要が提示する三訴権（境界画定訴権，相続財産分割訴権，その他の共有物分割訴権）を挙げた[327]のちに，次のようなパラグラフを設けている。やや長くなるが全文を引用しよう。

　「［以上の三つの混合訴権とは］別の意味において混合的と称される他の訴権がある。この訴権は，主要部分において，また，その性質上は，対人訴権であるが，当該訴権に従たるなんらかの物との関係において，対物訴権の性質を備える。

　こうした訴権は，対物的対人訴権，または，物に書かれた対人訴権と称される（Telles sont les actions qu'on appelle personnelles réelles, ou personnelles *in rem scriptæ*）。この訴権は，対人的債務（obligation personnelle）から生ずるものの，

求することができる。この原状回復は，法務官の審理によるか，あるいは，譲渡が取消されるために対物的に与えられる判決による。ポンポニウスも，著書の第28巻で，ラベオーの判断について記している。25歳の未成年者が，農場を売り引渡した。続いて買主がこの農場を譲渡した。引き続いた買主［＝第二の買主］が目的物がそのような状態にあること［＝未成年者から取得されたこと］を知っていた場合，この買主を相手方として原状回復がなされるべきである。［他方，］この買主が［目的物の来歴を］知らなかった場合で，第一の買主に支払能力がある場合，原状回復はなされるべきではない。もっとも，実際には第一の買主が支払不能である場合には，［目的物の来歴を］知らない者［＝第二の買主］を相手方としてであっても，さらに，この者が善意の買主であっても，未成年者が救済されることが一層衡平である［。以上のようにラベオーは判断した］。Interdum autem restitutio et in rem datur minori, id est, adversus rei eius possessorem, licet cum eo non sit contractum. Ut puta rem a minore emisti et alii vendidisti: potest desiderare interdum adversus possessorem restitui, ne rem suam perdat vel re sua careat, et hoc vel cognitione praetoria vel rescissa alienatione dato in rem iudicio. Pomponius quoque libro vicensimo octavo scribit Labeonem existimasse, si minor viginti quinque annis fundum vendidit et tradidit, si emptor rursus eum alienavit, si quidem emptor sequens scit rem ita gestam, restitutionem adversus eum faciendam: si ignoravit et prior emptor solvendo esset, non esse faciendam: sin vero non esset solvendo, aequius esse minori succurri etiam adversus ignorantem, quamvis bona fide emptor est.」

　　L. 14, §3, ff. quod metus caus. = D. 4, 2, 14, §3. Ulpianus. 後掲注 333）。

327) POTHIER, *Introduction générale aux coutumes*, nº 121, *Œuvres de Pothier*, éd. par Bugnet, *supra* note 168, t. 1, p. 44-45.

その目的である物が債務の履行に充てがわれている（affectée）。

　具体例として，買戻訴権（action en réméré）が挙げられる。この訴権は，主要部分において対人的である。なぜなら，売買契約中の条項から，すなわち，財物（bien）の買主が売主に対して負担した債務から生ずるからである。買主が負う債務は，売主が代金および費用の返還を提供して財物の占有を回復することを欲する場合に，売主に当該財物を返還する債務である。しかし，当該財物はこの債務の履行に充てがわれており，これを負担としてでなければ譲渡されない。故に，この訴権は，主要部分において対人的であるとはいえ，当該財物を追及する。[すなわちこの訴権は，]当該財物の第三所持人を相手方として，買主の訴権の履行に充てがわれた財物であることを理由に当該財物の占有を放棄させるための訴権として付与され得るのである。この点において，対物訴権たる性質を帯びる。

　他のあらゆる明示または黙示の条項の下である財物が譲渡される場合にもまた，当該財物は，こうした条項によって，買主がこの財物との関係において譲渡人に対して負担する債務に充てがわれる。この点で，こうした条項は，目的たる物を債務に充てがうことのできない単なる合意（simples conventions）に比べて，より効果的なものである。

　ほかにも対物的対人訴権の例がある。すなわち，血族取戻訴権（action de retrait lignager）がここに含められる。オルレアン慣習法の第18篇を参照せよ。

　ほかには，主要部分において対物的であるが，ときに対人的な付随的申立（conclusions accessoires）を伴う訴権がある。所有権に基づく返還訴権（action de revendication）がそれであり，悪意の占有者を相手方として提起される場合である。不動産の占有の放棄を求める主たる請求は対物訴権のそれであるが，果実の返還，および，悪意の占有者による物の毀損から生ずる損害賠償を求める請求は，対人訴権のそれである。対人訴権は，不法行為による対人的債務から生ずるが，自らには帰属しない不動産から収取した果実を返還し，自らが不動産を毀損することで犯した過ちを賠償することを当該占有者に負担させる。」[328)]

第 1 部　各種返還請求の史的諸相

　ここに見られる混合訴権としての「物に書かれた対人訴権（action *in rem scriptae*）」[329]の概念は，ポチエによって意味を変容させられたものである。ロ

---

328) *ibid.*, n° 122, éd. par Bugnet, t. 1, p. 45-46. « Il y a d'autres actions qu'on appelle mixtes en un autre sens, lesquelles étant principalement et par leur nature actions personnelles, néanmoins, par rapport à quelque chose qui leur est accessoire, tiennent de la nature de l'action réelle. // Telles sont les actions qu'on appelle personnelles réelles, ou personnelles in rem scriptæ, qui naissent d'une obligation personnelle, à l'exécution de laquelle la chose qui en fait l'objet est affectée. // On peut apporter pour exemple l'action de réméré. Cette action est principalement personnelle, puisqu'elle nait de la clause du contrat de vente, et de l'obligation que l'acheteur d'un héritage a contractée envers le vendeur, de lui rendre l'héritage lorsqu'il voudrait y rentrer, en offrant la restitution du prix et des loyaux coûts. Mais, comme l'héritage est affecté à l'exécution de cette obligation, n'ayant été aliéné qu'à cette charge, cette action quoique personnelle principalement, tient de la nature des actions réelles, en ce qu'elle suit l'héritage, et qu'elle peut se donner contre les tiers détenteurs de l'héritage, pour qu'ils le délaissent comme affecté à l'exécution de l'obligation de l'acheteur. // Toutes les autres clauses expresses ou sous-entendues, sous lesquelles un héritage est aliéné, l'affectent pareillement à l'obligation que l'acheteur contracte, par rapport à cet héritage, envers celui qui le lui aliène; et en cela ces clauses ont plus d'efficace que les simples conventions qui ne peuvent affecter à l'obligation qui en résulte, la chose qui en fait l'objet. // Il y a d'autres exemples d'action personnelles réelles; l'action de retrait lignager est de ce nombre. V. le titre 18 de notre coutume. // Il y a d'autres actions qui étant principalement actions réelles, ont quelquefois des conclusions accessoires qui sont personnelles. Telle est l'action de revendication, lorsqu'elle est intentée contre un possesseur de mauvaise foi. Les conclusions principales pour le delais de l'héritage, sont les conclusions d'une action réelle: mais celles pour la restitution des fruits, et pour les dommages et intérêts résultant des dégradations faites par le possesseur de mauvaise foi, sont des conclusions personnelles qui naissent de l'obligation personnelle ex delicto, qu'a contractée ce possesseur de restituer les fruits qu'il a perçus d'un héritage qu'il savait ne lui pas appartenir, et de réparer le tort qu'il a fait en le dégradant. »

329) ほかに *in rem scriptae* の概念を用いる著作として，V. Loyseau, Charles, *Traité du déguerpissement, et délaissement par hypothèque, in Les œuvres de maistre Charles Loyseau*, dernière édition, La Compagnie des Libraires, Lyon, 1701, p. 29 [Liv. II, De l'action personnelle qui a lieu pour les charges foncières, Chap. I, La nature de l'action qui a lieu pour les charges foncières], cité aussi par Nacquet, *supra* note 312, p. 494, note (1)。「［…］純粋な対人訴権と純粋な対物訴権とを識別することは容易である。というのも，対人訴権とは二つの対人的特徴がある訴権であり，対物訴権とは二つの対物的特徴が見られる訴権である。ある訴権に一つの対人的特徴と一つの対物的特徴がある場合，そうした訴権は混合的である，と結論付けなければならない。そうした訴権が，［ローマ］法において物に書かれた対人訴権と称される訴権である。訴権に服する主体の点ではこの訴権は対物的に見える。この訴権は，物を追及するのであって人を追及するのではないからである。他方，方式および請求の点では対人的に見える。この訴権は，人を相手方として提起されるのであって，物を相手方として提起されるのではないからである。［…］あらゆる原状回復，取戻訴権，撤回訴権，および多くの特示命令は，この種の訴権である。なぜなら，対物訴権と同様に，いかなる占有者であってもこの者を相手方として付与されるからであり，しかしながら同時に，対人訴権のように，この訴権には［特定の］相手方が与えるか為すべし，という文言も含まれるからである。[...] il est aisé de discerner les actions pures personnelles d'avec les pures réelles, disant que les personnelles sont celles où se retrouvent les deux marques personnelles; & les réelles, où se voyoient les deux marques réelles. Que si en quelque action il se trouve une marque personnelle, & une marque réelle, il faut conclure que telle action est mixte. Telles sont les actions qui dans le Droit sont appelées actiones

ーマ法において，*actio in rem scriptae* は，強迫訴権について語られていた[330]。訴訟手続きに即して言えば，*in rem scriptae* とは，請求の表示（*intentio*）において，被告を特定する必要がないことを意味する[331]。通常の対人訴権とは異なり，それが「物に書かれている」場合には，被告は訴権の刻印を受けた物を現に所持している者，または，訴権を生ぜしめた事由により利得を得ている者となり，それ以上の特定を要しない。例えば，強迫によって物を取得した者がこれを第三者に譲渡し，この第三者が利得した場合，被強迫者は，譲受人＝利得者たる第三者に対しても訴権を有し，この者が被告となる[332]。古法時代にも用法は変わらず，フェリエールの *Dictionnaire* の対物訴権の項は，物を追及する対人訴権があるとして，action *in rem scriptae* を挙げ，その具体例として強迫訴権に言及する[333]。

---

personales in rem scriptae, qui quant au sujet où elles résident, semblent être réelles, parce qu'elles suivent la chose, & non la personne; & quant à la forme & conclusion, semblent être personnelles, parce qu'elles sont dirigées contre la personne, & non contre la chose. [...] De cette espèce sont toutes les restitutions en entier, les action rescisoires, les révocatoires, & la plupart des interdits, qua dantur contra quemlibet possessorem, comme les actions réelles, & néanmoins on y conclut, adversarium dare, facere oportere, comme aux actions personnelles.」

330) D. 4, 2, 9, §8. Ulpianus.「ところで，この訴権［＝強迫訴権］は，物に書かれており，力を用いた者を制裁するものではなく，強迫によって生じたすべての事柄が原状回復されることを目的とする。マルケッルスによってユリアヌス［の判断］が強調されたことは誤りではない。［ユリアヌスによれば，］保証人が力を用いて，［債務からの］解放を［債権者である］私が承諾するよう強要した場合，対物的に訴権が原状回復される［＝主債務者に対する強迫訴権の提起，すなわち，主債務者に対する請求が許される］べきではない。そうではなく，保証人自らが対物的に訴権を原状に復した場合［＝保証人が主債務者の債務をも回復させた場合］は別としても，当該保証人は，四倍額の有責判決を受けなければならない。しかし，マルケッルスが指摘する事柄の方がより正当である。［マルケッルスによれば，］この訴権［＝強迫訴権］は，物に書かれているが故に，やはり対物的たることが妥当である［＝主債務者に対する提起も許される］。Cum autem haec actio in rem sit scripta nec personam vim facientis coerceat, sed adversus omnes restitui velit quod metus causa factum est; non immerito Julianus a Marcello notatus est scribens, si fidejussor vim intulit, ut accepto liberetur; in reum non esse restituendam actionem, sed fidejussorem, nisi adversus reum quoque actionem restituat, debere in quadruplum condemnari. Sed est verius, quod Marcellus notat, etiam adversus reum competere hanc actionem, cum in rem sit scripta.」われわれの解釈が正しければ，法文に現れた事案では，強迫者＝保証人以外の者で利得を得ている者，すなわち，債務から解放されることで利得を得た主債務者に対しても強迫訴権を提起し得るか否かが問題とされている。強迫の事実にとって第三者の地位にある者を被告とするために援用されるのが，「物に書かれた訴権」という論理である。あえて換言すれば，ここでの「物」とは，利得を指すことになろう。
331) GIRARD, *supra* note 15, p. 1081, note 2; LASSERRE, *supra* note 324, p. 32.
332) GIRARD, *supra* note 15, p. 448.
333) V. FERRIÈRE, *supra* note 70, t. 1, p. 38, v° ACTION RÉELLE.「しかしながら，一般的規範に反して，対物訴権と同様に物を追及する対人訴権があることを指摘しなければならない。この点で，当該訴権

第 1 部　各種返還請求の史的諸相

　ただし，ローマ法文において *in rem scrptae* という性質づけが妥当するのは，強迫訴権についてのみである。この訴権は不法行為訴権の一種であり，相手方当事者による賠償額は損害の 4 倍とされ，第三者の賠償額は利得の 4 倍とされる。この点で，強迫による原状回復以上の救済をもたらし得る訴権であっ

は，[ローマ] 法において物に書かれた訴権と称される。強迫訴権はそうした訴権である [...]。Il faut néanmoins remarquer qu'il y a des actions personnelles, qui contre la regle générale suivent la chose de même que les actions réelles; c'est pourquoi elles sont appellées en Droit, actiones in rem scrptae: telle est l'action, quod metus causa, [...]. Leg. 9. §ult. Leg. 14. §3, & §5. ff. quod metu causâ gestum erit.」

　Leg. 9. §ult. ff. quod metu causa gestum erit. = D. 4, 2, 9, §8. Ulpianus. 前掲注 330)。

　Leg. 14. §3. ff. quod metu causâ gestum erit. = D. 4, 2, 14, §3. Ulpianus.「この訴権 [に基づく訴訟] において，呼出された者 [= 被告] が強迫したのか，他の者がそうしたのかは探究されない。実際，[原告] 自らに対して強迫または力が用いられたこと，および，この不法行為について知らないとしても，当該事実から被告が利得を得たことが立証されれば十分である。[...] 他人の所為によってこの者とは異なる者が四倍額の有責判決を受けたとしても，何人にとっても不当だとは思われない。なぜなら，四倍額の訴権が直ちに生ずるわけではなく，物が原状回復されない場合にそうなる [にすぎない] からである。In hac actione non quaeritur, utrum is qui convenitur, an alius metum fecit: sufficit enim hoc docere, metum sibi illatum, vel vim: et ex hac re eum qui convenitur, et si crimine caret, lucrum tamen sensisse: [...] Nec cuiquam iniquum videtur, ex alieno facto alium in quadruplum condemnari: quia non statim quadrupli est actio, sed si res non restituatur.」

　Leg. 14. §5. ff. quod metu causâ gestum erit. = D. 4, 2, 14, §5. Ulpianus.「もっとも，ときに，強迫が用いられたことが明らかにされた場合であっても，無責の判決が下されることがある。[例えば，] ティティウスが，私が知ることなく強迫を用いたが，物が私の許にあり，この物が，私が悪意でないにもかかわらず人的な物でなくなった [= 奴隷が死亡した] 場合，どうして審判人の職務によって私が無責とされないことがあろうか。あるいは奴隷が逃亡した場合にはどうか。この場合，私は，奴隷が私の支配下に戻った場合に返還されるべく保証を供するのであれば，審判人の職務によって無責とされなければならないであろう。以上より，次のように考える者もいる。力を用いた者から善意で買った買主は，[訴訟に] 備えるべきことを要せず，贈与を受けることを承諾した者や，遺贈を受けた者も同様である，と。しかし，まったく正当にもヴィヴィアヌスは，こうした者であっても [訴訟に] 備えなければならないと考える。そうでなければ，[私が強迫を受けた場合,] 私が受けた強迫によって，私が害されることになる。ペディウスは，著書の第 8 巻で，以下のように記している。こうした原状回復がされるべき事案における審判人の裁定は，物が他人の許にあったとしても力を用いた者が原状回復を受けるよう，あるいは，他人が強迫をした場合であっても，物が自らの許にある者が原状回復を受けるよう，命ずるものである。なぜなら，他人の強迫がその者以外の者に利得をもたらしてはならないからである。Aliquando tamen, et si metus adhibitus proponatur, arbitrium absolutionem adfert: quid enim, si metum quidem Titius adhibuit me non conscio, res autem ad me pervenit, et haec in rebus humanis non est sine dolo malo meo, nonne iudicis officio absolvar? aut si servus in fuga est aeque si cavero iudicis officio me, si in meam potestatem pervenerit, restituturum, absolvi debebo. Unde quidam putant, bona fide emptorem ab eo qui vim intulit, comparantem non teneri: nec eum, qui dono accepit, vel cui res legata est. Sed rectissime Viviano videtur, etiam hos teneri: ne metus quem passus sum, mihi captiosus sit. Pedius quoque libro octavo scribit, arbitrium iudicis in restituenda re tale esse, ut eum quidem qui vim admisit iubeat restituere, etiamsi ad alium res pervenit: eum autem ad quem pervenit, etiam si alius metum fecit: nam in alterius praemium verti alienum metum non oportet.」

た[334]。しかし，強迫の影響を受けた合意を取消すものではないことに注意しなければならない。すなわち，合意の取消によって物上の権利が被強迫者に復帰し，この者が第三者を相手方として物の返還を請求する，という帰結は，強迫訴権によっては実現し得ない。

58 それでは，ポチエは原状回復の効果についていかなる説明を与えているのであろうか。

> 「取消状の承認・執行（entérinement）によって，行為は取消され（l'acte est rescindé），両当事者はかつてそうであった状態と同一の状態に置かれる（les parties sont mises au même état qu'élles etaient auparavant）。ここから次のような帰結が導かれる。両当事者は当該行為によって負担した義務から解放され，それどころかその義務を決して負担することがなかったものとみなされる。また，両当事者は，<u>当該行為によって譲渡した物の所有権を回復し（rentent dans la propriété des choses qu'elles ont aliénées par cet acte）</u>，それどころかその物をなんら譲渡しなかったものとみなされるのである。」[335]〔下線筆者〕

取消一般について説明するこの箇所では，訴権の性質について敷衍されるこ

---

334) GIRARD, *supra* note 15, p. 448. ここで Girard は，D. 4, 2, 14, §3 や §5（前掲注 333）参照）を根拠として，強迫訴権に基づく訴訟の裁量的性格を強調している。とりわけ，前者の法文における「物の原状回復がされない場合」という一節から，強迫に加担していない者であっても，事前に命ぜられた原状回復を拒否する点で，強迫に事後的に加担したとみなされる，という論理を導出している。さらに，この論理を前提とすれば，第三者への効果の拡張は，原状回復を梃子として承認された，と考えることもできる（*ibid.*, p. 447, note 1）。後者の法文の末尾のペディウスの推論がこのことを示唆する。

335) POTHIER, *supra* note 298, n° 748, ed. par Bugnet, t. 10, p. 358. « Par l'entérinement des lettres de rescision, l'acte est rescindé, et les parties sont mises au même état qu'élles etaient auparavant; d'où il suit qu'elles sont libérées des engagements qu'elles ont contractés par cet acte, et même sont censées ne les avoir jamais contractés: elles rentrent dans la propriété des choses qu'elles ont aliénées par cet acte, et même elles sont censées ne les avoir point aliénées. » 続けて，具体的効果について述べている。「したがって，両当事者は，当該行為によって相手方から受領した物を相互に返還し合わなければならない。物は収取されるはずであった果実とともに，また，金銭は利息とともに，返還されなければならない。ただし，ときには，状況に応じて，裁判官は，当事者の一方が返還しなければならない物の果実を，他方が返還しなければならない金銭の利息と，相殺することができる。」

とがない。しかし，取消状の主要な事案である過剰損害による取消（rescision pour lésion）については，次のように述べられている。

「この訴権は，準対物訴権（action réelle utile）であり，本来訴権（action directe）ではない。なぜなら，この取消訴権を有する売主は，もはや売却した物の所有権者ではないからである。売主は，買主に物を移転する意思をもって，物についてなした引渡によって，物の所有権を買主に移転した。しかし，この訴権の効果は，契約およびその帰結としてなされた所有権の譲渡ないし移転を取消すことであり，この訴権を有する売主は，法の擬制（fiction de droit）によって，売渡した不動産（héritage）の所有権者であり続けたとみなされる。したがって，売主は，自らに帰属し，かつ，買主がいかなる原因もなしに（sans aucune cause）留置する物として，当該物をこの訴権によって取戻すのである。なぜなら，買主の権原であり，かつ，買主がこの権原を有する原因であった売買契約は取消されたからである。」336)［下線筆者］

このようにポチエは，取消については混合訴権の論理を用いず，契約の遡及的消滅として説明し，訴権としては準対物訴権を指示する。では，ポチエは混合訴権によって何を説明するのであろうか。既に見たように，ポチエが提示する具体例の第一は，買戻訴権であった。『売買契約概論』には次のような記述がある。

「この訴権［＝買戻訴権］は，対物的対人訴権であり，買戻の条件の下に売却された不動産の第三所持人に対する訴権としても与えられ得る。なぜなら，

---

336) POTHIER, *supra* note 228, n° 331, éd. par Bugnet, t. 3, p. 139. « Cette action est une action utilis in rem et non directa; car le vendeur qui a cette action rescisoire n'est plus, in rei venditate, le propriétaire de la chose qu'il a vendue; il en a transféré la propriété à l'acheteur, par la tradition qu'il lui en a faite avec la volonté de la lui transférer. Mais comme l'effet de cette action est de rescinder le contrat et l'aliénation ou translation de propriété qui s'est faite en conséquence, le vendeur qui a cette action, est, par une fiction de droit, réputé être toujours demeuré le propriétaire de l'héritage qu'il a vendu; et, en conséquence, il le revendique par cette action, comme une chose qui lui appartient, et que l'acheteur retient sans aucune cause, le contrat de vente, qui était le titre de l'acheteur, et la cause en vertu de laquelle l'acheteur le tenait, étant rescindés. »

当該不動産は，売買契約に挿入された買戻条項によって買主が負担した，買戻権を行使するのが適切であると売主が判断するときに当該不動産を売主に返還する，という債務の履行に充てがわれているからである。売主は，当該不動産を譲渡したが，契約の条項および条件を負担としてそうしたのであって，譲渡するに際して買戻条項の履行に当該不動産を充てがったのである。」[337]

この議論に対して，買戻訴権も対人訴権たる売主訴権の一つにすぎないという反論を予想し，次のように答える。

「私は以下のように答える。代金の弁済の追及という主たる目的に関しては，売主訴権が対人訴権であることは認める。しかし，ここから，買戻の追及のような他の目的に関して，この訴権が対物的対人訴権たり得ないと結論づけてはならない。訴権が同一の契約による種々の債務から生ずる複数の構成要素から成り，種々の目的について，一方に関しては対人訴権であり，他方に関しては対物的対人訴権であることになんら支障はない。」[338]

このように，買戻訴権が混合訴権であることは，実体法においては「充当（affectation）」の論理に支えられ，他方，訴訟法においては，一つの訴権が複数の請求を包含する場合を認めることによって説明される。こうした混合訴権の論理は，売買の解除を認める諸種の条項に基づく訴権とともに，封建法上の取戻訴権について妥当するものとされる。以下では，これらの訴権について掘

---

337) ibid., n° 395, éd. par Bugnet, t. 3, p. 163. « Cette action est personnelle réelle, et peut se donner contre les tiers détenteurs de l'héritage vendu sous cette condition; car l'héritage est affecté à l'exécution de l'obligation que l'acheteur a contractée, par la clause de réméré inséré au contrat de vente, de rendre cet héritage au vendeur, lorsque le vendeur jugera à propos d'exercer le réméré; le vendeur n'ayant aliéné son héritage que sous les clauses et conditions de son contrat, l'a affecté en l'aliénant à l'exécution de cette clause. »

338) loc. cit. « Je réponds, en convenant que l'action ex venditio n'est que personnelle, quant à son principal objet, qui est la poursuite du paiement du prix: mais on n'en doit pas conclure qu'elle ne puisse être personnelle réelle quant à d'autres objets, tel qu'est celui de réméré. Rien n'empêche qu'une action qui a plusieurs branches provenant de différents engagements portés par un même contrat, et qui a différents objets, soit simplement personnelle à l'égard d'un objet, et personnelle réelle à l'égard d'un autre. »

り下げて検討した上で，取消に伴う返還訴権が準対物訴権とされたことの意義に立ち戻ることとする。

混合訴権概念の説明対象　**59**　ポチエにおける「物に書かれた対人訴権」は，買戻のメカニズムにとどまらず，慣習法上の取戻権（retrait）[339]をも説明する。彼は，『取戻権概論』において，まず，「血族取戻権（retrait lignager）」を扱う。これは，家族外の者（étranger）への家産の売却に際して，売主の血族の一人によって行使されるもので，代金および費用が買主に償還されれば目的物を取戻すことが認められる[340]。ポチエは，この権利から生ずる訴権について，次のような説明を与えている（なお，『オルレアン慣習法』にも同様の記述がある[341]）。

「血族取戻権が認められるとき，この権利から血族取戻訴権が生ずる。
　この訴権は対物的対人訴権である。対人訴権である理由は，この訴権が，債務から生ずることにある。それは，親族外の買主が取得に際して負担した，慣習法によって課せられる条件の下に取引を取り上げ［て自らのものとす］ることを欲する売主の血族に対して，自らに売却された不動産（héritage）[342]の

---

[339] Pothier, *Traité des retraits*, n° 1, *Œuvres de Pothier*, éd. par Bugnet, *supra* note 168, t. 3, p. 259.「取戻権とは，他人の取引を取り上げ，その者に代わって買主となる権利以外の何物でもない。この権利は，契約を取消し廃棄することを目的とするのではなく，当該契約から生ずるすべての権利について，取戻者の人格を取戻権の行使を受ける買主の人格に代位させることを目的とする。三種の主要な取戻権がある。血族取戻権，領主または封地取戻権，約定取戻権である。Le droit de retrait n'est autre chose que le droit de prendre le marché d'un autre, et de se rendre acheteur à sa place. Il ne tend pas à rescinder et détruire le contrat, mais à subroger, en tous les droits résultant du contrat, la personne du retrayant à celle de l'acheteur sur qui le retrait est exercé. Il y a trois espèces principales de retrait; le lignager, le seigneurial ou féodal, et le conventionnel.」「rescinder」を目的とするのではない，とされる点で，取消との緊張関係が意識されている。

[340] 参照，野田・前掲注83）257頁；森田・前掲注186）60頁；オリヴィエ＝マルタン（塙浩訳）『フランス法制史概説』（創文社，1986）408頁。ただし，「家産買戻」（野田），「親族取戻権」（森田），「親族取戻」（塙）と，それぞれ選択される訳語は異なる。そもそも姻族（allié）が親族（parent）に含まれないため，lignagerを「親族」と訳せば十分であるが，原語を尊重して「血族」とする。

[341] V. Pothier, *Coutumes des duché, bailliage et prévôté d'Orléans et ressort d'iceux*, Introduction au titre XVIII. De retrait lignager, n° 23, *Œuvres de Pothier*, éd. par Bugnet, *supra* note 168, t. 1, p. 559.

[342] 取戻権の対象となる物を指すhéritage という語は，「土地，および，都市または領域の家屋 les fonds de terre et maisons, soit de ville, soit de campagne」にとどまらず，それらを対象とする「物権 droits réels」を含むとされる。V. Pothier, *supra* note 339, n° 28, éd. par Bugnet, t. 3, p. 268. 後者は地役権（servitude）などを指すものと思われる。必ずしも正確ではないものの，héritage の主要

占有を放棄する［委付する］（délaisser）債務である。

　この債務を買主の人格上にもたらすのは，地域的法律（loi municipale）［≒慣習法］343)である。したがって，この訴権は，法律によるコンディクチオ（*condictio ex lege*）344)と称される訴権の一つである。

　この訴権が対物的対人訴権である理由は，地域的法律が債務を親族外の買主の人格上にもたらすに際して，それと同時に，この買主が取得した不動産を当該債務の履行に充てがう（affecte）ことにある。［取戻の対象となる］不動産の所有権は，取戻権を負担としてでなければ移転されず，したがって，この負担の下にでなければ他の者に不動産を移転することもできない。何人も自らが有している以上の権利を他人に移転することはできない。L. 54, ff. de Reg. jur.［＊D. 50, 17, 54］345)。

　したがって，この訴権は，取戻［可能］期間が続く限り，血族によって提起され得るが，その親族から買った者を相手方とするにとどまらず，爾後に不動産の移転を受けて現に占有している者を相手方としても提起され得る。」346)［下線筆者］

　部分が土地およびそれに附属する家屋であることに鑑みて，訳語としては「不動産」を選択する。
343)「loi municipale」に適切な訳語を充てるには Pothier の著作全体を精査し，かつ，ローマにおける自治都市の法律を指す「*lex municipii*」の当時の用法を知る必要があるが，『オルレアン慣習法』にも同様の記述があり，しばしば慣習法（coutume）を指称する。これを根拠に，ここでも慣習法，なかでも国王の裁可の下に成文化された慣習法を指すものと理解し，これを包含し得る訳語として「地域的法律」の訳語を充てる。連載拙著に対する小川浩三教授による書評にも示唆を受けた。参照，法制史研究 64 巻 490 頁以下（2015）。
344) Pothier における「*condictio ex lege*」については後記本文 **64** で扱うが，概略を提示するならば，契約・準契約・不法行為・準不法行為によらない，法律（自然法律を含む）が定める対人訴権を指称する。V. POTHIER, *supra* note 168, nº 123, éd. par Bugnet, t. 2, p. 59.
345) D. 50, 17, 54. Ulpianus. « Nemo plus juris ad alium transferre potest, quam ipse haberet. »
346) POTHIER, *supra* note 339, nº 17, éd. par Bugnet, t. 3, p. 267. « Du droit de retrait lignager, lorsqu'il y a ouverture à ce droit, naît l'action de retrait lignager. Cette action est personnelle réelle. // Elle est personnelle; car elle naît de l'obligation que l'acheteur étranger contracte, en acquérant, de délaisser l'héritage qu'on lui vend, à celui de la famille du vendeur qui voudra prendre le marché aux conditions portées par la coutume. // C'est la loi municipale qui forme cette obligation en a personne de l'acheteur; c'est pourquoi cette action est du nombre de celles qu'on appelle condictio ex lege. // Elle est personnelle réelle: car la loi, en formant cette obligation en la personne de l'acheteur étranger, affecte en même temps l'héritage par lui acquis, à l'accomplissement de cette obligation. La propriété de cet héritage ne lui est transférée que sous la charge du retrait, et il ne peut par conséquent le transférer à d'autres que sous cette charge, suivant cette règle: Nemo plus juris in alium transferre potest quam ipse haberet; L. 54, ff. de Reg. jur.// C'est pourquoi cette action, tant que le temps du retrait dure, peut être intentée par les lignagers, non-seulement contre celui qui a acheté

「もっとも，血族取戻訴権は，もっぱら対人訴権であるのではなく，対物的対人訴権，すなわち物に書かれた訴権であり，占有者を追及する。複数の買主のうちの一人または複数の相続人のうちの一人が不動産全体について占有者であった場合，当該占有者は不動産全体について取戻訴権に服さなければならないであろう。」[347)]〔下線筆者〕

「法律によるコンディクチオ」および「物に書かれた訴権」という説明は，「封地取戻権（retrait féodal）」[348)]についても妥当するものとされる。封地取戻権とは，領主（封主）（seigneur）が，封臣（vassal）による封地（封）（fief）の譲渡に際して，その買主に代金および費用を償還して，封地を自領地に復する権利である[349)]。『オルレアン慣習法』に次のような説明がある[350)]。

---

de leur parent, mais contre ceux à qui l'héritage a pu passer depuis, et qui s'en trouvent en possession. »

347) *ibid., supra* note 339, n° 26, éd. par Bugnet, t. 3, p. 267. « Néanmoins comme l'action de retrait lignager n'est pas simplement personnelle, mais personnelle réelle, et in rem scripta, et qu'elle suit le possesseur; si l'un de ces acheteurs ou de ces cohéritiers se trouvait possesseur de l'héritage pour le total, il serait tenu de l'action de retrait pour le total. »

348) Pothier における「retrait féodal」について，とりわけ，取戻者が買主の地位に代位（subrogation）するという構成の意義について，参照，森田・前掲注186) 76頁（同書によれば François Bourjon [?-1751] を嚆矢とする）。また，封建制下の土地の譲渡一般について，同56頁以下を参照。

349) 野田・前掲注83) 252頁；森田・前掲注186) 62頁；オリヴィエ＝マルタン（塙訳）・前掲注340) 397頁。ただし，「封建的買戻」（野田），「封土取戻権」（森田），「封建的取戻」（塙），と訳語は異なる。以下では，「fief」を「封地」（または「封」）と訳すこととし，その取戻権である「retrait féodale」を「封地取戻権」と訳す。

350) なお，『取戻権概論』にも記述があるが，詳細については『オルレアン慣習法』を参照させる。ただし，『取戻権概論』では，訴権に関して血族取戻権との間に差異があるとして，次のように述べている。V. POTHIER, *supra* note 339, n° 545, éd. par Bugnet, t. 3, p. 418-419.「血族取戻権は，自らの親族が売却した不動産中になんら権利を有していない血族に対して諸慣習法が付与する恩恵でしかない。その結果，この権利から生ずる訴権は，血族が取得者の取引を取り上げることが適当と判断した場合にこの取引を血族に譲渡する，という，取得者が取得に際して負担した債務から生ずる対人訴権でしかあり得ない。この債務は，地域的法律によって創設されるものである。しかしながらこの訴権は，対物的対人訴権でもある。なぜなら，当該法律が，不動産をこの債務の履行に充てがうからである。Le droit de retrait lignager n'étant qu'une grâce que les coutumes accordent aux lignagers qui n'ont aucun droit dans l'héritage que leur parent a vendu, il s'ensuite que l'action qui en résulte ne peut être qu'une action personnelle qui naît de l'obligation que l'acquéreur, en acquérant, a contractée de céder aux lignagers son marché, s'ils jugeaient à propos de le retirer, laquelle obligation est formée par la loi municipale: elle est néanmoins personnelle réelle, parce que la loi affecte l'héritage à l'accomplissement de cette obligation.// これに対して，封地取戻権および約定取戻権は，それらの権利の帰属を受ける者が，取戻権に服する不動産中に有する物権である。この物

「[封地]取戻訴権（l'action de retrait）は，対物的対人訴権である。領主またはその権利を有する他の者は，取得者に対して，封地の占有を放棄するよう命ずる有責判決を得るため，売買代金，および，要した費用の償還を提供して，この訴権を行使する。

　この訴権が対人的であることは次の理由による。訴権は，封地の買主が買受ける際に負担した，領主が取戻権を行使するのが適当であると判断した場合に領主に対して封地の占有を放棄する債務から生ずる。この債務から生ずる訴権は，法律によるコンディクチオと称される。

　また，この訴権が対物的ないし物に書かれた訴権であるのは，法律が，買主の債務に封地を充てがうからである。したがって，この訴権は，取戻に服する債務を負った買主を相手方としてばかりではなく，第三取得者を相手方としても行使され得る。」351)［下線筆者］

権は，不動産の授封または譲渡に基づいて留保されたものである。したがって，これらの取戻権から生ずる訴権は，それが承認される場合には，ある種の対物訴権であるが，対人訴権の［内容たる］請求をも内包している。なぜなら，取戻者は，自らに対して物が与えられるべし，という請求を立てるからである。Au contraire, le droit de retrait féodal et le droit de retrait conventionnel étant des droits réels que celui à qui ils appartiennent a dans l'héritage qui y est sujet, et qui ont été retenus par l'inféodation ou par l'aliénation de l'héritage, on peut dire que l'action qui résulte de ces droits de retrait, lorsqu'il y a ouverture, est une espèce d'action réelle, qui a néanmoins les conclusions de l'action personnelle; car le retrayant intendit rem sibi dare opportere.」血族取戻権が「法律」によって課される「債務」を根拠とするのに対して，封地取戻権および約定取戻権は授封や譲渡といった「意思」に基づく行為によって留保される「物権」を根拠とする，という対比がされている。しかし，後掲注351）で見るように，『オルレアン慣習法』では，封地取戻権から生ずる訴権を「法律によるコンディクチオ」と性質づけており，齟齬が見られる。この点は，領主の権利についての Pothier の理解の揺らぎを示していよう。換言すれば，法律それ自体が根拠となる対物的対人訴権（＝血族取戻権）を一方の極に，既存の物権を意思によって留保することで得られる対物的対人訴権（＝買戻権）を他方の極に置くと，封地取戻権から帰結する対物的対人訴権は，いずれの極にも触れ得る曖昧な位置に置かれている。以下の本文では，後掲注355）に引用する『所有権概論』の記述，すなわち，領主には真正の所有権は帰属しない，という記述に鑑み，『オルレアン慣習法』における理解を前提として血族取戻権に近いものとして敷衍する。しかし，領主の権利はいかに希釈されようとも物権とされている可能性は排除されない。後者が妥当であれば封地取戻権は買戻権に近いものとなる。約定取戻権と互換的に説明されていることからもそのように言うことができる。もっとも，差し当たりは，法律によるものと意思によるものとの二つの対物訴権化の方途があるとしておけば十分である。

351) Pothier, *Coutumes des duché, bailliage et prévôté d'Orléans, et ressort d'iceux*, n° 248, *Œuvres de Pothier*, éd. par Bugnet, *supra* note 168, t., 1, p. 110–111. « Le retrait peut s'exercer ou par action, ou par exception. L'action de retrait est une action personnelle réelle, que le seigneur ou autre qui est à ses droits peut exercer contre l'acquéreur, pour qu'il soit condamné à délaisser le fief, aux offres de le

第 1 部　各種返還請求の史的諸相

　なお，ポチエの『取戻権概論』は，約定取戻権をも扱うが，これは「買戻権（droit de réméré）」と同一ではないものの類似のものとされる[352)353)]。

所有権論　**60**　取戻権に関する以上の説明を理解するためには，ポチエの所有権論を参照する必要があろう。周知のように[354)]，ポチエは，古法時代の土地保有体制を説明する分割所有権（domaine divisé）の概念規定を転倒させ，封建的制約の付された土地である保有地（tenure）（＝貴族領主から貴族保有者への授封（inféodation）による封地（fief），および，貴族領主から平民保有者

---

rembourser du prix de la vente et des loyaux couts. // Cette action est personnelle, parce qu'elle naît de l'obligation que l'acheteur du fief contracte en l'achetant de le délaisser au seigneur, s'il juge à propos d'en exercer le retrait; et cette obligation est formée en sa personne par la loi municipale: l'action qui en naît est de celles qu'on appelle condictio ex lege. // Cette action est aussi réelle, ou in rem scripta; parce que la loi affecte le fief à cette obligation de l'acquéreur. C'est pourquoi cette action peut être exercée, non-seulement contre l'acquéreur obligé au retrait, mais contre les tiers détenteurs. »

352) POTHIER, *supra* note 339, n° 531, éd. par Bugnet, t. 3, p. 415.「約定取戻権は，ここでは，『売買契約概論』第 5 部第 2 章第 3 節で説明した買戻権を意味するものではない。ときに後者の買戻権に対して約定取戻権の名称が付されることがあるが，ここでわれわれが約定取戻権の名称で意味するものは，不動産についてなされる譲渡の際に付加される合意から生ずる権利であり，この合意によって，当該不動産を譲渡する者は，以下のように約定したのである。《取得者またはその承継人によって不動産が売却されたあらゆる場合に，売主およびその承継人が［第二の］買主に優先し，この買主の取引を取り上げる権利を有する》と。Par droit de retrait conventionnel, nous n'entendons pas ici le droit de réméré que nous avons expliqué en notre Traité du Contrat de Vente, part. 5, chap. 2, sect. 3. Quoiqu'on donne aussi quelquefois à ce droit de réméré le nom de retrait conventionnel, nous entendons ici par le nom de retrait conventionnel, le droit qui naît d'une convention apposée lors de l'aliénation qui a été faite de l'héritage, par laquelle celui qui l'a aliéné a stipulé « que lui et ses successeurs auraient le droit, toutes les fois que l'héritage serait vendu, soit par l'acquéreur, soit par ses successeurs, d'avoir la préférence sur les acheteurs, et de prendre leur marché ».」取戻権が第一の買主による売却の際に限って第二の買主を相手方として行使されるのに対して，買戻権の場合は第一の買主による売却を要件としない，という点に差異が認められる。すなわち，後者の場合，第一の買主を相手方として権利を行使することができる。前者では，もっぱら第二の買主が相手方とされる。

353) そもそも『取戻権概論』は，『売買契約概論』に対する補論として位置づけられている。V. *ibid.*, phrase préliminaire, éd. par Bugnet, t. 3, p. 259.「取戻権概論は，売買契約概論と一続きであり，その補遺である。というのも，まさに売買契約こそが，取戻権の行使をもたらすからである。Le traité des retraits est une suite et un appendice de celui du contrat de vente, puisque c'est le contrat de vente qui donne ouverture au retrait.」

354) V. PIRET, Armand, *La rencontre chez Pothier des conceptions romaine et féodale de la propriété foncière*, Sirey, 1937; HALPÉRIN, Jean-Louis, *Histoire du droit des biens*, Economica, 2008, p. 165 et s. なお，参照，片岡輝夫「フランス法における分割所有権の歴史的研究(1)〜(3・完)」国家学会雑誌 64 巻 10・11・12 号 548 頁以下（1950），65 巻 2・3 号 159 頁以下（1951），5・6・7 号 383 頁以下（1952）。

への貢租賃貸借（bail à cens）に基づく貢租地（censive））について，現実の支配者である保有者が有する下級所有権（準所有権）（domaine utile）を真正の「所有権（domaine de propriété）」とした。他方で，領主が有する上級所有権（本来的所有権）（domaine direct）については，物の支配から離れた「上位所有権（domaine de supériorité）」としてそれを構成した[355]。

---

355) POTHIER, *supra* note 194, n° 3, éd. par Bugnet, t. 9, p. 102-103.「今日では，動産に関しては所有権という単一の権利しか存在しない。［封建法上の制約のない］自由な不動産［＝自由地］についても同様である。Il n'y a aujourd'hui, à l'égard des meubles, qu'une seule espèce de domaine qui est le domaine de propriété. Il en est de même des héritages qui sont en franc-aleu. // 封建地または貢租地として保有されている不動産に関しては，上級所有権［＝本来的所有権］および下級所有権［＝準所有権］という二種の所有権が区別される。À l'égard des héritages tenus en fief ou en censive, on distingue deux espèces de domaines; le domaine direct, et le domaine utile. // 上級所有権とは，封主または貢租地領主が，自ら封地または貢租地として保有させた不動産の上に有している権利である。これは，より古く，元来的で，原初的な不動産の所有権である。この所有権から，当該不動産についてなされた譲渡によって下級所有権が分離されたのであるが，その結果として，上級所有権は，もはや上位所有権にすぎないものとなる。<u>この権利は，自らが保有させた不動産の所有権者であると同時に占有者である者に対して，自らが領主であると認めさせる権利，すなわち，自らが領主であることの標しである一定の義務および地代を請求する権利にすぎない。</u>Le domaine direct qu'ont les seigneurs de fief ou de censive sur les héritages qui sont tenus d'eux en fief ou en censive, est le domaine ancien, originaire et primitif de l'héritage, dont on a détaché le domaine utile par aliénation qui en a été faite, lequel en conséquence n'est plus qu'un domaine de supériorité, et n'est autre chose que <u>le droit qu'ont les seigneurs de se faire reconnaître comme seigneurs par les propriétaires et possesseurs des héritages tenus d'eux; et d'exiger certains devoirs et redevances récognitifs de leurs seigneurie.</u> // この種の所有権は，本書の対象とされるべき所有権ではまったくない。この権利はむしろ上位所有権と称されなければならない。Cette espèce de domaine n'est point le domaine de propriété qui doit faire la matière du présent traité; on doit plutôt l'appeler domaine de supériorité. // 不動産の下級所有権は，有用性のあるあらゆる事柄を内容とする。すなわち，［その所有権者は］果実を収取し任意にそれを処分することができる。ただし，当該不動産の上級所有権を有する者を領主として承認することを負担とする。Le domaine utile d'un héritage renferme tout ce qu'il y a d'utile; comme d'en percevoir les fruits, d'en disposer à son gré, à la charge de reconnaître à seigneur celui qui en a le domaine direct. // したがって，不動産については，まさに，下級所有権こそが，所有権と称されるのである。この下級所有権を有する者は，［端的に］所有権者または下級領主と称される。上級所有権を有する者は，単に領主と称される。この者は，自らの領主権の所有権者ではあるものの，<u>本来の意味において不動産の所有権者である者は，この者ではなく，下級領主である。</u>C'est, à l'égard des héritages, le domaine utile qui s'appelle domaine de propriété. Celui qui a ce domaine utile, se nomme propriétaire ou seigneur utile; celui qui a le domaine direct, s'appelle simplement seigneur. Il est bien le propriétaire de son droit de seigneurie; mais <u>ce n'est pas lui, c'est le seigneur utile qui est proprement le propriétaire de l'héritage.</u>」［下線筆者］

伝統的に，「direct」と「utile」との対は，前者が本来の真正の権利であることを示すのに対して，後者は本来の権利に準じて例外的に認められる権利であることを示す。Pothier はこの対について，前者を「時間的に先行する」，後者を「有用な＝果実収取と果実処分の権能がある」という意味で理解している。この論理によって，後者のみを「propriétaire」として析出することが可能となっている。換言すれば，果実の収取処分という権能こそが，「domaine de propriété」の本質的要素である。領主はこれを有しないが故に，その権利は領主たることを認めさせる権利にとどまる

149

取戻権についての理解が所有権論を反映させたものと解することができるならば、次のように言うことが許されよう。すなわち、もはや真正な所有権を有しない領主の権利は、あくまで物権ではあるものの、債権に近いものとして表象される。その結果、訴権としては対人訴権たるコンディクチオが指示される。そもそもそれは物権に基づいて認められるものではなく[356)]、法律が与えるものである。

しかし、この法律は、「充当」(affectation) のメカニズムを通じて当該債権を物上の債権とする。その結果として、対人訴権であるはずの「法律によるコンディクチオ」は、「物に書かれる」こととなり、対物訴権化する。つまり、ポチエにおける混合訴権＝対物的対人訴権は、領主の権利から所有権たる属性を奪いつつも、物の追及を許容するための論理として機能していることになる。

意思による所有権の二重化　**61**　この論理は、当事者の意思による充当の事例、すなわち、契約条項による売買の解除事例にも用いられていた。買戻条項から生ずる訴権については既に参照したが、ポチエはほかにも、よりよい条件の売買があったときに既存の売買を解除

ことになる。なお、引用中に見られる「分肢（démembrement）」の概念について、参照、拙稿「用益権の法的性質——終身性と分肢権性」日仏法学 28 号 43 頁以下（2015）。

　　V. aussi POTHIER, *Traité des fiefs*, n° 2, *Œuvres de Pothier*, éd. par Bugnet, *supra* note 168, t. 9, p. 493.「封地［封］（fief）という名詞は、何人かに対して、不動産または不動産的権利について、それが臣従を負担として保有かつ占有されるべくなされる譲与を指す。Le nom de fief se donne à la concession qui est faite à quelqu'un d'un héritage ou d'un droit immobilier, pour être tenu et possédé à la charge de la foi et hommage. // またこの名詞は、不動産がこうして保有されるその仕方をも指す。Ce nom se donne aussi à la manière dont un héritage est ainsi tenu. // さらに、この名詞は、この負担の下に保有される不動産をも指し、同時に、この負担の下に当該不動産を与えた者が留保する領主権をも指す。Il se donne et à l'héritage qui est tenu à cette charge, et au droit de seigneurie retenu par celui qui l'a donné à cette charge. // この領主権は、封地として、すなわち、臣従を負担として不動産を与えた者が、より大きなものから当該封地を分肢した場合、支配封と称される。この者は、その封地の余剰部分を留保したのである。こうした領主権は、この者が、封地として与えられることで分肢された部分の上に保持するもので、留保の対象とされた不動産の本体に付着する。故に、この権利は支配封と称されるのである。［…］この［臣従という］負担の下に保有される封地の所有権者は、封臣または封地の人士と称される。支配封の所有権者は、領主と称される。Ce droit de seigneurie s'appelle fief dominant, lorsque celui qui a donné un héritage à titre de fief, c'est-à-dire, à la charge de la foi et hommage, l'a démembré d'un plus considérable dont il a retenu le surplus; ce droit de seigneurie, qu'il conserve sur la partie démembrée qu'il a donnée à titre de fief, est attachée au corps d'héritage qu'il a retenu, lequel en conséquence est appelé fief dominant. [...] Le propriétaire de ce fief qui le tient à cette charge, se nomme vassal ou homme de fief; le propriétaire du fief dominant se nomme seigneur.」

356）ただし、前掲注 350）の留保が必要である。

する旨の条項（*addictio in diem*）[357]，および，買主の代金不払の場合に売買を解除する解除約款（pacte commissoire）[358]について，各条項から生ずる訴権を対物的対人訴権としている。

この点については，仮説の域を出ないものの，次のような考察をなし得るように思われる。すなわち，売主は，約定を必要とはするものの，領主の権利に類似した物の追及を許す権利を留保し得るとされているのではないか。いずれの条項も本来は対人訴権たる売主訴権（*actio ex venditio*）を指示する点で，債権を生ぜしめるにすぎない。しかし，やはり充当の論理によって，第三者を相手方とする物の追及が許されている。真正の所有権とは異なるものの，売主にはなんらかの物権的権利が帰属している，と言うことができる。実際，ポチエの説明は，「契約が解除されたが故に所有権が復帰し，この所有権に基づいて対物訴権を行使し得る」という構成によっていない。

ここでさらに，ローマ法の規律を参照することもできるであろう。古典期の売買法において，売買が約され引渡がされたものの所有権の移転を受けるには足りなかった場合，ここでの買主には，その地位の保護に資する諸方法（ププリキアーナ訴権 *actio Publiciana*，売られかつ引渡された物の抗弁 *exceptio rei venditae et traditae*）が承認され，いわゆる「法務官法上の所有権」が与えられたとされる[359]。他方，ユ帝期のローマの売買法において，先に引渡がなされたとしても，代金支払があるまでは所有権は移転しない，と理解し得る法文が存在する[360]。これは，売主に所有権が留保され，引渡に基づき買主に移転された占

---

357) POTHIER, *supra* note 228, n° 454, éd. par Bugnet, t. 3, p. 183. この条項は，ローマ法文に由来する。V. D. 18, 2.
358) *ibid.*, n° 464, éd. par Bugnet, t. 3, p. 186. Pothier は，解除約款がある場合にのみ代金不払による解除が認められていたものの，実務がこれを緩和し，約款なしの裁判上の解除を認めるようになった，という認識を披瀝する（*ibid.*, n° 475, p. 188-189）。この箇所について，参照，拙稿・前掲注 46) 1339 頁。
359) GIRARD, *supra* note 15, p. 287. V. D. 41, 1, 52. Modestinus.「われわれの資産中に有しているとみなされる物があり，われわれは，これを占有している場合にはいつでも，抗弁を有する。あるいは，この物が失われている場合には，それが返還されるべき訴権を有する。Rem in bonis nostris habere intelligimur, quotiens possidentes, exceptionem: aut amittentes, ad recuperandam eam actionem habemus.」古代ローマ法における二つの所有権と，中世ローマ法学およびフランス古法における分割所有権論との連続性について，参照，片岡・前掲注 354)。なお参照，田中実「人文主義法学時代の分割所有権論の一端（1）～（5・完）——アントワーヌ・ファーヴルの分割所有権論批判を出発点に」南山法学 20 巻 3・4 号 23 頁以下，21 巻 1 号 55 頁以下，2 号 41 頁以下，3 号 65 頁以下（1997），22 巻 2 号 55 頁以下（1998）。

有については，所有権によってこれを語らないことを意味する。

　ポチエの混合訴権論の背景にある権利の帰属態様は，このような物的権利の二重化によって導かれると考えることができる361)。所有権移転に関して引渡主義を採るポチエからすれば，売買において，合意がされ，かつ引渡がされれば，所有権は買主に帰属する。しかし，売主は，買主に債務を課しつつ目的物をその債務に充てがう旨の条項を付せば，引渡がされてしまったのちであっても，買戻が妥当と判断した場合，より有利な条件を提示する買主が現われた場合，あるいは，代金が支払われない場合に，目的物を取戻す権能を留保することができる。以上の売買契約当事者間での権利の布置態様は，ローマ法の規範とは逆に，買主に所有権それ自体を与えつつ，売主に例外的な場合に効力を生ずる所有権類似の権能を与えている，と言うことができる。

　しかし，この帰結は，あくまで契約条項を根拠とする362)。他方，取戻権の場合には法律を根拠とする。これに対して，ポチエは原状回復の効果を混合訴権によって説明していなかった。そこで与えられる訴権は，取消状を介した「法の擬制」による「準対物訴権」であった。しかも，過剰損害による取消に関して先に引用した箇所は，買戻・*addictio in diem*・解除約款と同じく，「売買契約の解除（résolution）」と題された節に置かれている363)。古法時代におい

---

360) Inst. 2, 1, §41.「実際のところ，売られかつ引渡された物であっても，買主が売主に代金を支払うか，あるいは，別の仕方で，例えば，誓約者や担保を供与することで売主に満足を与えなければ，この物は買主によって取得されない。というのも，［この点について］十二表法によって規定されているものの，それでも［この規範は］正当なものとして述べられており，万民法すなわち自然法から帰結する。しかしながら，売った者が買主の信義に従った［＝信用を与えた］場合には，物は直ちに買主に移転される，と述べられるべきである。Venditae vero res et traditae, non aliter emptori adquiruntur, quam si is venditori pretium solverit, vel alio modo ei satisfacerit: veluti expromissore aut pignore dato. Quod quanquam cavetur ex lege duodecim tabularum, tamen recte dicitur et jure gentium, id est jure naturali, id effici. Sed et si is qui vendidit, fidem emptoris secutus fuerit, dicendum est statim rem emptoris fieri.」この法文と売買の解除との関係について，参照，拙稿・前掲注46) 1313 頁。

361) ただし，以下の推論を補強するためには，分割所有権ないし二重所有権に関する本格的な歴史的探究が当然に必要である。端緒として，拙稿・前掲注 355)。

362) 売主の権利留保は，買戻にせよ解除約款にせよ，約定に基礎を有するのでなければならない。解除約款に関する Pothier の理論について，および，約定のない場合すなわち法定の不履行解除に対する慎重な態度について，参照，拙稿・前掲注46) 1337 頁以下。

363) Pothier, *supra* note 228 [5ᵉ partie. De l'exécution et de la résolution du contrat de vente, Chap. II. De la résolution du contrat de vente], éd. par Bugnet, t. 3, p. 136 et s. 第 1 款が合意解除，第 2 款が過剰損害による解除（résolution）（ママ），第 3 款が買戻条項による解除，第 4 款が *addictio in diem* による解除，第 5 款が解除約款による解除，第 6 款が（条項なしの）遅滞のみによる解除を扱う。

て，原状回復が混合訴権の論理の主要な説明対象とされていたにもかかわらず，ポチエはそうした理解を採らない。これは何を示唆しているのであろうか。

契約解除の意義 **62** 以下ではまず，効果において類似する解除と取消・原状回復とが異なる論理によって説明されていることに着目する。

古法時代において，売買契約の解除は，先取特権の延長線上に観念されていた[364]。ではそもそも，なぜ優先弁済権としての先取特権が必要とされたのか。問題は，ここでも公証人証書に関わる。

契約証書が公証人の面前で作成された場合，債務者の総財産上に一般抵当権（hypothèque générale）が設定されたとされる[365]。次のような事案を想定してみよう。動産の信用売買がされ，XがYから引渡を受けた。Xは，以前に消費貸借を締結していたが，この消費貸借の際に公証人証書が作成され，貸主AはXの総財産について一般抵当権を有していた。この状況下で，Xが消費貸借の返還債務を履行できなかった場合，Yが引渡した動産は，Aの一般抵当権の実行により，売却される可能性がある。しかし，Xの総財産の増大を帰結せしめたのはYであり，その恩恵をAが優先的に受けることは不当にYを犠牲にする[366]。そこで，一般抵当権に優先する権利をYに与えることが必

節の冒頭（*ibid.*, phrase préliminaire, p. 136-137）では，第2款で扱われる「取消（取戻）訴権（actions rescisoires）」について，この訴権によって「売買契約は，決してそれがなされなかったかのように取消される（rescindé）」との説明が付される。これに対して第3款から第6款が扱う解除訴権は，「将来に向けてでなければ売買契約を解除しない（ne le［＝contrat de vente］résolvent que pour l'avenir）」として，明確に対比されている。

364) 以下について，拙稿・前掲注46) 1319頁以下。V. aussi BOYER, Georges, *Recherches historiques sur la résolution des contrats*, thèse Toulouse, PUF, 1924. わが国における先取特権および解除についての研究として，参照，道垣内弘人『買主の倒産における動産売主の保護』（有斐閣，1997）［初出，法学協会雑誌103巻8号～104巻6号（1986-87）］；山野目章夫「フランス法における動産売主のための担保 (1)(2・完)」法学49巻2号256頁以下，3号450頁以下（1985）；今尾真「動産売買先取特権による債権の優先的回収の再検討序説──フランスにおける動産売買先取特権制度の史的考察」早稲田法学会誌45巻1頁以下（1995）；武川幸嗣「解除の対第三者効力論 (1)(2・完)──売主保護の法的手段とその対第三者効」法学研究78巻12号1頁以下（2005），79巻1号61頁以下（2006）。

365) DUMAS (1972), *supra* note 59, p. 272 et s. 公署証書によって約定がされた場合，即時執行ばかりでなく，抵当権もまた当然に（de plein droit）公署証書の効力として認められたとする。V. aussi OLIVIER-MARTIN, *supra* note 249, t. II, p. 612 [518] et s.

366) POPLAWSKI, Robert, *La notion de privilège en droit romain et en droit civil français. Études historique et critique*, thèse Bordeaux, Y. Cadoret, 1913, p. 158.「［…］先取特権は，衡平の考慮，すなわちより明確に言えば，債務者の財産について第三者によって代償を得ることなくもたらされた

要とされる。これが，動産売買先取特権であり，Yは，売買目的物に限って，その売却代金から優先的に債権を回収することが許される。

　売買の解除はこの延長線上に観念され，売却による換価を経ることなく，直接に物の取戻を可能とする実効性の高い手段として登場する。当初は，解除を帰結する契約条項が必要とされたものの，次第に条項の有無にかかわらず認められるに至る。しかも，動産の売主ばかりではなく，不動産の売主も解除によってその地位を保護されることとなる。法定の不履行解除制度は，概略このような道行きを辿って成立した。

　古法時代における取引の態様について，以上のような図式化が許されるならば，先取特権ないし解除は，一般抵当権を介して，自らの給付が第三者を利するという事態に対する救済として位置づけ得る。この点に，第2篇で検討される不当利得の論理との類似性を語ることも可能である[367]。しかし，フランス法は，これを不当利得によって根拠づけるのではなく，売主の許に物に対するなんらかの権利を残存させるという論理によって説明した，と考えることができるのではないか。その説明概念の地位を占め得るのが，混合訴権であり，ポチエにおける充当によるその基礎づけであった，と解することができるように思われる。

　　増価（plus-value）という観念に基づく。」

[367] *ibid.*, p. 159-160.「一般債権者は，正確に言うならば，先取特権によっていかなる損害も被ることはない。先取特権が存在しないならば，一般債権者は他人の犠牲において利得するとさえ言うことができる。実際，まさにこの場合，債務者の資産（patrimoine），したがって，債権者の共通担保（gage générale des créanciers）は，第三者の所為によって新たな価値を得て増大せられている。当該第三者（売主，保存行為を為した者，建築人，種子の供給者（vendeur, conservateur, constructeur, fournisseur de semences））［＊割注原文］は，恵与の意図（intention libérale）を有しているわけではなく，それどころか，自らが提供したものと等価のものを，金銭の分配の時点において，未だ受け取っていないのである。したがって，この第三者が，自らが取得させ保持させた価値から生み出される［競売］代金について，第一順位で弁済を受けることは正当なことである。以上が，古法時代における非常に一般的に見られる考慮であった。この考慮によって，一定の債権が，その出所をもっぱら根拠として優先される旨が宣言されていたのである。」なお，この Poplawski のテーゼが登場した背景には，原因なき利得制度の形成を見て取ることができる。後記本文 **190** で扱う Solus の議論を参照。V. aussi Massiet du Biest, Alexis, *Du pacte commissoire dans la vente en droit romain. Rapports de l'action résolutoire & du privilège dans les ventes d'immeubles en droit français*, thèse Paris, Arthur Rousseau, 1886, p. 100 et s. さらに，不当利得と先取特権ないし動産抵当権との関係性について卓抜した指摘を与える研究として，参照，藤原正則『不当利得法と担保物権法の交錯』（成文堂，1997）。

準対物訴権再考　**63**　これに対して，準対物訴権の類型は，契約それ自体とは区別された引渡，すなわち，物権移転に関する合意の独自性を堅持するポチエにおいて，一つのアポリアを形成していたと考えることができる。本来，契約のレベルの瑕疵は，物権の移転に影響を与えないはずである。これこそが物権変動の無因性の帰結である。しかしながら，取消状という法外の権力によって，法的には一旦有効なものとしてサンクションされたはずの契約が覆滅され，所有権の所在にまで影響を及ぼす形で原状回復が達成される。これを説明する概念が「法の擬制による準対物訴権」である，と言うことができる[368]。国王の権力を背景とした取消状に基づく取消の効果，ないし取

---

368) Pothier は，取戻権を行使された買主が取戻者の詐欺（悪意）を理由として物の返還を受けるために認められる訴権についても，準対物訴権との説明を与えている。V. POTHIER, *supra* note 339, n° 525, éd. par Bugnet, t. 3, p. 413.「取戻物返還訴権は，［取戻者たる］血族および血族から取戻権を行使し得るようにその名義を借受けた親族外の者の詐欺を根拠として，取戻権の行使による買主の交代または取戻権の承認を取消す訴権である。L'action en répétition de retrait est une action rescisoire de l'adjudication ou de la reconnaissance du retrait, fondée sur le dol du lignager, et de l'étranger à qui il a prêté son nom pour exercer le retrait. // この訴権は，同時に準対物訴権でもある。なぜなら，取戻権による買主の交代または取戻権の承認，さらに，［取戻権の行使を受けた］取得者が不動産について取戻者に対してなした譲渡が，この訴権によって取消されるのであるから，この取得者は，当該財産の所有権者であり続けたものとみなされ，故に，この訴権によって当該財産の返還を請求する権利を有するとみなされるからである。Elle est en même temps actio utilis in rem; car l'adjudication ou reconnaissance du retrait, et l'aliénation que l'acquéreur a faite de son héritage au retrayant, étant par cette action rescindée, l'acquéreur est censé en être demeuré propriétaire, et avoir par conséquent le droit de le revendiquer par cette action.」
　このののちには，この訴権を行使するためにも取消状を要するか，という問題が扱われ，「法律それ自体が取消を付与している場合」に当たるため，その必要はないとする。しかし，この返還訴権について規定のないパリ慣習法やオルレアン慣習法では問題は困難なものとなる，とする（*ibid.*, n° 527, p. 413）。そして次のように興味深い考察を付している。「そもそもこれは準訴権でしかない。なぜなら，実際のところ，偽りの取戻者に対して不動産の占有を放棄したのであるとしても，すなわち，誤った原因によるのであったとしても，［取戻権の行使を受けた］取得者は当該不動産を譲渡したのであって，取戻者に対してその所有権を放棄する意図を真に有していたのである。Au reste, c'est une actio utilis seulement; car, dans la vérité, l'acquéreur, en délaissant au faux retrayant l'héritage, quamvis ex causa erronea, a aliéné cet héritage, ayant eu véritablement l'intention d'en abandonner la propriété au retrayant.」（*loc. cit.*）
　説明は以上にとどまるため必ずしも明らかではないが，取消状から帰結する状態を表現したものが準対物訴権であったことを想起すれば，この訴権は準訴権でしかない，という説明には，慣習法の規定がなくとも取消状があればよい，と言う論理を見て取ることもできるであろう。より一層興味深い点は，ここでの返還請求者は，誤った原因に基づくとはいえ，所有権を譲渡してしまっている，という説明である。これは，非債弁済に関する Pothier の議論とも通底し，本来訴権としての revendication を行使し得ない者に対して，revendication に準ずるものとして対物訴権が与えられるという論理である。これを実現し得るものが，王令・慣習法の規定か，あるいは，取消状である，ということになる。非債弁済の箇所でも取消に言及されていたこと（前記本文 **44**，前掲注 226））

消それ自体としての原状回復に仮託しつつ，所有権が復帰するという構成は，構想された物権変動システムを破綻させることなく，取消・原状回復を説明するものであったと考えられるのではないか。

以上の推論を経たとき，第1節で検討した（前記 **44**）非債弁済のコンディクチオの準対物訴権化の論理の特異性に再び視点を帰すことができる。これを検討するためには，取消とは区別された当然無効について，それが惹起する返還関係がどのように扱われているのかをあらためて確認する必要があろう。

当然無効の効果 **64** 当然無効の効果としての返還は，いかなる訴権によって規律されるのか。管見の限り，この問題について，古法時代には大きな議論が見られない。もっとも，ポチエの非債弁済論を再度参照するならば，これに該当し得る議論を見出すこともできるように思われる。彼は，権原が事後に無効とされた場合に認められる非債弁済返還訴権について，次のように論じている。

「義務づけられていない物が弁済され，返還請求権すなわち非債弁済返還訴権が生ずるのは，弁済の対象であると思われた債務の権原が決して存在することがなかったときばかりではない。当該権原が，弁済ののちに無効であることが明らかとなった効果を有しない権原（titre nul, dont on a découvert la nullité depuis le paiement）であるときもまた［非債弁済返還訴権が生ずる］。」[369]

こののちに挙げられる具体例は次のようなものである。第一に，遺贈がなされ，相続人がこれを履行したものの，のちに遺贈を撤回する旨の別の遺言が発見された場合が挙げられる[370]。契約の事例ではないものの，譲渡を根拠づけ

に鑑みれば，原則として対物訴権が認められない場合に，まさしく例外的に同等の救済を与える法理が「取消」である，ということになる。いずれにしても，血族取戻訴権とそれを取消す訴権との間に見られる緊張関係は，充当ないし「物に書かれた」という論理による対物訴権化と，取消ないし準訴権の論理による対物訴権化との間に存する法理論上の差異を際立たせるものと言うことができよう。

[369] POTHIER, *supra* note 209, n° 170, éd. par Bugnet, t. 5, p. 104. « On paie ce qui n'est pas du, et il y a lieu à la répétition et à l'action condicito indebiti, non-seulement lorsqu'il n'a jamais existé aucun titre de la dette qu'on croit acquitter, mais aussi lorsque le titre est un titre nul, dont on a découvert la nullité depuis le paiement. »
[370] *loc. cit.*, cite D. 12, 6, 2, §1. Ulpianus.「虚偽，不倫，無効の，または破棄されていたことがのちに

た権原たる証書に効力がなかったが故にコンディクチオが許されている。第二は，売買が行われ，買主が代金を支払ったものの，売主から引渡を受けた物が売主に帰属しないことがのちに発見されたという事例，すなわち他人物売買の事例が挙げられている[371]。このとき，買主にコンディクチオが認められる。返還の対象は，第一の事例では，相続財産中の特定の財物（biens）とされるのみで，物の性質についての注記はない。第二の事例の返還の対象は金銭である。

他方，非債弁済論以外にも，当然無効後の返還関係を扱うかに見える記述がある。『債権債務概論』中の諸種の債務の発生原因を列挙する箇所で，制限能力者である妻がなした消費貸借の事例について，借受けた金銭を返還する義務が論ぜられる。「自然法律（loi naturelle）」もまた債務の発生原因となることを明らかにしたのちに，次のように説明している。

　　「妻が夫の許可なしに借受けた金銭が，妻の利得に転じた場合に，妻が負担するこの金銭を返還する債務は，いかなる契約によっても，いかなる準契約によっても成立しない。なぜなら，当該金銭について，夫の許可なしに妻に対して行われた消費貸借契約は無効であり，それ自体によってはいかなる債務も生ぜしめないからである[372]。無効な事柄はなんら効果を生じない

　明らかとなった遺言に基づいて弁済された物は，返還される。あるいは，長い時間の経過ののちに［被相続人の］債務が明らかとされた場合，あるいは，長期間封印されていた遺言附属書が発見され，それが弁済された遺贈物を取り上げるか，他人のためにも遺贈がなされることによって遺贈物が減ずる内容のものであった場合も同様である。なぜなら，神聖なるハドリアヌス帝が，不倫および虚偽の遺言に関して，相続財産についての判決を受けた者に，引き続いて［返還のための］訴権が与えられる，と勅答したからである。Si quid ex testamento solutum sit, quod postea falsum, vel inofficiosum, vel irritum, vel ruptum apparuerit, repetetur: vel si post multum temporis emerserit aes alienum, vel condicilli diu celati, probati, qui ademptionem continent legatorum solutorum, vel deminutionem per hoc, quia aliis quoque legata relicta sunt. Nam divus Hadrianus circa inoficiosum, et falsum testamentum rescripsit, actionem dandam ei, secundum quem de hereditate judicatum est.」

371) *loc. cit.* ここで Pothier が引用する法文は，他人物売買の事例というよりは，自己の物を買った事例を伝えている。D. 12, 6, 37. Julianus.「私の物であることを知らずに私の奴隷をあなたから買い，あなたに金銭が支払われた。以下のように私は考える。あなたはこの金銭を私に返還すべきであり，これを理由として，あなたが私の物であることを知っていた場合であれ，知らなかった場合であれ，私は *condictio* を有する。Servum meum insciens a te emi, pecuniamque tibi solvi: eam me a te repetiturum, et eo nomine condictionem mihi esse omnimodo puto: sive scisses meum esse, sive ignorasses.」

372) 夫の同意のない妻の行為については『夫権概論』にも同様の記述がある。POTHIER, *Traité de la puissance du mari*, nº 50, *Œuvres de Pothier*, éd. par Bugnet, *supra* note 168, t. 7, p. 20 は，パリ慣習法

(*Quod nullum est, nullum producit effectum*)。したがってこの債務は，もっぱら自然法律によって生ずる。自然法律は，他人の犠牲によって利得することを認めない。他人の損失において利得することは，まったく衡平に反する。L. 206, ff. de Reg. jur.〔= D. 50, 17, 206〕」373)374)

　さらにポチエは，この債務から生ずる訴権は「法律によるコンディクチオ」である，と述べている375)。既に確認したとおり，ポチエは，当然無効が認められる一場面として，当事者の能力制限を挙げていた（前記 **53**）。能力制限を受けた妻の事例もこの類型に包含され得る。すると，自然法律か王令・慣習法

---

234 条（「別産制下になく公の商人でもない場合には，妻は，夫の同意がなければ債務を負担することができない」）を引く。続くパラグラフでは，妻を借主として消費貸借がなされたが，妻がこれを他の債務の弁済に充てた，という事案が引かれ，ここで貸主たる私は貸金の返還を請求できるかと問う。Pothier の答えは，夫の同意がない以上妻は消費貸借によって債務を負うことはないが，「［…］妻は，自然法律が，なんら契約によることなく，それ自体のみでこの者の上に成立させる債務については負担することができる。[...] elle〔= femme mariée〕est capable de celle〔= obligation〕que forme en elle la loi naturelle seule, et indépendamment d'aucun contrat.」とし，自然法律の内容として，本文に引用した箇所と同様に D. 50, 17, 206 (後掲注 373)）を挙げている（*ibid.*, n° 51, p. 21)。その上で，「[…] 結果として，自然法律は，私〔= 貸主〕から受領され，債務の弁済のために利用された金銭を私に返還するよう，妻を義務づける。そうした事情がなくとも，妻は私を犠牲にして自ら利得しているかもしれず，自然法律はこのことを認めていない。[...] elle〔= loi naturelle〕oblige en conséquence cette femme à me rendre la somme qu'elle a reçue de moi, et qui lui a servi à acquitter ses dettes; sans quoi elle s'enrichirait à mes dépens; ce que la loi naturelle ne permet pas.」また，このほかにも夫の同意なくして妻が債務を負担し得る場合があるとして，不法行為・準不法行為（*ibid.*, n° 52, p. 21) とともに，準契約（事務管理）(*ibid.*, n° 50, p. 21) を挙げる。Pothier の『非債弁済論』に見られた，非債弁済の準契約たる *promutuum* である，という理解（前記本文 **42**）からすれば，前記の妻による消費貸借の事例もまた準契約を債務発生原因とする，と考えることもできるが，そうした理由づけはあえてされていない。そもそも準契約としては事務管理が挙げられるにとどまる。以上について疑義を呈することができるが，Pothier は，*promutuum* に基づく返還債務についても，衡平（équité）を根拠とし，かつ，D. 50, 17, 206 を引用していた。衡平と自然法律が同義であるとすれば大きな差異は認められないとも言い得る。しかし，本文に引用した箇所では，明示的に「準契約によらない」と述べており，やはりなぜ準契約を経ずに自然法律を直ちに援用するのか，という疑問は残る。

373) 前掲注 211)。

374) Pothier, *supra* note 168, n° 123, éd. par Bugnet, t. 2, p. 59. « L'obligation que contracte la femme de restituer la somme qu'elle a empruntée sans l'autorité de son mari, lorsque cette somme a tourné à son profit, n'est non plus formée par aucun contrat, ni quasi-contrat: car le contrat de prêt qui lui a été fait de cette somme sans l'autorité de son mari, étant nul, ne peut par lui-même produire aucune obligation: Quod nullum est, nullum producit effectum. Son obligation est donc produite par la loi naturelle seule, qui ne permet pas que quelqu'un s'enrichisse aux dépens d'autrui: Neminem aequum est cum alterius damno locupletari; L. 206, ff. de Reg. jur. »

375) *ibid.*, n° 123, p. 60. « Ces obligations produisent une action que l'on appelle condictio ex lege. »

かという差異はあるにせよ，当然無効類型一般について，「法律」がコンディクチオを指示する，と考えることも許されよう。さらに，上記の無効の権原による弁済の返還に関する記述，また，合意の有効要件としての原因に関して原因欠缺故のコンディクチオを返還訴権として指示する記述（前記 **34**）についても，仮にいずれの箇所でも問題とされている合意が当然無効という評価を受けているとするならば，ポチエにおいて，当然無効に基づく返還は，法律によるそれであれ，非債弁済のそれであれ，原因欠缺故のそれであれ，コンディクチオによって実現される，と考えることができるように思われる。

以上の推論が可能であるならば，弁済受領者が第三者に物を譲渡した場合について，非債弁済のコンディクチオが，有償の善意取得者に対する追及の遮断という例外を認めつつも，「準対物訴権」となることが許容されていたこと（前記 **44**）に大きな意義が認められる[376]。この規律が他のコンディクチオにも及ぶと仮定すれば，引渡主義を採り，さらに無因の所有権移転を認めつつも，第三者追及が認められる，という体系が提示されていることになる。そして，非債弁済のコンディクチオの対物訴権化をもたらす事由が「取消」であったことに立ち戻れば，物的追及を許す法技術としての「取消」ないし「原状回復」を析出することができる。

もっとも，同じくコンディクチオが指示される取戻権については充当の論理が妥当していたことから，対物訴権化の論理は複数存在し得ることに留意する必要がある。とはいえ，充当それ自体が「法律」を根拠としていたことを重視すれば，取消状にせよ法律（ここでは慣習法を指示するものと考えられる）にせよ，当事者間に法規範を課すなんらかの上位の権威が想定されている点で，隠れた通底を指摘することも可能であろう。

最後に，ポチエのような体系を構えずとも，同様の帰結が導かれ得ることを指摘しておこう。取消についての一般的理解は，効果としての原状回復を想定

---

376) 無効な権原による非債弁済の事例（ただし，遺言の事例での返還目的物＝biens については留保が必要である）にせよ，妻の返還債務の事例にせよ，返還の対象が金銭であるために，準対物訴権については触れられない，と解するのであれば，それぞれの箇所での沈黙も以上の推論にとって不利な要素ではないと言えるであろう。あらためて確認すれば，準対物訴権の論理が顔を覗かせるのは，特定物の非債弁済の事例（前記本文 **42**），および，不動産を対象として行使された取戻権の取消の事例（前掲注 368））ということになる。

し、その訴権を混合訴権としていた。他方、非債弁済による所有権移転を認めない学説に依拠したとしても、当然無効後の返還関係が非債弁済として規律されるのであれば、revendication を行使して端的に第三者追及を実現し得る。金銭についてはこれが遮断されるが、混和により追及効が及ばないからにすぎなかった。以上より、無効・取消後の返還において、いずれの論者においても原則として第三者追及が認められていた、と結論づけることも不可能とは言えない。あらためて強調すれば、この第三者追及は、物権変動の仕組み方になんら連動するものではない。

第1章の小括 **65** 本章では、まずフランス法におけるコンディクチオの所在を検討した。いま一度確認するならば、第一に、少なくとも学説のレベルでは、原因欠缺故のコンディクチオの構成要素である「原因」が契約の有効要件たる原因に解消され、独自の意味を持たされることがなかったことが明らかにされた。コンディクチオが独自に問題となるのは、非債弁済の場合であった。しかし第二に、非債弁済のコンディクチオについては、一方でこれを対物訴権と考える立場があり、他方で引渡を無因的に構成するポチエにおいても、第三者追及の道が残されていた。

次いで、無効・取消に関するフランス古法の制度を検討した。フランス法におけるローマ法の効力の問題を背景に、契約の取消には取消状の取得が必要とされていた。この国王による例外的な介入が、ローマの法務官による原状回復と重ね合わされることにより、その効果までをも含んだ一連の手続きが構想される。他方、取消・原状回復の効果のレベルが識別され、仮に訴権を観念し得るならばいかにして説明されるか、という関心が生ずる。これに答える概念が、混合訴権であり、準対物訴権であった。ローマ法におけるそれとは異質なものとして立ち現れる混合訴権の概念は、他の取戻をめぐる訴権にも応用され、フランスにおける物権変動の巻き戻しを説明する装置として機能していた。ポチエによりこれとは異なる訴権として観念された準対物訴権は、彼の体系において、取消に基づいて生ずるものとされる。この論理が対人訴権たるコンディクチオにも転用され、この訴権を対物訴権化する。

以上に示された訴権の理解は、未だ物権変動における意思主義が定式化されない段階において、物権変動の有因的把握を可能にしたものと考えられる。

第2章　民法典制定以降の諸問題

66　第2章では，1804年の民法典成立後の諸問題を検討する。民法典が採用した所有権移転の意思主義が，返還関係をめぐる議論を混線させることになる。われわれが関心を寄せてきた有因主義は，この意思主義といかにして関係づけられたのであろうか。

まず非債弁済を例に取り，コンディクチオと意思主義との接合を目的とするものと解される諸理論を検討する（第1節）。次いで，大きな制度変更を受けた無効について，返還関係に焦点を合わせながら，旧理論と新理論とに大きく区分して分析する（第2節）。

第1節　意思主義的所有権移転とコンディクチオ[1]

67　その生成過程については触れないが[2]，古法時代における公証人実務を背景とする引渡の方法の簡易化を通じて形成された[3]所有権移転の意思主義，すなわち，合意のみによる（*solo consensus*）所有権移転は，フランス民法典711条，1138条，1583条[4]において完成される。古法時代の論者について検討

---

1) 総論として，V. JAFFEUX, Théophile, *De l'action en répétition de l'indu en droit romain et en droit français*, thèse Paris, Impr. Moquet, 1887, p. 253 et s. V. aussi MAURY, Jacques, *Essai sur le rôle de la notion d'équivalence en droit civil français*, 2 vol., thèse Toulouse, Jouve & C., 1920, t. 2, p. 362 et s.; DROSS, William, *Le mécanisme de l'accession. Éléments pour une théorie de la revendication en valeur*, thèse Nancy II, 2000, n° 324 et s., p. 323 et s.
2) 学説においては，BOURJON, François [?-1751] が挙げられる。彼の意思主義について，参照，森田修『強制履行の法学的構造』（東京大学出版会，1995）74頁．V. aussi OLIVIER-MARTIN, François, *Histoire de la coutume de la prévôté et vicomté de Paris*, réimpr., Cujas, 1972, t. 2, p. 46 [44].
3) 参照，鎌田薫「フランス不動産譲渡法の史的考察（1）～（4・完）」民商法雑誌66巻3号447頁以下，4号584頁以下，5号819頁以下，6号1013頁以下（1972）；滝沢聿代『物権変動の理論』（有斐閣，1987）．
4) 711条　物の所有権は，相続，生前贈与または遺贈，および，債務の効力によって（par l'effet des obligations），取得されかつ移転される。
  1138条　① 物を引渡す債務は，契約当事者の同意（consentement）のみによって完全である。
  ② 引渡債務は，引渡がなんら行われなかった場合でも，物を引渡すべきであったときから直ちに債権者を所有権者とし，その物を債務者の危険におく。ただし，債務者がその物を引渡すことに

したように，所有権移転をいかに構成するかによって，コンディクチオの性質に対する理解が左右される。

以下では，民法典成立後，註釈学派において，所有権移転に関する規範の変容が，非債弁済に関する規範の理解に影響を与えたのか否かについて検証する。なお，合意の有効要件として定式化された原因（1131条乃至1133条）[5]については，これを主たる検討対象とはせず，非債弁済論の理解に必要な限度で扱うこととする。

第1款　非債弁済による所有権移転

（1）　民法典の規律

68　まず非債弁済に関する立法者の思考を簡単に確認しておこう。必ずしも議論が掘り下げられているわけではないものの，非債弁済された物が弁済受領者によって第三者に譲渡された場合の規律に関する議論から，コンディクチオが物権変動についての新たな理解によって浸食されつつあることが確認される。護民院での公式通達（communication officielle）において，ベルトラン＝ド＝グルイユ（BERTRAND DE GREUILLE）は，特定物の非債弁済について，次のような説明を行っている。

> 「債務なしに受領された物が不動産または有体動産である場合には，その所持者（détenteur）は，善意で受領したのであれ，悪意で受領したのであれ，当該物を返還しなければならない。これは，他人に帰属することが公知であるもの（ce qui est reconnu appartenir à un autre）を直ちに返還することは，誠

ついて遅滞にある場合には，その限りでない。この場合，その物は債務者の危険にとどまる。
1583条　売買は，物が未だ引渡されておらず代金が未だ支払われていない場合であっても，物および代金について合意するときから当事者間において完全であり，買主は売主に対する関係で当然に所有権を取得する。
5) 1131条　原因を欠くか，誤った原因に基づくか，または違法な原因に基づく債務は，いかなる効果をも有することができない。
1132条　合意は，その原因が明示されていなくとも，なお有効である。
1133条　法律によって禁止されるとき，または，良俗もしくは公序に反するとき，原因は違法である。

実（probité）および正義（justice）から生ずる第一の義務であるが故のことである。」[6]

　しかし，のちの民法典1380条[7]は，善意の非債弁済受領者による転売の場合に，この者に対して代金のみの返還を指示する。すなわち，善意の受領者から買い受けた者は有効に所有権を取得する。この規律はいかに説明されるのか。ベルトラン＝ド＝グルイユはここでの善意の受領者は，「物の正当な所有権者（légitime propriétaire de la chose）とみなされ」，この者には処分権が認められる，と理解する[8]。非債弁済者に物が帰属することが公知である，という記述との間に齟齬を指摘することもできるが，善意の受領者は所有権者とみなされているにすぎないことを重視するならば，ベルトラン＝ド＝グルイユの理解の下では，非債弁済者は，やはり所有権者であると理解することができよう。

　この言明を補強するのは，立法府での審議におけるタリブル（Tarrible）の説明である。彼はまず，非債弁済返還債務の根拠として，衡平（équité）[9]，および，所有権移転に正当な原因（cause légitime）が欠如していること[10]を挙げる。その一方で，ベルトラン＝ド＝グルイユと同様に，善意受領者による転売は有効であるとし，悪意の受領者による転売の場合にのみ非債弁済者の取戻を許容する。「所有権者は，悪意の受領者が物についてなし得た売却によって，当該物を取戻す権利（le droit de la revendiquer）を奪われない」からである[11]。

　必ずしも明晰な立論ではないものの，非債弁済の受領者が善意か悪意かで解決が分かれる，と理解されているものと考えられる[12]。もっとも，受領者が悪

---

6) Fenet, P. A., *Recueil complet des travaux préparatoires du code civil*, 15 vol., 1827, t. 13, p. 473.
7) 序注5）参照。
8) Fenet, *supra* note 6, t. 13, p. 473.
9) *ibid.*, t. 13, p. 484.「この債務［＝弁済受領者の返還債務］の発生原因は，衡平に存する。衡平は，錯誤が，一方の側に不幸な損失（perte funeste）をもたらし，他方の側に不当な利得（gain injuste）をもたらすことを許容しない。」
10) *ibid.*, t. 13, p. 486.「これらの必要不可欠な債務［＝善意の受領者の返還債務］は，以下の原則から生ずる。すなわち，ある客体（objet）の所有権が，正当な原因なく（sans cause légitime），また，所有権者の意思に基づく曖昧さのない行為によらずに（sans un acte non équivoque de la volonté du propriétaire），第三者に移転することは許容されないという原則から生ずる。」なお，ここでの原因概念は，所有権移転に必要とされる正原因（*justa causa*）であると考えられる。後述の註釈学派の論者たちの許では，合意の有効要件としての原因が語られるに至る。
11) *loc. cit.*

意の場合が本則であると解することができるならば，非債弁済返還訴権は，所有権に基づく返還訴権（revendication）（引き続き煩雑さを避けるため原語のまま revendication とする）となんら異なるところがなく，ただ例外的に，善意受領者による転売が許容されるにすぎない，と言うこともできよう。なお，第一章で検討したポチエは，善意・悪意を問わず弁済受領者に所有権が移転するものとし，他方で，弁済者による物的追及の可否は第三取得者の取得態様にかからしめていた（前記 **44**・**45**）。すなわち，弁済受領者の善意・悪意を問題としていたわけではないことに注意する必要がある。

　民法典は，債務の消滅原因の冒頭に弁済（paiement）を掲げる（1234 条)[13]。弁済は債務の存在を前提とし，非債弁済された物は返還に服するものとする（1235 条 1 項)[14]。非債弁済返還の細則は，事務管理のそれとともに準契約[15]の章に置かれる（1376 条乃至 1381 条)[16]。ポチエが論じた非債弁済の諸規範と比較するならば，以下 2 点において差異が確認される。

　第一に，1378 条は，悪意の受領者にのみ果実の返還義務を課しており，善意受領者の返還義務を免除するものと反対解釈される。この点で，返還を求める所有権者との関係で善意占有者に果実収取権を認める 549 条[17]の規律との間に差異は存在しないこととなる。第二に，1381 条において，受領者は「占有

---

[12] JAFFEUX, *supra* note 1, p. 256 は，善意受領者の場合には所有権が移転し，悪意受領者の場合には所有権が移転しない，という理解が，起草者の理解であるとする。
[13] 1234 条　債務（obligations）は以下の事由によって消滅する。：弁済，更改，任意の免除，相殺，混同，物の滅失，無効または取消，前節に規定された解除条件の効果，別個の章に定める時効。
[14] 序注 5) 参照。
[15] 1370 条　① 一定の義務（engagements）は，義務を負う者の側からも，その者が義務を負う相手方の側からも，いかなる合意も生じることなしに成立する。
　② 一方に，法律の権威（autorité de la loi）のみに基づいて生ずる義務があり，他方に，義務を負う者の個人的所為（fait personnel）から生ずる義務がある。
　③ 前者の義務は，相隣所有権者間の義務，または，後見人および供託された職務を拒絶することができないその他の管理者の義務のように，意思によることなしに成立する。
　④ ［後者の］義務を負う者の個人的所為から生ずる義務は，あるいは準契約から，あるいは不法行為または準不法行為から生ずる。これらの義務が本章の内容を成す。
　1371 条　準契約は，人の，純粋に意思に基づく所為であり，この所為から，第三者に対するなんらかの義務，および，場合によって，当事者双方の相互的な義務が生ずる。
[16] 序注 5) 参照。
[17] 549 条［原始規定］単なる占有者は，善意で占有する場合でなければ，果実を自らのものとしない。反対の場合には，物を取戻す（revendique）所有権者に対して，物とともに［物から］生じたもの（les produits）を返還する義務を負う。

者（possesseur）」とされる。これはドマの理解（前記 **37**）と同様であり，非債弁済者は，物の所有権者であり続けている，と解することができる。この点は，既に垣間見たベルトラン＝ド＝グルイユとトリプルの見解からも導き出される。非債弁済者に物が帰属することは「公知」であり，この者は物を「取戻す権利」を有しているとされていた。弁済受領者が善意の場合に例外が許容されるにすぎない。いずれにせよ少なくとも，起草者の理解および民法典の規律において，非債弁済は，「弁済者＝所有権者」と「受領者＝占有者」との間の関係とされている，と言うことができる。

(2) 註釈学派その1——批判対象としての「旧説」

69 民法典制定後，註釈学派として括られる論者たちの議論の対象となったのは，制定過程でも議論が見られた1380条の規律であった。同条は，善意の受領者による転売の場合に，売買代金のみの返還を指示するが，これは，弁済者による第三取得者に対する訴えを禁ずるものであろうか[18)19)]。実務上は無益な議論であるとされるが[20)]，以下に見るように，学説は百花繚乱の相を呈して

---

18) 善意をいつの時点で要求するか，という点も問題とされるが，総じて譲渡の時点においても善意でなければならないとされる。p. ex. DEMOLOMBE, Charles, *Cours de code Napoléon*, 3e éd., t. 31, *Traité des engagements qui se forment sans convention*, t. 8, A. Durand, 1882, n° 402, p. 337-338. 他方，悪意の場合には，物の客観的な価額を返還しなければならない（*ibid.*, n° 403, p. 338-339）。ただし，Demolombe は，悪意の場合に，代金が客観的価額よりも高額であった場合には，損害賠償として超過分を請求できるとする。したがって，この場合，代金の返還を請求するか，客観的価額の返還を請求するかは，弁済者の選択による（*ibid.*, n° 404, p. 339）。

19) もう一つの論点として，第三取得者に対する補償（indemnité）の要否が挙げられる。のちに見るように，非債弁済者は第三取得者から物を追奪することができるため，当該物の売主たる弁済受領者は，担保責任を負う。そのため，弁済受領者は，代金の返還だけでなく，損害賠償をも負担しなければならない。LAURENT, François, *Principes de droit civil français*, 3e éd., t. 20, Bruylant Christophe, A. Marescq, 1887, n° 379, p. 403 は，弁済受領者が第三取得者に支払った賠償額のうち，代金を超える部分については，弁済者が補償しなければならないとする。この解決は，非債弁済において，弁済者に帰責性が存することに求められる。しかし，LAROMBIÈRE, Léobon-Valéry-Léon Jupile, *Théorie et pratique des obligations ou commentaire des titres III et IV, livre III du code civil, articles 1101 à 1386*, nouv. éd., t. 5, A. Durand et Pédone Lauriel, 1885, Art. 1380, n° 9, p. 523-525 はこれを認めない。1151条は，単なる不注意（imprudence）の場合について，間接損害の賠償を排除している。いかに非債弁済者に過失があろうとも，弁済者の「元来の所為（fait primordial）」にとって，受領者の損害は，間接損害でしかないとする。もっとも，Larombière の見解はほかに賛同者を見ない。

1151条 合意の不履行が債務者の故意から生ずる場合であっても，損害賠償は，債権者が被った損失（perte）および債権者から奪われた利益（gain）に関して，合意の不履行の直接の帰結たるものでなければ，これを含んではならない。

いる。各論者は，新たな法典から様々な論拠を引き出し，コンディクチオの対人訴権たる性格を克服しようとしているものと考えられる。ただし，この問題が生ずるのは，不動産が非債弁済された場合のみである。動産については，2279条1項[21]（当時）により，第三取得者は占有のみによって所有権を取得する結果，多くの場合，弁済者からの追及は認められない。

トゥリエのコンディクチオ理解 **70** 初期の註釈学派であるトゥリエ（Toullier, Charles Bonaventure Marie [1752-1835]）の見解は，後代の議論によって批判の対象とされる点で重要である。彼はまず，抵当権の目的物上の負担に関する2125条[22]（当時）および抵当権の随伴性について規定する2182条2項[23]（当時）を根拠として，不動産の売主は，「解除され得るか，取消に服する権利（un droit résoluble ou sujet à rescision）」でなければ移転することができないと述べる。

しかし，善意の非債弁済受領者に関しては，この規範に対する例外を認めている[24]。実際，「所有権者の自由な意志に基づく行為（un acte de la volonté libre du propriétaire）」[25]によって，所有権は受領者の許に移転してしまっている。その理由は，「誤想（putatif）債権者に権原（titre）を委ねた（conféré）のは所有権者」であるからとされる。錯誤があったとはいえ，弁済者の意思は「実際に存在していた（a réellement existé）」のであり，善意の受領者から当該物を取得した第三者との関係では権原として十分であるとする。さらに，ローマ法に忠実に，「旧所有権者（ancien propriétaire）」の錯誤は，対人訴権たるコンディクチオを生ぜしめるにすぎないことを承認し[26]，非債弁済者が第三取得者を相手

---

20) Esmein, Paul et Ponsard, André (dir.), *Droit civil français de Aubry et Rau*, 7ᵉ éd., t. 6, 1975, Librairies téchniques, §442, p. 463, note (37).
21) 2279条〔現2276条〕① 動産に関しては，占有は権原に相当する。
22) 2125条〔原始規定，現2414条〕不動産について，停止条件付きの権利，一定の場合に解除される権利または取消に服する権利のみを有する者は，同一の条件または同一の取消に服する抵当権でなければ合意することができない。
23) 2182条〔現2477条〕② 売主は，売却物について自ら有していた所有権および権利でなければ，取得者に移転させない。売主は，売却物が負担する同一の先取特権および抵当権が充てられた状態で（sous l'affectation），それらを移転する。
24) Toullier, Charles Bonaventure Marie, *Le droit civil français, suivant l'ordre du code*, 5ᵉ éd., t. 11, Chez Jules Renouard, 1839, t. 11, n° 97, p. 123.
25) 起草過程におけるTarribleの言葉を想起させる。
26) Toullier, *supra* note 24, t. 11, n° 97, p. 123-124.

方として返還を請求し得ないことの論拠とする。この点について同旨を述べるポチエは正当であるとするが、ポチエが認める無償の第三取得者への準対物訴権については、同時代のデルヴァンクール（DELVINCOURT, Claude-Étienne [1762-1831]）と同様に[27]、これを拒否している[28]。

その一方で、受領者が悪意の場合には、代金返還では足りず、第三者に転売した受領者は、弁済者に対して、すべての損害を賠償しなければならないとする[29]。もっとも、悪意の受領者から物を譲り受けた者を相手方とする取戻については語られていない。この点で、トゥリエの理解を正確に把握することは困難であるが、誤想の権原による所有権移転を承認し、かつ、2125条および2182条2項を一般的な規範として提示している点から、受領者が悪意の場合であっても、弁済者からのrevendicationは認められない、と解しているものと言うこともできるであろう。

しかしながら、われわれの理解とは異なり、後代の註釈学派は、起草者およびトゥリエ（およびデルヴァンクール）について、彼らは「受領者が善意であれば所有権は移転し、悪意の場合には所有権が移転しない」と解していたとする[30]。受領者の善意・悪意によって所有権移転の有無を分けるこの理解を、仮に「旧説」としよう。この旧説が批判されるとき、対人訴権たるコンディクチオはその原型をとどめないほどに変容を被ることとなる。

第2款　コンディクチオ批判の諸態様

（1）　註釈学派その2──意思主義・原因論による批判

71　デュラントン（DURANTON, Alexandre [1783-1866]）は、ローマ法から議論を

---

27) DELVINCOURT, Claude-Étienne, *Cours de code civil*, Delestre-Boulage, t. 3, 1824, p. 450-451, note (2).
28) TOULLIER, *supra* note 24, t. 11, n° 99, p. 124-125.「実際、ローマの立法にもわれわれの立法にも、無償取得者と有償取得者との区別を引き出し得る法文はなんら見出されない。」この記述に引き続いてなされる、詐害行為取消が認められる場合との利益考量を重視するならば、Toullier において、Pothier の準対物訴権は、詐害行為取消訴権のように、受領者と第三取得者との売買を取消す訴権として理解されているようにも読むことができる。しかし、Pothier の記述において、取消されるのは、非債弁済それ自体であったと理解することができた。参照、本篇第1章注227）。
29) TOULLIER, *supra* note 24, t. 11, n° 106, p. 133.
30) のちの論者たちは一様に、Delvincourt および Toullier は、善意の場合にのみ revendication を認めている、と解している。p. ex. DEMOLOMBE, *supra* note 18, t. 31, t. 8, n° 406.

開始する。ローマ法によれば，非債弁済における錯誤は，引渡の原因についてのそれであって，引渡の目的（物）(objet) についてのそれではないことを確認する。目的についての錯誤であれば所有権移転が否定されるが，原因に錯誤があったにすぎない場合には引渡は所有権を移転させる。したがって，非債弁済者には対人訴権たるコンディクチオしか与えられない[31]。以上がローマ法の規律であったが，民法典はこの規律を採用したのであろうか，と問いを立てる。

ローマ法によれば，非債弁済であっても所有権は移転する以上，受領者は真正な所有権者であって，2125条や2182条2項に言う撤回されるべき所有権を有する者ではない。しかし，「新たな原則によれば，今日では，所有権は，もっぱら債務の効果によって移転される」と述べ，1138条を援用する。そして，次のような理解が提示される。

> 「自らに対して義務づけられていなかった物を受領した者は，それを受領した<u>その瞬間から</u>，当該物を返還する債務を負ったのである（il y avait, pour celui qui a reçu la chose qui ne lui était pas due, obligation de la restituer <u>dès l'instant où li l'a reçue.</u>）」[32]　［下線筆者］

ここに見られる返還債務は対人的なそれではない。意思主義の根拠条文たる1138条が引かれていることを重視すれば，次のような理解が析出される。すなわち，非債弁済により所有権は一旦は移転するが，物が受領されたと同時に，債務の効力によって，具体的に言えば，受領者の許に発生した非債弁済返還債務の所有権移転効によって，当該物の所有権が弁済者の許に復帰する，と理解されている。実際，デュラントンは，引き続く箇所で，1138条は契約のみを

---

31) DURANTON, Alexandre, *Cours de droit français suivant le code civil,* 4ᵉ éd., t. 13, G. Thorel, Guilbert, 1844, n° 683, p. 668-669. ローマ法において，引渡の目的物についての錯誤があった場合には，所有権は移転しないとされていたとし，L. 35, ff. de Acquirendo rerum dominio = D. 41, 1, 35 を引用する。この法文の Pothier の理解は，POTHIER, *Traité du droit de domaine de propriété,* n° 237, *Œuvres de Pothier,* éd. par Bugnet, Cosse et N. Delamotte, Videcoq père et fils, 10 vol., 1845-1848, t. 9, p. 182 に見られる。法文は，後見人ないし受任者（procurator）が，未成年者ないし本人に帰属する物と誤信して自らに帰属する物を引渡した場合には，所有権は移転しないとする。Pothier は，後見人・受任者は，自分に帰属することを知らなかった物については，そもそも所有権を移転する意思を有し得なかった，と説明している。

32) DURANTON, *supra* note 31, t. 13, n° 683, p. 671-672.

対象とし，準契約は埒外に置いているようにも見えるが，この違いは重要ではなく，「契約においても準契約においても，債務が存在する」ことに変わりはないと述べ，さらに，711条はこの区別を設けていない旨を強調する。また，次のようにも述べている。

　「したがって，不適切に不動産を受領した場合，引渡を受けた者は，ローマ法によったとしても[33]，その所有権者となったまさにその時点において，これを返還する債務を負担している。それ故，受領者は，他人に対して，当該不動産の所有権を移転できなかった。なぜなら，何人も，自らが有している以上の権利を移転することはできないからである。」[34]

この記述からすると弁済者は第三取得者に対してrevendicationを行使し得ることになる。とはいえ，1380条は弁済受領者による代金の返還についてしか規定していない。デュラントンは，revendicationと代金の返還との間での利益衡量を続ける[35]。「問題は微妙である」としながらも，「それでも，われわれは，revendicationに傾く」とし，論拠を追加する。すなわち，非債弁済と錯誤により無効とされる契約に基づく弁済とを同列に置く。

　「現行法において，債務なしに不動産が引渡されたのが弁済の形態の下であった場合と，錯誤ある行為の履行としてであった場合との間に，識別されるべき差異はなんら存在しない。」[36]

この立論の意図が，非債弁済返還の要件としての錯誤を契約の無効事由とし

---

33) 文脈上は「d'après le Droit français」のはずであるが，「d'après le Droit romain」とされている。誤植を想定しないとすれば，譲歩の構文として訳出せざるを得ない。
34) DURANTON, *supra* note 31, t. 13, n° 683, p. 672.
35) *ibid.*, t. 13, n° 683, p. 673 は，転売代金が物の実際の価額よりも低廉である場合，善意の受領者がこの代金を返還すれば足りるとすることは，revendicationが可能である以上，無意味であるとする。もっとも，動産が問題となるのであれば，2279条1項によって第三者は所有権を取得する結果として，代金の返還について規定することに意味があるとしている。
36) *ibid.*, t. 13, n° 683, p. 674. ただし，非債弁済者は，転売した受領者が負担すべき追奪担保責任を自らも負わなければならず，第三取得者に対する損害填補（indemniser）に足る金銭を受領者に弁済しなければならないとする（p. 675）。

ての錯誤と同視する点に存するのであれば[37]，ここには，弁済を一箇の行為と捉えその無効を語る後代の議論の萌芽を見出すこともできる[38]。いずれにしても，無効な契約を前提に物を引渡した者が revendication を行使し得るのと同様に，非債弁済者もこれを行使し得るものと解されている。

72　続いてラロンビエール（Larombière, Léobon-Valéry-Léon Jupile [1813-1893]）の議論を検討しよう。彼はまず，1380条の規律を，「何人も他人の犠牲において利得してはならない」という原則から導かれる現存利得への制限によって根拠づける。すなわち，1380条が転売した受領者に課す代金のみの返還債務は，現存利得の返還債務であると理解する。また，非債弁済は，原因なしになされた弁済であり，無効であるとする[39]。

---

37) V. aussi Duranton, *supra* note 31, t. 10, 1844, n° 131, p. 107 et s. 合意の瑕疵の一つとしての錯誤について論ずる箇所にも同様の議論が見られる。ローマ法について，弁済の原因に関する錯誤があった場合にも，所有権が移転し，第三取得者を相手方とする訴権は認められなかった。しかし，「錯誤のために無効な契約の場合にはこれとは異なり，譲渡は存在しなかったのであり，譲渡に引き続く引渡は，もっぱら裸の引渡（tradition nue）とみなされた」。Duranton は，この区別は「極めて精緻な（extrêmement subtiles）」ものであり，「これ以上述べることがない」と評価する。「なぜなら，錯誤によってなされた弁済の場合，所有権が移転したと判断するためには，[…][弁済の]原因の存在についての単なる臆見（opinion）で十分であり，したがって，誤想の原因（cause putative）は現実の原因（cause réelle）に代わるからである。他方，契約に瑕疵を与えるような錯誤の場合には，当該契約は無効であったのであり，その結果，契約を基になされた引渡は，物の所有権を移転させないものとみなされたのである。この場合，引渡が，原因なしに[なぜなら，原因が誤ったものであったから][＊本割注は原文]なされたと言うこともできたし，誤ったまたは誤想の原因の場合と同様に，所有権を付与するために弁済がなされた，と言うこともできたにもかかわらず[上記のように考えられたのである]」。以上より，1380条はかつての解決を保存しているのではないか，という点について検証する必要があるが，錯誤によって無効な契約に基づいて所有権を移転した者は，「予め，当事者との契約を無効とさせる（faisant annuler）ことで，第三者を相手方とする自らの訴権を行使する権利を有する」とする。

38) この点で，弁済の法的性質（弁済は法律行為（acte juridique）か法的事実（fait juridique）か）に関する議論の萌芽が見られると言うことも可能である。もっとも，この問題がいつの時点で明確に意識されたのかは明らかでない。主たる論点は，証拠方法（法律行為であれば人証が許されない）である。もっとも，後述するように，無効・取消後の返還を含まない固有の非債弁済返還においては，先存債務が存在しない以上，弁済それ自体について無効を論じざるを得ない，という論理的な問題が存在することはたしかである。弁済の法的性質については，V. Catala, Nicole, *La nature juridique du payement,* thèse Paris II, préf. de J. Carbonnier, L. G. D. J., 1961. 同書は，非債弁済を債務の履行としての弁済とは区別して観念する。このテーゼについて，参照，森田修「フランスにおける『弁済の法的性質』論」野村豊弘先生古稀記念『民法の未来』（商事法務，2014）93頁以下。

39) Larombière, *supra* note 19, t. 7, 1885, Comm. de Art. 1376, n° 2, p. 460-461. Pothier が挙げる非債弁済返還の三つの要件（(1) 債務の不存在，(2) 自然債務の不存在，(3) 錯誤）は不要であり，「物

第三取得者に対する返還請求については，「非常に微妙な問題」であるとしつつ，次のような説を展開する。トゥリエやデルヴァンクールの「旧説」は，弁済受領者が非債弁済の事実について善意で譲渡した場合には，第三取得者は追奪を受けないとしていた。これは，非債弁済のコンディクチオが対人訴権であることの帰結とされるが，誤りであるとする。その理由について以下のように述べている。

　「この訴権は，対人訴権ではない。混合訴権（action mixte）である。なぜなら，この訴権において，物権性と債権性の混交（mélange de réalité et de personnalité）を認識しないわけにはいかないからである。」[40]

　ラロンビエールによれば，訴権論（théorie des actions）は，「われわれの民事法の新たな原則によって大きく修正された」のであり，混合訴権とされるからには，第三取得者への追及が許される。第三取得者が善意であるとしても，「何人にも代替され得ない所有権者（propriétaire incommutable）」たるには不十分である。そもそも1380条は弁済受領者の善意にしか言及しておらず，第三取得者の善意については規定していない。以上より，非債弁済者と第三取得者との関係は，契約や準契約の問題ではなく，「所有権の問題である」とする[41]。結果として，非債弁済者による物的追及が肯定される。

73　註釈学派の代表的論者であるドゥモロンブ（Demolombe, Charles [1804-1887]）は，まず非債弁済を「原因なき利得」と理解する[42]。その帰結として，

が原因なく弁済されたこと，すなわち，債務が原因の欠缺により無効とされるのと同様の状況において弁済されたことで十分である」とする。合意と同様に，弁済も原因を有していなければならず，「原因なしに，または，誤った原因によってなされた弁済は無効であり」，弁済者は，「［コンディクチオによって］同種同量の物の返還を請求する（condicere quantitatem）ことができる」とし，L. 1, ff. Condic. sine causa = D. 12, 7, 1（第1章注130））を引用している。

40) *ibid.*, t. 7, Art. 1380, n° 7, p. 520.
41) *ibid.*, t. 7, Art. 1380, n° 7, p. 521.
42) Demolombe, *supra* note 18, t. 31, t. 8, n° 230, p. 199.「この給付［＝非債弁済］は，弁済者に損失をもたらし，その犠牲において，受領者に原因なき利得を得させる。Cette prestation, qui l'appauvrit, procure, à ses dépens, à celui qui l'a reçue, un enrichissement sans cause.」この記述は，第2篇で後述するように，彼が action *de in rem verso* を事務管理訴権との関係で補助的（auxiliaire）な訴権であると理解することからすると，興味深いものとなる。すなわち，Demolombe において，不

ローマ法上のあらゆるコンディクチオを承認する[43]。その上で，原因とは，「なんらかの契約または債務が既に存在すること」であり，これは，準契約を規律する規範よりも，契約または債務一般を規律する規範，すなわち合意の有効要件としての原因に関する規範に結びつけられている，とする。この観点からすれば，各種のコンディクチオを明示的に規定する条文はないものの，それらを条文の背後に見出すことができる[44]。これに対して，非債弁済については，そのコンディクチオを規定する条文がある。その理由は，非債弁済が，原因の欠缺に加えて弁済者に錯誤を要求する点において特殊性を帯びるためである，と理解する。

以上の前提を踏まえて，1380条論が展開される。ドゥモロンブは，非債弁済返還訴権はコンディクチオ＝対人訴権であるとしながら，直ちにこれを否定するような議論を展開する。彼は，弁済者による第三取得者への請求について，ポチエの説や「旧説」を退け，「すべての場合において，第三取得者を相手方とする revendication が認められなければならない」とする[45]。その上で，デュラントンの学説を意識させる。すなわち，この帰結を導くためには，弁済の無効に依拠する構成と弁済が受領された瞬間に所有権が復帰するという構成が考えられるとする。ドゥモロンブは，前者を妥当とし，弁済が無効である結果として，非債弁済受領者は所有権者とはならない，と結論づける[46]。

注目すべきは，弁済が無効である理由について，錯誤ではなく，原因の欠缺を語る点である。ドゥモロンブによれば，ここでの弁済の原因とは，「債務の消滅（extinction d'une dette）」である。これは，合意の有効要件としての原因について，「なぜ当事者は債務を負ったのか」という観点から把握し，相手方の債務が自らの債務の原因であるとする理解に対応する。換言すれば，ここでの

当利得返還訴権としての *condictio sine causa* と事務管理訴権の亜種としての action *de in rem verso* とが併存していることになる。Aubry et Rau が，action *de in rem verso* を *condictio sine causa* に引き寄せて理解することと対照的である。また，弁済について原因を語りつつ，同時に，受領者の利得についても原因を語ることから，彼は原因なき利得の理論を *condictio* に即して展開し得ていると考えることもできる。

43) 非債弁済以外のコンディクチオは民法典の第3篇第3章の各所に散在するが，そのすべてが規定されているとする。V. *ibid.*, t. 31, t. 8, n° 234, p. 201.
44) *ibid.*, t. 31, t. 8, n° 235, p. 201-202.
45) *ibid.*, t. 31, t. 8, n° 413, p. 345.
46) *ibid.*, t. 31, t. 8, n° 415, p. 348.

原因は，目的因（cause finale）である[47]。これを敷衍すれば，なぜ弁済がなされるのかと言えば，それは「債務の消滅」を目的とするが故のことである，ということになる。

原因概念をこのように用いるドゥモロンブは，非債弁済の事例については，先存債務がそもそも存在しなかったのであるから，先存債務が消滅することはあり得ず，結果として弁済は原因を欠き無効となる，と理解する。故に，物の所有権は移転しておらず，非債弁済者は，revendication を行使することができる[48]。

以上より，ドゥモロンブは，原因の概念を「合意の有効要件としての原因」と通底するものとして把握している，と言うことができよう。弁済ないし引渡について「正原因」が語られているわけではない。

74 マルカデ（MARCADÉ, Victor-Napoléon [1810-1854]）[49]は，非債弁済者による第三者追及を論ずるにあたって，一方で，2125条や2182条2項に見られる「自ら有しない権利を移転できない」という論理によりつつ，他方で，弁済が錯誤によって，あるいは誤った原因によってなされたことを重視し，1109条[50]および1131条を援用する。つまり彼は，他の論者の見解と同様に，弁済の無効を媒介させている。

その上でマルカデは，ローマ法は，弁済受領者を所有権者とし，返還債務の債務者としていたが，これに対して民法典は，1381条において，弁済受領者を「正当にも占有者（possesseur）とみなしている」と述べ，規律の変容を指摘する。さらに，1381条は悪意の占有者のみを想定するが，占有者は善意であっても，所有権者とはされないとする。1380条が代金のみの返還を指示するのは，動産の非債弁済を念頭に置いてのことであり，2279条1項によって第三取得者が所有権者となるためでしかない。したがって，不動産については，

---

47) 論拠としては，参照した版の関係でのちに検討する，Colmet de Santerre を引用する。
48) DEMOLOMBE, *supra* note 18, t. 31, t. 8, n° 415, p. 348.
49) MARCADÉ, Victor Napoléon, *Explication théorique et pratique du code civil*, 8ᵉ éd., t. 5, Delamonte, 1889, Sur les art. 1378-1380, n° III, p. 290-292.
50) 1109条　同意（consentement）がもっぱら錯誤によって与えられた場合，または，強迫によって強いられるか，もしくは詐欺によって騙取された場合には，なんら有効な同意は存在しない。

第三取得者を相手方とする revendication が可能であるとする。

　以上のマルカデの説は，受領者の善意・悪意で解決を分けていた「旧説」を完全に否定するものと言うことができる。

75　ベルギーで活躍したロラン（Laurent, François [1810-1887]）[51]は，第三取得者に対する訴権を，端的に revendication であると理解する。これはそもそも「返還訴権（action en répétition）」ではない。後者は，準契約に基づくが，そうであれば，弁済受領者を相手方としてしか行使され得ない。

　その理由として，準契約による債務は，契約によるそれと同様に，相対的な効力しか有しないことを挙げる。第三取得者は，準契約上の当事者との関係では第三者であるため，返還訴権による追及を受けない。これに対して revendication ならば第三者への追及が可能である。なぜなら，そもそも非債弁済受領者は，非債弁済によっては所有権者とはなり得ない以上，所有権を移転することができないからである。第三者に対する転売は，他人物売買である，と。

　以上よりロランは，ローマ法ならびにポチエの説を退けた上で，「フランス法においては，所有権は，引渡とは無関係に，契約の効力のみによって移転する」と断言する。その上でさらに論拠を付加する。たしかにフランス法は契約のみによる所有権移転を承認しているが，所有権を移転させる契約として第一に想定されるのは売買である。しかし，弁済者と受領者との間には売買は存在しない。では，弁済のみによって所有権は移転するか，と問い，これを否定する。「なぜなら，弁済が売買に基づいてなされる場合でも，弁済［それ自体］が所有権を移転する性質を有するわけではない」からである。所有権を移転させるのは，契約であって，弁済ではない，そもそも非債弁済においては，所有権を移転させる権原ないし正原因たる契約は存在せず，契約とは別に所有権移転の合意を想定することは無益である，と畳みかける。

　こののちロランは，弁済が所有権を移転させる場合もある[52]，と譲歩するものの，しかし，それは「真の弁済」でなければならないとする。非債弁済の事

---

51) Laurent, *supra* note 19, t. 20, 1887, n° 378, p. 399-402.
52) 彼が想定するのは，合意を前提とせずに，弁済によってなされる贈与である（おそらく手渡贈与（don manuel）を想定している）。しかし，不動産の贈与には書面が必要であり，弁済のみによっては所有権は移転しないとする（*loc. cit.*）。

案においては，この意味での「弁済」は存在しない。そうであるからこそ非債弁済と称されるのである，と。すると，非債弁済の場合には，弁済目的物の所有権は移転しないことになり，受領者は自らが有しない権利を移転することができない。以上より，非債弁済者は所有権者であり続け，revendication を行使することができる，と結論づける。

このように，非債弁済による所有権移転を端的に否定するロランにおいて，コンディクチオという来歴は顧みられることさえない。もはや非債弁済返還訴権は，revendication でしかない。

76 コルメ＝ド＝サンテール（COLMET DE SANTERRE, Édouard [1821-1903]）[53] も同様に，非債弁済受領者から不動産を買い受けた第三取得者を相手方とする revendication を承認する。「非債弁済した者によってなされた譲渡（aliénation）は，誤った原因（fausse cause）に基づいてなされたものである」。この立論は，ドゥモロンブと同様の原因概念に基礎づけられる。すなわち，「非債弁済者による譲渡は，存在しなかった債務の消滅を原因としていた」。「原因の誤りは，債務の発生と同様に，譲渡をも瑕疵あるものとし，かつ，無効とする」。原因の存在は，合意にとって必要条件の一つであり，「譲渡することが問題となる場合にも，債務を負担することが問題となる場合にも，合意は必要である」以上，譲渡にも原因がなければならない。

このように，彼は，債務負担の合意と区別された，譲渡の合意を観念する。この論理の階梯を踏んだ上で，いずれの合意にも原因を要求している。これは，事実上，債権契約と物権契約とを区別するに等しいであろう[54]。したがって，

---

53) COLMET DE SANTERRE, Édouard, *Cours analytique de code civil par A. M. Demante (continué depuis l'art. 980 par Colmet de Santerre)*, 2ᵉ éd., t. 5, E. Plon, 1883, n° 361 bis, III, p. 655-656.
54) 我妻榮「法律行為の無効取消の効果に関する一考察——民法における所有物返還請求権と不当利得との関係」同『民法研究 II（総則）』（有斐閣，1966）184 頁注（8）が引用する CROME, Carl, *Handbuch des Französischen Civilrechts begründet von Zachariä von Lingenthal*, 8 Aful., Bd. 2, 1894, S. 747 ff. は，フランス民法典1380条は，第三取得者への請求を認めていないと理解し，「弁済を原因とする給付は，［原因行為から］抽象的な行為として有効である Die Leistung solutionis causa hat abstrakte Gültigkeit.」とする。その上で，LAURENT, *supra* note 19, t. 20, n° 378 が，*causa* すなわち Grundvertrag が無効である場合に，*datio solutionis causa* によって所有権が取得されるか否かについて論じることを正当とする。しかし，Laurent は，不動産を誤って引渡す者は，所有権を移転させる意図を有しておらず，既に所有権が移転していることを誤って前提としたのであるから，受領者は引渡によっても所有権者たりえない，としていたとし，この点を難ずる。すなわち，「契

意思主義と矛盾する，と言うこともできる。もっとも，債権契約のレベルで原因が欠けたことを理由とする無効が所有権の移転を否定する，という形で問題が把握されているのではなく，物権契約たる譲渡の合意それ自体が原因の誤りにより無効とされていることに注意が必要である。これは，原因概念が合意の有効要件のレベルに取り込まれたことに対応するであろう。すなわち，債権契約であれ譲渡（≒物権契約）であれ，その基礎に合意を想定する限り，常に原因概念が有効要件として援用される，という論理的連関を指摘することができる。

77 最後に，ボドリー＝ラカンチヌリ（BAUDRY-LACANTINERIE, Gabriel [1837-1913]）[55]の見解を参照しよう。彼は，1380条を論ずるにあたって，まず，ローマ法においては，弁済者は錯誤があったとしても所有権を移転する意思を有しており，所有権は移転するとされていたことを確認する。しかし，現行法においては，存在すると誤信した債務が所有権移転効を有する場合には，既に所有権が移転してしまっていることになり，所有権をもはや有していない弁済者は，そもそも所有権移転の意思を有し得ない，と理解する[56]。

仮に所有権移転の意思を有していたとしても[57]，弁済は「誤った原因」に基

約の履行は同時に契約の反復・再言でもある Vertragserfüllung zugleich Vertragsrekapitulation ist」ことを忘却している，と。なお，参照，t. 1, §296, Anm. 10, S. 318. これについて我妻博士は，「クローメは，[…] この場合［＝不当利得の場合］には——フランス民法も弁済をもって無因行為となせる結果——所有権が移転するのであると説いている。然しこれはフランス民法を強いてドイツ民法の理論に従って解釈せんとするものであって，決して妥当なものではない」［傍点原文］とされる。Laurent の解釈については留保するとしても，Pothier や起草者および Toullier らを参照する限りにおいては，このように理解することも直ちに誤りとは言えないように思われる。

55) BAUDRY-LACANTINERIE, Gabriel, *Précis de droit civil, contenant dans une première partie l'exposé des principes et dans une deuxième les questions de détail et les controverses*, 4ᵉ éd., t. 2, L. Larose & Forcel, 1892, p. 942-943.

56) 仮想事例として次のような事例を挙げる。「私」は，家屋について，父が「あなた」と売買を締結したと誤信した。このとき「私」は，所有権移転意思を有していない。なぜなら，「私は，あなたが既に所有権者であると誤信していた」からである。非債であったからではなく，所有権の所在について誤信していたからこそ所有権移転意思が欠けるという理解である。1238条1項は弁済の有効性を弁済者の所有権にかからしめているが，この論理によれば，この条文と1235条とを同時に排斥することが可能となると言えよう。
1238条　①　［物を］有効に弁済するためには，弁済として与えられる物の所有者であり，かつ，それを譲渡する能力を有していなければならない。

57) 具体例としては，土地の売買で区画の特定がなされていない場合を挙げる。弁済の目的（objet）についての錯誤を想定しているのであろう。

づいており，誤った原因に基づく債務が無効であるのと同様に，この弁済は無効である，とする。したがって，非債弁済によって受領者は所有権者とはなり得ず，この者は「何人も持たざるものを与えることはない（*Nemo dat quod non habet*）という規範により，所有権を移転し得ない」。弁済者は所有権者であり続け，第三取得者に対して revendication を提起することができることになる。

この見解は，二重の論拠を用いて非債弁済による所有権移転を否定している。一方で，意思主義，すなわち，合意のみによる所有権の移転の原則が援用されている。これに基づくならば，合意とは区別された弁済によって所有権が移転されることはあり得ない。非債弁済は，先に存在する合意がない場合を指すものの，これが弁済であることに変わりはなく，やはり所有権移転効は認められない。

他方，非債弁済は誤った原因に基づく弁済である，という定義に依拠しても，原因を欠く行為は無効であり，結果として所有権を移転させることはない。後者の論拠は，コルメ＝ド＝サンテールについて指摘したように，弁済を譲渡の合意と捉え，これに原因を要求するに等しく，引渡主義を観念するものと言うことも可能である。しかし，一つ目の論拠である意思主義との整合性は意識されていない。いずれにしても，非債弁済者が行使し得る訴権は，コンディクチオではなく，移転されなかった所有権を根拠とする revendication である。

78 雑駁に列挙したにすぎないが，以上より，註釈学派に属する論者たちは，ローマ法を意識しつつも，民法典から引き出される多様な論拠によってコンディクチオの対人訴権性を乗り越えようとしている，という観察が可能である。興味深い点は，コンディクチオを生ぜしめていた原因の欠缺が，それを理由とする無効という規律を経由することで，逆に revendication を基礎づけてしまう[58]ことである[59]。このパラドクスの由縁は，古法時代において，原因が合意の有効要件として遇されたことに見出されよう。

---

[58] Vizioz, Henry, *La notion de quasi-contrat. Étude historique et critique,* thèse Bordeaux, Y. Cadoret, 1912, n° 70, p. 290 et s.; Maury, *supra* note 1, p. 362 et s.
[59] なお，同時代において，第三者に対する revendication を認めない学説として，V. Beudant, Charles, *Cours de droit civil français. Les contrats et les obligations,* publié par Robert Boudant, Arthur Rousseau, 1906, n° 1141, p. 721. もっとも詳論はされていない。

第1部　各種返還請求の史的諸相

(2)　註釈学派その3――対人訴権性の保存

オーブリー＆ローの
独自性

79　時代が前後するが，ここで，オーブリー（AUBRY, Charles [1803-1883]）とロー（RAU, Charles-Frédéric [1803-1877]）の学説を扱うこととしよう。彼らは，独自の解釈を提示する。まず本文において，「非債弁済返還訴権は，弁済受領者によって譲渡された不動産が問題となる場合，第三取得者が有償でこれを取得したにせよ，その前主〔＝弁済受領者〕が善意で受領し譲渡したにせよ，第三取得者に対して提起され得る」とする[60]。他の論者とは異なり，第三取得者を相手方とする訴権は，revendication ではなく，非債弁済返還訴権とされていることが注目される。脚注では次のような論拠が提示される。

　「フランス法は，特定承継人（successeurs particuliers）の法的地位[61]について，新たな規律を用意した。」[62]

　特定承継人について論ずる箇所では，2125条と2182条2項とを援用しつつ，「何人も他人に対して，自らが有する以上の権利を移転することができない」として，特定承継人は前主の債務を負担しないことが原則であると述べている[63]。特定承継人が服すべきは，前主が服していた物権的制約のみである。しかし，これには重大な限定が付される。

　「〔前主の〕債務が，移転された権利を制約または修正する効果を有する場

---

60) AUBRY, Charles et RAU, Charles-Frédéric, *Cours de droit civil français d'après la méthode de Zachariae*, 4ᵉ éd., t. 4, Cosse, Marcel, 1871, §442, p. 737-738.
61)「特定承継人の法的地位については，参照，野澤正充「契約の相対的効力と特定承継人の地位（1）～（5・完）」民商法雑誌100巻1号108頁以下，2号281頁以下，4号620頁以下，5号862頁以下，6号1066頁以下（1989）。特に19世紀における理解の変容について，同（1）121頁以下を参照。ただし，同論文の主たる対象は，第三者のためにする約定（stipulation pour autrui）について定める1121条である。
62) AUBRY et RAU, *supra* note 60, t. 4, §442, p. 738, note (37) は，特定承継について論ずる t. 2, §176, n° 2 et §176 bis, p. 73-76 を参照させる。
63)「特定承継人は，法律上当然に，また，そうした属性を有する者として（de plein droit et comme tel），前主の個人的な債務を直接に負うことはない」（*ibid*., t. 2, §176 bis, p. 74）。この原則には，異論の余地がないとする（p. 75）。

合には，その限りでない。」[64]

具体例として第一に挙げられるのは，賃貸借の対象とされている物の取得者が，賃貸借契約上の債務を負担する場合（「売買は賃貸借を破らず」，1743条［当時][65]）である。非債弁済された物の第三者への移転は，これと同様に理解される。非債弁済受領者は，たしかに所有権を取得するが，この所有権は，弁済を受領した時点から既に，「返還債務によって制限ないし修正される（restreint ou modifié par une obligation de restitution）」[66]。つまり，非債弁済された物の返還は，前主＝弁済受領者が負担する「債務」でしかないが，所有権を制約する限りにおいて[67]，物に付随して第三取得者をも拘束することになる。

これは，意思主義や弁済の無効に依拠して revendication を認める論者とは異なり，コンディクチオの対人訴権性を堅持しつつ，第三者に対する請求を認める論理として理解することができる[68]。この密やかなコンディクチオの保存は，第2篇で検討する彼らの action de in rem verso 論にもまた影響を及ぼすことになる。

小 括 **80** 非債弁済の局面における第三取得者への追及の可否についての議論は，次のような問題をめぐって展開されたものと解される。すなわち，フランス民法典が新たに導入した所有権移転に関する意思主義や，ドマ

---

64) loc. cit.
65) 1743条［原始規定］賃貸人が，賃貸借された物を売却する場合には，取得者は，公署による賃貸借［の証書］(bail authentique) またはその日付が確定される賃貸借［の証書］を有する小作人または賃借人を立ち退かせることができない。
66) AUBRY et RAU, supra note 60, t. 4, §442, p. 738, note (37).
67) ユリアヌスとウルピアヌスの対立についてのポチエの解釈を想起することもできよう。前記本文 **41** 参照。
68) Zacharlæ の理解について，V. AUBRY et RAU, (trad.), 2ᵉ éd., infra note 162 t. 2, §442 et p. 91. （Aubry et Rau の概説書の成り立ちについては第2篇第1章第2節で詳述する）本文の記述は，4版と同一である。しかし，loc. cit., note (17) には特定承継に関する議論は見られず，Duranton の説を採用したものであることが示される。つまり，Duranton に依拠する限りにおいて，revendication と condictio との違いに無頓着である，と言うことができる。一方，特定承継人が前主の債務を負担する場合についての説明は，文言に違いは見られるものの，趣旨において Aubry et Rau の4版と同様である。V. 2ᵉ éd., t. 1, §181-182, p. 178-179. すると，Aubry et Rau は4版において，Zacharlæ の特定承継論を非債弁済の場合に適用することによって，revendication と condictio との差異に配慮し，Duranton 説から離れ，論拠を更新した，と理解することができる。4版では，2版とは若干ニュアンスを異にし，「Voy. en faveur de notre opinion」として Duranton が引用される（V. 4ᵉ éd., t. 4, §442, p. 738, note (37))。

に起源を有するものと解し得る原因欠缺による合意の無効の理論を，ポチエを介してローマ法の規律が保存された非債弁済の制度と，いかにして接合するか，が新たな課題であった。

　当初は（既述のとおり，必ずしもそのようには解釈し得ないものの），弁済受領者の善意・悪意によって解決を違える見解が見られた。しかし，この「旧説」は，第一に，所有権移転の意思主義を背景とした「弁済と同時の所有権復帰」（デュラントン）や「弁済による所有権移転の原則否定」（ボドリー＝ラカンチヌリ）によって，第二に，「混合訴権論」（ラロンビエール）によって，そして第三に「原因欠缺による弁済の無効」（ドゥモロンブ以降の通説的見解）によって否定され，結果として非債弁済返還訴権がコンディクチオであること，より限定して言えば，それが対人訴権であることが否定された。こうした多様な学説は，いずれもがローマ法に言及していたように，コンディクチオと所有権移転の意思主義とが相容れないことを意識している。古法時代において既に浸食され始めていたコンディクチオは，意思主義の後押しを受けて，ほぼ完全に revendication によって覆されてしまったと言うことができる[69]。

　以上の非債弁済論が物権変動の制度との間に取り結ぶ関係について，いま一度確認しておこう。まず，弁済または引渡を原因たる契約とは別個の合意として構成するか（引渡主義），それとも，合意ないし債務それ自体によって直ちに所有権移転を語るか（意思主義），という点で解決が分かれる。フランス民法典は後者を原則とした。これとは別に，原因たる合意または債務が存在しない，あるいは，それが無効であったり取消されたりした場合に，当該合意または債務が存在することを前提としてなされた弁済ないし引渡が覆されるか否かという問題がある（有因主義・無因主義）。この二つの分岐がどのように接合されるのかが焦点である。

　ポチエの原状回復の効果論に見られたように（前記 **63**），引渡主義を採りつつ，所有権移転を覆すことも可能である（有因的引渡主義）。では，意思主義の

---

[69] V. Ranieri, Filippo, Die lehre der abstrakten Übereignung in der deutschen Zivilrechtswissenschaft des 19. Jahrhunderts, Coing, Helmut und Wilhelm, Walter, *Wissenschaft und Kodifikation des Privatrechts im 19. Jahrhundert*, Frankfurt am Main, Klostermann, 1977, Bd. II, S. 111. もっとも，S. 111, Anm. 107 では，用語法において曖昧さは残るとしながらも，Aubry et Rau を revendication による第三者追及を論じた代表例としており，この点は本書と理解を異にする。

場合には，論理必然的に有因主義が帰結されるのであろうか。不動産の非債弁済の場合の第三者追及の可否に関する議論は，この問題をめぐって行われていると一応は理解することができる。しかし，固有の非債弁済として問題となるのは，債務の存在につき錯誤があった場合である。この場合に，正原因ないし権原たる合意を無効とするか否かは問題とならず，弁済のレベルにおいてのみ問題が把握されなければならない。このとき，非債弁済は所有権を移転させないと構成するか，所有権を移転させるが直ちに復帰すると構成するか，所有権を移転させるが返還債務が物に付随して承継されると構成するか，は自由である。さらに所有権が移転しないと構成する場合には，弁済が無効であると構成するか，単に契約が存在しないのであるから所有権は移転されないと構成するか，もまた自由である。いずれの説を採用しても，意思主義を毀損することはない。

　以上のような理解が可能であれば，意思主義が採用された法体系の下では，固有の非債弁済の問題と，有因主義・無因主義の問題とは，論理必然的な関係にない，と述べることが可能である。したがって，物権変動が有因的か無因的かという問題は，未だ開かれている。これを理解するには，無効・取消についての理解を参照しなければならない。逆に，非債弁済がこの問題と関係づけられるためには，無効・取消の効果が非債弁済返還訴権を経て実現されることを要する。しかし，非債弁済返還訴権が既に revendication によって乗り越えられていれば，無効・取消についての理解が有因主義に傾いたとしても，換言すれば，無効・取消について遡及効を語り，これにより所有権が前主の許に復帰すると観念したとしても，非債弁済の制度はこれを受容し得ることになろう[70]。

---

70) V. VAN VLIET, L. P. W., Iusta Causa Traditionis and its History, *European Private Law, European Review of Private Law*, 2003, p. 342 f, spéc., p. 371 は，非債弁済の第三者効の議論と無効・取消の遡及効論とが矛盾しているとする。しかし，無効・取消の効果が非債弁済によることを前提としている。われわれの視点からは，矛盾しているというよりも，非債弁済返還訴権の特殊性を新たな物権変動システムとの関係でどのように位置づけるかが問題とされていると解されることになる。次節で検討するように，無効・取消の遡及効は，古法時代の規律の延長線上にありながら，新たな物権変動システムと無理なく接合し得るものであった。この意味でわれわれは，有因主義が課題意識のないままに成立したと理解する。

第2節　無効理論の変容と革新

81　本節では[71]，民法典制定後における無効・取消の問題を扱う[72]。しかし，われわれが関心を寄せてきた無効・取消後の返還の問題を検討する以前に，ここでも，無効・取消および返還がいかなる訴権によって実現されるか，という問題が解かれなければならない。より具体的に言えば，民法典が規定する「無効または取消訴権（action en nullité ou en rescision）」（1117条，1304条，1338条[73]），

---

71) 訳語について注記する。「nullité」を「無効」とした場合，「annulation」をいかに訳出すべきか。その意義は，行為を「無効とすること」であるが，以下に検討する19世紀の諸学説においては，特別な訴権を必要としない「不存在（inexistence）」と対比して用いられることがある。仮にこの不存在の類型を，出訴を要しない点で日本法上の「無効」の等価物と考えるならば，「annulation」は，意思表示ではなく訴権によるとはいえ，主張者のイニシアチヴに依存するが故に「取消」と訳すことができる。しかしわれわれは，これまで「rescision」に「取消」の訳語を充ててきており，混乱を来す。現代の用語法では，「rescision」の語が残されて例外性が強調される過剰損害の場合を除き，同意の瑕疵に関する限り，その他あらゆる事由が「nullité」を惹起するものとされ，「annulation」は「nullité を導くこと」という意味で用いられる。以下ではこの用語法を採用することとし，「annulation」を「無効化」，または端的に「無効」とし，「action en annulation」は「無効（化）訴権」と訳出する。また，後代の類型化に現れる「annulabilité」については，日本語としては据わりが悪いが，「無効化可能」と訳出する。

「restitution」については，ローマ法上の *in integrum restitutio*，ないしフランス古法上の取消に伴う原状回復を意識させる文脈では，これまでと同様に「原状回復」とする。ただし，古法時代における「restitution」と「rescision」との互換的な用法を想起させる場合には，「原状回復（取消）」と訳出する。他方，具体的な物の返還が問題とされている場合には，「返還」とする。したがって，「action en restitution」については，「原状回復（取消）訴権」と「返還訴権」とが混じり合うこととなり紛らわしいが，古法時代との連続性が意識されず，もっぱら個別の物の返還が問題とされる場合には，「返還訴権」で統一する。

72) 既に注記したように，合意の有効要件としての原因それ自体については扱わない。また，原因論と密接に関連し，無効訴権の不受理事由である不法原因給付の法理（「何人も自らの破廉恥を援用することはできない（*Nemo auditur propriam turpitudinem allegans*）」）についても，叙述に必要な場合には言及するが，個別の主題としては検討しない。フランス法上の不法原因給付に関する代表的研究として，参照，有泉亨「不法原因給付について（1）～（3・完）」法学協会雑誌53巻2号232頁以下，3号461頁以下，4号656頁以下（1935）。

73) 1117条　錯誤，強迫または詐欺によって締結された合意は，なんら法律上当然に無効ではない。それは単に，本章第5節第7款に規定される場合および方法に従って，無効または取消訴権（action en nullité ou en rescision）を生じさせる。

1304条　後掲注111）参照

1338条　①　法律によって無効または取消訴権（action en nullité ou en rescision）が認められる債務の追認または確認証書（acte de confirmation ou ratification）は，当該債務の本質［的内容］（substance），取消訴権（action en rescision）の理由の記載，および，当該訴権を基礎づける瑕疵を治癒する意図が，そこに見出されるときでなければ有効でない。

②　追認または確認証書がない場合には，債務が，それを有効に追認または批准することができ

すなわち，裁判官に行為の無効・取消を宣言させるための訴権と，非債弁済返還訴権（action en répétition de l'indu）や所有権に基づく返還訴権（revendication）（後者については，これまでと同様原語で表記する）との関係が問われなければならない。

しかしながら，古法時代におけるコンディクチオは，必ずしも当然無効後の返還関係を規律する訴権とは理解され得ず，かえって当然無効それ自体を導くための訴権とも把握され得た（ドマについて，前記**27**）。また，取消（rescision）についても，訴権を要するばかりか，その前提として特殊な制度が介在していたため，返還関係を析出することは容易ではなかった。これらの事実に鑑みれば，無効ないし取消の実現に訴えを要する限り，その効果たる返還について独自の訴権を観念し難いことは既に明らかであろう[74)][75)]。

以上の問題に取り組むにあたって，まずは無効・取消の類型化に関する議論を参照する必要がある[76)]。中間法時代に，当然無効と取消・原状回復との区別

た時期以後に，任意に履行されることで足りる。
　③　法律が定める方式および時期においてなされる追認，確認または任意の履行は，その行為について対抗することができた攻撃防御方法（moyens）および抗弁の放棄をもたらす。ただし，第三者の権利を害することができない。

74) 返還訴権（action en restitution）と無効（化）訴権（action en annulation）とが区別されないことについて，V. GUELFUCCI-THIBIERGE, Catherine, *Nullité, restitutions et responsabilité*, thèse Paris I, préf. de J. Ghestin, L. G. D. J., 1992, n° 676, p. 392-393. 同書は，相対無効が *in integrum restitutio* を起源とすることが混乱の原因であると理解する（*ibid.*, n° 677, p. 393 et n° 368, p. 219-220）。

75) V. aussi COLIN, Ambroise et CAPITANT, Henri avec le conc. de JULIOT DE LA MORANDIÈRE, Léon Francis, *Cours élémentaire de droit civil français*, 8e éd., t. 2, Dalloz, 1935, n° 163, p. 150-151.「無効訴権（action en nullité）は，直接かつ当然に（directement et *de plano*）裁判所において提起され得た。これとは異なり，取消の事案は，取消状の取得によるのでなければ受理され得なかった」とし，民法典はこの区別を廃棄したとする。その上で，同書の執筆当時においては，民法典1304条に関して，かつての（当然）無効と取消との区別は問題とならず，同条の期間制限は，特定の当事者を保護するための無効事由（能力制限，同意の瑕疵）から生ずる相対無効（nullité relative）にのみ妥当するものとする。さらに1304条が適用されない訴権があるとして，解除訴権，贈与・遺贈の撤回訴権，詐害行為取消訴権，解約請求（demande en résiliation），偽装行為確認訴権（action en déclaration de simulation），および，非債弁済返還訴権を挙げる。後述するように，非債弁済返還訴権への1304条の適用が判例上の重大な論点であった。

76) フランスにおける無効論の展開については，鎌田薫「いわゆる『相対的無効』について——フランス法を中心に」椿寿夫編『法律行為無効の研究』（日本評論社，2001）127頁以下の叙述を参照。なお，参照，木村常信「仏民法の絶対無効と相対無効（1）（2・完）」産大法学6巻1号1頁以下，2号1頁以下（1972）；野澤正充「フランスにおける『対抗不能』と『相対無効』」立教法学40号226頁以下（1994）；同「『対抗不能』と『相対的無効』」椿編・前掲書659頁以下。さらに参照，山口俊夫『概説フランス法（下）』（東京大学出版会，2004）80頁以下。
　なお，金山直樹・山城一真・齋藤哲志「現代フランス契約法の動向——ゲスタンほか『契約の成

を支えた制度的差異が消失した結果，無効・取消の概念化は，論争的性格を帯び，これを巡って多様な学説が入り乱れる。整理にあたっては，以下の二つの視点を念頭に置くことが便宜である。

第一は，訴えの要否という視点である。これは，1304条が規定する10年の短期消滅時効[77]の適用の有無に関連する。訴権構成を採用し続ける限り，その時効消滅は不可避の問題となる。第二は，古法時代に萌芽が見られる「絶対無効（nullité absolue）」と「相対無効（nullité relative）」との区別である。この区別は，合意の無効を規定する法律によって保護される利益の差異から導かれ，具体的規律も類型に応じて異なるものとされる。

註釈学派の論者たちは，まずは前者の視点からの類型化を模索する。すなわち，訴えを必要としないカテゴリーが創出され，契約の「不存在（inexistence）」[78]として定式化される[79][80]。このカテゴリーを梃子として，新たな仕方で当然無効ないし無効が訴権構成から解放されるに至る。他方，無効と対抗的に観念される「無効化可能（annulabilité）」は，その実現に訴権の提起を要し，

立』に焦点を当てて」慶應大学法学研究88巻7号53頁以下（2015）／筆者執筆「三　契約の無効」75-80頁は，以下の内容を（極めて）簡潔にまとめたものでもある。書評の対象である GHESTIN, Jacques, LOISEAU, Grégoire et SERINET, Yves-Marie, *Traité de droit civil. La formation du contrat*, 4ᵉ éd., 2 vol. L. G. D. J, 2013, spéc., SERINET, t. 2, nº 2001 et s. (3ᵉ partie. Les nullités du contrat) のうち，本書に関係するのは無効理論史と無効の効果論であるが，前者の内容紹介はこの書評に譲り，（書評での予告どおり）後者ついて第2篇で詳細に検討する。

77) フランス法における時効制度については，参照，金山直樹『時効理論展開の軌跡──民法学における伝統と変革』（信山社，1994）。とりわけ，後掲注120）の Dunod de Charnage に関する詳細な検討（77頁以下）を参照。もっとも，以下に検討する1304条，また，古法時代の取消状の取得期間は，主たる対象とはされていない。

78) わが国における研究として，参照，熊谷芝青「フランス民法における『無効』と『不成立』の関係」高島平蔵教授古稀記念『民法学の新たな展開』（成文堂，1993）65頁以下。同論文は，日本民法典の立法過程に即して，「inexistence」を「不成立」と訳出する。なお参照，同「日本民法における『無効及ヒ取消』──効力否認論序説」早稲田法学会誌42巻183頁以下（1992）。

79) 訴えを不要とすることが不存在のカテゴリー創出の動機であったことについて，V. CHEVALLIER, Jean, Rapport général, *Travaux de l'association Henri Capitant*, t. 14. Inexistence, nullité et annulabilité des actes juridiques, 1965, p. 513 et s., spéc., p. 515.

80) 不存在の概念について論ずるには，本来は，婚姻の無効をめぐる問題が参照される必要がある。もっとも，本書の課題である効果論に射程が及ばないと考えられるため，ここではいくつかの後掲注で扱うにとどめる。詳しくは，V. JAPIOT, *infra* note 83, p. 122-123. また，不存在のカテゴリーの作出は，「法文がなければ無効は存在しない（pas de nullité sans texte）」という法格言を回避するためのものでもあったとされる。詳細について，V. DROGOUL, *Essai d'une théorie générale des nullités. Étude de droit civil*, thèse Aix, Arthur Rousseau, 1902, nº 25, p. 137 et s. 以上の問題について，熊谷（1993）・前掲注78）が詳論している。

とりわけ時効に関して特別の規律を受けるものとされる。出訴権者の範囲，追認の可否等の規律も，二類型に応じて整然と区別される[81]。以上を，慣例的な用語を借りて，「古典理論（théorie classique）」と称し，その形成過程を瞥見する。われわれの視角は，訴権の要否に関する理解が，返還の局面への着目の有無に相関する，というものである（第1款）。

第二の視点である絶対無効と相対無効との対抗は，註釈学派の諸学説において，言及こそされるものの，必ずしも前面には登場しない。無効と無効化可能との対に，絶対無効と相対無効との対を重ね合わせたのは，註釈学派の理論を批判し，それを古典理論と称した後代の学説であったものと解される[82]。すなわち，20世紀初頭に現われたジャピオ（JAPIOT, René）[83]を代表とする諸学説であり，その無効論は，講学上，「新理論（théorie moderne）」と称される。もっとも，われわれが着目するのは新理論の思考方法それ自体である。新理論は，無効のパラダイムを転換させた。無効は，行為の有効性を覆すための「反覆権（droit de critique）」[84]として概念化される。無効は実体権化され，その行使方法は二義的な問題とされる。訴権によるか抗弁によるかは問われず，また訴権の名称にも拘泥されない。さらに，反覆権としての無効の対象は，行為の効力剥

---

[81] 参照，鎌田・前掲注76) 139頁，表2。

[82] 典型的には，V. GAUDEMET, Eugène, *Théorie générale des obligations*, Sirey, 1937 (réed. Dalloz, 2004), p. 140 et s. 絶対無効と相対無効との対比は，しばしば古典理論自体の理解と言われるが，主唱者を特定し得ない。もっとも，後述するように，Demolombe や Laurent は，用語こそ異なるものの，絶対無効／相対無効の対に相当する理論を構築し得ている。BOUDOT, *infra* note 123, p. 91 は，当然無効／無効化可能の対と絶対無効／相対無効の対との互換的用法の嚆矢として（ただし，以下の引用から明らかなように，その筆致は批判的である），PLANIOL, *Traité élémentaire de droit civil*, 2ᵉ éd., 1901, t. 1 [未見] の脚注を引用する。われわれが参照し得た Planiol 同書の第7版にも同一の記述がある。PLANIOL, Marcel, *Traité élémentaire de droit civil, conforme au programme officiel des facultés de droit*, 7ᵉ éd., 1915, t. 1, §343, p. 130, note 1.「絶対無効と相対無効という表現は，二種の無効を区別するために，実務において最も一般的に用いられている表現である。[しかし] この呼称は適切に選択されていない。なぜなら，それらは，二義的な属性から導かれているからである。むしろ当然無効（nullité de plein droit）と単なる無効化可能（simple annulabilité）という表現が使われるべきである。これらの表現は，他のすべての差異を導く根本的な差異を指示するからである。」

[83] JAPIOT, René, *Des nullités en matière d'actes juridiques. Essai d'une théorie nouvelle*, thèse Dijon, Librairie nouvelle de droit et de jurisprudence, 1909.

[84]「反覆権」という訳語は誤解を招き得るが，Japiot の用語法は，無効が，訴え＝能動的側面と，抗弁＝受動的側面とに識別されて議論されてきたことに対する批判を前提とする。彼は，権利のレベルと行使方法のレベルとを区別し，後者について，無効を主張する者のイニシアチヴを強調する。訴えによるのであれ，抗弁として主張されるのであれ，無効を主張する反覆権者は，無効な行為から生じた帰結を自ら除去することに関心を寄せている，という理解である。

奪それ自体であり，返還には関わらないものとされる。すると，ここに至って，無効の効果が明確な意識を伴って析出される。すなわち，履行がされていた場合の返還は，無効の遡及効（effet rétroactif）の帰結として遇され，revendication や非債弁済返還訴権によって規律される，と説明される。こうして，「無効」・「その効果としての遡及効」・「遡及効の実現としての返還」という連関が用意される（第2款）。

しかし，われわれが着目する新理論のこの側面は，民法典の規定とは相容れないと評価され，後代には必ずしも受け継がれることがなかった。第2部で確認するように，現在でも，無効それ自体について訴権の提起が前提となる，という理解は覆されておらず，無効後の返還の問題は不分明であり続けている[85)86)]。

第1款　無効・取消をめぐる混乱

(1)　取消状の廃止と「無効または取消訴権」

82　革命期の立法[87)]により，パルルマンや上座裁判所とともに（小）尚書局も廃止された結果，取消状の制度は消滅することとなった[88)]。かつて訴えのた

---

85) *Comp.*, COLIN et CAPITANT, avec JULIOT DE LA MORANDIÈRE, *supra* note 75, n° 162, p. 150. 相対無効については訴えを要するとしたのちに，次のように述べている。「逆に，契約が絶対無効によって損なわれているとき，この無効を援用することに利益を有する者は，少なくとも理論的には，絶対無効を宣言させるために裁判による必要はない。この者は，当然にそれを援用することができる。ただし，相手方当事者が無効の存在を争う場合に，裁判所に赴く義務を課されることはもちろんである。」［傍点筆者］

86) 訴えの必要に関する現代の理解として，V. TERRÉ, Francois, SIMLER, Philippe et LEQUETTE, Yves, *Droit civil, Les obligations*, 11e éd., Préis Droit privé, Dalloz, 2013, n° 390 et s., p. 437 et s. 現代における問題は，解除におけるのと同様に，無効を宣言する裁判官は，無効の当否に関する専権的な評価権限（pouvoir d'appréciation）を有しているか否か，というものである。同書は，裁判官の判断権に依存する無効を，特別に「随意的無効（nullité. facultative）」と称する。V. *ibid.*, n° 390, p. 437. 無効に裁判を要することに起因する諸種の問題については，V. GOUT, Olivier, *Le juge et l'annulation du contrat*, thèse Saint-Etienne, préf. de P. Ancel, PUAM, 1999. また，無効の抗弁に関する論考として，V. AUBERT, Jean-Luc, Brèves réflexions sur le jeu de l'exception de nullité, *Études offertes à J. Ghestin*, L. G. D. J., 2001, p. 19 et s. 無効の抗弁については，それ自体で独立の論考を要し，また，返還関係には直ちには接続しないため，議論の展開に必要な限りで扱うにとどめる。

87) 革命期の司法制度改革全般について，参照，野田良之『フランス法概論上巻（再版）』（有斐閣，1970）598頁以下；山口俊夫『概説フランス法（上）』（東京大学出版会，1978）56頁以下。

88) Décret des 7-11 septembre 1790（租税，公役務および商行為の分野に関する行政裁判所並びに司法裁判所における訴訟の形式，並びに，既設の法院，裁判所および裁判機関の廃止に関するデク

めに王状を必要とした他の法的手段とともに，取消は，王状取得の前置を要しないものとされる[89]。この変容ののち，取消についていかなる制度が構築されたのであろうか。また，取消の特殊性の消滅は，取消と無効との関係をいかに変容させたのであろうか。民法典の制定過程[90]から明らかとなる問題群のうち，

レ）, Art. 20 et 21. V. DUVERGIER, J. B., *Collection complète des Lois, Décrets, Ordonnances, Règlements, Avis du Conseil d'État*, 2e éd., Chez A. Guyot et Scribe, t. 1, 1834, p. 359-361.
20条　最高法院および上座裁判所に附設された尚書局は，そこで付与される王状の慣行とともに，本デクレ15条および17条によって定められるそれぞれの時期において，廃止されるものとする。
21条　前条の規定により，同一の時期［＊15条および17条に定める時期］以降，当該書状が必要とされていたあらゆる事案において，実体について直接に審理する管轄権を有する裁判所において訴えを提起すれば十分である。限定承認（bénéfice d'inventaire）［＊古法時代には王状が必要とされていた］については，その効果の発生のために王状を必要とする法律を除き，各地の法律に従う。
89) PLANIOL, *Traité élémentaire de droit civil, conforme au programme officiel des facultés de droit*, avec la collab. de Georges RIPERT, 10e éd., L. G. D. J., t. 2, 1926, n° 1275, p. 453.「民法典の公布によって，フランス法の諸法源は統一され，［無効訴権と取消訴権との］根本的な差異は消失した。今日では，いずれの訴権も同一の法律から生ずる。1304条は，両者を同一の時効に服せしめた。いずれの訴権も10年で消滅する。」［下線筆者］下線を付した時効の問題が，民法典制定後の学説上の争点である。
90)「制定過程を仔細に検討すれば，この無効という分野を非常な不明瞭さが支配していることが確認される」（JAPIOT, *supra* note 83, p. 112）。
　本論に先立って，カンバセレス第一草案によって混乱の態様を例解しておこう。V. FENET, *supra* note 6, t. 1, p. 66-67. 無効・取消に関する諸規定は，「第2篇・契約//第2章・債権債務関係//第1款・債権債務関係一般，その発生原因，その効果，およびこれを無効とする瑕疵（Des obligations en général, de leurs causes, de leurs effets et des vices qui les annulent.）//第3パラグラフ・契約を無効とする瑕疵（Des vices qui annulent les contrats）」に見られる。まず人（personne）を理由とする瑕疵と，債務の対象（matière）を理由とする瑕疵とが区別される（12条）。前者については，能力制限（incapacité），未成年（mineur），財産処分禁止（＝禁治産）（interdiction）が挙げられる（13条）。後者については，公の誠実さ（honnêteté publique）および社会秩序（ordre social）に反する事由，と定義されたのちに，目的（物）の違法性（objet illicite），自由の欠如（défaut de liberté）（＝強迫），錯誤，詐欺が列挙される（14条）。その上で，以下の条文が規定される。
15条　何人も他の事由［＊12条から14条に列挙された無効事由以外の事由］によっては，自らの債務を免れることができない。法律は，不動産たる物であっても，もっぱらその代金における過剰損害を理由とする原状回復［取消］訴権を認めない。Nul ne pourra être relevé de ses obligations pour d'autres causes. La loi n'admet pas l'action en restitution pour simple cause de lésion dans le prix des choses même immobilières.
16条　契約を瑕疵あるものとする事由は，当該抗弁がその者のために規定された者によってでなければ，援用することができない。未成年者が未成年であることを理由とする異議を申立てない場合，または，自由の欠如，錯誤もしくは詐欺を援用し得る成年者が異議を申立てない場合には，契約は存続する。La cause qui vicie le contrat ne peut être invoquée que par celui en faveur de qui l'exception est établie. Si le mineur, pour cause de minorité, ou le majeur qui pourrait se prévaloir du défaut de liberté, de l'erreur ou du dol, ne réclament pas, le contrat subsiste.
17条　無効とされた契約に基づいてなんらかの物を受領した者は，その返還を行うよう義務づけられる。［返還は］当該行為の帰結として残されるすべての物［について行われる］。La personne qui a reçu quelque chose, en vertu d'un contrat annulé, est obligée en faire la restitution, c'est tout

187

以下では，訴えの要否の問題，および，無効と取消とが訴権として区別されるか否か，という問題を採り上げよう。議論の焦点を成すのは，時効期間の長短である。

民法典制定過程[91]　**83**　共和歴 8 年の政府草案では，無効訴権（action en nullité）と原状回復（取消）訴権（action en restitution）とが区別され，時効についても異なる期間が定められていた[92]。前者は訴権消滅時効の原則に従って 30 年とされ，後者は古法時代における取消状の取得期間に倣って 10 年とされる。

この草案に対する所見（observations）において，破毀裁判所（tribunal de cassation）（当時）は，「合意を無効とさせる（faire annuler）すべての訴権は，無効（化）訴権（action en annulation）」であり，「一方の訴権に他方の訴権よりも長期の期間を付与するいかなる理由も存在しない」として，二つの訴権の区別を廃棄するよう主張する。その一方で，良俗（bonnes mœurs）や法律の規定に反する合意は，「なんら拘束力を有さず（ne sont point obligatoires）」，「無効（化）訴権によってこれらの合意を攻撃する（attaquer）必要はない」としている。「この無効（nullité）[93]は，合意の履行を請求する者に対して，抗弁として主張

---

ce qui reste des suites d'un pareil acte.
　15 条は過剰損害による原状回復＝取消を原則として否定し，16 条は無効の主張権者を限定し，17 条は無効ののちの原状回復＝返還について定めている。下線を付したように，15 条と 17 条とでは「restitution」の語義は必ずしも同一ではない。古法時代においてそうであったように，「取消それ自体としての restitution」と「取消の効果としての restitution」とが弁別されていない。

91) 以下について，V. Couturier, Lucien, *Droit romain: de la "rei vindicatio", Droit français: de la prescription des action en nullité ou en rescision,* thèse Paris, Impr. régional, Dijon, 1889, spéc., n° 13, p. 94.

92) Fenet, *supra* note 6, t. 2, p. 189. のちの民法典と同様に，債務の消滅原因の末尾に「合意に対する無効または原状回復［取消］訴権（De l'action en nullité ou en restitution contre les conventions）」と題された款が置かれる。
　第 3 篇第 2 章［契約または契約上の債権債務関係一般］193 条　契約を無効であると宣言させるための訴権は，法律が，一定の訴権について，より短い期間に制限する場合を除き，30 年間存続する。L'action tendant à faire déclarer nul un contrat, dure trente ans, excepté dans les cas ou la loi restreint certaines actions à un terme moindre.
　194 条　原状回復［取消］訴権は，合意の日付，または，未成年者については，成年となった日付から，10 年間しか存続しない。L'action en restitution ne dure que dix ans, du jour de la convention, ou de la majorité, s'il s'agit d'un mineur.
　195 条　錯誤，強迫および詐欺は，単なる原状回復［取消］訴権しか生ぜしめない。L'erreur, la violence et le dol ne donnent lieu qu'à une simple action en restitution.

93) のちに「不存在（inexistence）」として同定されるこの類型についてもまた，「無効」という語が

されれば十分である」。この抗弁は永久的であり，故に，短期の時効どころか，共通法上の30年の時効にもかからない[94]とする。さらに，破毀裁判所は，狭義の原状回復（取消）訴権を無効（化）訴権と区別し，前者は過剰損害の場合にのみ妥当するものとする[95]。

端的にまとめれば，破毀裁判所は，無効・取消について，三分法を採用していることになる。第一は，抗弁のみで十分であり訴権を要しない無効，第二は，無効（化）訴権によって実現される無効である。これらと区別されるものとして，第三に，過剰損害による原状回復（取消）が置かれる。同様の類型化は，後代に再登場する。

控訴裁判所（tribunal d'appel）（当時）の所見にもまた，草案に対する異論が見られる。オルレアン控訴裁判所は，政府草案について，無効訴権の時効期間が長きにすぎることを難ずる[96]。他方，パリ控訴裁判所は，破毀裁判所と同様に，

用いられていることに注意する必要がある。
94) FENET, supra note 6, t. 2, p. 597. この主張を根拠に提案される条文は次のようなものであった（ibid., t. 2, p. 597-598）。
192条 ① 無効訴権（action en nullité）は，債務を負う者の能力制限を理由とするのであれ，未成年者の財産の移転について規定された方式の懈怠によるのであれ，錯誤，強迫または詐欺によるのであれ，10年間存続する。ただし，法律が，これらの訴権をより短い期間に制限する場合はその限りでない。
② この期間は，被財産処分禁止者［＝禁治産者］（interdits）については，処分権の回復（réhabilitation）の日付から進行する。成熟者（pubères）であれ未成熟者（impubères）であれ未成年者については，成年となった日付から進行する。他のすべての者については，合意の日付から進行する。
193条 無効訴権の効果は，契約を無効とさせる（faire annuler）ことである。原告は，自らが損害を受けた（a été lésé）ことを立証することを要しないが，自らが受領したすべてのものを返還するよう［＝原状に復するよう］（restituer）義務づけられる。
95) 194条 過剰損害（lésion）は，原状回復（取消）訴権（action en restitution）をもたらす（ibid., t. 2, p. 598）。
194条に定められた原状回復訴権の詳細は，売買の節（分割に関しては相続の節）に送られるが，そこでは政府草案を容れたものとされる。政府草案では，出訴期間は4年とされていた（第2篇第11章［売買］第104条）。なお，カンバセレスの第三草案は，721条において，3年の期間を定めていた。V. ibid., t. 1, p. 278。
前掲注94）に引用したものも含め，以上の条文より，破毀裁判所が理解する「action en nullité」は，訴権を必要としない無効事由と，原状回復訴権をもたらす過剰損害を除き，その他すべての無効事由について必要とされている，と言うことができる。もっとも，193条では，「restitution」は無効の効果ともされており，前掲注90）に引用したカンバセレス第一草案と同様の混線が見られる。とはいえ，出訴期間が異なるため，狭義の原状回復訴権と，「restitution」を効果とする無効訴権とが区別される必要があったものとも理解される。
96) ibid., t. 5, p. 62-63.「30年の期間は長いように思われる。無効を主張する者は，法律の不知を推定されない。それ自体忌むべき権利を行使することに大きく遅れるときには，自らの債務から免れ

原状回復(取消)を過剰損害の場合に限定されるものと理解する。これとは区別される同意の瑕疵(vice de consentement)[97]は，同意を無効とするのであり，同意を本質的要素とする契約は，原状回復(取消)ではなく無効に服する，と主張する。さらに，無効訴権と原状回復(取消)訴権のいずれについても，時効期間の短縮を提言している[98]。

84 以上の反論を踏まえたものか否かは定かではないが[99]，国務院での審議を経て確定された政府案は，1304条において，「無効または取消訴権(action

---

ることを企図しているのであるから，この者はある種の詐害(fraude)をなしているのではなかろうか。他方の契約当事者は，善意(bonne foi)によってこの主張が妨げられる，と考えてはならないのであろうか。[30年の期間は，]過度に長期に亘って，所有権や財産(les propriétés les fortunes)を不確定な状態に置いたままにすることになるのではなかろうか。非常に長い期間ののちに，無効主張を受けた者の状況を変え，相続人によって知られることのない他の行為が存在する，ということはあり得ないのではないであろうか。最後になるが，なぜ法律は，二人の当事者が善意で取り交わした契約の無効の請求については30年の期間を付与するのに，詐欺や強迫によって瑕疵あるものとされた契約に対する原状回復の請求には10年の期間しか付与しないのであろうか。この区別は，ローマ法から導かれたものであるが，事物の本性のうちに堅固な基礎を有しているようには思われない。」[下線筆者]

97) 周知の如く，「consentement」の訳語については困難な問題がある。詳細に立ち入る余裕はないが，「consentement」が「convention」の有効要件である(1108条)ことから，両概念は次元を異にする。したがって，同一の訳語を充てることはできない。一方に，前者を「同意」，後者を「合意」とする解法があり，他方に，前者を「合意」，後者を「約定」とする解法がある。本書は，第一の解法を採用してきたが，瑕疵が語られる「consentement」は，二つの意思が合致して形成される，という立場(あるいは，意思合致の帰結たる「convention」について瑕疵を語るPothierの立場)に立つならば，一方の意思のみを示唆しかねない「同意」の訳語には躊躇を覚えざるを得ない。しかし，煩雑さを避けるべく，「consentement」は「同意」で統一する。

98) FENET, *supra* note 6, t. 5, p. 234-235.「193条および194条は，契約を無効であると宣言させるための訴権と原状回復[取消]訴権とを区別している。前者は，30年間存続し，後者は，10年間しか存続しない。195条では，錯誤，強迫および詐欺は，単なる原状回復[取消]訴権しか生ぜしめないことが付言されている。われわれは，ここに諸観念の混同(confusion d'idées)があるものと考える。錯誤，詐欺および強迫は，本当は無効訴権をもたらすのであり，単なる原状回復[取消]訴権をもたらすのではない。なぜなら，これらの事由は，同意(consentement)を無効とするのであり，同意は，契約の本質を成すからである。起草者自身が，まさに本節の第7条から14条において，このように説明している。本来，未成年者のためであれ，成年者のためであれ，法律によって規定された場合において，取消または原状回復(rescision ou restitution en entier)の方途を開く事由は，過剰損害のみである。その上，無効訴権の行使のために30年の期間を与え，原状回復[取消]訴権の行使のために10年の期間を与えることは，過度に長い期間を付与するものと思われる。ユスティニアヌス帝の勅令によるならば，前者については10年で十分であり，後者については4年で十分である。この二つの期間は，より一層短縮することもできよう。」

99) COUTURIER, *supra* note 91, n° 13, p. 94 は，新たな政府草案の1304条は，破毀裁判所の見解を採用したものであるとする。

en nullité ou en rescision）」（以下では原語のまま表記し「　」で括る）という表現を用い，無効訴権と取消訴権100)とを区別することなく，10年の期間に服せしめることとした。しかしかえって，二つの訴権の間の関係は不分明となったように思われる。すべての無効事由について訴えが必要とされ，短期の時効に服すると理解されていたのであろうか。あるいは，共通法上の時効に服する他の無効類型も存在するのであろうか。それとも，そもそも訴権を要しない無効類型が別建てで観念されていたのであろうか。以上について，起草者が一定の説明を与えている。

　護民院での公式通達（communication officielle）において，護民院議員のジョベール（JAUBERT, François [1758-1822]）は次のような議論を展開している101)102)。合意の存在を明らかにする証書＝行為（acte）については，媒体（matériel）と効果（effet）とが区別される。前者は合意の外的形式（formes extrinsèques）を意味し，後者は合意の内実（substance de la convention）と定義される。この用語法は，証書としての「acte」と，そこに表現される行為としての「acte」とを区別するものと考えられる。その上で，「合意が拘束力を有するためには，それが合意の外観（apparences extérieures）を有し，当該分野において定められる方式を備えているだけでは十分ではない。合意の実在性（réalité）にとって

100）当初の政府案第3篇第2章16条（のちの1117条）は，共和歴8年草案と同様に，「action en restitution」という語を用いていた。« La convention contractée par erreur, violence ou dol, n'est point nulle de plein droit; elle donne seulement lieu à une action en restitution dans les cas et de la manière expliqués en la même section. » [下線筆者]（FENET, supra note 6, t. 13, p. 6）しかしその後，おそらく護民院への送付の段階で，「action en nullité ou en rescision」に書き改められる。理由は示されていない。

101）FENET, supra note 6, t. 13, p. 368 et s.

102）なお，立法府での趣旨説明において，ビゴ＝プレアムヌー（BIGOT-PRÉAMENEU, Félix-Julien-Jean [1747-1825]）は，1117条において同意の瑕疵の場合に合意が当然無効とされない理由について，次のように述べていた。「契約は，表見的な合意とともに存在しており，したがって，これらの抗弁（ces exceptions）[＝錯誤，強迫，詐欺] が，それを主張する者によって立証されるまでは，契約が正当である場合と同様の効力を保持する。したがって，契約は当然に無効ではなく，この行為は，取消される（rescindé），すなわち，裁判官によって無効を宣言されるのでなければならない。」（ibid., t. 13, p. 224）他方，1304条に関しては，期間制限にしか言及しない（ibid., t. 13, p. 287）。V. aussi COUTURIER, supra note 91, n° 13, p. 93.「民法典は，両者の訴権の期間を10年と定めることで，両者を分けていた最後の差異を消失させた。今日ではもはや，1304条（1117条をも参照せよ）の文言からわかるように，二つの名称の下に，単一かつ同一の訴権しか存在しない。」[（　）内は原文割注]同書は，Toullier（supra note 24, t. 6, n° 521 et s.），および，Demolombe（supra note 18, t. 29, t. 6, n° 24 et s.）を引用している。のちに見るように，両者は，同一の現状認識から異なる帰結を引き出す。

191

必要なあらゆる事柄が,合意のうちに見出されるのでなければならない」[103]と論ずる。

以上の前提から,合意が有効に存在し得るための四要件が導かれる。すなわち,同意(consentement),契約締結能力(capacité de contracter),確実な目的(物)(objet certain),適法な原因(cause licite)が掲げられ,それぞれが欠けた場合について説明が与えられる。便宜的に,逆順で第四の要件から検討がなされる。

第四の原因については,それが違法な場合,合意は時の経過(laps de temps)によって有効となることはないとする。「契約は存在しなかった(il n'y a pas eu contrat)」からである。第三の目的(物)が欠ける場合も同様であり,「この合意もまた契約ではない(ce ne serait pas non plus un contrat)」[104]。

これに対して,第二の能力が欠ける場合,「制限能力者は,義務負担(engagements)を無効とさせる権能(faculté de les faire annuler)を有する」。この権能は,法律の規定によって枠づけられ,権能が放棄された場合や,法律が定める方式や期間が遵守されなかった場合には,「義務は履行されなければならない」。最後に,第一の同意については,それが錯誤,強迫,詐欺によって瑕疵を帯びた場合,瑕疵により損害を被った当事者は抗弁を有する。しかし,これが法律の文言に適した仕方で用いられなかった場合には,「義務は,そのすべての効力を有しつつ存続する」[105]。

続いてジョベールは,「action en nullité ou en rescision」について説明する。この訴権は,「合意から(履行)訴権が生じ得る場合で,かつ,この訴権が抗弁によって排斥され得る場合にのみ」提起することができる,と述べる。すなわち,およそ契約が存在しない原因または目的の欠缺の場合には「action en nullité ou en rescision」は生ぜず,第二の要件たる能力を欠く場合と,第一の要件たる同意に瑕疵がある場合にのみ,これが付与されることになる。「これこそまさに,法学者が大いに議論してきた原状回復の諸請求および取消の諸訴権に関わる主題である(la grande matière des demandes en restitution et des actions

---

[103] Fenet, *supra* note 6, t. 13, p. 368-369.
[104] *ibid.*, t. 13, p. 369.
[105] *loc. cit.*

rescisoires）」[106]。

　以上のように，「action en nullité ou en rescision」が提起される場面が限定されたのちに，1304条以下の起草方針が明らかにされる。「政府案は，最も正当かつ衡平であり，道徳および諸家族の安寧に適う諸原則を採用した」。ここでジョベールは，「（履行）訴権を決して生ぜしめることがないにもかかわらず，誤って契約として性質づけられた行為」と「債権債務関係（obligation），したがって，訴権の原基（principe d'une action）を内容とし，この訴権が単に抗弁によって退けられ得るにすぎない契約」とを識別する[107]。
　この区別は，先に引用した，合意の有効要件に関する説明に対応する。原因や目的を欠く場合は，債権者の請求を免れるために裁判による必要はないことから，債務の「不存在（inexistence）」を主張すれば足り，その主張（おそらく抗弁を想定している）について期間は制限されない。したがって，この類型は，1304条の適用対象から外れることになる。「しかし，未成年者や妻に関して，原状回復の期間が制限されないことは，異常なことではないか（ne serait-il pas bien extraordinaire）」と問いを発し，こうした場合には，また，同意が瑕疵を帯びる場合には，法律上，債務それ自体は存在しているとする。

　　「ここから，次のような帰結が導かれる。上記の場合［＝能力制限の場合，および，同意に瑕疵がある場合］には，絶対的な仕方で債務が存在しなかった，と宣言されてはならなかったのであり，義務負担に同意した者は義務を免れ得る，と言うにとどめなければならなかったのである」[108]。

「義務を免れ得る」という表現は，ジョベールの議論からすれば，訴権による義務からの解放を意味しているものと解される。すると，起草者の理解によれば，「action en nullité ou en rescision」とは，能力制限や同意の瑕疵の場合にのみ要請されることとなろう。これに対して，原因や目的が欠けた場合には，そもそも契約は存在せず，したがって，訴権の提起によって合意の拘束力を否

---

106) ibid., t. 13, p. 370.
107) loc. cit. この区別は，「旧来からの区別（ancienne distinction）」を保存したものとされる。
108) loc. cit.

定する必要もない。直後に検討する註釈学派における，訴権を要しない類型と訴権を要する類型との区別が先取りされている，と言うことができる。

　なお，ジョベールは，「action en nullité ou en rescision」の期間制限の根拠について，一方で，「公益（intérêt public）」が命ずるものであり，「諸々の所有権が，長期に亘って不安定なままに留め置かれないために（pour que les propriétés ne restent pas longtemps incertaines）」要請されると説明する。他方で同時に，訴権の不行使を，「追認（ratification）[109]の推定」と同視する。「このような考慮やわれわれの古い法格言に認められる賢明さから，原状回復（取消）の期間は制限されるのである」[110]。註釈学派においても，期間制限の正当化根拠は，一つの争点を成す。

民法典　**85**　註釈学派の議論を検討する前に，民法典の規定を確認しておこう。民法典は，第3篇第3章第5節において，債務の消滅（extinction des obligations）について規定する。消滅原因を列挙する1234条は，その第五番目に「無効または取消（la nullité ou la rescision）」を挙げる。細則は同節第7款に11箇条をもって規律される[111]。以下の展開にとって最も重要な条

---

[109]「confirmation」と「ratification」とはしばしば同義で用いられる。例えば，1338条（前掲注73））を参照。
[110] Fenet, *supra* note 6, t. 13, p. 371.
[111] 1234条　前掲注13）参照。

1304条［原始規定］　①　合意の無効または取消訴権（action en nullité ou en rescision）は，個別の法律によってより短い期間に制限されないすべての場合において，10年間存続する。
　②　この期間は，強迫の場合にはそれが止んだ日から，錯誤または詐欺の場合にはそれが発見された日からでなければ進行しない。
　③　この期間は，被財産処分禁止者［＝禁治産者］（interdits）によってなされた行為に関しては，禁止が撤回された日からでなければ進行しない。未成年者によってなされた行為に関しては，成年となった日からでなければ進行しない。
　（＊第1項の「より短い期間」とは，1676条「過剰損害による不動産売買の取消」における2年の期間を指す。なお第1項は，1968年1月3日の法律第5号によって修正され，期間は5年に短縮された。）
1305条［原始規定］　単純損害（simple lésion）は，未解放の未成年者のために，すべての種類の合意について取消をもたらす。解放された未成年者のためには，未成年，後見および解放の章に定めるところに従って，その能力の制限を超えるあらゆる合意について取消をもたらす。
1306条　未成年者は，損害がもっぱら偶然かつ予見不可能な出来事によって生じるときは，損害を原因としてなんら原状回復を受けることができない。
1307条　未成年者が行う成年である旨の単なる申述は，なんら原状回復の妨げとならない。
1308条［原始規定］　商人，銀行家または職人たる未成年者は，商行為または仕事を理由として負担した義務について，なんら原状回復を受けることができない。
1309条　未成年者は，婚姻が有効であるためにその同意（consentement）を要求される者の同意

文は，制定過程でも議論の対象となった時効に関する 1304 条である。同条は，「action en nullité ou en rescision」には，共通法上の 30 年（2262 条)[112]の訴権消滅時効が適用されず，期間が 10 年に短縮される旨を規定する[113]。なお，過剰損害による取消（rescision pour lésion）については，未成年者の場合には単純損害（simple lésion）のみで認められる（1305 条）が，成年者については，分割

> および扶助（assistance）を伴って自らの夫婦財産契約において合意がなされた場合には，当該合意について原状回復を受けることができない。
> 1310 条　未成年者は，自らの不法行為または準不法行為から生ずる債務について原状回復を受けることができない。
> 1311 条　未成年者は，未成年であったときに署名した義務負担［の証書］について，成年となったのちに，当該義務負担がその方式において無効であれ単に原状回復に服するものであったのであれ，これを追認したときは，もはや撤回を受理され得ない。
> 1312 条［原始規定］　未成年者，被財産処分禁止者または妻が，その資格を理由として自らの義務負担について原状回復を受けることを認められるときは，それらの者に対して，未成年，禁止または婚姻の間にこの義務負担の結果として弁済されたものの返還を請求することができない。ただし，弁済されたものがそれらの者の利益に転じた（tourné à leur profit）ことが証明される場合にはこの限りでない。
> 1313 条　成年者は，本法典において特別に規定された場合および要件においてでなければ，［過剰］損害（lésion）を理由として原状回復を受けることができない。
> 1314 条　不動産の譲渡について，または，相続財産の分割において，未成年者または成年被後見人に関して要求される方式が履践されたときは，当該行為に関して，未成年者または成年被後見人は，成年者とみなされるか，または成年後見が宣告される以前にそれらの行為を行ったものとみなされる。
>
> 112) 2262 条［原始規定］　すべての訴権は，対物的であれ対人的であれ，30 年の時効により消滅する。ただし，この時効を援用する者が，証書の提出を義務づけられる場合，または，時効に対して悪意から導かれる抗弁を対抗できる場合は，その限りでない。
> 　（*2008 年 6 月 17 日の法律第 561 号により改正。現 2224 条は，対人または動産訴権について時効期間を 5 年とし，他方，現 2227 条は，所有権が時効消滅しないことを確認しつつ，その他の不動産訴権について時効期間を 30 年とする。）
> 113) この期間の性質について，V. PLANIOL avec RIPERT, *supra* note 89, 10e éd., t. 2, n° 1290, p. 458-459. 一般に，10 年未満の期間（売買の過剰損害による取消の 2 年（1676 条）など）のみが，停止・中断のない除斥期間（délai préfix）と考えられるとされている。したがって，1304 条は時効についての定めであると解されることとなる。判例同旨。p. ex. Civ. 18 nov. 1884, D. 1885, 1, 101.
> 　期間の性質に関する学説の分岐について，V. FUZIER-HERMAN, Ed. (dir.), CARPENTIER, A. et FRÈRE-JOUAN DU SAINT (publ.), *Répertoire général alphabétique du droit français*, 37 vol., Larose et Forcel, t. 28, 1901, v^o NULLITÉ, p. 865 et s., spéc., n° 126 et s. 1304 条の期間についても停止・中断がないとするのは，Toullier である。なおこの期間は，無効の抗弁には適用されない。V. PLANIOL avec RIPERT, *supra* note 89, 10e éd., n° 1291, p. 459-460. しかし，時効による無効訴権の消滅の根拠を追認の推定と理解する立場からは，疑義が呈される。すなわち，時の経過が追認，すなわち，行為それ自体の有効化と同視されるならば，抗弁によるのであっても，行為を覆すことができなくなるはずである。p. ex. COLMET DE SANTERRE, *supra* note 53, t. 4, n° 265 bis, §67, p. 486-487; LAURENT, *supra* note 19, t. 19, n° 57 et s. この問題について新理論は，追認の擬制を不存在の概念に依拠するものとして忌避しつつ，1304 条について独自の解釈を採ることによって，抗弁が時効にかからないことを論証する。V. JAPIOT, *supra* note 83, p. 852 et s.

(887条)[114]および不動産売買（1674条)[115]の場合にしか認められないものとされる。後者の不動産売買の取消の場合，時効期間は，さらに短期の2年とされる（1676条)[116]。

　他方，無効・取消の効果については，条文の置かれた位置から，債務の消滅を導くことが理解されるが，その具体的規律については一条文が置かれるのみである。すなわち，制限能力者について返還の範囲を実際に利得された分に制限する1312条が規定されるにすぎない。

86　以上の民法典の規律を，古法時代の規律に関係づけよう。1304条の「action en nullité ou en rescision」という表現は，取消状の要否をメルクマールとする当然無効と取消・原状回復との区別を廃棄し，あらゆる無効・取消について訴えを要する，という規範を告げているかに見える。他方，1304条が定める10年の消滅時効は，かつての取消状の取得期間を想起させる[117]。故に，古法時代の規律と民法典のそれとの関係は，取消状を要しない点では対抗的でありながら，訴権の提起を要し，その期間が短期に制限される点では連続的である，と評価することができそうである。

　しかし，既に確認したように，起草者の理解はこれとは異なっていた。規律の一元化を想起させる「action en nullité ou en rescision」という定式化は，すべての無効・取消に訴えが必要であることを含意せず，短期の時効期間が適用されない類型が想定されていた。しかし，「action en nullité ou en rescision」

---

114) 887条［原始規定］　①　分割は，強迫または詐欺を理由として取消すことができる（peuvent être rescindés）。
　②　共同相続人の一人が，四分の一を超える損害を自らの損失として立証するときもまた，取消すことができる。相続財産のうちのある客体（objet）の単なる脱漏（omission）は，取消訴権（action en rescision）をもたらさず，単に分割証書の補充（supplément）をもたらす。
115) 1674条　売主が，不動産の代金について一二分の七を超えて損害を受けた場合には，売買の取消（rescision）を請求する権利を有する。売主が，契約において取消を請求する権能を明示的に放棄した場合，または，差額を与える旨を申述した場合であっても同様である。
116) 1676条　①　（取消の）請求は，売買の日から起算して2年の経過ののちには，もはや受理することができない。
　②　この期間は，妻に対して，また，不在者（absents），後見に付された成年者および売主たる成年者を承継した未成年者に対して進行する。
　③　この期間は，買戻約款について約定された期間の経過中も進行し，停止されない。
117) LA PRADELLE, Géraud de, *Les conflits de lois en matière de nullités,* thèse Paris, préf. de H. Batiffol, L. G. D. J., 1967, n° 48, p. 35.

は，後代の学説に対して，多様な解釈を許容する。

(2) 古典理論——訴権の要否をめぐって[118]

古法時代における絶対無効と相対無効

87 註釈学派の諸学説を検討する前に，古法時代における無効の類型化に一瞥を与えておくことが便宜である。当然無効と取消・原状回復との区別については，第1章で既に検討したが，諸種の無効を類型化するにあたってはもう一つの視点が存在した。それが，絶対無効（nullité absolue ou radicale）と相対無効（nullité relative ou respective）との区別である。古法時代においてこの区別を論じた著者として，しばしば，ブイエ（Bouhier, Jean [1673-1746]）[119]とデュノ＝ド＝シ

---

[118] 各種無効事由がいずれのカテゴリーに分類されるか，という視点から各著者における議論の差異を説明することも一つの叙述方法ではある。しかしわれわれの視角は，訴えの要否と効果論との関係という限定的なものであり，この方法は議論を煩雑にするだけであろう。各種無効事由の類型化の問題については，鎌田，木村，山口，各前掲注76）を参照されたい。

[119] Bouhier, Jean, *Observations sur la coutume du duché de Bourgogne, Œuvres de jurisprudence de M. Bouhier*, éd. par Joly de Bevy, Chez Louis-Nicolas Frantin, Dijon, 1787, t. 1, p. 526-527 [Chap. XIX. Des testamens & autres dispositions des femmes mariées, & de la différence entre l'autorité des maris & celle des peres, en Bourgogne, § XI à XII].「XI. われわれの諸慣習法に戻ろう。いずれもが，妻が行う様々な処分について語るに際して，『契約をすることができない』など，否定ないし禁止の文言を用いている。この文言は熟慮に値する。なぜなら，解釈者たちは，この文言が行為の無効をもたらすことに同意するが，この無効の性質については一致を見ないからである。この点が，本テーマに関して生じ得る無数の困難に関する判断を左右するのであるから，これを掘り下げることに努めよう。XI. Revenant à nos Coutumes, elles se servent toutes, en parlant des différentes dispositions de la femme mariée, de ces termes négatifs & prohibitifs: ne peut faire contrats, etc. Or ces mots donnent lieu à de grandes réflexions; car encore que les Interprètes conviennent assez qu'ils emportent la nullité de l'acte, ils ne sont pas d'accord sur la qualité de cette nullité; & comme de ce point dépend la décision d'une infinité de difficultés qui peuvent se présenter sur cette matière, je vais tâcher de l'approfondir.」
「XII. 著者たちは，二種の無効を区別する。一方は，公益を原理とする。すなわち，行為が良俗に反する場合，または，他のなんらかの警察的な考慮によって禁止されるに値するものであった場合である。例えば，生存者の相続に関して取引がされた場合，法律が規定する方式に反して遺言がなされた場合が挙げられる。端的にいえば，人が行う取引の対象とならない事柄，または，同意し得る状態にない契約当事者が問題となる場合である。この種の無効は，絶対無効と称される。あらゆる種類の者がこれを対抗することができる点から，また，行為を完全かつ根本的に覆滅し，結果として行為は行われず実現されなかったとみなされる点から，そのように称されるのである。XII. Nos Auteurs distinguent deux sortes de nullités; les unes ont pour principe l'intérêt public, soit que l'acte soit contre les bonnes mœurs, ou qu'il ait mérité d'être prohibé par quelque autre considération politique. Par exemple, si on avoit traité de la succession d'un homme vivant; si on avoit testé contre les formalités prescrites par les Loix; en un mot, s'il étoit question de choses qui ne tombassent point dans le commerce des hommes, ou de contractans qui ne fussent pas en état de consentir. De telles nullités sont appelées absolues, en ce qu'elles peuvent être opposées par toutes sortes de personnes,

第 1 部　各種返還請求の史的諸相

ャルナージュ（DUNOD DE CHARNAGE, François Ignace [1679-1752]）[120]が挙げられ

& qu'elles anéantissent l'acte essentiellement & radicalement, en sorte qu'on le regarde comme non fait & non avenu.」

「XIII. 他の無効は，特定の者のために導入された無効である。例えば，妻のためにウェレイアーヌム [元老院議決] の救済をもたらした無効，家父および家子のためにマケドニアーヌム [元老院議決] の救済をもたらした無効，未成年者その他の者による契約について原状回復をもたらした無効が挙げられる。これらの無効は，もっぱら私人の利益を考慮するが故に，相対無効と称される。または，他の著者によれば，これらの無効が，自らのためにそれらが規定された者によってしか対抗され得ないことから，事由限定的無効と称される。XIII. Les autres nullités sont celles qui ont été introduites en faveur de certaines personnes, comme celles qui ont donné lieu au secours du Velléien pour les femmes, & à celui du Macédonien pour les pères & fils de famille; à celui de la restitution pour les contrats des mineurs, & autres semblables. Comme ces nullités ne regardent que l'intérêt des particuliers, elles sont appelées respectives, ou, selon d'autres, causatives, parce qu'elles ne peuvent être opposées que par ceux au profit de qui elles ont établies.」

120) DUNOD DE CHARNAGE, François Ignace, *Traité des prescriptions* [Partie Ire, Chap. VIII. De la bonne & mauvaise fois], *Traités des prescriptions, de l'aliénations des biens d'église, et des dismes*, 3e éd., Chez Briasson, Paris, 1753, p. 47-48.「証書の無効は，法律の禁則から生ずる。禁則は，一定の事柄を行うことを禁じ，それに反して行われる事柄を無効と宣言する。この無効の効果について判断するためには，とりわけ時効の分野に関して判断を下すためには，禁則の理由，すなわち，それが公衆の利益に基礎づけられるのか，それとも，私人の利益に基礎づけられるのか，という点を検討しなければならない。なぜなら，この二つの理由のいずれかによるのでなければ，禁則が証書を禁じ，無効とすることはないからである。Or la nullité du titre, vient de la prohibition de la Loi, qui défend de faire certaines choses, & qui déclare nul ce qui sera fait au contraire. Pour juger de l'effet de cette nullité, particulierement en matière de Prescription; il faut examiner la cause de la prohibition, & si elle est fondée sur l'intérêt du public, ou sur celui des particuliers; car elle ne défend & n'annule le titre, que pour l'un de ces deux motifs. // 禁則が公益との関係において定められたとみなされるのは，禁則の第一かつ主要な目的が，社会の善，公衆に帰属する物および権利の保全に存するときである。また，禁則が，善良な風俗に関する事柄，または，自然法，万民法もしくは市民法によって取引の外に置かれた事柄について規定するときである。[…] この場合に禁則から生ずる無効は，絶対無効である。なぜなら，法律は，一貫して，また，それ自体によって，禁則が禁ずる行為に抗するからである。当該行為は，無効によって，単なる所為 [＝事実]（fait）となり，追認も許可もなすことができない。また，この所為は，いかなる権利も，いかなる訴権も，いかなる抗弁も生ぜしめない。この無効は，公的当事者 [＝検察官] によってばかりでなく，あらゆる種類の人によって提起され得る。後者の場合，無効を提起した者に対して，第三者の権利を援用している旨の反論を行うことができない。また，誰も無効を提起しない場合，裁判官は，職権で無効を参酌することができる。La prohibition est censée faite par rapport à l'intérêt public, lorsque son premier & principal objet, est le bien de la société, la conservation des choses & des droits qui appartiennent au Public; & qu'elle statue sur ce qui concerne les bonnes mœurs, ou qui est hors du commerce, par les Droits naturels, des Gens, ou Civil. […] La nullité qui résulte de la prohibition en ce cas, est absolue, parce que la Loi résiste continuellement, & par elle-même à l'acte qu'elle défend; elle le réduit à un pur fait, qui ne peut être ni confirmé ni autorisé, & qui ne produit aucun droit, aucune action ni exception: cette nullité peut être objectée, non seulement par la Partie publique, mais encore par toutes sortes de personnes, sans qu'on puisse leur opposer qu'elles se prévalent du droit d'un tiers; & le Juge peut y prendre égard d'office, quand personne ne la proposeroit. // […] 法律の目的は常に公衆と社会の利益に存するが，しばしばそうした利益の観点から離れて，法律が，禁則および禁則が宣言する無効について，私人の利益を第一に考えることがある。[法律は] 第一に私益を，第二に公益を考慮す

る121)。彼らは，無効を規定する法律が保護する利益に従って，二つの類型を区別する122)。すなわち，公衆の利益（intérêt du public）を保護するための無効が絶対無効とされ，私人の利益（intérêt de particuliers）を保護するための無効が相対無効とされる。

今日における通説的見解は，この絶対無効と相対無効との区別を一般化し，それぞれの類型に固有の規律を演繹する。しかし，註釈学派の議論は，すべての無効・取消が訴権提起を前提とするか否か，訴権を要しない類型があるとすればそれはいかにして定義されるか，という問題をめぐって展開される123)。この問題の実践的意義は，返還請求の処遇に密接に関連する。

トゥリエ：当然無効と取消との区別の再定式化　**88**　最初期の議論として，ここでもトゥリエの説を検討しよう124)。彼は，法律が合意を無効とする場合，その態様は二様であるとする125)。第一は，法律が，直接

> る。まさに私人こそが，法律の規定から利益を得る。この場合，法律の禁則は無効をもたらすが，この無効は，相対無効と称される。なぜなら，この無効は，自分のために無効の宣言を受ける者のみに関わるからである。したがって，この者のみが無効を援用し，提起することができる。仮に他の者がそうした場合には，当然に，他人の権利を根拠としている旨の反論を行うことができる。
> [...] Quoique la fin de la Loi soit toujours l'intérêt du public & de la société, la vûê de cet intérêt est souvent éloignée, & la loi considère alors en premier lieu, dans sa prohibition & dans les nullités qu'elle prononce, l'intérêt des particuliers, Primario spectat utilitatem privatam, & secundario publicam. Ce sont les particuliers qui profitent de sa disposition; & sa prohibition en ce cas produit une nullité, qu'on appelle respective, parce que cette nullité n'est censée intéresser, que celui en faveur de qui elle est prononcée; c'est pourquoi il peut seul s'en prévaloir & la proposer; & si d'autres le faisoient, on leur opposerait avec raison qu'ils se fondent sur le droit d'autrui.

121) p ex. Cumyn, Michelle, *La validité du contrat suivant le droit strict ou l'équité: étude historique et comparée des nullités contractuelles*, thèse Paris I, préf. de J. Ghestin, L. G. D. J., 2002, n° 36-37, p. 1719; Dumas, Auguste, *Histoire des obligations dans l'ancien droit français*, Publications du Centre d'Histoire institutionnelle et économique de l'Antiquité romaine, Faculté de droit et de science politique, Université d'Aix-en-Provence, dactyl., 1972, p. 135-136.
122) しばしばこの区別は，取消状を要しないという意味における当然無効類型内部の下位区分であったとされる（par ex. Cumyn, *supra* note 121, n° 38, p. 19）が，前掲注 119) 120) の引用から明らかなように，取消状を要した事由についても相対無効が語られている。取消と相対無効とが完全に重なり合うものであったか否かについては，古法時代の諸学説の網羅的な検討を要するために現時点では明らかでない。以下の記述は，「当然無効／取消」の区別と「絶対無効／相対無効」の区別とは観点を異にする，という一般的見解に依拠している。
123) 以下に検討する註釈学派の諸学説に関して明晰な見取り図を提供し，新理論との対抗を描き出す論考として，V. Boudot, Michel, Nullité, annulation et validations des actes dans la doctrine française des 19e et 20e siècles, M. Boudot et P. M. Vecchi (éd.), *La théorie des nullités*, Faculté de droit et des sciences sociales de Poitiers, L. G. D. J., 2008, p. 79 et s. この論考に負うところは大きいが，個々の学説について解釈を異にする場合がある。
124) Toullier（および Proudhon, Jean-Baptiste-Victor [1758-1838]）について，V. *ibid.*, p. 81-83.

的に合意の無効を宣言する場合である。他方，第二は，法律が，事案の審理ののちに裁判官が無効を宣言するよう命ずる場合である。トゥリエは，この後者の態様を取消 (rescision) と称する[126]。取消の具体例としては，同意の瑕疵を列挙する 1117 条が挙げられる。これと対比されるとき，前者は，当然無効 (nullité de plein droit) と称される。

トゥリエが当然無効の具体例として挙げるのは，ジョベールとは異なり，当事者に契約を締結する能力が欠けていた場合，ならびに，方式 (forme) への違背の場合である[127]。しかしそもそも，裁判官の判断を要しないにもかかわらず，当然無効の場合にも訴えを要するのはなぜか。

「裁判官の面前に赴く場合，裁判官に無効を宣言させるためにそうするのではない。無効は，法律自体によって事前に宣言されている。人がそうするのは，単に，市民状態 (état civil) においては何人も自ら裁判をなすことができないからであり，裁判を受けるためには，法律を執行させる責務を負った裁判官の面前に赴かなければならないからである。」[128]

トゥリエの理解によれば，当然無効の場合，裁判官には評価の余地がなく，したがって本来は，訴えの必要がない。しかし，民法典には「action en nullité」の語がある。理論上無用な訴権を基礎づけるには，契約の無効を前提として当事者が行動し得ないこと，すなわち，自力救済の禁止を援用せざるを得ない。これに対して，錯誤，強迫，詐欺のように，契約に「内在的かつ隠れた瑕疵 (vice intrinsèque et caché)」がある場合は，理由づけが異なる。

「たしかに，同意 (consentement) は有効ではない。しかし，この無効は，いかに根本的 (radicale) であるとはいえ，可視的ではない (n'est pas visible)。

---

125) CUMYN, *supra* note 121, n° 41, p. 21 は，立法者意思は，当然無効と取消との区別を保存する意図を有していたか，あるいは，取消を無効に類比することによって，かつての区別を廃棄しようとしたか，二様に解釈し得るが，後者の解釈が一般的であったとする。
126) TOULLIER, *supra* note 24, t. 7, n° 521, p. 614. V. aussi, t. 7, n° 479, p. 566.
127) TOULLIER, *supra* note 24, t. 7, n° 521, p. 615. カタログにおいて Pothier と同様であることに留意されたい。前記本文 **53**。
128) *ibid.*, t. 7, n° 521, p. 615-616.

もっぱら合意（convention）の成立を妨げた潜在的な瑕疵を発見するために行われる，しばしば長期間に亘り，かつ困難な審理ののちでなければ，この無効は認識され得ない。」[129]

　取消の場合の訴えは，裁判官による瑕疵の発見のために要請される，と把握されている。そして，この瑕疵が発見されるまでは，少なくとも「契約の外観（apparence d'un contrat）」は存在しており，この外観は実際上の効果（effet de la réalité）を有しているとする。この効果を覆滅し，当事者を原状に復せしめるのは，裁判官の役割である。「まさにここに，取消または原状回復（rescision ou restitution）と称される理由がある」。

　以上の区別は，ローマ法の展開に重ね合わせられる[130]。ローマ法において，錯誤，強迫，詐欺などの瑕疵は，合意を直ちに無効とするに十分であるとはみなされず，厳格法の下では有効とされていた。それでも，瑕疵が一定の程度に達する場合には，原状回復が認められていたとし，次のように述べている。

　「ローマにおいて，その権限の全範囲において司法権（puissance judiciaire）を行使し，また，自らが政務官職（fonction de leur magistrature）に従事する際に公布した告示という手段によって立法権までをも行使した法務官は，目下の問題について，また，他の点についても，法律の沈黙を補充するために，この手段を利用した。まさにこの法務官が，原状回復を導入したのである。法務官は，未成年者であれ成年者であれ，詐欺，威嚇または錯誤によって損害を受け，［同意を］詐取されたと主張する者に対して，裁判上で不服を申し立て，事案の審理を受け，対審構造において原状への回復を受けるための訴権，または，自らを害した行為がなされる以前の状態と同一の状態への復帰を受けるための訴権を付与する。当該行為は，取消される，すなわち，無効とされる，または，無効かつ実現されなかったものとみなされた（Cet acte était rescindé, c'est-à-dire annulé ou considéré comme nul et non avenu）」[131][132]。

---

129) *ibid.*, t. 7, n° 521, p. 616.
130) *ibid.*, t. 7, n° 522, p. 616-617.
131) *ibid.*, t. 7, n° 523, p. 617. 注において，「rescision」と「restitution」の語義について検討し，前者は合意の取消を指し，後者はその効果であるという認識を示す。

以上のように取消の来歴を把握したトゥリエは、フランス古法の制度をローマ法との関係で説明する。やや長くなるが、第1章で検討した事項の確認のために引用しよう。

「古い慣行、もっとも、一般的とは言えない慣行によれば、フランスにおいて、かつては国王ただ一人が、原状回復を付与する権限を有していた。国王は、最上位かつ唯一の政務官＝司法官（magistrat）であるとみなされていた。なぜなら、あらゆる裁判（justice）は、国王に由来するからである。［しかし］かつてローマでそうであったように、政務官と裁判官との差異が再発見された。裁判官は、その［委任された］職務（ministère）の制限のうちに押し込められており、政務官が、特別の認可によって、この職務に関してより広範な権限を付与し、法律の沈黙を補充することを許容し、無効が宣言されなかった行為を取消すことを許すのでなければ、その職務の内容として、行為の執行（exécution）に関する［解釈の余地の］小さい規範［の適用］しか見出さなかったのである。

通常の事件においては、ある者を裁判に呼出すために、裁判官の許可を得る必要があった［＝裁判官の許可を受ければ十分であった］。裁判官は、執達士（huissiers ou sergents）に対して、裁判所に出頭させるべく被告を召喚するよう、委任しかつ命ずる。しかし、原状回復または取消の事案においては、法院に附設された（小）尚書局の附属吏（officiers）に対して請願書を提出することから始めなければならなかった。この附属吏は、事実を検証することなく発給され、かつ国王の名において封印された書状によって、事実の審理を担うべき裁判官の許へ［事件を］移送した（renvoyer）。この書状によって、裁判官は、［申し立てられた］事実が真正である旨が確認されることを条件として、書状取得者（impétrant）の請求を認容するよう命じられた。」[133]

---

132)「元来、ローマにおいて、原状回復を与え、行為を取消すことができるのは、法務官だけであった。しかし、ユスティニアヌス帝は、この権限を、公権力（puissance publique）を有するあらゆる裁判官に付与した。quibus aliqua juridictio est, leg. 8, Cod. ubi et apudquem, etc., 2. 47. また、公権力を委任された裁判官にも付与したのである。」(*ibid.*, t. 7, nº 523, p. 618)

133) *ibid.*, t. 7, nº 524, p. 618-619.

「ここから，フランスの実務家によって導入された，古い法格言が生ずる。すなわち，フランスにおいては無効の主張はなんら実現されない［ロワゼル］（les voies de nullité n'ont lieu en France（Loisel））のである。」[134]

このののちには，古法時代の論拠と同様に，ローマ法のフランスにおける効力の問題が扱われ，その反映として，「王令または慣習法による無効にはこの法格言が適用されない」という認識が示される。続いて，1790年のデクレによってこの制度が廃止されたことに言及され，「裁判官（ministère du juge）は，衡平官（ministère d'équité）となった」との評価が下される。さらに，民法典4条[135]が解釈し直される。すなわち，法律の沈黙を理由とする裁判拒絶が認められないが故に，契約の取消ないし原状回復は，通常裁判所の裁判官が取り扱うべき事項となったとされる[136]。

このようにトゥリエは，取消状の廃止によって，裁判官の権限に変容が生じたと理解する。すなわち，国王が独占していた権限が，尚書局の廃止と民法典4条とを介して，裁判官たちによって分有され，彼らは新たに衡平法の担い手となった，という認識が示されている。

89 以上の認識は，訴権の性質づけにも波及するものとされる。起草者の理解とは異なる仕方で，トゥリエは，無効訴権と取消訴権とを区別する。トゥリエによれば，無効訴権と取消訴権との相違は以下の3点に見られる。

第一に，無効訴権は，法律それ自体のうちにその根拠を有している。したがって，法律に違背することのみによって，契約がいかなる効果も持たないことが導かれる[137]。他方，取消訴権が問題となる場合は，行為は，外観において有効であって，この外観が覆えされるまでは無効とされない。したがって，行為の瑕疵が立証されなければならない[138]。

---

134) *ibid.*, t. 7, n° 525, p. 619.
135) 4条 法律の沈黙，曖昧さまたは不十分さを口実として判決することを拒否する判事は，裁判拒絶（déni de justice）の罪を犯したものとして訴追され得る。
136) TOULLIER, *supra* note 24, t. 7, n° 525, p. 619-620.
137) *ibid.*, t. 7, n° 527, p. 620-621.

第二に，裁判官は，無効訴権の場合，無効の宣言を拒絶することはできないが，取消訴権の場合には，立証の有無に応じて，請求を棄却することができる。これは事実問題であり，破毀院のコントロールは及ばないものとされる[139)]。

　第三の相違点は，所有権移転を目的とする行為が執行（exécution）され得るか否かという問題に関わる。無効の場合には，当該行為はなんら効果を生ぜず，所有権を移転させない[140)141)]。したがって，暫定的にも執行は観念され得ない。他方，当該行為が当然には無効ではなく，取消に服するにすぎない場合については次のように述べている。

　「この場合には，権原は外観において適法である。この外観は尊重されなければならず，裁判官がその無効［ママ］を宣言する時点までは，暫定的にではあれ，執行されなければならない。」[142)]

---

138) *ibid.*, t. 7, n° 527, p. 621. さらに，Toullier によれば，瑕疵ある行為を反覆する（critiquer）者は，瑕疵それ自体ばかりでなく，それによって損害（lésion）を受けたことを立証しなければならない。損害の立証は，売買における狭義の過剰損害にとどまらず，錯誤や強迫の場合にも要求されるとする。

139) *ibid.*, t. 7, n° 528, p. 621-622.

140) *ibid.*, t. 7, n° 529, p. 622-623.「無効な行為は，その語義によれば，行為がなんら存在しなかった，または，実現されなかった場合と同様に考察される。［…］このような行為は，所有権を移転させることができない。Les actes nuls sont, suivant la force du mot, considérés comme s'ils n'avaient point existé, ou comme non avenus. […] Un pareil acte ne peut transférer la propriété.」この記述によれば，Toullier においても，無効・取消の外側に不存在のカテゴリーが想定されていると考えることができるが，具体例は明らかにされない。なお，論拠としては，Dunod de Charnage を引用している（前掲注 120）に引用した箇所）。

141) この時代に議論の対象とされていたのは，無効な行為による所有権移転の際にも移転税（droits du mutation）が課されるか否か，という点であった。V. TOULLIER, *supra* note 24, t. 7, n° 545, p. 644.「共和歴 7 年霜月 22 日の法律（loi du 22 frimaire an VII）は，領主の封建的権利よりも国庫を優先させており，契約の解消（résolution）は，根本的無効（nullité radicale）を原因とする場合であっても，判決によって宣言されることを要求している。判決がなければ，契約の解消は，移転税に服する。」判決という公権力の作用を介するがために，この場合にのみ移転税が不要とされる，という理解であろう。換言すれば，租税の観点からは，判決による契約の覆滅は，新たな物権変動をもたらす事由とはみなされない，ということになる。この視点から，遡及効の実際上の意義を解明し，さらには，1855 年の謄記法の規律を理解することも可能であろうが，古法時代の実態の調査，古法時代からの連続性の論証等，困難な作業を要することが予想される。なお，移転税の原型は，貢租地（censive）（平民の保有地）の譲渡の際に封建領主に納めるべき「lods et ventes」である。参照，野田・前掲注 87）254 頁。Toullier が領主の権利に言及するのは，このためである。

142) TOULLIER, *supra* note 24, t. 7, n° 529, p. 625-626.

したがって，売買を例に取れば，売主は，取消訴権を提起しても，判決が下されるまでは，目的物の引渡を免れ得ないことになる。ここから，一見して無効と取消との間に大きな差異が認められる。しかしながら，トゥリエは，無効の場合の規律を一部修正してしまう。すなわち，「無効が明白かつ可視的でない場合には」，取消の場合と同様であるとする。「無効は，絶対的であっても，取消と同様に」，「事案の審理がなされるのでなければ宣言され得ないからである」[143]。結果として，無効の場合であれ取消の場合であれ，その成否について疑義があり，裁判官の確定的な判断を要する限りは，当事者は引渡を免れ得ないこととなる。一旦は無効と取消とを区別しておきながら，同一の規律に帰着する点で，トゥリエの論証は破綻していると言わざるを得ないが，いずれについても訴権を要する点に鑑みれば，ここで語られている内容は当然かつ凡庸である。第一・第二の差異も取り立てて論ずるべきものとは言い難い。トゥリエの立論の困難は，民法典が2つの訴権を平準化したことを逆に印象づけるように思われる。

　絶対無効と相対無効との対についての議論も展開されるが[144]，トゥリエにおいて，これらは取消と区別された無効のカテゴリー内部での下位区分でしかなく，出訴権者の範囲や追認の可否について意味を持つにすぎない。実際，訴えの要否や訴権の時効消滅の有無には言及がされない。時効については，1304条を解釈し，本来は取消訴権についての規律であった10年の期間制限を，「すべての無効訴権に，区別することなく及ぼした」ものであると理解する[145][146]。ここでも両訴権の間に規律の差異は見られない。期間制限の根拠は，「家族の安寧（paix des familles）」，「契約当事者の境遇（sort des contractants）」，「相続人の平穏（tranquillité de leurs héritiers）」の保障にあるとする[147]。

---

143) *ibid.*, t. 7, n° 529, p. 627.
144) *ibid.*, t. 7, n° 552 et s., p. 655 et s.
145) *ibid.*, t. 7, n° 599, p. 707-708. V. aussi t. 7, n° 605, p. 717-718.
146) *ibid.*, t. 7, n° 599, p. 708. 他方，抗弁については，1539年の王令（10年に制限）に反して，永久性が認められたとする（*ibid.*, t. 7, n° 600, p. 708）。しかし，10年の期間ののちに，「action en nullité ou en rescision」と異なる訴権として revendication を提起して，相手方が返還に応じない場合に無効の抗弁を提出する，といった方法は認められないとされる（*ibid.*, t. 7, n° 602, p. 713）。抗弁は買主訴権への防御としてしか用いられず，上記の便法は，法律の規定を潜脱する（éluder）ものであるとしている。Toullier の短期消滅時効の解釈は，物の返還に対する警戒から導かれる，と考えることができる。後掲注147）参照。

第 1 部　各種返還請求の史的諸相

　以上のように，トゥリエは，古法時代以来の当然無効と取消との対抗関係を強調するものの，いずれについても訴えを要することを前提とするために，具体的な規律の差異を論証することができていない[148]。また，すべての無効・取消について訴えが必要とされると，無効・取消の効果としての返還は，もっぱらそれらを導く訴権の効果に解消されてしまい，独自の地平を切り開くことがない[149]。この評価は，訴えの不要なカテゴリーを創出するデュラントンの見解を参照することで補強される。

デュラントン：訴権を要しないカテゴリーの創出　**90**　デュラントン[150]は，「action en nullité ou en rescision」について，古法時代には，無効と取消とを分けることに意味があったが，民法典においては，名称こそ異なるものの，無効訴権と取消訴権とは原則として同様の規律を受けるとする。ただし，被告が補償金（indemnité）を提供して取消を妨げることができる点に限っては，取消訴権に固有の意義が認められるとする[151]。すなわち，「action en rescision」は，補償金の提供を許容する過剰損害の場合の特殊な訴権として理解されている。

　とはいえ，他の規律については，両訴権の同一性を指摘するデュラントンの

---

147) *ibid.*, t. 7, n° 597, p. 706. 古法時代において，絶対無効に基づく無効訴権は時効にかからないと主張されていたことを紹介し（Dunod de Charnage を引用），無効とされ得る契約に基づいて引渡を受けていた者の地位が脅かされるとし，「社会に混乱をもたらし，所有権を不安定にする」と述べている。無効・取消訴権に関するこの理解は，無効の抗弁であれば時効にかからない，という主張に接続される。すなわち，売買について考えれば，抗弁が提出されるのは履行訴権に対してであって，この場合には目的物の占有は債務者の許にあり，物の所有関係を害しない。

148) JAPIOT, *supra* note 83, p. 130 は，Toullier の理論を次のように評している。「無効は，裁判において明らかにされなければいかなる帰結をも生じない。この意味で，のちの議論に照らせば，すべてが相対無効すなわち取消可能なものでしかない。」

149) もっとも，前述した暫定的な執行の可否に関する説明の中で，返還の局面に着目する記述がある。TOULLIER, *supra* note 24, t. 7, n° 528, p. 622-623. 暫定的にではあっても執行が認められない無効の具体例として，売買において，公証人が作成した証書に署名がされなかった場合を挙げる（Toullier の枠組みにおいては，方式違背による当然無効に対応するであろう）。買主の占有移転の要求に対して，売主は，占有保持の訴えを提起することができるとしたのちに，買主が，私を追い立て（chassant），実力で（de fait）占有を得た場合には，売主は占有回収訴権（action en réintégrande）を提起することができるとする。これは，契約が無効である場合には，権原も無効であり，所有権を移転させないからであるとされる。あえて換言すれば，無効な権原に基づく引渡もまた無効であり，無効な引渡は，所有権どころか占有をも移転させない，と解されていることになろう。

150) Duranton の学説について，V. BOUDOT, *supra* note 123, p. 83-84.

151) DURANTON, *supra* note 31, t. 12, n° 526, p. 609. 後代の学説はこの点を強調する。p. ex. LAURENT, *supra* note 19, t. 18, n° 528 et s., p. 535 et s.

立論は，（差異を言い募りながらもそれを論証し得なかった）トゥリエのそれと異ならないように見える。しかし，無効の概念が多義化されていることに注意しなければならない。彼は，「action en nullité ou en rescision」を要する無効・取消の外側に，訴えの不要な無効類型を認める。近親婚など禁止された者との婚姻の場合，原因が不法または良俗に反する場合，原因の欠缺および目的の欠缺の場合である。これらの場合には，「合意の根本的無効（nullité radicale）が存在する。契約は，契約の外観しか有していない」[152]。別の箇所では，この根本的無効は，「当然無効」と言い換えられている[153]。デュラントンによれば，この種の無効を導くためには，訴権を提起する必要はない。また，訴権によって無効を主張したとしても，1304条による期間制限は課されない[154]。

他方，デュラントンは，トゥリエが取消のカテゴリーに含めていた同意の瑕疵の帰結を，「nullité」と表現している[155]。つまり，民法典の条文上特殊に取消訴権を導く過剰損害を除き，他の事由すべてについて無効訴権が語られる。そして，この外側に，訴権を要しない「根本的無効＝当然無効」が存在するという認識が示されていることになる。なお，絶対無効と相対無効との対については，出訴権者の範囲や追認の可否にしかかかわらず，やはり訴えの要否とは関連づけられていない[156]。

91 訴えが不要な類型が認められると，無効・取消を導く訴権とその効果としての返還（répétition）を実現するための訴権との差異が認識されるに至る。

「訴権が，単に返還訴権（action en répétition）である場合と，action en nullité ou en rescision である場合との識別は，非常に重要である。この点については，弁済された物の返還を受けるために，弁済の理由となった合意を無効とさせるか，または取消させるかすることの要否に関して，区別がされなければならない。この区別は，たしかに，action en nullité ou en rescision

---

152) DURANTON, *supra* note 31, t. 12, n° 523, p. 599.
153) *ibid.*, t. 12, n° 549, p. 638.
154) *ibid.*, t. 12, n° 524, p. 602.
155) *ibid.*, t. 12, n° 525, p. 606.
156) *ibid.*, t. 12, n° 527, p. 610.

の行使のために定められた期間内［に返還訴権が行使された場合］であれば，一般的に言って，重要ではないであろう。なぜなら，この場合には，被告は，弁済された物は当該合意によって義務づけられていたと主張したとしても，原告は，この合意は無効または取消に服し，結果として，弁済それ自体もまた無効でありかつ返還に服する旨が宣言されなければならない，と再抗弁することになろう。［…］もっとも，この期間ののちには，区別は非常に重要なものとなる。既に述べたように，弁済の理由となったなんらかの行為を取消すまたは無効とさせる必要がある場合には，返還のための訴権は，無効訴権それ自体と混同され，1304条によって定められた期間内に行使されなければならなかった［からである］。

　しかし，弁済された物が，根本的に（radicalement）無効である債務を理由として弁済された場合には，ローマ法およびかつての判例におけるのと同様に[157]，30年間，返還請求が可能である。なぜなら，債務はなんら原因を有しておらず，［弁済は］錯誤によっていたからであり，あるいは，債務が有していた原因が，債務を負った者の側にとっての破廉恥な原因（cause honteuse）でしかなかったからである。」[158]

　訴えを必要としない根本的無効＝当然無効の場合，すなわち，返還訴権（action en répétition）それ自体を取り出すことが可能である場合には，返還訴権の時効期間は共通法上の30年となる[159]。これに対して，無効または取消訴権を

---

[157] 以下に掲げられる無効については，取消状も無効・取消訴権の提起も必要なく，直ちに *condictio* を提起できた，という認識であろうと思われる。古法時代の判例理論を明らかにしなければならないが，Pothier における *condictio* の体系（前記 **64**）を指摘するにとどめる。

[158] DURANTON, *supra* note 31, t. 12, n° 550, p. 645-646.

[159] *ibid.*, t. 12, n° 551, p. 646-648 では，売買契約が締結された時点で物が滅失していたが，買主が代金を弁済してしまった場合について，1601条による無効でも1304条の期間制限に服するとする Delvincourt の学説（後掲注182））を否定し，この事案においては，「契約は存在しない（n'existe pas）」とする。なぜなら契約の本質的要件（conditions essentiels）たる目的（objet）が欠けており，真の契約（véritable contrat）が存在しないためである。「これは，不完全な取引行為（*negotium imperfectum*）である。代金は，原因なしに（*sine causa*）約され，かつ弁済されたのである。［…］したがって，錯誤によって弁済された物と同様に，通常の時効の全期間に亙って，代金は返還に服する。」

1601条　① 売買の時点において，売却物が全体について滅失していた場合には，売買は無効となる。
　　　　② 物の一部のみが滅失している場合には，取得者は，選択により，売買を廃棄するか，または，

必要とする無効・取消事由については，1304条の時効期間が問題とされ，返還もまた10年以内に請求されなければならない160)。このように，訴えの要否は，返還の問題について，時効期間の長短を帰結する。「action en nullité ou en rescision」によってカバーされる範囲が，返還の局面を独自に問題とするか否かという問題に，論理的に接続するものであることが理解されよう161)。

しかし，そもそも1304条はなぜ設けられたのであろうか。起草者やトゥリエが言うように，長期に亘り所有秩序を不安定な状態に置かないこと，つまり，返還を制限することに理由が存したのではないか。訴えの不要な類型を作出し，1304条の適用を排除することに正当な理由は存在するのであろうか。デュラントンは，説得的な理由を語らない。

オブリー＆ロー：不存在の概念

92 デュラントンが根本的無効＝当然無効として定式化した訴権を要しないカテゴリーは，ツァハリエを介した162)オーブリー＆ローによって新たに概念化される163)。

振分け（ventilation）によって代金を確定させて当該一部の保持を請求する。
160) DURANTON, *supra* note 31, t. 12, n° 551, p. 648.
161) SALEILLES, Raymond, *De la déclaration de volonté. Contribution à l'étude de l'acte juridique dans le code civil allemand (Art. 116 à 144)*, F. Pichon, 1901, p. 371.「この［ドイツにおける不当利得返還訴権の時効期間の進行開始時期の］問題は，裁判上の無効［化］（annulation judiciaire）のシステムにおいては，問われる必要がない。なぜなら，返還請求権（droit à restitution）の時効は，無効訴権の時効と混同されるかほとんど同一視されるからである。」
162) 不存在のカテゴリーの創出はしばしばZachariæに帰される。BOUDOT, *supra* note 123, p. 84-85. V. AUBRY et RAU, *Cours de droit civil français par C. S. Zachariæ, traduit de l'allemand sur la ciquième édition (1839) et revue et augmenté avec l'agrément de l'auteur*, 2e éd., Meline, Cans et Comp., Bruxelles, 1850, t. 1, §37, p. 57-59.

BOUDOT, *supra* note 123, p. 87-88は，§333での無効訴権の定義について訳語が変更されていることを指摘し，のちに扱うDemolombeやLaurentの説の萌芽を指摘する。具体的には，第2版（ただし正確には，Boudotが参照する第2版は，出版年［1844］の記載が異なるため，われわれが参照しているBruxelles版ではなく，おそらく出版地を異にする第2版と推測される。ただし，この第2版の性格には問題がある。第2篇第1章第2節参照。いずれにしてもこの箇所は同一である）の《L'action en nullité est la voie juridique par laquelle on demande l'annulation d'une obligation [...]》［下線筆者］（ZACHARIÄ, t. 1, §333, p. 417）という記述のうち，下線部が「l'anéantissement」（AUBRY et RAU, 4e éd., *supra* note 60, §333, p. 247）に変更されている。Boudotは，語の変更は意図的であり（実際，上記の§37にも数多く見られる），Aubry et Rauはnullitéをinexistenceに引きつけて理解し始めているとする。すなわち，無効訴権は有効なobligationを無効化するのではなく，そもそも存在しないobligationの外形を消滅させる，という解釈に達したと理解している。不存在論に関するZachariæドイツ語版での記述については，参照，熊谷・前掲注78）。
163) DROGOUL, *supra* note 80, p. 25は，Aubry et RauはDemolombeとは異なる整然とした体系を構築し得たとして，その理由を彼らの体系書の方法に求める（ただし，われわれの観点からはAubry et Rauは必ずしも一貫した体系を提示し得ていない）。実際，後述するように，彼らの無効論

オーブリー&ローは，1304条の「action en nullité ou en rescision」について，古法時代の無効訴権と取消訴権との区別を取り払い，時効期間に関する差異を廃棄したものと理解する[164]。しかし，二つの訴権を区別する意義はなお残るとする。彼らによれば，取消訴権はもっぱら過剰損害に基づくものであり，それ以外はすべて無効訴権である。具体的な差異は，無効訴権については損害の立証が不要であるのに対して，取消訴権では必要であることに存する。また，無効訴権は，被告からの補償金の支払を許容しないが，取消訴権は補償金によって消滅させることができる[165][166]。以上の理解は，デュラントンと同様である。

無効それ自体については，債務の消滅に関する章においてではなく，概説書全体の序論の中の「民事法律の拘束力」に関する箇所において，定義が与えられる。

「無効とは，ある行為が，法律の定めまたは禁止に違背するものとして被る，有効性の剝奪（invalidité）ないし効力欠如（inefficacité）である」[167]。

しかし直後に，「無効な行為（actes nuls）」と「不存在または実現されざる行為（actes inexistants ou non avenus）」とが混同されてはならない[168]として，次の

（すなわち Zachariæ の無効論）は，「action en nullité ou en rescision」に関する箇所とともに，法律の効力の問題として序論において扱われる。これに対して，Demolombe の不分明さは，婚姻に即して無効論を展開したことに求められるとする。

164) AUBRY et RAU, 4ᵉ éd., supra note 60, t. 4, §333, p. 246.

165) ibid., t. 4, §333, p. 248-249. 条文からは導かれないものの，未成年者による取消について規定する1305条においても，補償による訴権の消滅が認められるとする。

166) 二つの訴権を区別しない立場からの反論として，V. DEMOLOMBE, supra note 18, t. 29, t. 6, 1879, nᵒ 38, p. 35 et s. この対立は，過剰損害を契約の成立要件のレベルに位置づけるか，それとも，契約は有効であるとして事後的に効力を奪う，すなわち，解除の一部として位置づけるかの違いに存するとされる。例えば Pothier は後者の理解であった。前記 **58** 参照。

Demolombe によれば，有効要件が満たされない場合について「action en nullité」を語り，有効要件が満たされたが過剰損害がある場合について「action en rescision」を語る Aubry et Rau は，過剰損害による「rescision」を「résolution」と同視していることになり，これは認められないとする。解除は契約締結後の出来事により契約の効力を奪うことを意味するが，過剰損害は，契約締結後の事情ではなく，締結と同時に生ずるものである。例証として，1306条が，偶発的で予見されざる出来事からは lésion は生じないとしていることを挙げる（ibid., t. 29, t. 6, nᵒ 38, p. 36）。以下でも細部に亘る反論が展開されるが，Demolombe が「action en nullité ou en rescision」は単一の訴権であると把握するが故に（後記本文 **95** 参照），この問題に敏感であることが理解されよう。

167) AUBRY et RAU, supra note 60, t. 1, 1869, §37, p. 118.

168) 注（loc. cit., note 2）においては，法律も判例も学説も，無効の行為と不存在の行為とを明確に

ように述べる。

　「行為の性質または行為の目的の前提となり，かつ，それが欠けた場合には論理的に行為の存在を観念することが不可能な，事実に関する諸要素（éléments de fait）を満たさない行為は，単に無効であるとみなされてはならず，実現されなかった（non avenu）とみなされなければならない。実定法の文言または精神によって，その存在に不可欠とされる要件および方式を伴わない行為もまた同様である。この種の行為の効力欠如（inefficacité）は，裁判上での宣言とはまったく無関係であり，追認によっても時効によっても治癒されない。この効力欠如を認識する権限はあらゆる裁判官に帰属する。職権によることもできる。」[169]

　具体例として挙げられるのは，両当事者の同意の合致（concours du consentement）が存在しない合意や，売却物または代金を欠く売買である[170]。不存在の類型は，訴えを要しないばかりか，追認もなされ得ず，主張について時効も適用されないとされる。それぞれの規律を説明する箇所で補充される具体例は，原因欠缺，誤った原因および違法な原因による債務，暴利の債務（obligation usuraire），職株（office）譲渡に関する秘密合意（traité secret）[171]，将来相続に関する合意（convention sur la succession future）[172]である。
　上記引用個所に続いて，不存在と対比された「無効な行為」について，諸種の分類が示される[173]。その中に，絶対無効と相対無効との対が見られるが，

　区別しておらず，実際には存在しないものと考えられる行為を無効な行為と性質づけているとする。具体例として挙げられるのは，目的物の全体的な滅失毀損の場合に売買を無効とする1601条である。さらに，学説の混乱が提示され，不存在による無効と無効化可能（annulabilité）とを対置する立場，また，不存在の行為を「根本的または本質的に（radicalement ou substantiellement）無効な行為」と称する立場（Durantonを想起させる）を退けている。

169) AUBRY et RAU, *supra* note 60, t. 1, §37, p. 119. ほかに，有効要件を満たしているが取消をもたらす「損害惹起行為（acte lésionnaire）」，および債権者取消訴権をもたらす「詐害行為（acte frauduleux）」との差異も指摘される。
170) *loc. cit.*, note 3. 1601条を引用している。
171) AUBRY et RAU, *supra* note 60, t. 4, §337, p. 262.
172) *ibid.*, t. 4, §339, p. 271.
173) *ibid.*, t. 1, §37, p. 120-121. 第一に，条文による無効（nullité textuelle）と潜在的な無効（nullité virtuelle）との区別が提示される。後者は，違反の対象となった不文律（précepte）が無効を帰結

オーブリー＆ローは，いずれについても「判決によって宣言されなければならない」とする。「したがって，無効により損なわれた行為（actes entachés de nullité）は，行為の無効（annulation）が裁判官によって宣言されない限りは，効力を有し続ける」[174]。絶対無効と相対無効との対は，やはり無効のカテゴリーにおける下位区分でしかない。

このように，訴えの要否に従って，不存在と無効・取消とが截然と区別される。結果として，「action en nullité ou en rescision」に関する1304条の期間制限は無効・取消にしか適用されないものとされる[175]。

93 不存在のカテゴリーが定式化された場合，非債弁済返還訴権と「action en nullité ou en rescision」との関係性については，いかなる理解が提示されることになるのであろうか。デュラントンが提起した非債弁済返還訴権への1304条の適用の問題について検討しよう。

オーブリー＆ローは，「固有の意味における無効または取消の請求（deman-

するものか否かの検討が裁判官に課される点で，前者とは異なるとされる。前者については，無効の宣言を拒絶することができない。第二に，無効の理由（motif）として，公益と私益とが区別される。第三に，実体上の（de fond）無効と方式上の（de forme）無効とが区別され，前者は合意の有効要件の欠如の場合であり，後者は，方式への違背の場合であるとする。最後に第四に，出訴権者の範囲に関する区別として，絶対無効と相対無効との差異が提示され，立法者が，出訴権者を明示的に制限しているのでなければ，無効は絶対的であると推定されるとする。また，絶対無効を公序に関係づけている。この箇所は，全体として 2ᵉ éd., *supra* note 162, t. 1, §37, p. 58 から大きく書き換えられている。とりわけ，Zachariæ が重要としていた第二の区別にはまったく拘泥しなくなり，かえって第四の区別を重視する。後述する1304条の適用を受けない無効訴権との関係においては，公序への言及が特に注目される。

174) *ibid.*, t. 1, §37, p. 122.
175) Aubry et Rau に類似する学説として，V. LAROMBIÈRE, *supra* note 19, t. 5, nº 13, p. 289.「無効の絶対性または相対性とは独立に，契約が被る有効性の剥奪（invalidité）に関して，ある種のグラデーション（gradation）を明らかにすることができる。無効であると宣言される契約以外に，存在しないものとみなされる契約（contrat réputé non existant）が見出される」とし，無効と不存在とを区別する。不存在の具体例は，心神喪失者や事理弁識能力を欠いた未成年者が当事者となる場合，代金や目的物について確定がなされなかった売買の場合，目的の不存在ないし滅失の場合などである。しかし，無効をもたらす瑕疵がいかに明白なものであっても，「当事者が，実際に債務を負担する意図をもって契約を締結した場合には，契約は，存在しないものとはみなされない。この場合，無効は，一般規範に従って，判決によって宣言されなければならない。その時点までは，行為は，その無効が絶対的であっても，単なる外観によってでしかないとは言え，維持され，無効が宣言される必要がある」と説明する（*ibid.*, nº 3, p. 290）。具体例こそ異なるものの（この点について，後掲注184）参照），Aubry et Rau と同様に（Zachariæ を引用している），不存在と無効とを区別し，絶対無効・相対無効（出訴権者の範囲のみに関わる）は無効の下位区分であると理解している。

des en nullité ou en rescision）ではない訴権」には 1304 条は適用されないとする。したがって，「契約の解除または解約訴権（actions en résolution ou résiliation），計算の訂正訴権（action en rectification de comptes），非債弁済返還訴権，［…：［＊後述の具体例を挙げる箇所］］無償処分に対して提起される減殺訴権（action en réduction），および，偽装行為の確認訴権（actions en déclaration de simulation）」は，10 年の時効によって消滅しない[176]。

なかでも，非債弁済返還訴権については，具体例を挙げて注意を喚起する[177]。すなわち，暴利の合意[178][179][180]，または，職株譲渡に関する秘密合

---

176) AUBRY et RAU, *supra* note 60, t. 4, §339, p. 277. なお，無効の抗弁にも 1304 条の適用がないことについて，V. t. 4, §339, p. 278.
177) 各具体例に付される注とは別に，非債弁済返還訴権という語にも注が付され，判決が引用される。V. Civ., 19 janv. 1831, *S*. 1831, 1, 157.（本件控訴審判決として，Amiens, 9 mai 1823, *S*. 1823, 2, 209）（cité aussi par AUBRY et RAU, *supra* note 60, t. 4, §339, p. 277, note 23）（公証人である Y は，相続財産に属する不動産の売却を依頼された。Y はこれを履行し，売買代金から費用および報酬を差し引いて，残額を相続人 X（複数）に支払った。その後相続財産について清算がなされ，事前の合意はなかったものの，X は，Y が差し引いた額を控除した上で，相続財産中の現金（pièce）から Y に報酬・追加費用等を弁済した。しかし，X は，費用が実際には支出されていなかったこと，本件の売却が X の利益のためになされていなかったこと（Y による事務管理が成立していたとの主張に応えるものである）を主張し，Y に対して，清算において支払われた報酬・追加費用相当額の返還を求めて訴えを提起した。一審が X の請求を認容したため，Y は，控訴審において，XY 間での清算から 10 年が経過しており，この清算証書（acte de liquidation）に対する無効または取消訴権は，時効により消滅したとする不受理の抗弁（fin de non-recevoir）を提出した。X は，合意の無効や取消を請求しているのではなく，返還を請求しているのであるとして争った。控訴院は，XY 間に報酬・追加費用等に関する合意が存在したとは考えられないとし，X が「いかなる事前の合意にも言及せず」Y に弁済したことを認定した。その上で，法律（内容不明）が定める公証人に対する報酬額を超える部分については，X の返還請求が認められるとした。理由づけは，この訴権の時効は 30 年であり，Y の抗弁は排斥されるというものであった。Y は破毀申立において，あらためて 10 年の時効を主張したが，破毀院はこの論点を取り上げることなく，申立を棄却した。）控訴院および破毀院は，報酬・追加費用等に関する合意の有無を問題としており，それが存在しないために，本件訴権は純粋な非債弁済返還訴権である，とみなしているのであろう。逆に Y は，精算行為（証書）が無効の対象とされ，これについて「action en nullité ou en rescision」が提起されていると主張している。よって，X によってなされた本件弁済をこの行為の履行とみなしていると言える。X が提起した訴権の解釈が結論を左右する関係にある。
178) Loi du 13 septembre 1807, Art. 3（DUVERGIER（éd.）, *supra* note 88, t. 15, 1836, p. 152 et s.）.「合意による消費貸借が，第 1 条に定める率を超える率［＊民事につき年 5 分，商事につき年 6 分］で締結されたことが立証されたときは，貸主は，超過分を受領していた場合，争いにつき訴えを受理した裁判所によって，これを返還する旨の，または，債権の主たる部分について減殺される旨の有責判決を受ける。貸主は，必要があれば，以下の条文に従って判決を受けるために，刑事裁判所に移送され得る。」
　この条文による超過分の返還訴権が，非債弁済返還訴権であるか，それとも，消費貸借契約の一部を無効とする無効訴権であるか，が争点である。Aubry et Rau は，この場合には，合意の無効や不存在が問題とされているのではなく，非債弁済返還訴権が独立に問題とされると理解している

213

のであろう。他方，制限利率を超える消費貸借自体が，違法と評価されたり，不法原因に基づくものとされるとしても，契約は不存在であるとみなされ，10年の時効は適用されない。無効・不存在を問題としないのであれ，不存在とした上で，訴権を観念しないのであれ，10年の期間制限を排するためには，非債弁済返還訴権を露出させるのでなければならない，と言うことができる。

179) Aubry et Rau が同旨として引用する Troplong は，暴利の消費貸借について，事前に契約を無効としなければならない，としていた。V. TROPLONG, Raymond-Théodore [1795-1869], *Le droit civil expliqué suivant l'ordre des articles du code, depuis et y compris le titre de la vente. Du prêt, commentaire du titre X, Livre III, du code civil*, Charles Hingray, 1845, n° 401, p. 340-341. この無効訴権は10年以内に行使されなければならないとの主張が予想されるが，1304条はこの場合には適用されないとする。しかし，判例が区々であったことに言及している。

判例の収集および，学説の分岐について，V. FUZIER-HERMAN (dir.), *supra* note 113, t. 28, v° NULLITÉ, p. 865 et s., spéc., n° 185 et s. 暴利の返還に1304条が適用されるか否かについて，次のように述べている。「本件では，《約定に反する (*venire contra pacta*)》ことにはならない。なぜなら，当該約定 (pacte) は，立法者によって承認されていないからである。存在しない事柄 (ce qui n'existe pas) が破棄されることはない以上，問題となるのは取消訴権ではなく，一般法の適用下にある請求であり，これは，一般法に従って，30年の時効に服することとなる。」[《 》は原文]

【10年の時効を適用する判決】(1) Civ., 11 prair. an VII, *S* (par Dev.), 1, 206. （暴利の終身定期金契約の事案。1510年および1535年の王令を適用法条とし，「詐欺，詐害，欺罔，脅し，強迫または正当価格の二分の一を超える損害に基づく，あらゆる契約の取消は，連続的な (continuels) 10年の期間によって，時効のために消滅する」と判示される。原判決破毀。なお，債務者が，相手方からの請求を受けることなく支分金の弁済を続けていたことが重視されている。)

(2) Caen, 29 avr. 1835, *S*. 1838, 2, 510. (cité aussi par AUBRY et RAU, *supra* note 60, t. 4, §339, p. 277, note 24) (3,000 フランを消費貸借し，その元本の支分金を利息付きで弁済していたXが，契約締結から15年後，貸主Yに対して，本件の利率は，暴利の利率 (taux usuraire) であるとし，既払の1,500フランの返還と残りの債務についての免責を求めて訴えを提起した。控訴院は，Xの主張が訴権の行使によってなされていること，ならびに，本件の訴権は消費貸借契約の無効または取消の訴権であることから，1304条が適用され，訴えは受理されないとした。理由づけは以下のとおり。「本件事案と，行為それ自体のうちに違法な条項 (clause illicite) が明定された事案とを混同してはならない。後者の場合には，行為はその本質において瑕疵を帯びており，時の経過は行為をなんら有効なものとしない。契約は外観においても存在せず，したがって1304条は適用されない。逆に，本件事案においては，外見上はすべての法的要件を満たした契約が存在しており，したがって10年という追認に値する沈黙 (silence confirmatif) ののちには，1304条に明らかな形で違背するのでなければ，遅れて主張された詐害または強迫を立証するために提出された上記契約［の存在］に反する人証を採用することはできない」。)

さらに，抗弁についても1304条を適用する判決として，(3) Toulouse, 18 nov. 1836, *S*. 1837, 2, 324. (cité aussi par AUBRY et RAU, *loc. cit.*) （支払命令 (commandement de payer) に対する抗弁から訴訟が開始された事案。消費貸借の借主Xは，自らが提起したのは訴権ではなく抗弁であること，仮に訴権であるとしても元本の減額を求める訴権は無効訴権ではないこと，および，無効の抗弁は永久的であること，を主張した。控訴院はいずれをも採用せず，貸主Yの支払命令への異議は1304条により失当である，として控訴を棄却した。)

【1304条を適用しない判決】(4) Angers, 27 mars 1829, *S*. 1829, 2, 239. (cité aussi par AUBRY et RAU, *loc. cit.*)（控訴審段階で，貸主Yが10年の時効による不受理の抗弁を提出したのに対し，借主Xは，「問題となっているのは，契約の無効または取消ではなく，非債弁済返還のコンディクチオ (action condicito indebit) であり，これは，30年の通常の時効にのみ服する」と主張した。控訴院は，「問題となっているのは，詐欺および詐害を理由とする契約または債務の取消ではなく，長期間に亘って受領された，暴利かつ法外な (usuraires et exorbitants) 利息の返還のための請求である」として，Yの主張を排斥している。)

意[181)]に基づいて支払われた金銭の返還（restitution），また，契約締結時に存在

> (5) Civ., 31 déc. 1833, S. 1834, 1, 104. (cité aussi par AUBRY et RAU, loc. cit.)（終身定期金の事案。定期金債務者 X が減額を請求したのに対して，債権者 Y は未払の定期金の弁済を請求した。一審は，Y の請求を容れ，X に弁済を命じた。X は，控訴審において，本件契約は実際には暴利の消費貸借であったと主張し，減額とともに無効を主張した。控訴審は，本件契約が暴利の契約を偽装するものであったことを認定し，X の債務からの解放を承認。Y に対して制限利率を超える部分について返還を命じた。Y は，破毀申立において，X の主張は，action en nullité ou en rescision の行使であり，契約締結から 10 年を経ているため，訴権は受理されないと主張する。破毀院は，本件の X の主張を，Y の無効の抗弁であったとしつつ，返還訴権の時効は 30 年である結果，無効の主張が契約から 10 年ののちになされたとしても，原判決は 1304 条に違反することがなかった，とした。）
>
> より後代の古典理論が形成されつつあった当時の判決として，V. Limoges, 22 juill. 1873, D. 1874, 2, 68.（事案の詳細は定かではないが，不動産の買戻権を付した偽装売買（contrat pignoratif）［＊実態は不動産を担保としつつ抵当権設定の方式を回避する消費貸借］が問題とされている。控訴院は，この契約を，明白に暴利に関する約定（stipulation usuraire évidente）と性質決定し，根本的かつ公序に反する無効（nullité radicale et d'ordre public）を宣言した。理由付けとしては，「1304 条は，もっぱら契約当事者の利益において取消され得る行為にしか適用されず，この者が，請求することなく 10 年間沈黙していた場合には，同意（consentement）および追認が想定されなければならない。しかしながら，契約の原因が違法であるとき，すなわち法律，良俗および公序に反するときには，上記と同様ではあり得ない」とする。また，民法典 6 条を援用しつつ，本件合意はなんら効力を有しないとした。結果として，買主＝貸主による訴権の時効消滅の抗弁は，排斥された。）
> 6 条 公の秩序および善良な風俗に関する法律は，個別の合意によってその適用を排除することができない。

180) V. aussi LAROMBIÈRE, supra note 19, t. 5, n° 58, p. 362-363. 暴利の約定（stipulations usuraires）に基づいて弁済された金銭の返還に 1304 条が適用されない理由として，次のように述べる。「蓋し，ここで問題となっているのは，取消または無効訴権ではなく，非債弁済の返還訴権である。債権者は，30 年の間は，弁済の事実によったとしても，暴利（intérêts usuraires）を請求する権利を取得しない。」

181) 職株の譲渡については，届出が必要であり，代金額が規制されていたため，譲渡の証書とは別に反対証書（contre lettre）による合意がされ，のちに代金の追加（supplément）がされることがしばしばであった。譲受人が一旦は代金を支払ったのちに翻意し，反対証書の無効（のちには対抗不能とされる）を根拠に，追加分の返還を求めることで紛争が惹起される。

> p. ex. Paris, 5 déc. 1846, S. 1847, 2, 228. (cité par AUBRY et RAU, supra note 60, t. 4, §339, p. 277, note 25)（譲受人 X が代金の追加分である六万フランの返還を求めた事案。譲渡人 Y は，任意の履行がなされたと主張するとともに，X の無効訴権は 10 年の時効により消滅していると主張した。X の請求が認容されたため Y が控訴。Y は，X は自然債務を負っており，その弁済は返還請求を排斥すること，および，1304 条は「公序上の無効ないし絶対無効」と「相対無効ないし私益上の無効」とを区別していないという解釈を提示し［論拠として，強迫は，職株に関する反対証書以上に公序に反するものであるにもかかわらず，1304 条の適用対象とされているとする］，本件の合意の無効がいずれであるとしても X の訴権は消滅していると主張した。控訴院は，本件の合意は，「違法かつ公序に反するものとして，根本的かつ絶対的な無効（nullité radicale et absolue）」により制裁されるとする。1304 条の解釈については，その適用対象は，明示または黙示の追認によって治癒される無効事由に基づく訴権のみであり，存在しないものとみなされ，追認をなし得ない合意，具体的には，原因が違法であり，公序に反する合意には適用されないとした。強迫に関する X の主張に対して，追認の可否によって答えたものと考えられる。）
>
> Req., 3 janv. 1849, S. 1849, 1, 282. (cité par AUBRY et RAU, loc. cit.)（代金の追加の合意から 10 年の

215

していなかった物の売買（1601条）[182]に基づいて支払われた売買代金の返還が特記される。前述のとおり，これらの事案は「不存在」と性質づけられていた。したがって，無効訴権を観念する必要がないため，短期時効の不適用が導かれる。結果として，固有の非債弁済返還訴権に適用される時効期間は，共通法上の30年となる。

　他方，デュラントンが指摘していた「action en nullité ou rescision」を通じて返還が請求される場合の時効期間の問題については言及がされない。もっとも，不存在と無効・取消とを区別する以上，後者について返還が問題となる場合には，1304条が適用されざるを得ないように見える。しかし，オーブリー＆ローは，無効のカテゴリーの中に例外を設けている。すなわち，不存在の場合と同様に，追認をなし得ず[183]，時効にもかからない無効が存在するとする。言及はないものの，時効がまったく観念されない不存在との間に差異があるのであれば，この場合の時効は30年と解されよう[184]。具体例としては，第一に，

のちに返還訴権が提起された事案。破毀院は，代金の追加に関する合意は民法典6条に反し，「根本的かつ絶対的な無効」であるとする。任意に弁済がなされたとしても，1235条1項によれば弁済は債務を前提とするのであり，譲渡人は追加分を返還しなければならない。したがって，1304条は，この種の行為について適用されず，30年の時効でなければ援用され得ないとする。）

　同旨の判決として，V. Trib. de la Seine, 3 juin 1845, D. 1845, 3, 160.（「*condictio indebiti* と称される訴権と合意の無効訴権との間にはいかなる関係も存在し得ない。前者については，弁済が行われたこと，および，非債のものが受領されたことの立証のみが必要とされる。後者は，外観上存在し，それ自体適法な契約——これは，無効を根拠づけ得る瑕疵が明らかにされるまでは維持されなければならない——によって形成された法的関係（lien de droit）を，裁判において破棄させる（faire rompre）ことを目的とする。」）

　他の同旨の判決として，V. aussi Rouen, 26 déc. 1850, S. 1851, 2, 97（cité par Aubry et Rau, *loc. cit.*）; Colmar, 22 aout 1860, S. 1861, 2, 549.

182）Aubry et Rau が論敵としているのは，目的を欠いた契約の無効について，10年の時効の適用を肯定する，Delvincourt, *supra* note 27, t. 3, p. 597-598 である。（cité aussi par Aubry et Rau, *supra* note 60, t. 4, §339, p. 278, note 26. 判決例としては，Rennes, 28 juill. 1811, S（par Dév.）, 1811, 2, 531 が引用される）。なお，1601条が原始的不能についての規律であると考えるならば，フランスにおいてはこの問題が不存在論に即して展開されていた，と考えることもできる。

183）彼らは，時効の根拠を追認の推定に求める。V. Aubry et Rau, *supra* note 60, t. 4, §339, p. 270. その結果，追認の対象と時効の対象とが重なり合うことになる。後掲注184）以下に示す具体例は，追認について引用される。

184）V. Larombière, *supra* note 19, t. 5, n° 54, p. 358 et s. 前掲注175）で引用した不存在には該当しない原因や目的に関する瑕疵の場合について，合意の瑕疵や能力制限による無効とは異なり，1304条が適用されず，無効訴権は30年間存続するとする。また，暴利の消費貸借や将来の相続についての約定など，公序による無効の場合にも無効訴権の時効期間は30年であるとする（*ibid.*, n° 6 et s., p. 260 et s.）。以上は，前掲注175）の記述と齟齬を来しており，Larombière の見解は確定し得ないが，Aubry et Rau がこれらの事例を不存在として捉えている点に鑑みると，1304条と返還との

合意が公序に反し，かつ永続的（perpétuelle）に無効である場合[185]，第二に，第三者のために規定された方式への違背の場合[186]，第三に，生前贈与に要求される方式への違背の場合が挙げられる[187]。「action en nullité ou en rescision」に該当しながら，10年の期間制限を受けない無効を認めてしまうのであれば，結果として，彼らの類型化の体系性は確保されず，説明力を減殺されざるを得ない。とりわけ公序に反する第一の例に関して，不存在について掲げられた暴利の合意などとの間に大きな差異は認められないようにも思われる。

通説としての二分法　**94**　以上の学説に対して，ドゥモロンブならびにロランは，「action en nullité ou en rescision」の要否を軸とする二分法を採用する。前者は，不存在を無効と同視し，無効化可能（annulabilité）と対置する。他方後者は，無効と無効化可能とを同視し，不存在と対置する。「nullité」をいずれの類型に引き寄せるかという点で違いが見られるものの，いずれの学説も，対の一方について訴えを不要とし，1304条の適用を排除する。以下概観しよう。

95　ドゥモロンブは，「無効な行為（acte nul）」と「無効とされ得る行為（acte annulable）」とを区別する[188]。

　関係について，二つのアプローチがあることがわかる。すなわち，返還の前提となる合意の効力剥奪に関して，一方に，これを不存在として訴権そのものから解放する理解，他方に，訴権構成は維持しつつ 1304条の適用のみを排除する理解があることになる。いずれにしても，古法時代の規律の影響を受けた「action en nullité ou en rescision」の解釈論は，単なる学理的な争いではない。無効訴権の時効期間に関する実際上の考慮，すなわち，返還訴権を短期の時効によって排斥することの是非をめぐって展開されている，と言うことができる。

185) AUBRY et RAU, *supra* note 60, t. 4, §337, p. 263-264. 不動産質（antichrèse）における流質条項の禁止（2088条），および，差押えの手続きを潜脱してなされる不動産強制売買に関する条項（clause de voie parée）が挙げられる。
　2088条［原始規定］　債権者は，合意された期限に弁済がないことのみによっては，なんら不動産の所有権者とならない。これに反するすべての条項は無効である。この場合，債権者は，法定の方法によって，債務者からの所有権移転（expropriation）を求めることができる。
　（＊2006年3月23日のオルドナンス第346号により削除）
186) *ibid.*, t. 4, §337, p. 264. 合意による弁済代位の場合（1250条）と抵当権設定の場合（2127条）が挙げられる。いずれも公証人証書を要する。
　1250条の条文訳は，第2篇第2章注59）参照。
　2127条　約定抵当権は，二人の公証人の面前で，または一人の公証人および二人の証人の面前で，公署の形式で作成される証書によってでなければ，合意することができない。
187) *loc. cit.* 1339条　贈与者は，いかなる追認証書によっても，方式において無効な生前贈与の瑕疵を治癒することができない。贈与は適法な方式に従って再び行われなければならない。

「われわれが無効と称する合意は，実際には，合意ではない。というのも，それらなしには合意が成立し得ない諸要件のうちの一つが完全に欠けている場合，合意は成立しなかったのである。合意は，法的には存在していない。それは事実でしかない。」[189]

「われわれが無効とされ得ると称する合意は，［無効とは］大いに異なる。非正規かつ不完全な仕方であったとしても，合意の成立にとって本質的な諸要件は満たされているため，合意は法的に存在する。よって，合意は，裁判において無効とされないのであれば，存在し続ける。」[190]

この区別は，訴えの要否，出訴権者の範囲，追認の可否，10年の時効の適用の有無に関しても展開される。1304条について敷衍すると，ドゥモロンブは，通常の訴権消滅時効は30年であるのに対して，「action en nullité ou en rescision」については10年であることを想起させ，「この差異は重大である。またこの差異は，われわれの探究の第一の目的に特別の重大性を付与する。すなわち，いかなる場合に，action en nullité ou en rescision が生ずるのかという点である」[191]と述べる。そして，同条の文理解釈から，「action en nullité ou en rescision」の対象は「合意（convention）」であるとして，合意とはみなされない無効な行為を同条の適用対象から除外する[192]。同時に，10年の時効を追認（ratification）の推定に基礎づけ，無効な行為を追認し得ないことをも論拠とする[193]。

さらに，実務上の争点であった暴利の消費貸借による貸金の返還にも言及し，この合意に1304条が適用されないことについては，当該消費貸借が，違法な

---

188) 巻の構成としては，婚姻の無効に関する記述が先行するが，ここでは扱わない。V. Demolombe, *supra* note 18, t. 3, *Traité du mariage et de la séparation de corps*, t. 1, 1869, n° 240 et s., p. 373 et s. Demolombe の理論の分析として，V. Drogoul, *supra* note 80, p. 7 et s.; Boudot, *supra* note 123, p. 87.
189) Demolombe, *supra* note 18, t. 18, t. 6, n° 22, p. 16.
190) *ibid.*, t. 29, t. 6, n° 23, p. 17.
191) *ibid.*, t. 29, t. 6, n° 46, p. 43.
192) *ibid.*, t. 29, t. 6, n° 49, p. 48-49.
193) *ibid.*, t. 29, t. 6, n° 50, p. 49-50.

原因によるものであり,「無効とされ得る」のではなく「無効 (nul)」である結果として,不存在とみなされるからであるとする。その返還のための訴権は,「action en nullité ou en rescision」ではなく,非債弁済返還訴権である[194]。

オーブリー＆ローの体系が曖昧さを残していたこととは対照的に,ドゥモロンブは,無効＝不存在という定式化によって,明晰な二分法を獲得していると評価することができる[195]。

96 ロランは,「不存在 (inexistence)」と「無効＝無効化可能 (annulabilité)」との二分法を採用する。

> 「無効とされ得る債務と不存在の債務とを混同してはならない。われわれは,別の箇所で[196],無効な (nul),すなわち無効とされ得る (annulable) 行為と,法律がいかなる効果をも承認しないという意味において,法律上その存在を有しないために,学説によって不存在と称される行為との間に存する差異を提示した。無効な行為は,無効訴権 (action en nullité) をもたらすだけである。不存在の行為については,論理的に,その無効は請求され得ない。なぜなら,無の無効 (nullité du néant) は請求され得ないからである。」[197]

無効＝不存在とするドゥモロンブと用語法は異なるが,導出される二分法はほぼ同一である。デュラントンは,トゥリエの「action en nullité」の理解は誤りであり,不存在の行為について特有の訴権は観念されないとする[198]。訴えの必要はなく,追認され得ず,時効によって有効な行為となることもな

---

194) ibid., t. 29, t. 6, n° 56, p. 53-54.
195) BOUDOT, *supra* note 123, p. 89 は, 古典理論の体系の最も明晰な記述として, Demolombe と同様の理解を示す BAUDRY-LACANTINERI, *Précis de droit civil*, t. 2, n° 386 et s. を引用している。ただし, 引用されている版は不明（われわれが引用し得る初版の記述は同一ではない。V. BAUDRY-LACANTINERI, *Précis de droit civil, contenant dans une première partie l'exposé des principes et dans une deuxième les questions de détail et les controverses*, 1re éd., t. 2, L. Larose & Forcel, 1883, n° 1101, p. 782.)。
196) Demolombe と同様に, 婚姻の無効に関する部分を指す。V. LAURENT, *supra* note 19, t. 2, n° 269 et s. Laurent の学説について, V. DROGOUL, *supra* note 80, p. 42 et s.; BOUDOT, *supra* note 123, p. 88.
197) LAURENT, *supra* note 19, t. 18, n° 531, p. 538.（cité aussi par BOUDOT, *loc. cit.*, note (29)）
198) ibid., t. 18, n° 527, p. 535.

第1部　各種返還請求の史的諸相

い199)200)。さらに，返還訴権については，以下のような理解を提示している。

「返還のための諸訴権（actions en répétition）は，10年の時効に服するのであろうか。区別されなければならない。返還［訴権］それ自体（répétition en elle-même）は，無効訴権ではない。それは，債務なしに弁済されたものの返還請求である（demande en restitution）。したがって，1304条は適用されず，2262条に服する。債務者でない者が，債権者を自称する者（prétendu créancier）との間にいかなる契約も介在しないにもかかわらず行った非債弁済の場合がそうである。さらに，原因を欠いた契約，または，不法原因に基づく契約によってなされた弁済の場合がそうである。このような契約は1131条が規定するように，いかなる効果をも有しない。この契約は，既述のとおり，不存在である。したがって，その無効を請求することは問題とならず，1304条は適用されない。弁済した者は，返還のために30年の期間を有する。これは，契約が不存在であるすべての場合に妥当する。［…］しかし，無効な契約によって弁済された場合には，まず，契約の無効［化］（annulation）の請求がなされなければならない。なぜなら，当該契約は，無効とされるまでは，その効力を生ずるのであり，したがって，弁済した者は債務者であったからである。［…］したがって，訴権によるのであれ，抗弁によるのであれ，必然的に，弁済者は無効［訴訟］の原告（demandeur en nullité）となる。よってこの者は，10年の時効に服する。」[201]

---

199) *ibid.*, t. 19, n° 7, p. 13.
200) 1601条については，「目的を欠いた売買は原因を欠いた売買である」とし，1131条を根拠として，不存在として取り扱う（*ibid.*, t. 19, n° 9, p. 15）。同様に，職株の譲渡や将来相続の約定についても，違法な原因による契約は不存在であるため，訴えを要しないとする（*ibid.*, t. 19, n° 10-11, p. 15-17）。
201) *ibid.*, t. 19, n° 30, p. 37-38. 末尾で無効の抗弁が時効にかかると主張されていることも注目されるが（*ibid.*, t. 19, n°57, p. 56 et s. でも展開される），前半において，非債弁済の返還＝condicitio indebiti，原因なき契約による弁済の返還＝condicito sine causa，不法原因に基づく契約による弁済の返還＝condicitio ob turpem causam の順番で検討され，それらが不存在の事例に包含されていることに留意する必要がある。こうしてカタログ化されたとき，「action en nullité ou en rescision」から区別されて析出される訴権が，諸種のコンディクチオであることが明瞭となる。原因についての記述として，V. *ibid.*, t. 16, n° 163, p. 219. なお，Laurent が，原因概念を不要とし，これを目的（objet）と同視するアンチコーザリストの立場に立つことに注意されたい。有効要件としての原因を拒絶しつつ，返還について原因を取り上げるという意味において，後述するPlaniol（後記本文**181**）と同様に，*condictio sine causa* を表舞台に再登場させたと理解することも不可能ではないで

また，別の箇所では，古法時代に主張された絶対無効は不存在の場合を指すとされ[202]，不存在と絶対無効とが同視されている[203]。これと対置される相対無効については記述がないものの，ロランにおいて不存在と対置される無効＝無効化可能と相対無効が互換的であるとの想定が許されるならば，冒頭で指摘した二つの視点の綜合を見て取ることができる。

小　括　**97**　以上で辿られた古典理論について，トゥリエの理解と対置しつつ，他の観点から整理することでまとめに代えよう。端的に言えば，民法典に見られる「action en nullité ou en rescision」についての理解が，トゥリエと後代の学説とを分岐させている。すなわち，あらゆる無効・取消について訴えを必要とするトゥリエと，訴えの不要な類型を創出し「action en nullité ou en rescision」から分離する後代の学説との間に対立が見られる。非債弁済返還訴権について敷衍したように，1304 条の短期の消滅時効の適用の是非が理解を分けているものと解される。

　起草過程に立ち戻ると，ジョベールは，時効期間の短縮の根拠として，第一に，所有権を不確定な状態に置かないという公益上の要請を，第二に，追認の推定を挙げていた（前記 **84**）。前述のように古典理論の到達点たる二分法を獲得したロランは，前者の根拠については，30 年の時効も同様であり，1304 条がこれを短縮する理由は見当たらないとして，10 年の時効をもっぱら「黙示の追認（confirmation tacite）」に基礎づける[204]。これは，トゥリエが，のちに不存在に腑分けされる無効事由について無効訴権を語り，これをも 10 年の時効にかからしめることと対照的である。短期時効の根拠について，トゥリエは追認の推定には触れることなく，次のように述べていた。

　「[1304 条における]『すべての場合に（dans tous les cas）』という表現に注目

あろう。学説史におけるアンチコーザリストの意義について，参照，小粥太郎「フランス契約法におけるコーズの理論」早稲田法学 70 巻 3 号 1 頁以下（1995），特に 53 頁以下。
202）　LAURENT, *supra* note 19, t. 15, n° 458, p. 518-519. Bouhier を引用し，そこでの絶対無効は不存在のことであるとする。
203）　V. aussi DROGOUL, *supra* note 80, p. 118-119.
204）　LAURENT, *supra* note 19, t. 19, n° 1, p. 56.

されたい。この表現によって，民法典は，無効が絶対的であれ相対的であれ，いかなる理由によるのであれ，なんら区別を設けないこととしたのである。［すなわち］民法典は，すべての場合について10年の期間を定めたのである。これは，取引の安定性と諸家族の安寧を確保するためである（afin d'assurer la stabilité des transactions et la paix des familles)。」[205)] ［下線筆者］

トゥリエが無効によってもたらされる所有秩序の変容に敏感であるのに対して，後代の学説はこの点に重きを置かない，と評することができる。実際，訴えの不要な類型から導かれるのは，返還訴権に関する30年の時効であった。「action en nullité ou en rescision」の理解は，取引の安全ないし所有秩序の安定性と，当事者のための返還の実現，という二つの価値のいずれを重視するか，という点に関わる，とまとめることが可能であろう。後者を重視する諸学説が追認の推定のみを短期消滅時効の根拠としていることは，偶然ではない。

さらにここで，前章で検討されたコンディクチオの対物訴権化を想起することもできよう。コンディクチオの対人訴権性と短期の消滅時効とについて，いずれをも返還を遮断する機制として類比することが許されるならば，そうした機制の希釈化を，フランス返還法の一つの特徴として描出することも不可能とは言えない。この言明の検証は，第2篇の action *de in rem verso* に先送りされる。

第2款　無効と返還

98　前款では，民法典の規定の不分明さの下で構築された無効・取消に関する古典理論について，主として訴権の要否の観点から検討を行った。中心的論点は1304条の短期消滅時効の適用範囲であったが，われわれの視角にとって興味深い点は，訴権を要しないカテゴリーの創出と，返還訴権への着目との相関である。無効・取消それ自体が訴権構成を免れる場合，すなわち「action en nullité ou en rescision」が必要的ではない場合，返還訴権が独自に観念される。以上は自明の理であり得るが，訴権を思考の軸とする法体系においては，行為

---

205) TOULLIER, *supra* note 24, t. 7, n° 599, p. 708.

の効力剥奪と返還とは必ずしも容易には識別されないことは再度強調されてよいであろう。「action en nullité ou en rescision」の処遇と返還の主題化とが連関する，というこの視角は，以下に垣間見る新理論についても，有益な分析軸を成す。

(1) 新理論――無効訴権の否定と返還の独自化

99 ジャピオ[206)]による新理論の学説史上の意義は，第一に，絶対無効と相対無効との二分法を完成させた点に求められる。古典理論の統一性の欠如が批判される[207)]中から，類型を区別する単一の基準が導かれる。基準の役割を果た

---

206) JAPIOT, *supra* note 83, 1909. 長大であるとともに独特の用語法に依拠するこの著作の読解は難渋を極める。以下の分析は視角において限られており，その全貌を提示するものではないことを自白せざるを得ない。なお，Japiot 理論の紹介的な記述については，簡潔で要を得た概括を行う CUMYN, *supra* note 121，および，BOUDOT, *supra* note 123 に依拠している。

207) CUMYN, *supra* note 121, n° 56 et s., p. 35 et s. は，Japiot の無効理論の意義を，第一に，不存在の概念を否定したこと，第二に，絶対無効と相対無効との対を洗練させつつ分類の厳格さを取り払ったこと，第三に，実体権として無効を観念したこと，の3点に整理している。第一点について若干敷衍しておこう。Japiot は不存在の概念を批判し，これによっては諸事由の明確な類型化を達成できないと論難する。例えば JAPIOT, *supra* note 83, p. 126 では，Aubry et Rau が将来の相続についての約定を当初は絶対無効としながら，のちに改説し，これを不存在と理解したことが引き合いに出される。Japiot の批判は，古典理論が前提とした（ものと当人が解する）観念の拒絶を背景とする。すなわち，行為について有機体（organisme）のメタファーを用い，行為の有効／無効を有機体の生／死と重ね合わせる発想について，これを不分明であるとして否定する。有機体のメタファーについては次のようなまとめがされている。「効力を有しない行為が，死産（mort-né）または不具（infirme）のものとみなされたならば，ほかになすべきことは残らない。すなわち，多様な効力欠如の態様は，不存在か相対無効かのいずれかとされ，それらに割当てられるべき制度もこの区別を反映して決定される。［不存在または相対無効という］予め措定された分類がすべての問題を解決するために用いられる。」(*ibid.*, p. 130)（なお，Japiot は，用語を整理し，古典理論を不存在と相対無効との二分法として概括している（V. *ibid.*, spéc., p. 136)）。さらに，有機体説の帰結を逐一批判したのちに，次のような評価を与えている。「有効／無効を有機体たる行為の状態として考察することは正当であろうか。法律行為に生命を吹き込む（animer）このやり方は，法学的説明があまりにも無味乾燥かつ抽象的で文体や思想の魅力よりも正確さを気にかけるが故にこれを忌み嫌う人々を前にして，彼らに好かれようとして編み出されたものである。［…］しかし，明白なことは，この考え方は，レトリックの類が有する価値以外の価値を持たない，ということである。」(*ibid.*, p. 273)

この点に関して，より後代において，不存在の概念の不要であるとし，絶対無効と相対無効の区別のみで十分であるとする学説として，V. LUTZESCO, Georges, *Théorie & pratique des nullités*, 2 vol. t. 1, *Nullités des actes juridiques à caractère patrimonial*, thèse Paris, préf. de L. Juliot de La Molandière, Sirey, 1938 を挙げることができる。「不存在の理論は，誤った基礎の上に築かれたのである。この理論は，法律行為の有機体としての提示（la présentation organique de l'acte juridique）から誤って汲み上げられたのであった。」(*ibid.*, p. 255) なお，有機体論については，鎌田・前掲注76) 138-139 頁に詳しい。これに対して，BOUDOT, *supra* note 123, p. 93 は，註釈学派の著者たち

すのは，「無効を主張し得る者は誰か」という問いであり，「法律が保護する者」がその答えとなる[208]。この基準は絶対無効と相対無効とを分ける基準を一般化したものであり，一見したところでは，古典理論との間に顕著な差異は認められない。しかしながら，前款の最後に検討したロランにおいて，絶対無効と相対無効との対と不存在と無効＝無効化可能との対とが綜合された，との理解に立つならば，新理論は後者の対を徹底的に拒絶する点で，古典理論と大きく対抗する。

この対抗は，新理論のより基底的な第二の意義からの論理的帰結である。すなわち，新理論は，訴権の要否を問うことをやめる。無効は，現に存在するが効力を否定されるべき行為を対象とする実体上のサンクションとされ[209]，訴権を要しないものとされる。訴権が必要とされるのは，無効の帰結を実現するため，具体的には，訴権の相手方に返還を義務づけるためでしかない。特殊な訴権としての「action en nullité ou en rescision」は批判に晒され，返還訴権に視線が向けられる。

しかしここでもやはり，なぜ民法典に「action en nullité ou en rescision」が規定されたのか，そして，それが時効にかかるとされたことはいかにして説明されるのか，という問題が，躓きの石となる。民法典が無効それ自体を訴権にかからしめていることの意義があらためて問われざるを得ない。

新理論の諸前提　100　ジャピオのテーズは次の語から始まる。

「無効とはサンクション（sanction）である。サンクションは，その遵守を確保するために当該サンクションが設けられた規範の目的に適うものでなければならない。また，それが実際に発動される状況に見合うものでなければならない。われわれの論文のすべての要素は，この根本的な思想に立脚して

が有機体のメタファーに明示的に依拠することは稀であり，Japiotらの批判は多分に誇張されているとする。

208) BOUDOT, *supra* note 123, p. 92-93 の整理による。

209) BANDRAC, Monique, *La nature juridique de la prescription extinctive en matière civile*, thèse Paris II, préf. de P. Raynaud, Economica, 1986, n° 145, p. 145. また，CUMYN, *supra* note 121, n° 62, p. 37 は，Japiotの議論の核心部分と評する。この点で，Japiotが，ドイツ法を意識しつつ，意思表示による取消と訴権による無効の実現とを平準化していることが注目される。V. JAPIOT, *supra* note 83, p. 341 et p. 489.

いる。」[210]

　ジャピオによれば，サンクションたる無効は，行為がもたらす帰結を除去するための「反覆権（droit de critique）」として定義される[211]。この定義は，「無効」（不存在・無効化可能を含む広義のそれ）を行為の状態（état de l'acte）として観念する古典理論を否定するものとされる[212]。これは，無効理論の焦点を，行為それ自体から，反覆権の権利者（ayant droit）へと転ずることを意味した[213]。権利者が反覆権を行使しなければ，そもそも無効を論ずる意味はない。なぜ権利が行使されるのかと言えば，除去されるべき帰結が存在するからである[214]。

　「したがって，反覆権の目的は，それ自体として考察された法律行為が作り出す抽象的構成物（abstraction）の修正や確認ではない。人は［行為を］攻撃する（attaquer）ためだけに攻撃するのでもなく，裁判によって無効の抽象的承認（reconnaissance théorique）を得るためだけに攻撃するのでもない。人が望むのは，実際上の結果（résultat pratique）であり，行為の帰結（conséquence de l'acte）という客観的事実の除去である。」[215]

　無効を権利として実体化するこの視点は，訴権のレベルでの考察の拒絶を意味する。

　「除去されるべき外観が存在する場合に無効訴権（action en nullité）が生ずる，という理論を，すべての事柄を考慮したとしても，われわれは採用しな

---

210) JAPIOT, *supra* note 83, p. 13.
211) *ibid.*, p. 284.「われわれは，無効はそれ自体として（*in se*）考慮された行為の状態のことである，とする古典的思考（conception classique）を，別の思考に置き換えることを提案する。すなわち，行為の結果に対して向けられる反覆権（un droit de critique dirigé contre les effets de l'acte）という観念である。」
212) JAPIOT, *supra* note 83, p. 271 et s.
213) BOUDOT, *supra* note 123, p. 93-94.
214) GOUT, *supra* note 86, n° 294-295, p. 200-201 は，無効を主張する者が訴権を行使するのは返還を得るためであるという認識が，Japiot による無効訴権の否定の背景を成すとする。
215) JAPIOT, *supra* note 83, p. 295-296.

い。[とはいえ,]非常に重要な複数の利点の故に立法上この理論が推奨されたという言明は,われわれにもたしかなようにも思われる。進歩主義的な大胆さを欠くとまでは言わないが,現在の実定法領域において,少なくとも,法典に確実な支えが見出される場合については,この理論を提案することはできるであろう。あるいは,法文の解釈のために援用されつつある従来より自由な方法(méthodes plus libres)216)の視角からもこの理論の提案は可能である。しかし,われわれは,この立場に与し得るとは考えない。真の無効訴権(véritable action en nullité),すなわち,反覆権をそれ自体として援用し,行為の存在を攻撃することを固有の目的とする特別かつ区別された訴権が存在するのでなければ,この理論は支持され得ないであろう。逆にわれわれは,いささか漠然としたアプリオリなこの観念を明確化することで,そうした訴権はわれわれの法には存在しない,との認識を得るであろう。」217)

以上の前提を置いたジャピオは,「有名の訴権(action nommée)」としての「無効訴権(action en nullité)」(以下では原語のまま表記)の存在を否定する。たしかに「action en nullité」を観念することは,訴権の名称の差異が制度の差異から導かれるローマ法やフランス古法については正当である。しかし,現代においては,訴権の名称を論ずることは「まったくの法的時代錯誤(véritable anachronisme juridique)」である218)。反覆権は,「action en nullité」を導くものではなく,通常の訴権(action ordinaire)が行使される場合に,請求の趣旨(motif)として援用されるにすぎない。またそれは,そうした訴権の基礎となる所有権や返還請求権といった他の実体権の存否に関する単なる攻撃防御方法(moyen)でしかない219)。

---

216) この表現は,科学学派が標榜する「科学的自由探究(libre recherche scientifique)」を意識していよう。なお,BOUDOT, *supra* note 123, p. 93 は,Japiot を科学学派として位置づけ得る旨を示唆するが,上記本文で引用した箇所では,この立場は結局採用されていないことに注意されたい。
217) JAPIOT, *supra* note 83, p. 383-384.
218) *ibid.*, p. 398-399.
219) *ibid.*, p. 403 et s. Japiot は,この理解について,「訴訟実務(pratique de la procédure)」に即して例解する。実業家・商人(hommes d'affaires)や法実務家(praticiens de droit)は,「すべてのことに備えようという配慮」から,できるだけ包括的で詳細な書式を用いようとする。このため,無効を求める文言が書面に登場し,判決案(=当事者により要求される判決主文)(dispositif)は二つの事項を含む。売主は,第一に,売買が無効であることを宣言するよう求め,第二に,自らは

「[…] 以上の観点からすると，無効の存在を理由として，所有権に基づく返還訴権または［非債弁済の］返還訴権が存在するのであって，action en nullité は存在しない（il y a donc action en revendication ou répétition, motif pris de ce qu'il y a nullité, mais il n'y a pas action en nullité）。」[220]

ここには，「nullité」が「action en nullité」から解放されるとき，返還のための訴権が露出する，という相関が見出される。たしかに新理論は，訴権を要しない無効のカテゴリーを創出する不存在の概念を批判する点では古典理論と対抗的である。しかし，返還の局面の主題化が不存在の概念によって促されたことを想起するならば，新理論は古典理論の一つの側面を継承し批判的に徹底させた，という評価も可能であろう。

果実の処遇 **101** 以下では，無効の実体化と返還訴権への着目との相関について，ジャピオが取り組んだ一つの論点を取り上げ，彼の議論の特質を析出してみたい。上記引用箇所の直後に，無効後の返還の局面における善意占有者の果実収取権が扱われる。ジャピオは，通説的立場に立つビュフノワール（Bufnoir, Claude [1832-1898]）の見解[221]を批判する形で，学説上の対立[222]に介入する。

ビュフノワールに代表される従来の見解によれば，売買の無効を主張する売主が提起する訴権は，revendication ではなく，対人的な「action en nullité」

物の所有権者であり，被告はこれを返還しなければならないと主張する。「したがって，訴訟実務において，原告が，無効な行為から生ずる諸々の特別の効果の廃棄を請求しつつ，これと一緒に (in globo) 行為の無効確認の請求を付加することを怠るということは，ほとんど見られない。」(ibid., p. 405) さらに，絶対無効ないし不存在の場合にも同様の実務が見られるが，それは自らのテーゼを反駁するものではないとする。むしろこの実務は，「裁判上の訴えに関する古典的な区別が，単なる理論上のややこしさ (subtilité purement théorique)［からの帰結］でしかないことを明らかにする」とする。

220) ibid., p. 405.
221) Bufnoir, Claude, *Propriété et contrat*, réimpr., 1924 [1re éd., en 1900], (rééd., Université de Poitiers, Collection de la faculté de droit et des sicences sociales, L. G. D. J., 2005), p. 698 [448] et s.
222) 当時の学説については，Baudry-Lacantinerie et Barde, Louis-Joseph, *Traité théorique et pratique de droit civil. Des obligations*, 2e éd., t. 3, 1re partie, 1905, no 1969, p. 318-319 が詳細である。ここで類推適用否定＝全部返還説として挙げられるのは，Laurent である。V. Laurent, *supra* note 19, t. 19, no 64, p. 65-66. 論拠は以下に示す Bufnoir と同様である。

である。売買目的物の返還は，無効訴権に対する判決によって義務づけられる。すると，果実の帰属に関する549条[223]は適用されない。同条は，その文言上，もっぱら revendication が提起される場合の規律であって，無効の事案には適用されないと理解されるためである。したがって買主は，無効事由について善意であっても果実を返還しなければならない。

ジャピオは「この解決は，ひどく不合理であるように思われる」と述べ，その理由を以下のように開陳する。仮に従来の見解を採用し，かつ古典的な無効理論の立場に立つならば，不存在の場合には「action en nullité」が不要とされる結果，提起される訴権は revendication となる。549条が適用され，revendication の被告たる善意の買主は，果実を自らのものとすることができる。これに対して，売買が無効化可能（annulable）でしかない場合には，「action en nullité」が指示される。つまり revendication が指示されないことのみを理由として，善意の買主は果実を返還しなければならない。すると買主は，「より強力な権原を持つほど，より少ないものしか取得できない」[224]。実際，「action en nullité」が指示される場面では，意思主義のシステムが前提とされる以上，売買の合意によって買主の許に所有権が移転している。買主が所有権者であることは，「action en nullité」が対人訴権とされていることからも明らかである。「action en nullité」に基づいて無効が宣言されるまでは，買主が所有権者のはずである。要するに，訴権の名称次第で解決が大きく分かれてしまう。

以上のようにビュフノワール説を批判したジャピオは，そもそもこの事案において提起される訴権は，「action en nullité」ではなく revendication である，として問題を解こうとする。

「［訴状上の］申立事項（conclusions）のうちに，［返還とは異なる］他の項目，すなわち無効の確認を目的とする項目が一体として（*in globo*）含まれていたとしても，主たる訴権として（principalement）無効の対人訴権が見出されるわけではなく，この訴権が物の返還訴権を内包するわけではない。物の返還を目的とし，かつ，その帰結として付随物ならびに果実の一定分の返還を目

---

223) 前掲注17) 参照。
224) JAPIOT, *supra* note 83, p. 414.

的とする訴権は，本来訴権（action directe）であり，［前述の無効の対人訴権と］同じ意味で主たる訴権（action principale）である。この訴権は，完全に独立した訴権であり，revendication とまったく同じものである。したがってこの訴権は，revendication として 549 条の適用をもたらす。」[225]

　無効が実体上のサンクションとされた結果，訴権の要否と関連づけられていた不存在と無効化可能との区別は，その意義を喪失する。すべての無効事由は，かつていずれのカテゴリーに腑分けされていたかを問わず，反覆権としての無効をもたらすにすぎない。したがって，訴権のレベルでは「action en nullité」は指示されず，revendication が指示される。
　もっとも，容易に想像し得るように，提起される訴権が返還訴権であるとすれば，今度は返還の目的物によって，指示される訴権が異なることにならざるを得ない。前記の事例では，売買目的物が特定物であるが故に revendication が提起されていた。対象が特定物でなければ，指示される訴権は，対人訴権である非債弁済返還訴権となろう[226]。この訴権について，果実の帰属はいかにして規律されるのであろうか。
　ジャピオは，脚注において，悪意の非債弁済受領者の果実返還義務に関する 1378 条の反対解釈によって，善意の受領者の果実収取権を導く[227]。結果として，revendication であれ非債弁済返還訴権であれ，善意の被告は果実を自らのものとすることができ，規律の同一性が確保される。この点こそが，「action en nullité」の存在を否定することから得られる実際上の帰結として想定されているものと理解される。

1380 条論　**102**　前記のように，無効の実体化によって非債弁済返還訴権が俎上に載せられると，註釈学派において争われていた 1380 条にも筆致が及ぶことになる。前節で検討したように，この条文は，非債弁済返還訴権の性質の理解にとって重要な意義を帯びていた。コンディクチオと revendication との関係について，新理論はいかなる立場に立つのであろうか。

---

225) JAPIOT, *supra* note 83, p. 415–416.
226) *ibid.*, p. 416, note（1）.
227) *ibid.*, p. 416, note（1）.

「非債弁済返還訴権と action en revendication という二つの訴権は，反覆権の権利者にとって，他方を排してでなければ一方が帰属することは決してない，と言われるべきものではないと考えられる。われわれの考えでは，反覆権の権利者は，一定の場合には，この二つの訴権を同時に（cumulativement）保持することが可能であり，この二つの訴権の間で状況に応じて選択することができる。」[228]

既に見たように，1380条は，第三者を相手方として物それ自体の返還を請求できない，という帰結を導くものとは理解されていなかった。revendication によるのであれ，非債弁済返還訴権によるのであれ，第三者からの取戻が許容されていた。これに対してジャピオは，二つの訴権の併用を許容することで，第三者追及を導こうとしている。1380条の文理に正面から反する解釈ではないものの，対人訴権というコンディクチオの属性は克服されている，と言うことができる。あるいは，「action en nullité」を否定すれば，返還の目的物による訴権の差異が帰結し得るにもかかわらず，この帰結を拒絶している，と評することもできよう。果実の処遇について revendication の場合と非債弁済返還訴権の場合とを平準化する立論についても同様の観察が可能である。

なお，ジャピオの議論は，無効論としてこのように主張されており，非債弁済論ではないこともあらためて確認されるべきである。註釈学派の非債弁済返還論が無効の規律との連関を欠いて展開されていたことに鑑みれば，返還の規律を無効論に即して敷衍するという思考は，新理論において十全に獲得された，と評することもできる。

1304条論　　**103**　しかしながら，無効を実体化するこの極端な理解は，1304条の短期消滅時効について困難に逢着する[229]。返還訴権の前提たる反覆権は，その行使について期間制限を受けないのであろうか。ジャピオは，結局，訴権構成を免れることができなかった。

---

228) *ibid.,* p. 400-401, note (2).
229) LA PRADELLE, *supra* note 117, n° 174, p. 115.「Japiot によれば，action en nullité は存在しない。その存在の否定のために，彼は多種多様なややこしい説明（subtilités）に引きずり込まれる。とりわけ，相対無効に特殊な時効を正当化しなければならないときに，そうである。」

「われわれの理論においては，以下のように考えることが極めて自然である。1304 条は特別の制度を定めているが，同条は共通法上の制度の存続を妨げない。実際，1304 条は，<u>選択のための訴権（action-option）</u>の時効に関わるのであり，<u>返還のための訴権（action-répétition）</u>の時効制度の適用を排除しない。

したがって，30 年の時効の制度は，以下の場合でなければ，1304 条の制度によって損なわれない。そもそもこの場合こそが通常の場合である。すなわち，10 年の時効が先に完成する場合である。なぜなら，返還［訴権］の行使は，選択権の行使を前提とするからである。というのも，返還は，無効が存在することを理由とし，かつ，原告が無効を選択することを理由とするのでなければ，主張され得ない。無効を選択する権利が 1304 条によって消滅するならば，返還訴権は基礎を欠くこととなる。」[230]［下線筆者］

訴権による無効を否定するジャピオは，1304 条に関して新たな概念を創出せざるを得ない。ここでの「action-option」とは，反覆権の行使・不行使の選択を確定するためだけに必要とされる訴権である。これを想定しなければ，10 年の期間制限が説明されない[231]。

しかし，先に「action-option」のみが提起され，爾後に「action-répétition」

---

[230] JAPIOT, *supra* note 83, p. 889, note (1). さらに，テーズの出版ののちに書かれた小論においては，確認訴権としての「action en nullité」の存在を認めている。JAPIOT, Les actions et demandes en justice. Conditions et classifications, *RTD civ.*, 1915, nº 27, p. 454-455.

[231] JAPIOT, *supra* note 83, p. 886 における設例を引用しよう。詐欺によって締結された契約について，詐欺の被害者（以下 X）が契約締結から 25 年後に債務を履行してしまったが，直後に詐欺の事実を知った場合，X の訴権は何年間存続するか。当時有力に主張されていた，相対無効であっても行為の成立から 30 年で無効訴権が消滅する，とする学説からすれば，X が訴権を行使し得る期間は 5 年である。他方，この 30 年の上限を設けずに，1304 条のみによるならば，残り 10 年である。これに対して，1304 条の期間を選択権のための期間と理解する Japiot からすれば，この 10 年の期間が徒過したとしても，非債弁済返還訴権は消滅しない。この訴権の時効期間は，X による履行，すなわち非債弁済の時点から進行するからである。したがって，30 年の期間が許されることになる。逆に，*ibid.*, p. 888 の設例では，契約締結の 5 年後に履行し，それから 25 年後に詐欺の事実を知ったという事案が扱われる。この場合，原告には残り 5 年の期間しか与えられない。つまり，時効期間の進行について，共通法上の時効が適用される非債弁済返還訴権が念頭に置かれ，履行＝非債弁済の時点から一律 30 年と理解されていることになる。この限りにおいて，1304 条の期間は，返還の局面にはなんら影響しないものとされている。

が提起される,という事案は実際に出来し得るのであろうか。仮に二つの訴権を区別し得るとしても,それらは同時に提起されるのではないか。それが常態であるという認識の下に時効期間が短縮されている,とも考えられよう。このような推論が許されるならば,ジャピオの技巧的な説明は,1304条の短期消滅時効が返還を制限するために設けられたという理解を,かえって補強してしまうと言えなくもないであろう。1304条の「action en nullité ou en rescision」は,やはり無効を導きつつ同時に返還を義務づけるための訴権であるように思われる[232]。

無効後の返還の性質 **104** 以上のように,無効と返還とを区別し,返還訴権を露出させたとしても,「action en nullité ou en rescision」の存在を前提とする民法典の規律を整合的に説明することは容易ではない。もっとも,理論的には,無効は訴権によるとしつつ,無効後の返還関係の規律を別個に論ずることは可能であろう。その上で,具体的規律を非債弁済返還訴権や revendication に即して展開することはなんら背理ではないはずである。しかしながら,訴権を軸とする思考は,必ずしもこのような理解を導かないことも事実である。

ここで,ジャピオの論敵として既に引用したビュフノワールが,果実の処遇について,549条の援用に消極的であったことに立ち戻ろう[233]。彼は,返還は元本(capital)についてなされることを原則としつつ,「この規範を契約の履行として給付された元本の果実および利息にも及ぼすことに躊躇してはならない」と述べる。当事者の善意・悪意を問わず,果実および利息はすべてが返還されなければならない。しかし,この原則に対する緩和策が存在するとして,制限能力者について給付された物すべてではなく利得の返還のみを課す1312条に触れたのちに,第二の緩和策を検討する。

---

[232] V. GUELFUCCI-THIBIERGE, *supra* note 74, n° 680, p. 395.
[233] 19世紀前半の見解として,V. SOLON, V. H., *Théorie sur la nullité des conventions et des actes de tout genre, en matière civile*, 1835, t. 2, n° 73, p. 64. 無効による所有権の復帰を前提として,所有権者の果実収取権について規定する547条を引用するが,549条には言及しない。
547条 土地の天然果実または勤労果実,法定果実および動物の増殖分は,添付法により所有権者に帰属する。

「ところで，第二の緩和策は存在しないのであろうか。取消（rescision）の請求を受けた者が善意であった場合について問題が生ずる。例えば，売買を実現するべく第三者が強迫をなし，かつ，強迫から利得した者がこれについて不知であった場合が挙げられる。後者，すなわち買主は，無効を被り，かつ，物を返還しなければならない。この物が不動産であるとしよう。買主は，果実をも返還しなければならないのであろうか。しばしば多くの著者たちによって，否定的回答が異論なく認められている。彼らは民法典549条を根拠とする。上記の事例における買主は，善意を理由として果実を保持する。しかし私には，549条はこの事案において上記の解決を認めさせるのに十分であるとは思われない。以下に理由を示そう。549条は，一般原則，すなわち，果実は物の所有権者に帰属する，という原則に対する例外である。他方，上記の事案においては，不動産の返還を請求する者は，<u>遡及的に所有権者であったことになる</u>。たしかに，549条に規定されたこの規範には例外も存在する。しかし，この例外はいかなる場合に認められるのであろうか。これを明確にすることこそが重要である。それは，revendicationの行使を受けた第三者が問題となる場合である。<u>549条は，相互に約し合った二者の間に作り出される関係を規律するのではなく，対物訴権を行使する所有権者の存在を前提とする</u>。これこそが，549条の極めて明確な適用領域である。他方，例外則は，それが設定された場合に限定されなければならない。伝統もまた，549条の適用が厳格なものであることを示すであろう。したがって，［以上の推論の］帰結は，無効の援用を受けた者については，所有権者への果実の帰属という一般原則に対する例外を認める必要はない，というものである。なぜなら，占有の帰結を規律することではなく，相互に約し合った二者の間の関係を規律することが問題となっているからである。」[234]［下線筆者］

一見すると，無効訴権がrevendicationとして表象され得る場合，すなわち特定物の所有権を移転させる契約の無効が問題となる場合，549条が適用されることにさほどの問題は生じないように見える。しかし，訴権の名称の差異は，

---

234) BUFNOIR, *supra* note 221, p. 698-699 [448].

事案の差異を含意する。とりわけここでは，549条が，契約が介在しない事案，すなわち「所有権者対占有者」の事案を想定していることが重視されている。無効の遡及効が売主を所有権者とする結果，549条の本来的適用場面と同一の場面が作出されるにもかかわらず，当事者が契約関係にあったことが重視されている。ジャピオのように無効訴権の存在自体を否定して訴権のレベルで同一性を確保するという極端な立場を採らないのであれば，事案の類似性のみによっては規律の同一性を導くことはできない。より詳細な事案の探究が必要である。具体的には，無効訴権の被告と revendication の被告は，同じ意味で善意であると言えるのか，が問われなければならない。

ビュフノワールのその後の議論は1378条について展開され，ここでも，善意の返還義務者の果実収取権が否定される。その理由となるのは，1380条の存在である。

> 「［果実についてだけではなく］この場合に，返還義務者のために存在する，返還債務に対する緩和策は，元本についてのものである。［これについては］1380条から明らかとなる。同条から，物が譲渡された場合には，返還義務者は，完全かつ適切な補償の代わりに，受領した代金のみ［の返還］を義務づけられる。以上の一連の帰結から，われわれは真っ先に，二つの場合［＝無効の場合と非債弁済の場合］の間でそうすることが試みられている同視に対して，疑念を抱くはずである。」[235]

なぜ非債弁済の場合に限って弁済物の返還までもが免ぜられるのかが問われなければならない。これについてビュフノワールは，1380条の規律は，弁済者の側の不注意（imprudence）を根拠としているとし，さらに，準契約たる非債弁済は不当利得の観念を背景とするためである，と説明する。したがってこの規律は，合意の存在を前提とし，給付されたものすべてを返還することが原則である無効に伴う返還の場面には妥当しない。「ここには，見せかけの類推（analogie trompeuse）しか存在しない」[236]。1380条もまた，無効後の返還を規

---

235) *ibid.*, p. 699 [448].
236) 他方で，双務契約が問題となる場合には，実務の観点からは，互いの果実・利息について，一

律するものではない。

　以上より，ビュフノワールにおいては，返還を免除するような他の規定の類推が徹底して排除される。結果として，無効に伴う返還は，当事者間での全部返還（restitution intégrale）を導くものであることが重視されていると言うことができる。この「全部返還の原則」の内実の探究は，第 2 部に先送りされる。

ゴドゥメの批判 **105**　ジャピオの新理論は，不存在の概念を否定する点，また，絶対無効と相対無効との対を彫琢する点に関しては，後代の無効論に基礎を与える役割を担った[237]。しかし，「action en nullité」の存在そのものの否定は，受容されていない。新理論の継承者であり，これを完成させたと評されるゴドゥメ（GAUDEMET, Eugène [1872-1933]）は，ジャピオの理論のこの側面について，3 点に亙って批判を展開している[238]。

　第一に，「この考え方は歴史に反する。action en nullité は，ローマの原状回復に端を発する独立の訴権である」。第二に，条文に反するとして 1304 条を援用する。第三に，実務に反するとする。裁判官に無効を宣言させるために訴えが提起される場合，申し立てられる無効は「同時に返還が申し立てられるとはいえ，請求理由の別項目である」。不動産の売買が無効であり，返還が問題となる場合でも，無効の宣言がまずもってなされなければならない。「したがって，この訴権は，通常の action en revendication ではない。請求理由には二つの異なる項目が存在する」。

　ここでは，第三の主張に注意を向ける必要がある。ジャピオの理論が拒絶されてはいるものの，action en nullité と revendication とは截然と区別されてい

　　括相殺（compensation à forfait）が望ましいとされる可能性があるが，この解決を示唆する不動産売買の過剰損害取消に関する 1682 条は，他の場合には適用されるべきではないとして，相殺についても否定する（*loc. cit.*）。
　　1682 条　① 取得者は，前条に規定される補足金を提供してその物を保持することを選択する場合は，取消の請求の日付から補足金の利息を支払わなければならない。
　　　② 取得者は，物を返還して代金を受領することを選択する場合は，請求の日付からの果実を返還する。
　　　③ 取得者が支払った代金の利息もまた，その請求の日付から，または取得者がいかなる果実も収取しなかった場合には弁済の日付から，取得者のために計算・返還される。
[237]　現在の通説的見解の基礎を成す。新理論に詳細に言及する概説書として，V. FLOUR, Jacques, AUBERT, Jean-Luc et SAVAUX, Éric, *Droit civil, Les obligations*, t. 1, *L'acte juridique*, 16ᵉ éd., Sirey, 2014, nᵒ 324 et s., p. 331 et s.; SERINET, *supra* note 76.
[238]　GAUDEMET, *supra* note 82, p. 150.

る。この点で，返還の局面の独自化という側面は継承されていると評することができそうである。しかし，ゴドゥメは，「action en nullité」は混合訴権（action mixte）であると主張している。これに対して，ジャピオの理解によれば[239]，対人訴権としての無効訴権が観念されないために，不動産の返還を義務づける訴権は純粋な対物訴権とされる。結果として，物の所在地に管轄が限定される。しかし，二つの請求（demandes）が併合された混合訴権であれば，原告は管轄を選択することができる[240]。これは，混合訴権論の典型的な立論である。民法典および民事訴訟法典の成立後において，混合訴権論はいかなるものとして処遇されたのであろうか。パラグラフを改めて検討しよう。

(2) 無効の第三者効

106 訴権論に入る前に，無効の効果として語られる内容を確認しておこう。不存在の類型を別にすれば，訴権によって実現される無効は，その効果として遡及効（effet retroactif）を有するとされる[241]。法格言としては，「無効な事柄はいかなる効果をも生じさせない（Quod nullum est nullum producit effectum）」[242]が援用される。ここから，当事者間に，原状回復義務が生ずる[243]。他方，第三者効については，「与えた者の権利が解消されたならば，受け取った者の権利も解消される（Resoluto jure dantis, resolvitur jus accipientis）」[244]という法格言が援用され，第三者の許での物権の消滅が導かれる[245]。かつての混合訴権論が

---

239) JAPIOT, *supra* note 83, p. 407.
240) GAUDEMET, *supra* note 82, p. 150.
241) 遡及効の例外として古くから承認されたものとして，組合契約が挙げられる。詳しくは，V. LUTZESCO, *supra* note 207, t. 1, p. 326 et s.
242) ROLAND, Henri et BOYER, Laurent, *Adages du droit français*, 4ᵉ éd., Litec, 1999, n° 383, p. 758 et s.
243) p. ex. DEMOLOMBE, *supra* note 18, t. 24, t. 6, 1879, n° 171, p. 172.「［無効・取消の］帰結は，無効または取消が宣言された行為の帰結として受領した物を返還するよう当事者が相互に義務づけられる，というものである。」
244) ROLAND et BOYER, *supra* note 242, n° 399, p. 805 et s.
245) p. ex. DEMOLOMBE, *supra* note 18, t. 29, t. 6, n° 170, p. 172; LAURENT, *supra* note 19, t. 19, n° 72 et s., p. 71 et s. なお，註釈学派においては，条文の順序に従った叙述がなされるため，無効の効果に関して，しばしば解除条件に関する1183条に関する記述を参照するよう指示される。p. ex. LAURENT, *supra* note 19, t. 17, n° 81, p. 95-96.
1183条 ① 解除条件は，それが成就するときに，債務の撤回（révocation）をもたらし，債務が存在しなかった場合と同一の状態に事物を復する条件である。
② 解除条件は，債務の履行をなんら停止させない。この条件は，それが予定した出来事が到来

第三者に対する請求を当然の前提としているように、無効・取消の遡及効が第三者にも及ぶことは原則である。換言すれば、無効訴権に基づく請求が認容された場合、無効な契約を前提として所有権を移転した者は、遡及効の帰結として、所有権者であり続けたものとみなされる。

混合訴権論　　**107**　古法時代において取消・原状回復の第三者効ないし物的効力を表現していた混合訴権の概念は、民事訴訟法典59条4項（当時）に規定される[246]。古法時代と同様に、混合訴権の主たる効果は、原告

する場合に、債権者が受領したものを返還することのみを義務づける。

246) 旧民事訴訟法典59条　① 人的事案の場合には（En matière personnelle）、被告は、その住所地（domicile）の裁判所において、住所を有しないときは、その居所（résidence）の裁判所において呼出しを受ける。
　② 被告が複数である場合には、［被告は、］原告の選択により、そのうちの一人の住所地の裁判所において［呼出しを受ける］。
　③ 物的事案の場合には（En matière réelle）、［被告は、］係争目的物の所在地（la situation de l'objet litigieux）の裁判所において［呼出しを受ける］。
　④ 混合的事案の場合には、［係争目的物の］所在地の裁判所または被告の住所地の裁判所において［呼出しを受ける］（En matière mixte, devant le juge de la situation, ou devant le juge du domicile du défendeur）。
　⑤ 組合・会社に関する事案の場合には、［被告は、］それが存在する限りにおいて、設立された場所の裁判所において［呼出しを受ける］。
　⑥ 相続に関する事案の場合には、［被告は、］
　　1° 相続人間の請求については、分割が終了するまで、
　　2° 被相続人の債権者によって提起される請求については、分割前まで、
　　3° 死因処分の履行に関する請求については、終局判決が下されるまで、相続が開始された場所の裁判所において［呼出しを受ける］。
　⑦ 破産に関する事案の場合には、［被告は、］破産者の住所地の裁判所において［呼出しを受ける］。
　⑧ 担保（garantie）に関する事案の場合には、［被告は、］主たる請求（demande originaire）が係属する裁判所において［呼出しを受ける］。
　⑨ 行為の履行のために住所地の選定がなされる場合には、［被告は、］選定住所地の裁判所において、または、民法典111条に従って、被告の真の住所地（domicile réel）の裁判所において［呼出しを受ける］。
　旧民事訴訟法典の条文については、V. Sirey, J. B., *Code de procédure civile annoté des dispositions et décisions de la législation et de la jurisprudence, avec renvoi, pour l'indication des matières, aux principaux recueils de jurisprudence*, Bureau de l'administration du recueil général des lois et des arrêts, 1819. 翻訳として、参照、フランス民事訴訟法典翻訳委員会（代表野田良之）「フランス民事訴訟法典の翻訳（1）～（15・完）」法学協会雑誌78巻1号～90巻11号（1961-1973）。
　なお、新民事訴訟法典では、46条が混合的請求について管轄の選択を認めている。
46条　［以下の場合、］原告は、自らの選択によって、被告の住所地の裁判所以外の裁判所に訴えを提起することができる：
　　契約に関する場合には、物の実際の引渡地または役務給付の履行地の裁判所。
　　不法行為に関する場合には、損害を惹起する所為がされた場所の裁判所または損害が生じた場所を管轄区域とする裁判所。

に認められる管轄の選択権である。この点について，いつの時代からかは詳らかではないが，現在の学説では，選択権が認められる[247]のは，当事者間で混合訴権が問題となる場合についてであって，第三者が被告となる場合には訴権は端的に対物訴権であると説明される[248][249]。この意味で，「混合訴権であるが故に第三者追及が可能である」という理解は消失してしまっている。

他方，ポチエの混合訴権論における二つ目の類型であった，対物訴権に対人的請求が付随する場合は（前記**57**），19世紀において既に混合訴権とはみなされなくなる[250]。例えば，549条が想定する revendication に付随して果実の返還が請求される事案において，この revendication は混合訴権として遇されることはない[251]。

　　　　混合的事案の場合には，不動産の所在地の裁判所。
　　　　扶養料または婚姻費用分担に関する場合には，債権者の住所地の裁判所。

247) 選択権を認める現代の判決として，p. ex. Civ. 3e, 8 déc. 1993, *Bull. civ.* III, n° 165（過剰損害による取消について，買主による補償支払がなされる場合でも，物の所在地の管轄が肯定されるとした原判決を正当であったとした。）

248) p. ex. SOLUS, Henry et PERROT, Roger, *Droit judiciaire privé*, t. 1, Sirey, 1961, n° 133, p. 127.

249) V. aussi HÉRON, Jacques, *Droit judiciaire privé*, 2e éd., par Thiery LE BARS, Montchrestien, 2002, n° 950, p. 741. 対人，対物，混合という古典的な分類は，原告によって主張される実体権（droit substantiel）の反映であるとされる。すると，混合的な権利は存在しないが故に，平仄が合わない。そのため，混合訴権は，物権，債権の二つの権利が同一の事実から生ずるにすぎない，と説明される。よって，無効訴権でも，債権の実現のみを目的とする場合には，選択はなされ得ない。p. ex. Civ. 2e, 23 oct. 1991, *Bull. civ.* II, n° 270（動産売買の予約がされた際，同時に処分禁止に対する補償（indemnité d'immobilisation）が約定されたものの，買主の非（tort）によって予約権が完結されなかったため，補償の約定の無効，および，補償として支払われた金銭の返還が請求された事案。処分を禁止された本件動産の所在地の裁判所は，請求の混合的性格（caractère mixte）を理由として訴えを受理した。破毀院は，この訴権は，対人かつ動産訴権であるとして，新民事訴訟法典46条への違背により原判決を破毀した。）

250) V. AUBRY et RAU, *supra* note 60, t. 8, p. 124 相続回復請求権については議論があったが，これも同様であるとする（p. 125, note 20）。

251) p. ex. Req., 3 août 1847, *D.* 1847, 1, 321 rapport TROPLONG. (不動産の差押えを受けたXは，差押えおよびその後に行われた競売の無効を申し立てた。原審はこの請求を棄却。その後破毀院が原判決を破毀した。Xはこの破毀院判決を前提とし，買主Yを相手方として，占有の回復ならびに果実の返還を請求した。この訴えは，不動産の所在地ではなく，Yの住所地の裁判所において提起された。Yは，本件の訴権は対物訴権であるとして，管轄の誤りを理由とする不受理の抗弁を提出した。Xは，自らの訴権は混合訴権であると反論する。一審・控訴審ともに，Yの抗弁を容れ，不受理の判決を下した。Xが民訴法典59条への違背を主張して破毀申立［申立理由においてPothierを引用する］。）当時，破毀院判事であったTroplongは，この訴訟について次のような報告を行っている。通常混合訴権と称されるのは，境界画定訴権，分割訴権であるが，これとは異なる意味における混合訴権がある。それはPothierが「*personalis in rem scriptae*」と称した訴権である（強迫訴権についての法文が引かれる。L. 9, §8, au Dig., Quod metus causa. Ulpianus）。では，Xの訴権は，これに該当するであろうか。Xの訴権は，占有回復の訴え（占有訴権ではなく，reven-

混合訴権の概念の必要性について，一方には，端的にこれを否定する学説が見られ，他方には，消極的にではあれ，なんらかの論理によってこれを説明する学説が見られた[252]。通説的見解は，混合訴権を二つの訴権ないし請求（demande）に分解して理解し，それらの継起によって，管轄の選択を説明する[253]。混合訴権を独立に論ずるほぼ唯一の論考を著したナケ（Naquet, Éliacin [1843-1921]）は，混合訴権無用論に対して，次のように述べて結論に代えている。

　「『混合的（mixte）』という語は，まずは無条件に非難され得る。この語は単一の訴権という理解を喚起するが，実際には二つの併存する訴権（deux actions juxtaposées）が問題とされているのである。するとたしかに，この語は廃棄されなければならないことになろう。今日ではこの語の意義は，元来のそれとは大きく異っている。しかし，［そのように主張するのであれば，元来の意義を］さらに敷衍し，立法者は，民事訴訟法典59条4項の管轄に関する規律を定めない方がよかった，と認めなければならなくなるであろう。というのも，しばしば同条を理由として，請求の認容にとって必要な権能（aptitudes）を有しない裁判官の面前に訴権が提起されることがあり得るのであり，少なくとも，『原告は被告の住所地の裁判所に訴えを提起する』という

---

dicationを別様に表現したものと思われる）を前件とするが，この意味において，Pothierが具体例として挙げた買戻訴権とは順序が異なる。Xの訴権は「初めから（ab initio）対物的」であり，物が対象となる以前には「人的義務（engagement personnel）」は存在しない。果実の請求は，物に関する訴えに引き続いてなされるのであり，これは対人訴権である。しかし，主たる請求（demande principale）は対物的であり，これに対人訴権が付随するという関係にある。以上のTroplongの議論は，二つの請求が継起する場合をも混合訴権に含めつつ，対人的請求が前件となる場合のみを本来的な混合訴権として処遇する，という理解に立脚している。「付随的な対人性は，訴権の性質を変容させることはないが，付随的な対物性は訴権の性質を混合的なものとする，という説明は，action personalis in rem scriptaeにおいて，対人的視点は，物の取戻を達成するための手段にすぎないということに由来する。これこそが，本件の真の結論である。逆に，Xが提起したような訴権においては，物の請求は単なる手段ではない。物の請求こそが目標であり，目的である。対人的要素は付随的に付加されるにすぎず，したがって，主たる要素という条件に従うのである」。破毀院もこの理解を容れ，「本件の訴権は，固有の意味における混合訴権ではなく，personalis in rem scriptaeでもなかった」として，破毀申立を棄却した。

252) 19世紀前半の学説については，V. Dalloz, Ainé, D., et Armand, Répertoire méthodique et alphabétique de législation de doctrine et de jurisprudence, nouv. éd., t. 3, 1846, v° Action, n° 130-151. 多様な学説の展開が見られるが，否定説（Carré, Poncet），肯定説（Rodière）のいずれについても参照し得ていない。

253) p. ex. Troplong, rapport sous Req., 3 août 1847, supra note 251.

原則の適用が根拠なく排除されることになってしまう。ではなぜ、買主を相手方として提起される代金不払による売買の解除訴権が問題となる場合に、不動産の所在地の裁判所に管轄が付与されるのであろうか。ここで審理されるべきはもっぱら債務の問題であり、したがって、原告が不動産の所在地の裁判所に訴えを提起する権能をなぜ有しているのか、という問いは理解することさえ不可能である。[故に]次のように述べることが最も適切であったであろう。すなわち、一方が対物的であり他方が対人的である二つの訴権が同一の物について同時に提起された場合には、主たる請求こそが裁判所の管轄を決定するのでなければならなかった、と述べられるべきであろう。」254)

以上は条件法で記述されており、混合訴権否定論の理論的脆弱性を自白すると同時に、彼自身の見解を代弁しているものと解される。本来は不要な概念であるが、条文があるためになんらかの説明が用意されなければならない。しかし、ナケによれば、混合訴権の観念は単一の訴権を前提とするものではない。併存および継起する二つの請求ないし訴権という理解によって覆され得るものである。

108 時代が前後するが、註釈学派の議論を検討しておこう。例えばロランは、解除訴権に関してではあるが、第三者に対してもその行使が可能か、という問いを立て、以下のように答えている。

「解除は、判決によってでなければ存在せず、判決は、当事者とならなかった第三者に対していかなる効果をも有しない。解除を請求する債権者は、新たな訴訟を回避するためには、第三取得者を解除に関する審理に当事者として参加させるよう配慮しなければならない。この場合、判決は、債務者と第三者とに共通するものとなり、結果として債権者は、直ちに revendication を提起することができる。」255)

---

254) NAQUET, Éliacin, Caractères des actions mixtes dans le code de procédure civile, *Rev. de lég. ancienne et moderne française et étrangère*, 1874, p. 206 et s. spéc., p. 238-239.
255) LAURENT, *supra* note 19, t. 17, n° 149, p. 164.

第三者に判決の効力を及ぼすためには，物を所持する者を訴訟に参加させなければならない。解除訴権が混合訴権であるが故に第三者に効果が及ぶのではない。さらにロランは，無効訴権についても直接に第三者を相手方としてこれを提起することは認められないとする[256]。

「無効を主張する原告（demandeur en nullité）は，第三者を相手方とする訴権を有しているのであろうか。原告は，直接に第三者を相手方として訴えを提起することはできない。無効訴権は契約から生ずるのであり，契約の相手方に対してでなければ提起され得ない。第三者たる占有者（tiers possesseur）は，この契約とは無関係である。原告は，なによりもまず，それによって権利が移転された行為の無効を獲得しなければならない。一旦契約が無効とされれば，原告は，第三者たる占有者を相手方として revendication を行使することができる。」[257]

所有権の行使たる revendication は，前件として必ず無効を要求する。換言すれば，無効訴権を通じて所有権の復帰を得たのでなければ，第三者を相手方とする revendication を行使することはできない。やはりここにも，「無効訴権（および解除訴権）が混合訴権であるが故に第三者への効果が認められる」という論理は存在していない。逆に，無効（ないし解除）を経て実体権としての所有権の復帰を実現し，それを根拠として revendication が第三者を相手方として提起される，という推論を見て取ることができる。

物に書かれた対人訴権　**109**　以上より，古法時代とは異なり，混合訴権の概念は大きな意義を有しないものとなった，との観察が許されよう。では，ポチエが自らの立論の根拠としていた（前記 **57** 以下），ローマ法上の「物に書かれた対人訴権（action personnelle *in rem scriptae*）」の概念は，いかなる概念として存在していたのであろうか。註釈学派は，ローマ法

---

[256] 直接行使を認めた判決として，Cass. 22 févr. 1845, *Paricrisie*, 1845, 1, 320（未見）cité par Laurent, *supra* note 19, t. 17, n° 149, p. 162 et s. Laurent の引用によれば，不動産の売買において，代金の支払がなされる前に，目的物が転売された事案である。
[257] *ibid.*, t. 19, n° 73, p. 72. やはりここでも第三者を訴訟に参加させるのでなければならないとする。

に忠実に議論を展開し，ポチエによる転用以前の問題群に答えを与えようとする。

既述のとおり，「物に書かれた対人訴権」は，本来，強迫について語られていた（前記 **57**）。デュラントンは，この点を確認した上で[258]，第三者追及が強迫に固有のものであり，詐欺の場合には適用されない，と解されていることに疑義を呈している。

「第三者によって詐欺がなされ，約された義務から利益を受ける者［＝物の取得者］による共謀がなく，かつ，この者が［詐欺がなされた］当時，詐欺について知らなかったときには，詐欺を根拠として契約を無効とすることは認められない，と言われる。しかし，たとえそうであるとしても，詐害（fraude）が当事者の一方によってなされた場合については，瑕疵ある契約の帰結として引渡された不動産の第三所持者（tiers détenteurs）は，損害を受けた当事者（partie lésée）によって攻撃され得ない，と結論づけてはならない。」[259]

この帰結には反論があったとされる[260]。それは，ローマ法上の悪意（詐欺）訴権（*actio doli*）が対人訴権であり，損害賠償を目的としていた[261]ことに起因する。三者の関係を A─B─C として例解すれば，B が詐欺をはたらき，売買契約を締結して A から引渡を受け，さらに C に引渡した場合，A は B を相手方として損害賠償を請求することしかできないのか，それとも，B との契約を無効として C から目的物を取戻すことができるのか，という問題である。

デュラントンは，ここでは悪意（詐欺）訴権の効果が問題とされているのではなく，詐欺によって瑕疵を帯びた合意の無効（nullité）が問題とされているのであるとし，これを根拠に，第三者に対する訴えが許容される，との理解を示す。「この観点からすると，詐欺は，間接的に第三者に対して効果を生ず

---

258) DURANTON, *supra* note 31, t. 10, n° 148, p. 143-144.
259) *ibid.*, t. 10, n° 180, p. 159-160.
260) *ibid.*, t. 10, n° 180, p. 161 et s.
261) GIRARD, Paul-Frédéric, *Manuel élémentaire de droit romain*, 8ᵉ éd., par F. Senn 1929, rééd., par J. Ph. Lévy, Dalloz, 2003, p. 451. なお参照，原田慶吉『ローマ法（改訂）』（有斐閣，1955）232 頁。

る。」[262]

110 ドゥモロンブは，各種の同意の瑕疵について，第三者に対する訴えを原則として許容する[263]。第三者による強迫についての1111条[264]に関する記述によって例解しよう。ドゥモロンブは，法文[265]を引用し，ローマ法においても古法においても，第三者を相手方とする無効訴権が認められていたとする[266]。さらに続くパラグラフでは，「強迫の絶対的効力」について論じ，第三者が強迫を行った場合以外をも射程に収める[267]。すなわち，強迫を機縁として物が移転されたのであれば，強迫への関与の有無を問わず，当該物の第三所持者を追及することができるとする。また，デュラントンが論証しようとした詐欺の場合についても，2125条[268]を援用して，無効の効果が第三者に及ぶことを承認する[269]。引用される法格言は，「何人も自らが有している以上の権利を他人に移転することができない（*Nemo plus juris in alium transferre potest, quam ipse habet*）」である。

　非債弁済のコンディクチオの場合と同様に，revendicationの論理によって，悪意（詐欺）訴権の対人訴権性が克服されていると言うことができる。物に書かれた対人訴権を混合訴権の一形態として把握し得るならば，同意の瑕疵の場面に射程が限定されるとはいえ，第三者追及の根拠としての混合訴権概念は，民法典の成立後にも一定の命脈を保っている。

111 これに対してロランは，ローマ法に由来する原状回復と無効との混同を警戒する。ベルギーの裁判所が，原状回復は「物に書かれた対人訴権」であると述べることについて，「ローマの用語が用いられるのが常であるが，その

---

262) DURANTON, *supra* note 31, t. 10, n° 180, p. 161.
263) 錯誤について，V. DEMOLOMBE, *supra* note 18, t. 24, t. 1, n° 130, p. 121.
264) 1111条　債務を約した者に対して行われた強迫は，その者のために合意が締結された者以外の第三者によって行使された場合であっても，無効の原因となる。
265) L. 9, §1, ff. Quod met. causa＝D. 4, 2, 9, §1. Ulpianus.
266) DEMOLOMBE, *supra* note 18, t. 24, t. 1, n° 157, p. 145-146.
267) *ibid*., t. 24, t. 1, n° 158, p. 146.
268) 前掲注22) 参照。
269) DEMOLOMBE, *supra* note 18, t. 24, t. 1, n° 190, p. 174.

結果として，あたかもわれわれが未だに法務官の支配下にいるかのようにしてローマ法が援用される」と批判する[270]。その上で，詐欺は，他の同意の瑕疵と変わるところがなく，いずれの場合も当事者間で契約が無効とされるのと同様に，第三者についても，2182条2項[271]および2125条による「基本原則 (principe élémentaire)」が妥当するとする[272]。したがって，相手方との関係で無効を得た上で，または，同一の訴訟に第三者を参加させることによって，物の返還を得ることが可能である[273]。

この理解は，既に引用した，無効訴権（および解除訴権）に関する一般的記述（前記 **96**）に対応している。ロランの立論を他の論者と比較した場合，第三者効に関して，物に書かれた対人訴権，ないし混合訴権による説明と，無効（ないし解除）を前件とする所有権復帰という説明とが緊張関係にあることが理解されよう。

以上の議論が，非債弁済に関する1380条の規律が所有権によって覆される場合と同様に，「何人も自らが有している以上の権利を他人に移転することができない」という法格言に依拠させられていることに注意を向けよう。この問題について，体系的な理解を提示したプラニオルを参照して，暫定的な見通し

---

270) LAURENT, *supra* note 19, t. 19, n° 75, p. 74. ベルギー破毀院の判決（Cass. 4 mars 1816 [未見]）が引用され，同判決が，詐欺を原因とする原状回復は，詐欺を行った者またはそれに加担した者でなければ相手方とすることができず，善意の第三取得者を相手方としては行使され得ない，としたことについて，「[ローマの] 法務官ならばこの判決に署名することができたであろう」と評する。
271) 前掲注23) 参照。
272) LAURENT, *supra* note 19, t. 19, n° 75, p. 75.
273) *Comp.*, MARCADÉ, *supra* note 49, t. 4, 1892, n° 419, p. 358. 錯誤や強迫については2125条・2182条2項の適用を肯定するものの，詐欺については，詐欺をはたらいた者は，「自らが犯した過失に起因する賠償のための人的債務 (obligation personnelle)」の効果としてでなければ返還義務を負わないとする。この債務は第三者に承継されることはなく，第三取得者もまた返還を免れる。この立論では，賠償の一態様としての現実賠償 (réparation en nature) が指示されていることに注意しなければならない。これに依拠することで，結果として所有権の論理によらずに，もっぱら詐欺の当事者の間で返還が実現される。Marcadéの理論の前提には，詐欺が相手方当事者に由来するのであれ，第三者に由来するのであれ，詐欺による錯誤は同意を瑕疵あるものとするわけではない，という理解がある。彼によれば，この場合に詐欺を被った者の錯誤は「合意の有効性とは無関係の諸状況」についてのものでしかない。この問題を十全に検討するためには，詐欺，錯誤および強迫について，訴権と原状回復との関係という観点から，歴史的に辿る必要がある（わが国の民法が，条文上，強迫についてのみ取消の第三者対抗を許容している [96条3項の反対解釈] ことはこの問題の延長線上にある）。なお，このような問題が存在しながらも，古典時代において，原状回復が第三者効を有するものとされていたことは，取消状の制度が，後代にはローマ法に重ね合わせて理解されたとしても，元来は独自に生成したものである，とする理解を補強することになろう。

を得ることとする。

propriété résoluble 論

112 プラニオルは，所有権を移転させる行為の遡及的消滅による所有権の復帰について，「撤回[解除]可能な所有権（propriété résoluble）」の概念を用い，公示をも射程に収めつつ，体系的な理解を提示した。まずプラニオルは，解除条件が付されて所有権が移転された場合について論じ，この場面には二人の所有権者が存在するとする。「一方［＝譲渡人］は，停止条件の下での所有権者であり，他方［＝譲受人］は，解除条件の下での所有権者である」[274]。この条件が成就しない間に第三者が生じたとしても，条件の成就によって当該第三者の権利は失われる[275]。その上で，「action en nullité ou en rescision」の場合についても，解除条件の成就と同様に考えられるとし，第三者追及を許容する[276]。ただし，同一の訴訟において取戻がなされるためには，訴訟参加により第三者に判決効を及ぼさなければならない[277]。

続いて，遡及的な所有権の撤回（résolution）は，取引にとって危険なものであるとして，イタリアの登記法とドイツ法における条件の非遡及性について言及する。その上で，フランスの公示システムを検討している[278]。検討対象と

---

274) PLANIOL, Marcel, *Traité élémentaire de droit civil, conforme au programme officiel des facultés de droit*, 3e éd., F. Pichon, t. 1, 1904, n° 2350, p. 756.
275) これを《 Resoluto jure dantis, resolvitur jus accipientis 》の法格言に重ね合わせる。
276) PLANIOL, *supra* note 274, t. 1, n° 2352, p. 757.
277) 「転得者は，無効または取消の請求に基づく訴訟に参加させられなければならない。そうでなければ，得られた判決は，既判事項の相対的権威［＝既判力の相対効］に基づく原則のために，転得者に対抗されない。」(*loc. cit.*)
278) これとは別に，第三者への請求について，新理論を継承した Gaudemet が導入した規律は，追奪担保責任を論拠とする。V. GAUDEMET, *supra* note 82, p. 164 et s. 彼によれば，追奪担保義務を負う当事者は，追奪を主張することができない。これは，次のような場合に問題となる。A―B―C と不動産が転々譲渡されたが，A―B の売買が無効とされた場合，B は第二売買の買主である C に対して追奪担保義務を負っている。このとき，自ら無効を主張して C に返還を請求した上で，所有権者の地位に復帰した A に対して現物を返還することは認められないとされる。以上は，他人物売買について語られていた規範の転用である。例えば，Aubry et Rau は，売主は他人物売買の無効（1599 条）を請求して物の返還を得ることができないとの規範について，「追奪担保の義務を負う者は，自から訴権を行使したとしても，抗弁によって排斥される（*Quem de evictione tenet actio eumdem agentem repellit exceptio*）」という法格言を援用する。V. AUBRY et RAU, *supra* note 60, t. 4, §351, p. 355, spéc., note 48. これを前提に Gaudemet が提案する規律に立ち戻れば，上記仮想事例における第二売買の売主 B は，無効な第一売買の買主でもある結果，他人物売買の売主と同様に，本来は無効を主張し得る地位にある。他人物売買の無効は，買主のみが請求し得る相対無効であるとされる。V. GUIHO, Pierre, Les actes de disposition sur la chose d'autrui, *RTD civ*. 1954, 1 et s., spéc.,

して，1855年3月23日のデクレ[279]4条[280]が引用される。

「4条　① 謄記された行為（acte transcrit）の解除，無効又は取消を宣言するあらゆる判決は，既判事項の権威（autorité de la chose jugée）を得た日から1カ月のうちに，謄記簿上でなされた謄記（transcription）の欄外に付記されなければならない。

② 判決を得た代訴士（avoué）は，100フランの過料の制裁の下に，自らが起草しかつ調印した申請書を保存吏（conservateur）に提出することによって，前項に定める［欄外］付記を行わせる義務を負う。保存吏は，代訴士に対して，受領証を交付する。」

プラニオルは，この規律が，他の公示に比べて例外的であることを強調する。

---

nº 17, p. 12. しかし，A—Bの売買が無効とされる結果，Bはもはや所有権を有していないこととなり，そもそも revendication を行使してCから物を追奪することができない。とはいえ，Aが revendication を行使し得るため，この規範の第三者保護機能は限定的であるが，A—B間の無効が直ちにはCに対して効果をもたらさない，とまでは言うことができよう。なお，この議論は，「現実返還をなし得ない場合には，無効訴権は受理されない」とする判例法にも関連する。この判例法からは，Cから追奪し得ないBは，Aに現物返還し得ない結果として，Aに対して無効訴権を提起することさえ許されない，との規律が導かれる（この判例法上の規律の射程については第2部で検討される）。Gaudemet の学説はこれによって補強され得る。すなわち，目的物を第三者に転売したために自ら返還をなし得ない者は，無効を主張する機会を奪われ，買主＝第二売買の売主は，自らが形成した関係を破壊することができない。所有権によって物を取戻すことができるのは，取引の連鎖の始点に位置する者のみとなる。追奪担保責任を根拠とするにせよ，他人物売買の規律を借用するにせよ，Bからの返還請求は遮断される。

1599条　他人の物の売買は無効である。買主が当該物が他人に帰属していたことを知らなかったときは，その売買は損害賠償をもたらし得る。

279) 代表的論考として，参照，星野英一「フランスにおける不動産物権公示制度の沿革の概観」同『民法論集第2巻』（有斐閣，1970）1頁以下［初出，江川英文編『フランス民法の150年（上）』（有斐閣，1957)］。
280) 本条の意義について，横山美夏「競合する契約相互の優先関係(1)」大阪市大法学雑誌42巻4号914頁（1996）。

なお，代金不払による売買の解除についてのみ異なる規律が容易された。
1855年3月23日のデクレ7条　民法典1654条によって規定される解除訴権は，売主の先取特権が消滅したのちには，取得者から不動産上の権利を取得し，かつ，この権利を保存するための規定に従った第三者を犠牲としては行使することができない。

Pothier について検討したように，売買の解除が，所有権の遡及的復帰をもたらす他の制度とは背景を異にすることがここにも示唆されている。現代における規律について第2部参照。

「通常は，売買，贈与，交換といった所有権を移転させる行為＝証書 (acte) のみが謄記の手続きに服する。他方，上記の場合［＝無効・取消・解除訴権の効果によって物が取戻される場合］において，自らの財産を取戻す所有権者は，当該財産を取得するのではない。いかなる移転行為も所有権者のために生じてはいない。所有権者は，権原の撤回を被った取得者の特定承継人となるのではない。そうではなく，所有権者は，譲渡することがなかったものとみなされ，中断なく (sans interruption) 自らの財産の所有権者であり続けたものとみなされる。所有権者は，財産の所有権を非承継的に (originairement) 移転した者から，かつての自らの権原に基づいて財産を取戻すのである。しかしながら法律は，第三者に情報を与える (avertir) べく，謄記が行われるよう規定する。これは，第三者は取得者が被る（所有権の）撤回を知らされなければならない，という［第三者にとっての］重大な利益を理由とする。取得者は，外観上は (en apparence) 物の確定的な (définitif) 所有権者となっていた。この取得者が解除または無効の判決の効果によってその所有権を失った旨が周知されることは，非常に有益である。」[281]

しかし，謄記の方法やその懈怠に対するサンクションは通常とは異なるものであった。

「この公示は特別な方式において行われる。自らの取得権原について取得者が以前に行った謄記の欄外に，解除または無効の判決が付記される。この付記は，判決を得た代訴士の職務遂行 (diligences) として，判決から1カ月のうちに行われなければならない。
　サンクションもまた，共通法のそれに比べて厳しいものではない。この公示の懈怠は，判決の効力にはなんら影響を与えない。懈怠の帰結として生じ得るのは，懈怠した代訴士に対する100フランの単なる過料 (amende) である。」

---

281) PLANIOL, *supra* note 274, t. 1, n° 2356, p. 757-758.

第1部　各種返還請求の史的諸相

　無効・取消については，それ自体が判決によることを利用することで[282]，第三者への情報提供が図られたことになる。しかし1855年の段階では，謄記の対象は判決でしかなく，第三者は訴権提起の事実自体を知り得ないため，自らのイニシアチブで訴訟参加することによって防御の機会を得ることはできない[285]。

　この規定の不十分さは，1955年1月4日のデクレ[283]において克服される。すなわち，欄外付記による公示は，判決とともに，裁判上の請求（demandes en justice）についても要求され[284]，公示を欠いた請求は不受理の制裁を受ける[285]。

　1955年のデクレのシステムと対比した場合，1855年のデクレの対応は，請求の謄記を必要とせず，対抗不能のサンクションを課さないという点で，第三者に対して無効の効果を貫徹させている，と考えることができる。プラニオル

---

282) TROPLONG, *Examen critique et pratique du commentaire de M. Troplong sur les privilèges: sur la transcription en matière hypothécaire,* par F. Mourlon, t. 2, 1856, n° 215, p. 262.「[…] 立法者は，付記を行わせるために，代訴士を名宛人とすることで，判決の存在に従う公示を組織した。」
283) 1955年1月4日のデクレについては，参照，星野英一「フランスにおける1955年以降の不動産物権公示制度の改正」同『民法論集第2巻』（有斐閣，1970）107頁以下［初出，法学協会雑誌76巻1号（1959）］。公示されない訴えは不受理とされ（同デクレ30条5号），その結果として自ら無効を主張することが許されなくなる。第三者を保護するにはこれで十分である，と言うことができる。この規律もまた，無効が訴権によることを利用したものと言えよう。
284) 1955年1月4日のデクレ第22号・28条4号ｃ段。
　28条［原始規定］　以下の行為は，不動産の所在地の抵当権保存所において，義務的に公示される。
　　4°　本条1号により公示に服する権利に関わるときは，以下に列挙される裁判上の行為および判決［が公示される］。
　　　a) 無効または取消事由を有する合意の追認行為。
　　　b) 停止条件の成就を確認する行為。
　　　c) 合意または死因処分の解除，撤回，無効もしくは取消を得るための裁判上の請求，および，それらを確認する行為並びに判決。
　　　d) 前項に定める請求を棄却する判決，および，訴え並びに審理の取下げ（désistements）。
　　　e) 言效を有する（déclaratifs）行為および判決。
285) 30条5°　公示に服する行為から生ずる権利の解除，撤回，無効または取消を宣言させるための請求は，請求それ自体が本デクレ28条4号の規定に従って公示された場合で，かつ，抵当権保存所の証明書によって，または，公示の記載事項を付した請求の謄本を作成することによって，当該公示が正当化される場合でなければ，裁判所において受理されない。
　　この規律の前提には，約定の解除・撤回・無効・取消と法定のそれらとの区別がある。同条1号4段は，前者については契約条項それ自体の公示を求め，後者にはそれを不要とする。
　30条1°　④　本デクレ28条1号に規定された権利の解除もしくは撤回，または，無効もしくは取消は，遡及効をもたらすときは，それらの出来の根拠となる条項が出来の以前に公示された場合，または，法律にその事由が規定されている場合でなければ，覆滅される権利を有する者の特定承継人に対抗できない。

がそうしたように取引の安全が語られるとしても，そこに大きな価値は認められず，無効ならびにその効果としての返還を実現することが重視されている，と言うことも可能であろう。第三者は，時効取得しない限りは，確定的に所有権を取得することはない。これに対して，短期の消滅時効を規定する1304条は，より一般的な保護を与えるはずである。しかしながら，この時効期間の適用を排除すべく，無効理論が展開されていたことは既に検討したとおりである。

小　括　**113**　主として民法典制定以降20世紀初頭に至るまでの学説を対象としてきた本章は，所有権移転の意思主義の下での返還をめぐる諸問題を複数の視角から検討するものであった。

　第一に，非債弁済のコンディクチオが扱われた。文言上，第三者からの取戻を拒絶し，この訴権を対人訴権として純化するように見える1380条の規律は，多様な論拠によって掘り崩される。弁済の無効にせよ，所有権の即時復帰にせよ，いずれの論拠も民法典の新たな規定に裏打ちされ，これを通じてコンディクチオは revendication に席を譲る。

　第二に，無効・取消について，その実現方法たる「無効または取消訴権（action en nullité ou en rescision）」を検討の対象とした。取消状・原状回復の制度の廃止を受けて，契約の効力剝奪方法を一元化するものとも解され得たこの訴権は，1304条が用意した短期消滅時効の適用をめぐって，重要な一部分を規律し得なくなるに至る。この部分は，不存在または端的に無効と称され，効力剝奪のために訴権を要しない。さらに進んで，新たに提唱された無効理論は，「無効または取消訴権」それ自体を否定する。いずれの論者においても，無効・取消それ自体と返還とが区別されるに至り，その結果，これに伴う返還は revendication または非債弁済のコンディクチオに委ねられる。遡及効による所有権復帰という実体法上の効果を経た上で前者に依拠するにせよ，対人訴権性を否定された後者に依拠するにせよ，無効・取消に伴う返還は，物的な追及を許す点で，そのように名づけるか否かも一つの問題ではあるが，「有因主義」によって規律される，との観察が可能である。

　ただし，論者たち自身は，所有権移転の方式を論ずる中でこの帰結に達したわけではない。この帰結が，無効・取消の訴権構成を批判する中から生じたにすぎないことは，あらためて指摘されるべきであろう。この意味で，有因主義

は，必ずしも課題意識を伴わずに成立した，と評することができる。

　事実，確固とした基礎を有しなかったことを自白するかのように，訴権構成を批判する立論は次第に影を潜め，固有の返還訴権（revendication，非債弁済返還訴権）への依拠は，必ずしも明示的にはなされなくなる。この傾向の制度的背景としては，訴権構成を利用した公示の組織を指摘することもできるであろう。これを前提とする限り，訴権によることを根本的に否定することは不可能である。

　むしろ現代における傾向は，**序**において示唆したように，無効・取消に伴う返還について，その独自性を認識することにある。一つの制度として「原状回復＝全部返還（restitution intégrale）」が語られ，周辺の諸制度との整合性が模索される。したがって，いわゆる「給付利得」類型のフランスヴァージョンを解明する，という本書の第一の目的は，未だ達せられていない。膨大な紙幅を費やした第1篇は，フランス法の諸前提を確認する序論的考察にすぎなかった。

　以上の問題を留保しつつ，第2篇では，不当利得返還訴権としての action *de in rem verso* を検討の対象に据える。原状回復を規律しない固有の不当利得返還制度は，19世紀において，特殊な相貌をまとって制度化される。

第2篇　原因なき利得

114　第1篇で縷々検討したように，コンディクチオは，準契約たる非債弁済から発生するそれを例外としつつも，独自かつ一般的な制度の許で遇されることはなかった。よってこの訴権は，フランスにおける不当利得返還制度を析出するメルクマールとは成り得ない。それは，「何人も他人の犠牲（出費）において利得してはならない（nul ne peut s'enrichir au détriment (aux dépens) d'autrui）」という法格言に求めざるを得ない（これまでと同様，以下ではしばしば，これを「不当利得の観念」と称する）。

　少なくとも，19世紀末に，一般的な形式において「原因なき利得（enrichissement sans cause）」の返還が認められ，「不当利得（enrichissement injuste）」を語る素地が形成されたのちに，それ以前の著作において，不当利得返還を扱っているものとして遡行の対象となる箇所には，この法格言が立ち現れる。その記述が後代における具体的規律と対応するか否かにかかわらず，各分野に散在する適用事例が探索され，フランスにおける不当利得返還制度の原初の姿が「発見」される。実際，明確な沿革が提示されないからには，われわれもこのような手法を採らざるを得ない。しかし，類似の帰結を導く諸制度を羅列するだけにとどまるのであれば，議論は徒に拡散し，統一的な分析はなされ得ないであろう。第1篇において，コンディクチオや取消状といった，返還を実現するための訴権（ないし手段）に視点を集中させてきたわれわれは，ここでも訴権，とりわけその名称に敏感であろうとする。すなわち，フランスにおける不当利得返還訴権が，「action *de in rem verso*」と称されたことを重視する。

　以下では，ローマ法上の *actio de in rem verso* を固有に指す場合には「転用物訴権」の語を充て，その来歴が希薄化したそれについては「action *de in rem verso*」と原語のまま表記する。

第1章　転用物訴権・事務管理と action *de in rem verso*

115　action *de in rem verso* という訴権の名称は，ローマ法における「（利益）転用物訴権（*actio de in rem verso*）」を沿革として指示するように見える。しかし，action *de in rem verso* に言及がされるとき，これがローマ法における *actio de in rem verso* とは異なる旨の付言がされる[1]。名称において同一性を標榜しながら，内容を違えるこの訴権の正体が明かされなければならない。

他方，action *de in rem verso* による返還の対象である不当利得は，「enrichissement sans cause」と称されるに至る。原因を構成要素とするからには，原因欠缺故のコンディクチオ（*condictio sine causa*）を想起しなければならないのではないか。これに加えて，事務管理の制度や準契約の概念がさらなる混線を惹起する。一時期の議論を規定する「action *de in rem verso* とは事務管理における費用償還訴権（＝事務管理反対訴権（action contraire de la gestion d'affaires））の亜種である」との理解は，いかなる前提から生じたのであろうか。

フランスにおける一般的な不当利得制度の形成過程は，これらの訴権・概念・制度が示唆するいくつかのモデルの対抗として描出され得る。この対抗は，破毀院による action *de in rem verso* の承認をめぐる学説上の議論に刻印される。対抗関係の整理はこの判決を検討する第2章に留保することとし，以下，対抗の諸要素を蓄積することとする。まずは，後代の議論の前提となる史的形象に瞥見を加え（第1節），次いで註釈学派の諸学説を概観する（第2節）。

第1節　二つの原像

116　本節は，民法典制定後の不当利得制度を論じるための準備作業にとどまり，通史としての不当利得学説史を標榜しない。もっとも，非債弁済の返還

---

1) 参照，稲本洋之助「フランス法における不当利得制度」谷口知平教授還暦記念『不当利得・事務管理の研究（1）』（有斐閣，1970）77頁，注5。

についてしばしば不当利得の観念に言及されていたように，これをも不当利得返還制度の一分枝と考えるならば，第1篇における検討が古法時代の不当利得論の一部を成すことになる。しかし，不当利得の観念の下に大きく一括りにすることができるとしても，非債弁済と以下に検討する二つの制度とは，明らかに論理を異にする。

まずは，action *de in rem verso* という名称に対応するローマ法における転用物訴権を概略的に検討し，そこでの利得追及の態様を把握する。既に繰り返し述べているように，action *de in rem verso* は，ローマ法における転用物訴権とは似て非なる訴権である。それでも，後者に一瞥を加え，これを一つのモデルとして記述することによって，19世紀の学説判例の意義の解明の一助と成すことができる（第1款）。

他方，19世紀の学説の展開を強く規定したポチエによる事務管理論を取り上げ，衡平（équité）による返還訴権の導出のあり方を概念化する。これにより，返還の範囲に関する問いへの解答の糸口が獲得される（第2款）。

第1款　ローマ法上の転用物訴権

117　転用物訴権の生成は，ローマ法における代理の不存在の原則を背景とする，と説明されることがある[2]。契約は，当事者間でしかその効力を生ぜず，第三者効は否定される[3]。しかし，ある者が，家子（*filius familias*）または奴隷（*servus*）などの従属者（*persona subjecta*）ないし他権者（*alieni juris*）を通じて取引行為（*negotium*）をなす場合[4]，とりわけ商取引や家産の管理において不都合が生じたという。この場合に，家父（*pater familias*）ないし主人（所有権者）（*dominus*）が，自らが当事者ではないにもかかわらず，債権者となることが認

---

2) Goré, François, *L'enrichissement aux dépens d'autrui. Source autonome et générale d'obligations en droit privé français. Essai d'une construction technique,* thèse Grenoble, Dalloz, 1949, n° 16, p. 14. 代理の不存在については，V. Popeso-Ramnicéano, René, *De la représentation dans les actes juridiques en droit comparé,* thèse Paris, Libraire de jurisprudence ancienne et moderne, 1927. V. aussi Girard, Paul-Frédéric, *Manuel élémentaire de droit romain,* 8ᵉ éd., par F. Senn, 1929, rééd., par J. Ph. Lévy, Dalloz, 2003, p. 705, note 1.

3) Girard, *supra* note 2, p. 705.

4) 古典期のローマにおける他権者による経済活動の重要性について，Gay, Jean-Lucien, L'*in rem versum* à l'époque classique, *Varia: Études de droit romain,* t. III, 1958, p. 156 et s.

められたとされる。しかし，債務を負担することは認められなかった[5]。

こうした原則は，法務官による新たな訴権の創設をもって緩和されたとされる[6]。従属者が取引をなした場合，債権者による主人に対する請求が許容されるに至った[7]。これを可能とした諸訴権を，付加的性質の訴権（actiones adjecticiae qualitatis）と称する[8]。

それらは，主人と従属者との間の関係性に応じて，二つの類型に区別され得る。第一の類型として，委任（mandatum）に類比し得る関係を根拠とする諸訴権がある[9]。第二の類型として，主人に対する請求を基礎づけ得る明示的な合意を欠く場合に認められる訴権がある。一方に，主人が従属者に託した特有財産（peculium）の限りにおいて主人に対する請求を認める特有財産訴権（actio de peculio）があり，他方に，主人が従属者がなした取引から利得した限りにおいて訴えを許容する転用物訴権がある[10]。

転用物訴権は，特有財産訴権との関係で補充的な役割を担っていたとされる[11]。主人は，自らの手足となる従属者を介して経済活動を行う場合，これらの者に対して特有財産を設定し，その管理を委ねた。特有財産上の権利は主人

---

[5] ibid., p. 157. 家父の財産を増大させることはできるが，減少させることはできない，という観念の存在を指摘する。p. ex., D. 50, 17, 133. Gaius.「われわれの地位は，奴隷を通じてこれを改善することができるが，毀損することはできない。Melior condicio nostra per servos fieri potest, deterior fieri non potest.」

[6] GIRARD, supra note 2, p. 107.

[7] 訴権としては以下に述べるとおりであるが，実体法的には，第三者にとっての直接の相手方である従属者と連帯して（in solidum）債務者となる，と説明される。GAY, supra note 4, p. 157.

[8] 付加的性質の訴権について，また代理との関係について，参照，口石久美子「institor についての一考察」国家学会雑誌108巻5・6号217頁以下（1995）。

[9] 詳細について，原田慶吉『ローマ法（改訂）』（有斐閣，1955）216頁以下。(1) 命令訴権（actio quod jussu）：家父・主人が第三者に支配下の者と取引すべきことを命じた場合に認められる。(2) 船長訴権（actio exercitoria）：支配下の者を船長に任命した場合に認められる。のちには自権者を任命した場合にも認められた。同様の訴権として，事業の支配人に任命した場合につき，(3) 支配人訴権（actio institoria）がある。後者の二つの訴権は，事業が海上でなされるものか，陸上でなされるものか，によって区別されたとされる。GIRARD, supra note 2, p. 707. なお，これらの訴権と転用物訴権とが重畳的に提起される場合，原告はコンディクチオを選択することもできたことについて，ibid., p. 713.

[10] GORÉ, supra note 2, n° 17, p. 14-15. 特有財産訴権と転用物訴権は，実際には，二つの有責判決（condamnatio）を求める一つの訴権であったと説明されることがある。V. GIRARD, supra note 2, p. 710, cite dans la note 4. Gaius, 4, 74 a「同一の方式書によって特有財産訴権と転用物訴権が提起される。Eadem formula et de peculio et de in rem verso agitur.」

[11] GIRARD, loc. cit.

に留保される。従属者は，契約を締結する能力を有しなくとも，特有財産の限りにおいて取引を許される。換言すれば，特有財産は，従属者の債権者にとって，いわば責任財産となる[12]。しかし，債権額がこれを超える場合，債権者は超過分については反対給付を得られない。この意味において，特有財産を付与し，これを捲き戻し得る主人は，反対給付なしに利得している。このとき，債権者は，主人の利得を転用物訴権によって追及することができる。以上より，転用物訴権は，不当利得の観念を基礎とする，と説明される[13]ことが理解されよう。

118 しかし，ユ帝期には，新たな展開が見られたとされる。まず，特有財産が設定されることが見られなくなり，特有財産訴権に従たるものとされていた転用物訴権が独自の訴権とされるに至る[14]。さらに，介在者が解放奴隷 (*libertus*) など自権者 (*sui juris*) である場合にも，準転用物訴権 (*actio de in rem verso utilis*) が認められ[15]，主人を相手方とする請求が許容されたとされる[16]。代表的事例[17]は，組合 (*societas*) に関わる。ある組合員が組合契約にとっての第三者と取引し，その給付が組合財産の利得となった場合，当該第三者は，取引の相手方ではない他の組合員に対してであっても訴権を提起することができる[18]。のちに見るように，この訴権は，後代において，転用物訴権の一種とし

---

12) 特有財産があり，かつ，その計算について従属者が主人に対して債務を負う場合（この債務は自然債務とされる），主人は第三者に優先してこの債権額を特有財産から控除することができる。ただし，第三者との取引について主人が悪意の場合には，特有財産は，主人と第三者との間で，債権額に応じて分配するものとされる。第三者が異議を述べる場合には，分配訴権 (*actio tributoria*) が認められる。これも付加的性質の訴権の一種とされる。後者の処理は，破産手続きに類似する。また，主人によって特有財産が撤回されたり，従属者の死亡によって特有財産が消滅したりした場合には，特有財産訴権は，特有財産の撤回・消滅後1年以内に行使しなければならないとされていた。以上について，参照，原田・前掲注9) 217頁。V. aussi GIRARD, *supra* note 2, p. 711-712.
13) GORÉ, *supra* note 2, n° 18, p. 16.
14) *ibid.*, n° 19, p. 17. V. aussi GIRARD, *supra* note 2, p. 715.
15) GIRARD, *loc. cit.* V. aussi Mosoïu, Marcel, *L'enrichissement injuste. Étude de droit comparé*, thèse Paris, E. Duchemin, 1932, p. 34-39.
16) この拡張がいつの時代の現象であるのか，については争いがある。V. GIRARD, *supra* note 2, p. 715. 於保不二雄「転用物訴権について」同『財産管理権論序説』（有信堂，1954) 175頁〔初出，法学論叢35巻2号 (1936)〕は，準転用物訴権について述べる法文は *interpolatio* を受けた可能性が高い旨を指摘している。
17) 以下の法文について，GORÉ, *supra* note 2, n° 20, p. 17-18.
18) D. 17, 2, 82. Papinianus. 「組合のために負担された債務であっても，〔他の〕組合員によって負担

て把握された。他の適用事例としては，制限能力者の財産を管理する者が直接の契約の相手方である場合に，制限能力者を追及する事例[19]，さらに，都市（*civitas*）の財産が利得の追及を受ける事例[20]がある。

119 極めて粗雑に概略を提示したにすぎないが，特有財産訴権と転用物訴権との関係，また，これらの拡張事例から次のような考察が可能であろう。いずれの事例についても，ある財産を管理する者と取引した第三者の給付が，当該財産を介して財産保有者の利得となった場合に，転用物訴権が認められている。つまり，利得を転用する装置として，一体性を伴った財産の集合体が機能している。以下では便宜的に，これを「資産（*patrimonium*）」と称することとする。

　もっとも，この資産による媒介の局面を捉えずに，利得の帰属者と資産を管理する者との間に事務処理の関係を見て取ることもできる。主人と従属者との間の関係は，事務管理に類比され得る[21)22]。事務管理として把握される場合，従属者＝事務管理者の事務管理を行う旨の意思が要素として加わり，それを欠く場合に，転用物訴権が否定され得る結果，その適用範囲は縮減の可能性を帯びる。すなわち，事務管理を前提とする転用物訴権像は，利得を受けた者とそ

された他人の債務について，組合員は義務づけられない。ただし，弁済された金銭が［組合の］共同金庫に入る場合はその限りでない。Iure societatis per socium aere alieno socius non obligatur, nisi in communem arcam pecuniae versae sunt.」

19) C. 5, 39, 3.「保佐人又は後見人により未成年者の名において消費貸借がされ，与えられた金銭が未成年者の物に利得をもたらした場合には，この未成年者に対する対人訴権が当然にも与えられるべきである。Si in rem minoris pecunia profecta sit, quae curatori vel tutori eius nomine mutuo data est, merito personalis in eundem minorem actio danda est.」

20) D. 12, 1, 27. Ulpianus.「都市は，弁済された金銭が有益なものである場合，消費貸借として与えられたものによって義務づけられることがある。そうでなければ，契約した者だけが義務づけられ，都市は義務づけられない。Civitas mutui datione obligari potest, si ad utilitatem eius pecuniae versae sunt: alioquin ipsi soli qui contraxerunt, non civitas tenebuntur.」

21) D. 15, 3, 3, §2. Ulpianus.「一般的にいえば，受任者が委任訴権を有する場合，または，事務を管理する者が事務管理訴権を有する場合には，転用物訴権が存在する。また，奴隷が，主人がより良き物を持ち得るように，あるいは，毀損なく物を持ち得るように，［金銭を］消費するときは常に［転用物訴権が存在する］。Et regulariter dicimus totiens de in rem verso esse actionem, quibus casibus procurator mandati vel qui negotia gessit negotiorum gestorum haberet actionem quotiensque aliquid consumpsit servus, ut aut meliorem rem dominus habuerit aut non deteriorem.」本法文は，19世紀の議論において奇妙な役割を担う。後記本文 **142** の Larombière の議論を参照。

22) 於保・前掲注 16) 170頁。利得説と事務管理説との対立について，参照，同 174頁，176頁注(4)。

れを媒介した者との間の関係性の如何を問う。

　他方，事務管理を借定すると，第三者からの直接請求は，必ずしも不当利得を基礎としない，と考えることもできる。すなわち，第三者から本人への直接請求は，事務管理者と本人との間に，代理に類比し得る権利帰属関係を見出し得ることによって根拠づけられ得る[23]。

　しかし，フランスにおける action *de in rem verso* は，いずれとも異なる理解を背景として登場する。そこにはある種の誤解が存在するが，原因の一端はポチエに求められる。

第2款　ポチエの事務管理論

120　古法時代において[24]不当利得の観念が姿を現すのは，準契約一般の基礎として援用される場合を除けば，主として，所有権者に対する費用償還請求，ならびに，事務管理に関してである。とりわけ後者は，19世紀の学説判例において，action *de in rem verso* を基礎づけ得た点で重要である。着想の源泉を提供したのは，ポチエの事務管理論であった。しかし，のちにも言及するように，ポチエの著作において事務管理の適用場面の拡張が図られるとき，転用物訴権それ自体は論じられていないことに注意しなければならない[25]。彼は，請

---

23) 於保・前掲注16) 189頁は，事務管理の当事者間に直接代理を認める旨の展開を示唆する。*Contra* GIRARD, *supra* note 2, p. 715.

24) MONNERVILLE, G., *Labbé et la théorie de l'enrichissement sans cause*, thèse Toulouse, 1921, p. 34 は，古法時代においても，「nul ne peut s'enrichir au détriment d'autrui」の法格言は随所に見られるが，「法的構成（construction juridique）は見当たらない」とする。「フランス古法は，ローマの不当利得の理論を保存したが，それを展開することはなかった」(*ibid.*, p. 37)。V. aussi GORÉ, *supra* note 2, n° 28, p. 23.

　なお，Domat の不当利得論として通常言及されるのは，既に引用したコンディクチオについて一般的に説明される箇所である（前記本文**37**）。これについて，磯村哲「仏法理論に於ける不当利得法の形成──続・不当利得・事務管理・転用物訴権の関連と分化」同『不当利得論考』（新青出版，2006）163頁は，以下のように評している。「即ち彼に於て，不当利得理論が，ローマの condictio のヴェール（c. indebiti, c. causa finita, c. causa data causa non secuta, c. sine causa）を纏って，充全的に取扱はれているのである」。

25) 管見の限りでは，Pothier のフランス語著作の中に，*actio de in rem verso* そのものについての言及はない。もっとも，*Pandectæ* においては，もっぱらローマ法の解説としてではあるが，一定の議論が展開されている。POTHIER, Robert-Joseph, *Pandectæ justinianeae in novum ordinem digestae*, traduites par De Bréard-Neuville, Dondey-Dupré, t. 6, 1821, p. 193-194. ここでは，主人と従属者の関係が，委任ないし事務管理とされている。したがって，actio *de in rem verso* は委任または事務管理に吸収されたと考えることもできる。ただし，第三者が本人の事務管理者とされるわけではないことに注意する必要がある。註釈学派における意味の変容について，後記本文**142**参照。また，

求の基礎となる「法的関係（lien de droit）」ないし「取引行為（*negotium*）」が存在しないが不当な利得が存在する，という場合に，コンディクチオが認められるか否かという問題を，事務管理論において展開している。

121 ポチエにおいて，事務管理は，委任に類比される準契約として把握される[26]。事務管理成立の要件は，第一に，管理の対象となる事務の存在，第二に，本人の指示（ordre）の不存在，第三に，事務管理についての本人の不知である。これらに加えて第四に，「［ローマ］法の緻密さによれば（selon la subtilité du droit）」，事務管理者において事務を遂行し費用の償還を受ける意図（intention）（以下ではしばしば「事務管理意思」とする）が要求される[27]。「selon la subtilité du droit」という表現が示唆するように，衡平上の規範である不当利得の観念が（厳格）法が求める要件を緩和し，事務管理の成立範囲が拡張される事例は，第四の要件に関連して展開される[28]。

事務管理論において問題とされるのが，*condictio* に関する法文であることにも注意が向けられなければならない。*condictio* が，原告と被告との間のなんらかの「取引行為（*negotium*）」を前提とし，これを債務発生原因とすると解した場合には，Pothier において準契約として理解される事務管理は，*negotium* として表象されるに十分である。ここに事務管理の拡張事例において *condictio* が扱われる理由が見出される。利得者と損失者との間に既存の法的関係（lien de droit）を要求する action *de in rem verso* 像について，後記本文 **168** 参照。

26) Pothier, Robert-Joseph, *Traité de contrat de mandat*, n° 167-226, Appendice: Du quasi-contrat *negotiorum gestorum*, *Œuvres de Pothier*, éd. par Bugnet, Cosse et N. Delamotte, Videcoq père et fils, t. 5, 1847, p. 242 et s.

  ibid., n° 167, p. 242「ある者が，いかなる指示もなしに，また，本人の知らぬ間に，他人の事務をなすとき，この者たちの間には，いかなる委任契約も生じない。委任契約は，他のすべての契約と同様に合意であり，この合意は，二当事者の同意および意思の合致によるのでなければ成立し得ない。Lorsque quelqu'un fait l'affaire d'un autre, sans aucun ordre et à son insu, il n'intervient entre eux aucun contrat de mandat; le contrat de mandat, de même que tous les autres contrats, étant une convention qui ne peut se former que par le consentement et le concours des volontés des deux parties. // 契約は存在しないとしても，当該管理は，当事者の間に準契約を成立させる。この準契約は，当事者間に，委任契約がもたらす債務に類似した債務をもたらす。A défaut de contrat, cette gestion forme un quasi-contrat entre les parties, qui produit entre elles des obligations semblables à celles que produit le contrat de mandat.」

27) *ibid.*, n° 167, éd. par Bugnet, t. 5, p. 243.

28) *ibid.*, n° 185 et s., éd. par Bugnet, t. 5, p. 248 et s. タイトルは以下のとおり。「Art. III 他人の事務をなすに至った者は，当該他人の事務をなす意図，および，自らがなす事務の費用についてその者から返還を受ける意図をもって，この事務をなしたのでなければならない。Il faut que celui qui s'est porté à faire l'affaire d'un autre, l'ait faite avec l'intention de faire l'affaire de celui qu'elle concernait, et de répéter de lui les frais de sa gestion.」

ポチエは，事務管理意思が明確に認められる正規の事例から分析を始め，都合五つの事例を検討する。なお，第五の事例は，事務管理者から本人に対する贈与の意図が認められ，そもそも費用償還請求訴権が生じない事例であるため，これを除外し，以下では，事務管理意思がないにもかかわらず訴権が許容される三つの事例について検討を加える。

122 【第２事例：もっぱら私の事務をなすものと信じて，私があなたの事務をなす場合】

　「この場合，［私が行う］管理は，われわれの間に，事務管理という準契約を成立させない。もっぱら法の緻密さを参照するならば，私は，あなたの事務をなす意図を有しておらず，したがって，私に管理の費用を償還するようあなたが義務づけられることはないため，私は，あなたに対して，費用を償還させるための事務管理反対訴権（action *contraria negotiorum gestorum*）を有し得ない。たとえあなたが管理から利益を得ていたとしても。しかし，衡平（équité）は，他人の犠牲において利得することを認めず，上記の場合，法の緻密さに反して，私の管理の費用をあなたに返還させるために，あなたを相手方とする訴権を，あなたが管理から利益を得た限りにおいて，私に付与する。」[29]

　ポチエは，他人の家屋に費用が投下された（impenser）事例を挙げてこれを敷衍する。他人の土地を占有してこれに出費し建物を建造した者に対して，留置権のみを認めるユリアヌス（D. 12, 6, 3）[30]や，悪意の抗弁のみを認めるパウル

---

29) *ibid.*, n° 189, éd. par Bugnet, t. 5, p. 248. « Dans ce cas, cette gestion ne forme pas entre nous le quasi-contrat negotiorum gestorum ; et à ne consulter que la subtilité du droit, n'ayant pas eu intention de faire votre affaire, ni par conséquent de vous obliger à me rembourser les frais de ma gestion, je ne puis avoir contre vous l'action contraria negotiorum gestorum pour m'en faire rembourser, quoique ce soit vous qui en avez profité. Mais l'équité, qui ne permet pas qu'on s'enrichisse aux dépens d'autrui, m'accorde en ce cas, contre la subtilité de droit, une action contre vous, pour répéter de vous les frais de ma gestion, jusqu'à concurrence de ce que vous en avez profité. »
30) L. 33, ff. Cond. indeb. = D. 12, 6, 33. Jurianus.「かつて私があなたの土地に家屋を建て，あなたがこの家屋を占有していたとしても，私は上述の［非債弁済の］コンディクチオを有しなかった。なぜ

ス（D. 44, 4, 14）[31]は、「subtilité du droit」を体現しているとする。これに従う限り、占有者＝出費者は、「いかなる市民法上の訴権をも有さず」、事務管理反対訴権を行使することができない。なぜなら、この者は自らの事務をなしていると考えており、他人の事務を管理する意図を有していないからである[32]。

さらにポチエは、非債弁済返還訴権が認められるか否かについて検討し、これに否定的解答を与える。その際の推論には、弁済についての理解が反映される。弁済とは、義務づけられた物の「供与または所有権の移転（la dation ou translation de propriété）」である[33]。この定義は、既に検討した、非債弁済であっても所有権を移転させる、という理解（前記 **41**）と通底している。では、占有者による出費は、所有権者との関係で、弁済として性質づけられるのであろうか。ポチエは、あらためてユリアヌスの法文（D. 12, 6, 3）を引用しつつ[34]、端的に「占有者による所有権者への物の返還は弁済ではない」とする[35][36]。こ

なら、われわれの間では、いかなる取引行為もなされなかったからである。実際、例えば、義務づけられていない金銭を弁済する者は、このこと自体によってなんらかの取引行為をなしている。これに対して、他人によって自らの土地に建てられた家屋を支配する所有権者は、いかなる取引行為もなしていない。また、他人の土地の上に家屋を建て、自ら［家屋の］占有を移転する者であっても、コンディクチオを有しない。なぜなら、なんら［弁済の］受領はなされておらず、所有権者は自らの物の所有を開始したにすぎないからである。また以下のこともたしかである。自らを相続人と考えて相続財産たる離れ屋の美化作業を行った者は、［当該家屋を］留置する以外の仕方では費用［の償還］を担保することができない。Si in area tua aedificassem et tu aedes possideres, condictio locum non habebit, quia nullum negotium inter nos contraheretur: nam is, qui non debitam pecuniam solverit, hoc ipso aliquid negotii gerit: cum autem aedificium in area sua ab alio positum dominus occupat, nullum negotium contrahit. Sed et si is, qui in aliena area aedificasset, ipse possessionem tradidisset, condictionem non habebit, quia nihil accipientis faceret, sed suam rem dominus habere incipiat. Et ideo constat, si quis, cum existimaret se heredem esse, insulam hereditariam fulsisset, nullo alio modo quam per retentionem impensas servare posse.」［下線・波線筆者］

31) L. 14, ff. de dol. et met. except. = D. 44, 4, 14. Paulus.「パウルスは以下のように回答した。他人の土地に建物を建てた者は、自ら土地を占有し、かつ、所有権者がこの者に対して土地の返還訴権を提起する際に悪意の抗弁を対抗することによるのでなければ、費用を償還され得ない、と。Paulus respondit eum, qui in alieno solo aedificium extruxerit, non alias sumptus consequi posse, quam si possideat, et ab eo dominus soli rem vindicet, scilicet opposita doli mali exceptione」［下線筆者］
32) POTHIER, *supra* note 26, n° 189, éd. par Bugnet, t. 5, p. 248.
33) *ibid.*, n° 189, éd. par Bugnet, t. 5, p. 249.
34) 前掲注 30) の波線部分を引用する。
35) POTHIER, *supra* note 26, n° 189, éd. par Bugnet, t. 5, p. 249.
36) 事案が占有者対所有権者のそれとして整理されているように、第2事例は、費用償還に関する民法典555条に回収されると考えることができる。事実、編者である Bugnet の注は、同条を引用している。同条の規律については、現代法に即して第2部で検討する。

第 2 篇　原因なき利得

れ以上の敷衍はないものの，弁済の定義からすれば，占有者は所有権を有さず，したがってこれを移転し得ない以上，そもそも弁済をなし得ない，という推論がされているものと考えられる。したがって，弁済を前提とする非債弁済のコンディクチオを提起することはできない[37]。以上より，他人の家屋への出費の事例において，占有者はいかなる訴権をも有しない。準契約たる事務管理も非債弁済も存在しない。つまり，原告と被告との間には，市民法（droit civil）が認める債務発生原因がなんら存在しない。これが，「subtilité du droit」の帰結である。

　以上を確認した上で，ポチエは，「衡平」に基づく訴権付与の可能性を模索する。アフリカヌス（D. 3, 5, 48）[38]は，衡平に依拠して，事務管理意思を有しな

---

[37] この Pothier の解説については，本事例において，*condictio* の発生要件としての *negotium* が存在しないことを前提としている，とも理解され得るであろう。逆からいえば，ここでの *negotium* は，弁済により生ずる可能性がある，ということになる。V. aussi HAURIOU, Maurice, *Étude sur la condictio. Des contrats à titre onéreux entre époux en droit français*, thèse Bordeaux, 1879, p. 42 et s. は，D. 12, 6, 33 および D. 44, 4, 14 の事例において，準契約が成立するならば不当利得の返還が認められる，という形で問題を把握している。すなわち，非債弁済のコンディクチオの拡張適用事例において，利得者と損失者との間に，準契約という債務を発生させる法的関係の存在を要求している。ここでの準契約は非債弁済である以上，「弁済」の存否が決定的となる。

[38] L. 48, ff. Neg. gest. = D. 3, 5, 48. Africanus. [＊Hulot 版では，D. 3, 5, 49]「売却された奴隷が売主である私から盗んだ物について，買主［であるあなた］がこの物を［…］一定額で転売した場合，代金額を与えるよう義務づけるべく私に事務管理訴権が付与される。私に関わるものをあなたに関わるものであると考えて取引行為がなされたかのように。反対に，あなたには私を相手方として訴権が与えられる場合もある。すなわち，あなたが［ほんとうは］私に帰属する相続財産を自らの相続財産であると考えて，あなた自身の物を遺贈された物として弁済し，この弁済によって私が［相続人として負っていた］債務から解放される場合である。Si rem, quam servus venditus subripuisset a me venditore, emptor vendiderit [...] de pretio, negotiorum gestorum actio mihi danda sit, ut dari deberet, si negotium quod tuum esse existimares, cum [quum] meum esset, gessisses; sicut ex contrario in me tibi darentur, si, cum [quum] hereditatem quae ad me pertinet tuam putares, res tuas proprias legatas solvisses, quandoque de [quandoquidem] ea solutione liberarer.」（省略部分および［　］内は Pothier による）　原論文に対する書評での小川浩三教授の指摘（法制史研究 64 号・2014 [2015] 495 頁）を受け，訳文を変更した。ただし，« res tuas proprias legatas solvisses » については，なお疑問が残る。小川教授の指摘では，「あなた」が受遺者であったと解されているように思われるが，後掲注 39）の Pothier の記述では，「私」が履行義務を負っていた遺贈を「あなた」が履行したことは強調されるものの，受遺者が誰であったかは問題とされていない。仮に「私」は「あなた」を受遺者とする遺贈の履行義務から解放されているとすれば，「あなた」は自らに対して遺贈を履行したことになり矛盾する。したがって，「あなた」以外の誰かに対する遺贈を想定しなければならない。そう解釈してよければ，弁済の原資が「あなた自身に遺贈された物」であったか，「あなた自身の物」であったかは帰結に差異をもたらさない。しかし，前者の場合「legatas」の語は「あなた」を受遺者とするそれと解されなければならず，他の者を受遺者とする legatas は法文には明示されていないことになり，解釈によって補われることになる。そうした補充も可能であるように思われるが，上記訳文では，res tuas proprias と legatas とをある種の同格

261

い者にも訴権を付与していた。ほんとうは「私」が相続人であるにもかかわらず自らが相続人であると誤信した「あなた」が，遺贈を履行し，「私」がその義務から解放された，という事案である。「subtilité du droit」によれば，「あなたに」事務管理訴権は与えられない。しかし「法の緻密さに優越すべき衡平があなたに訴権を付与する」。なぜなら，この訴権が与えられなければ「私は，あなたの犠牲において利得することになる。衡平はこれを許容しない」からである[39]。

さらに，この訴権は，善意の（de bonne foi）事務管理者だけでなく，「領得の意思（animo depraedandi）」をもって私の事務を管理する者にも与えられる場合がある[40]。ここで引用されるのは，ユリアヌスの法文（D. 3, 5, 6, §3)[41]である。しかし，ユリアヌスは，先の箇所（D. 12, 6, 3）では法の緻密さから事務管理を認めなかった。にもかかわらず，善意ではないどころか，自らの利益のために

と考え，後者は他者を受遺者とするそれとし，前者は legatas に由来しない「あなた自身の物」とした。

[39] POTHIER, *supra* note 26, n° 189, éd. par Bugnet, t. 5, p. 249. « Dans cette dernière espèce [＊前掲注38）法文の相続財産の事案を指す], quoique vous eussiez cru faire votre propre affaire plutôt que la mienne, en payant les legs dont j'étais tenu, et dont vous coroyez être débiteur; néanmoins ayant par ce paiement, sans le savoir, fait mon affaire, en me procurant la libération de ces legs dont j'étais tenu; quoique la subtilité du droit ne vous donne pas contre moi l'action contraria netogiorum gestorum, parce que vous n'avez pas eu intention de faire mon affaire, ni de m'obliger, néanmoins l'équité, qui doit l'emporter sera la subtilité du droit, vous donne une action contre moi pour répéter la valeur de ce que vous avez payé pour l'acquittement de ces legs dont j'étais tenu, et dont le paiement que vous avez fait m'a procuré la libération; sans cela, je m'enrichirais à vos dépens, ce que l'équité ne permet pas. »

[40] *ibid.*, n° 190, éd. par Bugnet, t. 5, p. 249.

[41] L. 6, §3, ff. de Neg. gest. = D. 3, 5, 6, §3. Julianus. [＊Mommsen und Krueger 版では，D. 3, 5, 5, §5. Ulpianus]「しかしながら，私の事務を管理する者が，私のことを慮るのではなく，自らの営利を意図している場合について，ラベオーは以下のように記している。この者は，私の事務を管理しているのではなく，自らの事務を管理している。というのも，領得を意図して［管理を］企図する者は，私の便宜ではなく，自らの営利に専心しているのである，と。それにもかかわらず，この者は事務管理訴権によって義務づけられる，[…] とする方がよいと考える。蓋し，この者自身が私の物に関してなんらかの出費をしているのであれば，私を相手方とする訴権を有する。この訴権は，私の事務に不誠実に関わっている以上，この者から失われた部分［＝出費それ自体］を対象とはせず，［私の］利得となった部分を対象とする。Sed et si quis negotia mea gessit, non mei [mea] contemplatione, sed sui lucri causa; Labeo scripsit, suum eum potius, quam meum negotium gessisse: qui enim depraedandi causa accedit, suo lucro, non meo commodo studet. Sed nihilominus imo magis, et […] is tenebitur negotiorum gestorum actione. Ipse tamen, si circa res meas aliquid impenderit, non in id quo ei abest, quia improbe ad negotia mea accessit, sed in quod ego [in quo] locupletior factus sum, habet contra me actionem.」（省略部分および［　］内は Pothier による）前掲注38）と同じく小川教授の指摘を受けて訳文変更。

行動した者にも訴権が与えられるのはなぜか。ユリアヌスの二つの説は矛盾しているのではないか。

　ここでポチエが参照するのは，キュジャスである[42]。キュジャスによれば，他人の家屋への出費に関する先の法文において，ユリアヌスとパウルスは，「subtilité du droit」の観点からしか事案を考察していない。そうであるが故に占有者＝事務管理者に訴権を与えなかった。とはいえ彼らも，事実訴権（*actio in factum*）を排除してはいないであろう。法務官は，「subtilité du droit」に反したとしても，衡平に基づいて，所有権者が利得した限度において，占有者に返還訴権を付与したはずである，と。こうして，ユリアヌスの二つの法文の間の矛盾が解消される[43]。

　ポチエは，以上のローマ法文の解釈を踏まえて，フランス法へと議論を展開する。ここでは，端的に衡平を債務発生原因として承認している。

　　「われらがフランスの判例法は，subtilité du droit romain を認めず，衡平のみで，市民法上の債務を生ぜしめ，訴権を与えるに十分であるとみなしている。」[44]

　ポチエは，ローマ法文に現われたいずれの事案においても，「所有権者が得た利得を限度として訴権が与えられることに疑いはないとする」。引き続いて，仮想事例を提示し，この原則を適用してみせる。収穫前に用益権者（usufruitier）が死亡し，所有権者が果実を収取した場合[45]，所有権者は，用益権者による労務ないし播種（semence）の費用を，用益権者の相続人に返還しなけ

---

42) Pothier は CUJACIUS, *Commentaire sur Julien* と引用するが，遺憾ながら *Omnia* から該当箇所を特定できていない。
43) POTHIER, *supra* note 26, n° 191, éd. par Bugnet, t. 5, p. 250. Pohteir はさらに Dumoulin をも引用している。
44) *ibid.*, n° 192, éd. par Bugnet, t. 5, p. 250. « Dans notre jurisprudence française, qui n'admet pas les subtilités du droit romain, et qui regarde la seule équité comme suffisante pour produire une obligation civile et pour donner une action, il ne doit pas être douteux que, dans l'espèce des Lois 33, de Condict. indeb., etc., et 14, ff. de Dol. et met. except., comme dans celle de la Loi 6, §3, celui qui a fait des impenses dont je profite, doit avoir action contre moi, jusqu'à concurrence de ce que j'en profite. »
45) 用益権は権利者の死亡により消滅し，所有権者（虚有権者（nu-propriétaire））が完全な所有権を回復する。

ればならない。なぜなら，自らの事務であると信じていたとしても，用益権者は，「実際には，所有権者の事務を行っていた」からである[46]。

　以上の考察ののちに，ポチエは，返還の範囲の問題をあらためて俎上に載せる。本来の事務管理から生ずる費用償還のための訴権＝事務管理反対訴権は，すべての有益費を返還させる。しかも「予見し得ない事由によって有益性が損なわれた（par un cas imprévu, cette utilité aurait été détruite）」場合であっても返還範囲は縮減されない[47]。これに対して，「自然法に属する衡平を唯一の理由として（sur la seule raison de l'équité naturelle）」返還訴権が付与される場合には，その範囲が，請求の時点で利得者が損失者の出費から利得している分に制限される。したがって，「私が［出費から］なんら利得していない場合は，［出費した者は］なんら返還を得られない（il n'en peut rien répéter, si je n'en profite point）」[48]。

　以上のように，準契約＝市民法上の債務発生原因を通じて返還請求が認められる場合と，衡平によって返還請求が認められる場合とでは，返還の範囲に差異を生ずる。換言すれば，現存利得への制限の根拠は，その返還を求める訴権が，衡平上の規範でしかないことから導かれている。また，非債弁済論において，準契約それ自体が衡平上の不当利得の観念に基礎づけられていたことを想起するならば（前記 **42**），二つの場合が区別されていることになろう。すなわち，一方に，市民法が衡平上の原則を取り込む場合（事務管理・非債弁済）があり，他方に，市民法になんら根拠が見出されず，衡平が直接に適用される場合（事務管理の拡張事例・非債弁済の拡張事例[49]）がある。

123　【第３事例：私は，ピエールの事務を行うものだとばかり考えていたが，この事務はあなたの事務であって，なんらピエールには関係しなかった場合】

---

46) *ibid.,* nº 192, éd. par Bugnet, t. 5, p. 250-251.
47) *ibid.,* nº 193, éd. par Bugnet, t. 5, p. 251.
48) *loc. cit.*
49) こうした法源の構造は，非債弁済の拡張事例についても散見された。繰り返せば，非債弁済は，準契約という市民法上の債務発生原因を経ることで訴権を生ずる。しかし，非債弁済受領者が無償で第三者に弁済目的物を譲渡した場合，衡平上の不当利得の観念が市民法を媒介とせずに登場し，新たに訴権を生ぜしめていた。もっとも，その帰結は現存利得の返還ではなく，第三者への物の追及であった。前記本文 **44**。

ここでも「subtilité du droit」と衡平との対置が見られる。法によれば，事務管理の相手方が異なる結果，いずれの者にも訴権が認められない。これに対して衡平によれば，管理を享受した者が管理者に対して計算・報告（rendre compte）を請求し得るのであるから，その反対に，管理者は実際の相手方に対して，費用償還を請求できる，とする[50]。しかしながら，ポチエは，衡平が返還を認めるかに見える後者の請求について，これを準契約たる事務管理から導かれるものと考える。なぜなら，私はピエールに対する事務管理意思を有しており，この意思は，あなたとの関係においても，黙示の（implicite）事務管理意思として承認されるからである[51]。

したがって，この事案においては，現存利得への制限が語られない。黙示の意思が認められる理由が示されていないため説得的ではないものの[52]，前記の【第2事例】と比較した場合，ポチエの理論は，「準契約への包摂の有無が返還範囲を違える」として定式化され得るように思われる。

124 【第4事例：複数の人に関わる事務であったが，そのうちの一人の事務をなすものだと考えて私が事務を行った場合】

ここで扱われるのは，特有財産（pécule）に関する事例である。ポチエは，特有財産に関わる事務管理がなされた場合，家子（fils）と家父（père）の双方に関わる事務がなされたことになる，とする。特有財産の保持者は家子であるが，その所有権は家父に帰属するためである。しかし，事務管理者は，家父に対しては特有財産訴権しか有しない。この者は，特有財産に関する事務を行ったにすぎず，家父の利得は考慮されない。これが「subtilité du droit」による解決であるが，ユリアヌス（D. 3, 5, 6, §6）[53]は，衡平に基づいて，家父を相手方

---

50) Pothier, *supra* note 26, n° 194, éd. par Bugnet, t. 5, p. 251.
51) *ibid.*, n° 194, éd. par Bugnet, t. 5, p. 251-252.
52) 事務管理者には，本人の同定について「錯誤（erreur）」があった，という表現は見られるものの，必ずしも根拠として語られているわけではない。
53) L. 6, §6 ff. de Neg. gest. = D. 3, 5, 6, §6. Julianus.［＊Mommsen und Krueger 版では，D. 3, 5, 5, §8. Ulpianus］「私があなたの家子または奴隷の事務を管理する場合，あなたに対して事務管理訴権を有するものとされるであろうか。実際のところ，私は次のように考える。［…］たしかに，あなたのことを慮って，特有財産の管理を行ったという限りでは，あなたは私に対して義務づけられる。

とするさらなる訴権を与える。ただし，この訴権は，家父の利得の限度に制限される54)。

ローマ法における特有財産訴権と転用物訴権との元来の関係性，すなわち，後者は前者に対して補充的であったことを考慮に入れるならば，この事例における衡平上の訴権こそが，ポチエの action de in rem verso である，と考えることもできよう。もっとも，本文にも引用される法文にも，この訴権名称は登場しない。

125 以上の三つの拡張事例について，あらためて整理しておこう。ポチエにおける事務管理論においては，例外的に許容される訴権に関して，二つの層が識別されなければならない。いずれも衡平に基礎を置くものの，準契約を通じて訴権が付与される場合（第3事例）と，これを経ずに直ちに衡平が訴権を創出する場合（第2事例，第4事例）とが区別される。後者においては，原則として返還の範囲は現存利得に制限される。

同様の議論の構造は，他の箇所にも見出される。ポチエは，『債権債務関係概論』において，契約以外の債務発生原因として準契約，不法行為および準不法行為を掲げたのちに，「法律による（De la loi）」債務について述べる。注意されるべきは，この「loi」が，「自然法（loi naturelle）」をも包含することである55)。

しかし，あなたの家子との友誼による場合には，［…］家父［であるあなた］を相手方とする訴権としては，もっぱら特有財産訴権が与えられる。［…］同じ箇所で，ポンポニウスは次のように記している。特有財産中に何もない場合には，［家子・奴隷が］家父に対して一層多くの義務［＝特有財産の清算に伴う義務］を負っていると考えられるため，特有財産訴権に加えて，［私には］家父を相手方として，私による管理から利得した部分について訴権が与えられる。Sed ［引用ナシ］ si ego tui filii negotia gessero, vel servi; videamus, an tecum negotiorum gestorum habeam actionem? Et mihi videtur verum […] ut si quidem contemplatione tui negotia, gessi peculiaria, tu mihi tenearis. Quod si amicitia filii tui […] adversus patrem vel dominium de peculio duntaxat [duntxat de peculio] dandam actionem. […] Eodem loco Pomponius scribit; hoc adjecto, quod putat, et ［引用ナシ］ si nihil sit peculio, quoniam plus patri, dominove ［引用ナシ］ debetur, et in patrem dandam actionem, in quantum locupletior ex mea administratione factus sit [est].」（省略部分および ［　］ 内は Pothier による）

54) POTHIER, *supra* note 26, n° 195, éd. par Bugnet, t. 5, p. 252-253. なお，Pothier は，*Pandectæ* では，特有財産が不足する限りで転用物訴権が与えられる，とローマ法文を解釈している（POTHIER, *Pandectæ, supra* note 25, t. 6, p. 191）。この意味で，ここで与えられる訴権が転用物訴権である可能性は否定されない。

「自然法は，少なくとも間接的に，すべての債務の原因である。なぜなら，契約，不法行為および準不法行為が債務を生ぜしめる場合，原初においては (primitivement)，自然法が，各人が約束したことを遵守し，過失 (faute) によって犯した過ちを賠償することを命じるからである。

また，自然法そのものが，諸々の所為を義務づけ，ここから債務が生じる場合がある。その結果，これらの所為が準契約と称されることは，既に言及したとおりである。」[56]

この箇所は，第1篇において，当然無効の効果としての「法律によるコンディクチオ (*condictio ex lege*)」を扱う際に引用した箇所（前記 **64**）の直前に置かれている。これを受けて，四つの債務発生原因それぞれをあらためて自然法に基礎づけたのちに，「法律を唯一かつ直接の原因とする債務」が存在するとし，複数の具体例を挙げる[57]。第一に，困窮する父母に対する子の扶助義務が挙げられる。第二に，制限能力者たる妻が締結した無効な契約による給付を返還する義務が挙げられる。後者については，既に引用したように（前記 **64**），不当利得の観念が援用され，返還の範囲は利得の限度に制限されていた。その由縁は，事務管理の拡張事例と同様に，当該コンディクチオが，準契約にさえ基礎づけられることなく，直接自然法によりもたらされるものであったことに求めることができる[58]。

---

55) ほかには，地域的法律＝慣習法 (loi municipale) が挙げられている。領主取戻権における *condictio ex lege* を想起させる。前記本文 **59**。
56) POTHIER, *Traité des obligations*, n° 113-115, éd. par Bugnet, t. 2, p. 56-57.
57) *ibid.*, n° 123, éd. par Bugnet, t. 2, p. 58.
58) V. POSSA, M, *Étude de la jurisprudence et développement de la théorie de l'enrichissement sans cause*, thèse Paris, Giard & Brière, 1916, p. 40 et s. 前注の引用箇所から，次のように推論する。Pothier は，obligation légale ou quasi-contractuelle を非債弁済と事務管理の二つに限定してはおらず，他の準契約は無限に存在すると理解している。また，*condictio ex lege* という表現から，Pothier は，諸種の *condictio* を発生原因により類型化するユ帝法の体系を拒絶し，*condictio* を，衡平がそれを認めるならば付与される訴権として一般化しているとする。「われわれが述べてきた事柄について，一つの結論が確実に得られる。すなわち，Pothier の時代において，不当利得は，法定債務または準契約上の債務の発生原因であった。Une conclusion s'impose avec certitude à ce que nous avons dit. C'est qu'au temps de Pothier, l'enrichissement injuste était une source d'obligation soit légale soit quasi-contractuelle.」(*ibid.*, p. 43.) この理解によるならば，事務管理の拡張事例もまた *condictio* と称され得ることとなろう。以上の指摘は，Pothier の不当利得論を非債

以上より，現存利得への制限は，衡平または自然法が，同様に自然法に基礎を置く準契約を媒介することさえなく，直ちに訴権を発生させる場合の規範である，と言うことができる。なお再言すれば，制限能力者の返還範囲の制限は民法典 1312 条[59]に結実する。この条文は，民法典における不当利得の観念の適用事例として語られることになる。

126 ここで，ローマ法において転用物訴権が問題とされる事例とポチエの事務管理論が扱う事例とを比較しておこう。のちの展開にとって重要視されるべきことは，X（損失者）—A（介在者）—Y（利得者）の関係において，Y が X による追及を受ける理由として事務管理を措定するとしても，事務管理者が A であるのか，それとも X であるのか，理解が分岐し得る，という点である。転用物訴権の事例においては，総じて A—Y 間に資産が存在し，A はその管理を担っていた。X は管理者と取引を行った者として，Y に対する請求を許される。事務管理が見出されるとしても，あくまで X は第三者であり，A—Y 間に事務管理を基礎とした代理類似の関係が存在するために，Y に対する直接請求が許されるにすぎないと解することができる。

これに対して，A の存在を顧慮せず，X を Y の事務管理者として表象することも可能である。とりわけ【第 4 事例】において，ポチエの議論はこちらに傾き，のちのフランス法を規定する。X が Y に請求し得るのは，X—Y 間に衡平によって債務が設定されるためである。これは，A—Y 間の関係に左右されずに，言い換えるならば，X—A—Y の三者の関係を，X—Y の二者の関係に還元することによって，X の請求を認めることを意味する。つまり，この操作を可能とする論理が，衡平または自然法から直接導かれる不当利得の観念であった，と考えることができるように思われる。

ただし，本節冒頭でも指摘したように，ポチエは事務管理を論じているのであって，転用物訴権を論じているわけではない。民法典成立後，最初に action *de in rem verso* という語が用いられたのは組合の事例であった。事務管理の延長線上に action *de in rem verso* を語るのは，19 世紀後半の註釈学派である。

弁済と事務管理に見出し，それぞれの連関をなんら考慮しない同時代の学説とは一線を画している。
59) 第 1 篇第 2 章注 111)。

彼らは，ポチエが action *de in rem verso* を論じていたと理解する。

第 2 節　action *de in rem verso* とは何か

127　民法典には，不当利得返還一般を規律する条文が存在しない[60]。もっとも，「何人も他人の犠牲において利得してはならない」という不当利得の観念は，複数の条文に見出され得る[61]。なかでも，のちの判例の展開との関係で重要視されるべきは，事務管理に伴う費用償還である[62]。ポチエにおいて，事務管理論の枠組みの下で衡平による返還訴権の創出が論じられていたように，註釈学派の論者たちもまたこの制度に不当利得の観念を強く読み取ろうとする。

　他方，幾度も強調しているように，われわれの問いは，フランスの不当利得返還訴権が，なぜ，「正当な原因（cause légitime; cause juste）の不存在」を要件とすることとなったのか，というものであった。そこには，コンディクチオの似姿が見出される。

　以上の二つの問題のいずれについても，オーブリー&ローの学説に至る系譜を辿ることで確たる見通しを得ることができる（第 2 款）。その意義を強調する前に，前節に引き続き，action *de in rem verso* に関するいくつかの言説を保存

---

[60] これは，人口に膾炙する法典を起草しようとした立法者が，法典に一般原則を書き込むことを忌避したことによる，と説明されることがある。Possa, *supra* note 58, p. 43. 当時の思想的背景に関する指摘として，参照，稲本・前掲注 1) 74 頁。
[61] 稲本・前掲注 1) 74-76 頁の類型化を参照。
[62] 1372 条　①　任意に他人の事務を管理するときは，本人がその管理を知るときであれ，知らないときであれ，事務管理者は，自らが開始した管理を継続し，かつ，本人が自ら管理を遂行することができるまでそれを完遂する旨の黙示の義務を約する。事務管理者は，同様に，その事務のすべての付随的事項をも負担しなければならない。
　②　事務管理者は，本人が明示の委任を与えたならばこれから生じたであろうすべての債務に服する。
1373 条　事務管理者は，その事務が完了するより以前に本人が死亡するに至る場合であっても，相続人が管理の指揮を執ることができるまで，その管理を継続する義務を負う。
1374 条　①　事務管理者は，事務の管理について，善良な家父としてのすべての注意を払うよう義務づけられる。
　②　前項の規定にかかわらず，裁判官は，事務管理者がその事務を負担するに至った事情に応じて，その過失または懈怠から生ずる損害賠償を減額することができる。
1375 条　良好に事務を管理された本人は，事務管理者が自己の名において約した義務を履行し，管理者が負担したすべての人的義務［＝債務］を補償し，管理者が支出したすべての有益費または必要費を償還しなければならない。

することとする。のちにオーブリー&ローの学説の十全な理解のためにも，また，第2章で判例法を検討するにあたっても，註釈学派の通説的理解を知ることが必須となる（第1款）。

第1款　action *de in rem verso* の萌芽

(1)　組合・会社における利得の転用

128　註釈学派[63]の検討に入る前に，組合・会社（société）[64]の利得に関する1864条[65]について簡単に検討し，フランス不当利得法の一つのモデルを把握するとともに，ローマの転用物訴権との距離を確認する。以下では，「*de in rem verso*」の語の用例としてしばしば参照される[66]メルラン（MERLIN（DE DOUAI），Philippe-Antoine〔1754-1838〕）の記述を検討の対象に据える。

　古法時代に会社（société）を規律していた1673年の商事王令（Ordonnance sur le commerce）（通称サヴァリー法典〔Code Savary〕）[67]は，ある社員が新たに債

---

63) 註釈学派の事務管理論＝不当利得論については，磯村・前掲注24) 166頁以下においてほぼ論じ尽くされている。ただし，磯村博士は，Aubry et Rau の不当利得論の意義とのちの学説判例への影響力について承認するものの，彼らが不当利得返還訴権を revendication に基礎づけたことを，「不当利得の観念を，強いて法典に規律する法律関係に関連づけようとする注釈主義の遺風をみないわけにはゆかぬであらう」（前掲175頁）と評する。同様の理解を提示するテーゼとして，V. PAREDES LEITE DE CAMPOS, Diogo José, *Les présupposés externes de l'action « de in rem verso »*, thèse Paris II, dactyl., 1978, p. 45 et s. しかしわれわれは，Zachariæ からの影響を見過ごすことができず，Aubry et Rau が不当利得を revendication に関連付けた（と同時にこれを拒否した）ことを別様に理解する。稲本・前掲注1) 80頁以下も，同様の問題意識から，Aubry et Rau の第2版と第4版，および，Bartin によって補充された第5版を比較している。もっとも，以下に詳述するように，action *de in rem verso* のコンディクチオ的理解の萌芽を Aubry et Rau に見出す本書とは，理解を異にする。

64) 周知のごとく，société の語は，「組合」と「会社」の双方を指称し得る。参照，野田良之「会社という言葉について」鈴木竹雄先生古稀記念『現代商法学の課題(中)』（有斐閣，1975) 705頁以下。以下では，1673年商事王令に関しては，構成員が商人であることに鑑みて「会社」の語を充て，民法典1864条については，société 一般を規律する条文であることから，「組合・会社」（構成員については「組合員・社員」）と併記する。

65) 条文訳は後掲注71) 参照。BÉGUET, Jean-Pierre, *L'enrichissement sans cause*, thèse Alger, Tepac, 1945, n° 17, p. 25 は，本条を「不当利得制度の最も完全な適用例の一つである」とする。

66) p. ex. FILIOS, Christian, P., *L'enrichissement sans cause en droit privé français. Analyse interne et vues comparatives*, thèse Lille II, préf. de J.-J. Taisne, Ant. N. Sakkoulas, Bruylant, 1999, n° 44, p. 46. 同じく参照，磯村・前掲注24) 166頁。

67) 正式名称は，「卸商および小売商の取引に関する1673年3月の（ヴェルサイユの）告示 Édit pour le commerce des marchands en gros et en détail」。財務総監コルベール（COLBERT, Jean-

務を負担した場合，他の社員も連帯して債務を負う，と規定するが，その要件として，「一同（会社）のために（pour la compagnie）」行為がされることを要求していた[68]。

ここでメルランは，民法典・商法典成立以前の事案，すなわち，1673年商事王令が適用される事案を引きながら，社員が，自らの名において取引し，「一同のため」であることを明示しなかった場合であっても，反対給付が会社ないし他の社員の利得となった場合には，取引を行った社員以外の社員を相手方とする請求を許容する[69][70]。その際に依拠されるのが，「利得の転用（in rem

---

Baptiste [1619-1683]）の指示によりサヴァリー（SAVARY, Jacques [1622-1690]）を中心とする委員会が起草したものである。法文については，V. ISAMBERT, DECRUSY et TAILLANDIE (éd.), *Recueil général des anciennes lois françaises,* depuis l'an 420, jusqu'à la Révolution de 1789, t. XIX, Belin-Leprieur, Verdière, 1829, p. 92 et s. 1673年の商事王令全般について，参照，山本桂一『フランス企業法序説』（東京大学出版会，1969）301頁以下。

[68] 第4章（Des Sociétés）第7条 すべての社員は，署名した者がそのうちの一人のみであったとしても，この者が一同（会社）のために署名し，かつ，他の理由によるのでない場合には，会社の債務について連帯して義務を負う。Tous associés seront obligés solidairement aux dettes de la société, encore qu'il n'y en ait qu'un qui ait signé, au cas qu'il ait signé pour la compagnie, et non autrement.

[69] MERLIN, Philippe-Antoine, *Recueil alphabétique des questions de droit,* t. 4, Garney, 1810, v° SOCIÉTÉ, §II, p. 656 et s. Merlin は，Cass., 28 germinal an 12 の事案（＊他の判例集による確認はできていない）について論ずる。牛の取引を業とする商人であるAは，パリでの売買のためにBから貸付を受け，手形を振出した。その後BはXに裏書譲渡した。期日にAの弁済がなかったため（＊認定によればAは破産している），XはBを相手方として訴訟を提起した。Bは担保のために，A，および，Aの甥でAと共同して事業を営んでいたY（＊Yも破産）を訴訟参加させた。本件における問題の発端は，Aが，商号（raison sociale）を記載せず，「自らの名において」手形を振り出したことにある。本件のAとYとのsociétéは匿名会社（société anonyme）（＊この語については後掲注70）を参照）であると認定されたが，1673年の商事王令4章7条（前掲注68）および8条（「合資会社の社員（les associés en commandite）は，その持分の限度でなければ債務を負わない」）が，匿名会社にも適用されるか否かが文言からは明らかではないため，Aが個人名で負担した債務についてYもまた義務を負うか否かが問題となる。

Merlin は，合資会社は匿名会社の一種であるが，すべての合資会社が匿名会社であるわけではないとし，8条の適用を排除する。では，匿名会社の社員の責任の範囲はいかにして規律されるか。Merlin は，組合・会社にとっての第三者は契約当事者たる社員を相手方とするのでなければ弁済を請求することができないとする Pothier の学説を退ける。その上で，合資会社の社員は出資の限度で責任を負う（王令8条）が，匿名会社の社員は無限責任を負うとする。その理由は，王令7条が対象とする「通常の会社（société ordinaire）」の場合との比較によって明らかにされる。通常の会社（Merlin はこれを「合名会社（société en nom collectif）」と同視する）の場合に，社員が連帯債務を負うのは，すべての社員が「互いを受任者（procureurs）とする」からである。結果として「すべての者が，直接に第三者と契約したものとみなされる」。これに対して匿名会社の場合には，第三者からの請求は，委任を根拠としない。社員の一人が締結した「契約に由来する物の利用」がその根拠である。「したがって，この訴権［＝他の社員を相手方とする第三者の訴権］は，契約による訴権ではなく，action *de in rem verso* である。また，この訴権は，他人の出費において利得することをあらゆる者に対して禁ずる，自然法上の原理以外のいかなる原理をなんら有しない。Au-

verso)」という論理であった。

これに対して,民法典 1864 条は以下のような構造を有する。同条本文は,商事王令とは異なり,取引を行った組合員・社員が「組合・会社の計算において (pour le compte de la société)」行為した場合であっても,連帯責任を認めない。しかし,その但書において,当該組合員・社員に権限 (pouvoir) が付与されていた場合,または,契約上の給付が「組合・会社の利得に転じた (tourné au profit de la société)」場合には,契約当事者ではない組合員・社員が,会社が負担した債務に拘束される旨を規定する[71]。授権または利得の転用が,連帯責

---

ssi cette action n'est-elle pas *de contractu*, mais *de in rem verso*; et elle n'a point d'autre principe que cette règle du droit naturel, qui défend à tout homme de s'enrichir aux dépens d'autrui.」したがって,契約上の給付が共同事業に利用されたことが立証されれば,個人名での債務負担であっても,第三者は契約の相手方以外の社員に対して履行を請求することができるとする。事案の解決としては,A が買受けた牛が,Y に引渡され,Y はそれを転売して代金を得たことが認定されており,物の転用による利得が認められるため,Y は A と連帯して責任を負うこととなり,B からの担保請求が認容される,としている。破毀院同旨。

70)「société anonyme」について,商法典成立後は「株式会社」が妥当するが,古法時代には多義的であったため,訳語には慎重でなければならない。V. MERLIN, *Répertoire universel et raisonné de jurisprudence*, t. 16, H. Tarlier, 1827, p. 303, v° SOCIÉTÉ, §III. Des Sociétés de commerce, Art. III. De la Société anonyme. この項目の原執筆者である Jousse (JOUSSE, Daniel [1704-1781]) (Merlin 編 Répertoire は,Guyot 編による Répertoire を底本としてこれを批判し,削除・加筆を施したものである) によれば,「匿名組合 (société en participation)」と同義であるとされる。これに対して,「よりまっとうな (plus saine)」ものとして Merlin が挙げる見解は,「société anonyme」は「société en participation」の一種であると同時に,「合資会社 (société en commandite)」の一種でもあるとする見解である。続く Art. IV の De la Société en participation という表題は,Jousse が掲げていた「Société anonyme」を Merlin が変更したものである。そこでの説明によれば,「société anonyme = société en participation」とは,資金を欠く商人が,特定の取引について,他者から信用を受ける場合に成立するものとされ,この商人が唯一の「公知の社員・組合員 (associé connu)」であり,信用供与者は「非公知の社員・組合員 (associé inconnu)」とされる。また,「société anonyme = société en participation」は,「一時的 (momentanée) な société」であるともされる。なお,Merlin は,1807 年の商法典 47 条が,合名会社 (société en nom collectif),合資会社,société anonyme を,匿名商事団体 (association commerciales de participation) の総称の下に包括したという理解を示している。また,「société anonyme = société en participation」は,取引を行う associé が限られている点で,合資会社に類似し,他方,非公知の associé が持分 (part) に応じて他の associé が負担した債務について無限に (indéfiniment) 責任を負う点で,出資の限度での責任しか負わない合資会社とは異なるとされる。

訳語の選択は困難な問題であるが,「匿名会社」としたのは,§III の表題および前記事案の Y・A が商人であることから,société には「会社」を充て,他方,anonyme については société en participation との類似性から,「匿名」という語を充てたためである。わが国の法との関係についてより綿密な考察が必要であるが,暫定的な訳語として用いることとする。

71) 1864 条 [原始規定] 組合・会社の計算において債務を負担する旨の約定は,契約当事者たる組合員・社員のみを拘束し,他の組合員・社員を拘束しない。ただし,他の組合員・社員が,契約当事者たる組合員・社員に権限を付与した場合,または,<u>物が組合・会社の利得に転じた場合には,</u>

任の要件である。

　では，債務を負担すべき組合員・社員が，明示的に「自らの名において」行為していた場合はどうか。1864条を反対解釈すれば，「組合・会社の計算において」債務が負担されたのでない場合には，たとえ利得の転用があったとしても，第三者からの他の組合員・社員に対する訴権は否定されるはずである。換言すれば，第三者から組合員・社員に対する訴権が許容されるには，(1)「顕名」に相当する「組合・会社の計算によることの明示」，および，(2) 利得の転用，という二つの要件が充足されなければならない。学説判例は一貫して，顕名がない場合には，第三者からの訴権を認めていなかったとされる[72]。なお，のちに見る事務管理の場合にも1864条と同様の論理が妥当し，顕名がなければ[73]，たとえ他人の事務を管理して有益な帰結を得たとしても，第三者から本人に対する直接請求は認められない。

　1864条は不当利得の適用例として理解されることが一般的であるが，メルランの議論と対比すれば，必ずしも action *de in rem verso* を承認するものとは言えないことになる。顕名を要求する解釈は，無権代理の追認の擬制であれ，表見代理の成立であれ，代理法理による直接請求を認めるにすぎず，顕名のない場合にも利得の転用の・み・を理由として直接請求を許容するメルランとの差異は明白である。

　この限りでない。La stipulation que l'obligation est contractée pour le compte de la société ne lie que l'associé contractant et non les autres, à moins que ceux-ci ne lui aient donné pouvoir, ou que la chose n'ait tourné au profit de la société.
　（＊組合に関する条文は1978年1月4日の法律により全面改正され，現1864条は原型をとどめていない。）

72) BÉGUET, *supra* note 65, n° 17, p. 26.
73) 現代では，事務管理者が第三者と契約を締結する際に顕名がなされれば，本人との関係で代理が成立するとされる。par ex. V. CARBONNIER, Jean, *Droit civil*, t. 4, *Les obligations*, 22ᵉ éd., PUF, Quadrige, 2000, n° 299, p. 531. もっとも，この問題を十全に理解するためには，19世紀における代理論・委任論，および，事務管理と第三者のためにする契約（stipulation pour autrui）との関係を明らかにしなければならない。代理については，参照，柳勝司「フランス法に於ける代理と委任」名城法学43巻3号1頁以下（1993），小島慎司「命令委任とその否定の意味――私法上の委任との関係を踏まえて」日仏法学28号21頁以下（2015）; PFISTER, Laurent, Un contrat en quête d'identité. Jalons pour une histoire de la qualification du mandat, Nicolas Dissaux (dir.), *Le mandat. Un contrat en crise*, Economica, 2011, p. 1 et s. いずれも代理が委任の基本的効果とされる過程を描出している。
　以下では，事務管理において顕名がある場合には，代理が成立し，第三者から本人への直接請求が許されることを前提として議論することとする。

逆に，ローマの転用物訴権において，顕名の有無は問題とされず[74]，もっぱら利得の転用が要件とされることをも想起する必要がある[75]。この点からすれば，メルランの理解は伝統的であり，民法典およびその後の学説判例[76]はこれを拒絶したものと理解することも可能であろう。

129 このように三者間の関係において，損失者から利得者への直接請求を認めるための論理は複数存在する。しかし，フランスにおける action de in rem verso は，1864条ともメルランの学説とも異なるものとして立ち現れる。

概要を示すならば，action de in rem verso の事務管理（反対）訴権への類比，とりわけ，事務管理の成立要件が充足されない場合に action de in rem verso が許容されるという理解は，X（損失者）―A（介在者）―Y（利得者）の三者間の関係においては，XとYとの関係のみを重視することにつながる。学説判例の展開においては，Xが直ちにYの事務を管理する者として措定され，法定の事務管理の要件が充足されないにもかかわらず，Yの利得を機縁として，直接請求が導かれる。Aが事務管理者となり，A―Y間に発生する代理関係を基礎としてXからYへの請求が許されるという事案も散見されるものの，Xが事務管理者とされることが通例である。また，メルランの理解のように，X―A―Yの関係を維持した上で，A（メルランの事例で言えば組合・会社）を介在させたXからYへの利得の移動に着目するのでもない。Aは三者間の関係から脱落する。なぜフランスにおける「*in rem verso*」の論理は，このような変異を生じたのであろうか。

---

74) ただし，古代ローマの取引社会において，従属者たる家子・奴隷の背後に主人が控えていることは公知である，という前提を置き得るのであれば，顕名について論ずることは無益であるとも言い得るであろう。転用物訴権論がしばしば援用する「代理否定の原則」の背後に存する構造が解明されなければ，本来は本文のような言明はなし得ないはずである。限界を認識しつつ差し当たりはローマ法学が紡ぐ言説に定位せざるを得ない。
75) ドイツ普通法学説においても，介在者の顕名の要否については明白でないという。参照，於保・前掲注16) 186頁。「［…］但し，第三者が本人に対して直接に請求しうるためには，管理人が事務を本人のために管理するものであるということを明示もしくは黙示によつて表示したことを要したか否かは，ローマ法上はもちろん普通法上も必ずしも明白ではない。」
76) 後記本文 **150** に引用する1850年，1853年の破毀院判決を参照。

(2) 準契約・事務管理論

トゥリエの準契約論　**130**　最初期の理論として，ここでもトゥリエの議論を検討しよう[77]。既に示唆したように，action de in rem verso は，註釈学派において，主として，事務管理者による本人への費用償還請求訴権＝事務管理反対訴権（action negotiorum gestorum contraria）との類比において登場するが，以下に扱うトゥリエの理解は，後代の理解とはおよそ異質である。

　トゥリエは，準契約の概念一般について，ユ帝法が消極的にしかこれを定義しなかった旨を指摘して分析を開始する[78]。ローマ法学説は，二つのグループに分けられる。一方に，準契約の基礎として「黙示の合意（consentement tacite）」を措定する立場があり，他方に「擬制または推定された合意（consentement fictif ou présumé）」を措定する立場がある。前者は，黙示の合意による契約が可能であることからすれば，そこで成立するのは契約であって準契約ではなく，両者を混同しているとして否定される。後者については，ハイネッキウス（Heineccius, Johann Gottlieb [1681-1741]）が引用され（Institutes, §966)[79]，彼が，擬制の根拠を衡平（équité）に求め，特に非債弁済について「他人の出費において利得することは正当ではなく」，法（droit）こそが返還を命ずる，としたことが称揚される。しかし，法律（loi）が正義（justice）に基づいて返還を命ずるならば，意思の擬制は「無益」ではないかと批判する。「立法者が正当なことを命ずるために，擬制や推定を必要とするかの如く」考えることはできない。以上の理解から，民法典は，準契約から生ずる債務を「法定債務（obligation légale）」として定式化したと理解し，1371条の定義を不十分であるとす

---

77) 磯村・前掲注24) 167-168頁。
78) Toullier, Charles Bonaventure Marie, Le droit civil français, suivant l'ordre du code, 5ᵉ éd., t. 11, Chez Jules Renouard, 1839, n° 15, p. 23 et s.
79) ibid., t. 11, n° 15, p. 24. « Il définit les quasi-contrats, facta honesta quibus et ignorantes obligantur ex consensu ob aequitatem praesumpto vel ficto, [...] »引用対象の版は明らかではないが，われわれが参照し得た版には次のような記述がある。Heineccius, Johann Gottlieb, Elementa iuris civilis secundum ordinem institutionum, Io. Phillip. Krieger, Giessen, 1767, Tit. XXVIII. De obligationibus, quae quasi ex contractu nascuntur, §966, S. 444-445. « Sunt ergo, quasi contractus facta honesta, quibus & ignorantes obligantur, ex consensu; ob aequitatem vel utilitatem praesumpto. »

る[80]。そして次のように論ずる。

「準契約と称されるものから生ずる諸債務，すなわち，人の適法な所為（fait licite）を契機として法律が生ぜしめる諸債務の発生原因（source）について省察するに，そうした債務のすべては，[…] 不法行為ならびに準不法行為から生ずる諸債務と同様に，神聖な所有権法（la loi sacrée de la propriété）から生ずることがわかる。」[81]

「社会の根本原理の一つたる永続的な所有権の確立以来，所有権は，もはや物の占有によっては失われず，[所有権の移転・喪失には] 所有権者の同意が必要とされる。われわれに帰属する物は，われわれの所為なしには，他人に移転され得ない（*Id quod nostrum est, sine facto nostro ad alium transferri non potest*）[82]。」[83]

この「神聖な所有権法」は以下のように敷衍される。所有権は取得時効が成立する場合を除き，所有権者の合意なしには移転しない。したがって占有者は，誰であれ所有権を返還するよう義務づけられる。善意や過失（faute）の不存在を援用しても無意味である。返還を拒絶することは法に反する。「なぜなら，物が私に帰属している以上，彼は私に物を返還するよう義務づけられる。われわれの間になんら合意が介在していなくとも，彼は，返還を義務づけられるのである」[84]。よって，適法な所為によって所有権が移転された場合であっても，それを基礎づける合意がなければ，物の返還義務が生ずる。「したがって，なんであれこの所為が，民法典が準契約と称するものである」。逆に，占有者が支出した費用は，同じ所有権法によって返還の対象となる。私が返還しないとすれば，「私は，不正に彼の所有権の一部を自らのものとしたことになるであろう」[85]。

---

80) TOULLIER, *supra* note 78, t. 11, n° 16, p. 25-26.
81) *ibid.*, t. 11, n° 18, p. 26.
82) Loi 11, ff. de R. J = D. 50, 17, 11. Pomponius.
83) TOULLIER, *supra* note 78, t. 11, n° 19, p. 27.
84) *loc. cit.*

このように，準契約の関係は，所有権者と占有者との関係として描写され，準契約から生ずる訴権は，所有権に基づく返還訴権の一種として把握される[86]。そして，この所有権の法理は，不当利得の観念に結びつけられる。1371条を以下のように読み替えている。

「他人を犠牲にしてある者に利得を与えるあらゆる適法な所為は，贈与の意図が存するのでなければ，この所為によって利得した者を，この者がそこから利得した物または金銭を返還するよう義務づける」[87]。

こうして，適法な所為＝準契約に関する1371条は，違法な（illicite）な所為＝不法行為（délit）に関する1382条と対抗的なものとして整理される。以上の理解は，事務管理にも波及し，事務管理者について，他人の事務を管理する意図の存在を要求しない，という帰結を導く。既に見たように，ポチエは，「suivant la subtilité du droit」の場合，すなわち，本来の事務管理が成立する場合には，他人の事務を管理する意図および管理の費用の償還を受ける意図が必要であるとしていた（前記 **122**）。トゥリエは，ポチエの理解を，ローマ法文に基礎を有さず，誤っているばかりか有害であるとして否定する[88]。事務管理において当事者相互に債務をもたらすのは，意思ではなく，法である。したがって，「事務管理という所為のみによって」訴権が生ずるのである，と。実際，トゥリエは，ポチエが衡平によって事実訴権が認められる場合として列挙した諸事案を，すべて真正の事務管理の事案として理解する[89]。

その後の学説の展開にとって重要な意義を帯びるのは，トゥリエが，所有権概念を持ち出すことによって，当事者の意思を重視せず，事務管理関係をもっぱら客観的に理解した点である[90]。他人の事務への介入はそれ自体で事務管理

---

85) *ibid.*, t. 11, n° 19, p. 28.
86) この点で，既に検討した非債弁済論における，弁済受領者が善意であった場合には所有権が移転するという規律は，Toullierにとって，1380条によって強いられた例外則であった，と考えることができる。前記本文 **70**。
87) TOULLIER, *supra* note 78, t. 11, n° 20, p. 28.
88) *ibid.*, t. 11, n° 22-24, p. 30-33.
89) *ibid.*, t. 11, n° 24, p. 32-33.

を成立させ，費用償還のための訴権を生ぜしめる。のちに問題となるのは，事務管理者に他人の事務を管理する意図が存在せず，自らの利益において他人の事務に干渉する場合に，費用償還が認められる範囲の如何であった。トゥリエが，事務管理そのものを準契約＝不当利得の観念によって基礎づけ，事案の差異を考慮しないのに対して，後代の学説は，ポチエと同様に，有益費が返還される本来的な事務管理と現存利得の返還に制限される例外的なそれとの間に差異を認めることになる。

現存利得への制限　　**131**　トゥリエとの間に対抗を見出し得る二つの学説を採り上げよう。デュラントン[91]は，事務管理それ自体を不当利得の観念に基礎づける[92]。また，他人のためではなく，管理者が自らの利益のために他人の事務を管理した場合にも費用償還のための訴権を認める。しかしこの例外的場面については，トゥリエとは異なり，ローマ法文を根拠に，費用償還の範囲は，本人が，事務管理者の訴えの時点で，以前より豊かに(plus riche) なった分に限定されると理解する[93]。

ほぼ同時代に，トロロン[94]も，デュラントンと同様に，事務管理を衡平上の不当利得禁止の原則に基礎づけつつ[95]，通常の事務管理が成立しない場合であ

---

90) 磯村・前掲注24) 168頁。
91) 磯村・前掲注24) 166-167頁。
92) Duranton, Alexandre, *Cours de droit français suivant le code civil*, 4e éd., t. 13, G. Thorel, Guilbert, 1844, n° 636, p. 632.「ある者が，この事務［＝他人の事務］を負担することを欲するためには，彼が実際に事務を行った場合に，所有権者がそうすることを拒否したとしても，所有権者をして彼に出捐したもの (déboursés) を返還するよう強制する手段が存在する旨が，法律において保証されなければならなかった。したがって，この場合における訴権の根拠は，他人の出費から利得してはならないという衡平上の大原則 (le grand principe d'équité, qu'on ne doit pas s'enrichir aux dépens d'autrui) である。」
93) *ibid.*, t. 16, n° 649, p. 639-640.「ユリアヌスは，la loi 6, §3, hoc. tit.［＝D. 3, 5, 6, §3］において，さらに議論を展開した。ある者が，私とって有益であろうと考えてではなく，自らに固有の利得のために (pour son propre avantage) 私の事務に介入した (s'est ingéré) 場合，当然にも，私に対して返還を義務づける (obliger à me rendre compte) ために，私が彼を相手方とする訴権を有するばかりでなく，出費したものすべてではないものの，訴えの時点で，私が以前より豊かになった分の限りで返還を義務づけるための訴権を彼が私を相手方として有する，と。この法文は，悪意の他人であってもこの者の出費から利得してはならないという原則に対して捧げられた厳粛な讃辞 (solennel hommage) である。」法文については，前掲注41) を参照。
94) 磯村・前掲注24) 167頁。
95) Troplong, Raymond-Théodore, *Le droit civil expliqué suivant l'ordre des articles du code*, t. 16, *Du mandat*, Charles-Hinglay, 1846, n° 72, p. 77.「［管理という所為が，］本人に対して，本人の利益において出捐された費用を償還する義務を課す。本人が，事務管理者を犠牲にしてこの費用から利得す

っても[96]，現存利得の限りでの費用償還が認められるとする[97]。

　この二つの見解には，ポチエが明らかにした論理的連関を見出すことができるように思われる。すなわち，本来的な事務管理の成立を要さずに，すなわち，準契約を介さずに返還訴権が認められる場合には，返還の対象が現存利得に制限される。

132　他方，重要な前提が指摘される必要がある。事務管理が成立するが，自らの利益のために，あるいは，本人の禁止に反して他人の事務に介入したために，費用償還の範囲が現存利得に制限される，という場合について，そこで提起される返還訴権は，「action *de in rem verso*」とは称されていない。本来の事務管理費用の償還訴権も不当利得を返還させるための訴権であり，例外的に認められる訴権も同じである[98]。この意味において，不当利得制度が直ちに返還の範囲を現存利得に制限する，という理解は成立していない。現存利得への制限は，不当利得の返還に固有の属性ではなかった，と理解することができる。トゥリエの場合には，準契約および事務管理を不当利得の観念に基礎づけながら，そもそも現存利得への制限を問題としていなかった[99]。現存利得のみ

ることは正当ではない。」
96) Du mandat と題される巻で議論が展開されていることからもわかるとおり，Troplong は，本人の禁止がある場合，あるいは，以前に合意された委任が撤回された場合でも事務管理が成立するか，という形で問題を把握している。新旧の数多くの学説が参照されたのち，この場合でも事務管理は成立するとする (*ibid.*, t. 16, n° 84, p. 86)。
97) *ibid.*, t. 16, n° 86, p. 87「本人が知らないままに企図された事務管理と，本人の意思に反して企図されたそれとの間には，重大な差異がある。前者の場合には，事務管理者は，［…］すべての有益費または必要費について補償を受けなければならない。後者の場合には，これとは異なり，事務管理者は，［事務の］成功を条件としてでなければ訴権を有しない。なされた事象（évènement）から，事務管理者が本人以上に賢明（sage）であったことが立証されなければならない。事象の帰結が本人にとって利得を生ずるのでなければならず，事務管理者の返還請求（répétition）が妥当するのは，この利得の限度でしかない。」
98) 磯村・前掲注24) 167頁は，正当にも次のような疑義を呈している。「これらの見解にあっては，不当利得の基礎の上に，通常の事務管理と然らざる場合とが推移し得る」が，「にも拘わらず，ここにあっても，通常の事務管理と然らざる場合とは，後者が単に現存利益にかかはるに対し，前者が管理行為の有益性のみを前提する意味に於て，差違を有しているのであり，さような『差違』と事務管理の不当利得的基礎の前提との間には，問題を孕んでいることは，否定せられ得ぬであろう。」
99) 同168頁は，「併し，彼に於ても，action contraire が現存利益を必要とせず，管理費用の有益性がその管理をなせる時を標準とすると解せられているのであるが，これは，利得原理と如何に調和し得るであらうか」とする。ただし，「事務管理の不当利得への全き包摂の反面，独自的な不当利

の返還を指示する訴権が action *de in rem verso* と称されるとき，フランスにおける不当利得法の展開はその方向を決することとなる。この転回を決定づけたのが，オーブリー＆ローであった。

第2款　action *de in rem verso* の確立

(1) ツァハリエからオーブリー＆ローへ

133　オーブリー＆ローによる action *de in rem verso* の定式化は，のちに判例法によって完成される不当利得返還制度の十全な記述となり得るほど完成されたものである。実際，action *de in rem verso* の補充性（subsidiarité）について述べる 20 世紀初頭の諸判決の文言が，オーブリー＆ローの体系書から採られたことが指摘される100)。

　もっとも，その文言は，彼らの根本的な改説を経て獲得されたことが指摘されなければならない。われわれは，この改説による断絶こそが，フランスの不当利得制度を構造的に変容させたものと理解する。そのインパクトの測定は，彼らの体系書の原ヴァージョンを参照することによってでなければなし得ない。

　周知のとおり101)，オーブリー＆ローの *Cours de droit civil français* は，ドイツ語で著されたフランス法概説の翻訳から出発する。原著は，フランス民法典継受地域に位置するハイデルベルク102)において著された，ハイデルベルク大学市民法講座教授ツァハリエ（ZACHARIÄ [ZACHARIÆ]（VON LINGENTHAL), Karl Salomo [1769-1843]）の筆にかかる *Handbuch des französischen Civilrechts* である。フランス私法学の革新を準備したこの画期的訳業は，action *de in rem verso* の一

得の一般的形成への途を開いていることは，注意せられねばならない」と評価する。後者の言明は必ずしも明晰ではない。
100) 稲本・前掲注1) 83頁。
101) 参照，五十嵐清「ドイツにおける比較法の発展 (1)」北大法学論集 20巻4号 304頁以下 (1970)，特に317頁以下；大木雅夫「独仏法学交流の史的素描」上智法学論集 19巻 2・3号 73頁以下 (1976)，特に90頁以下。なお参照，福井勇二郎編訳『佛蘭西法學の諸相』（日本評論社，1943）64頁以下；野田良之「註釈学派と自由法」尾高朝雄・峯村光郎・加藤新平編『法哲学講座・第3巻』（有斐閣，1956）199頁以下，特に222頁。
102) ハイデルベルクが属するバーデン大公国におけるフランス民法典継受 (1809年に，独訳に修正を加え，フランス商法典をも参照した通称「バーデン・ラント法典」が成立）について，参照，大木・前掲注101) 81頁以下。

つのヴァージョンをドイツからフランスへと伝える役割を担った。ツァハリエの著作が訳者たちによって批判されることにより，およそ異なるヴァージョンが創出される。永らく省みられることのなかったこのヴァージョンは，1892年に破毀院によって採用される。さらに破毀院判決に対する決定的評釈が，action *de in rem verso* と他の不当利得論との曖昧な関係を完全に断ち切り，オーブリー＆ローをフランス不当利得法の始祖の座に据える役割を果たした。以上の展開は第2章において分析される。

　オーブリー＆ローの学説が担った役割は，当然にも従来から指摘され[103]，再述の必要はないのかもしれない。しかし，action *de in rem verso* に原因概念が接ぎ木された理由については，謎のままに措かれているように見受けられる。以下では，われわれが利用し得る版を用いて，ツァハリエとオーブリー＆ローの比較を，また，版による記述の差異を通じてオーブリー＆ローの理解の変容を追跡する[104][105]。

ツァハリエ初版　**134**　ツァハリエの *Handbuch des französischen Civilrechts*
（1808）　　　　　　の初版[106]が，action *de in rem verso* を扱うのは，資産（Ver-

---

[103] 稲本・前掲注1) 80頁以下。なお参照，加藤雅信『財産法の体系と不当利得法の構造』（有斐閣，1986) 765-766頁注 (7)。

[104] 後掲注105) の二次文献によれば，Zachariæ の *Handbuch* は，版によって記述に変化が見られる。しかし，われわれは，その初版，第3版，第4版，ならびに，Zachariæ の手を離れた第5版以降しか参照し得ていない。初版と第3版との間には分量・記述内容ともに大きな差異が認められるため，思考の過程を辿るには第2版の参照が欠かせないはずである。この点は，本書の大きな欠落である。他方，Aubry et Rau の *Cours* に関しては，翻訳書の体裁を採る初版，第2版（後述するようにおそらく二つのヴァージョンがあり，一方についてはその一部のみしか参照し得ていない)，独自化へ大きく舵を切った第3版，および，十全に独自の体系書となる第4版までを参照した。奇しくも Zachariæ と同じく，第5版以降は両者の手を離れ，Bartin の加筆編集が加えられる。ただし，初版，第2版が Zachariæ の忠実な翻訳ではないことについて，後掲注130) 参照。

[105] ドイツにおける研究として，V. Kupisch, Berthold, *Der Versionsklage. Ihre Entwicklung von der gemeinrechtlichen Theorie des 17. Jahrhunderts bis zum österreichischen Allgemeinen Bürgerlichen Gesetzbuch*, Dissert. Heidelberg, Carl Winter, 1965, S. 116ff.; Hager, Günter, Entwicklungsstadien der bereicherungsrechtlichen Durchgriffshaftung, *Ungerechtfertigte Bereicherung. Grundlagen, Tendenzen, Perspektiven*. Symposium zum Gedenken an Detlef König, Carl Winter, 1984, S. 152ff. フランスにおいては，近年，patrimoine 論それ自体については議論が盛んであるが，これと密接に関連する action *de in rem verso* には大きな関心が寄せられていない。

[106] Zachariä, Karl Salomo, *Handbuch des französischen Civilrechts*, 1 Aufl. 2. vol. Heidelberg, Mohr und Zimmer, 1808. 同書の構成については，参照，原恵美「フランスにおけるパトリモワーヌ論の原型――オーブリー＝ローの理論の分析」慶大法学政治学論究69号357頁以下（2006)，363頁。同書は，序論・理論篇・実務篇から成る。その大部分を占める理論篇は，二つの章に分かたれる。第1章は，「外的客体（äuere Gegenstände）との関係における民法」と称され，物権法・債権法・

mögen）の概念107)を論ずる箇所においてである。

　資産とは「ある人に帰属するすべてのものの総体（Inbegriff）」を指す。「人に帰属する個々の客体は，資産概念との関係では，個々の客体としてではなく，全体（Ganzen）の部分として考察されることとなる〔すなわち，金銭評価され得る部分たる限りにおいて考察される〕」（〔　〕内は原割注)108)。この部分に付された注109)では，この概念が，ローマ法上の資産（*patrimonium*）ないし特有財産（*peculium*）の概念に由来することが示唆される110)111)。

親族法を扱う。第2章は，主として相続法を対象とする「資産との関係における民法」である。後記引用箇所は，第2章の冒頭に置かれている。

107) Zachariæ ならびに Aubry et Rau の資産論一般については，原・前掲注 106) が詳細な検討を行っている。なお参照，片山直也「財産——bien および patrimoine」北村一郎編『フランス民法典の 200 年』（有斐閣，2006) 177 頁以下，特に 194-195 頁；アルフォンス・ビュルゲ（金山直樹・田中実訳)「19 世紀フランス私法に対するパンデクテン法学の影響——Vermögen から patrimoine へ」比較法史学会編『比較法史研究の課題（比較法史研究 1)』（未来社，1992) 256 頁以下。資産論の主たる目的は，伝統的には，包括承継たる相続のメカニズム，および，債務者の財産が一般債権者にとって責任財産を構成することを説明することにあり，現代では，人格を伴わない資産の設定の是非が論ぜられる。これらの問題については扱わない。現代の議論について，参照，片山・前掲：横山美夏「財産——人と財産の関係から見た信託」NBL791 号 16 頁以下（2004）；原恵美「信用の担保たる財産に関する基礎的考察——フランスにおけるパトリモワーヌ（patrimoine）の解明」慶大法学政治学論究 63 号 372 頁以下（2004）。

108) ZACHARIÄ, 1. Aufl., Bd. 2, §321, S. 123. « Das Vermögen ist der Inbegriff alles dessen, was einer Person gehört. Das Vermögen ist daher ein Ganzes im juridischen Sinne. (Universitas juris.) Die einzelnen Gegenstände, die einer Person gehören, werden, in Beziehung auf jenen Begriff, nicht als einzelne Gegenstände, sondern als Theile eines Ganzen (d. h. in so fern, als sie zu Gelde angeschlagen werden können,) zu betrachten seyn. »

109) Zachariæ の初版には，本文の（　）に挿入される割注，および，脚注とは別に，活字のポイントを下げた本文が付される。以下では，割注については原語併記のために本書が採用してきた（　）との混同を避けるべく，〔　〕で示す。

110) ZACHARIÄ, 1. Aufl., Bd. 2, §321, S. 123. 「*patrimonium* と *peculium* という資産の区分はフランス法には適用され得ない。なぜなら，フランス法は解放奴隷を通じて取得される権利を知らないからである。Die Eintheilung des Vermögens in das patrimonium und peculium ist auf das Französische Recht nicht anwendbar. Denn diesem Rechte ist das jus acquirendi per liberos unbekannt.」

111) フランス古法時代における語義について，V. FERRIÈRE, Claude-Joseph de, *Dictionnaire de droit et de pratique*, nouv. éd., Chez la Veuve Brunet, 1769, t. 2, p. 304, v° PÉCULE.「特有財産とは，家子が自ら業を営んで蓄積するか，もしくは，他のなんらかの仕方で取得するもの，または，家父が家子に管理権を与えたものについて語られる。Pécule, se dit aussi de ce qu'un fils de famille amasse par son industrie, ou acquiert par quelqu'autre manier que ce soit, ou ce dont son père lui donne l'administration. // 二種の特有財産が区別される。すなわち，軍役において取得された財産（castrense），および，聖職ないし法職に関わる名誉に値する職務において取得された準財産（quasi-castrense）である。On distingue deux sortes de pécule; sçavoir, le castrense qui est acquis dans le service militaire; & le quasi-castrense, qui est acquis dans les emplois honorables de l'Église & de la Robe.」

　ibid., t. 2, p. 298, v° PATRIMOINE.「資産［の語］は，ときにあらゆる種類の財物について用いられ

第 2 篇　原因なき利得

　特有財産を想定する以上，転用物訴権が問題とされることは必然となる。それは，資産保有者が負う債務（Verbindlichkeiten）について論ずる箇所に現れる。ツァハリエはまず，債務者の資産が，債務の引き当てとなることを確認する。この観点からすると，債務は，「たしかに直接的には，物上債務（dinglichen Verbindlichkeiten）ということになるが，債務者が債務を履行しない場合に損害賠償債務へと解消する点からすれば，人的債務（die persönlichen）である」。この言明の論拠として，債務者の資産が債権者にとっての共通担保（≒責任財産）（gage commun）となる旨を規定する民法典 2092 条[112]を参照させる[113]。そして，直後の注において，資産を引当とする限りで資産上の義務とみなされる一般の人的債務には還元され得ない，特別の債務の存在を指摘し，その履行を求める訴権として *actio de in rem verso* を登場させる。

　「もっぱら各人が自らの資産（Vermögen）上に有する所有権（Eigentum）に起因するある種の債務が存在する。この債務は，われわれの資産が他人の資産の利得として転用されたこと（*ex versione in rem*）によって生ずる〔何人も他人の損失から利得することはできない（*Nemo cum damno alterius fieri potest locupletior*）〕。さらに，この債務から，ナポレオン法典中に存在する個別の規定が生ずる。民法典 548 条，554 条以下，566 条以下を参照。とはいえ，ナポレオン法典のいかなる箇所においても，*versio in rem* の理論が一般的に扱われることはない。しかしながら，各々の特則から既に明らかなよう

る。より限定された意味では，家族の財物について用いられる。PATRIMOINE, se prend quelquefois pour toute sorte de biens; dans une signification moins étendue, il se prend pour un bien de famille. // この語は，ときに，父もしくは母，または他の尊属の相続から得られるものをも意味する。Quelquefois même ce terme signifie que ce qui est venu à quelqu'un par succession de père ou de mère, ou de quelqu'autre ascendant.」

112)　2092 条　人的に（personnellement）債務を負った者は誰であれ，その現在および将来のすべての動産および不動産について，自らの義務を履行するよう義務づけられる。
　なお，「共通担保」の語は，2093 条に現れる。
　2093 条　債務者の財産は，その債権者の共通担保（gage commun）である。故に，その代金が債権者の間で按分して配当される。ただし，債権者の間に正当な優先事由がある場合には，その限りでない。

113)　ZACHARIÄ, 1. Aufl., Bd. 2, §399, S. 269. « Alle Verbindlichkeiten haften zugleich von Rechtswegen auf dem gesamten beweglichen und unbeweglichen Vermögen des Schuldners, und zwar die dinglichen Verbindlichkeiten unmittelbar, die persönlichen aber in so fern, als sie sich, wenn sie der Schuldner nicht erfüllt, in eine Verbindlichkeit zu Schadenersatz auf lösen. Art. 2092. »

283

に，ローマ法上の *actio de in rem verso* の諸原則は，普遍的な法の諸原理に完全に合致し，フランス法の精神にもまったくもって適っている。」114)（〔　〕内は原割注）［下線筆者］

利得の転用は，二つの資産の間の関係として表象されている。「資産上の所有権に起因する債務」という表現は必ずしも明晰ではないが，転用の事実が，相手方の資産上の所有権を侵害している，との前件を置き得るとすれば，利得した資産保持者には，所有権侵害による返還債務が課せられ，損失を被った資産保持者には，所有権の効果として *actio de in rem verso* が承認される，という論理を見て取ることができよう115)。また，返還の対象については，引用された条文のいずれもが，所有権の添付（従物取得）（accession）の際に請求し得る費用（impenses）の償還に関するものであることから，一方の資産から転用された物または労務に相当する価値がそれにあたるものと考えられる。

ツァハリエ第3版
（1827-1828）・
第4版（1837）

135 これに対して，著作全体の構成はそのままに，しかし内容を全面的に更新したツァハリエの第3版は，「資産上の所有権の効果としての *actio de in rem verso*」という理論を，一層説得的に展開する。すなわち，この訴権は，より明確に，所有権に基づく返還請求権（Vindikationsrecht）の延長線上に理解される。

ツァハリエは，資産上の所有権の効力を五つに分けて列挙し116)，最後の第

---

114) *ibid.*, S. 269-270. « Es gibt eine Art von Verbindlichkeiten, die ganz allein auf dem Eigentumsrechte, dass ein Jeder an seinem Vermögen hat, beruhn. Dieses sind die Verbindlichkeiten, die aus der Verwendung unseres Vermögens zum Besten eines Andern (ex versione in rem) entstehen (Nemo cum damno alterius fieri potest locupletior.). Auf dieser Verbindlichkeit beruhen mehrere einzelne Vorschriften, die in dem C. N. vorkommen. Vgl. z. B. Art. 548. 554ff. 566ff. Hingegen handelt der C. N. nirgends die Lehre von der versio in rem im Allgemeinen ab. Jedoch schon aus jenen besonderen Vorschriften ergibt sich, dass die Grundsätze des römischen Rechts von der actio de in rem verso, die mit allgemeine Rechtsprinzipien durchgängig übereinstimmen, auch dem Geiste des französischen Rechts vollkommen angemessen sind. »

115) quasi-contrat 一般を「la loi sacrée de la propriété」に基礎づけるToullierとZachariæとの同質性について指摘する文献として，V. Wilburg, Walter, *Die Lehre von der un gerechtfertigten Bereicherung, nach österreichischem und deutschem Recht. Kritik und Aufbau*, Graz, Universitätsbuchhandlung Leuschner & Lubensky, 1934, S. 94ff.

116) 第一に，管理権（Recht, das Vermögen zu verwalten），第二に，収益を得る権利（Recht, alle Einkünfte von dem Vermögen zu beziehen）を挙げる。続いて第三に，処分権（Verfügung）につ

五の効果として actio de in rem verso を提示する。以下は第3版から引用するが，第4版でも[117]，若干の注の拡充[118]を除き，記述内容は同一である。

「第5項　所有物返還請求権（Vindikationsrecht）は，元来所有権の本質的要素であるが，にもかかわらず，〔人格に伴うのでなければその者の資産は失われない，という点を考慮すれば〕，一つの総体とみなされる固有の資産（das eigene Vermögen）との関係においてではなく，もっぱら［後天的に］取得された（man erworben hat）他者の資産との関係においてのみ，その効力を生ずる。ただし，132条[119]をも参照せよ【原注3】[120]。しかしながら，各所有権者に帰属する返還請求権で，さらに，固有の資産に関するそれは，以下の点では効力を生ずる。すなわち，自らの資産から他者の資産へのなんらかの転用を被った者は，actio de in rem verso を援用して，当該他者によって，〔ただし，当事者間になんらかの契約関係があるか，あるいは，この場合に特別の法律上の規定が関係する場合にはこの限りでないものの，〕生じた転用の補償（Ersatz）がされるよう，請求する権利を有する【原注4】。548条，554条，566条，1241条，1437条，1926条を参照せよ[121]。この訴権は，<u>対物訴</u>

いて論ずるが，生前の資産全体の処分は認められないとする。その例外を第四に扱い，死因処分（Verfügungen auf des Todesfall）を許容する。
117) ZACHARIÄ, 4 Aufl., Bd. 3, §576, S. 429-430.
118) 下記引用個所の【原注5】の末尾部分に括弧書きが付され，1754条において修繕義務を負わない賃借人が造作を行った場合，請負人は所有権者に対して actio de in rem verso を行使し得るとする。
119) 132条［原始規定］　生死不明者（absent）が再び現われる場合，または，その生存が証明される場合には，この者は，確定的な占有付与（envoie）ののちであっても，現存する状態で自らの財（biens）を，譲渡されていたならばその代金，または，売却された財産の代金を使用することで得られた財を回復する。
120)【原注3】（テクストは後掲注122）で引用）は，132条の解釈にとって決定的に重要なポイントは，生死不明者の請求が，包括的判決の（judiciorum universalium）請求，特定的判決の（judiciorum singularium）請求，いずれの類推を通じて把握されているのか，という点であるとする。前者であれば，失踪宣告に相当する占有付与手続きを通じて一旦他者に移転した資産を総体として返還させることが目的とされていることとなり，資産は生前には移転され得ない，との大前提と抵触し得ることになる。この抵触可能性が，本文における132条に関する留保を要請していることになろう。
121) 548条［原始規定］　物から産出される果実は，第三者が行った耕作（labours），仕事（travaux），播種（semences）の費用を償還することを負担としてでなければ所有権者に帰属しない。554条［原始規定］　自らに帰属していなかった材料を用いて建築，植栽および工作を行った土地の所有権者は，材料の価額を支払わなければならない。必要がある場合には，損害賠償をも命ぜら

権(dingliche Klage)に類似し，相手方の法的能力を考慮することなくすべての者に対してこれを提起することが許される。ただし，補償の履行を求めるこの訴権は，転用された物と利得のいずれをも対象とすることはできない【原注5】。」122)（〔　〕内は原割注）［下線筆者］

れ得る。ただし，材料の所有権者は，材料を取り去る権利を有しない。
566条［原始規定］　複数の異なる所有権者(maîtres)に帰属する二つの物が，一体(un tout)を形成する仕方で結合されたもの，分離可能であり，したがって，他方を欠いても一方が存在するときは，その全体が，他の所有者に対して結合された物の価額を支払うことを負担として，部分を成す物の所有者に帰属する。
1241条　債権者に対してなされた弁済は，その者がそれを受領する能力を有しなかった場合には，なんら有効でない。ただし，弁済された物が債権者の利益に転じた(tourné au profit du créancier)ことを債務者が証明する場合には，この限りでない。
1437条［原始規定］　夫婦の一方は，その者に固有である財産の対価もしくは対価の一部または土地上の役務(service foncier)の買戻のような，夫婦の一方に個人的な債務または負担を弁済するためであれ，その個人財産の取立て，保存または改良のためであれ，共通財産からある金額が取り出される場合にはすべて，また，一般的に夫婦の一方が共通財産から個人的利益を引出した(tiré un profit personnel des biens de la communauté)場合にはすべて，それらについて償還(récompense)の義務を負う。
1926条　能力を有する者が能力を有しない者に対して寄託を行った場合には，寄託者は，受寄物が受寄者の手中に存する限りで，所有権に基づく返還訴権を，または，受寄者の利益に転じた(tourné au profit de ce dernier)物の限りにおいて返還訴権(action en restitution)を有するにすぎない。

122) ZACHARIÄ, 3 Aufl., Bd. 3, §576, S. 386. « 5. Das Vindikationsrecht, das ein wesentlicher Bestandtheil des Eigenthumsrechtes überhaupt ist, kann gleichwohl, (in Betracht, dass man nur mit seiner Persönlichkeit sein Vermögen verlieren kann) nicht in Beziehung auf das eigene Vermögen, dieses als ein Ganzes betrachtet, sondern nur in Beziehung auf das Vermögen eines Andern, das man erworben hat, wirksam werden. S. jedoch Art. 132 (3). Wohl aber ist das einem jeden Eigenthümer zustehende Vindikationsrecht, auch was das eigene Vermögen betrifft, in der Beziehung wirksam, dass derjenige, aus dessen Vermögen etwas in das Vermögen des Andern verwendet worden ist, von diesem, (mit Vorbehalt der unter den Partheyen etwa bestehenden Vertragsverhältnisse so wie der in den Fall eingreifenden besonderen gesetzlichen Vorschriften,) für die geschehene Verwendung Ersatz—mittelst der actio de in rem verso—zu fordern berechtiget ist (4). Vgl. 548. 554. 566. 1241. 1437. 1926. Diese Klage ist gleich als eine dingliche Klage, gegen einen jeden zulässig, ohne Rücksicht auf dessen persönliche Rechtsfähigkeit. Der zu leistende Ersatz kann jedoch nie mehr betragen, als das Verwendete einerseits und der Vortheil andererseits beträgt (5). »以下に原注を引用する。
(3) S. oben §157. Anm. 3, Es ist für die Auslegung des Art. 132, von entscheidender Wichtigkeit, ob man die Ansprüche, von welchen er handelt, nach der Analogie der judiciorum universalium oder nach der Analogie der judiciorum singularium beurtheilt.
(4) Die actio de in rem verso ist eine vindicatio rerum singularium, diese jedoch nicht ihrer individuellen Beschaffenheit nach, sondern als Güter überhaupt, d. i. ihrem Geldwerthe nach und mithin in einer Eigenschaft betrachtet, welche den Sachen nur als Gegenstände des Vermögens zukommt.
(5) Vgl. Ferrière III, 275. ff. Poht. tr. de la commun. n. 603. ff. Delvinc. III, 53. Durant. I, 196. und den

所有権に基づいて発生する訴権は，人格と分離し得ない[123]資産それ自体を目的とすることができない。しかし，資産の一部であれば，返還の対象となり得る。*actio de in rem verso* がこれを実現する。この訴権は，他者の資産の利得として転用されたことを要件として，「補償」を許容する。「補償」の内容については，【原注4】において，次のように述べている。

　「*actio de in rem verso* は，特定物の返還訴権（*vindicatio rerum singularium*）である。しかし，当該特定物は，その個別性によってではなく，総体的に，すなわち，それらの金銭的価値（Geldwerthe）によって，したがって，もっぱら資産の客体たる物という属性において，［個別の］財物（Güter）として把握される。」[124]

　「特定物」の返還訴権でありながら，「金銭的価値」を目的とする，という背理は，*actio de in rem verso* が資産上の所有権の効果とされるが故に生じたものと考えられる。本来は現物を追及するはずの所有権が，価値の返還に甘んぜざるを得なくなっている。ただし，前記に引用した本文末尾の但書は，転用された物それ自体について現物での取戻をも許容しているようにも解され，この点が，所有権に基づくが故に認められる効果であると解されている可能性は排除されない。

　以上の明晰性を欠く説明は，人格と資産との間の帰属関係を，所有権のアナロジーにおいて把握したことの限界を露呈するものである，と評することもできる。それでもやはりツァハリエは，所有権に説明力を期待し，*actio de in rem verso* を「対物訴権」に類比する。

　対物訴権への言及については，ドイツ普通法学説[125]におけるライザー（LEYSER, Augustin [1683-1752]）からの影響が想定されている[126]。彼の理論は，

---

tit. D. de in rem verso.
123)　参照，横山・前掲注107) 17頁。
124)　ZACHARIÄ, 3 Aufl., Bd. 3, §576, S. 386, Anm. 4.［テクストは前掲注122)］直後に見るように，Aubry et Rau はこの注を本文に組み込む。
125)　普通法学説における転用物訴権論については，参照，於保・前掲注16) 168頁以下。

第1部　各種返還請求の史的諸相

　普通法学説においても，転用物訴権を対物訴権として理解する点において，独自性を有しているとされる[127)][128)]。もっとも，ツァハリエにおいて，対物訴権であることから導かれる直接的な帰結は，「すべての者に対する」請求が可能であり[129)]，利得者の能力を問わないことでしかない。

　なお，民法典における *actio de in rem verso* として引用される条文が，初版に比して拡充されていることも指摘されるべきである。添付に関する条文に加えて，制限能力者の返還義務に関する条文（1241条，1312条，1926条）と夫婦財産における償還（récompense）に関する条文（1437条）が参照されている。後者の四つの条文には，「tourné au profit」「tiré un profit」といった表現が見

---

126) KUPISCH, *supra* note 105, S. 118, Anm. 19.
127) LEYSER, Augustin, *Meditationes ad pandectas*, V. III, Editio nova, Frankfurt, 1778, Sp. CLXVII. De in rem verso, Med. I (cité aussi par KUPISCH, *supra* note 105, S. 19, Anm. 13)。「転用物訴権は常に対人的であるとは限らず，しばしば対物的でさえあり，さらに，付加された担保を有することもある。[…] ただし，他人の物または金銭が，[さらに別の] 他人の物の保存または改良に投じられ，その便宜が当該他人 [の便宜] を満たすのではなく，物それ自体がこの者に移転する場合，転用物訴権は対物的である。Actio de in rem verso non semper est personalis, se saepe etiam realis, atque adnexam habet hypothecam. [...] Quando autem res vel pecunia alicuius in conservationem aut meliorationem rei alienae ita impenditur, ut commodum inde non in certam personam redundet, sed cum re ipsa in quos vis alios transeat, tunc actio de in rem verso realis est.」
　さらに Leyser は，消費貸借に基づくコンディクチオ（*condictio ex mutuo*）が第三者を相手方としても認められる場合について，これを準転用物訴権（*actio utilis de in rem verso*）として理解する。V. *ibid.*, V. II, Sp. CXXX. De mutuo. Med. VIII. Condictio ex L. 32. de Rebus creditis cum actione utili de in rem verso plane convenit (cité aussi par KUPISCH, *supra* note 105, S. 18)。検討対象である D. 12, 1, 32 について，また，Girard による本法文の援用について，本篇第2章注127) 参照。
128) 18世紀後半に，ローマ法についての註釈を著した Olivier (OLIVIER, Gabriel d' [Jean de Dieu d'] [1753-1823]) は，転用物訴権について，第三者追及を可能とする訴権である旨を強調している。OLIVIER, *Principes du droit civil romain*, Mérigot l'aîné, 1776, t. 2, p. 269-270, IVe partie. Des actions, Sec. V. Des actions mixtes. « Actio de in rem verso. Lorsqu'on a contracté avec des personnes qui ne sont pas capables d'engagemens, & que la somme ou autre chose qu'on a remise à ces personnes, lors du contrat, a tourné à leur avantage en leur procurant une augmentation de biens, on peut se servir contre elles de l'action de in rem verso, pour les obliger à remplir leurs engagemens, jusqu'au montant du profit qu'elles ont retiré au moyen de ce contrat: par exemple, ceux qui ont prêté une somme d'argent à un fils de famille, sont privés par le Sénatus-Consulte Macédonien de toute action contre lui, si ce n'est jusqu'à la concurrence du pécule castrense dont jouit ce fils de famille; mais si le pécule castrense n'est pas suffisant pour payer la dette, & que la somme qu'ils ont prêtée au fils de famille augmente ses biens, ils ont contre lui l'action de in rem verso. // Par la même raison, si la somme prêtée au fils de famille, a augmenté les biens du père, celui qui a prêté cette somme peut exercer l'action *de in rem verso* contre le père. Cela est fondé sur le principe de Droit, nemini licet cum alterius detrimento locupletari. »
129) MAURY, Jacques, *Essai sur le rôle de la notion d'équivalence en droit civil français*, 2 vol., thèse Toulouse, Jouve & C., 1920, t. 2, p. 361.

られ，これが「*versio in rem*」と同義とされたと言うことができる。

　以上の属性を有する *actio de in rem verso* は，いかなる形でフランスに逆輸入されたのであろうか。オーブリー＆ローの翻訳を参照しよう。

オーブリー＆ロー初版
(1839-1846)・第 2 版
(1844-1846？-および
1850)[130]

136　まず確認されるべきは，オーブリー＆ローの訳業は，原著に完全に忠実ではないという点である。初版は，原著第 3 版を底本とするが[131]，その序文が告白するように，同書は，原著者の同意を得つつ編まれた「フランス語新版（une nouvelle édition française）」である[132]。実際，action *de in rem verso* に関する記述は，重要な修正を伴う。

---

130) Aubry et Rau の第 2 版には，Strasbourg で出版されたヴァージョンと，Bruxelles で出版されたヴァージョンがある。前者については，第 4 巻しか入手できていないが（ただし，初版の第 4 巻の出版年と同じ 1844 年であり，頁数もまったく同じであるため，第 2 版というよりは第 2 刷に近いものであろう），action *de in rem verso* に関する記述はまったく同一である。しかし，Bruxelles 版については，以下のように書籍タイトルに関して不可解な点がある。AUBRY et RAU, *Cours de droit civil français par C. S. Zachariæ, traduit de l'allemand sur la cinquième édition* (1839), *et revu et augmenté avec l'agrément de l'auteur*, 2ᵉ éd., contenant le texte des lois qui ont modifié la législation en Belgique, la jurisprudence de la Cour de cassation et des Cours d'appel belges, 3 vol. Meline, Cans et Comp., Bruxelles, 1850. 第一に，第 5 版からの翻訳であるとされるが，第 5 版の出版は 1883 年である。しかも Zachariæ は既に 1846 年に他界しており，原著者の手を離れている（August Anschütz が編者である）。第二に，ベルギー法を反映した加筆がされている旨が明らかにされている。以上の点から，信頼性を欠くことは否めないものの，action *de in rem verso* に関する §576 に限って言えば，初版とまったく同一である。

131) AUBRY, Charles et RAU, Charles-Frédéric, *Cours de droit civil français, traduit de l'allemand de M. C. S. Zachariæ, revu et augmenté, avec l'agrément de l'auteur*, t. 1, Strasbourg, Lagier, 1839, préface, p XI-XII. 以下の文言からすれば，第 2 版が底本であると考えるのが自然である。「オリジナルの正確な複製をなすべきであり，いかなる修正を加えることも許されないのかもしれないが，われわれが翻訳を公表するこの講義の第 2 版は 1827 年のものであり，1837 年の時点における学問の進展に通暁したものとはなっていないかもしれない。したがって，単純な翻訳作業は，われわれが達成しようと企図すべき目的を満足させなかった。」もっとも，原・前掲注 106) 386 頁注（20）が引用する現代の著者の中には，第 4 版が底本であると考える者もいる。この見解はおそらく序文冒頭の一文に由来する。「われわれが翻訳するこの著作は，ドイツにおいて名声に浴しているが，それは当然に得られたものである。最新版は目下編集中であるが，4 度版を重ねたということだけでも，著作が彼の地において好評をもって受け入れられたことの証として十分である。」(p. I)

132) *ibid.*, préface, p. XII. 前掲注 131) の第一の引用個所に引き続き，独自の注を付すことも考えられたが，分量と価格を鑑みてこれを断念した旨が語られる。最終的に採られた方針は，同意を取り付けつつ修正を加える，というものであった。ときに Zachariæ 本人が草稿を検討しアドバイスを与えることもあれば，翻訳者を「譲歩によって勇気づける（encourager par ses concessions)」こともあったとする（ただし，時間的制約から第二巻の末尾，債権法と売買法については草稿を送ることができなかったとされる）。以上のエピソードが語られたのちに，「したがって，われわれが著者と意見を異にしたままであることは非常に稀であった。われわれが加えた注である旨を注記する必要があると考えたのは，意見が分かれた場合のみである。」以上より，翻訳書を標榜する初版で

以下では，初版から引用する。

　「第4項[133]　所有権に基づく返還訴権（action en revendication）は，その本質上，所有権に由来するが，これを行使する者の資産を目的とするのであれば，理解され得ないであろう。というのも，人は，自らの人格それ自体を喪失するのでなければ，自らの資産を奪われることはあり得ないからである【原注7】。しかしこの訴権は，相続を通じて取得された（on a succédé）資産を対象とする限りにおいてであれば，十全に理解される。この場合，この訴権には，相続財産回復訴権という名称が与えられる【原注8】。

　他方で，人は，自らに固有の資産に関して，あらゆる所有権者が享受する返還請求権（droit de revendication）を有効に行使することができる。それは，次のような意味においてである。すなわち，人は，action de in rem verso によって，他人の資産が彼の資産を犠牲にして利得した<u>価値（valeur）</u>を請求することを許される【原注9】。彼は，この価値の返還のために，<u>契約，準契約，不法行為または準不法行為から生ずるいかなる訴権をも行使する必要がないであろう</u>【原注10】。action de in rem verso は，客体（objet）の返還訴権（revendication）として定義され得るが，この客体は，それが［資産を］構成する性質を有するという観点から［資産の］客体そのものとみなされるのではなく，その有益性（utilité）の観点から［個々の］財物（biens）とみなされるものである。action de in rem verso は，<u>対物訴権に準じて（à l'instar des actions réelles）</u>，あらゆる者を相手方として，この者がもともと債務負担について能力制限を受けていたとしても提起され得る。この訴権は，<u>事務管理訴権（action negotiorum gestorum）と混同されないよう注意されなければならず</u>，<u>訴権が提起された時点において被告の資産が利得している限りにおいてでなければ付与されない</u>。」[134)135)] ［下線筆者］

あっても，忠実に Zachariæ の思考を再現したものとはなっていないことが了解されよう。
133) Zachariæ が第5項としていた部分が第4項とされた理由は，Aubry et Rau が，処分権に関する Zacahriæ の第3項・第4項を一つにまとめたことによる。
134) Aubry et Rau, *Cours de droit civil français, traduit de l'allemand de M. C. S. Zachariæ, revu et augmenté, avec l'agrément de l'auteur*, t. 4, Strasbourg, Lagier, 1844, §576, p. 106-107. « 4° L'action en revendication, qui découle essentiellement du droit de propriété, ne saurait se concevoir en tant qu'elle aurait pour objet le patrimoine de celui qui l'exercerait, puisqu'une personne ne peut se

trouver privée de son patrimoine qu'en perdant sa personnalité même (7). Mais cette action se comprend parfaitement, en tant qu'elle porte sur le patrimoine d'une personne à laquelle on a succédé. Elle prend alors le nom de pétition d'hérédité (8). // D'un autre côté, une personne peut même, en ce qui concerne son propre patrimoine, exercer efficacement le droit de revendication dont jouit tout propriétaire, en ce sens qu'elle est autorisée à réclamer, au moyen de l'action de in rem verso, les valeurs dont le patrimoine d'une autre personne s'est enrichi au détriment du sien (9), et pour la restitution desquelles elle n'aurait à exercer aucune action naissant d'un contrat, d'un quasi-contrat, d'un délit ou d'un quasi-délit (10). L'action de in rem verso, qu'on peut définir la revendication d'objets considérés, non en eux-mêmes, et sous le rapport de leur nature constitutive, mais comme biens, et sous le rapport de leur utilité, compète, à l'instar des actions réelles, contre toute personne, quelle que soit d'ailleurs l'incapacité de contracter dont elle se trouve frappée (11). Cette action, qu'il faut bien se garder de confondre avec l'action negotiorum gestorum, n'est donnée que jusqu'à concurrence de ce dont le patrimoine du défendeur se trouve enrichi au moment où elle es intentée (12). »

(7) Toutefois, l'action accordée, par l'art 132, à l'absent qui se représente après l'envoi en possession définitif, constitue, jusqu'à un certain point, une action en revendication de patrimoine. Cette action est, à notre avis, une véritable action universelle. Cpr. §157, texte n° 1, et note 3.

(8) Cpr. §616.

(9) L'action de in rem verso dont nous nous occupons au texte, n'a de commun que le nom avec l'action de in rem verso du Droit romain. Cpr. §4 Inst. quod cum eo contr. (4, 7); L. 1, præ. D. de in rem verso (15, 3); L. 7 §1, C. quod cum eo contr. (4, 26). La dernière est une action adjectitia qualitatis, qui tire sa force de l'action principale à laquelle elle se trouve jointe, tandis que la première, d'après le point de vue sous lequel nous la considérons, existe par elle-même, sans avoir besoin de l'appui d'une autre action.

(10) Le code civil contient plusieurs dispositions qui présupposent l'admission du principe d'équité sur lequel est fondée l'action de in rem verso: Nemo cum damno alterius locupletio fieri debet. Cpr. art. 548, 554, 555, 1241, 1312, 1437, 1926; §317, texte et note 6; et les passages cités à la note suivante.

(11) Art. 1241, 1312, 1926 et arg. de ces articles. Cpr. §335, texte et note 19; §§402, 411 et 472, texte n° 3 et note 20.

(12) Cpr. §441, texte et notes 1, 11, 13 et 15.

Zachariæ 第3版と比較すると，原注 (10) において555条，1312条が付加されている（ただし，Zachariæ 初版では，554ff. の表記であり555条は当然に含まれているとみなすこともできる。逆に第3版では ff. が消えたことの意味が問われなければならない）。

1312条の訳は，前掲注59)。

555条[原始規定] ① 植栽，建築物および工作物が，第三者によって，かつ，その者の材料によってなされたとき，土地の所有権者は，それらを保持するか，当該第三者にそれらを収去するよう義務づけるかする権利を有する。

② 土地の所有権者が，植栽および建築物の収去を請求する場合，収去は，それらをなした者の費用で，その者に対するいかなる補償もなしに行われる。その者は，場合により，土地の所有権者が被った損害について損害賠償を支払うよう有責判決を受けることがある。

③ 所有権者が，植栽および建築物の保持を望む場合には，土地が受けたその価額の増加の多寡を考慮することなく，材料の価額および労務の対価を償還しなければならない。ただし，植栽，建築物および工作物が，追奪を受けた第三者によってなされたが，その者が善意を理由として果実の返還を命ずる有責判決を受けなかった場合には，所有権者は，当該工作物，植栽および建築物の収去を請求することができない。所有権者は，材料の価額および労務の対価を償還するか，土地が受けた価額の増大分を償還するか，の選択権を有する。

135) Zachariæ の第5版 (Zachariä, 5 Aufl. Herausgegeben von Anschütz, August, Bd. 3, §576, S. 448f.

第一に，資産全体を目的とする返還訴権について[136]，相続回復訴権がこれにあたる，との理解が示される。これと対比される action de in rem verso には資産それ自体を目的としない，という属性が付与されることになる。

　第二に，利得の返還訴権については，「補償」の請求というツァハリエの定式に代えて，「価値」の返還請求であることが明確化される。この理解は，「財物（biens）」を対象とする旨を述べる【原注10】が付された箇所の直後の一文と対応しているものと考えられる。この一文は，説明対象の類似性から，先に引用したツァハリエ第3版の【原注4】を本文に格上げしたものと解されるものの，われわれの翻訳を信頼してよければ，その内容は微妙に異なっている。とりわけ「有益性（utilité）」という文言には，他の資産に利得をもたらすのであれば，資産の構成要素ではあっても，個別の財物として遇される，という論理を見て取ることができる。ツァハリエの記述と比較すれば，現物追及を許されない所有権という不可解なカテゴリーが，いささかなりとも明晰性を獲得している，と評し得る。

　第三に，【原注9】では，ここでの action de in rem verso が，「ローマ法上の転用物訴権と名称しか共有していない」と述べている。第3版の注には見られ

　本文の内容は，第3版・第4版と同一である）を参照しつつ新たに翻訳書を著した Massé et Vergé は，当該箇所を次のように翻訳している。Massé, G. et Vergé, Ch., Le droit civil français par K. S. Zachariæ, traduit de l'allemand sur la cinquième édition, annotée et rétablie suivant l'ordre du code Napoléon, t. 2, Auguste Durand, 1855, §267, p. 43-44. « 5° Le droit de revendication, qui forme un élément essentiel du droit de propriété en général, ne peut néanmoins s'appliquer au patrimoine de celui qui l'exerce, puisque le patrimoine ne se perd être exercé relativement au patrimoine d'un autre dont on a fait l'acquisition. V. cependant art. 132. Toutefois le droit de revendication, qui appartient à tout propriétaire, produit son effet aussi relativement au patrimoine que l'on a en propre, en ce sens que celui du patrimoine duquel il a été dépensé quelque chose au profit du patrimoine d'un tiers peut, sous réserve des rapports conventionnels existant entre les parties, ainsi que des dispositions légales applicables au cas particulier dans lequel elles se trouvent, demander, au moyen de l'action de in rem verso, à être indemnisé de la dépense faite. V. art. 548, 554, 555, 1241, 1437, 1926. Cette action peut être intentée, comme le serait une action réelle, contre toute personne, sans égard à sa capacité ou à son incapacité juridiques. Mais l'indemnité à fournir ne peut jamais excéder le montant de la dépense d'un part, et celui du profit de l'autre. »若干の補充はあるものの，比較的忠実な翻訳である。これと対比した場合，相続回復請求権や事務管理訴権に言及する Aubry et Rau の翻訳は，多分に解釈を含んでいることが一層明瞭に理解される。

136）生死不明者の返還訴権に関する132条については，【原注7】（テクストは前掲注134））において，「à notre avis」という付記とともに，Zachariæ が見せていた迷いが払拭され，「真の包括的訴権」とされている。

ない断定的表現であり，ツァハリエ初版が明示的に *actio de in rem verso* がフランス民法にも妥当する旨述べていたことと対照的である。

　第四に，契約・準契約・不法行為・準不法行為という他の債務発生原因について，ツァハリエが割注の但書でこれらを *actio de in rem verso* を排斥するものとして捉えているのに対して，オーブリー＆ローは，それらに基づく訴権の不要性を説き，action *de in rem verso* の自律性を認める趣旨で捉え返している。この点は，のちに問題とされるいわゆる補充性（subsidiarité）の要件との関係でも特筆されるべき点である。

　第五に，この理解と平仄を合わせるかのように，ツァハリエには存在していなかった事務管理訴権への言及が付加されている。オーブリー＆ローは，この訴権との対抗の下に，action *de in rem verso* を把握し，返還範囲が現存利得に制限されるという重大な差異に光を当てている。

　以上の諸点は，第4版において一層明晰な言説へと昇華されることになる。まずはその前に，理論の進展を伝える第3版を参照しよう。

オーブリー＆ロー第3版（1856-1863）

137　著書全体のタイトルの中で「全面的に改訂・補訂がなされた（entièrement refondue et complétée）」旨を宣言し，翻訳書であることそれ自体を否定する第3版では，趣旨はほとんど同一ながらも，末尾に微妙な改変が施される。前記に引用した初版の【原注10】までの本文は，まったく同一であるため，その後の部分だけを訳出する。

>　「action *de in rem verso* は，事務管理訴権と混同されないように注意されなければならず，訴権が提起された時点において被告の資産が利得している限りにおいてでなければ付与され得ない【原注11】。なお，この訴権は，後者の訴権と同様に，債務負担の能力を制限されている者を相手方としてであっても，有効に行使され得る【原注12】。」[137]

---

137) AUBRY et RAU, *Cours de droit civil français d'après l'ouvrage allemand de C. S. Zachariæ*, 3e éd., entièrement refondue et complétée, Paris, Cosse, 1857, t. 5, §576, pp. 78. « 4° L'action en revendication, qui découle essentiellement du droit de propriété, ne saurait se concevoir en tant qu'elle aurait pour objet le patrimoine de celui qui l'exercerait, puisqu'une personne ne peut se trouver privée de son patrimoine qu'en perdant sa personnalité même (7). Mais cette action se comprend parfaitement, en

まず,第一文は,初版・第2版では末尾に置かれていた文章であった。したがって,かつての【原注10】と末尾の一文との間に置かれていた,action *de in rem verso* は有益性において把握される財物を対象とする,というツァハリエ第3版の【原注4】に由来する部分が削除されている。これにより,曖昧さは払拭され,action *de in rem verso* は,価値の返還を求める訴権として純化された。

第二に,削除はこの部分にとどまらず,「対物訴権に準じて」という文言も消失してしまう。そして,この文言を論拠としていた能力制限者に対する訴権提起に関する記述が末尾に移動されるとともに,この規律に限って,action *de in rem verso* と事務管理訴権との同一性が指摘される,という文章構造となる。

---

tant qu'elle porte sur le patrimoine d'une personne à laquelle on a succédé. Elle prend alors le nom de pétition d'hérédité (8). // D'un autre côté, une personne peut, même en ce qui concerne son propre patrimoine, exercer efficacement le droit de revendication dont jouit tout propriétaire, en ce sens qu'elle est autorisée à réclamer, au moyen de l'action de in rem verso, les valeurs dont le patrimoine d'une autre personne s'est enrichi au détriment du sien (9), et pour la restitution desquelles elle n'aurait à exercer aucune action naissant d'un contrat, d'un quasi-contrat, d'un délit ou d'un quasi-délit (10). L'action de in rem verso, qu'il faut bien se garder de confondre avec l'action negotiorum gestorum, n'est donnée que jusqu'à concurrence de ce dont le patrimoine du défendeur se trouve enrichi au moment où elle est intentée (11). Elle peut, d'ailleurs, comme cette dernière, être efficacement exercée, même contre des personnes incapables de contracter (12). »

(7) Toutefois, l'action accordée, par l'art 132, à l'absent qui se représente après l'envoi en possession définitif, constitue, jusqu'à un certain point, une action en revendication de patrimoine. Cette action est, à notre avis, une véritable action universelle. Cpr. §157, texte et note 6 à 10.

(8) Cpr. §616.

(9) L'action de in rem verso dont nous nous occupons au texte, n'a de commun que le nom avec l'action de in rem verso du Droit romain. Cpr. §4 Inst. quod cum eo contr. (4, 7); L. 1, præ. D. de in rem verso (15, 3); L. 7 §1, C. quod cum eo contr. (4, 26). La dernière est une action adjectitia qualitatis, qui tire sa force de l'action principale à laquelle elle se trouve jointe, tandis que la première, d'après le point de vue sous lequel nous la considérons, existe par elle-même, sans avoir besoin de l'appui d'une autre action.

(10) Le code Napoléon contient plusieurs dispositions qui présupposent l'admission du principe d'équité sur lequel est fondée l'action de in rem verso: Nemo cum damno alterius locupletio fieri debet. Cpr. art. 548, 554, 555, 1241, 1312, 1437, <u>1864</u>, 1926; et les passages cités à la note 12 infra.

(11) Cpr. §441, texte et notes 1, et 12 à 14.

(12) Art. 1241, 1312, 1926 et arg. de ces articles. Cpr. §335, texte et note 17; §§402, 411 et 472, texte n° 3 et note 20.

【原注10】における「code civil」から「code Napoléon」への変更は,第二帝政期における正式名称変更に対応するものであろう。また,本文の組み替えに伴い,【原注11】と【原注12】の内容が入れ替えられている。

この改変が，資産の構成内容に関する理論的な考察を回避したにとどまるのか，それともなんらかの確信の下に推敲されたのか，断言することは控えなければならない。しかし，以下の第4版における全面的な書き換えを参照するとき，「対物訴権に準じて」という文言の削除は大きな意味を有するように思われる。

　なお，注の内容は，参照対象箇所の番号づけが異なる点（これは第3版における大幅な加筆修正に伴う）を除けばほとんど違いがないものの，【原注10】に示される民法典中の action de in rem verso の具体例のカタログの中に，組合・会社に関する1864条が新たに登場していることが注目される。

オーブリー＆ロー第4版（1869-1879）　　**138**　ツァハリエの「方法（méthode）」のみを参照するものと宣言し，独自の体系書138)の域に達した第4版は，「佛國民法學史上の傑作」139)とまで称せられるに至る。われわれの検討対象についても，根本的な理解の変容を見て取ることができる。すなわち，action de in rem verso は，対物訴権との類比を完全に否定され，対人訴権へと姿を変えてしまうのである。

　「第4項　第四の権能（faculté）は，action de in rem verso という性質づけがされる<u>対人訴権（action personnelle）</u>によって，資産に属する客体（objets）または価値（valeurs）の返還を請求する権能である【原注7】。
　action de in rem verso は，民法典にはその特殊な適用例しか見られないが【原注8】，他人の犠牲において利得することは許されないという衡平上の規範【原注9】に由来するサンクションとして，一般的に認められなければならない。この訴権は，ある者の資産が，<u>正当な原因なく（sans cause légitime）</u>，他の者の資産を犠牲にして利得しており，後者が，自らに帰属するもの，または，自らに対して義務づけられているものを獲得するために，<u>契約，準契約，不法行為または準不法行為から生ずるいかなる訴権をも享受しない，あらゆる場合に認められる</u>【原注10】。

---

138) 独自性を最も雄弁に物語るのは，脚注において別の著作として「Zachariæ を引用する」ことがなされている点である。
139) 福井・前掲注101) 67頁。

action *de in rem verso* は，事実上のものであれ法的なものであれいかなる障害も現物返還（restitution en nature）を妨げないときには，二つの資産のうちの一方の資産から奪われ，他方の資産を利した客体それ自体の返還（restitution de l'objet même）を目的とする。これと反対の場合［＝現物返還を妨げる事由がある場合］には，客体の代わりとなる価値の返還へと向けられる。この価値の額を確定するには，原則として，法律上の反対規定がある場合を除き【原注11】，返還債務が生じた時点ではなく，action *de in rem verso* の提起の時点に着目しなければならない。action *de in rem verso* は，事務管理反対訴権とは異なり，一般的に，被告の資産が当該時点において利得している限りにおいてでなければ付与されない【原注12】。

　さらに，その根拠からして，action *de in rem verso* は，その提起の相手方の能力制限の有無とは無関係である【原注13】。」[140) ［下線筆者］

---

140) AUBRY et RAU, *Cours de droit civil français, d'après la méthode de Zachariæ*, 4ᵉ éd., neuve et complétée, t. 6, 1873, Paris, Marchal et Billard, §578, p. 246. « 4° La faculté de réclamer, au moyen d'une action personnelle, qu'on peut qualifier d'action de in rem verso, la restitution des objets ou valeurs appartenant au patrimoine (7). // L'action de in rem verso, dont on ne trouve au Code civil que des applications spéciales (8), doit être admise d'une manière générale, comme sanction de la règle d'équité qu'il n'est pas permis de s'enrichir aux dépens d'autrui (9), dans tous les cas où le patrimoine d'une personne se trouvant, sans cause légitime, enrichi au détriment de celui d'une autre personne, celleci ne jouirait, pour obtenir ce qui lui appartient ou ce qui lui est dû, d'aucune action naissant d'un contrat, d'un quasi-contrat, d'un délit ou d'un quasi-délit (10). // L'action de in rem verso tend à la restitution de l'objet même dont l'un des patrimoines a été dépouillé au profit de l'autre, lorsque aucun obstacle de fait ou de droit ne s'oppose à cette restitution en nature, et au cas contraire, à la restitution de la valeur qui en forme la représentation. Pour déterminer le montant de cette valeur, on doit, en principe, et sauf disposition légale contraire (11), s'attacher, non au moment où l'obligation de restitution a pris naissance, mais à celui de l'introduction de l'action de in rem verso, qui, à la différence de l'action negotiorum gestorum contraria, n'est en général donné que jusqu'à concurrence de ce dont le patrimoine du défendeur se trouve encore enrichi à cette dernière époque (12). // Du reste, d'après le fondement sur lequel elle repose, l'action de in rem verso est indépendante de la capacité ou de l'incapacité de celui contre lequel elle est dirigée (13). »
(7) Cette action n'a de commun que le nom avec l'action de in rem verso du Droit romain. Cpr. §4 Inst. quod cum eo contr. (4, 7); L. 1, præ. D. de in rem verso (15, 3); L. 7 §1, C. quod cum eo contr. (4, 26). La dernière est une action adjectitia qualitatis, qui tire sa force de l'action principale à laquelle elle se trouve jointe, tandis que la première existe par ellemême, sans avoir besoin de l'appui d'aucune autre action. Cpr. Zacahriæ, §576, texte et note 4. C'est à tort que cet auteur semble voir dans l'action de in rem verso une sorte d'action réelle. A ce titre, elle se trouverait écartée, s'il s'agissait d'un meuble corporel existant encore en nature, par la disposition de l'art. 2279.
(8) Voy. art. 548, 554, 555, 556, 570 et 571, 594, 1241, 1312, 1437, 1864 et 1926.
(9) Jure naturae aequum est, neminem cum alterius detrimento et injuria locupletiorem fieri. L. 206, D. de R. J. (50, 17).

たしかに，テクストが置かれる場所は変わらず，action *de in rem verso* は，あくまで資産上の所有権から発する一権能として把握されている。しかし，最早 revendication という定式化は見られない。実際，revendication それ自体としての相続回復請求権は，生死不明者の取戻訴権とともに，第5項で扱われる[141]。さらに，【原注7】を参照すれば，ツァハリエからの離反がより一層明確となる。

「ツァハリエは，action *de in rem verso* のうちに一種の対物訴権を見ているように思われるが，これは誤っている。仮にそうであるとすれば，action *de in rem verso* は，有体動産については，それが未だ現物で存在する場合であっても，2279条の規定［＝動産の即時取得］により排除される，ということになろう［が，そうではない］。」[142]

条件法を用いた反実仮想として記述されていることに注意する必要がある。オーブリー＆ローの新たな理解からすれば，本来現物を追及する対物訴権が2279条によって排斥されるという事態は生じない[143]。対人訴権を通じて現物

---

(10) Cpr. §441, texte n° 2, et notes 15 et 17; Zachariæ, §576, texte in fine.
(11) Voy. l'art. 554, 555, al. 2, 556, 570, 571 et 574.
(12) Cpr. Zachariæ, §576, texte et note 5.
(13) Art. 1241, 1312, 1926 et arg. de ces articles. Cpr. §335, texte et note 21: §411, texte et note 10; §472, texte n° 3 et note 23; Zachariæ, §576, texte n° 5.
　例として新たに追加された条文（上記原注8）のうち前三者はいずれも従物取得（寄洲ないし加工），および，それに伴う償還に関わる。594条は，枯死した果樹が不動産の用益権者に帰属する旨を規定する条文であり，必ずしも引用の趣旨は明らかではないが，但書では植え替えが義務づけられるとされており，これが利得の返還とみなされていると解することもできる。
141) AUBRY et RAU, 4ᵉ éd., *supra* note 140, t. 6, §578, p. 246. 「第5項　第五の権能は，資産を取戻す（revendiquer）権能である。//人は，その死亡の結果として法人格自体を失うのでなければ，その資産を奪われ得ない以上，取戻訴権は，原則として，これを行使する者の資産を目的とするならば，理解され得ないであろう。//しかしながら，132条によって，確定的な占有付与ののちに現われた生死不明者に付与される訴権は，一定程度までは，資産の取戻訴権として構成される。いずれにしてもこの訴権は，総体に関する訴権（action universelle）とみなされなければならない。//この場合を除き，資産の取戻訴権は，死亡した者の資産に関するものであり，かつ，この者を相続する者によって提起される限りにおいてでなければ，理解されない。この場合，取戻訴権には，相続財産回復訴権という名称が与えられる。」
142) *ibid.*, 4ᵉ éd., t. 6, §578, p. 246, note 7.［テクストは前掲注140）］
143) V. RAYNAUD, Georges, *De l'action "de in rem verso" en droit civil français*, thèse Paris, Arthur

での返還請求をなし得るとしても，ここでの原告と被告との関係は，そもそも所有権者と占有者との関係ではない。action *de in rem verso* は，この場合，特定物を目的とする対人訴権である。

139 ツァハリエの理論との差異をあらためて確認しておこう。第一に，action *de in rem verso* はもはや対物訴権として把握され得ない以上，利得者と損失者との間には，利得の返還を基礎づける債権債務関係がなければならない。衡平上の不当利得の観念がこれを直接に設定する。すると，四つの債務発生原因との緊張関係が顕在化し，補充性は要件のレベルに引き上げられる。

　第二に，既に言及した現物返還の許容は，対人訴権であるからこそ認められることに注意しなければならない。ツァハリエ自身のテクストには留保が必要であるものの，オーブリー＆ローが理解するツァハリエは，所有権の効果として action *de in rem verso* を把握しつつも，資産上のそれであることを理由として，返還対象を価値に限定していた。換言すれば，「対物訴権とされるからこそ現物返還が否定される」というパラドクスがあった。これに対してオーブリー＆ローは，対物訴権性を端的に否定することによって錯綜を解きほぐした，という評価が可能である。

　さらに，この対人訴権性を，「正当な原因の欠如」が新たに要件として追加された点に照らし合わせれば，彼らが，action *de in rem verso* をコンディクチオとして理解しようとしている，という推論もまた許されるように思われる。

コンディクチオ論の拡充　**140** あくまでコンディクチオへの関心を傍証するにすぎないものの，彼らは，第3版以降[144]，非債弁済以外のコンディクチオをも検討の対象とし，それらを原因

　Rousseau, 1899, p. 78.「action *de in rem verso* が対人訴権である理由は，占有者を相手方とする動産の返還請求訴権（action en revendication）が多くの場合功を奏さない（échoue）ことには求められない」とし，「action *de in rem verso* の本質的かつ特異な性質は，その対人訴権性に存する」とする。

144) 第3版におけるカタログには，*condictio causa data, vel non secuta, vel finita* が存在せず，未だ完成されていない。冒頭の一節も簡便なものである。AUBRY et RAU, 3e éd., *supra* note 137, t. 3, §442 bis, p. 536-537.「原因なしに，または，良俗に反する原因によってなされた弁済，同様に，違法な手段を用いて得られた弁済は，原則として，錯誤の結果として弁済がされたか否かにかかわらず，返還請求権をもたらす。ある一定の場合には，弁済をなした者が自然債務に服していた，ということがあるとしても，返還請求権をもたらす。」

の欠如に基礎づけている。非債弁済に関するパラグラフ（§442）の直後に新設された[145]パラグラフは，第4版では，「§442 bis 原因なしに，または，法律，公序若しくは良俗に反する原因によってなされた弁済の返還を求める訴権，および，違法な手段を用いて獲得された弁済の返還を求める訴権について〔*Condictio sine causa, id est hoc sensu, causa data, vel non secuta, vel finita. Condictio ob turpem vel injustam causam*〕」（〔　〕内のラテン語は原文ママ）と題される。冒頭には次のような一節が置かれている。

　「<u>原因なしに（sans cause）</u>，すなわち〔同じ意味であるが〕，実現されない将来の原因によって，または，既に存在していたが，存在を止めた原因によってなされた弁済は，法律，公序ないし良俗に反する原因によってもたらされた弁済，および，違法な手段を用いて獲得された弁済と同様に，原則として，返還訴権（action en répétition）を可能とする。この訴権は，弁済をなした者の側のあらゆる錯誤と無関係に，また，自然債務を履行するという意図の存否，または，衡平，良心，礼節ないし名誉の感情を満たすという欲求によって強いられたか否かを検討する必要なく，認められるものである。
　直前の箇所で提出された原則［＝非債弁済返還に関する原則］は，なんら修正されることなく，原因なしになされた弁済に適用され，この弁済は常に返還に服する。例えば，法的に不能な婚姻，または，実際に挙行されなかった婚姻を理由として嫁資として与えられた一定額の金銭は，*condictio sine causa* によって返還され得る。［…］」[146]（〔　〕は原文）［下線筆者］

---

145) 初版および第2版には，*condictio indebiti* 以外の *condictio* は存在しない。
146) Aubry et Rau, 4e éd., *supra* note 140, t. 4, §442 bis, p. 739-741. « Les paiements effectués sans cause, c'est-à-dire (hoc sensu) pour une cause future, qui ne s'est pas réalisée, ou pour une cause déjà existante, mais qui a cessé d'exister, comme aussi ceux qui ont eu lieu en vue d'une cause contraire à la loi, à l'ordre public ou aux bonne mœurs, et ceux enfin qui ont été obtenus à l'aide de moyens illicites, donnent, en principe, ouverture à une action en répétition, indépendamment de toute erreur de la part de celui qui les a faits, est sans qu'il y ait à examiner s'ils ont ou non été dictés par l'intention d'accomplir une obligation naturelle, ou par le désir de satisfaire à un sentiment d'équité, de conscience, de délicatesse, ou d'honneur. // Le principe qui vient d'être posé s'applique, sans aucune modification, aux paiements faits sans cause, qui sont toujours sujets à répétition. C'est ainsi qu'une somme donnée à titre de dot, en vue d'un mariage légalement impossible, ou qui de fait n'a pas été célébré, peut être répétée condictione sine causa. »

順次他のコンディクチオについても言及され[147]，完全なカタログが用意される。もっとも，各種のコンディクチオは，非債弁済に基づくそれの延長線上に理解されているように，あくまで準契約を根拠として提起されるものと解される。この点において，action de in rem verso とは区別される。後者は，衡平のみに依拠し，準契約に対しても補充性を呈するはずである。それでも，いずれのコンディクチオも「原因の欠如」を要件とする。このことと軌を一にするように，action de in rem verso についても「sans cause légitime」を語るオーブリー＆ローは，両訴権の間の類似性を意識している，との評価は可能であるように思われる。

また，オーブリー＆ローの 1380 条論について，あらためて注意が向けられてよいであろう。彼らは，第三者に対する非債弁済返還請求について，これを対物訴権として許容しようとする他の著者たちとは一線を画し，特定承継の論理に依拠することで，対物訴権によらない第三者追及を承認していた（前記 **79**）。裏を返せば，矛盾を胚胎する条文を解釈するにあたっても，コンディクチオの対人訴権性を堅持しようとしていた。この議論と action de in rem verso 論とについて，いずれもが所有権の論理の浸食を押しとどめようとする点で，同質性を語ることも不可能ではない。

事務管理論 **141** 他方，註釈学派における議論の焦点は，自らの利益において，または，本人の禁止に反して他人の事務がなされた場合に認められる，費用償還の範囲の問題であった。この問題について，オーブリー＆ローは，action de in rem verso を通じて回答を与えている。事務管理論には次のような記述が存在する。これに対応する記述は初版の時点で既に見られるものの[148]，ツァハリエの第 3 版には見られない。

「個人的な利益のために他人の事務に干渉する者は，事務管理反対訴権を

---

147) *ibid.*, 4e éd., t. 4, §442 bis, p. 741-744.
148) AUBRY et RAU, 1re éd., *supra* note 134, t. 3, §441, p. 181.「もっぱら個人的な利益のために他人の事務に干渉する者は，事務管理反対訴権を享受しない。この者は，その管理が本人にとって有益であったとしても，請求の時点で本人が利得している額を限度としてでなければ，出捐したものの返還を受けることができない。【原注 12】」第 2 版・第 3 版の記述は完全に同一である。AUBRY et RAU, 2e éd., *supra* note 130, t. 2, §441, p. 88; 3e éd., *supra* note 137, t. 3, §441, p. 529. また，【原注 12】は，本文で引用する第 4 版の記述と同様である（ただし，文献の引用は Pothier のみ）。

享受しない。場合によっては，出捐したもの（déboursés）の返還を請求することができるが，事務の本人が訴えの時点で利得している額の限りでしかない【原注15】。他の者の事務に実際には干渉しなかったが，この他の者に，例えば，自らの土地の上で行われた仕事の結果としてなんらかの<u>間接利得（avantage indirect）</u>を得させたという場合には，action *de in rem verso* さえも享受しない【原注16】。」[149)] ［下線筆者］

【原注15】においては，「このような場合に認められるのは，action *de in rem verso* であって，事務管理反対訴権ではない」と明確に述べている。この箇所がツァハリエに由来しないことからすれば，先に action *de in rem verso* について，初版の翻訳段階から事務管理への言及があることを指摘したが，当該箇所は，直前に引用した箇所と響き合っていることになる。

　他人の事務を管理する意思が存在しない場合，事務管理は成立しない。この意味で，トゥリエの理解（前記 **130**）とは異なり，オーブリー＆ローの事務管理概念は主観的であると言える。しかし，自らの利益において他人の事務へと干渉した場合には，本人の現存利得の限度で action *de in rem verso* が与えられる。また，action *de in rem verso* 一般についての説明でも注意が向けられていたように，現存利得の評価は訴えの時点でなされる。これは，事務管理における有益費の評価が，支出の時点で行われることと対比される。

　既述のように（前記 **132**），デュラントンら初期の註釈学派は，現存利得に制限される場合についても，これを事務管理訴権と称していた。これに対してオーブリー＆ローは，返還の範囲の差異に応じて訴権の名称自体を違えたことになる。逆に言えば，返還範囲が縮減される場合を action *de in rem verso* に割当てることによって，事務管理の固有性を再認識させたと言うこともできる。

　この理解がオーブリー＆ローの独創であると断言することはできないものの，

---

149) AUBRY et RAU, 4ᵉ éd., *supra* note 140, t. 4, §441, p. 725. « Celui qui s'est immiscé aux affaires d'autrui dans des vues d'intérêt personnel ne jouit pas de l'action negotiorum gestorum contraria. Il ne peut, le cas échéant, répéter ses déboursés que jusqu'à concurrence de la somme donte le maître de l'affaire se trouve enrichi au moment de la demande (15). Il ne jouirait même pas de l'action de in rem verso, si, sans véritable immixtion dans les affaires d'une autre personne, il avait procuré à celle-ci quelque avantage indirect, par suite, par exemple, des travaux entrepris sur son propre fonds (16). »

action *de in rem verso* の一般論をツァハリエから受け継いだ彼らが，これを事務管理の特殊事例に応用して見せた，という推論までは許されるように思われる。初版段階から一貫して参照が指示されるポチエが action *de in rem verso* を語らないことに鑑みても，オーブリー＆ローこそが，事務管理と action *de in rem verso* との混線を惹起せしめたと言えよう。

以下に，いわゆる「不真正事務管理（gestion d'affaires anormale）」[150]論を展開した三つの学説を検討するが，いずれもオーブリー＆ローと類似の理解を示す。すなわち，後代の学説は，彼らの action *de in rem verso* の一般論にはなんら関心を示すことなく，もっぱらその事務管理論のみを継承した。

(2) 不真正事務管理

142 ラロンビエール[151)152)]は，事務管理を原因とする訴権の一類型として action *de in rem verso* を把握する。彼が考察の対象とする action *de in rem verso* は，他者を用いて取引行為をなし，そこから利得を得た者を相手方とする *actio* de in rem verso ではなく，「ローマの法律が，その呼称の厳格な要式性にもかかわらず，事務管理訴権の一般原則に結びつけた（rattachait au principe général de l'action *negotiorum gestorum*），特殊な action *de in rem verso* である」[153]。その上で彼は，ローマ法文（D. 15, 3, 3, §2）を引用し[154]，ウルピアヌスは，事務管理者が事務管理を理由とする訴権を有するあらゆる場合に，action *de in rem verso* が認められたと述べた，と解釈する。そして，この説は，不当利得

---

150) 稲本・前掲注1) 78頁。もっとも下記に検討する三者にはこの言葉は存在しない。
151) 磯村・前掲注24) 170-171頁。
152) なお，Aubry et Rau の第4版の出版は1871年であり，Larombière の初版は1857年である。そのため，前掲注149) に引用した箇所では，【原注15】においても【原注16】においても Larombière が参照される。しかし，既述のとおり，これに対応する箇所は初版にも見られ，Larombière に先行する。よって，Aubry et Rau の Larombière に対する影響を想定することが許されるであろう。後掲注156) の事情も補強材料となる。
153) LAROMBIÈRE, Léobon Valéry Léon Jupile, *Théorie et pratique des obligations ou commentaire des titres III et IV, livre III du code civil, articles 1101 à 1386*, nouv. éd., t. 7, A. Durand et Pédone Lauriel, 1885, n° 14, p. 448.
154) L. 3, §2, ff. De in rem verso = D. 15, 3, 3, §2. Ulpianus の一部が引用される。« Et regulariter dicimus totiens de in rem verso esse actionem quibus casibus [...], vel qui negotia gessit negotiorum gestorum haberet actionem. » （省略部分は Larombière による）全文および訳について，前掲注21) 参照。

の観念に基礎を有するとする155)。

　ここに見られるのは，action *de in rem verso* の成立要件が事務管理であるとする理解である。したがって，事務管理者は事務管理訴権と action *de in rem verso* の両方を有していることになる。ラロンビエールは，それでも，この二つを区別する実益もないわけではないとし，後者が，損失者による訴えの時点での利得の限りにおいて与えられることに差異を求め，ツァハリエならびにオーブリー＆ローを引用する156)。このように理解するからには，事務管理が成立しているにもかかわらず，action *de in rem verso* しか認められない事例が存在するのでなければならない。そうでなければ，action *de in rem verso* を認める意義は存在しない。

　ラロンビエールが想定するのは，第一に，事務管理者が，他人の事務であることを知らずに管理を行う場合，第二に，他人の事務であることを知りつつ，自らの利益のために，あるいはさらに，詐害的な目的において，または，利得を得ようとして，他人の事務を管理する場合である。論拠としてポチエやデュラントンを引用する157)が，あらためて確認すれば，彼らは，action *de in rem verso* については語っていなかった。適用範囲を拡張された例外的な事務管理訴権が action *de in rem verso* として解釈し直されているのである。

　その一つの論拠として，ラロンビエールはローマ法文を援用する。しかし，彼が引用する D. 15, 3, 3, §2 は「［…］同様に，事務を管理する者が事務管理訴権を有している場合には，しばしば転用物訴権が存在する，と一般に言われる（*Et regulariter dicimus totiens de in rem verso esse actionem quibus casibus* […], *vel qui negotia gessit negotiorum gestorum haberet actionem.*）」（省略は引用ママ）としか述べておらず，action *de in rem verso* が誰に与えられるのかは明らかにしていない。ローマ法の文脈において，転用物訴権が与えられるのは，事務管理者とみなされ得る従属者と取引をした第三者であった158)（前記 **119**）。これをラロン

---

155) LAROMBIÈRE, *supra* note 153, t. 7, n° 14, p. 449.
156) *ibid.*, t. 7, n° 15, p. 449. Zachariæ についての引用は初版を指示するが，原著とは巻数が合わず，Aubry et Rau の翻訳書の初版であると推察される。また Aubry et Rau として引用される（頁数より第 4 版）のは，t. 4, §441, p. 725（前掲注 149））および t. 6, §578, p. 246（前掲注 140））である。
157) LAROMBIÈRE, *supra* note 153, n° 16, p. 450. POTHIER, *Traité de mandat*, n° 190-193; DURANTON, t. 13, n° 649. また，D. 3, 5 (de Neg. Gest.), 6, §3 も引用される。
158) GAY, *supra* note 4, p. 176 et s. D. 15, 3, 3 の Ulpianus の一連の法文は，主人・家父の財産に利益が

ビエールは，action *de in rem verso* を享受するのは事務管理者である，と理解したものと考えることができるであろう。

このような理解と相即的に，ラロンビエールにおいて，事務管理者と取引をした者は，本人の追認（ratification）がない場合には，直接請求を認められていない。この者は，本人にとって，「第三者［部外者］（personne étrangère）」でしかない。この第三者が訴えを提起し得る相手方は，事務管理者，すなわち，「自らに対して義務を負っている者のみ」である。本人に対する訴えは，債権者代位権について規定する1166条[159]）によるしかない。しかし，債権者代位が認められるには，事務管理者が本人に対する訴権を有していなければならず，本人が費用償還債務を弁済してしまった場合には，本人を追及することができ

転用される（*in rem versum*）のはいかなる場合か，という問題をめぐるものであり，議論の中心は主人と従属者との関係に集中する。Gay は「転用物の概念（la notion d'i. r. v.）は，次第に事務管理の概念（celle de *negotirorum gestio*）に似通うこととなった」（*ibid.*, p. 180）とするが，あくまで主人と従属者との関係についてそう言われているにすぎない。すると，本来の転用物訴権の事案においては，第三者にとって認識され得ない内部関係が，第三者からの請求を妨げうるか否か，という問題が当然生ずるはずである。これは，代理において，本人と代理人との関係に第三者が掣肘されるか否かという問題に類比し得るであろう。本人と代理人との間に代理権授与があったかどうか，また，表見代理が成立し得るような関係が存在したかどうかという問題とパラレルに，主人と従属者との間の関係が利益の転用の有無を左右することになる（ただし，前掲注74）のような考察も可能である）。さらにこの場合には X—A—Y の関係において，A—Y の間になんらかの関係があった場合，X が Y を追及するための要件如何という問題が生ずる。A—Y が事務管理関係にあった場合，A が X との取引の際に，Y のために取引していることを明示する必要があるか（顕名の要否）という問題が X の請求の適否を左右してしまう。ローマ法文にもこうした問題は刻印されているとされる。例えば，A が Y への転用を拒否しようと意図的に消費した場合（V. *ibid.*, p. 185）がこれに当たる。このような問題の存在を意識しているか否かは定かではないが，転用物訴権を事務管理訴権の延長線上に理解すれば，事務管理者が本人に対して転用物訴権を提起することができるか否かという点のみが問題となる。すなわち，二者間の関係へと問題を短絡させることが可能となる。こうした解釈がなぜ可能となったのか。転用物訴権を論じていない Pothier の事務管理論を転用物訴権を論じたものとして理解していることに一つの鍵が存在するであろう。この文脈との関係では，Pothier の事務管理の三つの拡張事例において重要視されるべきは，本来管理者ではない者が特有財産を管理した第四の事例（前記本文 **124**）であろう。特有財産が介在することから，転用物訴権への短絡は容易に生じ得る。これを，X—A—Y の関係において把握すれば，X は A の事務を管理しようと考えていたはずが，その財産の所有権者が Y であったという事案であり，Y との関係において，A と X は同列に位置づけられ得る。A は真正の特有財産の管理者であって，Y との間には委任ないし事務管理が存在し得る。これと類似の資格において，X は，非正規の事務管理者とみなされ得る。そして，Y を相手方とする X の訴権を転用物訴権として理解することができるならば，「X が真正の事務管理者でない場合には，転用物訴権が与えられる」と理解することが可能となる。とはいえ，少なくとも Pothier の事務管理論の文脈から外れていることはたしかである。

159）1166条　前条［＝1165条］の規定にかかわらず，債権者は，その債務者のすべての権利および訴権を行使することができる。ただし，債権者に一身専属的なものを除く。

ない160)。これは，債権債務関係の人的相対性の帰結である。

　以上の問題は，フランス法において，X—A—Y の三者間の利得の移動が問題となる場合，X—Y 間に直接の関係を認めようとする動機を与えるであろう。action *de in rem verso* の理解の変容は，これを必ずしも直接の動機とはしていないと思われるものの，結果において，三者間の関係を二者間の関係として表象することを可能としたと理解することができる161)。また，こうした理解を助けたのが，ツァハリエの action *de in rem verso* を，事務管理が成立しない場合に適用したオーブリー＆ローであったことも忘れられてはならない。

143　ドゥモロンブ162)もまた，action *de in rem verso* を事務管理との類比の下に把握している。もっとも，ラロンビエールとは異なり，action *de in rem*

---

160) もっとも，Larombière は，事務管理の場合に例外を許容するべく，微妙な議論を展開する。V. Larombière, *supra* note 153, t. 7, n° 5, p. 442-443. フランスにおいて，債権者代位権には優先弁済効が承認されていないため，代位権を行使した第三者は，事務管理者の他の債権者による配当要求を受けることになる。「しかし，この訴権［＝事務管理者の費用償還訴権］が残っている場合には，第三者は，自分一人が利益を得るものとして，かつ，事務管理者の他の債権者が，この 10,000 フランの額を按分比例で分配するよう主張しても無意味となるように，この訴権を行使する。というのも，事務管理者は，第三者に償還した［＝債務を弁済した］限りにおいてでなければ，本人に対して債権を有していることを主張できないからである。それまでの間は，事務管理者は，自らの［第三者に対する］義務から免れ，解放され，損害を受けないことを要求する権利を有しているにすぎない。以上がまさに，第三者が事務管理者に代わって提起する訴権の目的である。したがって，終局的に (en définitive) 債務を負担する本人は，任意に債権者［＝第三者］に弁済することができ，そうすることを通じて，事務管理者に対して，本人の利益において約した債務について補償することができるであろう。」論理は複雑であるが，次のように理解することができる。事務管理者の費用償還請求は，第三者に対して弁済がなされたのちでなければ，発生しない。それまでは実際の出捐行為がなされていない。すると，第三者に対して弁済がなされないが，事務管理者が本人に対して費用償還請求権を有している，という事案を想定することができない。そのため，事務管理者が本人に対して他の債権を有している場合は別として，第三者には代位行使し得る権利が存在しない。しかし，事務管理者は，第三者に弁済するよう本人に対して要求する権利を有しており，第三者は費用償還請求ではなく，この権利を代位行使する。この権利は，自らに弁済することをその内容とするのであるから，他の債権者の配当要求は退けられる。

　当時においては，事務管理が有益であれば，直ちに本人に対する直接請求が許されるとする理解が通常である。par ex. Demolombe, Charles, *Cours de code Napoléon*, 3ᵉ éd., t. 31, *Traité des engagements qui se forment sans convention*, t. 8, A. Durand, 1882, n° 192, p. 171. 事務管理者による顕名がない場合でも，事務が有益であれば，法定追認 (ratification légale) があるとして，本人が第三者に対して直接義務を負うことを認めている。なお，参照，磯村・前掲注 24) 185 頁，187 頁注 (3) (4)。

161) 以上の検討は，フランスにおける契約の相対効と代理の観念との関係如何という問題を指示するであろう。もっとも，その端緒は，磯村博士の記述（前掲注 160)）において既に開かれている。

162) 磯村・前掲注 24) 171-172 頁。

verso は，事務管理の成立要件が充足されない場合に認められるとする。action *de in rem verso* が認められるのは，「一般的な事務管理訴権が存在しない場合，すなわち，なされた行為が，事務管理という準契約が存在するために法的に要求される諸要件を満たさない場合である」163)。この訴権は，他人を犠牲にして利得することを禁ずる「永遠たる衡平上の規範（règle d'éternelle équité）」に基礎づけることができる。しかし，自らの見解としては，action *de in rem verso* を，事務管理の要件が満たされない場合に認められる「事務管理訴権の，いわば補助たる訴権（action en quelque sorte auxiliaire de l'action *negotiorum gestorum*）」とみなさなければならない，としている。ローマ法以来，こうした補助性が常に認められてきたとして，ラロンビエールと同様に，D. 15, 3, 3, §2 を引用する164)。この法文を論拠に，action *de in rem verso* は，「[…] まさに，不規則または不完全な事務管理という所為に適用されている（[...] de l'action *de in rem verso*, appliquée précisément à un fait, irrégulier ou incomplet, de gestion d'affaires）」とする。ドゥモロンブによれば，「この説明は，現代法においても承認され続けるに足るほど十分に正当化されている」165)。

こうして，action *de in rem verso* は，不規則な仕方で認められる事務管理訴権として遇されるに至った。この理解が，判例法に影響を及ぼすことになる。

144 ロラン166)もまた同様の理解を提示する。彼は，「事務管理が存在するためには，事務管理者は，所有権者自身がそうするかのように，善良な家父として行為しつつ，事務を管理するのでなければならない。事務管理者が，明白な必要性も有益性もないのに，他人の事務に干渉し，所有権者がなさなかったことをなす場合には，事務管理の準契約は存在しない。1375 条は，この者に，自らの事務が不注意に（imprudemment）かつ悪しく管理された本人を相手方とするいかなる訴権をも与えない」とする。しかし，前記二学説と同様に，「訴

---

163) DEMOLOMBE, *supra* note 160, t. 31, t. 8, n° 48, p. 45.
164) 彼は，« Totiens de in rem verso esse actionem, in quibus casibus procurator mandati, vel qui negotia gessit, negotiorum gestorum haberet actionem. [...]. » として引用する。Larombière とは引用範囲について若干の違いが見られる。
165) DEMOLOMBE, *supra* note 160, t. 31, t. 8, n° 48, p. 47.
166) 磯村・前掲注 24) 172 頁。

えの時点で本人が利得するものの限りにおいてこの者には訴権が認められる。これを称して，action *de in rem verso* という」としている[167]。やはり彼もオーブリー＆ローを引用する[168]。また，他人の事務への干渉を企図せず，もっぱら自らの利益のためになされた行為から，反射的に第三者が利得した場合には，action *de in rem verso* は認められない[169]。この点でも「間接利得」の返還を否定したオーブリー＆ローに忠実である。

小 括 **145** 「フランスにおいて不当利得制度は事務管理の亜種として把握された」とする通説的理解の内実は以上のようなものである。ポチエの学説を引き継ぐ註釈学派の事務管理論は，不当利得の観念に依拠しつつ，返還の範囲を違える二種の訴権が存在することを承認する。当初はいずれもが事務管理訴権と称されていたものの，オーブリー＆ローがツァハリエから継受した action *de in rem verso* を，現存利得に制限される一方の訴権に応用したとき[170]，action *de in rem verso* は独立した訴権として展開して行くこととなる。

先行研究は，オーブリー＆ローの新奇さを強調するあまり，ラロンビエールらの説を彼らのそれとは異質なものとして紹介してきたが，引照関係を見れば，ラロンビエールらはオーブリー＆ローの議論を発展させたにすぎない。したがって，オーブリー＆ローには，以下の2点においてその後の学説判例への影響が認められなければならない。第一に，事務管理が成立しない場合の本人への請求を action *de in rem verso* として構成したことであり，この側面のみがの

---

167) LAURENT, François, *Principes de droit civil français*, 3ᵉ éd., t. 20, Bruylant Christophe, A. Marescq, 1887, n° 333, p. 361.
168) *ibid.*, t. 20, n° 335, p. 362.
169) *loc. cit.* Laurent は，3件の判決を引用している。Req., 30 avr. 1828, S. 1828-30, 1, 90（水車の所有者であった X が，新しく水路を開いたが，のちに行政庁によって閉じられた。X は，水路の下流に住んでいた Y に対して，水路が開かれていた間，水路を利用して利益を得ていたはずであるとして，費用の償還を求めた。破毀申立棄却［否定］。）V. aussi Grenoble, 12 août 1836, S. 1837, 2, 330; Req., 6 nov. 1838, S. 1839, 1, 160. 本篇第2章注34）参照。
170) この応用が本来の転用物訴権の文脈を逸脱するものであったか否かについて検討するには，Zachariæ のドイツ普通法学説内における位置づけとともに，ドイツにおける転用物訴権の展開を参照しなければならない。フランスとドイツの不当利得制度の分岐点は，古法時代について見た *condictio* の帰趨とともに，転用物訴権論の展開に存することは想像に難くない。ドイツにおいて，*condictio* を原型とした不当利得訴権が，二者間の直接利得の場合に適用範囲を限定したことのコロラリーとして，間接利得の返還を認める転用物訴権が否定されたとされる。詳細については，磯村哲「直接利得の要求に就いて──利得の不当性への問題的関連性」同・前掲注24）67頁以下。また，わが国における学説判例について，藤原正則『不当利得法』（信山社，2002）377頁以下。

ちの学説によって受容された。ラロンビエールらは，この訴権の論拠をローマ法文に求め，しかし同時にローマ法の文脈から離れた action *de in rem verso* 論を展開した。

　他方，第二に，action *de in rem verso* そのものが，コンディクチオに類比され得るものとして把握された点もまた，オーブリー＆ローに帰すことができる。しかし，この側面は他の学説によって受け継がれることがなかった。それでも，のちに見るラベの評釈等によって，判例がこれを採用するに至るのである。このように，オーブリー＆ローの学説は，フランスの不当利得論を二重に規定した，と評価することができる。

第2章　原因なき利得制度の形成

146　第1章での学説史を踏まえて，以下では，フランスにおける不当利得制度生成期の諸判決を概観する。事案に密着して action *de in rem verso* の生成過程を叙述するテーズの著者は，次のように述べている。

> 「原因なき利得については，形而上の不変の原則よりも，一定の偶然的要素との関係の方が緊密であるように思われる。そうである以上，逆にわれわれは，19世紀末のフランスにおいて，『何人も他人の犠牲において利得してはならない』という原則が，いかなる社会的要請に応えるものであったか，という点について探究するよう駆り立てられるはずである。」[1]

ここに示された「社会的要請」を俎上に載せるとき，適用事案に関してはローマの転用物訴権と相似的でありながら，訴権の法的構成は異別視される所以が解明される。とりわけ，賃貸借を典型とする所有権に基づく信用の構造が問題を惹起する。信用を受けたAに対して契約に基づいてなんらかの物を給付したXが存在する場面で，所有権者Yが損失回避のために行動するとき，Xは債権の実現を阻害される。このとき，Xが失った利益の塡補を，契約の相手方たるAではなく，Yに対して求める方途が模索された。三者間の関係を二者に縮減するという不当利得の機能が活用される。まさしくこの社会的要請が，action *de in rem verso* を一般的に肯定するブーディエ判決（1892年）（後記 **160**）を登場せしめた。われわれは，一方でこの判決の登場に至る経過を追跡し，他方でこれまで蓄積してきた action *de in rem verso* に関する諸言説を整理し直すことで，フランス法はいかなる action *de in rem verso* を選び取ったのか，を解明する（第1節）。

しかし，上記の社会的要請に不当利得を通じて応える場合には，当然に，A

---

[1] Béguet, Jean-Pierre, *L'enrichissement sans cause,* thèse Alger, Tepac, 1945, n° 30, p. 50.

―X間の契約の相対効との間に，相克が生ずる。これが問題として意識されるとき，再び三者間の関係を維持しようとする動因がはたらく。オーブリー＆ローによる「action *de in rem verso* のコンディクチオ化」の意義が顕在化する（第2節）。

第1節　諸事案の検討

147　前章で明らかにされた学説の展開は，判例法にも影響を及ぼす。それが対処しようとした事案はいかなるものであったか。転用物訴権を想起させる action *de in rem verso* という名称は，裁判例における主たる問題が，三者間の不当利得であったことに照応する。しかし，既述のとおり，Y（利得者）とA（介在者）との間に契約が存在する場合，第三者たるX（損失者）からYへの請求は，契約の相対効（1165条）[2]に抵触し得る[3]。

諸事案には転用物訴権の原像が見え隠れするものの，導き出される法理との間には重大な亀裂が存在する。のちに定式化するように（後記**168**），ローマ法における転用物訴権の機能は，利得者，介在者，損失者のそれぞれの間になんらかの法的関係（lien de droit）が存在し，この関係を維持したまま，利得者に対する追及が例外的に許されるというものであった。これに対して，当初の判例は，三者間の関係であることに特異性を見出すことなく，そうした関係を損失者と利得者との間の二者間のそれとみなすことによって，利得の追及を許容しようとする。このために依拠されたのが事務管理の制度であり，その援用は，契約の相対効という根本原則に抵触しない利得追及を可能とする方便であった，と理解することができる（第1款）。

これに対して，ブーディエ判決の定式は，他の制度との関係を断ち切る一方で，いかなる限定をも付されない利得追及を可能とするものであった。しかし

---

2) 1165条　合意は，契約当事者の間でなければ，効果を有しない。合意は，第三者をなんら害さない。合意は，第1121条［＊第三者のためにする契約について規定する］によって定められる場合でなければ，第三者の利益とならない。

3) 契約の相対効について論ずるテーズが，この原則と緊張関係に立つ他の法原則の一つとして，不当利得返還に一章を割くのも当然である。p. ex. POPESCO, Mircea N., *La règle* "Res inter alios acta" *et ses limites en droit moderne,* thèse Paris, Domat, Montchrestien, 1934; CALASTRENG, Simone, *La relativité des conventions. Étude de l'Article 1165 du Code Civil,* thèse Toulouse, Sirey, 1939.

ながら，この判決に付された評釈は，その射程を直ちに減殺する（第2款）。

第1款　三者間での利得移転をめぐって

148　以下では，ブーディエ判決に至るまでの判例の展開を素描する。action *de in rem verso* と事務管理との類比の意義を明らかにするため，三者間の不当利得の事案を中心に検討し，二者間のそれについては簡単に触れるにとどめる。また，明示的には不当利得の観念や事務管理に依拠しない判決についても検討を加え，損失者から利得者への直接請求が問題とされる事案の如何を明らかにすることとする。

その上で，同じく三者間での利得の移動が問題となったブーディエ判決に詳細な分析を加え，前章で扱った学説との照合を行う。これによって，フランス版 action *de in rem verso* の内実が明らかにされる。

（1）ブーディエ判決以前[4]

介在者の支払不能　**149**　指摘するまでもないが，X—A—Y の関係において，X から Y への利得返還請求が問題とされるのは，A に対する請求が意味を成さないためである。すなわち，Y のために行動する A が，X に対して債務を負うにもかかわらず，それを履行し得ない場合に，Y の利得が不当視され，追及の対象として措定される。

例えば，軍の除隊者（remplacé）（抽選によって決せられる）が負担する欠員補充（remplacement militaire）について，除隊者のために補充者（remplaçant）を斡旋し，除隊者に代わって補充者に対価を支払う業者 A が介在する場合があった。このとき，A が支払不能に陥ったとしても，補充者 X には除隊者 Y に対する直接請求が認められない[5]。判決が訴えを否定する論拠は，契約の相対効の原則であった。X—A 間の契約の受益者は，事実上 Y であるが，A が介

---

[4] 簡潔ながら透徹した判例の分析として，磯村哲「仏法理論に於ける不当利得法の形成——続・不当利得・事務管理・転用物訴権との関連と分化」同『不当利得論考』（新青出版，2006）176-178頁。

[5] Req., 21 nov. 1832, *S.* 1833, 1, 13. 下級審レベルでは解決が分かれていた。除隊者に対する直接請求を認める判決として，Montpellier, 1 août 1827, *S.* 1827, 2, 401; Montpellier, 26 janv. 1832, *S.* 1832, 2, 203. 直接請求を否定する判決として，Bourges, 8 mars 1830, *S.* 1830, 2, 409; Toulouse, 26 mai 1830, *S.* 1830, 2, 446; Grenoble, 13 avr. 1831, *S.* 1831, 2, 23; Lyon, 28 juin 1831, *S.* 1832, 2, 113; Lyon, 4 août 1831, *S.* 1832, 2, 475; Paris, 29 févr. 1840, *S.* 1840, 2, 473; Grenoble, 15 févr. et 8 mars 1850, *D.* 1852, 2, 84.

在し，XとYとが直接の当事者の関係に立たないため，XからYへの請求が否定されてしまう。Xの主張は，Aは受任者または事務管理者であり，本人たるYはXに対して直接に義務を負うはずである，というものである。しかし，ほとんどの事案において，Aは自らの名において行為しており，代理法理を通じた直接請求は容れられない6)。

150 他方の典型的事例は，組合・会社に関わる。判例は，組合員・社員Aとなんらかの取引を行ったXが，組合・会社または他の組合員・社員Yを相手方として訴えを提起した場面で，利得の追及を否定する。以下に引用する二つの破毀院判決は，のちの判例の展開にとって，重要な役割を果たした。

〇破毀院民事部1850年3月12日判決7)（以下では，「会社に関する1850年判決」として引用）

【事案】 綿織物の取引を業とする合名会社（société en nom collectif）が設立された。定款において，社員Aは，会社の取引とは別に，個人の資格で取引を継続する権限を留保した。また，社員Yのみが会社名義での署名（signature sociale）をなすことができること，Yが販売を担当すること，および，Aは買付けを担当することが定められた。しかし，Aの個人的取引は会社の取引と区別がつかなくなった。会社設立から3年半後，当該会社は合意により解散した。解散ののち，Aの取引の相手方であったXが，Yを相手方として，Aに引渡された商品の代金を請求した8)。Yは，Aが個人の名において，自らの個人的な取引のために売買契約を締結したのであり，会社が債務を負担するものではないと主張する。一審はXの請求を棄却したが，原審は，Aの買付けから会社が利得したとして，Xの請求を認容した。Yが1673年の王令第四章第七条（＊本件の会社はこの王令の規律下で設立されていた），商法典22条9)および民法典1864条10)への違背を主張して破毀申立。

---

6) ドイツ普通法学説において，顕名のない事案に関して，間接代理の法理が action *de in rem verso* と同様の機能を営んでいたことについて，V. VON CAEMMERER, Ernst, Problèmes fondamentaux de l'enrichissement sans cause, *RID comp.* 1966, p. 573 et s., spéc., p. 588.
7) Civ., 12 mars 1850, S. 1850, 1, 157.
8) Yとは別の社員の一人に代わってAが振り出した手形債務の弁済も請求されているが，これについては扱わない。
9) 商法典22条［原始規定］ 会社設立行為に記載された合名会社の社員は，商号（raison sociale）を用いて行われたのであれば，社員のうちの一人のみが署名した場合でも，会社のすべての義務について，連帯する（sont solidaires）。

【判旨】　破毀院は、Aが自らの名において契約を締結したことを重視し、仮に社員の一人が買付けた商品の出所を会社が認識していたとしても、この認識からは「いかなる契約も、準契約も、会社を義務づけ得る法的関係（lien de droit）も生じ得ない」［下線筆者］とする。また、会社が利益を得たとしても、この利益によって「会社を相手方とする訴権は生じ得なかった」と判示した。その理由は、「契約は、契約当事者間でしかその効果を有せず」、一方の当事者が訴権を有するのは他方の当事者に対してだけであり、第三者が「契約から利得を得た」としても、この者に対しては訴権を有しない、というものである。原判決破毀。

○破毀院民事部1853年2月16日判決[11]（以下では、「組合に関する1853年判決」として引用）

【事案】　AはXら（3名）から土地を買受け、代金として定期金（rente）債務を負担した。のちにAは、叔父Yとの間に組合が成立していたと主張し、定期金について、組合の資産（fonds de la société）から支払われるよう、Yを被告として訴えを提起した。この訴訟にXらが参加し、AおよびYに対して定期金の弁済を請求した。一審は、本件売買の二年後に、不動産の取得のために民法上の組合（société civile）を設立する契約が締結され、取得代金については等分（portions égales）で負担する旨が約されていたことを認定し、本件の定期金についてもAとYとが折半して弁済するよう命じた。A・Yがともに控訴したが棄却された。Yが破毀申立。本件売買はAの名において行われたにもかかわらず、定期金の支払を命ずる原判決は、1165条および1864条に違背すると主張した。また、Yは、Aは自らの代理人ではないとも主張している。1864条についてはさらに、組合の計算において契約が締結され、目的物が組合の利得となった場合に、他の組合員を相手方とする訴えを認めるにすぎず、仮に本件土地が組合の利得となったとしても、Aは組合の計算において行為していなかった（＊＝自らの名で行為した）、とする。

【判旨】　破毀院は、契約の相対効の原則を掲げた上で、契約当事者とならず、かつ、当事者となった組合員に権限（pouvoir）を与えなかった組合員が債務を負担するためには、二つの要件が満たされなければならないとする。第一に、債務が組合の計算において負担されたこと、第二に、物が組合の利得となったこと、が要求される。いずれかが満たされない場合には、他の組合員に対する「直接訴権（action directe）」は認められない。本件においては、第一の要件が満たされておらず、Yは定期金債務

---

10) 王令については本篇第1章注69)、民法典1864条については同注71) を参照。
11) Civ., 16 févr. 1853, S. 1853, 1, 209.

を弁済する義務を負わないとした。原判決破毀。

この2件の判決[12]は，action *de in rem verso* を否定した判決としてしばしば引用され，とりわけ，のちの判決法の展開において重要な役割を担う1889年判決（アラザ判決）（後記 **164**）に論拠を提供する。既に指摘したように，組合・会社において，契約を締結した組合員・社員以外の組合員・社員への直接請求が許されるのは，債務負担が組合・会社の計算においてなされる，すなわち，顕名があり，か・つ・，給付されたものが組合・会社の利得となった場合である。直接請求の根拠は，擬制された代理であり，これがXとYとの法的関係を設定する，と考えることができる。

151 しかし，XからYへの直接請求が認められる場合もある。それは次のような事案である。すなわち，親Aが子Yの教育のために契約を締結したが，のちにAが支払不能に陥ったため，契約の相手方であるX（教師・寄宿学校の経営者等）が，Yに対して履行を請求する，というものである[13][14]。請求が認め

---

12) 以上の2判決と同様の事案に対する判決として次のようなものがある。Bordeaux, 13 avril 1848, S. 1848, 2, 397.（民法上の組合である匿名組合（société en participation）の事案。契約を締結した組合員は破産している。匿名組合に法人格がないことを直接請求棄却の理由とする。）Civ., 24 mars 1852, D. 1852, 1, 109.（商事会社の事案。契約を締結した取締役（administrateur）が，会社の計算において行為した事案。直接請求を肯定。）Besançon, 6 févr. 1865, D. 1865, 2, 51.（商事会社の事案。契約を締結した社員が個人名義で債務を負担していたため，1165条によって直接請求を否定。）Req., 7 juill. 1868, D. 1869, 1, 319, S. 1868, 1, 357.（合資会社（société en commandite）の事案。権限の範囲を超える債務負担であっても，商号（raison sociale）を用い，会社の利得となった場合には，会社に対する請求が認められるとする。）Civ., 21 mars 1876, D. 1876, 1, 198.（民法上の組合として創設された非営利社団（association）の事案。個人名義で負担された債務について，1165条により直接請求を否定した。）Civ., 26 août 1879, D. 1880, 1, 120.（直前の判決とほぼ同旨。）以上より，会社・組合の計算において負担された債務については，契約締結の援権がなくとも，利得の移動があれば直接請求が認められるが，個人名において負担された債務については，利得の移動の有無にかかわらず，契約の相対効の原則により直接請求が否定される，と解することができよう。顕名の有無が解決を分けている。

13) Aix, 11 août 1812, S. 1812-14, 2, 176.（父Aが子Y［複数］の下宿代（pension）として3,632フランの債務をX［Yの伯父］に対して負ったが，のちにAは支払不能に陥り財産委譲（cession de biens）［＊破産に相当する。1265条以下（破産法を改正する1991年法によって廃止）］の手続きに服することとなった。そこでXはYを相手方として食費および教育に要した費用を請求した。原審がXの請求を認容したのに対してYが控訴。控訴院は，Aが債務を履行する状態にない場合には，XとYとの間に準契約が成立し，Yは食費および教育費を負担しなければならないとする。その理由は，「この債務は，Xによる世話および食事の供給を直接に受領したYが，自らを権威の下に置いていた者［＝親］の仲介によって（par l'intermédiaire），Xとの間で個人的に負担するも

のとみなされる事柄に基礎を有する」というものである。) Civ., 18 août 1813, S. 1812-14, 1, 424. (A は，航海に出発する以前に，X に対して，未成年の子である Y への援助を委任した。その後 A が委任契約の清算を済ませる前に死亡。Y は限定承認により相続した。X は Y を相手方として，相続債務としてではなく，準契約上の債務の存在を主張し，その弁済を請求した。Y は，X は，委任者たる A への費用償還請求権しか有していないと主張したが容れられず，一審，控訴審ともに Y は X から利得しているとして，X の請求を認容した。Y からの破毀申立棄却。) Civ., 18 août 1835, S. 1835, 1, 873. (母 A は，娘 Y [複数] を教師 X の許に寄宿させた。その後 A は Y を X の許から引取ったが，1,335 フランの債務が残った。Y が成人し，親権終了に伴う清算がなされ，その結果，A に借越（reliquat）が残った [＊結果として，Y が債権を有する]。その後 A の不動産が競売に付され配当手続きが開始。借越についても配当順位表に記載された。X は，上記の寄宿費用について，自らは Y の債権者であるが故に，Y の順位に代位する，と主張して訴えを提起。Y は，寄宿費用を弁済すべき者は自分ではなく，A であると主張した。一審，原審ともに，X の請求を認容。原審は以下のように判示した。A は，親として子の財産を使用収益 [＊しばしば法定用益権（usufruit légal）と称される] することができるものの，Y の財産からの収益を超える教育費用を当該財産から支出するには，親族会（conseil de famille）の許可が必要である。実際，収益はこれを賄うに十分ではなく，また，A 個人の財産もこれを補いきれなかった。しかし，寄宿費用の支出を親族会が承認したであろうことに疑いはない。よって，この費用は，Y の財産から弁済されなければならないとする。これに対して Y は，自らは X に対して契約上の債務も準契約による債務も負っていないと主張して，破毀申立。これは棄却されたが，Y の主張に対して X は次のように応答していた。本件で問題となっているのは，親の子に対する債務ではない。ここでの問題は，子とその教育を負担した第三者との間に，準契約が成立し，子が費用について個人的に債務を負担するかどうかという点である。「出費（dépenses）から利得した者は，当然にそれを償還しなければならない。この者が，他人の犠牲において利得することが許されてはならない」とし，上記の 2 判決を引用している。X のこの主張が破毀院の判断に影響を与えたか否かは定かではないものの，結果として，X から Y への直接請求が認められている。) Toulouse, 26 juin 1841, S. 1841, 2, 515. (父 A によって子 Y の教育を委任された教師 X による Y への請求を認容。教育費用の負担は，第一義的には，子の財産の使用収益権を有し，教育義務を課されている A が負うが，未成年者も扶養・教育義務を負担した第三者に対して自然債務（obligation naturelle）を負っており，自らの利益のために他人が強いられた犠牲（sacrifices）を塡補しなければならないとする。その上で，A の財産が費用を弁済するに足りない場合に限って，X は自らの事務管理者たる Y に対して債務を負うとした。Y への直接請求が，A への請求との関係で補充的であることが明らかにされている。) Req., 19 juin 1843, S. 1843, 1, 641. (上記 Toulouse 控訴院判決に対する上告審。Y が破毀申立。Y のために負担された債務であったとしても，子の財産の収益は父が得ている以上，この収益が第一に引当とされるべきであり，「子に対して求償すれば，子が二度支払うよう強いられることになるであろう」と主張した。この主張に対して，報告判事は次のような議論を展開している。本件のような事案では，父の親権に服する間に，子が個人財産（biens personnels）を有していたか否かを区別しなければならない。これが存在する場合には，子に対する請求が許されることに問題はないとして，二度支払わなければならなくなる，という Y の主張を退けている。また，Y の主張は，父と子の関係と子と教師の関係とを混同しており，父が自らの過失によって子の財産の管理に失敗したとしても [＊＝養育費を支払うに十分な収益が得られなかったとしても]，それを教師が負担することは妥当ではないとの判断が付されている。これに対して破毀院は，A に対する追及が功を奏さない場合には，1375 条によって Y に対する請求が許されるとした。) Pau, 19 janv. 1852, D. 1852, 2, 198. (父 A と契約した寄宿学校の教師 X が，子＝生徒 Y に費用を請求。A は支払不能状態にあり，Y には個人財産があった。X の請求を棄却した原審に対して，事務管理の成立を肯定して，請求を認容した。) さらに，同様の事案に対する後代の判決として，V. Req., 17 mars 1857, D. 1857, 1, 149, S. 1857, 1, 812; Toulouse, 13 juin 1857, D. 1858, 2, 102; Montpellier, 5 févr. 1869, D. 1869, 2, 213, S. 1869, 2, 134.

られる場合には，XとYとの間に直接の関係，すなわち，準契約，自然債務または事務管理が措定されている。また，この場合に認められる子Yを相手方とする訴権は，Aに対する訴権との関係で，補充的（subsidiaire）な性質を有していると付言されることもある[15]。

ほかには，妻Aに対して商品を供給したXが，夫Yに対して直接請求することが認められている[16][17]。この判決は，action *de in rem verso* を承認した初

14）教師・寄宿学校による子への請求の事案と，除隊の事案とを比較すると，除隊希望者が未成年の子で親が斡旋を依頼する場合には事案が類似する。しかし，Note anonyme, sous Pau, 19 janv. 1852, D. 1852, 2, 198 は，子の教育は親の債務であるが，子を除隊させる債務は自然債務としても存在しないと指摘する。

15）DURANTON, Alexandre, *Cours de droit français suivant le code civil*, 4e éd., t. 13, G. Thorel, Guilbert, 1844, t. 2, 1844, n° 390-391, p. 350-351.「父母は，婚姻という事実のみによって，自らの子に食事を与え（nourrir），養育し（entretenir），教育する（élever）よう義務づけられることから，次のような結論が導かれなければならない。子に対して食事および養育を提供した者は，無償でそうしたのでなければ，父母の債務を履行したのであり，その結果として，直接に父母を相手方とする訴権を有する。この訴権は，父母が明示に合意しなかった場合には事務管理訴権であり，そうでない場合には委任により生ずる訴権である。こうして，教師または寄宿学校の長は，直接訴権を有する。//しかし，ここから，子が，教師・寄宿学校の長に対して義務を負わないということが導かれるわけではない。そうではなく，教師・寄宿学校の長と子の間には，準契約が成立し，これにより，子は扶養料（aliments）を償還する（rembourser）個人的債務（obligation personnelle）に服する。第三者が，もっぱら父の指図および明示の委任によって行為した場合であってもそうである。」さらに，前掲注13）の Aix, 11 août 1812 を引用し，「事案の状況が考慮されなければならない」として，次のように述べている。「父が子の教育がなされた時点では支払能力を有していたが，のちに重大な支払不能状態（déconfiture）に陥った場合には，弁済期に支払を受けることについて教師が度々犯した懈怠（négligence）は，教師にとって，訴訟不受理事由をもたらす可能性がある。とりわけ，子自身が，債務の総額を支払う手段をほとんど有していない場合にはそうである。また，すべての場合において，子を相手方とする訴権は，補充的（subsidiaire）なものでしかないように思われる」。この意味での補充性については，参照，谷口知平『不當利得の研究（再版）』（有斐閣，1965）15頁以下。

16）Rennes, 26 août 1820, S. 1819-21, 2, 316.（Aら［妻・子］を扶養するために出捐したXが，行為の直接の相手方であるAらではなく，Y［夫＝父］に対して弁済を請求した事案。控訴院は次のように判示した。夫は，妻の財産の法定管理人であり，妻・子の生計を維持し，教育する義務を負っている。別居を理由としてこの義務を果たすことができない，または果たす意思がないとしても，Yは，Xが支出した費用について，「夫婦共通財産の主として（comme maître de la communauté）」，Aに対して与えられ，「まさにこの共通財産の利得となった（a tourné au profit de cette même communauté）」ものについて義務を負う。この場合に，「判例は，夫を相手方とするこの種の債権者に対して，法［＝ローマ法］において（en droit），*actio de in rem verso* と称される訴権を常に付与してきた。この訴権は，債務が，夫の事務に属するものとして（*in negotium mariti*）負担されたことを根拠とする」。請求認容。）

17）なお，後代のものではあるが，別居中の妻に商品を供給した者は，夫に対して請求し得ないとする判決も存在する。p. ex. Paris, 7 mars et 18 nov. 1890, D. 1891, 2, 257（2e esp. et 4 esp.）, note DE LOYNES. 日常家事債務については黙示の委任があるものとされるが，生活の維持に必要な分を超える部分については妻の個人的な債務となる。しかし，別居中とはいえ婚姻中であれば，妻は行為能

期の判決としてしばしば引用されるものである。同時に請求の根拠として事務管理をも指定しているが，ローマ法に依拠し，Ｙの事務管理者はＡであるとする。つまり，ＸからＹへの請求は，ＡとＹとの間の事務管理によって成立する代理関係を根拠としている。Ｘが事務管理者とされているわけではないことに注意しなければならない。

所有権を背景とした関係における費用出捐者からの利得追及

152 次に，土地の増価（plus-value）に寄与した者とその土地の所有権者との間の紛争について検討することとしよう。ここでも，介在する者の制限能力ないし支払不能が紛争を惹起する。不当利得の観念を介した直接請求は，必ずしも認められているわけではないが，のちに見るブーディエ判決と同様の利害状況において何が問題とされるのかを理解するべく，3件の判決を事案とともに引用する。

○破毀院民事部1820年6月14日判決[18]
　【事案】　夫Ａが，妻Ｙの固有財産（bien propre）たる家屋について，受任者Ｘを介して増築および大規模修繕を行わせた。25,000フランの前払金しか支払われなかったため，Ｘは工事を中止させ，76,669フランの明細書を提示して報酬の支払を求めた。Ａがこれについて争ったため，ＸはＡおよびＹを相手方として訴えを提起した。訴訟係属中に，Ｙは，裁判上の別産宣言（séparation de biens judiciaire）（＊婚姻は継続するが，共通制は解消される）を受けた。これに伴って従前の共通財産の清算（liquidation）がなされ，ＹはＡに対する債権を得ることとなった。Ｙは，Ｘの仕事により自らの家屋に増価が生じたことについては争わなかったものの，Ｘの契約の相手方はＡであり，Ｘは自らに対する直接訴権を有していないと主張した。また，ＸがＹに求償するにはＡのＹに対する債権を行使するしかないが（＊債権者代位），ＹはＡに対する債権を有しており，相殺を主張することができるとする。そして，この相殺は，Ｘにも対抗し得ると主張した（＊つまり，相殺による権利行使が，債権者代位による権利行使に優先すると主張した）。一審は，ＸのＹに対する請求を，家屋の増価の限りにおいて認容し，増価額について鑑定を命じた。Ｙの控訴に対して，原審は，

　　力を制限されるため（＊当時）債務負担には夫の同意が必要であり，当該債務は無効とされてしまう。このため，供給した者は，action *de in rem verso* に頼ろうとするが，別居の場合には，利得しているのはもっぱら妻であり，夫はなんら利得していないため，これも認められない。
18) Civ., 14 juin 1820, *S.* 1819-21, 1, 251.

第1部　各種返還請求の史的諸相

一審判決を取消した。XはYとは契約を締結してはおらず，また，Yの事務を管理したとも言えないとする。また，相殺に関する主張も容れられている。

　Xによる破毀申立は次のようなものである。XとYとの間に契約は存在しないとしても，Yの所有物に対してなされた増築および価値を増大させる行為から，準契約が発生する。Xによってなされた事務管理は有益であり，1372条および1375条によれば，YはXに対して「すべての有益費および必要費を償還することなしに利得することはできない」。この関係における本来訴権はAを相手方とする委任から生ずる訴権であるとしても，上記準契約によりYを相手方とする事務管理訴権が生ずる。ローマ法文やポチエの学説にも言及する。さらに，準契約が成立しないとしても，555条によって，Xは費用の償還を請求する権能を有する，としている。

　【判旨】　破毀院は，1372条，1375条に基づくXの主張を容れ，Aの注文によるとはいえ，Xの所為から「XとYとの間には，事務管理という準契約（quasi-contrat *negotiorum gestorum*）が生じており」，委任から生ずるAを相手方とする訴権は，準契約から生ずる増価の限りでYに対する「直接訴権（action directe）」を排除しないとした。原判決破毀。

　本件での事務管理者はAではなくXである。介在者の存在を考慮に容れずに事務管理の成立を肯定して直接請求を認めた初期の判決であり，オーブリー＆ロー以降の事務管理論にも類比し得る判決である。

○コルマール控訴院 1830 年 11 月 19 日判決[19)]

　【事案・判旨】　Yから建物を賃貸借したA（ワイン商人）が，仕事場としていたこの建物を宿泊施設（auberge）に改造しようとし，必要な工事をXに請け負わせた。この工事にYは異議を述べず，Yの立会いのもとに遂行された。しかし，Yは契約当事者となることはなかった。工事の完成後，代金が得られなかったため，Xは，AおよびYを相手方として訴えを提起した。Yが自分は注文者ではないと主張したのに対して，Xは，555条，1375条を援用した。原審は，本件の建築および修繕が，賃借人によってなされるべき範囲を超えていること，Yが請負について知っていたこと，Yが異議を述べなかったことから，AとYとの間には委任があるか，少なくともXに対して，AがYの事務管理者であると信じさせるに十分であったこと，を認定し，AとYとが連帯して請負代金を支払うよう命じた。なお，本件には，AとYとが

---

19)　Colmar, 19 novembre 1830, *S.* 1831, 2, 286.

もに支払不能となったという特殊事情がある。原審は，担保の措置を講じなかった X も非難されるべきであるが，「同様に，Y もまた，一方で，丸 2 年に亘って A に信用を与え」，他方で，賃貸借契約を更新し，さらに，「A が建物に附属する動産を持ち出すがままにし」，請負代金の支払を確保しようとしなかったことに帰責性が認められるとしている。以上の利益考量を行ったのちに，Y は 1375 条にいう事務管理の本人であるとした。Y は，履行請求は契約の相手方に対してしかなすことができないと主張し，また，本件工事は，もっぱら A の利益において行われており，Y にとって有益な事務管理であるとは言えず，A は Y の事務管理者ではないとして控訴した。控訴棄却。

本件については，A と X のいずれが事務管理者とされたのかが判然としない。Y は，控訴理由において，原審が，事務管理者は X ではなく A であるとしたものと解しているが，原判決の文言からは定かではない。他方，X は，原審において，1375 条とともに 555 条[20]を援用しており，後者による場合には，A の存在を考慮せずに，Y に対する請求が認められる。もっとも，本件では，A が事務管理者であったとしても，Y は異議を述べず，工事に立ち会っており，黙示の追認があったと理解することも不可能ではないであろう[21]。このように解すれば，X の直接請求の根拠は代理に類似する。

○破毀院民事部 1853 年 3 月 9 日判決[22]

【事案】 Y の小作人である A は，X に仕事を請け負わせた。その後，Y と A との小作契約が解約されたため，請負代金の支払を受けていなかった X が，Y と A とが連帯債務を負っていると主張して，両者を相手方として訴えを提起した。Y は，注文者は A であり，また，A の計算において契約が締結されたと主張し争った。一審は，X の請求を認容。X が供給した材料および仕事から Y は利得しており，Y は A と連帯して債務を負うとしている。Y は，A は自らの名において行為しており，Y の代理人でもないとして，破毀申立（＊原判決の内容は不明）。1375 条，1864 条を援用した。

---

20) 本篇第 1 章注 134) 参照。
21) Paris, 6 août 1850, D. 1854, 5, 483.（委任の事実を明かさずに，受任者が自らの名において締結した請負の事案。委任者が所有する物に対して役務を提供した請負人からの委任者に対する請求が認められた。判例集の表題は，Mandat, *In rem verso* とされている。顕名なしに代理が認められたに等しい。）
22) Civ., 9 mai 1853, S. 1853, 1, 699, D. 1853, 1, 251.

【判旨】 訴えの時点でYが土地を占有していたことを確認し，YはXがなした仕事から利得を得ている，として支払を命じた原判決は，「1165条に違背し，1375条および1864条の適用を誤っている」とし，これを破毀した。

契約の相対効によって，事務管理の成立，および，1864条に見出され得る action de in rem verso の法理を否定している。結果として，所有権者は，小作契約を解約することによって，土地を回復し，Aの出捐による利得を自らのものとし得る。ブーディエ判決は，この事案と類似する事案において，action de in rem verso を正面から肯定する。

先取特権 **153** X（損失者）―A（介在者）―Y（利得者）の三者間での利得移転が問題となる場面で，XがAに対する債権について満足を得て損失を塡補する方途として，action de in rem verso とは別に，先取特権（privilège)[23]を挙げることができる。もっとも，所有権者YがAとの賃貸借契約の解約により土地とともに先取特権が成立する動産を回収してしまった場合には問題が生ずる。

○破毀院民事部 1864 年 7 月 11 日判決[24]

【事案】 Xは，小作人Aとの契約に基づいて種を供給した。その後，収穫以前に，土地の所有権者YがAの賃料不払を理由としてAとの間の賃貸借契約を解約した。Yは，原状回復により，土地とともに供給された種に由来する収穫物の占有を得た。XがYを相手方として種の代金の支払を請求。これに対してYは，Aによる未払賃料債権と，収穫物の転売に基づく代価債権との相殺を主張した（＊収穫物の代価がAに帰属することが前提とされている）。一審はXの請求を認容した。控訴院同旨。
　Yが1165条および2102条への違背を主張して破毀申立。申立理由においてYは

---

23) 2095条［現2324条］　先取特権は，債権の性質に基づいて債権者に付与される権利で，他の債権者に対して，たとえ抵当債権者に対してであっても，優先する権利である。
　先取特権との類似性については，加藤雅信『財産法の体系と不当利得法の構造』（有斐閣，1986）751頁以下の分析に多くを負う。
24) Civ., 11 juill. 1864, D. 1864, 1, 488, S. 1864, 1, 311. 後代における類似の事案として，Bourges, 9 mai 1900, S. 1900, 2, 232, D. 1902, 2, 161. 匿名評釈者は，賃貸借の解約に伴う所有権者の占有回復により，先取特権が機能しない可能性に言及する。その上で，in rem versum の理論を用いることによって困難は回避されるとする。

第 2 篇　原因なき利得

以下のように主張している。たしかに民法典 2102 条 1 号 4 段[25]（当時）によれば，種の供給業者は収穫物（récolte）の上に先取特権を有しており，所有権者に対する優先権を主張することができる。しかしこれは単なる先取特権であり，追及権（droit de suite）を与えるものではない。現時点で収穫物の占有は Y にあり，X は Y を追及できないはずである。他方，Y は種の価額を含む費用について償還する債務を負っているが，その債権者は A であり X ではない。にもかかわらず，Y に対する請求を認容する原判決は，「動産先取特権を真の追及権へと変容させた」。

【判旨】　原判決は，「Y は，種を供給した商人に対してその代金を支払うことを負担するのでなければ，自らの土地に蒔かれた種によって準備された収穫物を自らのものとし，かつ，賃料の支払を受けることはできない」と判示した。これは，1165 条および 2102 条 1 号 4 段に反しないばかりか，後者の条文を「その真の精神および法的帰結において」適用したにすぎない。破毀申立棄却。

動産先取特権には，原則として追及効は認められない[26]。債務者の許で対象

---

25) 2102 条［原始規定，現 2332 条］　一定の動産の上に先取特権を認められる債権は以下のものである。

1°　①　不動産の賃料および定額小作料［債権］は，その年の収穫物の果実，賃貸された家屋または農場に備え付けられるすべてのものの代価，および，農場の経営に供されるすべてのものの代価の上に［，先取特権を認められる］。［この先取特権は，］賃貸借が公署証書による場合，または，私署証書によるものであっても確定日付を有する場合には，既に支払期にある賃料並びに定額小作料［債権］，および，爾後支払期が到来する賃料並びに小作料［債権］を目的とする。これら二つの場合には，他の債権者は，賃貸借の残存期間について，その家屋または農場をあらためて賃貸し，この賃貸借または定額小作から利益を得る権利を有する。ただし，所有権者に対して［再賃貸借の時点において］なお支払うべきすべてのものを支払わなければならない。

②　［前段の先取特権は］公署証書による賃貸借でない場合，または，私署証書によるものであっても確定日付を有しない場合には，当年の満了から 1 年分［の賃料および定額小作料債権］を目的とする。

③　同様の先取特権は，賃借人が負担する修繕，および，賃貸借の履行に関するすべての事項を目的とする。

④　前段の規定にかかわらず，種子（semence），または，その年の収穫費用（frais de la récolte）に関して支払われるべき金額については収穫物の代価から，また，農具に関して支払われるべき金額については当該農具の代価から，いずれの場合も，所有権者に優先して支払われる。

⑤　所有権者は，その家屋または農場に備え付けられた動産が自らの同意なく搬出されたときは，それを差し押さえることができる。所有権者は，農場に備え付けられた動産については 40 日の期間内に，家屋に備え付けられた動産については 15 日の期間内に，取戻訴権（revendication）を行使する限りにおいて，当該動産の上に先取特権を保持する。

（＊2 号以下略）

26) AYNÈS, Laurent et CROCQ, Pierre, *Droit des sûretés* 9ᵉ éd., L. G. D. J., 2015, n° 611, p. 277. 動産の即時取得に関する 2279 条 1 項（現 2276 条 1 項）による。ただし，動産売主の先取特権（2102 条（現 2332 条）4 号 2 段）に関して，先取特権者が一定期間内に revendication を行使する場合には，第

となる動産について差押えがなされ，換価されなければならない。したがって，債務者によって収穫物が任意に売却されてしまった場合には，優先弁済をもたらさない。これと同様に，賃貸借の解約後，土地とともに収穫物が所有権者に引渡されてしまえば，先取特権者はなんら満足を得られないはずである[27]。しかし破毀院によれば，この場合には，2102条の「精神」に鑑みて，直接訴権（action directe）が認められる。この「精神」は，種を供給して収穫に寄与したX，すなわち，利得を作出しながら対価を得られず損失を被ったXこそが，当該利得を自らのものとすべきであり，所有権者Yがこれを得ることは不当である，という価値判断として敷衍され得るであろう。事案の解決としては，Xを事務管理者としてYを相手方とするaction *de in rem verso* を認める場合となんら異なるところがない。

信用リスクの分配　**154**　以上の事案に見られる賃貸借の解約に伴う利得移転について，若干の考察を付け加えよう。所有権者Yは，賃貸借を用いて土地の利用を賃借人Aに委ねることで信用を供与している。しかしYは，Aが支払不能に陥ったとしても，賃貸借を解約し，所有権に基

三者に対する動産の譲渡を妨げることができるとされる。意思主義の帰結として，所有権を既に移転してしまっている売主がなぜrevendicationを行使し得るのか，説明は困難を極める。先取特権と解除との類縁性（前記本文**62**）が想起される。

27) 同じく賃貸借の解約に関係する事案において，先取特権の拡張による直接請求を否定する判決は，この点に依拠する。V. Bourges, 3 mars 1877, *S.* 1880, 2, 104, *D.* 1878, 2, 56.（小作人Aの被用者Xが，賃金相当額を所有権者Yの相続人に対して請求した事案。Xは，2102条1号4段の「収穫費用」の先取特権を援用した。原審はこれを認容したが，控訴院は，旧契約の解除後に新たな小作契約が結ばれ，収穫物の占有が賃貸人を経て新小作人に移転していたことを理由として，原判決を取消した。）Douai, 21 janv. 1865, *S.* 1865, 2, 237.（Aに土地を賃貸していたY_1が解約を請求。賃料の支払がなければ占有を回復することができ，さらに，損害賠償として，耕作および播種の費用の償還を要さない，との判決を得た。その後Aが破産したため，同じくAに土地を賃貸していたY_2が，賃貸借を解約し，収穫前の立毛作物（récolte sur pied）の売却，さらに，その代価からの賃料債権の弁済を請求して認容された。収穫物の売却・配当の手続きが開始されたが［＊おそらくY_1も参加］，債権額評価の段階で，破産後のAのために事務を管理していたXが，管理のために支出した費用について，Y_1・Y_2に優先して弁済を受け得る旨を主張して訴えを提起した。Xは，物の保存費用の先取特権（2102条3号），播種および収穫の費用の先取特権（2102条1号4段），ならびに，事務管理に基づく費用償還を主張していた。原審は，Aの管財人（syndic）に対して，Xに優先して弁済するよう命じ，その金額分は収穫物売却の代価から控除されるとした。その上で，Y_1・Y_2に対して，既に弁済された金銭を管財人に返還するよう命じた。Y_1・Y_2の控訴に対して控訴審は，原判決を取消した。第一に，Xが主張する動産先取特権は，刈入れ後の収穫物に関するものであり，刈入れ前の収穫物は未だ不動産の一部であること，第二に，Yらによる売却によってその占有は既に第三者に移転していることを理由とする。さらに第三に，事務管理の主張についても，XはAの債権者団（masse）の事務管理者であって，Y_1・Y_2の事務管理者ではないとする。）

づいて当該土地を取戻すことができる。そうすることで，支払不能による損失を賃料債務の不履行の限りに低減することができる。これに対して，Aと契約したXは，一般債権者の地位に甘んじ，債権を回収することができない。このように，Aの信用リスクの分配に関して，XとYとの間には不均衡が存する。所有権が作り出す信用は物とともに巻き戻し得るが故に，また，XとYとが契約当事者の関係に立たないが故に，Xは損失を甘受しなければならない。

このとき，Yが，所有権の復帰を通じて，対価を負担することなく利得を得ていることに着目するならば，Yの利得の不当性を指摘することができる。この不当利得の観念は，事務管理の制度に読み込まれていた[28]。実際，学説において，action de in rem verso は，真正の事務管理が成立しない場合の返還訴権であった（前記**141**以下）。

他方，Aの許で生じた物の増価（plus-value）に着目するならば，Xには先取特権が与えられる。この法定担保物権は，債権者平等原則を排斥するために機能する。それがよって立つ観念を掘り下げるならば，ある給付が，支払不能者の資産を増大させ，一般債権者にとっての共通担保（gage commun）（≒責任財産）を拡充する場合について，この給付を行った者を優先させる，という発想を見て取ることができる。しかし，先取特権を行使しようとしても，自らの出捐の対象であった動産は，第三者である所有権者，あるいは他の転得者の許にある。また，先取特権は法定の優先弁済権であり，そのカタログを増やすことはできない[29]。以上の限界が最も明瞭に見て取れるのは，のちに検討するブーディエ判決の事案においてである。しかしながら，元来，先取特権についても（また，後述するように，法定の直接訴権（1798条[30]）についても），不当利得の観念

---

28) 以上の考察について，V. König, Detlef, *Der Bereicherungsanspruch gegen den Drittempfanger einer Vertragsleistung nach französischen Recht*, Diss. Freiburg, Frankfurt am Main, A. Metzner, 1967, S. 47ff.

29) この規範は「法文なき先取特権は存在しない（Pas de privilège sans texte）」という法格言として表現されることがある。Roland, Henri et Boyer, Laurent, *Adages du droit français*, 4e éd., Litec, 1999, n° 318, p. 635 et s. V. aussi Simler, Philippe et Delbecque, Philippe, *Les sûretés. La publicité foncière*, 6e éd., Dalloz, 2012, n° 746, p. 680.

30) 1798条　請負による建物その他の工作物の建築のために用いられた石工（maçons），大工（charpentiers）およびその他の労務提供者（ouvriers）は，その者のために仕事が行われた者［＝注文者］を相手方とする訴権を，訴えを提起する時点でその者［＝注文者］が請負人に対して負っ

の伏在を指摘することができる[31]。実際，action de in rem verso を先取特権の延長上に位置づける見解も存在する[32]。

ここで想起されるべきは，ツァハリエの action de in rem verso である（前記 **134・135**）。この訴権は，自らの資産の減少を被り，他者の資産を増大させた者に，特別の要件を伴うことなく増大分に相当する価値の返還を許容する。のちにブーディエ判決がそうするように，この理解に依拠するならば，先取特権の追及効の不存在，ならびに先取特権法定主義は，克服され得る。

その他の事案　**155**　ほかにも様々な事案が存在する。代表的なものとして，例えば，運送契約における三者間の関係で，運送業者から差出人または名宛人に対する費用償還請求が問題とされる場合がある[33]。また，自

ているものの限りにおいてでなければ，有しない。
31) 第1篇第1章注366) 367) に引用した Poplawski を参照。
32) 先取特権と action de in rem verso との類似性について，SAVATIER, René, *Des effets de la sanction du devoir moral en droit positif français et devant la jurisprudence*, thèse Poitiers, Société française d'imprimerie et de librairie, 1916, p. 210. 三者間の不当利得で介在者が支払不能状態にあるという事例について，以下のように述べている。たしかに，支払不能状態にある債務者が債権者の一人に弁済したとしても他の債権者はこの弁済を攻撃することができない。しかし，事情が異なる場合がある。「債権者の一人が弁済として受領した価値（valeurs）は，特定物（corps certain）ではないとしても，特定され得る（identifiable）。これはまさに他の債権者［＊損失者］に支払われるべきであったものであり，衡平は，当該債権者がこれを取戻し（revendiquer）得ることを望むのである」。注では，「この場合，action de in rem verso は，あたかも先取特権として機能している」と指摘されていた。この訴権は，支払われなかった価値の上に一種の物権を創設する。この価値は，ある者の資産から流出したが，この者によって，どこにあろうとも，取戻され得る」とする。さらに，法文なき先取特権を認めるものとして action de in rem verso を否定する立場を想定し，次のように述べる。「これはいつもの強迫観念であり，法律の文面，文言に対する盲目的崇拝である（Toujours la hantise, le fétichisme du texte, de la lettre loi)」。さらに，この「不当利得に基づく価値の上の物権」の受容を困難なものとする理由は見出され得るのか，と問い，次のように述べている。「法定先取特権の多くは，特別の法文を通じてその性格づけに関して多少の修正は受けるものの，これ［＊不当利得に基づく価値の上の物権］の適用でしかない。むしろ先取特権は，類推による拡張適用を許すものであろう」。以上の立論には，action de in rem verso を資産上の所有権の効果とする Zachariæ の理論の影響を見て取ることができるが，Savatier は，さらに進んで，先取特権をもまた資産上の所有権として理解していると言える。
33) Req., 27 juill. 1852, D. 1852, 1, 226. (X［鉄道会社］と A［ワイン卸売業者］との間の運送契約の事案。A は Y［別の卸売業者］に対して商品を送ることとしたが，車両運送状（lettre de voiture）には A の住所に配送するか，駅留めにするか，について記載がなかった。それでも，道路運送（camionnage）の運送料については記載があったため，X は，Y の住所へ配送することとした。しかし Y は，自分は駅留めを希望していたのであり，自己所有の車両で運ぶことにしていたと主張し，運送料の支払を拒み，商品の受領を拒絶した。X が訴えを提起。一審において X は，荷受書（cahier de charges）の記載からは，トラック運送を X に依頼するか否かについて，Y の任意（facultatif）によっていたことが導かれるとしながらも，A が Y の住所を記載し，駅留めにするか否かについて明確に指定していなかったことから，X は，Y の住所に配送することができ，運送

らの意思でなんらかの有益な造作を行った者が，近隣の所有権者に費用を請求する事案が存在する[34]。

1870年代以降 **156** しばしば指摘されるように，判例が明示的に事務管理に依拠して直接訴権を承認するようになったのは，1870年代のことである[35]。この言明は学説の展開を反映している可能性がある。すなわち，オーブリー＆ローが真正の事務管理訴権から区別された訴権を action *de in rem verso* と名付け（前記 **141**），ラロンビエールらがこれを事務管理の補助的な訴権として構成した（前記 **142** 以下）時代に対応している。他人の利益において事務がなされることを要しない事務管理の理解，言い換えるならば，「事務管理の客観的把握」[36]を明らかにする判決として，しばしば次の判決が引用される。

○破毀院審理部1872年6月18日判決[37]

【事案】 パリ在住のYは，Aを仲介者として（＊背後の契約関係の詳細は明らかでない），Xから小麦を買い付けた。その代金の一部はXの所在地において支払うこととされた（＊判例集からは定かではないが，引渡もその時点でなされる旨が約されていたと思われる）。しかし，普仏戦争時のパリ包囲によってYは履行地に赴くことができなかった。小麦の劣化を危惧するXは，裁判所の許可を得た上でZに売却し

料を請求できると主張した。しかしこの契約の解釈は否定され，Xの主張は排斥された。控訴院同旨。Xから破毀申立。Xは，自らはYの事務を有益に（utilement）管理したと主張し，原判決は1375条に違背するとする。この主張に対して破毀院は，Xによる自宅配送は，Yの反対があるにもかかわらずなされたものであり，Yの利益に反するとして，事務管理の成立を否定した。破毀申立棄却。）

34) Req., 6 nov. 1838, *S.* 1839, 1, 160. [原審 Grenoble, 12 août 1836, *S.* 1837, 2, 330] （行政庁による確認がなされなかった堤防（digue）建築に関する事案。堤防を築いたXから近隣の所有権者Yへの請求がなされた。一審は事務管理に基づいて請求を認容。これに対して控訴院はXの訴えを棄却した。破毀院は，Yの所有地上では造作がなされていなかったとして，事務管理の成立を否定した。）Yの所有地に造作が及んでいた場合には，別の結論が出ていた可能性がある。なお，原判決であるGrenoble控訴院の判決は，不当利得の返還を認めた初期の判決としてしばしば引用される。p. ex. Verginaud, Ernest, *L'enrichissement sans cause*（*Étude de jurisprudence*）, préf. de H. Capitant, thèse Paris, Arthur Rousseau, 1916, p. 84.
35) p. ex. Goré, François, *L'enrichissement aux dépens d'autrui. Source autonome et générale d'obligations en droit privé français. Essai d'une construction technique*, thèse Grenoble, Dalloz, 1949, n° 32, p. 27. しかし，前記のように，1870年代以前にも準契約や事務管理による利得返還請求を認める判決が存在しており，あくまで傾向を指摘するものでしかない。
36) 磯村・前掲注4) 177頁。
37) Req., 18 juin 1872, *D.* 1872, 1, 471.

た（＊この点も定かではないが，Y の代金支払債務は残存しているはずである。X は Z から得た売買代金を Y に支払う債務を負い，両債務が相殺されることになろう）。Y は包囲終了後，X による売却に異議を述べ，売買の解約（résiliation）を求めて訴えを提起（＊これによって代金支払債務を消滅させることができる）。一審はこれを棄却した。原審は，X による売却を許可した判決を取消したものの（＊理由不明），X は Y の利益のために行為した事務管理者であるとし，売却は正当であったとした。Y が破毀申立。

【判旨】「事務管理という準契約から生じ得る相互的な債務は，管理という所為（fait）そのもの，および，法律（loi）から生ずるのであり，当事者の意図（intention）から生ずるのではない」。事務管理者が自らの利益と同時に，第三者［＝本人 Y］の利益において行為したか否かが問われるように見えるが，第三者が管理行為に利害を有しそこから利得した場合には重要ではない，として，破毀申立を棄却した。

本判決によれば，事務管理の成否は当事者の意思に依存しない。利得が存在すれば直ちにこの者が事務管理の本人として措定される。もっとも，この事案においては，事務管理者からの費用償還請求が問題とされているわけではない。われわれが検討してきた三者間での利得移動については，利得に対応する損失を被った者が，利得者＝本人を相手方として直接に利得の返還を請求し得るのか，それとも，介在者の存在を顧慮しなければならないのか，という点が重要である。

事務管理者＝損失者　**157**　事実審判決ではあるが，次の判決は，X と Y との間に準契約ないし事務管理を成立させ，直接請求を許容する。

○リヨン控訴院 1879 年 3 月 21 日判決[38]

【事案・判旨】　制限能力者である Y（妻）は，X が経営する療養施設に滞在していた。X の契約の相手方は A（夫）であった。X が A と Y とを相手方として滞在費用を請求。一審はこれを認容した。その後，A は死亡したが，相続財産は債務超過の状態にあったため，新たに Y の後見人となった Y_2 が夫婦財産について共通制を放棄させた（＊Y─A 間で夫婦財産が清算されると，A が Y に対して債権を有する関係にあ

---

38) Lyon, 21 mars 1879, *D*. 1879, 2, 184.

ったものと推測される。すなわち共通制の放棄は，Y が A の相続人からの請求を受けない状況を作出するためであったと考えられる)。Y_2 の控訴に対して，リヨン控訴院は，Y は，X と契約関係にない第三者であるが，A に弁済に足る積極財産（actif）がなかったことから，Y に対する請求がなされた，と認定した。また，X の訴権は，1371 条を根拠として認められるものであるとし（*1375 条ではない），Y にとって X が行ったことは有益（utile）であり，「請求が棄却されたとすれば，Y は X の犠牲において利得することになろう」として，控訴を棄却した[39]。

参照条文について疑義が残るものの，X の所為の有益性に着目している点から，本判決は，事務管理制度を通じた利得返還を認めたものと解される。いずれにしても，損失者は直ちに利得者を相手方として利得の返還を請求し得る。次の破毀院判決も同様である。

○破毀院民事部 1888 年 2 月 22 日判決[40]

【事案】　訴外 B（銀行）は A の債権者であり，当該債権の担保として，A 所有のワイン（*港湾倉庫に寄託）について，額面 9,305 フランの動産担保証券（warrant）を有していた。同じく A の債権者であった X は，A に代わって B に対して全額を弁済した（9 月 30 日）。これにより，B の証券は無効となり，新たに同じ商品を目的物として X を担保権者とする動産担保が設定された。新証券は X に引渡された（10 月 11 日）。その額面は，A に対する他の債務をも含む 18,000 フランであった。同日，A が破産し（10 月 11 日），支払停止時（époque de la cessation de paiement）は X による代位弁済の以前の時期に設定された（9 月 1 日）。この状況において X は，動産担保に基づいて，倉庫のワインを売却した（*評釈によれば，この売却は A にとって不利なものであった）。A の管財人（syndic）が，ワインの売却代金は，Y（債権者団（masse des créanciers），破産財団に相当）に帰属すると主張。これに対して X は，B に対する弁済によって代位した 9,305 フランについては Y への返還を免れる，と主張して訴えを提起した。原審は，この請求を退けた。X が破毀申立。

【判旨】　破毀院は，「何人も他人の犠牲において利得してはならず」，「第三者の事

---

39) ブーディエ判決以降にほぼ同一の文言を用いて事務管理を肯定する判決として，Trib. corr. de Loches, 19 févr., 1910, D. 1913, 2, 319. V. aussi VERGINAUD, *supra* note 34, p. 101.

40) Civ., 22 févr. 1888, S. 1890, 1, 535, D. 1888, 1, 310. 磯村・前掲注 4) 177 頁は，「かかる不当利得・事務管理観念の融合は，Cass. 22 février 1888 (S. 90, 1, 535) に於て，徹底せる形をとって現れる」と評価する。

務に干渉した者は，当該第三者が得た利得の限りにおいて，自らが支出した費用の償還を第三者に対して請求することができる」とし，原判決を破毀した。その論理は以下のようなものであった。Ｘによる代位弁済によってＹは利得しており，したがって，その利得の限りにおいて，Ｘには優先弁済権が認められなければならない。破産開始決定は支払停止時における破産の事実を確認するにとどまり[41]，Ｘのなした弁済は，既に破産していたＡに利得をもたらすものであった。したがって，Ａの責任財産の増大を享受する点で，Ｙは利得者であるとした。

　本判決の引用条文は 1372 条および 1375 条であり，代位弁済したＸが事務管理者とされ，債権者団Ｙが本人とされている。支払停止時以降になされた代位弁済によって破産者Ａの責任財産が増大した場合について，その額に限って，優先弁済が許されている。つまり債権者平等に服さない。この結論が事務管理の論理によって導かれている。

　ほかには，自治体（commune）の利得を追及する事案を挙げることができる。これは二つに区別することができる。一方に，契約が締結され役務を供給したが，相手方に契約を締結する権限がなかった場合が挙げられる[42]。他方で，委託なしに公役務（service public）に相当する役務を行った者が，のちに自治体に対して不当利得の返還として費用の支払を求める事案がある[43]。

---

[41] 破産手続き開始決定の判決としての性質（確認判決（jugement déclaratif）か，創設的判決（jugement constitutif＝形成判決に相当）か）が問題とされているが，ここでは扱わない。

[42] Civ., 14 mars 1870, S. 1870, 1, 291.（Ｙ市の市長Ａが，Ｘとの間で，市の祝典の管理運営に関して請負契約を締結した。役務に対して報酬が得られなかったため，ＸがＹを相手方として訴えを提起。ＹがＡには契約を締結する権限がなかったと主張したのに対して，Ｘは，Ｙは利得を得たと主張した。破毀院は，この契約からＹが利得していることを重視し，Ｘの請求を認容した原判決を正当とした。破毀申立棄却。）ＹとＡとの関係を考慮すると，本件は無権代理の事例で，Ｙが追認を拒否したものと理解することができる。しかし破毀院は，Ｙへの効果帰属のなんらかの根拠をＹ—Ａ間に見出すという論理を介在させない。すなわち，代理権または事務管理関係を認定するという迂路を経ず，Ｙの利得のみを根拠として，Ｘの請求を認容している。同様の事案に対する同旨の判決として，V. Civ., 14, déc. 1877, D. 1878, 1, 204.

[43] Req., 15 juill. 1873, D. 1873, 1, 457, S. 1874, 1, 30.（Ｘは，Ｙ市の公道上に街灯を設置した。設置から２年後，Ｘは，Ｙを相手方として，街灯設置の費用を請求。一審は，Ｘ—Ｙ間に合意が存在しなかったとして請求を棄却したが，原審は，街灯がＹ市にとって有益なものであったとし，不当利得の観念によって，Ｙに補償（indemnité）の支払を命じた。Ｙから破毀申立。破毀院は，「nul ne peut s'enrichir…」の法格言ならびに 1375 条によることで有益費についての補償を命じた原判決は正当であったとした。破毀申立棄却。）なお，本判決の争点は，市に債務負担能力があるかどうかというものであった。検察官の論告（conclusion）では，Ｙには債務負担能力がないとする主張に

第 2 篇　原因なき利得

　利得返還の根拠は当事者の主張に依存するように思われるが，明示的に事務管理に依拠する判決がある一方で，もっぱら利得の存在のみに着目して事務管理を媒介しない判決も見られる。

事務管理者＝介在者　**158**　事務管理ないし不当利得の観念の援用が標準的となったのちにも，介在者を事務管理者として，第三者から本人への請求を認める，という構成を採用する判決も存在する。

○破毀院審理部 1890 年 7 月 16 日判決[44]

　【事案】　通りに面した土地を他の所有権者とともに共有するYは，Aら（建築士1名，建築会社の取締役会（conseil d'administration）の構成員4名，および，代表取締役1名）に対して当該土地を賃貸した。契約には，(1) Aらとそれ以外の権利者（賃借権の譲受人および転借人）は，契約期間3年の満了時に，所定の代金で土地を買い受けることができる旨の売買予約，(2) Aらの費用で土地上に建物を建造することができる旨の将来の建築許諾，さらに，(3) 予約完結権が行使されない場合について，一切の補償なしに建物を含めた土地がYらに帰属する旨の条項が付されていた。

　その後Aらによって建物の建築が開始された。その際，建築資金はYが個人名義で借り入れ，その担保として土地建物に抵当権を設定することが合意された。Yは貸主であるBの許に赴いた。しかしYの挙動（agissement）（＊賃貸借の存在を知らせず，自らの計算において建築を行うかの如く振る舞い，Bを欺罔した（trompé）と認定されている）を不審に思ったBは，貸付を延期することとした。資金を得られなかったため，Aらによって構成される会社が破産し，建築の続行および予約完結権の行使が不能となった。さらに，Aとの間で仕事を請け負っていたXも，連鎖して破産することとなった。

　Xの管財人が，Aの管財人およびYを相手方として，請負代金の支払を求めて訴えを提起。これに対してYは，(1) ～ (3) の契約条項を援用し，自らが当該土地および建築途中の建物の所有権者であること，予約完結権が行使されなかったため補償の支払は不要であることを主張した。また，XはAとの間で請負契約を締結したのであるから，そもそもXは自らに対する訴権をなんら有しない，とも主張している。

　一審は，契約条項の援用を失当とし，Yは，善意の第三者に対する費用償還義務

対して，準契約による債務には能力を要しないとされており，判決もこれを採用している。この点で，Zachariæ, Aubry et Rau による action *de in rem verso* 論の影響を語り得る（前記本文 **135** 以下）。同様の事案に対する判決として，V. Req., 19 déc. 1877, *S*. 1878, 1, 57, *D*. 1878, 1, 204.
44) Req., 16 juill. 1890, *D*. 1891, 1, 49, note Planiol, *S*. 1894, 1, 19.

329

(555条），事務管理者であるAがYの名において負担した義務を履行する義務，および，Aの名において負担された義務について補償しかつ有益費を償還する義務（1375条）を負うとした。「555条および1375条の根拠たる，何人も他人の犠牲において利得してはならないという衡平上の原則」にも依拠する。事案の解決としては，1375条および1166条（債権者代位権）の趣旨から，Yの資産（patrimoine）を増大させたXに，Yを相手方とする直接訴権（action directe）を認める。すなわち，Yに，Aと連帯して請負代金債務を支払うよう命じた。原判決同旨。Yから破毀申立。Xは555条にいう第三者たる占有者ではなく，1375条にいう事務管理者でもないと主張した。さらに，自らは契約当事者でない旨をも付言している。

【判旨】 破毀院は，まず，Bによる貸付の拒絶はYの過失によるとし，契約条項の援用を排斥する。「賃貸された土地の上の建物について，所有権者［＝Y］ただ一人が利得を得たが，Aはこの建物を建造することで，意図していないにせよ（involontaire），Yが知らなかったにせよ，Yの事務を実際に管理したのであり，Yに対して，すべての有益費を償還するよう請求する権利を有する」。「第三者［＝X］は事務管理者の注文に基づいて仕事を履行したが，この仕事から利得を得るのは本人［＝Y］であり，第三者個人もまた，仕事の対価について本人を相手方とする直接訴権を有する」。破毀申立棄却。

本判決では，介在者であるAが事務管理者とされている。すると，Xは，事務管理者と契約した第三者であるため，AがYのための事務であることを自らに明示して，代理ないしそれに類比される関係が認められなければ，Yを相手方として訴権を行使することができないはずである。もっとも破毀院は，1166条の解釈について詳らかにしておらず，この訴権が債権者代位訴権（action oblique）であるか否かは必ずしも定かではない。かえって本人であるYが利得していることを強調し，直接訴権を認めている。とはいえ，X自身を事務管理者とするのではなく，第三者たる資格を維持させたままでXの直接請求を認めていることに変わりはない[45]。

---

45) さらに，本件におけるYの意図について次のように考えることもできる。Yは，直ちに売買するのではなく，建物が建造されるまでは所有権者の地位にとどまろうとする。賃貸借を絡めることによって，Yは所有権者たる地位から得られる利益を余すことなく享受し得る。Yが建築主に等しい（資金もY名義で調達されている）ものの，建物の完成までは所有権を留保し，これを担保としている。本件のような事案では，注文者の側に，賃貸借を背景とする不明瞭な関係があり，請負人は翻弄されざるを得ない。この請負人を，事務管理ないし不当利得の観念によって救った判決であると言うことができる。Yは当初企図したリスク回避を達成することができず，連鎖倒産の

第 2 篇　原因なき利得

小 括　**159**　諸判決の概観から，action *de in rem verso* または事務管理訴権が問題とされる X（損失者）―A（介在者）―Y（利得者）の三者間の事案について，次のような観察を引き出すことができるように思われる。

X―A 間に契約関係がある場合，X の給付がたとえ Y を利するものであったとしても，X は，まずは A を相手方としなければならない。したがって，A が弁済できない場合には，X は債権について満足を得られない。ここで二つのモデルが分岐する。

第一に，X が Ẏ のために給付していることに着目して，X と Y との間に直接の関係を設定し，X から Y に対する請求を認めることができる。そのための法技術が，action *de in rem verso* ないし事務管理，そしてその根拠たる不当利得の観念である。しかし，民法典においては，このような不当利得像は見出されない。そもそも X―A 間の契約の効果が第三者たる Y に影響を与えることを，1165 条は認めていなかった[46]。この状況において，X―A―Y の関係を X と Y との二者関係へと縮減する機能を担ったのが不当利得の観念であったと理解することができる[47]。また，A が支払不能状態にあることを重視するならば，X は，Y という補充的な債務者を獲得することによって，A の一般債権者たる地位を脱していると考えることもできる[48]。とりわけ，種の供給者が先取特権を主張する事案と，賃借人と契約を締結した請負人の所有権者に対する利得返還請求の事案とを比較すれば，action *de in rem verso* ないし事務管理による直接請求は，先取特権が法定されていない後者の類型において，先取特権者たる地位を与えるに等しい。

しかし第二に，A を事務管理者とし，Y―A 間に代理に相当する関係を見出すこともできる。実際，代理に類比し得る権利帰属関係を通じて，A と取引した X から，Y への直接請求を認める事案も散見された。

責めを負うよう命じられたと考えられる。
46) なお，教師による子への請求の事案（前記本文 **151**）において，補充性の要件が課されていたことも注視されるべきである。これは，契約上の債務を優先させる役割を果たしており，不当利得返還請求の例外性を物語る。
47) 非債弁済において，不当利得の観念を媒介として第三者に対する準対物訴権を認める Pothier の議論もまた，同様に理解することができる。前記本文 **44-45**。
48) Béguet, *supra* note 1, n° 45, p. 84.「action *de in rem verso* の利用は，それを主張する者が抱く，債務者の支払不能という自らにとっての不都合な帰結を免れようという願望を明らかにする。」

事務管理を通じた直接請求については，以上の二つのモデルが区別される。

(2)　ブーディエ判決とその解釈

160　action *de in rem verso* に関する原理的判決は，われわれが着目してきた三者間での利得移動，なかでも，賃貸借を媒介した所有権者＝利得者Yと損失者Xとの紛争を対象とする。

○破毀院審理部 1892 年 6 月 15 日判決[49]

【事案】　所有権者Yは，賃料 5,500 フランで自らの土地を小作に出した。小作人Aが賃料支払債務を履行しなかったため，締結から 2 年半後，Yは賃貸借を解約した。この時点で，AのYに対する残債務は 15,000 フランであった（＊小作地の賃料以外の債務を含む。おそらく後出の家畜賃貸借の賃料がこれに当る）。この債務から解放されるべく，AはYに対して未収穫の立毛作物（récolte sur pied）を委付し，Yは小作地の占有を回復した。それでも 5,376 フランの債務が残った。そののち，肥料業者であるX（ブーディエ（Boudier）親子）が，賃貸借の解約以前にAに売却し引渡を済ませていた肥料について，324 フランの未払伝票をYに提示し支払を求めた。Yが支払を拒んだため，Xが訴えを提起した。

　一審においてYは，肥料納入の事実について，また，補充的に肥料の使用の事実について争った。その主張は，Yの土地に隣接した土地をAは所有していたが，A自らは家畜を有していなかったため（＊Aが堆肥を調達し得ないこと，また，A自らは耕耘ができないことを意味する。実際，Y所有の小作地については家畜賃貸借（bail à cheptel）が締結されている），この隣接地の方に肥料を用いたはずである，というものであった。これに対する反証においてXは，賃貸借の解約の際になされた鑑定に依拠して，Yは当該肥料の代金を支払う義務をAに対して負っている，と主張した。Yは，この反証について争った。シャトルー（Châteauroux）裁判所は，第一の判決によって，Xが主張する事実について証人証拠を提出するよう命じた。その後，同裁判所は，Yに 324 フランの支払を命ずる第二の判決を下した。第二判決が原判決となる（＊判例集からは定かでないが，訴額から推測すると，第一判決は，おそらく治安判事（juge de paix）が下した判決であろう。これに対する控訴がされ，共通法上の第一審裁判所（tribunal de première instance）としてのシャトルー裁判所が控

---

49) Req., 15 juin 1892, *D.* 1892, 1, 596, *S.* 1893, 1, 281 note LABBÉ。本判決については多くの紹介がある。なかでも，谷口知平「不当利得に関する一般原則」野田良之編『フランス判例百選』（有斐閣，1969）112 頁以下が基本的である。

第 2 篇　原因なき利得

訴審判決として第二判決を下したものと考えられる）。

　破毀申立理由において Y は，第一に，1165 条，2102 条ならびに action *de in rem verso* に関する規範への違背，および，それらの誤った適用を主張する。第二に，人証の命令について，1341 条および 1348 条への違背を主張する。さらに Y は，のちに破毀申立理由を追加し，第一に，証人尋問に関する規範への違背を主張。第二に，548 条ならびに action *de in rem verso* に関する規範への違背およびそれらの誤った適用を主張し，第三に，1165 条ならびに「ある者たちの間で合意された事柄は，他の者を害することも利することもない (*res inter alios acta aliis neque nocere neque prodesse potest*)」という法格言への違背を主張した。Y による最後の主張は，X が，X—A 間の契約を第三者たる Y を相手方として援用していると難ずるものである。

　【判旨】（1）1165 条に関して，原判決は，X—A 間の契約に基づく肥料の供給について Y が支払義務を負うと判断しているわけではなく，単に，Y が「特定の状況において，自らの土地における当該肥料の使用から引き出した (retiré)，個人的かつ直接の利得 (profit personnel et direct) を理由として」義務を負うとしたものである。したがって，原判決は 1165 条に違背しない。

　(2) 2102 条について，原判決は，「肥料の売主 [＝X] の債権が一般債権 (créance chirographaire) にすぎないことを明示するよう配慮しており」，X に対して収穫物上の先取特権を付与しているわけではない。

　(3) action *de in rem verso* について，「この訴権は，他人の犠牲において利得することを禁ずる衡平上の原則から派生し，わが国の法律のいかなる条文によっても規定されていないため，その行使は，いかなる特定の要件にも服さない。訴権が受理されるためには，原告は，個人的な犠牲または所為によって，被告が得た<u>利得の存在を援用し，かつ，その立証を行えば十分である</u>」［下線筆者］とする。したがって X は，人証によって肥料が Y の土地に利用されたことを立証すればよい。

　(4) さらに，548 条については，原判決はこの条文を適用したわけではなく，不当利得 (enrichissement injuste) の原則の適用事例として挙示しただけであるとした。破毀申立棄却。

ラベの評釈　**161**　本判決に評釈を付したラベ (Labbé, Joseph Émile [1823-1893])[50] は，action *de in rem verso* は 1165 条および 2102 条が定

---

50) Labbé, note sous Req., 15 juin 1892, *S.* 1893, 1, 281. Labbé は，パリ大学の教授で，体系書を著さなかったものの，「学問的判例批評を確立し」，「民法における制定法中心主義から判例尊重主義への転回点を構成し，今日のフランスの柔軟な判例による法解釈への道をはじめて本格的に築いた」（野田良之「註釈学派と自由法」尾高・峯村・加藤編『法哲学講座・第 3 巻』［有斐閣，1956］225 頁）と評される。不当利得法の形成におけるラベの役割については度々指摘されるところである。

める原則に反するのではないか，と問いを立てる。

　まず，第一の1165条について，次のような議論を展開している。Xが肥料を供給したのはAの注文によるのであって，Yがその代金を負担するとすれば，この帰結は契約の相対効の原則に反するのではないか，と問いを発する。しかしこの批判は当たらないとする。なぜなら，Xは二つの訴権を有しているからである。一方の訴権は契約上の訴権であるが，他方の訴権は「利得の帰結」にすぎず，契約から生ずるものではない。後者をもたらす「土地に対する肥料の散布」という所為（fait）は，契約とは異なる債務発生原因（source des obligations）である。債務の目的（objet）もその相手方も異にする。本件において二つの債務の額が等しくなったのは，たまたま（par accident）でしかなく，契約上の訴権がYを相手方として行使されたわけではない[51]。こうして，契約の相対効の原則への違背は回避される。

162　他方，第二の2102条について，次のような理解が示される。同条は，種の供給者，収穫を担った労働者に対して，収穫物上の先取特権を与えている。これにより，賃貸人の賃料債権に優先して弁済を受けることができる。なぜなら，これらの者は，「債務者の資産（patrimoine）に増価をもたらした」のであり，「増大した価値は，彼らに優先して分配されなければならない」。しかし，肥料供給業者に対しては，民法典の条文上，同様の先取特権が与えられていな

参照，稲本洋之助「フランス法における不当利得制度」谷口知平教授還暦記念『不当利得・事務管理の研究（1）』（有斐閣，1970）79頁以下。Labbéの学説を中心として不当利得法について論ずるテーゼとして，V. MONNERVILLE, G., *Labbé et la théorie de l'enrichissement sans cause*, thèse Toulouse, Charles Falandry, 1921. Labbéは，破毀院長官として実務的な註釈書を著したTroplongの書記官（sécretaire）を務めていたことがあり，「法実務の生活（vie pratique）に深く関わっていた」（p. 10）。Labbéの経歴や著作については，V. MEYNIAL, Ed., Nécrologie de M. Labbé, *NRHD*, 1895, p. 787 et s. なお，後代にはいずれも受容されなかったものの，Labbéのその他の業績として，第三者のためにする契約の事務管理による基礎づけ，および，直接訴権の債権上の先取特権としての基礎づけといういずれも契約の相対効との関係において重要な位置づけを与えられるべき業績がある。さらにローマ法の研究として，*rei vindicatio* をめぐる一連の小考が存在する。不当利得論を含めた彼の理論の体系的把握が求められる。ラベ個人についてのモノグラフィーとして，V. BAUDET, Fernand, *Labbé arrêtiste: aperçu général de ses doctrines en droit civil*, thèse Lille, C. Robbe, 1908.

51) LABBÉ, note sous Req., 15 juin 1892, *supra* note 50. 本来は，利得の額について，肥料の代金と土地の増価との異同が問題とされると指摘する。気候等の外的事情により立毛作物の多寡を生ずることがあるためである。しかし，評価の困難から，しばしば大雑把に（*grosso modo*），肥料の代金額が増価額とされ，これが利得額として認定されるとする。

い[52]）。しかも「解釈者は，この欠缺を補充することができない。先取特権は，類推を根拠として導入ないし拡張されることはできない」[53]）。にもかかわらず破毀院は，先取特権を付与したに等しいのではないか。

しかし，法律の解釈者にとって，「同一の理由が存するところには，同一の法を（ubi eadem ratio, idem jus）」という推論が放棄されるならば，それは遺憾な（fâcheux）ことである，として，次のように述べる。

「われわれの任務はより単純である。われわれの目的はより謙虚である。破毀院の判例を説明することが問題なのである。われわれは，action de in rem verso という優れて衡平に由来する手段が特別に適用されることを正当化すべきである。複数の途がローマに続いている。われわれは選択した。緻密な識別（distinctions subtiles）を拒絶してはならない。よき緻密さ（subtilité）[54]）が存在し，これが衡平へと導くのである」。

破毀院は，原判決は2102条に反していないと判断した。その理由は，Xに付与されたものが，先取特権ではなく action de in rem verso であったためである。したがって，「肥料の使用による *in rem versum* すなわち利得は立証されたのか。すべてがここにかかっている」[55]）［下線筆者］。そもそも先取特権は

---

52) loc. cit. 「法律は，失念によってであろうか，あるいは，化学肥料ないし商品としての肥料をあまり信用していなかったからであろうか，あるいは，肥料の商取引が未だ発達していなかったからであろうか，肥料の供給者には，同様の先取特権を付与しなかった。」民法典の時代的制約を指摘している点で，これを万能視する註釈学派とは一線を画していると言える。2102条1号が定める収穫物上の先取特権については，肥料業者のそれについての規定がなく，それ以前にも紛争は生じていた。ブーディエ判決の直後に肥料供給者の先取特権を否定した判決として，V. Dijon, 19 mai 1893, S. 1893, 2, 134. この問題はのちに立法による解決を見ることとなる。V. Loi du 24 mars 1936, S. 1936, 5, 144.
2102条1号4段［現行条文，現2332条］　前段の規定にかかわらず，種子，肥料（engrais）もしくは土壌改良剤（amendements），除草・殺虫剤（produits anti-cryptogamiques et insecticides），農業にとって有害な寄生動植物の駆除を目的とする製品（produits destinés à la destruction des parasites végétaux et animaux nuisibles à l'agriculture），または，その年の収穫費用に関して支払われるべき金額については収穫物の代価から，また，農具に関して支払われるべき金額については当該農具の代価から，いずれの場合も，所有権者に優先して支払われる。
53) 「先取特権は，最も厳格に解釈されるべきである（Privilegia sunt strictissima interpretationis）」という法格言が引用される。
54) Pothier における「subtilité」の用法を想起されたい。前記本文 **122** 以下。
55) « L' *in rem versum*, l'enrichissement par l'emploi de l'engrais, est-il prouvé? Tout est là. » (LABBÉ,

335

問題とされていない。「先取特権は，二人の債権者間の紛争を前提とし，一方が他方に優先して弁済を受ける」ことを可能とする。本件の事案は，先取特権をめぐる紛争に類比されない。なぜなら，「賃貸人は，解約によって，債権者たることを止めたからである。彼は所有権者である」。そして，所有権者が肥料の代金を支払うことなく土地の果実を自らのものとするのであれば，「他人の犠牲において正当な原因なく（sans juste cause）利得しているではないか」［下線筆者］。

163 以上のように契約の相対効および先取特権に起因する障害を克服したラベは，action *de in rem verso* の根拠・要件へと議論を展開する。ラベによれば，この訴権の正当化について，事務管理説とオーブリー＆ローの学説（t. 6, §578, 前記 **138**）とが併存していた。本判決は，「柔軟で融通の効く（souple et élastique）第二の学説に，権威に基づく支持を与えている」。とはいえ，判決の文言は漠然としている[56]。ラベは，「避けては通れない真の原則は，何人も他人の犠牲において正当な原因なく（sans juste cause）利得してはならないという

---

note sous Req., 15 juin 1892, *supra* note 50)「*in rem versum*」の訳語が「enrichissement」であることがわかる。

56) Labbé によれば，Y の破毀申立理由は，action *de in rem verso* の要件について，(1) 利得者が利得を保持する正当な原因（juste cause）を有しないこと，(2) 損失者が訴権の正当な原因（cause légitime d'action）を有しないこと，と解していた。(1) については土地の改良について賃借人の負担とする旨の条項が存在することによって排斥され，(2) については賃借人に対する契約上の訴権の存在によって充足されない，と主張したものと理解される。Labbé は，これに対する判決の文言は漠然としており，それにのみ依拠するのでは意義を理解し得ないとして，報告判事 Loubers の報告を2点において参照する（Sirey にも Dalloz にも掲載されておらず，原文を見ることはできない）。第一に，賃貸借の解約の際になされた鑑定において，所有権者が取得する収穫物の果実から，肥料の価額が控除されたことが挙げられる（本件の特殊事情としてしばしば言及される。例えば，稲本・前掲注50) 85頁）。したがって賃貸人は，肥料代金相当額を弁済するのでなければ収穫物を得ることができないはずである（控除相当額は賃借人に留保されることになろうが，支払不能状態にあるため，仮に賃借人の許でこれを特定し得たとしても，ブーディエ親子は他の一般債権者と競合することにならざるを得ない）。第二に，賃借人が支払不能状態にある。報告判事が掲げる「以上2点に亘る事案の詳細は，いかなる要件において action *de in rem verso* が付与されるのかを確定するものであり，この訴権の理論の確立への寄与にとって重要でないはずがない」。そして，本文に引用した箇所（「避けては通れない［…］」）に引き続き，「肥料業者が，賃借人の支払不能のために肥料の価額を受領しなかったにもかかわらず，所有権者が肥料［の価額］の控除の下で評価された収穫物をすべて保持することは正当ではない」とする。つまり，(1) については鑑定によって利得保持の原因が奪われ，(2) については賃借人の支払不能によって訴権の原因が奪われると理解されているのであろう。なお，(2) の要件をも cause légitime の範疇で捉えていることから，Labbé において，原因要件と補充性要件との区別は意識されていない，と解することができる。

第2篇　原因なき利得

ものであると信ずる」[下線筆者]とし，判決文に「sans juste cause」という表現が見られなかったことを遺憾とする。

　このように，ブーディエ判決は，事務管理説を否定し，オーブリー＆ローの学説（事務管理理論ではなく，資産論の一部としての action de in rem verso 論）を採用したものとして解釈されることとなった。その結果，使用される形容詞は微妙に異なるものの，オーブリー＆ローが掲げた「sans cause légitime」が要件として取り込まれたものと解される。ラベがなした選択の意義は，以下の判決を参照することで，一層深く理解される。

アラザ判決　**164**　ラベは，この評釈以前にも action de in rem verso に関して重要な評釈を著している[57]。ラベの選択の意義を解明すべく，

---

57) MONNERVILLE, *supra* note 50, p. 111 et s. 同書は，アラザ判決への評釈以前にさらに次のような評釈があったことを指摘する。Civ., 10 avr. 1889, S. 1889, 1, 401 note LABBÉ. (土地所有権者 X が築いた壁を背にして（adosser）隣地の所有権者 A が建物を建造した。この結果，当該壁は互有（mitoyenneté）の対象となる。しかし，A は X に壁の建造費用を補償しないまま[参照，661条［原始規定］前条と同様に，壁に接する（土地の）所有権者はすべて，壁の価額の二分の一ないし境界壁とすることを望む部分の価額の二分の一，および，壁が建造された土地の価額の二分の一を，壁の（現）所有権者（maître）に償還して，壁の全部または一部を境界壁とする権能を有する。]，Y に土地建物を譲渡した。X が Y を相手方として補償の支払を求めて訴えを提起。原審［Paris, 23 janv. 1888, S. 1888, 2, 69］および破毀院は，X の請求を認めた。) この事案について Labbé は，X の A に対する補償支払請求権を承認した上で，「隣人によって占用されている（occupé）が，境界壁とはされていない壁の所有権者の法的地位（situation）は，新たに建造された家屋の第三取得者に対する関係においても同様である。当該所有権者は，未だ壁の単独所有権者であり，すべての者を相手方とする対物訴権（action *in rem*）を有する」[下線筆者]とする。さらに，第三取得者の善意・悪意を考慮する必要があるとも考えられるが，原判決は，第三取得者も「新築の家屋が古い家屋を背にしているという事実から利得している（profite）」[下線筆者]として，第三取得者に対する訴えを認めた。すると，所有権者の訴権は「原因なき利得（enrichissement sans cause）に依拠せられている」ことになる，と敷衍する。しかし，Labbé は，本件の利益状況において，第三取得者が利得しているか否かについて慎重な態度を取る。第三取得者が支払った代金中に，境界壁の価値が含まれている場合には，第三取得者は利得していないのではないか，と疑義を呈している。Labbé は，最終的に，本件の X の訴えは revendication であり，相手方の善意・悪意は問われないと理解する（報告判事も同様の理解を示している）。しかし，X は金銭による補償に甘んじなければならない。所有権を根拠とした隣接建物の収去請求は衡平により排除されるからである。以上の評釈に対して MONNERVILLE, *supra* note 50, p. 113 は「action *in rem*」を「action *de in rem verso*」として引用するが，判例集を見る限りでは誤りである。むしろここでは，本来的には revendication が妥当する場合でも，661条の規定および衡平によって，現物での取戻は金銭補償に転化するという論理が示されている点が重要である。これは，附合に関する規定の構造と同視される。おそらくこの先には返還範囲の問題があり，revendication と action *de in rem verso* との間には，後者は現存利得の返還しかもたらさない点で，差異が生じ得る。とはいえ，利得が物に化体した境界壁の事案であるため，利得の消滅は出来しないと考えるならば，導出される解決に違いはないと推測される。

337

第 1 部　各種返還請求の史的諸相

検討を加えよう。

○破毀院審理部 1889 年 7 月 11 日判決[58]）（以下では，「アラザ判決」として引用）

【事案】　A（アラザ（Arrazat）氏）の不動産上には，以下のような抵当権が設定されていた。第一は，B の 32,000 フランの債権を担保する約定抵当権。第二は，同じく C の 45,000 フランの債権を担保する約定抵当権であった。第三は，A の子である Y が，親権存続期間中の財産管理に関する清算（＊成年到達時，または，未成年解放（émancipation）時になされる）について有する法定抵当権である。抵当権の順位もこの順序に従っている。この状況のもと，A は，X（クレディ・フォンシェ（Crédit foncier））から 160,000 フランの消費貸借を受けた。その際，(1) X からの借入金によって B・C に弁済し二つの約定抵当権を消滅させること，(2) Y の法定抵当権についても消滅させること，(3) X が第一順位の抵当権者となること，が合意された。その後，親族会（conseil de famille）が開催され，法定抵当権の消滅と，X への抵当権の順位の譲渡が許可された。これを踏まえて X は，A の公証人を通じて，B および C へ弁済したが，Y の法定抵当権は清算ののちに抹消されるであろうと考え，弁済による代位（subrogation）について留保する旨の合意はなされなかった[59]）。代位権が留

---

[58] Req., 11 juill. 1889, S. 1890, 1, 97 note Labbé, D. 1889, 1, 393 note Petiton.

[59] Labbé, note sous Req., 11 juill. 1889, S. 1890, 1, 97 は，法定代位が生じなかった理由を解説している。その理由は，X が，直接に B・C に弁済したのではなく，A の公証人に弁済し，公証人が B・C に弁済したためであるとする。つまり，公証人への弁済は，A または公証人自身に対する単なる消費貸借であって，その後 B・C への弁済に充てられたとしても，X は弁済による代位を主張できない。約定による代位は可能であったが，1250 条所定の手続きが採られておらず，X はこれをも主張できない状態にあった。
1249 条　弁済する第三者のために認められる債権者の権利への代位は，あるいは合意により，あるいは法律による。
1250 条　前条の代位は，以下の場合には合意による。
　1°　第三者から弁済を受領する債権者が，その第三者を，債務者に対する自己の権利，訴権，先取特権または抵当権について代位させるとき。この代位は，明示的に，かつ，弁済と同時になされなければならない。
　2°　①　債務者が，金銭を借入れて自己の債務を弁済し，かつ，債権者の権利についてその貸主に代位させるとき。
　　②　この代位が有効であるためには，借入証書および受領証書を公証人の面前で作成しなければならない。借入証書においては，弁済を行うためにその金銭を借入れたことが申述されなければならず，受領証書においては，弁済のために新たな債権者が供与した金銭で当該弁済を行ったことが申述されなければならない。この代位は，債権者の意思の協働なしに行われる。
1251 条　代位は，以下の者のために法律上当然に生ずる。
　1°　自らも債権者であって，先取特権または抵当権を理由としてその者に優先する他の債権者に弁済する者。
　2°　不動産の取得者で，その取得の代金をこの不動産に抵当権を有している債権者への弁済に利用する者。

第 2 篇　原因なき利得

保されていれば，B・Cの順位を享受することができたことになる。

以上の手続きの最中にAが死亡し，相続が発生。限定承認がなされ，当該不動産は売却され，配当手続きが開始された。その際，Xの抵当権が第一順位にあることが確認されたため，Yを含むAの相続人は，この配当順位に異議を申し立てた（＊第一訴訟）。第一訴訟の一審はこの配当順位を妥当とする。相続人からの控訴（抗告）に対して，モンプリエ控訴院は，親族会の決定はもっぱら父（A）のためになされ，未成年者（Y）の利益に反する，としてこれを取消し，Yの法定抵当権の順位が，Xに優先することとなった。Xがこれを不服とし，あらためて異議を申し立てた。親族会の決定の取消は覆されなかったものの，求償債権の存在が肯定された。

Xはこれを行使すべく，Yを相手方として訴訟を提起（＊第二訴訟）。Xは，弁済された 32,000 フランおよび 45,000 フランによって，B・Cの抵当権は抹消されており，この事実は，原因なく（sans cause）Yの状況を改善するものであったとして，弁済された金額と同額の支払を求めた。

第二訴訟の一審は，そもそも，親族会の決定は，Yに利得を得させるものではなく，また，これはのちに取消されたのであるから，順位の譲渡以前の状態が回復されるとして，Xの請求を退けた。Xの控訴に対して，モンプリエ控訴院は，Yは，X・Aの合意にとって第三者であり，Xが主張する 1312 条は適用されない，また，親族会の決定とBおよびCへの弁済との間には因果関係は存在しないとし，Yの法的状況が，B・Cの抵当権の抹消によって「間接的に（indirectement）」改善されたとしても，この利得を返還する債務を負うものではないとする。結局，XがB・Cへの弁済の際に代位権を留保しなかったことにXの過失が認められ，これによる損失は，X自らが負担しなければならないとした。

Xは，破毀申立理由において，自らとYとの間にはたしかに契約関係は存在しないが，Yへの action de in rem verso は生ずるはずである，と主張し，オーブリー＆ローの著書（t. 6, §578）を引用する。

【判旨】　報告判事リヴィエール（Rivière）は，この主張に対して次のように応えている。民法典において不当利得の返還を認めるものとして，1312 条，1241 条，1926 条や事務管理が挙げられるが，価値ないし利得の返還を求める訴権は，「契約または準契約から生じている」。本件のXは，自らの事務をなしているにすぎず，また，Yとの間には，無効とされ得る契約も存在しない。1312 条が適用されるのは，以前に契約が存在した場合である。他方，申立理由が主張するように，Xからの借入による先

3°　他の者とともに，または，他の者のために，債務の弁済について義務を負い，それを弁済することに利益を有する者。
4°　相続財産の債務を自己の金銭によって弁済した限定承認相続人。

339

順位抵当権の抹消の結果，Ｙの法的地位は改善されている。しかし，Ｘによる貸付がなされたのは，Ｘ・Ａの関係に基づいてでしかなく，かえって，この約定は，「もっぱら借主の利益において，子の権利を犠牲にして」なされたものである。さらに，会社・組合の利得に関する前掲 1850 年判決・1853 年判決（前記 **150**）を論拠として[60]，「ある者に消費貸借された金銭が他の者の利得となった場合でも，action *de in rem verso* は認められず」，Ｘの立替金（avances）から，Ｙが「直接的に利得した（aurait directement profité）」場合にもやはりＸには action *de in rem verso* は認められない，とする。さらに原判決がＹの法的地位が先順位抵当権の抹消によって「間接的に（indirectement）」改善された，と評価したことを強調する。つまり，損失と利得との関係が，直接的であろうが間接的であろうが，契約または準契約のような損失者と利得者との間に介在するなんらかの関係がなければ，action *de in rem verso* は認められないと理解されていることになる。

　破毀院は，「ＸとＹとの間にはいかなる契約も準契約も，また，両者の間になんらかの<u>法的関係（lien de droit）</u>を創出し得る所為もまったく存在しなかった」［下線筆者］のであり，Ｙは親族会の決議の無効によって得た自らの権利を行使したにすぎない，として，申立を棄却した[61]。

ラベの評釈　**165**　この判決についてラベは[62]，Ｘが主張した「何人も他人の犠牲において<u>原因なく利得してはならない</u>」という原則がフランスの立法上の規範であるか，という問いを立てている。ラベによれば，この原則はユ帝法典に見出される（D. 50, 17, 20, 6）[63]。しかし，現行のフランス法において，ローマ法のあらゆる法格言が妥当するわけではない。「われわれは，諸法典および成文の法律によって，自らの法的地平（horizon juridique）のうちに規定され，かつ限界づけられている」。したがって，「是非はともかく，ac-

---

60) さらに，組合・会社の分野において，「action *de in rem verso* はわれわれの法においては存在しない」とする。
61) 本判決は，原告の懈怠による権利行使の不可能性を action *de in rem verso* によって回避することは許されないことを示したものとされ，補充性要件に関する判決としても再解釈され得る。V. Drakidis, Philippe, La «subsidiarité», caractère spécifique et international de l'action d'enrichissement sans cause, *RTD civ.* 1961, p. 577 et s., spéc., n° 9, p. 585-589. また，第 2 部で後述する損失者の過失による action *de in rem verso* の不受理という規範にも類比され得る。
62) Labbé, note sous Req., 11 juill. 1889, *supra* note 59.
63) D. 50, 17, 206. Pomponius.「自然法および衡平によれば，何人も他人の犠牲において不当に利得してはならない。Iure naturae aequum est neminem cum alterius detrimento et iniuria fieri locupletiorem.」ここには原因概念は見出されない。

tion *de in rem verso* と称される訴権によってサンクションされる」不当利得返還の原則は，実定法から抽出されなければならない。ラベは，このように述べて，1312条，1926条，1241条[64]について検討している。しかし，これらの条文は，制限能力者による原因なき利得を，この者を保護しつつ返還させる，という特別の考慮に支えられており，一般化することはできない。

それでは，厳格法に対する衡平法の発展を表象する「何人も他人の犠牲によって［…］」という法格言について，「その根拠を，フランスの立法のうちに見つけ出すことを放棄しなければならないのであろうか」。ここでラベは，事務管理論の検討を行う。ラベによれば，フランスの学説判例は，自らの利益において他人の事務を管理した者への利得の返還を義務づけるローマ法の理論を採用している。にもかかわらず，本件においては利得の返還が認められなかった。破毀院は，貸主Xが借主の子Yの事務を管理したとは理解せず，両者の間に準契約が成立しているとは考えなかったためである。事務管理の援用もなし得ない。

続いてラベは，相続財産の占有者に対して増価の返還を義務づけるローマ法文[65]（D. 5, 3, 38）を引用する。ラベは，この「ローマの伝統（tradition romain）」が民法典にも受け継がれたと理解する。他人の土地に建物を建造した善意占有者に対して費用償還を認める555条，抵当目的物の第三所持人（tiers déten-

---

64) 条文訳については，第1篇第2章注111），本篇第1章注121）を参照。
65) L. 38 Dig., de petit. hered., liv. 5, tit. 3 = D. 5, 3, 38. Paulus.「その他の必要費と有益費について，以下のように明確に区別がされる。たしかに善意の占有者はこれらの費用を［相続人に］負わせるが，盗人は自らそれを負わなければならない。後者は，他人の物への費用支出たることを知りながらそれを行っている。しかしながら，後者についてであっても費用の法理が享受されるならば，それは一層の寛容さを示す（というのも，［相続財産回復］請求者は，他者がもたらすであろうものから利得を得てはならないからである）。このことは，審判人の職務によっても確保されるであろう。実際，悪意の抗弁は要求されない。［他方，］以下の点では明確に区別が認められ得る。善意の占有者は，いかなる仕方であれ費用を控除する。これは，例えば後見人や保佐人がそうであるように，費用が支出された物が現存しなくとも認められる。これに対して盗人は，物に増価があった限りでなければ費用の控除を認められない。Plane in ceteris necessariis et utilibus impensis posse separari, ut bonae fidei quidem possessores has quoque imputent, praedo autem de se queri debeat, qui sciens in rem alienam impendit. Sed benignius est in huius quoque persona haberi rationem impensarum (non enim debet petitor ex aliena iactura lucrum facere) et id ipsum officio iudicis continebitur: nam nec exceptio doli mali desideratur. Plane potest in eo differentia esse, ut bonae fidei quidem possessor omnimodo impensas deducat, licet res non exstet in quam fecit, sicut tutor vel curator consequuntur, praedo autem non aliter, quam si res melior sit.」［＊Labbéによる引用は下線部のみ］

teur）に対する増価の費用の返還を要求する 2175 条[66]）が具体例とされる。ここから，契約も準契約も存在しないにもかかわらず，「土地に支出された費用が，他人の利得となれば」補償を認めるに十分であることが了解される。ラベは，本件事案も同一ではないかと問い，X の出捐によって Y が得た抵当権の順位の繰り上がりという利得を維持するのであれば，それは「衡平でない（il n'est pas équitable）」と評価する。555 条の占有者，2175 条の第三所持人と「不動産の価値が排他的に自らに対する弁済に利用されるはずであると考え，この考えの下で，自らの費用で不動産を抵当権の負担から解放した抵当権者」との間には，「類推（を許す）関係（analogie）」が存在する。「この analogie は同一の解決を導き得るほど完全である」[67]）。

以上の実定法に内在的な論証は，結論において不当利得返還を肯定する点では同一であるものの，民法典の中に論拠を見出そうとする点で，端的にオーブリー＆ローの学説に依拠するブーディエ判決への評釈とは異なっている。しかし，アラザ判決に付されたもう一つの評釈を参照した上で，ラベの評釈に立ち戻ると，その立場は一貫したものであり，ブーディエ判決の理解と軌を一にしていたことが了解される。

プチトンの評釈 **166** Dalloz 誌上でアラザ判決に対する評釈[68]）を著したプチトン（PETITON［詳細不明］）は，action *de in rem verso* に関するオーブリー＆ローの定式を評価しつつも，「正当な原因の不存在」による訴権行使の制限についてはこれを承服しない。より詳細な検討を要するとする。「今日では，古い法格言は，極度の慎重さをもってでなければ，承認されてはならず，適用されてはならない。われわれが法典化された立法の下で生きていることを忘れてはならない」とし，「何人も他人の犠牲において［…］」の法格言を背景とする諸条文を検討する[69]）。それらから導かれる帰結は，以下のよう

66）555 条の訳については，本篇第 1 章注 134）。

2175 条［原始規定，現 2470 条］ 第三所持人の所為または懈怠から生じ，抵当債権者または先取特権者に損害を惹起する毀損は，第三所持人を相手方とする補償訴権（action en indemnité）をもたらす。他方，第三所持人は，改良から生ずる増価を限度としてでなければ，その費用の返還を請求することができない。

67）以上，LABBÉ, note sous Req., 11 juill. 1889, *supra* note 59.
68）PETITON, note sous Req., 11 juill. 1889, *D.* 1889, 1, 393.
69）以下に列挙しよう。548 条において，費用を投じた第三者と物との間には「事実上の直接的関

に要約される。

　「action *de in rem verso* が認められるためには，一方の当事者が，他方の当事者の行動（agissement）に発生原因（source）を有する利得を得たことでは不十分である。一方が他方に向けて行為したと主張する二人の者の間に，<u>法的関係（lien de droit）</u>が設定されているのでなければならない。こうした性質を有する関係は，二者の間に，あるいは，少なくとも，<u>一方と，他方がその所有権者たる物との間に，事実上の直接的関係（relation directe de fait）</u>が存在したのでなければ設定され得ない。訴権を可能とする法的拘束関係（*vinculum juris*）は，もっぱらこうした従前の関係（relation antérieure）から生じ得るのである。この関係が欠けた場合で，各当事者が相手方とまったく無関係（étrangère）であり続けていた場合には，必要的要素が欠けているのであるから，当事者間に債権債務関係（obligation）が成立することを認めることは不可能である」70)［下線筆者］。

　プチトンもラベと同様に，action *de in rem verso* を，類推によって「類似の事例（un cas semblable）」に適用することを妥当とする。しかし，類推の基礎となる条文の解釈に差異が認められる。類推による拡張の具体例として考察されるのは，「不真正事務管理（gestion d'affaires anormale）」である。プチトンによれば，事務管理者と本人との間には，「事実上の直接的関係」が存在する。判例が action *de in rem verso* を否定した事例では，訴権の相手方は，「間接的に利得している（mise indirectement en gain）」にすぎない。そこで引用されるのは，

係」が存在する。555条において，建物を建造した善意占有者と建物との間にも同様の関係がある。570条，571条についても，加工をなした者と物との間も同様である。861条，862条においては，相続財産に贈与目的物を持戻した受贈者と，被相続人ないし相続人との間には，「人と人との関係（relation de personne à personne）」および「人と物との関係（relation de personne à chose）」が存在する。1241条においては，弁済者と能力を制限された受領者との間に，1312条においては，取消を求める未成年者と契約の相手方との間に，1381条においては，非債弁済者と受領者との間に，それぞれ人的関係がある。1437条では，夫婦財産を介した直接の関係があり，1673条では，買戻権を行使する売主と買主との間に，直接の関係がある。1864条においては，組合の計算で債務を負担した構成員は他の構成員にとって事務管理者であり，利得を根拠に第三者は組合との間に法的関係が認められる。1926条でも寄託を基礎とした関係が存在する。

70) PETITON, note sous Req., 11 juill. 1889, *supra* note 68.

既に検討した会社に関する1850年判決であり，組合に関する1853年判決（前記**150**）である。プチトンは，これらの事案において，組合が利得しているのはたしかであるが，第三者と組合・会社との間には，「いかなる直接的関係も存在しない」と理解する。アラザ判決の事案においても，XはYにとって，「まったく無関係の者であり，子の事務を管理したわけでもなく，子に帰属する物に関係したわけでもない」[71]。

このように，プチトンの理解によれば，action de in rem verso は，当事者の属性を問わず，もっぱら損失と利得の存在のみを要件として承認される訴権としては考えられていない[72]。「法的関係」が先存していれば十分であるが，それが見られない場合であっても，利得者が所有する物に着目するにせよ，XとYとの間に事務管理を成立させるにせよ，「事実上の直接的関係」の存在が要求されている。またこの意味において，会社・組合に関する1850年判決・1853年判決の引用は象徴的である。両判決は，「組合・会社の計算による」ことの明示，すなわち，代理類似の関係を要求し，損失と利得のみを要求する action de in rem verso を否定していた。

この議論と対比するとき，オーブリー＆ローの定式が，利得の原因の不存在を要件とするとはいえ，資産間の利得の移動を直ちに不当利得として表象するものであることに，あらためて注意が向けられる[73]。実際，ブーディエ判決についてこの学説を称揚するラベは，従前に設定されたいかなる関係をも要求しない。ラベの評釈に立ち戻ろう。

---

[71] SARRUT, Louis, note sous Civ., 2 déc. 1891, *D.* 1892, 1, 161 は，アラザ判決について次のように評している。「action *de in rem verso* は，契約・準契約，または，当事者間になんらかの法的関係（lien de droit）を創出し得る所為を前提とする」。また，Anonyme, note sous Req., 15 juin 1892, *D.* 1892, 1, 596 は，Demolombe, Laurent の事務管理説と Aubry et Rau の衡平説とを対置しつつ，Petiton のアラザ判決に対する評釈を引用する。この評釈者の理解では，不当利得についてこれら三説が存在すると理解されているものと思われる。以上の二つの評釈は，Aubry et Rau および Labbé の学説が判例に決定的な影響を与える以前の一時期の学説でしかないにせよ，「lien de droit」または「relation directe de fait」を要求する Petiton の説がなお有力であったことを示すであろう。のちに見るように，1900年代の判決にも，「lien de droit」ないし利得の直接性を要求する判決が散見される。

[72] 参照，磯村・前掲注4）190頁。

[73] ただし，事務管理が成立しない場合の action *de in rem verso* の適用に関して，間接利得を排除する趣旨の記述（前記本文**141**）が見られたことにも注意されなければならない。Labbé は，Aubry et Rau の一側面，すなわち，t. 6, §578 しか捉えていないと言うことができる。

第 2 篇　原因なき利得

ラベにおける因果関係　**167**　プチトンの評釈は，ラベのアラザ判決に対する評釈に先んじて公表されている。したがってラベは，プチトンの評釈を参照していた可能性がある。というのも，プチトンが言及する「事実上の直接的関係」[74]について，ラベは以下のようなコメントを加えている。以下に引用する箇所は，既に検討した 555 条・2175 条に関する論証に付加されたものである。

　「555 条や 2175 条の［想定する］事案において，土地の上に建物を建ててこれを改良する第三者と，この者と係争関係にある者の［所有する］物，すなわち仕事の対象となった土地との間には，<u>事実上の直接的関係（relation directe de fait）</u>が存在する，との反論がされるかもしれない。［しかし］この反論は退け得ないものではない。<u>クレディ・フォンシエ［＝X］が行った出捐（débourses）と未成年者［＝Y］が得た利得（profit）との間には，密接な関係（lien intime）すなわち直接的な関係（relation directe）</u>が存在する」[74-2]
［下線筆者］。

　プチトンにおいて，「事実上の直接的関係」という概念は，「法的関係」との対比で用いられていた。それは，契約などの債務発生原因ではないものの，損失者と物との間に見出され得る関係である。あるいは，本来の事務管理に類比される不真正事務管理の関係である。いずれも当事者の間に法的拘束関係（*vinculum juris*）すなわち債権債務関係を発生させ得る。しかしラベにおいて，「事実上の直接的関係」は，「損失と利得との間の関係」へと意味を転じている。実際ラベは，この直後において，「クレディ・フォンシェの不注意な行為こそが，未成年者がクレディ・フォンシェに代わって得ることとなった抵当権の状況の改善の<u>直接的原因（cause directe）</u>」［下線筆者］であると説明している。より直裁に言えば，損失と利得との間の因果関係が問題とされている。
　こうして，「法的関係」を要求するアラザ判決における破毀院の議論は，因

---

74)　磯村・前掲注 4）190 頁もこの点に着目するが，「行為の直接関係」と訳出されている。われわれは，「lien de droit」との対比を意識して，本文のように訳出することとした。
74-2)　Labbé, note sous Req., 11 juill. 1889, *supra* note 59.

345

果関係の議論にすり替えられてしまったのである。同判決において，報告判事は，会社・組合に関する 1850 年判決・1853 年判決を引用していたが，これは，社員・組合員による顕名のない債務負担の事案であった。ラベもこの判決については賛同し，会社・組合の利得は「偶然的（accidental）」であったとする。しかし，報告判事の引用の趣旨は，第三者と他の社員・組合員との間に「法的関係」がない，という点に尽きている。ここでも，ラベは因果関係が直接的か偶然的かという形で問題を把握しており，報告判事の議論からの逸脱は明白である[75]。

action *de in rem verso* の二つのモデル

168 非常に微細な差異ではあるが，プチトンとラベとの間の対抗関係を把握することによって，フランスにおける action *de in rem verso* を二つのモデルに収斂させることができるように思われる。

一方に，プチトンの評釈に代表される見解として，損失者と利得者との間に従前に設定された関係を見出し，これを通じて移転した利得を追及させる，action *de in rem verso* を語ることができる。換言すれば，損失者―利得者間の「法的関係」ないし「事実上の直接的関係」が要求されることによって，利得の通路[76]が予め措定され，その外部から流入した利得（＝間接利得（avantage indirecte））について返還を拒絶する action *de in rem verso* 像である。その第一の例として事務管理の援用が挙げられる。損失者と利得者との間に，準契約たる事務管理，または，準契約それ自体が措定され，これを梃子として返還訴権が導出される。ポチエにおける衡平による事務管理の拡張を範にとる返還訴権

---

[75] MONNERVILLE, *supra* note 50, p. 130 は，従来の「relation de droit」の要求と対比して，ラベは「relation de fait」で十分であるとした，と理解するが，やはり因果関係論にずれ込んでしまう。アラザ判決評釈におけるラベの理論を次のように要約する。「他の者が当該利得を保持するいかなる権利をも有しないにもかかわらず，ある者によってなされた行為が，その損失と，他の者の利得との間に，因果関係（relation de cause à effet）を形成するときはすべて，action *de in rem verso* が受理されなければならない。」

[76]「総じて，複数の個人の資産（patrimoine）は，一種の漏水することのない貯水槽（réservoirs étanches）として表象され得る。資産は，一定数の弁（vannes）によってでなければ互いに通水し合うことはない。この弁が，取得の方法（modes d'acquérir）［＊民法典第 3 篇を指す］である。この弁を操作するのは私人であるが，国家が，法律および裁判所を通じて，弁の動作を監視する。」（MESTRE, A., Gestion d'affaires et enrichissement sans cause en droit administratif, *Recueil d'Académie de législation de Toulouse*, t. IX, 1913, p. 184 ［未見］, cité par MONNERVILLE, *supra* note 50, p. 145.)

は，註釈学派初期には固有の名づけには至らなかったものの，オーブリー＆ローにより action de in rem verso と称され，判例法にも共鳴する。繰り返せば，その機能は，三者間での利得移動を，二者間の利得移動に還元するものとして記述される。

　もっとも，法的関係の要求は，まったく正反対に，三者間の関係を維持しながらの利得追及をも基礎づけることに注意しなければならない。既に幾度も強調しているように，事務管理の援用は，必ずしも二者の関係への短絡を帰結しない。介在者を事務管理者とし，本人＝利得者への権利帰属を根拠として，損失者からの請求の可否を問う，という推論も複数見出された。最も雄弁な例は，1864条について介在者の顕名を要する解釈を前提として，直接請求を否定する会社・組合に関する1850年・1853年の二判決である。なお付言すれば，両判決における1864条の解釈は，メルランの理解の否定を意味していた。これらの判決を「法的関係」の不存在に関するものと把握して損失者からの訴えを拒絶するアラザ判決，および，同判決における報告判事の理解を敷衍するプチトンの評釈は，フランスにおける不当利得法のスタンダードを形成していたとさえ言うことができる。以上の理解を「法的関係説」と称することとしよう。

169　この「法的関係説」と対抗的に，事前の関係を要求せず，かつ，介在者の存在を重視しない，action de in rem verso 像がある。損失と利得の存在のみに着目され，損失者が対価を得られないことに不当性が語られる。これを「不当利得説」と名づけることとしよう。この理解は，われわれの検討からすれば，元来はポチエの理論に見出すことができる。後代の学説はポチエを事務管理の拡張の元祖に位置づけるものの，むしろ彼は，不当利得の観念を厳格法からの逸脱として把握し，衡平のみに依拠した利得返還を許容していた。組合・会社の事例に関するメルランの action de in rem verso もまた，介在者による顕名を問わない点で，「不当利得説」に腑分けすることができる。さらには，資産間の利得の移動のみに着目し，資産上の所有権の効果として action de in rem verso を語るツァハリエの学説も，法的関係を重視しない点で同質である。

　以上の「不当利得説」は，ツァハリエの著作の翻訳を通じてオーブリー＆ロ

ーによって保存される。そして，衡平のみに依拠するブーディエ判決が登場し，ラベの評釈がこの判決をオーブリー＆ローの学説によって正当化するに至り，「不当利得説」が「法的関係説」に取って代わることとなった，と整理することができるであろう[77)78)]。この訴権は，因果関係[79)]が肯定されることのみを理由として，利得を追及する。

しかし，オーブリー＆ローの action *de in rem verso* は，ツァハリエの学説を批判することで彫琢されていた。すなわち，それはコンディクチオに類比される訴権とされ，原因の欠缺を要件とする。また，既存の「法的関係」との重畳が否定されるため，他の債務発生原因との関係で補充性を帯びる。ブーディエ判決以後の学説判例の展開は，オーブリー＆ローによるヴァージョンの全面的な採用，より具体的に言えば，原因要件と補充性要件とによって利得追及の可能性が次第に閉ざされて行く過程として描出することができる。

第2款　action *de in rem verso* による利得追及

170　action *de in rem verso* の一般的承認ののち，判例において問題とされたのはこの訴権の要件であった。もっぱら衡平に依拠するブーディエ判決は，action *de in rem verso* の原告に対して，損失と利得の立証を課すにとどまっていた。したがって，両事項の間に因果関係が存在しさえすれば，利得の返還が認められ得る。他の要件を付加されない点で，action *de in rem verso* による利得返還は容易に実現される。損失者は，自らが締結した契約の第三者であっても，この者を被告とすることができる。

また，action *de in rem verso* の事務管理からの識別により，他人の事務を管理する意思にとどまらず，そもそも利得の発生源が他人の事務への干渉であっ

---

77) 以上の二つのモデルは，磯村哲「バルンステット『不当利得に於ける法原因欠缺の特質』（紹介）」同『不当利得論考』203頁以下［初出，法学論叢44巻1号（1941）］，が指摘する，損失者—利得者間の財産移転の外に利得者—第三者間に別個の財産移転の存する場合と，損失者—利得者間の財産移転が損失者・利得者と第三者，または両者のいずれかと第三者との間の法律関係に基づいてなされる場合との区別に対応し得るであろう。

78) もっとも，前者の原像は，事務管理の拡張事例になおその痕跡をとどめる。V. Picard, Maurice, La gestion d'affaires dans la jurisprudence contemporaine, *RTD civ.* 1922, p. 33 et s. 本来はブーディエ判決後の事務管理論をも検討する必要があるが，本書ではこれを断念する。

79) その後の因果関係論については，谷口・前掲注15) 200頁以下に譲る。

第 2 篇　原因なき利得

たことも不要となる。したがって，なんらかの出捐行為があり，それがなんぴとかの利得となれば，反射的な間接利得（avantages indirectes）をも追及することが許される[80]。この間接利得の追及を否定し得る点で，かつての事務管理制度への依拠は，action de in rem verso を限定する機能を担い得るものであった。

　しかしながら，action de in rem verso は，いかなる限界をも画されない利得追及を実現し続けたわけではない。20 世紀初頭の裁判例は，複数の要件を付加することによって，それらに利得追及を限定する機能を担わせるに至る。すなわち，「原因」の要件，「補充性」の要件がこの機能を担う。既に指摘したように，いずれの要件も，オーブリー＆ローの定式に内在していたことが想起されなければならない。

(1)　肯定例——無制限の利得追及

171　以下の事実審判決は，action de in rem verso による利得追及に特段の要件を付加しない[81]。

○パリ控訴院 1899 年 6 月 17 日判決[82]

　【事案・判旨】　A（妻）に衣料品を供給した X から Y（夫）に対する請求がなされた事案。Y と X との間に日常家事債務に関する黙示の委任（mandat tacite）がないとしても，「妻がその社会的地位に見合う服装を身につけたのであるから」，これによって Y は利得しており，action de in rem verso の被告として債務者となる，とする。

---

80)　Aubry & Rau の action de in rem verso は，その第二の側面においてこれを限定していた。彼らが，真正の事務管理が成立しない場合の現存利得返還債権としての action de in rem verso について，自らの土地上の造作が他人に利得をもたらす場面を例にとりながら，この訴権は「間接利得」の返還をもたらすものではない，と注記していたことが想起される。前記本文 **141** を参照。

81)　現在のドイツ内のフランス民法典適用地域における判決として，V. Trib. régional supérieur de Darmstadt, 20 avr. 1895, *D.* 1897, 2, 332 (cité aussi par Rouast, André, L'enrichissement sans cause et la jurisprudence civile, *RTD civ.* 1922, p. 35 et s., spéc., p. 67)（X は，Y が A に賃貸する浴場施設の修繕を請け負った。契約は，賃借人である A の計算において締結された。仕事の完成後，A が支払不能に陥ったため，X は所有権者たる Y を相手方として請負代金を請求した。原審は，修繕費用［＊労務の対価および材料費］を必要費であったと認定し，X の請求を容認した。ダルムシュタット地方上級裁判所は，第三者の利得はそれ自体が債務発生原因であり，費用を支出した者の事務管理意思の有無は問われないとする。「以下の点について普通法と一致するフランス法によれば，action de in rem verso の受理可能性は，ただ一つの要件にのみ服する。すなわち，本人が第三者の所為から利得を得たことである。」）。

82)　Paris, 17 juin 1899, *D.* 1900, 2, 105 (1ʳᵉ esp.)．

第1部　各種返還請求の史的諸相

○ボルドー控訴院1900年8月7日判決[83]

　【事案】　Xは左官工事を請け負ったが，注文者Aは，家屋が不分割（共有）（indivision）の状態にあることを秘匿していた。のちにAが破産するに至ったが，Xはこの時点で不分割の事実を知った。Xは，不分割権者たる未成年者Yに対して，家屋の増価分の弁済を求めて訴えを提起した（＊鑑定により増価は工事費用と同額であるとされている）。原審は，Xの訴えを棄却した。

　【判旨】　控訴院は，Xは，不動産の増価を享受したYに対して，債権者代位訴権ではなく，「action directe de in rem verso」を行使することができるとする。なお，原審は，「action de in rem verso は，間接的にせよ直接的にせよ，ある者から他の者へと移転され得ない」と判示していた。つまり，AがYに対する action de in rem verso を有していると理解し，AがXにこれを譲渡するのでなければ，XはYに対してこれを行使し得ない，と判断されていた。これに対して，控訴院は，「action directe de in rem verso は，介在者によって移転される必要なくXに帰属する」としている。

○ルーアン控訴院1904年6月25日判決[84]

　【事案】　YはAに商品（シーツ）の販売を委任した。Aは，Yのためにすることを明かさず，自らの名において，X（二名の加工業者）に，製品の仕上げおよびつや消しを行わせた。この契約は，Yからの委任の範囲を超えるものであった。YがXの許にある商品を取戻すべく訴えを提起したのに対して，Xは加工代金を請求した。

　【判旨】　控訴院は，本件のAの行為によってYはXの債務者となることはなく，また，追認の事実も立証されておらず，Xは直接請求を認められないとする。また，1166条に基づく債権者代位訴権も主張されていない。結果としてXの請求を棄却したが，傍論において，Xに帰属する唯一の訴権として，「不当利得の原則に基礎づけられる action de in rem verso」が存在することを指摘している[85]。

　最後の事案では，委任の範囲を超えてなされた契約の本人に対する効力が問題となっており，代理法理と不当利得返還との関係が明らかとなる。受任者と

83）Bordeaux, 7 août 1900, D. 1902, 2. 375.
84）Rouen, 25 juin 1904, D. 1906, 2, 191.
85）本件の争点は裁判管轄であった。Xは，契約締結地の裁判所に管轄を付与する旧民訴法典420条によったが，本件訴えは action de in rem verso としてでなければ認められず，この訴権は契約上の訴権でないため，Yからの訴訟不受理の抗弁が認められている。

350

取引した者は，本来的には本人に対する直接請求を拒絶されるが，action de in rem verso が例外的にこれを可能とする。組合・会社に対する直接請求を否定する 1850 年判決・1853 年判決と対比するとき，顕名を厳格に要求する代理法が，不当利得法によって堀り崩され得ることが理解されよう。

172 破毀院判決としては次の二つの判決を挙げることができる。いずれもブーディエ判決と同じく，審理部（chambre de requête）による判決である。

○破毀院審理部 1901 年 2 月 4 日判決[86]
　【事案】　X（食料品店の経営者）が A（妹）に信用売買（掛売り）（vente à crédit）で商品を供給した。代金の支払がなかったため，X は，A および A と世帯（ménage）を共にする Y（兄）が連帯して債務を負うと主張し，両者を相手方として訴えを提起した。一審は，売買が A・Y の計算において行われ，Y もそこから利得したとして，X の請求を認容した。A の支払不能も認定されている。自らは X の債務者ではないと主張して Y が控訴したが棄却された。Y が，明示の合意がないため自らは連帯債務を負わない（1202 条[87]）と主張して破毀申立。
　【判旨】　連帯債務に関する主張を退けつつ，傍論において，連帯債務の成立の如何にかかわらず，A が支払不能状態にあるため，結果として，「利得者である Y がすべての債務を負担しなければならない」とする。

一審がそう解したように，Y の計算によることが明示されていたのであれば，X の請求は代理または事務管理の法理に基づいて認容されているものとも考えられる。控訴院の解釈は明らかではないが，破毀院の傍論の判示は，もっぱら Y の利得に着目している。

○破毀院審理部 1910 年 12 月 20 日判決[88]
　【事案】　A はその子 Y（複数）と共有する土地上に建物を建築するために，X と請

---

[86] Req., 4 févr. 1901, S. 1902, 1, 229.
[87] 1202 条　① 連帯関係はなんら推定されない。連帯関係は明示的に約定されなければならない。
　　② 前項の規定は，連帯関係が法律の規定によって法律上当然に生じる場合でなければ適用をやめない。
[88] Req., 20 déc. 1910, D. 1911, 1, 377 (1re esp.), note PLANIOL, S. 1912, 1, 305, note NAQUET.

負契約を締結した。Xが，AおよびYを相手方として代金の支払を求めて訴えを提起。本件契約はAの名において締結されていた。一審は，AはYの事務管理者としてYの計算において契約を締結していること，さらには，Yによる事務管理の追認があったことを認定し（＊追認の事実の認定にあたって，請負代金の支払のための消費貸借の態様について詳細に検討している），XのYに対する請求を認容した。控訴審同旨。Yは，Aは自らの名においてXと契約しており，Xとの間にはいかなる法的関係（lien de droit）もないこと，また，追認の認定のためになされた証書の解釈は証書の文言を変性する（dénaturer）ものであったことを主張して，破毀を申し立てた。

【判旨】 破毀院は，変性の主張を退け，また，追認についてなんら判示することなく，「YはXの仕事から原因なく利得している」とのみ判示し，破毀申立を棄却した。

　Aを事務管理者とし，本人に対する直接請求はいかなる場合に可能かという形で問題を立てる場合，顕名の有無や追認の存否について判断しなければならない[89]。これに対して，破毀院は，理由を差替え，不当利得によって直接請求を導いている[90]。事務管理を要求する直接請求の場合は，認定すべき事実が増え，その分だけ被告は反証の可能性を享受する。これは，介在者が事務管理者とされていることから生ずる問題である。前代の判例が，しばしば第三者を事務管理者として直接請求を導いていたことは，この問題を背景としていたと考えることもできるであろう。この意味で，第三者を事務管理者とする構成と利得の不当性を根拠とする構成は，いずれも，三者間の関係を考察する際の困難を回避させる点で，同様の機能を有していると評価し得ることになる。とはいえ，両者が，action *de in rem verso* の理解としては，従前の法的関係を要求するか否かによって対抗し得ることは既述のとおりである。

173　否定例を検討する前に，無制限の利得追及が債権者平等原則を毀損し

---

[89] 事務管理者と契約を締結した者による本人への直接請求が困難な問題であり，学説も区々であったことについて，V. Naquet, note sous Req., 20 déc. 1910, S. 1912, 1, 305.
[90] 事務管理の場合の返還の範囲と不当利得の場合のそれとの差異が問題となるが，本件では，原判決が，所有物上の増価を有益費として認定したため，この問題が顕在化しなかったものと考えられる。Planiol, note sous Req., 20 déc. 1910, D. 1911, 1, 377 は，これまでの判例はこの点を混同していたが，本判決は混同を免れているとする。

得ることについて，次の判決を通じて例解しよう。

○破毀院審理部 1909 年 2 月 8 日判決[91]
　【事案】　精糖を輸入販売する会社 Y_1 は支払不能状態に陥り，債権者団（masse）に総財産を委譲し，友誼管財人（liquidateur amiable）Y_2 を選任した（＊時期については定かではない）。私的整理の事案である。X は，この会社から精糖を買受けていたが，その際，輸入関税（droits de douance）を立替払した。X は Y を相手方として立替金のうち未払分について訴えを提起した。Y_2 が訴訟参加し，債務の存在は認めるが，X は優先弁済を受け得ないと主張した。一審は，Y_1 の一般債権者は，X の立替によって利得しているとして，X の請求を認容した。Y_1・Y_2 の控訴に対して，控訴院は，X は按分比例（au marc le franc）での弁済しか受け得ないとして，一審判決を取消した。X の破毀申立理由によれば，控訴院は，X は Y_1 の受任者であり，債権者団の受任者ではないとして，上記判断を導いたとされている。また，X は，1375 条違反（＊未だ action de in rem verso の根拠条文と考えられている）をも主張する。原判決は，債権者団に対して，不当利得の観念を主張できないとするが，その理由は，合意を履行したからといって損失が生ずるわけではない，というものであった。X は，これは理論としては認め得るとしても，債権者団との間で合意を締結しているわけではない，とする。X の Y に対する訴えは，債権者団に対する不当利得返還請求へと変容している。
　【判旨】　原判決は，「X は，委任者に対して約した債務を履行したにすぎないのであるから，何人も他人の犠牲において利得することはできないという法格言は，本件では適用されないと判断した」が，これは正当であった。「したがって，X は，Y_1 の他の債権者と同一の法的状況に置かれており，いかなる優先権（droit de préférence）をも援用することができない」とし，また，債権者団との合意がないという主張を退け，申立を棄却した。

　この判示からすると，X が優先弁済権を有しない理由は，X が受任者であったことのみに求められる。仮に X・Y_1 間に委任が存在しなかった場合にはどのように解されるのであろうか。X の出費によって Y_1 の「資産」が利得したとみなされるならば，一般債権者に対する不当利得返還請求が認められ，優

---
91) Req., 8 févr. 1909, S. 1911, 1, 313, note Bourcart.

先弁済を受け得た可能性がある。本件の評釈者は，X・Y_1 間には委任があり，Y_1 の利得には「原因」があると理解している[92]。なぜなら，X は費用償還のための委任訴権を有しているからである。評釈によれば，X は，この反論を回避すべく，Y_1 ではなく，Y_1 の債権者団および管財人である Y_2 を相手方とした。しかし同時に，そもそも本件は私的整理の事案であり，債権者団は存在しないとも指摘している[93]。仮に存在するとしても，X による立替払がなされたのは，債権者団が形成される以前のことであり，X は債権者団の一員でしかない。また，債権者団の利得が存在し得るとしても，X との間には「直接的関係」は存在せず，その利得は「間接利得」でしかない，との分析もなされている。

action *de in rem verso* が主張される事案では，介在者が支払不能状態にあることが多かったが，所有権者であれ教育を受けた子であれ，利得追及の対象たる個人を特定することが容易であった。これに対して，本件では，債権者団そのものが利得者として追及されている。これが認められれば，action *de in rem verso* は，債権者平等原則を回避して優先弁済を求める訴権となる。これは，利得のみを根拠とした法定されない一般先取特権を認めるに等しい[94]。一審がこれを認めていたことからもわかるように，action *de in rem verso* は，適切な要件を欠くとき，無制限の利得追及を可能としてしまう。契約の相手方が支払不能にあるとき，action *de in rem verso* が可能とされる点が，フランス不当利得法の特徴であるとされるが，利得者の属性や，損失の態様について慎重に考慮するのでなければ，債権者平等という根本原則が否定される可能性がある[95]。

---

[92] BOURCART, note sous Req., 8 févr. 1909, *S.* 1911, 1, 313.
[93] この主張の背後には，私的整理と破産法との関係，とりわけ，破産手続き開始決定の性質論の問題が伏在する。詳しくは，V. BOURCART, *ibid*.
[94] *ibid.*, p. 314.
[95] 破産法秩序との抵触の可能性については，加藤・前掲注 23) 748 頁以下の詳細を究めた分析に譲ることができる。

第 2 篇　原因なき利得

(2)　否定例——利得追及遮断の諸論拠

利得の存否　**174**　以下では，action *de in rem verso* による利得追及を否定する諸判決を検討する。第一に，利得の立証がなかったことによって，これを否定する判決がある[96]。なおこの点は，新たな要件の付加によるものではなく，ブーディエ判決の定式からも導かれ得ることに注意を要する。

○リヨン控訴院 1906 年 1 月 11 日判決[97]

【事案・判旨】　X は，A が Y から質物として受領した生糸を撚糸加工し，増価をもたらした。詳細は定かではないが，X は，A を契約上の債務者として訴えを提起することができず，action *de in rem verso* に基づいて Y に対して増価相当額を請求した。X は，加工による増価のために担保価値が増大し，A による新たな貸付が可能となったのであり，これによって Y は利得していると主張した。リヨン控訴院は，X は「損害〔＊≠損失〕を惹起し得る所為（fait préjudiciable）」の存在について立証していないとして控訴を棄却した。

「fait préjudiciable」という文言からすると，本判決は，action *de in rem verso* を不法行為に基づく損害賠償訴権と理解している可能性がある。のちに検討する（後記 **182**），民事責任制度との類比を模索する学説との共鳴を指摘することができよう。X の訴権が，文言にかかわらずやはり不当利得返還訴権と解されているのであれば，損失を惹起し得る所為の存否，すなわち利得の存否のみが，争点を成していると評することができる。

○破毀院審理部 1908 年 11 月 23 日判決[98]

【事案・判旨】　Y は娘婿である A に土地（ブドウ畑）を賃貸した。転貸し得る旨が留保されていたため，A は X に当該土地を転貸した。A と X との間に紛争が生じ，X が支出した費用について鑑定が請求された。その後，転貸借は解約されている。X

96）　他の判決として，V. Civ., 18 oct. 1904, *S.* 1907, 1, 465.（運送契約の事案。運送人の損失（＝関税の負担）について立証がないとした）
97）　Lyon, 11 janv. 1906, *D.* 1906, 2, 132.
98）　Req., 23 nov. 1908, *S.* 1910, 1, 425, note Naquet.

は鑑定の効力をYにも及ぼし，また，費用を負担させることを企図し，訴えを提起した。これが認められ，Yも鑑定の委任者とされた。その後，Yは，Aの賃料不払を理由として原賃貸借の解約を請求し，容認された。以上の状況を前提として鑑定報告書が作成され，Y・A・Xは，清算の手続きに入った。この中でXは，action *de in rem verso* の原則に基づき，Yに対して，改良について費用の償還を求めた。原審は，Aの債務が存在する限り action *de in rem verso* は適用されないとするYの主張を容れ，Y・A間に共謀がある場合にはこの限りではないとしながらも，Xはこれを立証していないとする。他方，上記鑑定により，Aがブドウ畑の価値を毀損したことが認定され，Xによる改良は，かつての豊穣さ（prospérité）を回復させるものではなかったとしている。破毀院は，細部に立ち入ることなく，Xの破毀申立を棄却した。

本判決は次のように解釈することができる。action *de in rem verso* を排斥するとされる「Aの債務」は，Aが転借人であるXに対して負う費用償還の債務であろう。Aが債務を弁済し得るならば，Xの損失は塡補される。しかしこれとは別に，Aは，Yに対して土地の毀損を理由とする損害賠償債務を負っている。これについては，鑑定が明らかにするように，Xによる改良がなければ，Yの損害がさらに増大していたであろう，という関係が想定される。したがって，Yは，Xとの関係において，損害の軽減という利得を得ている，と解することができよう。これをなんら顧慮しない点で，本判決は，利得要件の未成熟を示唆しているとも言える。

法的関係説の残滓 **175** 第二に，当事者間に「法的関係」が存在しなかったことを理由として不当利得の成立を否定する判決が存在する。この判決は，アラザ判決およびプチトンの評釈が示す action *de in rem verso* の第一のモデルによるものと評価することができ[99]，必ずしもブーディエ判決とラベの評釈に代表される第二のモデルが直ちに標準化したわけではないことを示唆する。

---

99) ほかには，例えば，問題となった利得が間接利得か否かについて検討することなく action de *in rem verso* を認めた，として原判決を破毀する Civ., 31 juill. 1895, *S.* 1896, 1, 397, *D.* 1895, 1, 391 を挙げることができる。

○ドゥエ控訴院 1900 年 4 月 9 日判決[100]

【事案】　X は，A ら（4 人の兄弟姉妹）に対して，未成年の弟 Y に債務を引受させ，Y が成人したときに追認させる旨を請け合う（se porter fort）ことを条件として，25,000 フランを貸し付けた。同時に A ら所有の不動産上に抵当権が設定された。その後不動産が競売に付され，配当手続きが開始されたが，この不動産には既に 50,000 フランの債務について他の抵当権が設定されていたため，X は全額の弁済を受けることができず，そればかりか，Y が債務の引受を拒否したことにより，抵当権の設定が無効とされた。X は，自らが A らに貸し付けた金銭は Y の利得となったとして，Y に対して弁済を求めた[101]。Y は，自らと X との間には法的関係が存在しないと主張。一審は，X による事務管理の主張を退けたものの，貸付けられた金銭は，Y および A ら全員の利得となったとし，未成年者たる Y も，1312 条によって，自ら利得した分について返還義務を負うとした。

【判旨】　X および A らの控訴に対して，控訴院は，Y と X との間には「法的関係を創出し得る，いかなる契約もいかなる準契約もいかなる事実上の直接的関係も存在しない」とし，他方，事務管理を援用しても無益であるとする。「実際，衡平は，法律の文面によってその適用が定められたのでなければ，それのみでは，権利および債務の発生原因となり得ない」。「action de in rem verso が認められるためには，他人の所為（agissement）にその発生原因を有する利得を受領したことでは不十分であり，法的関係が両当事者の間に措定されなければならない」とし，一審判決を取消して，X の請求を棄却した。

文言においてアラザ判決とほぼ同様である。しかし，本判決に付された評釈は，損失者と利得者との間に「法的関係」を要求する action de in rem verso のモデルが趨勢に合致しないことを指摘している[102]。

100）Douai, 9 avr. 1900, D. 1901, 2, 1 note PONCET.
101）X の委任を受けた公証人の責任も追及されているが，これについては割愛する。
102）PONCET, note Douai, 9 avr. 1900, D. 1901, 2, 1. 学説を整理した上で，事務管理者による action de in rem verso と，事務管理者と取引した者による action de in rem verso とを区別し，本件を後者の類型と理解する。その上で，X と Y との「lien de droit」を要求する本判決は「action de in rem verso の基礎たる衡平に反しているのではないか」と疑問を呈している。もっとも，ローマ法学説を引用し，Y―A 間に事務管理が認められるならば，X からの action de in rem verso が認められる，とする。法的関係説は否定的に捉えられているものの，これに依拠したとしても同一の結論を導き得ることが示されており，action de in rem verso の二つのモデルが共存し得たことを物語る。

原因の存否と契約条項援用の可否

176 第三は，利得に原因があったことによって，action *de in rem verso* を否定する諸判決である。これらの判決は，破毀院がラベの評釈を容れ，オーブリー＆ローのヴァージョンを現実化したものとしても重要である。

○破毀院民事部1898年10月18日判決103)

【事案】 賃借人AとXとの間で締結された労務賃貸借（＝雇用）の事案。220フランの報酬が合意されていた。小作契約においては，所有権者YとAとが当該土地からの収穫を折半することが約されていた（分益小作契約（métayage））。Aの報酬不払により，Xが，先取特権（2101条）に基づいてAの取り分（portion）を差し押さえた上で売却したが，220フランのうち124フランは回収できなかった（＊ここから，この年の不作またはXの耕作の不首尾が想定できる）。Xは，124フランの支払を求めて，AならびにYを相手方として訴えを提起した。一審は，いずれの請求をも認容。Yが控訴。控訴院は，YとXとの間には契約が存在せず，Yは報酬の残部についていかなる責任も負わないとし，さらに，2102条はAの取り分からの優先弁済のみを認めており，XはYに対する自らの法的地位について認識していたはずである，として，一審判決を取消した。Yは収穫の半分を取得することで，費用を償還せずに利得しているとして，Xが破毀申立。

【判旨】 破毀院は，「原則として，被用者は，自らの労務の賃貸借の相手方である使用者に対してでなければ，自らの担保（gages）［＊ここでは先取特権を指すものと思われる］の弁済のための訴権を有さない。使用者が小作人ないし分益小作人であるとき，当該年の収穫のために労務を提供した被用者は，この収穫物から，所有権者に優先して弁済を受けるはずであるとしても，被用者が所有権者の債権者であることは導かれない。［…］他方，当該被用者は，action *de in rem verso* によって，金銭であれ現物であれ賃料を受領した所有権者を相手方として訴えを提起することはできない。被用者は，分益小作人ないし小作人という直接の債務者を有しており，被用者が信頼関係を取り結んだのはこの債務者であって，所有権者は，<u>賃貸借契約の定めに従って，小作契約の対価または収穫物の自らの取り分を受領したからといって，正当な原因なしに，被用者を犠牲にして利得したとはみなされ得ない</u>」［下線筆者］と判示した。破毀申立棄却。

---

103) Civ., 18 oct. 1898, *D*. 1899, 1, 105, note L. S., *S*. 1899, 1, 165.

本判決の評釈者は，契約の相対効の原則を掲げ，その例外として直接訴権および先取特権が存在することを指摘した上で，action *de in rem verso* の要件について論じている。ラベの評釈およびオーブリー＆ローを引用しつつ，本件において破毀院は，正当な原因なしに利得したのではないこと，および，原告には訴えを提起し得る直接の債務者が存在すること，という二つの理由づけによって action *de in rem verso* が拒否されたとする。「本判決は，*in rem verso* の法的性格について，明確に，かつ，堂々と定式化した原理的判決（arrêt de principe）とみなされなければならない」104)。

同じく契約条項の援用によって利得を正当化することを承認した下級審判決として，次の判決を挙げることができる。

○パリ控訴院 1899 年 6 月 26 日判決105)
　【事案】　Y と A との賃貸借契約には，目的物の一部である建物について，壁・屋根・ガラス窓の修繕（entretien）は，賃借人たる A の負担とする旨の条項，および，A は自らの費用において改築することができ，さらに，商業施設として利用することができる旨の条項が付されていた。A は当該建物で音楽喫茶（café-concert）を経営していたが，近隣の劇場で火災が発生したため，のちに，善後策として警視庁が A に工事（travaux）を命じた（＊具体的事情は不明であるが，防火対策が指示されたものと思われる）。なお，当時 A は B に当該建物を転貸していた。B はこの工事を X（2 名）に請け負わせた。工事は完成したが，B が代金を支払わなかったため，X は自らは事務管理者であると主張して，Y を相手方とする訴えを提起した。原審は，この請求を認容し，建物の増価について鑑定を命じる判決を下した。これに対して Y が控訴。Y は，賃貸借契約の条項は，あらゆる費用について賃借人の負担とするものであり，賃貸借契約が終了した場合には，Y は費用を償還することなく，あらゆる増価を土地とともに取得することができる，と主張した。

　【判旨】　パリ控訴院は，請負人は，「その債務者が支払不能の状態にあったとしても」，費用の償還なしにあらゆる工事から利得する「権原（titre）」が所有権者に留保されている場合には，所有権者を相手方とする求償を認められないとする。また，請負人と賃借人との間に契約が締結されている場合には，事務管理も成立しないとする。さらに，「請負人は，action *de in rem verso* を援用することもできない。なぜなら，

---

104) L. S., note sous Civ., 18 oct. 1898, *D.* 1899, 1, 105.
105) Paris, 26 juin 1899, *S.* 1901, 2, 167, *D.* 1900, 2, 154.

所有権者は，賃貸借契約中の適法な条項から生ずる利益から利得するときには，他人の犠牲において利得していないからである」［下線筆者］と判示し，鑑定の必要はなかったとした。控訴棄却。

もっとも，本判決は，傍論において，契約条項の援用が認められない場合が存在することをも明らかにする。

「請負人らを債権者とする事柄を彼らから横取りすることを目的として，所有権者と賃借人との間に共謀［結託］(collusion) が存在したとすれば，おそらくは，上述の規範はもはや適用され得ないことになろうが，本件では，Yが善意であることは明白である」106)。

この傍論についてはのちに検討する（後記**186**）。本判決では，「権原 (titre)」という表現が採用されており，必ずしも原因概念への依拠が見られるわけではない。とはいえ，契約条項の援用による利得の正当化を認めている点で，利得の原因が不当性を阻却する，という理解の萌芽を指摘することができよう。

さらに，次の破毀院判決は，興味深い論点を提供する。

○破毀院審理部1905年2月7日判決107)

【事案】　X（銀行）は，穀物売買の費用としてA（商事会社）を通じて金銭をY（民法上の組合）に貸し付けたが，返還されなかったため，Y所有の住宅を差し押さえた。Yからの差押え解除の請求に対して，Yへの消費貸借を立証できなかったXは，補充的に，Aに引渡された金銭は全額がYの利得となったのであり，差押えは維持されるべきこと，ならびに，仮に差押えが無効であったとしても，Yは金銭を返還すべ

---

106) « ... sans doute, ces règles ne seraient plus applicables, s'il y avait collusion entre le propriétaire et le locataire, dans le but de frustrer les entrepreneurs de ce qui leur était dû ... » KÖNIG, *supra* note 28, S. 46 は，この判示について，建築詐欺の可能性への対処であるとしている。スイスおよびドイツにおける同様の問題について，参照，藤原正則「建築請負人の債権担保に関する考察——スイス法，ドイツ法を手掛かりに，転用物 (versio in rem) の視角から」同『不当利得法と担保物権法の交錯』（成文堂，1997）203頁以下［初出，小樽商大商学討究46巻2・3号，4号，47巻1号 (1996)］。
107) Req., 7 févr. 1905, S. 1907, 1, 453.

きことを主張した。後者について，控訴院は，融資の際にAがXに提出した書類には，貸付けられた金銭の一部が，Yの上記住宅の改修費用に用いられる旨の記載があったこと，および，Yは，Aから改修の前払費用（avance）として消費貸借の額を超える金銭の移転を受けていたことを認定したものの，Xとの間にはいかなる法的関係もないとするYの主張を容れた。また，1864条の適用もなく[108]，XにはYを相手方とする直接訴権は認められず，1166条に基づいて，AのYに対する債権を代位行使するしかないとしている。

Xが，action *de in rem verso* の適用の誤りを主張して，破毀申立。その主張は，原判決は1864条の適用がなく，Aに貸借された金銭がYの利得に転用された（tourné au profit）か否かは重要ではないとしたが，action *de in rem verso* に関する原則および共通法によれば，Yは第三者であるとはいえ，貸付けられた金銭から得られた「個人的かつ直接の利得」を理由として，返還する義務を負うはずである，というものであった。

【判旨】　破毀院は，「契約は，当事者間でしか効力を有しない」とし，Xにとっての債務者はAのみであるとする。消費貸借によって金銭の所有権を取得したAは，他の所有物と同様に，それを有効に処分し得たとする。「Aから前払費用——これについてYはAの債務者となり，未だにそうである——を受領したYは，Xを犠牲にして正当な原因なく（sans cause légitime）利得したものとはみなされえ」ず，原判決は，action *de in rem verso* に関する規範に反していないとして，破毀申立を棄却した。

契約条項の援用は，第一に，Xの請求に対して，Yが介在者たるAとの契約を援用して利得の正当性を主張する，という事案において問題となる。前二件の判決はこれを認めるものであった。他方第二に，最後の判決の事案では，不当利得を請求するXがY—A間の事情を知り得た，という例外的な場面で，Y—A間の契約を援用している。後述するように（後記**186**），事実としての契約の対抗は契約の相対効に抵触しない，との学説に依拠するならば，Yに

---

[108] 他の主張として，本件の融資で主体的役割を果たした2名が，同時にA・Yの社員・組合員であったことが争点となっている。これは，Yの債務を1864条によって基礎づけることが可能かという問題であるが，費用に関する取り決めの当事者は，法人としてのAであって，AはYの組合員ではない以上，1864条の適用はないとしている。なお，Aの設立が正規になされたことが認定されているが，これは，Aの法人格の有無が争点となっていたことに対応するものと思われる。実際，社員・組合員が重複していることからもわかるように，Aの会社としての実体には疑義が認められる。

よる援用が許され，Xによる援用は許されない点で，二つの事例は均衡を失しているようにも思われる。

　唯一の差異を指摘するとすれば，それは，不動産賃貸借と金銭消費貸借との間に見出されるであろう。最後の破毀院判決が指摘するように，金銭の場合には，Aの許にある金銭は，Yに移転されるとは限らない。金銭の使途は限定されない。これに対して不動産に増価がもたらされた，という事案では，増価分は，不動産とともに所有権者に帰属することが運命づけられている。実質的に解決を分けているのは，契約の相対効の原則の適用の有無ではなく，利得を媒介する物の性質であるようにも思われる。

　換言すれば，不動産上の所有権者は，所有権を根拠として自らが作り出した信用につき，そのリスクが顕在化した時点で物の増価もろともこれを引き上げることができる。ブーディエ判決が認めた action de in rem verso は，その原像たる転用物訴権と同様に，所有権者によるリスク回避を掣肘する役割を担い得た。よって，原因要件の付加は，所有権者のこの種の行動を追認することを意味する。実際，所有権者は，介在者との間で損益に関する合意をし，自らの利得を予め原因づけておくことができる。

補充性　　**177**　以上のように，action de in rem verso による不当利得返還を否定する判決が蓄積され，その要件が次第に明確化されることとなった。その後，1910年代には，補充性（subsidiarité）[109]が新たな要件とされるに至る。しかし，当初これが問題とされた事案においては，要件として機能していないようにも見える。なお，以下に検討する2件の判決の重要性は，オーブリー＆ローの定式を判決の文言としてそのまま採用したことにも求めることができる[110]。

○破毀院民事部1914年5月12日判決[111]

　【事案】　A（聖職者）は，1901年7月1日の法律[112]により解散を命じられた修道

---

[109] もっとも，補充性（subsidiarité）という語を用いる判決は少ないとされる。参照，稲本・前掲注50) 95頁，注45。
[110] 稲本・前掲注50) 91頁。
[111] Civ., 12 mai 1914, S. 1918-19, 1, 41, note Naquet.
[112] 同法の適用をめぐる判決のうち，不当利得に関わるものとして，V. Req., 25 juin 1907, S. 1909, 1,

会 (congrégation) Y_1 の清算人 (liquidateur) Y_2 を相手方として，自らが拠出していた不動産について，所有権に基づく返還訴権 (revendication) を提起した。この訴訟に X が参加し，当該不動産上に建物を建造するために A に対して貸し付けた金銭の返還を求めた。また，Y_1 に対しては，A は名義譲受人 (prête-nom) にすぎなかったと主張し，A に貸し付けた金銭からの不当利得の返還を求めた。一審は，A は名義譲受人であったと認定し，不動産の所有権の帰属を否定した。これにより，A の請求は棄却された。X の請求についても，提出された証拠が消費貸借の真実性について立証するには不十分であるとしてこれを棄却した。A・X がともに控訴したがこれも棄却された。

X は，新たに訴えを提起し，A に貸し付けた金銭は，Y_1 の積極財産となり，建物の建築に利用されたため，自らは清算の対象となる債権を有していると主張した。この主張は，action *de in rem verso* に基づく主張と解釈されている。一審は，X の請求を認容したが，X の訴額 81,000 フランを Y_1 の利得まで減額したため，全額の支払を主張して X が控訴。Y_2 も消費貸借の存在について立証が不十分であるとして付帯控訴した。控訴院は，X が証拠として提出した証書には確定日付 (date certaine) がなく，第三者である Y_2 には消費貸借の存在を対抗し得ないとした。他方，補充的請求 (demande subsidiaire) の根拠とされた action *de in rem verso* についても，消費貸借は，当事者を関係づけ得る唯一の法的拘束関係 (*vinculum juris*) であったが，これが立証されない以上，利得も立証されないとして棄却している。X の破毀申立に対して，破毀院は，次のように判示して申立を棄却した。

---

506. (ベネディクト派の修道会の構成員であった X から，清算人 Y に対して不当利得の返還が請求された。X は，個人財産から同会の様々な活動に費用を支出したと主張したが，本会の規則によれば，構成員は個人財産を拠出する義務を負っており，修道会が拠出された財産について管理処分権を有するものとされていたため，原審は，修道会は利得していないと判示した。委任の主張も排斥されている。X からの破毀申立は棄却された。) Civ., 18 juill. 1910, *D.* 1911, 1, 355, *S.* 1923, 1, 153. (1901 年 7 月 1 日の法律 [V. DUVERGIER, J. B. (éd.), *Collection complète des Lois, Décrets, Ordonnances, Règlements, Avis du Conseil d'État*, Chez A. Guyot et Scribe, 1901, p. 260 et s.] 18 条 9 項は，財産の取戻 (reprise) または revendication は，許可されなかった修道会の財産の清算人を選任する判決の公示から 6 カ月以内になされなければ訴権喪失 (forclusion) の制裁を受けると規定していた。イエズス会系修道会の構成員であった X は，修道会が占有していた不動産の所有権者は自分であると主張し，清算人 Y に対して revendication を提起した。原審は，revendication については否定したが，X は当該不動産の取得代金を負担しており，修道会は代金相当額を利得したとして，X の action *de in rem verso* を認容した。破毀院は，上記条文が，清算対象となる財産に属する価値の取戻 (reprise de valeur) を求める訴権にも原因を問わず適用されるとし，原判決を破毀した。なお，争点は，上記条文の解釈であり，action *de in rem verso* が反訴として行使されたのか，抗弁として主張されたのか，というものであった。後者であれば訴権喪失は生じないが，破毀院は前者であると理解している。) 1901 年法および修道会をめぐる論争については多くの邦語文献があるが，高村学人『アソシアシオンへの自由──〈共和国〉の論理』(勁草書房，2007) 特に，298 頁以下，を挙げるにとどめる。

第 1 部　各種返還請求の史的諸相

　【判旨】「action *de in rem verso* は，他人の犠牲において利得することを禁ずる衡平上の原則に基づくものであり，ある者の資産が，他の者の資産の犠牲において正当な原因なく利得し，後者の資産が，自らに対して義務づけられているものを取得するため，契約，準契約，不法行為または準不法行為から生ずる訴権をなんら享受することができないすべての場合に，認められなければならない。しかし，この訴権を，訴訟係属中に，元来は契約上の債務に基づいていた別個の訴権に代替することはできない。原告は，1341 条および 1347 条[113]によって課される方式に従って，当該契約上の債務についての証拠を提出することが法的に不可能であった。」
　その上で，本件事案については，X が action *de in rem verso* の論拠として援用したすべての事実は，消費貸借契約の成立および完遂（consommation）を立証する事実と変わるところがなく，X は action *de in rem verso* の形式において借主ではない Y に消費貸借契約の履行を求めている，と判示した。申立棄却。

　本判決における補充性の要件の機能については不分明さが残る。契約上の債務の履行を action *de in rem verso* によって得ようとしたことが非難されているが，訴訟の経過からは，原告が被告の利得を立証し得なかったにすぎないようにも思われる[114]。原審は，法的関係を要求し，action *de in rem verso* の成否をその立証にかからしめている。これに対して破毀院は，そもそも action *de in rem verso* を行使すること自体が失当であったと解している，と考えることもできるが，単に請求原因の差替えを難じているにすぎないと見る方が正しいであろう。射程は必ずしも明らかではない。それでも，この要件は，翌年の判決によって，再び action *de in rem verso* を排斥するために援用された。

---

113) 1341 条［原始規定］　①　150 フランの金額または価値を超えるすべてのものについては，任意的寄託によるのであっても，公証人の面前でまたは私署によって証書が作成されなければならない。150 フランより少ない金額または価値に関わる場合であっても，証書の内容に反するにせよ，その内容から逸脱するにせよ，証人による証拠は何であれ，証書の［作成］前，証書の［作成］時または証書の［作成］後に述べられたと主張される事柄についてであっても，受理されない。
　②　このことはすべて，商事に関する法律に定める事項を妨げるものではない。
1347 条［原始規定］　①　前数条の規範は，書証の端緒（commencement de preuve par écrit）が存在するときは，例外を許容する。
　②　請求が提起される相手方またはその者が代理する者から生ずる書面による行為で，主張される事実を真実と思わせるものはすべて，書証の端緒と称される。
114) Naquet, note sous Civ., 12 mai 1914, *S.* 1918-19, 1, 41, spéc., p. 42.

○破毀院民事部 1915 年 5 月 2 日判決[115]

【事案】 Y 市が A に温泉施設およびカジノの経営権を譲渡した。その後施設の修繕が必要であることが判明したため，その仕事を A の危険において（aux risques et périls）負担させることとし，市議会は，その費用として 160,000 フランを支払うことを議決した。また，いかなる理由があってもこの費用を超えてはならないことが約定された。X は，A からこの仕事を請け負った。しかし，費用超過が発生し，A に対する経営権の譲渡が撤回されることとなった。X が Y に対して超過分の請負代金の支払を求めて訴えを提起した。原審は，不当利得の原則を適用して請求を認容し，Y の利得額について鑑定を命じた。Y が，一括払でなされた請負について，追加費用の請求を禁止する 1793 条[116]を援用して，破毀を申し立てた。

【判旨】 破毀院は，一方で，A は X と自らの名において取引しており，Y に債務を負担させる権限（pouvoir）を有していないと判断する。他方で，X は A に対してでなければ費用を請求することができず，Y に対しては，1166 条の債権者代位訴権によって A の権利を行使することしかできない，とする。続いて，1914 年判決と同一の文言を用いたのちに，「action *de in rem verso* は，法律が一定の契約の効果について明示的に定める規範を免れるためには行使され得ず，したがって，請負人（entrepreneur）が，一括払の（à forfait）請負の場合に 1793 条が禁ずる代金の追加的請求を偽装する（déguiser）ことに利用するべく，この訴権を行使することはできない」［下線筆者］とした。原判決破毀。

この判決については注意が必要である。原審と破毀院とでは，action *de in rem verso* を有する者について理解が異なっている。原審は，これを X の Y に対する訴権として把握し，認容した。この場合には，原因の有無については問題が残るとしても，利得の存在は肯定され得る。これに対して破毀院は，前段において，Y との関係で X は債権者代位権を行使することしかできないとしているように，そもそも A の存在を問わない直接請求についてこれを否定した，と解することができる。鍵となるのは，後段の「請負人（entrep-

---

115) Civ., 2 mars 1915, *D.* 1920, 1, 102 (1^(re) esp.).
116) 1793 条　建築士または請負人は，土地の所有権者との間で合意され決定された計画（plan）に従って，建物の建築を一括して（à forfait）引き受けたときは，労働力または材料の増加を理由としても，その計画についてなされた変更または増加を理由としても，その変更または増加が書面によって許可されず，かつ，その対価が所有権者との間で合意されていなかった場合には，対価のいかなる増額をも請求することができない。

reneur)」という文言である。これがAを指すのかXを指すのかが問題となる。施設の修繕は，経営権の譲渡とは別の契約によっており，本件の請負人はAであると解することができる。すると，action *de in rem verso* はAの訴権であり，Xはこれを代位行使したと考えることができる。こう考えてはじめて1793条についての判示が意味を成す。そもそもAは1793条によって請求を禁じられており，action *de in rem verso* を行使できなかった。よって，Xもまたこれを代位行使することができない。

　以上の留保が必要とはいえ，他の規範によって契約上の訴権を行使し得ない者は，たとえ損失者とみなされ得るとしても，action *de in rem verso* の行使を禁じられることが明らかとなった。衡平上の訴権は，ブーディエ判決がそうしたように，実定法の欠缺を補うことができるが，それを潜脱することはできない。

小　括　**178**　以上の裁判例の検討から，一定の趨勢を引出すことができるように思われる。すなわち，「法的関係」を要求する判決は散見されるものの，ラベによって新たに基礎づけられたオーブリー＆ローの定式が判例法によって採用されたことは明らかである。利得の立証のみを要件としたブーディエ判決は，因果関係の緩やかな理解とともに，無制限の利得追及を可能とする action *de in rem verso* を生み出す可能性を内包していたが，利得の原因の要件と補充性の要件とによって限界づけられることとなった。

　ここでわれわれは，当初の問いに回帰しなければならない。利得原因の欠缺を要件とする action *de in rem verso* は，コンディクチオではないのか。学説において，フランスにおける不当利得返還訴権の原像は，いかにして変容を遂げたのであろうか。

第2節　理論的彫琢

179　以下では，1930年代までの学説を検討する[117]。要件論については第2部に先送りし，当時の議論の特徴を抽出する[118]。

---

117) 多くの部分については磯村・前掲注4) 178頁以下の分析に譲ることができる。なお参照，稲本・前掲注50) 88頁以下，加藤・前掲注23) 740頁以下。

具体的には，action *de in rem verso* による返還の対象が「原因なき利得（enrichissement sans cause)」と称されたことの意義を探る。ブーディエ判決はもっぱら利得の移転のみに着目する action *de in rem verso* を採用したが，その不当性については，衡平上の不当利得の観念に依拠するにすぎなかった。したがって当然にも，不当視され返還に服すべき利得が「原因なき利得」と称されるためには，「原因の欠缺」に不当性が見出されるのでなければならない。既述のとおり，こうした見方は，action *de in rem verso* のオーブリー＆ローによるヴァージョンに内包され，ラベの評釈によって強調された。以下になされるべき論証は，「原因」概念の登場の構造的含意，より具体的に言えば，action *de in rem verso* のコンディクチオ化を対象とする。

第一に，「原因なき利得」という理解の背景を成し得た事象として，ローマ法学におけるコンディクチオ論の変容を挙げることができる。コンディクチオそれ自体が「原因なき利得の返還訴権」として理解されるならば，同じく原因なき利得を返還させる action *de in rem verso* との間に区別を見出すことはできなくなるであろう。さらに，そうした理解は，20世紀初頭に影響力を有した民法学説にも波及したように思われる（第1款）。

第二に，action *de in rem verso* が既存法理との間に取り結ぶ関係を検討する。

---

118) 不当利得制度の形成を期に登場したテーズは，これ自体を主題に据えるものだけでも膨大な数に上る。収集し得た限りで，1930年代までのテーズをここに列挙しよう。RAYNAUD, Georges, *De l'action* de in rem verso *en droit civil français*, thèse Paris, Arthur Rousseau, 1899; STOÏCESCO, Constantin C., *De l'enrichissement sans cause*, thèse Paris, A. Chevalier-Marescq, 1904; THÉODOROFF, Théodore P., *De l'enrichissement sans cause*, thèse Toulouse, Rapide, 1907; CHAINE, Paul, *De l'enrichissement sans cause dans le droit civil français*, thèse Lyon, Waltener & Cie, 1909; TARTANSON, Joseph, *L'action* de in rem verso *en droit civil français*, thèse Grenoble, Chaspoul, 1909; POLTZER, Vasile, *L'enrichissement sans cause*, thèse Paris, L. Larose et L. Tenin, 1912; BOUCHÉLECLERCQ, Émile, *De l'action* de in rem verso *en droit privé*, thèse Paris, Sirey, 1913; VERGINAUD, Ernest, *L'enrichissement sans cause (Étude de jurisprudence)*, préf. de H. Capitant, thèse Paris, Arthur Rousseau, 1916; POSSA, M., *Étude de la jurisprudence et développement de la théorie de l'enrichissement sans cause*, thèse Paris, M. Giard & É. Brière, 1916; BUDISTÉANO, D., *De l'enrichissement sans cause*, thèse Paris, Ernest Sagot & Cie, 1920; MONNERVILLE, Charles-François-Gaston, *Labbé et la théorie de l'enrichissement sans cause*, thèse Toulouse, Charles Falandry, 1921; GEROTA Démètre D., *La théorie de l'enrichissement sans cause dans le Code civil allemand (Ungerechtfertigte Bereicherung)*, préf. de R. Demogue, thèse Paris, Édouard Duchemin, 1925; ALMOSNINO, N., *L'enrichissement sans cause et son caractère subsidiaire*, thèses Paris, L. G. D. J, 1931; Mosoïu, Marcel, *L'enrichissement injuste. Étude de droit comparé*, thèse Paris, Édouard Duchemin, 1932.

萌芽段階から意識されていたように，三者間で移転された利得の返還を目的とするとき，この訴権は契約の相対効に抵触する。もっとも，この原則は逆向きにも機能し得る。判例は，利得者が原因の欠如を否定するために契約を援用することを認める（前記**176**）が，これもまた契約の効力を第三者に及ぼすことを意味するのではないか。他方，action *de in rem verso* を提起する損失者は，実際上，介在者に対する債権について，第三者を相手方としてその履行の請求を許される。結果として，介在者の他の債権者との関係において，平等性が破られる。この意味における優先弁済は，他の法制度にも垣間見ることができ，それらとの同質性の指摘が正当化の論拠を提供し得る（第2款）。

第1款　「原因なき利得」とは何か

（1）　ローマ法学の展開と利得の原因

180　action *de in rem verso* の発展と同時代の出来事として，ローマ法学における新たな理解の登場を指摘することができる。すなわち，コンディクチオが不当利得返還訴権として再定義された。フランスにおける画期を成したのは，ペルニーチェ（Pernice, Alfred [1841-1901]）のドイツ語著書[119]に対するジラール（Girard, Paul-Frédéric [1852-1926]）の書評論文[120]（1895 年）であった。以下では，ジラールが，コンディクチオの起源に関する学説上の争い[121]から引き出した帰結のみを検討する[122]。

コンディクチオは，消費貸借の返還訴権という起源を否定され，また，準契約の概念をも介さず，直ちに不当利得の観念に接続されることとなった。ペル

---

119) Pernice, Alfred, Labeo. *Römisches Privatrecht im ersten Jahrhundert der Kaiserzeit,* Teil E, Bd. 3, Abteilung 1, 1892 (Neudruck, Aalen, Scientia, 1963), S. 202ff.
120) Girard, Paul-Frédéric, L'histoire de la *condictio* d'après M. Pernice, *NRHD,* 1895, p. 408 et s.
121) Cicero が *condictio* の発生原因として挙げる *re*（p. ex. 消費貸借），*verbis*（p. ex. 問答契約），*litteris*（p. ex. 帳簿記入（*expensilatio*））（参照，第1篇第1章注16））のそれぞれについて，どの時代のいかなる制度に論拠を求めるか，が主要な論争点であった。神聖金訴訟（*sacramentum*）と *condictio* とがともに原因の表示を要しない抽象的訴訟であったために混同されたとする Pernice の理解と，それに対する Girard の批判が見られる。書評の後半部分はこの問題に割かれている。*ibid.,* p. 418 et s.
122) フランスにおいては，Girard の影響力の大きさとともに，Pernice の理解がそのまま保存されたと考えられるが，本来は，Pernice の解釈そのものをドイツにおけるローマ法学に投錨する必要がある。課題として残される。

第 2 篇　原因なき利得

ニーチェにおいて返還請求訴権（*repetitio*）として理解される[123]コンディクチ
オは，ジラールによれば，利得者の「原因なき保持（conservation sans cause）」
を根拠とする。

　「ペルニーチェ氏は，失われた revendication の代償として理解されたコ
ンディクチオに関するサヴィニーの著名な体系を想起させる一般原則を提示
する。[とはいえ,] ペルニーチェ氏の一般原則は，まったく完成されたもの
であり，その完成度によってサヴィニーの体系とは一線を画している。[…]
われわれは正確に要約し得ているものと信ずるが，ペルニーチェ氏の考えに
よれば，コンディクチオは，まさしく原理的な意味で，返還訴権（action en
répétition）である。ただし，この訴権は，サヴィニーが消費貸借との関係に
おいて展開した契約の観念には基礎づけられず，物の供与（dation）に，あ
るいはより広く言えば，原因なき保持という観念に基礎づけられる。したが
って[換言すれば], コンディクチオは不当利得（enrichissement injuste）を根
拠とするのであり，消費貸借，非債弁済を理由に[物を]保持している者を
相手方としても生ずるが，これと同様に，物の供与がなくとも（sans dation），
原因なき取得（acquisition sans cause）を通じて[物を]保持する者を相手方と
しても生ずるのである。」[124]

　ペルニーチェは，物の引渡すなわち所有権の移転の代償としてコンディクチ

---

123)　Pernice, *supra* note 119, S. 213-214.
124)　Girard, *supra* note 120, p. 413. V. aussi p. 417.「[…] 物［の供与］によって（*ex re*）付与される
　　コンディクチオは，その概念の本質において，不当利得（enrichissement injuste）の観念に基礎づ
　　けられるのであり，契約の観念に基礎づけられるのではない。したがって，コンディクチオは，契
　　約のサンクションではなく，類推によって契約が存在しない事案へと拡張されたのではない。まっ
　　たく正反対に，著者が記しているように，かえって消費貸借訴権の方が，不当な原因によるコンデ
　　ィクチオ（*condictio ex injusta causa*）の一分枝（subdivision）である。物［の供与］から生ずるコ
　　ンディクチオは，ある者が，自らの資産から不当に流出した物（les choses injustement sorties de
　　son patrimoine）を請求する訴権である。この訴権は，非債弁済であれ，横領（détourenement）
　　であれ，消費貸借であれ，なんら区別されることなく，<u>所有物の移転という現実の所為，すなわち
　　不当利得から生ずるのである</u>。この訴権が消費貸借をサンクションするものに見えるとしても，合
　　意の観念によっているのではなく，物［の供与］の観念によっているのである。思うに，ペルニー
　　チェ氏によって完全に論証された以上の見解は，契約の歴史において消費貸借が占めた重要性を解
　　く鍵となる。」[下線筆者]

オが付与されたとするサヴィニーのテーゼを退けていた[125]。ジラール自身もまた，諸種のコンディクチオは，revendication との関係において理解されるべきではないとする[126]。ペルニーチェによる転回を承けたジラールは，コンディクチオは，衡平によって[127]，原因なく他人の資産を保持する者に，返還を義務づける訴権である，と整理する[128]。

以上の議論は，コンディクチオの前提として当事者間に債務発生原因たる「取引行為 (negotium)」の存在を要求する理解[129]とは位相を異にしている。コ

---

125) PERNICE, supra note 119, S. 202 ff.
126) Savigny に対する Girard 自身の批判については，GIRARD, Manuel élémentaire de droit romain, 8ᵉ éd., par F. Senn, 1929, rééd., par J. Ph. Lévy, Dalloz, 2003, p. 652-653, note (1).「この学説 [= Savigny および PFERSCHE, Bereicherungsklagen, 1883 (未見)] によれば，コンディクチオは，所有権者であることをやめた者にとって，この者が喪失した revendication に代わるものであった。[この代置は，] 単一の原則から生ずる。この原則は，まずは消費貸借に，次いで，非債弁済，原因による供与 (datio ob causam) に当てはまるものとされた。これらの事象においてもまた，返還の合意がない場合には，所有権が喪失される。他方，言語契約および口頭契約にも適合する。この場合，[これらの行為が] 拘束行為 (nexum) の派生形態たる性質 [を有していること] により，擬制的な所有権移転が生じているとされた。今日ではこの体系は打ち捨てられている。[…][この体系は,] 所有権移転を伴わずともコンディクチオを付与する諸法文に合致しない。」本文では，他人に由来する物を原因なく保持する者の返還債務は，消費貸借の規範が非債弁済やその他の事例への拡張によって獲得された，という理解を退けたのちに，次のように述べている。「[この債務は,] 上位かつ独立の原則によるものである。借主の債務は，そこからの単純な派生物であり，その起源ではない。この原則によれば，他人の財物を原因なく取得した者，あるいは，これを原因なく保持する者は，衡平によってこれを返還するよう義務づけられる。したがって，なんらかの契約の観念によるのではなく，原因なき取得，あるいは，より広義の原因なき保持という観念によっている。」この部分に付された note (2) は，書評の対象である Pernice を引用する。
127) ibid., p. 653, note (1). Girard が論拠の一つとして引用する法文は，Leyser が準転用物訴権 (actio de in rem verso utilis) を認めるものとして理解した (本篇第 1 章注 127))，D. 12, 1, 32. Celsus. である。「あなたが私およびティティウスに金銭消費貸借を求めたとしよう。このとき私が自分の債務者に命じてあなたに貸付けさせたが，あなたはこの者をティティウスの債務者だと信じて問答契約をした場合，あなたは私に対して債務を負うであろうか。たしかに，あなたは私との間でいかなる取引も約さなかったとすれば，私 [の訴え] は頓挫する。しかし，状況は特殊であり，あなたは [私に対して] 債務を負うと判断する。その理由は，あなたに対して金銭が貸付けられたからではない (事実，合意した者の間でなければ，この貸付はなされ得ない)。あなたの許に届いた金銭は私のものである以上，あなたがこの金銭を私に返還することが信義および衡平に適うからである。Si et me et Titium mutuam pecuniam rogaveris et ego meum debitorem tibi promittere iusserim, tu stipulatus sis, cum putares eum Titii debitorem esse, an mihi obligaris? Subsisto, si quidem nullum negotium mecum contraxisti: sed propius est ut obligari te existimem, non quia pecuniam tibi credidi (hoc enim nisi inter consentientes fieri non potest): sed quia pecunia mea ad te pervenit, eam mihi a te reddi bonum et aequum est.」
128) PERNICE, supra note 119, S. 214.「したがってコンディクチオに関して重要な点は，ある資産から他の資産へと移転せられた金銭および他の目的物の返還である。Es handelt sich demnach bei Konditionen um die Rückgewähr von Geld und anderen Gegenständen, die aus dem einen Vermögen ins andere übergegangen sind.」

ンディクチオの原型を契約の外に見出し[130]，不当利得に基礎づける以上の議論は，原因なき利得の返還訴権として action de in rem verso を把握する立場を側面から支持したように思われる[131]。実際，この書評の登場より早く，1879 年に出版された，オーリウ（HAURIOU, Maurice [1856-1929]）のテーズでは，サヴィニーの説に忠実に，消費貸借における返還訴権との類似性から説き起こされ，他のコンディクチオへの拡張が説明される[132]。これに対して，1897 年に出版されたランス（LANCE, G.）のテーズにおいては，ペルニーチェのコンディクチオ論とともに，ジラールの書評が重要な位置を占め，端的に不当利得返還訴権としてのコンディクチオが語られる[133]。

以上はあくまで傍証にすぎないものの，ツァハリエを通じてドイツ普通法学説の一端を継承し，他方，事務管理との親近性を指摘されてきた action de in rem verso は，オーブリー＆ローによる「正当な原因の不存在（sans cause légitime）」という要件の付加，ならびに，ローマ法学の展開によって，コンディクチオの体系へと回収されるに至った，と理解し得るように思われる[134]。

同時に強調されるべきは，「保持」や「取得」について原因が語られていることである。オーブリー＆ローにおいて，諸種のコンディクチオは，非債弁済を中心として説き起こされており，そのため，弁済について，すなわち，損失者側に原因が語られていた（前記 **140**）。これに対して，判例法上，action de

---

129) 前記本文 **12**。現時点では実証し得ないものの，あくまで仮説として，「*negotium*」と「lien de droit」との間の系譜的関係を指摘し得る。これが正しければ，「法的関係説」から「不当利得説」への移行と，ローマ法学の展開との間に，構造的な共鳴が見出される。

130) Mosoïu, *supra* note 118, p. 30.

131) *condictio* による不当利得の把握の極端な例として，STOÏCESCO, *supra* note 118, spéc., p. 39. を挙げることができる。学説判例の「action *de in rem verso*」という表現をすべて「*condicito*」と読み替えて議論を展開する。

132) HAURIOU, Maurice, *Étude sur la* condictio. *Des contrats à titre onéreux entre époux en droit français*, thèse Bordeaux, Cadoret, 1879.

133) LANCE, G., *Sur l'évolution de la* condictio *dans le droit classique*, thèse Paris, Arthur Rousseau, 1897, spéc., p. 103 et s. これ以降のテーズは，歴史に関する叙述において，コンディクチオと転用物訴権とを並列的に論じ，前者について二者間の直接利得，後者について第三者を介在させた間接利得（Aubry et Rau の用語法とは異なることに注意）を見出す場合が多い。これに対して，action *de in rem verso* に関するより早い時代のテーズである RAYNAUD, *supra* note 118 は，*condictio* についてまったく論じていない。

134) 「enrichissement」が「*versio in rem*」の訳語であり，これに「sans cause」が付加されたという経緯は，図らずもこの事態を際立たせている。ブーディエ判決に対する Labbé の評釈について前掲注 55）参照。

in rem verso については利得者側に原因が語られていた。この意味で，二つの訴権は発生機序を異にする，と考えることができる。したがって，二つの訴権の同質性を指摘するためには，サヴィニーのように物の供与＝所有権移転に基点を置くか，新たなローマ法学説のように利得者の許で不当性を語るか，いずれかが選択される必要が生ずる。

以下に見るように，民法学説史は，後者の発想に沿ったものと理解することができる。実際，当時の民法学をリードしたプラニオルの議論と，ローマ法学の転回との間には，同質性が見られる。

(2) 民事責任への類比と因果関係論[135]

プラニオルにおける原因なき利得　**181**　1904 年に「債務発生原因（sources des obligations)」に関して小論を著したプラニオルは，次のような議論を展開する[136]。彼によれば，従来の学説は，契約，準契約，不法行為，準不法行為の四つの発生原因を，シンメトリックに配置（arrangement symétrique）していた。すなわち，前二者は，適法な所為（faits licites）であり，後二者は，違法な所為（faits licites）であるとされ，また，契約と不法行為は，意図的（故意によって）(intentionnel）になされるが，準契約，準不法行為は，意図せずして生ずるとされていた。

しかしながら，現実に存在するカテゴリーは二つである。それは，意思の合致（accord de volontés）による債務と，当事者の意思にかかわらず「法律の全権的な意思（volonté toute puissante de la loi)」による債務である。この観点からすると，準契約の概念は無益となる。準契約は，「意思に基づく所為（fait volontaire)」（1371 条）を基礎とするとされるが，契約との類比は意味をなさない。そこから生ずる債務は，あくまで法定の（légale）債務である。「準契約は，意思によるものでもなく，適法性によるものでもない」[137]。

---

135) 稲本・前掲注 50) 78-79 頁および 89 頁の簡潔かつ周到な指摘を参照。
136) PLANIOL, Marcel, Classification des sources des obligations, *Rev. critique*, 1904, p. 224 et s. なお，プラニオルの理論の変遷（(1) note sous Req., 16 juill. 1890, *D.* 1891, 1, 49; (2) *Traité élémentaire de droit civil*, t. 2, 1900; (3) *Rev. Critique*, 1904）について，V. FILIOS, Christian, P., *L'enrichissement sans cause en droit privé français. Analyse interne et vues comparatives*, thèse Lille 2, préf. de J.-J. Taisne, Ant. N. Sakkoulas, Bruylant, 1999, n° 96 et s., p. 92 et s. 実際，1891 年の評釈では，「準不法行為としての不当利得」という理解は存在しない。

プラニオルの立論の大前提は，「債務を発生させる所為（fait générateur d'une obligation）は，債務を負う者自らの人格の上に（en personne）生じるのでなければならない」[138]という理解である。「このように考えなければ，他人の所為によって債務を負わされることになってしまうが，これは認められない。債務は原因を欠いて（sans cause）しまう」。つまり，債務発生原因（cause）[139]は，債務を負担する側に存するのでなければならない。準契約について言えば，非債弁済や，他人の土地への建築など，当初の所為（fait initial）は適法であるが，こうした所為が債務を発生させるわけではない。「なぜなら，債務は，行為者（auteur）の人格の上には生じないからである」。債務を負うのは，相手方である。したがって，これらの所為は債務発生原因としては不十分であり，債務者の許で異なる要素が付加されなければならない。

では，返還債務の債務者の側にはいかなる債務の発生原因があるのか。「容易に明らかにし得るように，他人の損失における原因なき利得の存在が，諸々の準契約に共通する特徴を成す」。すなわち，原因（cause）なき利得こそが，準契約における返還債務の発生原因（cause）である[140]。「こうした利得は，その定義自体からして，違法な所為である。なぜなら，利得は不当（injuste）なのであるから」。このように，原因なき利得を不当な所為とみなすプラニオルは，元来，不当利得を準不法行為に類比して観念していた[141]。利得者は，他

---

137) PLANIOL, *supra* note 136, p. 226.
138) *ibid.*, p. 229.
139) この cause は，契約の有効要件としての債務負担の原因（1131 条）や不当利得における原因よりも高次の概念として措定されている。
140) 準契約一般に共通する根拠として原因なき利得移転を見出す現代のテーズとして，V. DOUCHY, Mélina, *La notion de quasi-contrat en droit positif français*, thèse Aix-Marseille III, préf. de A. Sériaux, Economica, 1997.
141) PLANIOL, *Traité élémentaire de droit civil conforme au programme officiel des facultés de droit*, 1re éd., t. 2, 1900, n° 976, p. 293（本初版は未見）(cité par FILIOS, *supra* note 136, n° 99, p. 93-94)。「フランスの学説は，action *de in rem verso* を準契約による訴権とみなしているように思われる。しかし事物についてよく省察するならば，他人の犠牲において原因なく取得された利得が返還されなければならないとすれば，それは当該利得の保持が許されないからこそであって，この訴権は，実際まさに準不法行為による（quasi-délictuelle）訴権であることが納得されるであろう。」［下線筆者］われわれが参照し得た *Traité élémentaire de droit civil conforme au programme officiel des facultés de droit*, 3e éd., t. 2, F. Pichon, 1904 にはこの一節は存在しないが，enrichissement sans cause についての解説は，準契約の節（事務管理と非債弁済のみを所収）ではなく，民事責任の節ののちに置かれる。そこでは次のように述べられている。V. n° 937, p. 316「返還を義務づけるのは，他人の犠牲において原因なく取得された利得を保持することが許されない（il n'est pas permis）という原則であ

人の許に損失を惹起したが故に，その責任を問われなければならない。

　民事責任による基礎づけについても注目されるべきであるが[142]，われわれにとって興味深い点は，観点が利得者の側に移されていることである。註釈学派に関して見たように（第1篇第2章第1節），コンディクチオにおける原因は，給付者＝返還請求者の側において把握されていた。revendication の代償物としてコンディクチオを理解するのであれば，所有権移転について債務を発生させる要因が語られる必要がある。すなわち，弁済を初めとして原因を欠く所有権移転こそが，コンディクチオを生ぜしめる，と理解されなければならない。弁済・所有権移転の原因と利得の原因とが，統一的な像を描かなかったことは当然であった。これに対して，利得者＝返還義務者の側から問題を把握するならば，統一的に，利得について原因の有無を問うことができる[143]。

　コンディクチオに関していずれの側について原因を語るかという問題は一見瑣末である。しかし，明文上は非債弁済のコンディクチオのみを受け継いだにすぎないフランス法において，一般的な不当利得返還訴権としての原因欠缺故のコンディクチオを語るためには，この問題を解消することが論理的に不可欠であったものと考えられる。われわれは，オーブリー＆ローが設えた利得の原因を問題とする action de in rem verso は，以上の論理的階梯を経ることによって，コンディクチオへと変容を遂げた，と理解する。

民事責任による基礎付け　**182**　不当利得返還の民事責任による基礎づけは，他の学説にも見出される。1904 年に著された不当利得に関する論考で，リペール（Ripert, Georges [1880-1958]）とテセール（Teisseire, M）は，不当利得返還について，当時の民事責任論を席巻していた「危険理論（théorie de risque）」[144]に依拠する。

る，という点について省察するならば，この訴権［＝action de in rem verso］が，違法な所為（faits illicites）から生ずる諸訴権の族（famille）に属することが納得されるであろう【原注】。」【原注】においては Girard が引用され，自らの所説がローマ法の理解としても誤りではないことが示される。

142) 稲本・前掲注50) 78 頁。
143) この意味で，義務（engagement）の体系として民事法を記述した Domat が，コンディクチオのカタログを有していたことは不思議ではない。前記本文 **37**。
144) Josserand, Saleilles, Gény を引用している。民事責任の分野における危険理論については，参照，野田良之「フランス民法における faute の概念」我妻榮先生還暦記念『損害賠償責任の研究（上）』（有斐閣，1957)109 頁以下。近時の論考として，参照，今野正規「フランス契約責任論の形成 (1)

第 2 篇　原因なき利得

「危険を創出した者（Qui a créé le risque）は，危険を負担しなければならない，と言われる。[同様に] 利得を創出した者が，それを享受すべきである（Qui a créé le profit, doit en bénéficier）。創出された危険（risque créé）という理論が存在するならば，これに対応する，創出された利得（profit créé）という理論が存在するのでなければならない。」[145]

彼らは，危険の概念は，衡平にも社会的有益性（utilité sociale）にも合致するとし，主観的な（subjective）把握を拒否する。危険は「客観的な概念（notion objective）」である[146]。さらに次のように述べている。

「有益な結果がもたらされ，新たな価値が生み出された。二人の者がその恩恵を主張する。彼らのうち，法律はいずれかを選択しなければならず，この選択を回避することはできない。しかし法律は，その行動が当該価値の原因（cause）であった者と，価値を受容するにとどまる者との間で躊躇するかもしれない。また，率先して行為した者と，単に受動的な役割を担うにとどまった者との間で躊躇するかもしれない。[しかし，] 優先されるべきは，前者ではないのか？ […] ある者に action *de in rem verso* が付与される場合，その理由は，この者が，請求の対象たる利得をもたらした者（auteur）であるが故のことであり，その所為によって利得を惹起した（a causé）からである。したがって，[民事] 責任の問題と同様に，原因なき利得の問題は，競合する複数の行為の分析（analyse des activités concurrentes）に解消される。すなわち，因果関係（causalité）の問題に解消されるのである。」[147]

こうして，彼らの要件論は因果関係に大きな比重を置くものとなる。詳細に

～（3・完）」北大法学論集 54 巻 4 号 1410 頁以下，5 号 1824 頁以下（以上，2003），6 号 2414 頁以下（2004），特に（1）1367 頁以下。
145) RIPERT, Georges et TEISSEIRE, M., Essai d'une théorie de l'enrichissement sans cause en droit civil français, *RTD civ.* 1904, p. 727 et s., spéc., p. 754. この論文について参照，稲本・前掲注 50) 78-79 頁，磯村・前掲注 4) 190-191 頁。
146) RIPERT et TEISSEIRE, *supra* note 145, p. 755.
147) *ibid.*, p. 756.

ついては先達の研究に譲るが[148]，一点のみ指摘しておこう。彼らは，利得を発生させた所為を問題にするが，損失を要件とはしない[149]。この発想は，プラニオルの理解と相即的である。債務発生原因として利得が措定され，かつ，原因の欠如に違法性が見出される場合，因果関係は逆向きに辿られるにすぎない。損失者の側には利得を発生させるなんらかの所為があれば十分である。

183 民事責任による基礎づけを模索する学説[150]は，既存の制度を参照する点で，単なる衡平による債務の創出に慎重な立場とも理解され得る[151]。トゥリエが所有権法の観点から，不当利得と不法行為とをパラレルに捉えていたように（前記**130**），先存する法定債務（プラニオル）であれ危険理論（リペール＆テセール）であれ，不当利得と不法行為の両者に共通する根本概念を措定することによって，不当利得を基礎づける試みである。繰り返しになるが，注に引用した学説（ルベール）を含め，不当利得を民事責任に類比する学説は，議論の焦点を因果関係に集中させる。損失と利得との間に，直接・間接を問わず，因果関係が措定されさえすれば，原則として，返還債務が発生する[152]。この

---

148) par ex. FILIOS, *supra* note 136, n° 111, p. 104. わが国の研究はいずれも彼らの因果関係論に言及している。とりわけ，参照，谷口・前掲注15) 200頁以下。わが国におけるフランス不当利得論の紹介において，因果関係を中心とした検討が盛んであった由縁は，因果関係の直接性を要求するか，「社会観念上の因果関係」（我妻説）で足りるか，という問いが，わが国における枢要な論争点であったことに求められるであろう。この問題に関する我妻説の展開については，参照，衣斐成司「不当利得学説史」水本浩・平井一雄編『日本民法学史・各論』（信山社，1997）311頁以下。
149) V. FILIOS, *supra* note 136, n° 111, p. 104.
150) 他の代表的学説として，LOUBERS, Henry, L'action « *de in rem verso* » et les théories de la responsabilité civile, *Rev. critique,* 1912, p. 396 et s., p. 462 et s.
151) 稲本・前掲注50) 79頁。
152) LOUBERS, *supra* note 150 に顕著である。Loubers は，判例の検討から，介在者が存在し，利得者と損失者との間に法的関係（lien de droit）を語り得ない場合について，原告＝損失者は，被告＝利得者に対して，損害（préjudice, dommage）の賠償（réparation）を請求している，という理解を示す (p. 416)。被告には損害に対応する利得（profit）が存在し，これが責任の発生原因である。この点で，民事責任と不当利得との間には差異が存在しないとされる。ただし注意すべきは，利得を得る者の側に，なんら過失（faute）の要件が課されないことである (p. 471 et s.)。利得の帰責性のチェックに対応するはずの，原因欠缺の要件は忌避される。「この正当な原因（*justa causa*）という概念は，ここでわれわれが叙述する action *de in rem verso* に関する構想によって機能しないものとなる。問題とされるのは，不当利得（enrichissement injuste）ではなく，損害から生ずる利得（enrichissement né d'un préjudice）である。この客観的な定義は，実務において，いかなる困難をも生ぜしめない。唯一の問題は，損害，利得，およびそれらの関係がいかにして評価されなければならないか，という点のみである」(p. 467)。この理論は，過失を問わない点で民事責任の客観化に対応するが，不当利得論としては，なんら要件を加重せずに利得の追及を認めるものとし

第2篇　原因なき利得

意味において，原因や補充性が要件として機能するとしても，それらは，債務発生を阻却する事由として，事後的に検討されるものと理解することができる[153]。

衡平への回帰　**184**　これに対して，やや時代を下るが，もっぱら衡平に基礎を求めつつ，不当利得制度を把握するのは，リペールの綱領的著書たる『民事債権債務関係における道徳的規範（La règle morale dans les obligations civiles）』である[154]。前記に引用した1904年の連名論文において，危険理論による不当利得の基礎づけを模索したリペールは[155]，道徳的かつ抽象的な基礎づけに回帰する[156]。原因の理解を更新しようとする当時の不当利得理論[157]を退け，次のように述べている。

「結局，原因なき利得がもたらす諸々の法的構成（constructions juridiques）は，この訴権［＝action de in rem verso］の適用範囲や射程を説明するには，ほとんど無益なように思われる。人が試みたことは，与えられた規範の道徳的性格（caractère moral）を隠蔽することであった。実務において，裁判所が問うているのは，単に，利得した者が，損失を被った者に補償を与えるという，正義から生ずる義務（devoir de justice）を有していないか否かという

て異彩を放つ。この学説に対する批判について，V. Filios, *supra* note 136, n° 118, p. 108-109.
153)　現代の不当利得学説が，「経済的要素（élément économique）」として利得および損失の存在とその間の関係（因果関係ないし相関関係（corrélation））を論じ，「法的要素（élément juridique）」として原因および補充性を論ずるという論理の構造は，この点に見出されると考えることができる。V. p. ex. Terré, François, Simler, Philippe et Lequette, Yves, *Droit civil, Les obligations*, 11ᵉ éd., Dalloz, 2013, n° 1067 et s., p. 1114 et s.
154)　Ripert, Georges, *La règle morale dans les obligations civiles*, 3ᵉ éd., L. G. D. J, 1935（初版1925年）。同書の基本的性格について，拙稿「フランスにおける契約の解除（1）——解除訴訟における判事の役割を中心として」法学協会雑誌123巻7号1391頁（2006）注（367）。
155)　かつての論文についての自省と弁明が見られる。V. Ripert, *supra* note 154, n° 141, pp. 273 et s.「私が思うに（je crois），人は，われわれが試みた理論的構成に対して，より決定的な批判を差し向けることができる。すなわち，［われわれの構成が］原因なき利得の理論が，それなしには活かされ得ない道徳的性格をこの理論から奪い去るものであると。」
156)　*ibid.*, n° 135 et s., p. 264 et s.「衡平は，法的手段の不完全さを是正するために介入する。利得者は，利得を保持するならば，外見上は正常な（en apparence régulière）自らの法的地位を濫用することとなろう。道徳（morale）は，権利の濫用を禁ずるのと同様に，この地位の濫用を禁ずるのである。」さらに，「こうした衡平への依拠は，法律家を震え上がらす（effrayer）」とし，厳格な要件論を志向する当時の学説について，「衡平の要請するところを隠蔽する」として否定的に評価する（n° 136, p. 264）。
157)　以下に検討するRouastやMauryの理論を指す。

点のみである。[…] 道徳が禁ずることは，他人を犠牲にして利得することではなく，不当に（injustement）利得することである。」[158]

リペールの改説が象徴する action *de in rem verso* の道徳的把握については，第2部で検討されるが，まずは，この学説が論敵とする当時の要件論を検討しよう。

第2款　既存法理との整合

(1) 契約の対抗と原因概念

相対効原則との抵触可能性　**185**　フランス法の不当利得返還制度を，一旦は因果関係の存在を広く承認し，原因概念がこれを制限するものとして理解するならば，当然に問題となるのは，原因概念の内包如何である。判例に見られたように，利得者は，損失者に対して，第三者＝介在者との契約を原因として援用し得る[159]。しかし，この「契約の対抗」もまた，相対効の原則に反するのではないか。利得者の側での牴触の有無は，判例の展開から生じた新たな争点を成す。

以下では，相対効原則に関するカラスラン（CALASTRENG, Simone）のテーゼを参照しつつ，Y（所有権者）―A（賃借人）―X（請負人）の事案によって例解しよう[160]。ブーディエ判決以前に問われていたのは，「賃貸人に対して，賃借人と締結した請負契約を対抗し，その弁済を請求する請負人は，上記の規範［＝契約の相対効］を無視していないか」という問題であった。この問題は，損失者は契約上の債務を請求しているのではなく，利得の返還を請求しているにすぎない，として問題が解消され得る。ブーディエ判決がそうしたように，利得の額について契約が利得評価の基礎として用いられるとしても，これは，契約の相対効の原則を侵害するものではない[161]。

事案に詳細を追加しよう。Y―A間の賃貸借契約中に費用負担に関する条項

---

158) RIPERT, *supra* note 154, n° 147, p. 282-283.
159) p. ex. Civ., 18 oct. 1898; Paris, 26 juin 1899.（いずれも前記本文 **176**）
160) CALASTRENG, *supra* note 3, p. 296 et s.
161) V. aussi RIPERT et TEISSEIRE, *supra* note 145, p. 777.

が存在し，Y はなんら費用を負担しないことが約定されていたとしよう。このとき Y は，当該条項を援用し，X からの利得返還請求を退け得るであろうか。カラスランは，これを肯定する以前に，「賃貸人は，損失を被った原告に対して賃貸借契約を対抗する（opposant）ことによって，*res inter alios acta* の規範［=「ある者たちの間で合意された事柄は，他の者を害することも利することもない」］を無視していないかどうか」[162] が問われなければならないとする。1165 条を契約の対抗不能（inopposabilité），すなわち，第三者に対する関係では契約が存在しないことを定めたものと理解する場合には，Y による契約の対抗は承認されない。

186 以上の問題の背景として，1165 条の理解に関する論争が知られなければならない[163]。民法典制定後の学説は，第三者に対して，契約は存在しないものとみなしていた。したがって，Y が A との契約を援用し得ないばかりでなく，X―A 間の契約もまた，利得評価の基準としてさえも，採用されてはならない。この理解からすれば，action *de in rem verso* は，多くの場合，そもそも契約の相対効に反する[164]。

しかし，このような理解は克服されつつあった。契約の相対効の原則は，第三者のための約定（stipultion pour autrui）等の例外的な局面を除いて，第三者は，他人間の契約によって債務を負担せず，また，債権を取得することもない，という意義のみを有することとされる。契約は，法的効果をもたらさないとしても，事実として存在しているのであり，第三者はこれを無視することができない[165]。契約当事者は第三者に対して契約を「事実」として対抗して自らの権利を主張することができ，第三者も他人間の契約を事実として援用すること

---

162) CALASTRENG, *supra* note 3, p. 289.
163) この問題については，契約の相対効と対抗可能性に関する学説の展開が理解されなければならないが，差し当たり本文の記述にとどめる。詳細について，参照，片山直也「一般債権者の地位と『対抗』——詐害行為取消制度の基礎理論として」慶大法学研究 66 巻 5 号 1 頁以下（1993）。特に，Calastreng の理論について，24 頁以下を参照。
164) POPESCO, *supra* note 3, p. 92.「action *de in rem verso* は，1804 年の立法者にとっての枢要な公準であった個人の独立（indépandance des individus）の思想の否定である。この思想は，債権債務関係の基幹であり，民事法の根幹でさえある重要な二つの条文，すなわち 1165 条および 1134 条に溶け込んでいる。」
165) ROUAST, *infra* note 171, p. 77.

ができる。このように契約の対抗可能性（opposabilité）が原則として承認されると166)，対抗し得ない場合はいかなる場合か，という問いが立てられる。換言すれば，契約の対抗不能はいかなる場合に当事者をサンクションするのであろうか。

われわれが参照した判決からは，Y―A 間に共謀が存在し，X から労務ないし材料を詐取しようとする意図が見られた場合（パリ控訴院 1899 年 6 月 26 日判決・前記 **176**）を挙げることができる。また，Y になんらかの落ち度があったために，A が X に対する支払をなし得なくなるという事案（破毀院審理部 1890 年 7 月 16 日判決・前記 **150**）も存在した。これらの場合には，利得の保持に正当性は認められず，X は，Y―A 間の契約の存在に対抗されることなく，つまり，Y の利得に原因がないために，Y を追及し得る，と考えることができる。

では，利得者は，損失者に契約を対抗し得ると解した場合，契約の存在は原因の存在と同視し得るのであろうか167)。二つの学説を対比して論じよう。

原因概念 **187** 等価性（équivalence）の概念によって，契約上の原因，契約外の原因のすべてを説明しようとするモーリー（MAURY, Jacques）は，原因なき利得における原因にも言及している。彼の議論の出発点は，契約の対抗の否定である168)。

「ある者の利得を正当化する事柄があるとしても，第三者に対する関係では，彼が援用し得る契約上の権利はこれに当らない。［利得を正当化するのは，］この契約上の権利自体を正当化するなにかである。契約上の権利は，それのみではなんら絶対的価値・効力を有さない。［契約上の権利を正当化す

---

166) CALASTRENG, *supra* note 3, p. 302.
167) *loc. cit. Comp.*, POPESCO, *supra* note 164, p. 114.「この原因という表現は，その不明確さのために，法的世界を混乱に陥れた。」不当利得における原因を法律行為（acte juridique）と同視する学説として，V. COLIN, Ambroise et CAPITANT, Henri, *Cours élémentaire de droit civil français*, 3ᵉ éd., t. 2, P. Phily, 1921, p. 419.
168) MAURY, Jacques, *Essai sur le rôle de la notion d'équivalence en droit civil français*, thèse Toulouse, 2 vol., Jauve & C., 1920, t. 2, p. 307. 欠員補充についての諸判決を引用する。Maury の原因論については，竹中悟人「契約の成立とコーズ（3）」法学協会雑誌 127 巻 2 号 190 頁以下（2010）の詳細を極めた分析を参照。

るのは,］この権利の等価物（équivalent），または，この権利の裏（revers）たる債務と等価的関係にあるなにかである。すなわち，与えられた等価物（équivalent fourni）である。[…] 利得はその等価物が与えられたのでなければ原因を有しない。」[169]

以上のように原因概念が把握されると，契約の存在だけでは利得を正当化するに十分ではなく，利得に見合う対価を A に与えていなければ，損失者に契約を対抗できないことが導かれる。具体的には，Y—A 間の契約が無償である場合には，Y は契約を援用し得ない。

「被告たる利得者が，原告たる損失者に対して，第三者によって自らのためになされた贈与（donation）しか援用できない場合には，獲得した利得を返還するよう命ぜられるであろう。利得者は，当該利得の対価（équivalent）を提供しなかったのであるから，当該利得は原因を有しない。」[170]

188 モーリーとほぼ同時期に，ルアスト（Rouast, André）も同様の議論を展開していた[171]。彼は，衡平のみに依拠するブーディエ判決の定式を，大げさである（exagérée）と評価し，その帰結は受け入れ難い（inadmissibles）とする。判事によって解決が区々となり，法的無秩序（anarchie juridique）が危惧されるためである[172]。その上で，経済的要素（éléments d'ordre économique）のみでは不十分であるとして，法的要素（éléments d'ordre juridique）たる「原告の損失と被告の利得に同時に［要求される］原因の不存在」［傍点筆者］，および，「法によって規定された他の訴権の不存在」を要件として付加する[173]。

「経済的要素」については，他の学説に比して，損失要件の詳細な検討がな

---

169) *ibid.*, p. 308.
170) *ibid.*, p. 325.
171) Rouast, André, L'enrichissement sans cause et la jurisprudence civile, *RTD civ.* 1922, p. 35 et s., spéc., n° 14, p. 63.「［…］原因とは，あるいは損失の，あるいは利得の対応物となる要素であり，その存在は利得や損失を中和する（neutraliser）という効果を有する。」
172) 格言「神よ，われわれをパルルマンの衡平から守りたまえ（Dieu nous garde de l'équité des parlements!）」が引用される。*ibid.*, n° 4, p. 44.
173) *ibid.*, n° 5, p. 45.

されていることが注目される。「損失とは，報酬をもたらし得る給付または不作為（une prestation ou une abstention susceptible de rémunération）」と定義される[174]。損失の定義のうちに，モーリーが依拠した対価の観念が既に含まれている。他方，利得については，金銭評価し得ない「道徳的な利得（avantage d'ordre moral）」をも定義に含める[175]。

次いで，因果関係については，三者間での利得移動の事例の検討から，「利得の発生原因（source）が偶然的であっても（occasionnelle），損失が存在すれば，action de in rem verso に基礎を与えるに十分である」[176]として，因果関係の柔軟性を導いている。

その上で，「法的要素」たる原因論の検討に赴く。三者間の利得移動の事例に関する分析を参照しよう。まず，小作契約中の条項を利得の原因とした破毀院民事部 1898 年 10 月 18 日判決（前記 **176**）から，利得者と介在者との間で，一方が収穫物を取得し，他方が土地の使用収益を得るという意味で，利得者の側には，「自らが捧げた犠牲（sacrifice）という対応物（contrepartie）」があったと理解し，ここに利得の原因を見出す[177]。すなわち，原因＝契約の存在という理解は採られない。損失・利得の双方に原因＝対応物が欠けていることが要件とされ，一方のみが欠ける場合には，action de in rem verso は受理されない[178]。利得者が対価を負担することなく利得を享受し，かつ，介在者の支払不能，すなわち，介在者の債務が「[まったく]履行されないか，または，一部しか履行されない」ために，損失が「塡補されることをやめ，原因を有することをやめる」のでなければならない。二者間の事案では，二つの原因は，利得者・損失者それぞれの対応物が相互に相手方に見出されるが，三者間の事案では，「損失者の喪失（perte）の対応物が，利得者の利得の対応物といかなる関係をも有しない」[179]。

---

174) *ibid.*, n° 6, p. 46.
175) *ibid.*, n° 10, p. 53.
176) *ibid.*, n° 12, p. 59.
177) *ibid.*, n° 15, p. 65.
178) このように理解されると，ブーディエ判決の事案においても，小作契約の解約の際の鑑定が，肥料代金を控除して所有権者が得た収穫物の価額を評価したこと（前掲注 56））が重視されることになる。V. *ibid.*, n° 16, p. 67.
179) 以上，*ibid.*, n° 17, p. 68-69.

以上のように敷衍される「原因＝対応物」概念には，モーリーにおけるそれを超えた射程が託される。「対応物は，反対給付（contre-prestation），個人的利益（avantage personnel）または道徳上の動機（motif moral）に存し」，「利得をもたらす者をして，贈与・遺贈［恵与］（libéralité）をなすよう決意させた動機によって，利得は《原因づけられ（causé）》得る」（《 》は原文）[180]。

さらに判例を検討するルアストは，「原因なき利得における原因と，契約の原因との間の，性質上の同一性（identié de nature）」を指摘している[181]。この理解は，当時におけるコーズ概念の主観化[182]の傾向と軌を一にするものと考えられる。実際，ルアストは，自らの原因概念を，カピタンが援用する「目的（but）」概念[183]に類比している[184]。

189 本来は，より綿密に当時の契約法上の原因理論の展開を参照しなければならないが，これについては先達の研究に譲り，考察の外に置く。われわれの観点から一言だけ述べるならば，次のように言うことができる。プラニオルについて見たように，原因の欠缺を，損失について語るか，それとも，利得について語るか，という問題が存在した。コンディクチオについて，前者の立場を採るならば，債務を負担する理由として，つまり，損失を受け入れる理由として，原因が語られ，また弁済について原因を要求することは当然である。これに対して，債務負担の原因という理解を拒否し，もっぱら利得について原因を語るとき，この原因なき利得を追及するコンディクチオは，不当利得返還訴

---

180) *ibid.*, n° 18, p. 69. そうでなければ，贈与者は，受贈者に原因がないのであるから，翻意すれば常に返還を求めることができるとする。
181) *ibid.*, n° 23, p. 76.
182) 参照，小粥太郎「フランス契約法におけるコーズの理論」早稲田法学 70 巻 3 号 61 頁以下（1995）。
183) Capitant の原因理論については，参照，小粥・前掲注 182），森山浩江「恵与における『目的』概念──コーズ理論を手掛かりに」九大法学 64 号 1 頁以下（1992），特に 17 頁以下，竹中悟人「契約の成立とコーズ（2）」法学協会雑誌 127 巻 1 号 5 頁以下（2010）。なお参照，拙稿・前掲注 154）1381 頁。
184) Rouast, *supra* note 171, n° 25, p. 80; Colin et Capitant, *Cours élémentaire de droit civil français*, 2e éd., P. Phily, t. 2, p. 298 を引用する（同時に，出版前の Capitant, *Traité de la cause*［実際のタイトルは *De la cause des obligations: contrats, engagements unilatéraux, legs*］にも言及している）。もっとも，有償契約の原因と無償契約のそれとは対応物として統合的に理解され得るとし，Capitant がこれを区別する点には賛同できないとも述べている（*loc. cit.*, note (1)）。

権に姿を変えると理解することができた。この点で，プラニオルが，原因を，利得を正当化するそれとして承認しつつ，契約の有効要件としての原因に消極的態度を採り，いわゆるアンチコーザリスト[185]と称される立場に立つことが注目される[186]。利得について原因を語りつつ，契約の有効要件としての原因との同質性を指摘すべくそれを利得の対価に求めることは，論理を混乱させる。ルアストについて，利得の原因ではなく，損失の原因を問題にしているにすぎない，とする批判が生ずるのは自然なことであろう[187]。契約の有効要件としての原因と不当利得における原因とが統一的な像を描かないことは，コンディクチオの把握を背景としているように思われる。

　それでも，ルアストが損失の原因を要求したことはのちの学説判例にとって重要な意義を有した。とりわけ，彼が「損失に特殊な」原因として概念化した「個人的利益（avantage personnel）」[188]は，のちに新たな要件として定式化される。さらに，1950年代以降に登場した損失者の過失（faute）[189]の要件を分析する際の視角として，しばしば引用されることになる。これらの問題については第2部で扱われる。

---

[185] PLANIOL, *supra* note 141, 3ᵉ éd., t. 2, n° 1037 et s., p. 348 et s. 参照，小粥・前掲注182) 53頁以下，竹中悟人「契約の成立とコーズ（1）」法学協会雑誌126巻12号2399頁以下（2009）。

[186] ただしPlaniolは，解除や危険負担については，これらを原因概念によって説明する。PLANIOL, note sous Civ., 14 avr. 1891, *D.* 1891, 1, 321（この評釈については，参照，拙稿・前掲注154) 1385頁注（290））。これは，彼が解除の起源として *condicito ob causam datorum* を想定することによる。彼は，コンディクチオにおける原因論に忠実である。そうであるが故に，Domatが債務の有効要件として把握した原因には敵対的である，と理解することが可能である。*condictio sine causa* は，無効による原因の消滅ののちに行使されればそれで十分であり，無効それ自体を原因の欠缺によって導くことに意義が認められていないことを示唆する。この意味において，プラニオルの立場は一貫しており，ローマ法の解釈によって，フランス古法における問題の位相のズレを修正しようとしているものと評価することができよう。

[187] CHEVALLIER, Jean, Observations sur la répétition des enrichissements non causés. Le droit privé français au milieu du XXᵉ siècle. *in Études offertes à George Ripert*, L. G. D. J., 1950, p. 237 et s., spéc., p. 242. この論文について，参照，加藤・前掲注23) 770頁注（26），稲本・前掲注50) 90頁。

[188] ROUAST, *supra* note 171, n° 19, p. 71.

[189] *ibid.*, n° 28, p. 87 は，補充性の分析に際して，1914年判決，1915年判決において問題とされた法の障害と区別される「事実上の障害（obstacle de fait）」を検討している。アラザ判決を念頭に置いて，損失者が過失によって他の法的手段を用いることができなくなった場合もまたこの障害に該当するという理解を示す。この理解は現代法にも見出される。後記本文 **201** 参照。

(2) action *de in rem verso* による優先弁済

190 既に検討したように（前記 **153**），事務管理ないし不当利得返還の制度は，損失者に，支払不能に陥った契約の相手方以外の債務者を指示し，事実上の優先弁済を認める機能を有していた。この機能を反映して，1910 年代に著されたテーズでは，優先弁済を認める民法典上の制度の根拠として不当利得の観念が援用されている。

　1753 条，1798 条，1994 条[190]が規定する直接訴権（action directe）[191]について論ずるソリュス（Solus, Henry [1892-1981]）のテーズ[192]は，その結論部分において，あらためて根拠論を展開し，民法典の条文や債権上の先取特権では不十分であるとして，不当利得返還訴権たる action *de in rem verso* によりどころを求めようとする。ソリュスによれば，実際，判例は，原債権者（créancier originaire）の直接請求を認める際に，不当利得の観念に依拠していた[193]。ま

---

190) 1798 条の訳は，前掲注 30) を参照。
　1753 条　① 転借人は，差押えの時点で債務を負っている転借料を限度としてでなければ，所有権者に対して義務を負わない。ただし，転借人は，［賃借人に対する賃料の］前払を対抗することができない。
　　② 賃貸借契約に定められる約定によって，あるいは，その地の慣習の結果として転借人が行う支払は，前払とはみなされない。
　1994 条　① 受任者は，以下の場合には，自己に代わって事務を行った者について責任を負う。
　　1° 受任者がなんらかの者を自らに代える権限を得ていなかった場合。
　　2° 特定人の指定なしにこの権限が授与されたときで，受任者が選択した者の能力制限または支払不能が公知であった場合。
　　② すべての場合において，委任者は，受任者に代わった者を直接に追及することができる。
191) わが国における近年の論考として，工藤祐巌「フランス法における直接訴権（action directe）の根拠について（1）（2・完）」南山法学 20 巻 2 号 23 頁以下（1996），3・4 号 277 頁以下（1997）；山田希「フランス直接訴権論からみたわが国の債権者代位制度（1）～（3・完）」名大法政論集 179 号 181 頁以下（1999），180 号 253 頁以下（1999），192 号 93 頁以下（2002）；作内良平「建築下請人の報酬債権担保と直接訴権――フランスにおける 1975 年法を素材として」本郷法政紀要 15 号 37 頁以下（2006）。
192) Solus, Henry, *L'action directe en l'interprétation des articles 1753, 1798, 1994 du code civil*, thèse Paris, Sirey, 1914., spéc., n° 167-175, p. 229-248. なお，Solus のテーズ全体の趣旨は，民法典には厳密な意味における action directe が存在しないことを論証することにある。
193) Lyon, 17 déc. 1878, *D.* 1879, 2, 113 (cité aussi par Solus, *supra* note 192, n° 172, p. 241)。「仕様書（cahier de charges）に関する条文［= 1798 条］は，仕事および必要な材料の供給の弁済を確保し，かつ，当該建築にとって第三者たる債権者が，この仕事および供給から，労務提供者（ouvrier）および［材料］供給者を犠牲にして利益を上げ，この者たちの費用において得利させないようにする，という目的を有する。」

た，債権上の先取特権（privilège sur la créance）として直接訴権を説明したラベも，一般債権者の利得の不当性を指摘していた[194]。

ソリュスは，損失，利得，両者間の因果関係，利得に正当な原因が存在しないことという四要件について，「転貸借，請負，および，受任者以外の者によって履行された委任の事例において，原因なき利得の存在のために一般的に要

---

[194] LABBÉ, J. É., Des privilèges spéciaux sur les créances, *Rev. critique,* 1876, p. 571 et s., p. 665 et s., spéc., p. 573 (cité aussi par SOLUS, *supra* note 192, n° 172, p. 241-242)。「私が弁済を受ける以前に，あなたがたが集団として（collective）かつ按分比例で（au marc le franc）満足を得ることに当該債権が用いられるならば，あなたがたは，私の損害において不当に利得することになろう。[…] まさに，私の出費において，すなわち，私からもたらされ，かつ，私には約されたその等価物（équivalent）が与えられない物についてなされる処分によって，従属的債権（sous-créance）に生ずる増価（plus-value）が，われわれの共通の債務者の財産（fortune）となったのである。正義は，私がまずもって満足を受けることを望む。」Solus はこれについて次のように論評している。「Labbé がこの債権者［＝請負人，材料供給者など］を保護すべく，action *de in rem verso* よりも先取特権のことを想起したのであるとしても，［その理由は，］彼が *Revue critique* 誌上の論文を執筆した時点において，原因なき利得の原則がそれ自体としては存在していなかったからである，と推測することができる。」(SOLUS, *loc. cit.*) 遡れば，このような説明は Demolombe にも見出される。DEMOLOMBE, Charles, *Cours de code Napoléon,* 3ᵉ éd., t. 25, *Traité des engagements qui se forment sans convention,* t. 2, A. Durand, 1878, n° 139, p. 143 (cité aussi par SOLUS, *supra* note 192 n° 167, p. 229-230). 1165 条に服さない訴権を説明する中で，公共工事に関する 1806 年 12 月 12 日のデクレ第 3 条（「下請人（sous-traitants）は，請負人に対して支払われるべき金銭上に，自らに対して支払われるべきものの額の限度において，特別先取特権を有する」）および 1798 条に言及する。これらの優先権について二つの観点から説明することができるとする。「第一に，衡平の観点からは，次のことが指摘されなければならない。法律が，他の債権者の追及の対象となる価値について，これらの者に優先して支払を受けさせるべく，債務者の債務者を相手方とする直接訴権を付与する，そうした債権者が存在する。この債権者は，まさに，上記の価値の創出者（créateurs）なのである。共通の債務者の資産に価値をもたらしたのは，彼らである。したがって，価値の出先たる者が予め満足を受ける以前に，他の債権者が，この価値について弁済を受けるとすれば，彼らは，この［価値の創出者たる］債権者の出費においてまさに利得していることとなろう」。さらに，直接訴権（Demdombe は，これをも先取特権と称する）を有するとされるすべての者についても同様の趣旨が当てはまるとする。他方で次のような説明を与える。「実際，法的観点からは，この種の合意において，共通の債務者の一定の債権者と，共通の債務者に対して債務を負う第三者との間に法的関係（lien juridique）を認めることができる」とする。さらに，注目すべき記述が見られる。「<u>労務提供者は，その者のために仕事がなされる者［＝注文者］に対して，事務管理という準契約から生ずる訴権を援用することができることもまた真実ではないか。同じ考察が，復受任者（sous-mandataire）に対する委任者にも，また，代理の本人たる当事者の債権者に対する代訴士（avoué）にも当てはまり得る。これこそが，立法者が，優先されるべき債権者の利益において，いわば，<u>中間債務者（débiteur intermédiaire）を消去することによって</u>，この債権者自身を，真の債務者（vrai débiteur）と直接対峙させる（met…directement en face du）理由である。実際，この債権者自身が，この者［＝真の債務者］の真の債権者（les vrais créanciers）なのである！」(n° 139, p. 145) [下線筆者] 細部において疑義を差し挟み得るとはいえ，ここには，不当利得の観念と直接訴権（＝Demolombe においては先取特権）との類似性，さらには，事務管理法の機能が，余すところなく披瀝されている。

求される要件[195]が満たされるように思われる」とする。転貸借における所有権者，請負契約における下請負人たる労務提供者（ouvrier），復委任における委任者のいずれもが自らの給付を履行したにもかかわらず，「彼らが信用を与えた（avaient fait crédit）者は，彼らに弁済していない」。この者は，支払不能状態にある。したがって，「彼らの財産から発した価値は，他の価値に置き代えられていない」。よって，損失は残存している。こうした利益状況は，ブーディエ判決の事案と同一であると評価する。

　他方，利得については問題が残る。そもそも，直接訴権が認められる事案においては，action *de in rem verso* の相手方が誰かが問われなければならない。それは，従債務者（sous-débiteur）や，損失者にとっての直接の債務者ではない。前者は，既に弁済したか，未だ利得に対応する給付を負っている。後者もまた，従契約（sous-contrat）から利得しているわけではない。

　「こうして，真の利得者が発見されることとなる。それは，原債権者から奪われている一定額を実際に保持している者，すなわち，直接の債務者の一般債権者である。彼らは，自らの債務者の資産（patrimoine）のうちに，価値，すなわち従属契約から生ずる債権を偶然に獲得した（rencontré）のである。この価値は，支払を受けていない原債権者の損失を理由としてでなければ，そこに存在することはなかった。彼らは，全部であれ一部であれ，この価値を横取りしたのである（s'en sont emparés）」[196]。

　ソリュスは，この場面において，因果関係が存在することに異論の余地はないが，利得は不当なものであろうか，と問いを投げかける。一見したところでは，この利得に違法性（caractère illicite）はないように見えるが，「直接の債務者（débiteur immédiat）が支払不能状態にあり，その債権者はあらゆる訴えを奪われていることを忘れてはならない」。原債権者と支払不能状態にある者との間の契約を基礎として，支払不能者の債権が生じたのであり，一般債権者が

---

195) 当時の学説を引用するが，最大でも要件は四つ（損失，利得，因果関係，原因の欠如）である。補充性の要件が未だ掲げられていないことに注意を要する。
196) Solus, *supra* note 192, n° 173, p. 243-244.

原債権者と競合し，なんらかの物を受領することを認めるならば，「原債権者に損害（préjudice）が惹起される。まさにこれは違法である」。よって，一般債権者の利得には正当な原因がなく，action de in rem verso が認められなければならない[197]。「こうして，原債権者に与えられる保護は，効果的（efficace）であると同時に，法的な（juridique）ものとなろう」。

しかし，以上のソリュスの学説は，不当利得返還訴権の要件が未確定の状況下で展開されたものであった[198]。実際，ソリュスも迷いを示す[199]。転貸借における所有権者，復委任における委任者，下請人たる労務提供者のうち，前二者は，約定によって予防線を張ることができるが，「労務提供者は，自らを雇い入れる請負人の支払能力（solvabilité）について調査・照会する（s'enquérir）術を持たない。彼らは，ときに，賃金の支払を受けるためのあらゆる効果的な手段を奪われるであろう」とし，立法の必要性に言及する。そして，次の言葉でテーゼを締めくくっている。

「しかし，現行の法律はしばしば仕上がりが遅く，不完全なものであるから，原因なき利得という柔軟かつ有益な理論が，これらのすべての場合に拡張されることが好ましいことはたしかであろう」[200]。

以上に展開された一般債権者に対する不当利得返還請求という理解は，必ずしも受け継がれることはなかった[201]。むしろ，直接訴権と action de in rem verso とは，不当利得の観念という根拠を同じくする異なる訴権と理解される

---

197) 返還の範囲については，最大でも損失の額を超えない利得の額が指示されるが，以上の事案においては，従属契約による債権額がそれに当たるとする。ibid., p. 245-246.
198) JAMIN, Christophe, La notion d'action directe, thèse Paris I, préf. de J. Ghestin, L. G. D. J., 1991, n° 263, p. 238.
199) V. SOLUS, supra note 192, n° 175, p. 247.「しかし，原因なき利得の理論に未だ満ち満ちている不確かさ（incertitude）のために，以上の正当化を，決定的かつ確実なものとして提示することはできないかもしれない。」
200) ibid., n° 175, p. 248. 注では責任保険についても不当利得の観念によって保護が図られるのではないかと提案している。責任保険に関する直接訴権については，参照，野田良之「フランスの責任保険法（3）」法学協会雑誌 56 巻 3 号 454 頁以下（1938）。
201) JAMIN, supra note 198, n° 264, p. 238 et s. 原債権者から従債務者に対する action de in rem verso を否定した判決として，Civ. 31 mars 1938, S. 1939, 1, 247. (cité par JAMIN, loc. cit. note (183)) なお，V. Req., 8 févr. 1909, S. 1911, 1, 313（前記本文 **173**）。

べきであろう202)。それでも，原因なき利得返還制度の黎明期におけるソリュスの議論は，フランスにおける不当利得の実際上の機能をあらためて想起させるように思われる。

action *de in rem ver so* と非債弁済返還訴権と統合

191 原因なき利得制度による非債弁済返還の包摂について瞥見して本篇を終えることとしよう。この現象もまた，原因欠缺故のコンディクチオの一般性の回復として理解することが可能である。契約消滅後の返還関係について，プラニオルとその概説書の後継ヴァージョンとが対比される。

プラニオルは，オーブリー＆ローと同様に，非債弁済返還訴権に関する箇所において，*condictio sine causa* や *condictio causa data causa non secuta* をも検討の対象とする。また，非債 (indu) の概念に，債務が解除または無効とされた場合をも含める。これらの場合には錯誤の立証は要求されないとして，次のように述べる。「弁済とは別の事実が存在する。すなわち，無効，解除または条件の不成就である。これらの事実によって，合意が締結されなかったならばそうであったであろう状態に事物を回復させること（rétablissement des choses）が必要となる」203)。もっとも，この場面で提起されるコンディクチオは，非債弁済に関する1376条ではなく，契約の有効要件としての原因に関する1131条および1133条に規定されていると理解する。必ずしも非債弁済に依拠して「回復」を語っているわけではない。

これに対して，プラニオル（＆リペール）の概説書を引き継いだエスマン (Esmein, Paul) は，次のような理解を提示する。民法典は事務管理と非債弁済とを挙げるにすぎないが，「ここに［＝準契約の節に］原因なき利得が追加されなければならない。非債弁済は，原因なき利得の特殊な一事例にすぎない。現代の判例は，原因なき利得を，一般的にサンクションする」204)。この理解は，既に通説的であり205)，非債弁済は独自の存在意義を奪われているとする。さらに，無効および解除の効果も非債弁済に統合される。非債弁済の要件たる債

---

202) *ibid.*, n° 265, p. 240.
203) Planiol, *supra* note 141, 3ᵉ éd., F. Pichon, t. 2, 1904, n° 842, p. 274.
204) Esmein, Paul, Radouant, Jean et Gabolde, Gabriel, *Traité pratique de droit civil français par Marcel Planiol et Georges Ripert*, L. G. D. J., t. 7, 1931, n° 719, p. 2.
205) p. ex. Colin, Ambroise et Capitant, *supra* note 167, t. 2, 1921, p. 408 et s.

務の不存在には,「債務が存在したが消滅せられた場合,債務は無効であり外観においてしか存在しない場合,および,債務が解除された場合」[206]が含まれる。プラニオルとは異なり,1131条等は参照されない。

契約の消滅後の原状回復は非債弁済によって把握され,非債弁済はコンディクチオとして理解される原因なき利得に統合される。こうして,フランスにおける不当利得返還制度は,一般的な適用範囲を獲得したかに見える。

しかしながら,現代においても,action *de in rem verso,* 非債弁済返還訴権,原状回復は,それぞれ固有の論理を有するものとして記述することが可能である。統一的な形象として「不当利得返還」を語ることが可能となったのちにも,学説判例は各々の訴権に即して問題を把握する。横断的な考察は十全には展開されず[207],それぞれが比較され,固有性を競い合うと表現した方が適切である。第2部における現代法の考察は,制度ごとに展開される。

---

[206] Esmein, Radouant et Gabolde, *supra* note 204, n° 738, p. 25. 序で問題とした我妻博士の議論は,フランス法のこの局面に対応している。前記本文 **2**。

[207] 給付利得とそれ以外の利得という,ドイツ法上の類型論をフランス法に投影する近年のテーゼとして,Filios, *supra* note 136 が挙げられる。フランス法において原因なき利得として扱われることが稀である事例にも目配りされるなど,比較法的視座の有用性の例証ともなっている。もっとも,このテーゼは,学説においてほぼ完全に無視されている。Pin, Xavier, *JurisClasseur civil, Code, App.* Art. 1370 à 1381, fasc. 10, 2007 (la dernière mise à jour, 26 juin 2015), は直近の体系的記述であるが,その Bibliographie には挙げられていない。

第2部　各種返還制度の現代的諸相

192 第 1 部では，各返還訴権の史的展開を辿った。第 2 部では，これまでに得られた理解を基に，現代法に即して返還請求の各法理の特徴の解明を試みる。

叙述の便宜から，第 1 部での検討順を逆転させ，action *de in rem verso* の要件および効果から検討を開始する（第 1 篇）。要件論としては，action *de in rem verso* の生成からまもなくして付加された補充性要件について，その機能を明らかにする。次いで，損失者の主観的態様が問われることで要件が厳格化されていることを確認する（第 1 章）。他方，action *de in rem verso* の例外性は，効果の特異性にも刻印されている（第 2 章）。なお，いずれの章でも物権法上の費用償還法理との比較が加えられる。これらの検討から導かれる action *de in rem verso* の特徴を表現し得る表題として，第 1 篇は「損失補償としての不当利得返還」を掲げる。

第 2 篇では，「給付物の返還と原状回復」という表題の下に，民法典が原型を保存した非債弁済返還訴権，および，制度的な要因を背景として体系的な整理を欠いた無効に伴う返還関係を扱う。まず非債弁済返還訴権について，錯誤要件の放逐による客観化と，原因なき利得法理との重畳を採り上げる。さらに，効果論を瞥見し，revendication との交錯をあらためて俎上に載せる（第 1 章）。続いて，解除後の返還関係をも見据えつつ，無効による契約消滅後の原状回復の独自性を把握し，判例が用意した諸規律を概観する。その上で，他の制度との混線を回避し，原状回復を制度として純化させようとする新たな判例法理について検討する（第 2 章）。

2016 年 2 月 10 日に債権法を改正する（但し民事責任法を除く）オルドナンス[1]が公布され（2016 年 10 月 1 日施行予定），本書の検討対象についても民法典

---

1) Ordonnance n° 2016-131 du 10 février 2016 portant réforme du droit des contrats, du régime général et de la preuve des obligations, *JO* du 11 février 2016, Texte n° 26. 授権法律は，Loi n° 2015-177 du 16 février 2015 relative à la modernisation et à la simplification du droit et des procédures dans les domaines de la justice et des affaires intérieures, *JO* du 17 février 2015, Texte n° 1. 8 条が民法典改正を授権する。本書に関わる事項については，「事務管理および非債弁済に適用される諸規定の現代化」「原因なき利得概念の条文化」（以上 8 条 9 号），「原状回復，特に契約消滅後のそれに適用される諸規定の明確化」（同 11 号）が授権内容である。後者については，のちにも指摘するが，いわゆる「債権債務関係のレジーム（régime des obligations）」（日本法でいえば債権総論に概ね相当）に属する諸制度と一括しての改正が指示されていた。なお，2015 年 2 月 25 日付けで司法省 HP においてオルドナンス案が公表され，パブリックコメントの手続きに付されていた。【補論】

の条文が修正もしくは新設された。この改正は，判例法の展開に依拠した本書の見通しについて，これを補強する面もあるが，同時にその修正を迫るものでもある。今後の受容のされ方を注視する必要があるため，改正の内容を本論には取り込まず，各所に【補論】を置いて「速報」を打つことで最低限の責めを果たすこととする。

で引用する論文等はこのオルドナンス案を検討するものである。

第1篇　損失補償としての不当利得返還[2]

　「判例はこの訴権［= action de in rem verso］をいささか過剰に限界づけているが，もう少し柔軟な方が衡平の弁（soupape d'équité）たるこの訴権の役割に適うであろう。」[3]

193　第1部で詳述したように，action de in rem verso は，資産間での利得移動を衡平の観念によって是正し，広範な利得追及を可能とする訴権として登場した。しかし，制度の承認の直後から要件の加重が開始される[4]。衡平上の訴

---

2) 2008年2月に本書の原型が助教論文として提出されたのち，民商法雑誌145巻4・5号（2012）において「特集：不当利得に関するフランス法」が組まれた。参照，松岡久和「序論」409頁以下，荻野奈緒「フランスにおける『原因なき利得（enrichissement sans cause）』の概要」418頁以下，フィリップ・レミー（森山浩江訳）「フランスにおける de in rem verso 訴権の補充性の原則」437頁以下，ジャン・ボシャール（廣峰正子訳）「原因なき利得の研究——損失を被った者のフォート」453頁以下，廣峰正子・荻野奈緒・松岡久和「ヴィヴァン教授との研究会における議論の概要」467頁以下，ジュディット・ロシュフェルド（荻野奈緒訳）「フランスとヨーロッパの法改革案におけるコーズ（cause）と原因なき利得（enrichissement sans cause）」481頁以下，荻野奈緒・松岡久和「ロシュフェルド教授との質疑応答」511頁以下。本書の以下の記述はこれらの論考と重なる部分も多く（特にレミー論文の翻訳の登場は，補充性に関する検討の意義を大きく減殺する），新規性を欠くが，原型を維持することとした。

　ヨーロッパレベルでの不当利得制度統一の動向については，本書の枠を超える。上記特集に加えて，松岡久和訳「ヨーロッパ不当利得法の比較法的概観」民商法雑誌144巻4・5号670頁以下（2011）を参照。さらに，「特集：不当利得法の現状と展望」ジュリスト1428号4頁以下（2011）の諸論文を参照。

3) BÉNABENT, Alain, Droit civil. Les obligations, 14ᵉ éd., Domat, L. G. D. J., 2014, nº 484, p. 352.

4) 要件の厳格化の過程について，V. PIN, Xavier, JurisClasseur civil, Code, App. Art. 1370 à 1381, 2007 (la dernière mise à jour, 26 juin 2015), fasc. 10, nº 18-19. 限定を付すことなく action de in rem verso を承認したブーディエ判決ののちに，同様の事案において利得の原因の不存在を要件とした破毀院民事部1898年10月18日判決（前記本文**176**），補充性要件を定式化した破毀院民事部1914年5月12日および同1915年5月2日の2判決（前記本文**177**），個人的利益（intérêt personnel）において損失が生じた場合には返還を認めない破毀院民事部1939年3月28日判決（後記本文**206**），損失者の過失の不存在を要件化する破毀第一民事部1953年5月6日判決（後記本文**211**），が画期として提示される。なお，参照，加藤雅信『財産法の体系と不当利得法の構造』（有斐閣，1986）741頁。「フランスにおける転用物訴権の制限過程を検討することは，フランス法と同様，転用物訴権を一般的に承認した最高裁判所判例［= 最判昭和45年7月16日民集24巻7号909頁］をもつ日本法に，資するところが大きい」と評する。

権の妥当範囲を限定するこの展開[5]は，action *de in rem verso* の「法化（juridicisation）」[6]と形容される。もっとも，損失者の主観的態様を問う一連の判決は，むしろ action *de in rem verso* の出自を強く印象づけ，「法化」とは正反対の「道徳化（moralisation）」[7]を語ることもできる（第 1 章）。

他方，action *de in rem verso* の効果は，この訴権が頻用されない理由を説明する。日本法と同様に返還範囲の「現存利得（enrichisssement actuellement subsistant）」への制限が語られるが，その論理は大いに異なる。さらに，返還額の金銭評価へも検討を及ぼすと，action *de in rem verso* は必ずしも「利得返還」を実現するものではないことが理解され，「損失補償（indemnité）」の語が充てられるべきとの示唆が導かれる（第 2 章）。

---

[5] MALAURIE, Philippe, AYNÈS, Laurent et STOFFEL-MUNCK, Philippe, *Droit des obligations*, 7ᵉ éd., L. G. D. J., 2015, nº 1058-1059, p. 582-583. さらに次のように述べる。「1892 年の判決が大きく開いた水門は，[…] ほぼ完全に閉ざされている。action *de in rem verso* は，もはや地下水脈とも言えず，それどころかわずかな流水とも言うべきものに成り果てた。残り滓のような訴権（action résiduelle）になってしまったのである。」続いて，action *de in rem verso* は，たしかに現代においては活力を取戻しつつあるが，この訴権が関心を寄せるのは，「法の周縁的存在（les marginaux du droit）」にすぎないとする。具体的には，内縁パートナー，別産制下の夫婦，農業経営者の卑属の配偶者，老親を介護する子など，家族関係において報酬なしに費用・労務を提供した者を挙げる。実際，以下の叙述にも，報酬を得ることなく費用・労務を提供していた者が，相続や離婚・内縁の解消といった従来の関係性の変容を機に，利得として費用の節約（économie de dépens）を得ていた者に対して返還を請求する，という事案が頻繁に登場する。家族関係における不当利得を扱う論考として，V. HÉNOT, François, L'action *de in rem verso* dans le cadre des relations familiales, *RRJ* 1997, 905 ; DELPLANQUE, Hervé, Enrichissement sans cause et rapports de famille, *Gaz. Pal.* 1997, 1, Doc. 309.

[6] RÉMY, Philippe, Le principe de subsidiarité de l'action *de in rem verso* en droit français, V. Mannino et Cl. Ophèle (dir.), *L'enrichissement sans cause. La classification des sources des obligations*, Université de Poitiers, L. G. D. J., 2007, p. 59 et s., spéc. p. 59. ［森山訳・前掲注 2)］

[7] TERRÉ, François, SIMLER, Philippe et LEQUETTE, Yves, *Droit civil, Les obligations*, 11ᵉ éd., Dalloz, 2013, nº 1069, p. 1128.

第1篇　損失補償としての不当利得返還

第1章　action *de in rem verso* の枠付け[8]

194　学説によって整理の仕方は様々であるが[9]，action *de in rem verso* の要件は，大きく二つに区別される。第一に，利得移転の事実を確認する要件として，当然ながら，(1)利得，(2)損失，(3)損失と利得との相関関係（corrélation）または因果関係（causalité）が挙げられる。これに加えて，第二に，返還を正当化する法的要件として，(4)利得の原因（または利得・損失双方の原因）の不存在，(5)損失が損失者の個人的利益（intérêt personnel）によるものでないこと，(6)損失者の過失（faute）の不存在，(7)他の訴権の不存在＝action *de in rem verso* の補充性（subsidiarité）が配される。

　以下では，この訴権の適用範囲の狭小さを示すべく，後者の4要件を扱う。まず，補充性要件（上記(7)）の意義を明らかにする。ブーディエ判決に見られた三者間での利得移動の事例に関する現在の規律にも，検討が及ぼされる（第1節）。続いて，損失者の態様を問う2要件（上記(5)(6)）を扱う（第2節）。いずれについても，原因要件（上記(4)）との関係が問われる。

第1節　action *de in rem verso* の補充性[10]

195　第1部で参照した1914年・1915年の2判決（前記**177**），は，オブリー＆ローの定式を採用し，損失者に他の訴権が帰属する場合には，action *de in*

---

8) action *de in rem verso* に関する現行法を記述するにあたっては，事案類型による整理も有用である。これについては PIN, *supra* note 4 が詳細である。各要件について，典型的な事案を列挙する。
9) 参照，荻野・前掲注2) 423-432頁。
10) 以下では，NGUEBOU-TOUKAM Josette, Réflexions sur les applications contemporaines du principe de la subsidiarité dans l'enrichissement sans cause, *RRJ*, 1997, 923 et s.; RÉMY, *supra* note 6; FLOUR, Jacques, AUBERT, Jean-Luc et SAVAUX, Éric, *Droit civil, Les obligations*, t. 2. *Le fait juridique*, 14ᵉ éd., Sirey, 2011, n° 52 et s., p. 57 et s. を主に参照して議論を展開する。第三者が介在する場合の補充性要件について，とりわけ原因概念との関係について，わが国の転用物訴権論を意識しつつ詳細に検討したものとして，参照，加藤・前掲注4) 748頁以下。さらに，稲本洋之助「フランス法における不当利得制度」谷口知平教授還暦記念『不当利得・事務管理の研究(1)』（有斐閣，1970）92頁の明晰な理解を参照。

rem verso は不受理（却下）（irrecevable）とされる旨を明らかにした。近時の学説は，その後の判例法の展開を取り込み，補充性要件は三つの意義を有するものと整理する[11]。第一が「他の訴権との併用禁止」，第二が「他の訴権に関する法的障害（obstacle de droit）の回避禁止」，第三が「利得者以外の者に対する他の訴権の事前行使の必要性」である。

前二者は二者間の利得返還において問題とされる（第1款）。これに対して，第三の意義は，ブーディエ判決に見られた三者間の不当利得に関わるものである（第2款）。

第1款　二者間の原因なき利得における補充性

（1）　他の訴権との併用禁止

196　損失者が，損失の塡補を実現する他の法的手段を有している場合，action *de in rem verso* は受理されない。すなわち，action *de in rem verso* について，他の訴権との併用（cumul）・競合（concours）[12]ないし選択（choix）[13]が禁じられる。具体的には，当然ではあるが，原告と被告との間に合意が存在する

---

[11]　FLOUR, AUBERT et SAVAUX, *supra* note 10, n° 52-55, p. 57-62.; RÉMY, *supra* note 6, n° 4, p. 61.; PIN, *supra* note 4, fasc. 30, n° 29 et s.

[12]　RÉMY, *supra* note 6, n° 5, p. 61.「この観点からすると，フランスのシヴィリストにとって，補充性の機能は，不法行為責任と契約責任との併用禁止（non-cumul）原則の機能と同様である。」訴権の併用（cumul）とは，今日では，同一の事実から目的（objet）を異にする二つの訴権が生じる場合，と定義される。V. CORNU, Gérard (éd.), Association Henri Capitant, *Vocabulaire juridique*, 11ᵉ éd., PUF, 2016, p. 292. 訴訟法上の諸問題について，V. BUSSY-DUNAUD, Florence, *Le concours d'actions en justice entre les mêmes parties. L'étendue de la faculté de choix du plaideur,* thèse Paris I, préf. de J. Ghestin, L. G. D. J., 1988, spéc., n° 432, p. 209-210. 補充性には，(1)損失を生ぜしめた事実が他の訴権をも発生させる場合には action *de in rem verso* が認められない，という意義と，(2)他の請求が認容される見込みがない場合には action *de in rem verso* が認められる，という意義があるが，判例は前者の厳格な理解を採用しているとする。この観察もさることながら，同書の分析の重要性は，訴権の併用禁止の原則一般について，(a)同一の事実が同様の性質決定を受けつつ複数の訴権を生ぜしめる場合（例．物の所為による不法行為責任についての1384条1項と1386条との重畳）と，(b)同一の事実が異なった性質決定を受けそれに従って複数の訴権を生ぜしめる場合とを区別する点にある。action *de in rem verso* の補充性は，契約責任と不法行為責任との非競合とともに，(b)に腑分けされる。なお，以上の視点は，RÉMY, *supra* note 6 の理解の前提となっていると考えられる。ただし，この区別は被告の同一性を前提としており，三者間の利得移動の場面で被告が複数化する場合を同様に扱い得るか否か，が問題となる。V. NGUEBOU-TOUKAM, *supra* note 10, p. 928.

[13]　MESTRE, Jacques, obs. sous Civ. 1ʳᵉ, 8 déc., 1987, *RTD civ.* 1988, 745. V. aussi NGUEBOU-TOUKAM, *supra* note 10, p. 929.

場合が挙げられる14)。これは「原因なき利得のはたらきは、契約によってなされたリスクの分配を変更するものではない」15)との判断に基礎づけられる。もっとも、損失者と利得者との間の合意が利得の原因となり、原因の欠缺の要件が充足されない、と論じる場合と異なるところはない。

また、action *de in rem verso* の効果は、第2章で検討するように、利得額と損失額のいずれか低い方の額に限定され、利得額は訴えの時点で現存する利得を基に算出されるため、契約上の訴権に比して認容される額は小さく、それに代えて action *de in rem verso* を行使する利益は存在しない、とも説明される16)17)。それでも、契約上の訴権によって請求し得る額がすべての損失を塡補

---

14) 初期の判決として、V. Req., 21 nov. 1917, S. 1920, 1, 293.（無記名証券（titre au porteur）をAに引渡したXが、Aの死後、Aの利害関係人（consorts）[＊おそらく相続人と思われる]に対して、証券の返還を請求した。また、これが返還されない場合には、自らに支払われていた前払金（acomptes）を控除した上で、証券の価額を支払うよう求めた。後者の請求について、Xは、action *de in rem verso* を援用している。原審は、XとAとの間に、本件の取引[＊証券を担保とする貸付]について合意があることを認定し、この合意から訴権が生ずるとする。また、証券の移転という事実のみでは、これを受領した者の財産に正当な原因のない利得が帰属したことを立証するに十分ではない、として action *de in rem verso* に基づく請求を退けた。破毀申立棄却。）本件は、X—A間の合意から訴権が生ずる結果として、action *de in rem verso* は行使し得ない、という意味で、補充性の要件の充足がないことを示した判決として整理されるが、当該合意によりAの利得には原因があった、との評価が下されていたとしても帰結は同じである。

15) RÉMY, *supra* note 6, n° 5, p. 61.

16) FLOUR, AUBERT et SAVAUX, *supra* note 10, n° 53, p. 57.

17) action *de in rem verso* と不法行為訴権との関係についても同旨が説かれる。V. ESMEIN, Paul, RADOUANT, Jean et GABOLDE, Gabriel, *Traité pratique de droit civil français par Marcel Planiol et Georges Ripert*, 2ᵉ éd., t. 7, Obligations, 2ᵉ partie. L. G. D. J., 1954, n° 763, p. 72. 損失額は判決時に評価されるが、損失額は発生時に評価されかつ利得を上限とするため（本篇第2章参照）、事実上 action *de in rem verso* が選択される可能性がないとする。この記述によるならば、不法行為訴権との関係での補充性は理論的にしか存在しないことになろう。しかし、不法行為訴権との関係での補充性を明らかにしたと解され得る判決がある。V. Civ 1ʳᵉ, 13 nov. 2003, *Bull. civ.* I, n° 230.（歌手A・Bの楽曲を複製販売するXが、使用許諾なしに同楽曲のカラオケ（"karaoké"）版を作成したYを相手方として損害賠償を請求した事案。この請求を原因なき利得の返還に基づくものと理解し、1371条に違背するとして棄却した原判決を正当とした。）事案の詳細は定かではないが、PIN, *supra* note 4, fasc. 30, n° 34 は、不法行為訴権との関係での補充性が認められた事案として引用する。本件のような知的財産権侵害の事案について、RÉMY, *supra* note 6, n° 17, p. 67 は、判例においては、逸失利益の算定によって、事実上、不法行為訴権と action *de in rem verso* との隠れた併用（cumul caché）が実現されていると評価する。不法行為訴権と action *de in rem verso* とが同一の事実から生ずる場合、したがって、不法行為の要件が充足される場合、損害賠償額が利得返還額を包含してしまうことを示唆する。この分析が正しければ、action *de in rem verso* の枠組みの下ではいわゆる「侵害利得」の事例が稀にしか見られないことが説明されるようにも思われる。ドイツ法を参照して侵害利得類型を構えつつ、フランス法ではこの類型が民事責任に包摂されている旨を指摘するものとして、V. FILIOS, Christian, P., *L'enrichissement sans cause en droit privé français. Analyse interne et*

するに至らない場合には，action *de in rem verso* が行使されることに意義が認められる18)。そうした場合として，第1部で検討した1915年5月2日判決の事案（前記 **177**）が挙げられる。そこでは，請負代金が一括払された場面で，当該代金を超える費用を要したために，これを損失として action *de in rem verso* が行使されていた。まさに第一の意義における補充性の機能は，こうした請求を退けるものと考えられる。もっとも，追加費用の請求の禁止の場合に action *de in rem verso* を行使できないことは，以下に見る第二の意義の補充性としても説明することが可能であり19)，二つの意義の境界は曖昧である。

(2) 他の訴権に関する「法的障害」の回避禁止

197 第二に，他の訴権がなんらかの「法的障害（obstacle de droit）」を被り，それが行使され得なくなった場合，この訴権に従たる訴権として提起された action *de in rem verso* は受理されない。この意義における補充性は，実定法秩序の攪乱（perturbation）20)，法律への詐害（fraude à loi）21) を禁ずるために要求される，と説明される。他の訴権が時効消滅した場合22)や，他の訴権の要件が充足されなかった場合23)が典型的であるが，次の判決の文言は「法的障害」を極

---

 vues comparatives, thèse Lille 2, préf. de J.-J. Taisne, Ant. N. Sakkoulas, Bruylant, 1999, n° 341 et s., p. 332 et s. さらに，RÉMY, *loc. cit.* は，原因なき利得の法理によって侵害者から利得を剥奪することができるか，という問題に学説は関心を示していないと指摘する。民事責任法がこの問題をカバーしている旨を論ずるものとして，V. DESCHEEMAEKER, Eric, Quasi-contrats et enrichissement injustifié en droit français, *RTD civ.,* 2013, p. 1 et s., spéc., p. 22-23. 利得の吐き出しについては，民法典の新条文に即して，【補論1】で扱う。
18) FLOUR, AUBERT et SAVAUX, *supra* note 10, n° 53, p. 57.
19) RÉMY, *supra* note 6, n° 6, p. 61 は第一の意義の具体例として1915年5月2日判決を引用するが，FLOUR, AUBERT et SAVAUX, *supra* note 10, n° 54, p. 58 は第二の意義に含めている。
20) CHEVALLIER, Jean, Observations sur la répétition des enrichissemets non causés, *Études offertes à Georges Ripert,* p. 237 et s., spéc., p. 246-247.
21) DRAKIDIS, Philippe, La « subsidiarité », caractère spécifique et international de l'action d'enrichissement sans cause, *RTD civ.* 1961, 577 et s., spéc., n° 22, p. 595.
22) 多くの学説が時効を法的障害の具体例とするが，判決は少ない。p. ex. Nancy, 28 mars 1978, *JCP* 1979, I, 8306; Soc. 12 janv. 2011, *Bull. civ.* V, n° 21.
23) 例えば，下請人が注文者に対して有する直接訴権（action directe）（1798条［第1部第2篇第2章注30)］，細則は1975年12月3日の法律1334号11条以下）が問題とされる。V. Civ. 3e, 4 déc. 2002, *Bull. civ.* III, n° 247.（元請人Aについて清算手続が開始されたのち，下請人Xが，下請代金の弁済を目的として，注文者Yに対して action *de in rem verso* を提起。本件のような関係では，本来XはYに対する直接訴権を有する。しかし，上記1975年法3条により，Aは下請契約についてYの承諾（agrément）を得なければならないにもかかわらず，それを怠っていた。それ故下

めて広範に捉えている。

> 「原因なき利得に基づく訴権は，原告に認められる他のいかなる訴権も存在しない場合でなければ許容され得ない。とりわけ，時効，失権（déchéance）もしくは訴権喪失（forculsion）の帰結として，あるいは，既判力（autorité de chose jugée）の効果によって，あるいは，<u>訴権［の行使］に要求される証拠を提示することができなかったために</u>，あるいは，これら以外のあらゆる法的障害の帰結として原告が提起し得なくなった他の訴権を，［原因なき利得に基づく訴権によって］代替させることはできない。」[24]［下線筆者］

198 この定式について特に問題となるのは，他の訴権を基礎づける事実を立証し得なかった場合の action *de in rem verso* の帰趨である。否定的に解するならば，例えば，契約に基づく主たる請求（demande principale）が提起され，その棄却に備えた補充的請求（demande subsiciaire）として action *de in rem verso* が援用された場合，前者の立証がなされないと，後者も不受理とされ，共倒れとなってしまう[25]。しかし，訴権を基礎づけ得た合意が立証されなかっ

請契約は Y に対抗できず，X は直接訴権を行使し得ない状況にあったため，action *de in rem verso* を提起していた。原審は，この訴権は直接訴権との関係でも補充的であり，後者の承諾の欠如により行使され得ないとしてもやはり action *de in rem verso* は行使され得ない，として請求を棄却した。破毀申立棄却。）原審は，補充性とともに，X の不注意または懈怠（A が Y から承諾を得るように行動すべきであったのにそうしなかったこと，がそのように評価されたのであろう）をも棄却の理由としていたが，破毀院は後者の理由づけは不要であるとしている。後述するように，補充性の要件と損失者の過失の不存在の要件とは重畳し得るが，破毀院はこれらを区別したことになる。ほぼ同様の事案について，同じく直接訴権との関係での補充性を明らかにした判決として，V. Civ. 3ᵉ, 9 déc. 1992, *Bull. civ.* III, n° 319. なお，この判決は，補充性と同時に注文者の利得に原因が存したことをも重視している。下請契約について同意がなければその存在は顧慮されず，請負契約の存在それ自体が原因を構成するために追加の費用負担が阻まれる，と考えても結論は変わらないことを意味する。

24) Civ. 3ᵉ, 29 avr. 1971, *Bull. civ.* III, n° 277. 事案については後掲注 25) 参照。なお，この定式は，ESMEIN, Paul, note sous Req., 11 sept. 1940, S. 1941, 1, 121 に由来するものとされる。本評釈でエスマンは，時効消滅等の法規範が利得の原因となるという説明も可能であり，実際，かつての判決にはこうした理解を採るものもあったとする。しかし，原因の概念に，債務の有効要件としてのそれとは異なる意味を盛り込むものであると批判する。このように，原因概念の混乱（当時は利得ないし損失の「対応物（contrepartie）」としてこれを理解することが支配的であった。Rouast について前記本文 **188** 参照）を背景として，補充性が独立の要件として要請された，とも説明される。V. FLOUR, AUBERT et SAVAUX, *supra* note 10, n° 54, p. 58-59; RÉMY, *supra* note 6, p. 74-75; LAITHIER, Yves-Marie, note sous Civ. 1ʳᵉ, 25 juin 2008, *infra* note 33, p. 1140.

た場合には、およそ合意は存在しなかった、と解することも可能であり、オーブリー＆ローの定式の元来の意味からすれば、action de in rem verso を行使し得るようにも思われる26)。

実際、第2の意義の補充性は、以下の2判決を嚆矢として緩和されつつある。

○破毀院第一民事部1996年10月15日判決27)

【事案】　X（女）とY（男）は内縁関係（concubinage）にあった。内縁期間中、XはYが経営するカフェ＝バーで労務を提供していたが、賃金ないし報酬は支払われていなかった。内縁の解消後、Xは、労働審判所（conseil de prud'hommes）において訴えを提起し、賃金の支払を請求したが、労働契約は存在しないものと認定され、無管轄を理由に不受理とされていた。そこでXは、控訴審において、自らとYとの間には「事実上創設された組合（société créée de fait）」が存在し、組合財産に対して労務出資を行った、と新たな主張を展開し、主たる請求として、組合財産からの利益分配を求めた。さらにXは、action de in rem verso を提起し、これを補充的請求とした。原審は、主たる請求については立証の欠如を理由に棄却したが、補充的請求を不受理とはしなかった。しかし、後者についても、Xが労務を提供していなければYは他の従業員を雇用せざるを得なかったとは言えず（＊利得として「出費の節約」が立証されていないことを意味する）、また、Xの損失は「家事費用の分担（contribution aux charges du ménage）」（＊夫婦間の「婚姻費用分担」に相当する）を超える

---

25) p. ex. Civ., 12 mai 1914, S. 1918-19, 1, 41 note NAQUET（前記本文 **177**）; Civ. 3ᵉ, 29 avr. 1971, supra note 24.（Xが、かつての内縁パートナーYを相手方として、Y所有の不動産について行われた工事の費用を請求。破毀院は、本文に掲げた原則を提示し、原因なき利得の返還を命じた原判決を破毀した。主たる請求の根拠とされていた請負契約の存在について立証し得なかったことを理由とする。）換言すれば、主たる請求が排斥されてしまえば、補充的に行使された原因なき利得に基づく請求も否定される。もっとも、1914年5月12日判決（客観的に見て、消費貸借があったと言える事案であった）とは異なり、Xが請負の存在を主張せず、もっぱら原因なき利得を主張していた場合には、訴権は受理されるようにも見える。しかしその場合であっても、Xは建設業を営んでおり、実際自らが工事を行っていた。そうしたXの属性は請負契約が締結されてしかるべきであった、との判断を導き得るであろう。なお、のちに検討するように、同様の事案について、損失者の個人的利益が存在したと認定して action de in rem verso を否定することもできる（後記 **210** 参照）。要件ごとに整理するのではなく事案類型ごとに検討するならば、他人物に投下された費用の償還が問題となる場合一般について、この訴権を封ずる傾向を見て取ることもできる。この意味で、予め否定的解決が先取りされており、いずれの要件の不充足をその根拠とするかは、当事者の主張次第であるとも言える。また、本件の当事者が婚姻関係にあれば、この種の補償は、償還（récompense）のメカニズムを通じて、夫婦財産の清算の過程で実現される。内縁パートナー間での補償に関する法の欠缺が action de in rem verso に依拠される構造的要因である。

26) en ce sens, FLOUR, AUBERT et SAVAUX, supra note 10, nº 54, p. 58.

27) Civ. 1ʳᵉ, 15 oct. 1996, Bull. civ. I, nº 357, RTD civ. 1997, 657, obs. MESTRE.

ものではなかった，と判示した。請求棄却。X が破毀申立。

【判旨】 破毀院は，組合に関する申立理由を退けつつ，原因なき利得について，報酬を得ずに X が Y の経営に参与していたという事実は，（内縁当事者間の）家事費用分担とは区別されるものであり，X の損失および Y の利得の存在が示唆される，として原判決を破毀した。

本判決は，一見して補充性には関わらないように見える。しかし，同じ第一民事部は，かつて，内縁カップルに関する類似の事案において，組合に関する主たる請求の立証の欠如から直ちに action de in rem verso に基づく補充的請求を不受理とした控訴審判決を（若干のニュアンスを伴いつつも）正当としていた[28]。よって，この判決は，「他の訴権の立証の欠如を理由とする action de in rem verso の不受理」という帰結は補充性からは導かれない旨を明らかにしたものと理解される[29]。もっとも，本件で問題とされた「他の訴権」は，それ自体が合意の不存在を補う「事実上創設された組合」[30]に基づくものであり，判

---

[28] Civ. 1re, 8 déc. 1987, *Bull. civ.* I, no 335, *RTD civ.* 1988, 745 obs. MESTRE. (X［男］と Y［女］内縁関係にあった。内縁期間中，Y が 60 万フランで不動産 a を購入，X も別の不動産 β を 20 万フランで購入していた。内縁の解消の際，X は，自らと Y との間には「事実上創設された組合」が存在し，不動産 a β は組合財産に属すると主張。組合財産の分割を求めた。さらに X は，action de in rem verso を提起しこれを補充的請求とした。原審は，主たる請求について立証がされなかったことを理由に，補充的請求を不受理とした。破毀申立棄却。）破毀院の理由づけは，微妙なニュアンスを帯びている。主たる請求の棄却から直ちに補充的請求の棄却を導いた原判決を難ずる X の破毀申立を排斥するに際して，「action de in rem verso の行使は主たる請求の根拠として援用された契約の定めを潜脱する（tourner）こととなる」[下線筆者] と述べられており，必ずしも組合の存在を立証し得なかったことが理由とされているわけではない。事案の詳細は不明であるが，当事者間に請求を封ずるなんらかの合意が存在していた可能性が残る。

[29] MESTRE, obs. sous Civ. 1re, 8 déc. 1987, *supra* note 28.

[30] V. VIDAL, Dominique, *Droit des sociétés*, 7e éd. L. G. D. J., 2010, no 796 et s., p. 440 et s. 明示に組合契約が締結されていない場面で，当事者間に「組合創設意思（*affectio societatis*）」を擬制する。これにより，財産を共同する意思をもって出資（労務出資の場合が多い）がなされた場合，それによって形成される組合財産につき損益分配が図られる。また，脱退の場合であれ終了の場合であれ，当事者には分割請求権が帰属する。この法理が想定するのは，別産制（séparation de biens）下の夫婦，パクス当事者間（不分割（indivision）の明示の合意がなければ各自の財産は独立である。民法典 515 条の 5），さらに，内縁当事者である。すなわち，法定夫婦財産制である共有制（communauté）の下で償還（récompense）がなされた場合と同様の帰結を確保することがその眼目である。V. MALAURIE et AYNÈS, *Droit des régimes matrimoniaux*, 5e éd., L. G. D. J., 2015, no 58, p. 46-47. もっとも，*affectio societatis* の立証は困難であるとされ，多くの場合，action de in rem verso が補充的に提起される。V. LE RUDULIER, Nicolas, La modernité de l'enrichissement sans cause en droit de la famille, *Mélanges à Raymond Le Guidec*, LexisNexis, 2014, p. 147 et s., spéc., p. 153. なお，action de

決の射程は必ずしも明らかではなかった。

〇破毀院第一民事部 1997 年 6 月 3 日判決[31]

【事案・判旨】 A は，競売士 X が指揮する競売において，Y が所有する平机（bureau plat）を取得した。この調度品は，ルイ 15 世の治世下に製作されたものとされていた。A は平机の修復作業を依頼。その過程で，偽造品であることが判明した。A は X に対して損害賠償を請求し認容された。そこで X は，Y を相手方として，賠償額の一部について支払を請求した。原審はこの請求を認容したため，Y が破毀申立。

Y は，第一の破毀申立理由として，X の請求は，原因なき利得に基づくものであり，この訴権は補充的であると主張する。X は Y に対して，担保訴権をも行使していたが，Y の過失を立証できず，これは棄却されていた。したがって，action de in rem verso は不受理とされるべきであった，とする。破毀院は，原審は「補充性の原則［の適用を］妨げることなく（sans faire échec au principe de subsidiarité）」X の請求を認容することができた，とした。

他方，Y は，第二の申立理由として，X は自らの不注意によって A に対する損害賠償責任を負っているが，ここに認められる X の過失は，Y に対しては，原因なき利得の返還訴権を不受理とする事由であると主張した。破毀院は，不注意または懈怠は原因なき利得に基づく訴えを奪うものではないとした。破毀申立棄却。

前者の補充性に関する判断がここでの問題である（後者の損失者の過失に関する判示内容は第 2 節第 2 款で検討する）。X は，担保訴権について，その要件たる事実を立証できなかった。立証の欠如を法的障害に含めるのであれば，担保訴権に対する補充性により，action de in rem verso は不受理とされるはずである。したがって，この判決を前提とするならば，補充性の第二の意義は，他の訴権に関する立証の不首尾を内包しないことになる[32]。

同様の理解に立つ判決が蓄積されつつあり[33]，補充性の要請の緩和[34]が指摘

---

in rem verso の補充性を前提とすれば，本件では，当初からこれのみを根拠として請求がなされてもよかったはずである。組合財産の分割請求に依拠した方が，より多額の支払が命じられ得たものと解される。

31) Civ. 1re, 3 juin 1997, Bull. civ. I, n° 182, JCP G 1998, II, 10102, note Viney, RTD civ. 1997, 657, obs. Mestre.
32) Flour, Aubert et Savaux, supra note 10, n° 54, p. 59.
33) Civ. 1re, 4 avr. 2006, Bull. civ. I, n° 182. (内縁関係にあった X と Y は，Y の名義で不動産を取得し

されているが，かつての理解を敷衍する判決も複数存在し[35]，判例法に一貫性は見出されない。もっとも，直後に引用する事案も含め，内縁を含む広義の家族関係においては，補充性が action de in rem verso の妨げとならない場合が多い，とまでは言うことができる[36]。元来，（広義の）家族構成員間では契約が交わされることは稀であれば，仮にそれが存在したとしても厳格な立証を要求

た。関係解消ののち，XがYに対して支払っていた金銭の返還を請求。Xは，主たる請求の根拠として，X—Y間で合意された「当該不動産上の権利を譲渡する旨の予約」を主張［＊詳細は不明であるが，XがYに代金を先払したが，Yが予約完結権を行使しなかったため，代金の返還が請求されていると考えられる］，同時に補充的請求の根拠として原因なき利得を主張した。原審は，前者についての立証がなかったことから，後者をも不受理とした。破毀院は，「Xの請求は主たる請求について援用された売買予約を根拠とし得なかった」と判示しながら，補充的請求を不受理とした原審は，1371条および原因なき利得に関する規範に違背した，とした。原判決破毀。) Civ. 1re, 25 juin 2008, Bull. civ. I, n° 185, Défrénois 2008, art. 38838, n° 7, obs. LIBCHABER, RDC 2008, 1138, obs. LAITHIER. (Xは，内縁パートナーYに対して120,000フランを支払っていた。関係解消後，Xが同額の返還を請求した。主たる請求の根拠として「管理委任契約 (contrat de mandat de gestion)」［＊実態不明］を，補充的請求の根拠として原因なき利得を援用していた。原審は，前者の立証がなかったことを理由に，後者を不受理とした。破毀院は，「管理委任契約の存在を前提とする請求は棄却されたが，この棄却は，原因なき利得に基づく補充的請求を受理可能とするものであった (rendit recevable)」とし，原判決を破毀した。)
34) TERRÉ, SIMLER et LEQUETTE, supra note 7, n° 1073-1, p. 1122.
35) Civ. 1re, 2 nov. 2005, Bull. civ. I, n° 398. (自動車修理業者Xが注文者Yに修理代金を請求した。Xは請負契約の存在を立証し得なかったが，原審は原因なき利得に基づくものとして請求を認容した。その際，契約書を交わさなかったことについてXに過失は認められるが，その程度は原因なき利得に基づく訴権を排斥するほど甚大なものではなかったとした［＊過失要件については本章第2節第2款参照］。Yの破毀申立に対して，破毀院は，契約の立証はXに帰されるが，それを欠く場合，Xは「契約を考慮せずに action de in rem verso を行使することはできなかった」として，原判決を破毀した。) Civ. 1re, 2 avr. 2009, Bull. civ. I, n° 74, JCP G 2009, n° 39, 259, obs. DAGORNE-LABBÉ, RDC 2009, 1177, obs. GAUDEMET (S.), Défrénois 2009, art. 38964, n° 5, obs. SAVAUX, RTD civ. 2009, 321, obs. FAGES. (XがYに対して消費貸借された金銭の返還を請求した。一審で棄却されたため，Xは控訴審で原因なき利得に基づく補充的請求を提起したが不受理とされた。破毀院は，「Xは，［消費貸借に関する］証拠の管理 (administration d'une telle preuve) における自らの懈怠 (carence) を，原因なき利得に基づく訴権を行使することで治癒することはできない」とした。破毀申立棄却。)
36) 内縁関係の解消の事案について，事実上創設された組合を根拠とする請求が棄却されたとしても，action de in rem verso は受理されるとした近時の判決として，Civ. 1re, 5 mars 2008, n° 07-13902, inédit. がある。しかし，利得および損失の存否について移送され，移送審はこれを否定した。再度の破毀申立がなされたが，棄却されている。V. Civ. 1re, 6 oct. 2010, n° 09–68657, inédit, RTD civ. 2011, 107, obs. HAUSER. 評釈者である Hauser は，前掲注28) に引用した判決を念頭に，その当時に比して，補充性要件が緩和された旨を示唆する。しかし，同じく内縁の解消に際して，主たる請求の根拠たる消費貸借が立証されない場合には，action de in rem verso は受理されないとした判決 (Civ. 1re, 9 déc., 2010, n° 09-16795, inédit) もある。一義的な評価はなし得ないが，Hauser は，前者が「事実上の」契約であり，後者が「正式の (officiel)」それであることを重視する。「事実上創設された組合」の法理それ自体が契約が存在しない場合に請求権を付与するための例外的規範であることを強調すれば，衡平の要請に基づく action de in rem verso と前提を同じくするとも解し得る。

すると，損失は補償されずに放置されてしまう。この観点からすると，夫婦財産制，なかでも法定財産制たる共通性（communauté）に依拠し得ない内縁カップルが，補充性の緩和を享受していることが特筆される。action *de in rem verso* は「夫婦財産制の代用品（un ersatz de régime matrimonial）」とも表現される[37]。

199　補充性の要件は，特別法との関係でも論じられる。利得の返還ないし出費の補償を目的とする請求権が特別法によって認められている場合，その要件が充足されないために救済を得られない者は，action *de in rem verso* を行使して代替的な救済を得ることができるであろうか。ここで問題となるのも家族構成員間での action *de in rem verso* である[38]。

○破毀院第一民事部 1995 年 3 月 14 日判決[39]
　【事案・判旨】　Y は姉である Z を相手方として両親の相続財産の清算・分割（liquidation-partage）を請求した。同時に，Y の妻 X は，Y・Z を相手方として，延払賃金（salaire différé）の支払を請求した。原審は，相続財産の分割を命じたが，X の請求については棄却した。
　背景事情は以下のとおり。被相続人は，農業を営んでいたが，Y・X 夫妻も報酬を得ることなく農業経営に参与していた。1939 年 7 月 29 日のデクレ・ロワ 65 条（現農業法典 L 325-15 条）[40]によれば，農業経営者の卑属が尊属の経営に参加していた場合，

---

[37] LE RUDULIER, *supra* note 30, p. 154. この観察を補強すべく，内縁当事者にも婚姻費用分担に相当する「共同生活費用の分担（contribution aux charges de la vie commune）」を要求する判決（この論文では引用されていないが 1996 年 10 月 15 日判決（前記本文 **198**）にこの表現が見られる）を引き，これに基づく債務を「自然債務」とし，その履行とみなされる限りにおいて，労務・出費等の当事者の損失は原因を有し，action *de in rem verso* が否定される，と整理している。夫婦財産法との詳細な比較は本書の枠を超えるが，この訴権が活用される事案類型に即した整理が必要である。例えば内縁関係の解消に際して，離婚時の補償給付（prestation compensatoire）に相当する金銭を action *de in rem verso* を通じて得ることができるかが問題とされる。また，同様の請求はパクス当事者間でも認められるか否かが議論されている。
[38] NGUEBOU-TOUKAM, *supra* note 10, p. 925 は，立証の不首尾に関する 2000 年代の判例の展開以前に，以下の特別法上の請求権の問題に即して，action *de in rem verso* の家族法領域での「飛躍（essor）」を指摘していた。
[39] Civ. 1re, 14 mars 1995, *Bull. civ.* I, no 130, *JCP G* 1995, II, 22516, *RTD civ.* 1996, 160, obs. MESTRE.
[40] フランスの家族および出生率に関する 1939 年 7 月 29 日のデクレ・ロワ. V. *Bull. législatif Dalloz*, 1939, p. 771.
　63 条　①　損益の共同なしに経営に直接かつ実際に参加し，また，その協力の対価として賃金

406

第 1 篇　損失補償としての不当利得返還

その配偶者もまた，擬制的な労働契約の当事者とみなされ，経営者の死亡時に請求可能（exigible）となる延払賃金を受領し得る。ただし，当該卑属も同様にこの労働契約の当事者＝補助親族（aide familiale）であることを要件とする。本件では，Y が農業から離れ補助親族であることを止めたのちにも，X は農業経営に従事していた。原審は，Y に関する要件が充足されていないとして，X の請求を棄却した。破毀院同旨。

他方，X は，補充的に，原因なき利得の返還を請求していた。原審は，action *de in rem verso* の補充性を前提に，Y が補助親族の資格を喪失したことに起因する「法的障害」を回避するために，この訴権を行使することはできないとした。これに対して破毀院は，前記特別法は「配偶者からあらゆる補償の利益を奪うことを目的とするものではなかった」とし，X は action *de in rem verso* を行使することができるとした。原判決破毀。

かつては同様の事案において，action *de in rem verso* を認める判決と拒否する判決とが拮抗していた[41]。特別法によって保護を受けられないとすれば，「特別なことは，一般的なことを排除する（*Specialia generalibus derogant*）」の法格言を指摘することができる。しかし同時に，特別法が欠缺する場合には一般法が補充的に適用されるという関係を想定することも許される。決め手となるのは，立法者の意思であるとされる[42]。実際，本判決は，1939 年のデクレ・ロワにおける補助親族の要件が補償の人的範囲を限定するものであったか否かを検討し[43]，配偶者を保護の対象から外そうとしたものではないとした。

200　この判決にせよ，上に検討した内縁カップルに関する判決にせよ，ac-

（salaire en argent）を受領しない 18 歳以上の農業経営者の卑属は，当然に，延払賃金による労働契約の受益者とみなされる。［＊2 項以下略］
65 条　① 卑属が婚姻し，かつ，その配偶者もまた 63 条に規定された要件において経営に参加する場合には，各配偶者は，延払賃金による労働契約の受益者とみなされる。延払賃金の率は，住居および食事を提供される農業労働者の年賃金の八分の三に等しいものとする。［＊2 項略］
41)　詳細について，V. DRAKIDIS, *supra* note 21, n° 26, p. 599.
42)　NGUEBOU-TOUKAM, *supra* note 10, p. 930.
43)　*ibid.*, p. 933-934 は，二つの場合を区別する。第一に，以前は原因なき利得が認められていなかった領域に，新たにこれを認める立法が現れた場合が想定される。このときには，補充性は問題とならず，端的に補償の範囲が拡張されたものと理解される。第二に，適用され得る特別法が既に存在し，それによっては補償が得られないが，他方で action *de in rem verso* の要件が充足される，という場合が想定される。ここでは，補充性が問題となり，立法者意思の探求が不可欠となる。本文に引用した判決の事案はまさしくこの場合に該当する。

tion *de in rem verso* が，実定法が救済を予定していない当事者にとって，いまなお有用性を保ち続けているという事実は，衡平上の訴権という出自を想起させるであろう[44]。当事者の属性が解決を分けているとすれば，判例法の射程は限定されるが，いずれにしても，他の法的手段の存在のみによって action *de in rem verso* が排斥される，という理解は克服されつつある[45]。同様の観察は三者間の利得移動の事例にも妥当するであろうか。

第2款　三者間の原因なき利得における補充性

201　現在の学説は，オブリー＆ローの用語法とは異なり（前記**141**），「間接利得（enrichissement indirect）」の語でもって，利得者と損失者との間に利得の異同を媒介する者（以下では「介在者」とする）が存在する事案を固有に指称する。例えば，ブーディエ判決に見られたように，契約の相手方から反対給付を得られなかった者が，自らの給付から利得した第三者に対して利得返還を請求する場合がこれに当る。このとき，補充性の要件は別様に機能する。

　まず，第一の意義における補充性が間接利得の事案にも要求されるか否かを検討しよう。この種の事案では，損失者は，介在者に対して，契約上の訴権など，なんらかの訴権を有していることが多い。これが「他の訴権」とされ，利得者に対する action *de in rem verso* との併用が禁じられるのであれば，前者が存在するという事実のみによって，後者は不受理とされる可能性がある。両訴権は相手方を異にしているが，この点を捨象して「他の訴権」の有無を判定すると，利得の原因の有無にかかわらず，間接利得の追及は否定されることになってしまう。

　相手方を異にする訴権については少なくとも併用は問われない[46]と理解した

---

44) LE RUDULIER, *supra* note 30, p. 159. V. en ce sens, LIBCHABER, obs. sous Civ. 1re, 25 juin 2008, *supra* note 33.

45) RÉMY, *supra* note 6, n° 14, p. 65.

46) en ce sens V. Civ. 1re, 25 févr. 2003, *Bull. civ.* I, n° 55, *JCP G* 2003, II, 10124, note LIPINSKI. D. 2004, 1766, note PEIS. (Aら［夫婦］は財団Xが運営する介護施設に入居していた。しかし，Xは，Aらの親族から費用の支払を受けられなかった。Aの子Yらと孫Y$_2$らの間で費用を分担して支払うよう命ずる判決が下されたが執行されなかった旨が認定されている。Xは，Aらの死後，原因なき利得を根拠とし，Yらを相手方として費用の支払を求める訴えを提起した。原審は，Xの損失はAらとの契約によるものであるとし，action *de in rem verso* の補充性により，Xの請求を棄却した。破毀院は，XとAらとの契約が「損失を正当化するとしても」，扶養義務者の「利得を正当化する

としても，第二の意義の補充性が論じられなければならない。損失者が，契約当事者＝介在者ではなく，第三者を利得者（しばしば「第三利得者（tiers enrichi）」[47]と称される）として追及するのは，多くの場合，介在者が支払不能状態にあり，この者に対する「他の訴権」が満足を受けられないからである。支払不能による訴権の無益化が，第二の意義における「法的障害」に含まれるならば，これを回避すべく提起された action *de in rem verso* は不受理の制裁を受けてもおかしくはない。

しかし判例は，間接利得の事案において，補充性を前提としてもなお action *de in rem verso* が認められると理解する[48]。学説は，補充性の第二の意義との抵触を避けるべく，すなわち，介在者の支払不能は「法的障害」に該当しないことを表現するために，しばしばこれについて「事実上の障害（obstacle de fait）」の語を用いる。逆向きに捉えれば，この「事実上の障害」の存在＝支払不能が，間接利得事例での action *de in rem verso* の実質的な要件となる。三

ものではなかった」とする。その上で，XとYらとの間にはいかなる関係も存在せず，「直接的な法的手段であれ間接的なそれであれ（voie de droit directe ou oblique）」，Xにはいかなる法的手段もなかったとし，1371条への違背を理由に原判決を破毀した。）本件において，Aらに費用支払義務があるとすれば，これは当然に相続されているはずである。XがYらにこれを主張していないことは，Yらの相続放棄という事実を推測させる。LIPINSKI, *op. cit.* は，「voie de droit directe」の不存在はこの事実を指すものとする。また，XはAらのYらに対する扶養料支払債権を代位行使できたようにも見える。しかし，この債権の一身専属性により排除される。「voie de droit oblique」への言及がこれを示唆するであろう。なお，Aらの相続財産の債務超過を想定し，これを介在者の支払不能と同視できるならば，以下本文で展開する議論がこの判決にも妥当する。

47) FLOUR, AUBERT et SAVAUX, *supra* note 10, n° 55, p. 61, note 3 は，損失者と介在者との関係では利得者は第三者であるが，原因なき利得の当事者との関係で表現すれば介在者こそが第三者であり，「tiers enrichi」の語はミスリーディングであるとする。
48) リーディングケースとして，V. Req., 11 sept. 1940, *D. H.* 1940, 150, *S.* 1941, 1, 121, note ESMEIN. なお，加藤・前掲注4) 744-745頁の分析をも参照。(注文者の支払不能の事案。注文者Aから本件不動産を取戻した（reprise）Yに対して［＊判決文からは自明ではないがA―Y間に賃貸借が締結されていたものと解される］，請負人Xが action *de in rem verso* に基づき請負代金の支払を請求した。原審はこれを認容した。破毀院は，原審は，Aを相手方とする契約上の訴権の存在を認定したのちに，「Yが行った取戻による原因なき利得を理由として，Xに対して下される有責判決（condamnation）を，Aの支払不能によってYに対する有責判決が<u>無意味なものとなるであろう（rendrait vaine）</u>場合にのみ認められるものとした」［下線筆者］のであり，「Yを相手方とする action *de in rem verso* が補充性（caractère subsidiaire）を有することを明らかな形で確認した（nettement affirmé）」とした。破毀申立棄却。）なお，条件法（「rendrait vaine」）が用いられていることから，介在者の支払不能による他の訴権の無力化は，仮定的なものでもよいと考えることができる。そうであれば，当時の準則は，のちに検討する支払不能の立証を要件とする現在の判例法よりも緩やかなものであったことになろう。

者間の不当利得に関して補充性が争点となった2件の判決によって例解しよう。

○破毀院民事部 1984 年 2 月 1 日判決[49]

【事案】 X（夫）と Y（妻）の婚姻中に A が出生した。のちに X と Y は離婚。Y は Z と再婚した。Y・Z は，A について父子関係異議の訴え（action en contestation de la paternité）を提起するとともに，準正（légitimation）を求め，認容された。その後，X は，Y に対して，A の養育費として支払われた 43,538.37 フランの返還を請求した。この請求は認容されたが，Y の支払不能のために判決は履行されなかった。そこで X は，新たに Z を被告とし，原因なき利得の返還として同額を請求した。原審は，A の養育義務を負う Y・Z は，X の出費から原因なく利得したとして，Z に支払を命じた。Z が破毀申立。Z は，X は Y に対する訴権を有しており，かつその請求が認容されているため，自らに対する訴権の行使は補充性に反すると主張した。また，父子関係が確認されるまでは，A は X・Y の嫡出子であると推定されていたのであり，養育費を支出したとしても，X の弁済に原因がなかったわけではない，とも主張する。

【判旨】 破毀院は，「損失者が，他の債務者に対する有責判決を得たとしても，この債務者の支払不能により，当該有責判決が意味をなさなくなっている（est rendue vaine）ときには，利得を得た者を相手方として原因なき利得に基づく訴権を行使することは妨げられない」と判示し，原判決を支持した。他方，父子関係異議の訴えを認容する判決は，宣言的効力（effet déclaratif）を有する旨を確認する。これにより，A の出生時に遡って X・Y の嫡出子たる資格が消滅し，その結果として，X の養育義務は遡及的に消滅するのであり，子の養育のためになされた弁済は原因を欠くとした。破毀申立棄却。

　本判決の事案からは，補充性への抵触を回避するためには，支払不能の可能性を主張するだけでは足りず[50]，「他の訴権」が実際に行使される必要がある，という準則を導くことができる。「他の訴権」に関する判決が得られたにもかかわらず履行がなされないときにはじめて，action *de in rem verso* を行使することができる。なお，身分判決の遡及効により「弁済の原因」は遡及的に消滅したと判示する点は，非債弁済返還訴権に関して第 2 篇第 1 章で検討するように，

---

49) Civ. 1re, 1er févr. 1984, *Bull. civ.* I, no 45, *D.* 1984, 388 note Massip, *D.* 1984, IR, 315, obs. Huet-Weiller, *RTD civ.* 1984, 712, obs. Mestre.
50) この判決の「est rendue vaine」と前掲注 48) に引用した 1940 年 9 月 11 日判決の「rendrait vaine」とを比較。

弁済時点では原因が存在したが，事後に原因が消滅したいわゆる「事後的非債化（indu postérieur）」の事案に対する解決と類似する。

○破毀院商事部 2000 年 10 月 10 日判決[51]

【事案】 Y 所有の店舗において，エステティック・サロン（centre de remise en forme）を経営していた A_1 は，X 銀行を賃貸人とする信用賃貸借（＝ファイナンスリース）（crédit-bail）を締結し，リラクゼーション機器（matériel de relaxation）を使用していた。X の賃料債権は，保証人 B ら（5 名）によって担保されている。その後 A_1 は，裁判上の更生の手続きに服することとなり，管財人となった A_2 は，上記の信用賃貸借を解約した。しかし，Y から目的物が返還されなかったため（＊本件目的物は Y の店舗に据え付けられていたことが推測され，Y がその収去を拒んだと考えられる），X は，Y を相手方として，action de in rem verso に基づく訴えを提起した（＊A_1 または Y に所有権が帰属することを認めつつ，その価額を原因なき利得として請求したものと考えられる）。原審は，この請求を認容した。破毀院判決の文面によれば，原審は，B らは遅滞に附されたがそれは無意味（vainement）であったのであり，また，B らは，X が目的物またはその対価（contrevaleur）を回収する（récupérer）することについて注意（diligence）を欠いた旨を主張することができたと判示した（＊後者の判示内容は損失者の過失要件に関わる）。X が破毀申立。

【判旨】 破毀院は，判決文の冒頭で「action de in rem verso は，原告に認められる他の訴権がなんら存在しないのでなければ，認められない」と規範を確認する。その上で，X は，B らを相手方とする訴権を有しているが，保証人が支払不能状態にあったことは立証されていなかったとした。原判決破毀。

A_1 は，信用賃貸借の解約により目的物の返還債務を負う。現物での返還が不能であれば，価額での返還に服さなければならない。しかし，この価額返還を目的とする X の債権は A_1 の支払不能により全額については満足を受けられない。そこで X は，現物返還不能が Y による引渡の拒絶に由来することを奇貨とした。すなわち，契約にとっては第三者である Y が利得を得ているものと措定し，action de in rem verso を提起した。これに対して破毀院は，保証人 B らが A_1 の価額返還債務をも担保すること[52]を前提に，A_1 が支払不能状態

---

51) Com., 10 oct. 2000, *Bull. civ.* IV, n° 150, *D.* 2000, AJ 409, obs. AVENA-ROBARDET, *RTD civ.* 2001, 591, obs. MESTRE et FAGES.

にあったとしても，直ちに Y に利得返還を請求することは許されず，まずは B らを相手方としなければならないとした，と言うことができる。もっとも，B らもまた支払不能に陥っていることが立証されれば，再び Y に対する action *de in rem verso* が認められる。事案から抽象して表現すれば，第三利得者への訴権行使の前提たる支払不能は，損失者にとっての直接の債務者のそれに限られず，その債務を担保する者のそれについても要求されている。

202 本判決の評釈者は[53]，action *de in rem verso* と補充的関係に立つ他の訴権は，「通常の訴権（action normale）」である，と説明する。法律が，ある規範を「原則的な解決（solution de principe）」として措定する場合，それを回避することは，「まさにその者の深層にある意図の不実さ（trahison de son intention profonde）」を証し立てる[54]。そうした不実な行動を禁ずることが補充性の趣旨である。上記判決においては，賃貸人＝損失者が保証人から弁済を受けることが，法秩序が予定する「原則的な解決」であった。逆向きに表現すれば，損失者は，保証人の支払不能を立証することで，action *de in rem verso* の提起が不実な行動ではなかったことを明らかにしなければならない。もっとも，「通常の訴権」ないし「原則的解決」は事案から直ちに導かれるものではなく，多分に評価を含む概念である[55]。一義的な解決は導かれず，カズイスティックが支

---

52) 無効・解除の効果として生ずる債務についても保証人は債務を負うものとされる。p. ex. Civ. 1re, 1er juill. 1997, *D*. 1998, 32, note AYNÈS.（消費貸借の無効の事例）V. BÉNABENT, *supra* note 3, n° 223, p. 180.

53) MESTRE et FAGES, obs. sous Com., 10 oct. 2000, *supra* note 51. 以下の見解は，特別法との関係における補充性に関する 1995 年 3 月 14 日判決（前記本文 **199**）について既に展開されていた。V. MESTRE, obs. sous Civ. 1re, 14 mars 1995, *supra* note 39.

54) 損失者の「意図の不実さ」という評価については，帰責性のある損失者に action *de in rem verso* による保護を認めない，という意味で，後述する過失の要件と補充性要件とが類似の機能を果たしていることを示唆している。

55) FLOUR, AUBERT et SAVAUX, *supra* note 10, n° 54, p. 60.「不明瞭な概念（notion floue）」と批判する。実際，MESTRE et FAGES, obs. *supra* note 51, p. 592 はさらに，第三者に対する民事責任訴権を仮定することもできると指摘する（実際，本件では収去を拒んだ Y の不法行為を想定し得る）。ただし，結論においては，そもそも認容されるか否か明らかではないこの仮定的な訴権を行使することがなかったからと言って，action *de in rem verso* が閉ざされることはないであろうとしている。もっとも，不法行為訴権との関係での補充性を認めた（として引用される）Civ 1re, 13 nov. 2003, *supra* note 17 も存在するのであり，事案によってはこれが「通常の訴権」に含まれると解される可能性もある。いずれにしても，「通常の訴権」を広範に解するならば，損失者に自らの損失を塡補するために考えられるあらゆる措置を採ることが要求され，すべての可能性が閉ざされたのちでなけれ

配する。

　他方，本判決については，次のような評価も可能であろう。第1部で指摘したように，action de in rem verso は，契約の相手方が支払不能に陥った場合，第三者に対する請求を許容する方途でもある。その限りで債権者平等原則を損なう。したがって，損失者は，利得者という第二の債務者を得て，一般債権者たる地位から抜け出るためには，通常考えられる方法を尽くさなければならない。本件における損失者には保証人への請求の途が残されている。この方途もまた「事実上の障害」に遮られてはじめて，action de in rem verso が許容される，と解することができる。この意味で，action de in rem verso は，その本来の機能を失ってはいないが，「最後の手段（ultimum subsidium）」[56]と言うにふさわしいものとして枠づけられている。

　さらに，action de in rem verso の成否を介在者の支払不能に従属させるならば，補充性の要件は，利得者にとって，保証における検索の抗弁（exception de la discussion）と同様の機能を果たすとも指摘される[57]。契約当事者以外に利得者が存在し，その利得に原因が欠けていたとしても[58]（事実，上記2判決の事案において，利得者と介在者との間に利得を原因づける合意等は存在しない），利得者は，

ば action de in rem verso が認められないことになってしまう。

56) RÉMY, supra note 6, n° 12, p. 64.
57) ibid., p. 64-65. V. aussi TERRÉ, SIMLER et LEQUETTE, supra note 7, n° 1073-1, p. 1122. Comp., NGUEBOU-TOUKAM, supra note 10, p. 927 et s. 第一に債務者を追及すべきという規範として理解される補充性の意義について，抗弁を基礎づけるものと理解し，これを「訴訟上の意義（sens procédural）」と表現する。
58) 支払不能の立証以前に，あるいはそれと同時に，利得の原因欠缺が立証されなければならない。この旨を示す判決として，V. Civ. 1re, 14 janv. 2003, Bull. civ. I, n° 11, Défrénois 2003, art. 37676, n° 15, obs. AUBERT, RTD civ. 2003, 297, obs. MESTRE et FAGES, Droit & patrimoine, 2003, n° 115, p. 113, obs. CHAUVEL.（Y は，A 社に対して土地を売却することを予約した。代金は，A が当該土地上に建設する別荘によって代物弁済するものとされた［＊同時に地表権も設定されることになろう］。A の注文により，請負人 X は，当該別荘の基礎を完成させるが，A は裁判上の更正の手続きに服することとなった。清算の過程で，Y との売買予約は完結されないものとされたたため［＊破毀院は，無効とされた（annulé）とする］，Y は同様の条件で，別の会社と売買契約を締結した。以上の経過において，請負代金の支払を受けられなかった X は，原因なき利得を根拠として，Y を相手方とする訴えを提起した。原審は，仕事の対価の支払は A が負担すべきものであったとして X の請求を棄却した。破毀院は，原審が，Y と A との仮契約（compromis）が無効とされたこと，同一の目的物について別の売買契約が締結されたこと，ならびに，A が更正手続きに服したことを摘示したが，これらの事実は，結果として，X の A に対する訴権が「機能しない（inopérante）」ものとなり，かつ，Y の利得には，A との仮契約という正当な原因が欠缺することとなったことを示すものであるとした。原判決破毀。)

補充性を援用することによって，（保証人等を含む）介在者を相手方とするよう主張することができる。これを覆すべく，損失者が支払不能を援用する[59]。このように理解すれば，三者間の利得移動の事案における補充性の意義は，介在者に対する訴権と action *de in rem verso* との間に優先劣後の関係を設けることに存すると言える[60]。

原因要件との異同 **203** 次節への架橋として，補充性と原因欠缺の要件との異同を論じよう。既に示唆したように，補充性の第一の意義については，「利得を正当化する法的権原（titre juridique justifiant l'enrichissement）」と理解される利得の原因との「二重使用（doble emploi）」が指摘され[61]，しばしば補充性を独立に論じることは無益であるとされる[62]。第二の意義についても，法的障害を受けた「他の訴権」について，それを基礎づける合意が存在する場面では，当該合意が利得を正当化していた，と言うことができる。

これに対して，間接利得の事例に関する判例の準則は，利得の原因のみでは説明されない。前記２判決に見られたように，利得に原因が欠けたとしても，直ちには action *de in rem verso* は認められていなかった。しかし，損失者の出費・労務等の「等価物」または「対応物」として原因概念を定義するならば（前記本文 **187**・**188**），損失についてそれが欠けていないとの推論が可能となる。損失者と介在者との間に合意が存在する場合，換言すれば，損失者が介在者から反対給付を受ける旨が約されていた場合，損失には原因が認められ，action *de in rem verso* が否定される。それでもなお介在者の支払不能の場合に action *de in rem verso* を許容するには，損失の原因が事後的に欠缺したとの評価を経る必要がある。前記の 1984 年 2 月 1 日判決（前記 **201**）の事案において「弁済の原因」が問題とされていたことが想起される。

このように三者間の関係では，「損失の原因」が一定の説明力を有している。

---

[59] Pin, *supra* note 4, fasc. 30, n° 15.「損失者には，自らが求めた裁判所の判決が執行され得なかったことの立証，あるいは少なくともその旨を援用する負担が課される。」
[60] Rémy, *supra* note 6, n° 12, p. 65.
[61] Nguebou-Toukam, *supra* note 10, p. 924-927; Flour, Aubert et Savaux, *supra* note 10, n° 54, p. 48. なお，この理解については，稲本・前掲注 10) 92 頁において既に紹介されている。
[62] Rémy, *supra* note 6, n° 7, p. 62 et n° 10, p. 63. V. aussi Viney, Geneviève, note sous Civ. 1re, 3 juin 1997, *supra* note 31. 補充性を「靄がかった概念（notion fumeuse）」と評価する。

しかし，そうした説明が妥当するのは，介在者の存在により，利得の原因と損失の原因とがそれぞれ独立に考察され得るからにすぎないとも言える。果たして「損失の原因」は，より一般的に，action *de in rem verso* の要件とされるべきものであろうか。

第2節　損失者側の要件[63]

204　本節では，損失者の主観的態様を問う「個人的利益の不存在」「過失の不存在」という二つの要件を検討する[64]。これらはしばしば「損失の原因」として整理される。損失者の過失についての判例が蓄積されつつあった時期に著された論文には，次のような記述が見られる。

> 「利得が原因を有するとき action *de in rem verso* は排斥されるが，一方に原因のない利得があったとしても，他方に原因のある損失がこれに対応して存在する場合には，同じくこの訴権は否定されなければならない」[65]

---

63) 先行業績として，参照，清水元「不当利得法における損失者のフォートに関する覚書——フランス不当利得法の一断面」東北学院大学論集・法律学48号187頁以下（1996）。1980年代までの学説判例を網羅する。
64) 損失者側の事情をいずれの要件項目において考慮すべきか。学説は分岐する。例えば，MALAURIE, AYNÈS et STOFFEL-MUNCK, *supra* note 5, n° 1069, p. 588 は，原因の不存在の一態様とし，TERRÉ, SIMLER et LEQUETTE, *supra* note 7, n° 1069, p. 1118 は，経済的要素，法的要素と区別された「道徳的要素（élément moral）」とする。前者は，節のタイトルを，『利得の原因の不存在』とするものの，「原因とは，利得または損失を正当化する法的権原（titre juridique）のことである」［下線筆者］と定義し，「損失が，損失者の重過失または故意を原因とするときには，損失には原因がなく，action *de in rem verso* は行使され得ない」とする。他方，後者は，損失者の「心理状況（situation psychologique）」が考慮される場合でも，利得の原因の不存在の要件は満たされていると理解する。損失者の個人的利益や過失が損失に原因を与えるとする理解に対しては，「この場合，原因という語は，意味を変容せられている」と評価する。すなわち，この場合に問題とされているのは，資産間の価値の移動を正当化する法的権原ではなく，「損失者を突き動かし得た利益（intérêt qui a pu guider l'appauvri）」であるとし，同一の語を用いることを批判する。損失者の事情が考慮されるのは，この制度を「道徳化する（moraliser）」ためである。以上は，観念の遊戯でしかないように見えるが，action *de in rem verso* が実現すべき衡平がいかなる内容のものとして把握されるか，という視角を設定するならば，興味深い対照を成す。本節第2款参照。
65) CONTE, Philippe, Faute de l'appauvri et cause de l'appauvrissement, réflexions hétérodoxes sur un aspect controversé de la théorie de l'enrichissement sans cause, *RTD civ.* 1987, p. 223 et s., spéc. p. 226.

第2部　各種返還制度の現代的諸相

第1款　損失者の個人的利益（含，物権法上の費用償還）

205　結論を先取りすれば，この要件の機能は，損失者の所為がなんらかの反射的な利得をもたらした場合，それを享受する者に対する損失者からの費用の分担の要求を拒絶することにある。

　要件が未だ定式化されていなかった当時は，利得の存在のみを考慮する場合には費用償還が容易に認められるが，損失者側の事情をも考慮すると費用負担の押し付けが否定される，という関係が見られた。二つの判決によって例解しよう。

○グルノーブル控訴院1924年6月25日判決[66]
　【事案】　農業を営む組合Aは，自らの土地を新たに採砂場とすることを企図し，その土地に，公道に接続する私道を敷設した。その後，本件土地は，競売によりXに譲渡された。隣接地（囲繞地）の所有権者Yが，この私道を利用したいと考え，維持費用として一定の補償金を負担することを条件として，通行地役権の設定を求めた。Yの地役権設定が認められたが，一審が命じた鑑定により，Yが提供する補償額は，本来支払われるべき額に満たないものとされた。Yが控訴。
　【判旨】　控訴院は次のような理解を提示する。682条[67]は，通行による損害に比例した補償の支払を要求している。これは何人も他人の犠牲において利得してはならない，という高次の原則に基づくものである。したがって，承役地の所有権者は，地役の存在によって被る損害のすべてを補償されなければならない。その上で，私道の建設費用が多額であったこと，Yの道路使用はXと競合するものでありXの利用を重大な仕方で妨げるものであることを摘示し，維持費用のみの補償では十分ではなく，Yは，Aが出費した私道敷設費用の一部をも負担しなければならないとした（＊A—X間の費用負担関係について次頁注69）参照）。後者に相当する追加の補償は，action *de in rem verso* を根拠とする。

---

66) Grenoble, 25 juin 1924, *D.* 1926, 2, 41, note ROUAST.
67) 682条［原始規定］　囲繞された土地の所有権者で，かつ，公道へのいかなる通用路をも有しない，または，自らの所有地の農業もしくは工業利用にとって不十分な通用路しか有しない者は，隣地上の通行を請求することができる。ただし，通行によってもたらされる損害に応じた補償を負担とする。

682条を文字どおりに解すれば，要役地の所有権者が義務づけられる補償は，承役地の所有権者が被る損害を塡補するものであり，必ずしも原因なき利得を根拠としない。にもかかわらずこの法理が援用されている点で，民事責任と原因なき利得との混同を指摘することもできる。とはいえ，判決が action de in rem verso を通じて衡平な分担を図ったのは，通行がもたらす損害ではなく，私道の敷設費用であり，これについては原因なき利得を語ることができる。Y は，自ら通路を敷設する費用を負うことがなかったのであるから，費用の節約という利得を得ている。しかし，X の前主である A は，元来は自らの利益のために私道を敷設していた。この利益が損失を原因づけているとすれば[68]，X の請求[69]は排斥されてもおかしくはない。それでもなお X は action de in rem verso を行使し得るとされている点で，利得のみに着目し，それに原因が欠ければ直ちに返還が命じられる，というかつての判例法の名残りを見て取ることができる。いずれにしても，私道敷設当時の損失者の意図はなんら問われることなく，当事者が費用を分担する旨が命じられた。

◯破毀院審理部 1927 年 6 月 22 日判決[70]

　【事案・判旨】　X は，所有する水車の使用に供するべく，行政庁から特許（concession）を受け，利用料（redevance）を支払って，ガロンヌ川に通ずる運河から取水していた。X は，原因なき利得を根拠に，自らの水車の下流に所在する水車の所有権者 Y に対して使用料の四分の一に相当する金額の支払を求めた。本件には次のような背景があった。特許に際して，X が負担する利用料は，近隣の水車の所有権者によって共同して負担される旨が合意された。この合意の期限は特許の期限に連動し，後者の期限の到来時に更新を要するものとされていた。しかし Y は，X らに対して，

---

68) ROUAST, note sous Grenoble, 25 juin 1924, *supra* note 66 は，損失にも「対応物」としての原因が欠けていなければならないと理解するため，一旦は，「出費には，建設者自らの採砂場の経営から期待される利益が対応しており，原因づけられているように見える」と理解する。しかし，「隣接する囲繞地の所有権者の請求は状況を変化させる」とする。すなわち，Y の競合的な利用によって，本件の道路は，排他的に X の利益において用いられるものではなくなる。したがって，「道路の敷設費用が，競合する隣人に利益を得させ，かつ，建設者を害する限りにおいて，後者には，<u>原因なき損失がある</u>」［下線筆者］とする。

69) 敷設費用を支出したのが A であれば，訴権は A に帰属するはずである。判決文からは明らかではないが，X が訴権を有していると考えるには，競売の際，X が，敷設にかかる A の債務を弁済し，A に代位したとでも解するよりほかない。

70) Req., 22 juin 1927, S. 1927, 1, 338.

更新に同意しないことを告げ，利用料の支払を拒絶した。その一方で，Y はなおも水車を稼働させ続けていたため，X が費用負担を求めて action *de in rem verso* を提起した。原審は，上流の所有権者たちの許には，Y が流水の利用から得ている利得に対応する損失（appauvrissement corrélatif）が生じていないとして，X の請求を退けた。理由づけは以下のとおり。X らは，「もっぱら自らの必要を考慮して（ne…qu'en considération de leurs besoins）」本件の特許を受けていた。実際，X らは，自らの出費に対応する利益を得ており，この出費は流水が下流で利用されていなかったとしても同額である。したがって，X の資産から Y の資産へ価値は移転しておらず，X は action *de in rem verso* を行使し得ないとした。破毀申立棄却。

X は，特許の更新後も以前と変わらぬ費用負担を Y に求めた。しかし，X の損失は自らのためのものであり，損失に対応する利益も得ている。換言すれば，損失には原因がある。グルノーブル控訴院の判決とは対照的に，費用負担を拒絶した Y の利得の不当性は考慮されていない。

206 以上のように，裁判所は，損失者の費用負担の要求に対して，利得を取り残すか否かという判断を迫られる。その基準として彫琢されたのが，損失者の「個人的利益の不存在」の要件である。これを定式化したものとして，次の判決が参照される。

○破毀院民事部 1939 年 3 月 28 日判決[71]

【事案】 X は，Y_1 から土地（のちに Y_2 に譲渡）を賃貸借した。その後 X は，自らが当該土地の一部であった牧草地を農地に改良したことを理由に，Y_1・Y_2 を相手方として費用の償還を求めた（＊契約では，X は，耕作に必要な建物を自らの費用で建築することが認められていたが，土地の改良については定めがなかった）。原審は 555 条[72]および action *de in rem verso* の諸原則に基づいてこの請求を認容した。

【判旨】 破毀院は，555 条は，土地の改良の場合については，所有権者の費用償還義務を規定していないことを確認する。他方，action *de in rem verso* は，損失者が「自らの利益および危険において（dans son intérêt et à ses risques et périls）造作を行ったときには，適用され得ない」と判示する。その上で，X は，自らの占用

---

71) Civ., 28 mars 1939, D. C. 1942, 119, note F. G., S. 1939, 1, 265, note Audiat.
72) 555 条の原始規定の条文訳は，第 1 部第 2 篇第 1 章注 134）を参照。

418

（occupation）が一時的なものであることを認識しており，改良は，自らの利益において，自らの使用収益（jouissance）の改善のためになされたにすぎないとした。原判決破毀。

物権法上の費用償還　**207**　本判決を理解するためには，物権法上の費用償還の諸規律を検討する必要がある。Xが援用した555条[73]が適用されるのは，「第三者（tiers）」＝占有者[74]が，他人の土地の上で，自ら材料，費用，労務を投じて植栽（plantations）・建築物（constructions）・工作物（ouvrages）（以下学説に倣い「建築物」で代表させる）を設置した場面である。まず前提として，地表権（droit de superficie）等の権原を欠く占有者によって土地上に設置された物は，原則として当該土地に附合（accession）[75]する（552条1項）[76]ことを確認しよう。これに対して，555条が，建築物に関して例外則を定める，という関係となる。同条によれば，所有権者は，(1)建築物の収去（enlèvement, suppression）の請求，または，(2)その保存（conservation）を選択することができる。

(1)の場合，附合との関係で敷衍すれば，所有権者は，その効果の享受を否定している。このとき占有者は，自らの費用で収去を実現しなければならない。所有権者から補償は得られず，かえって所有権者に損害があれば賠償を義務づけられる。ただし，(1)の請求は，権原を有しないことについて悪意の第三者のみを対象とする（第3項［当時，現在は第4項］の反対解釈）。

これに対して，(2)の場合，所有権者は附合により建築物の所有権を取得することになる。このとき占有者は，費用償還を受けることができる。注意される

---

[73] 同条をめぐる諸問題については，瀬川信久『不動産附合法の研究』（有斐閣，1981）50頁以下が古典的である。
[74] 第3項が示唆するように，ここでの「第三者」は，所有権者による「追奪（evincer）」を受ける存在である。換言すれば，この者は，revendicationによる訴訟の被告となる占有者である。また，その善意が果実返還の要否と関連づけられている点からも，「第三者」が「占有者」を指すことは明白である。V. LARROUMET, Christian, *Droit civil.* t. II, *Les biens. Droit réels principaux*, 5e éd., Economica, 2006, n° 676, p. 383. では，ここに「所持者（détenteur）」は含まれるか。本件を理解するにはこの点がポイントになる。参照，瀬川・前掲注73）64頁以下。
[75] 訳語については，瀬川・前掲注73）54頁注(1)。accessionの語は，不動産について附合・混和・加工を総称するため，これらを包含する「添付」が選択されている。これに従うか，あるいは同じく総称概念として「従物取得」を充てるべきであるが，以下はもっぱら555条を問題とするため，同条が想定する事案に鑑みて「附合」の語を用いる。
[76] 552条　①　土地の所有権は，上部および下部［に設置された物］の所有権を奪う。

第 2 部　各種返還制度の現代的諸相

べきは，(1)の収去の場合と異なり，占有者の善意・悪意は費用償還の可否については問われない，という点である。換言すれば，善意・悪意は，収去請求の可否についてのみ問題とされ，附合を否定せずに建築物の保存を選択した所有権者は，占有者の主観的態様の如何にかかわらず償還を義務づけられる。もっとも，その範囲については，原始規定では，占有者の善意・悪意に応じて規律が異なっていた。悪意占有者に対しては「材料費および労務の対価」が，善意占有者に対しては，所有権者の選択に従って，前記費用または「土地の増価」に相当する額が補償される[77]（なお，この区別は，のちの改正［1960 年 5 月 17 日の法律（後記 **223**）］により否定され，現在では，善意・悪意を問わずいずれかの額が選択される）。

208　本件における X は，以上の 555 条の規律に従った費用償還を請求していた。しかし，当事者間に賃貸借がある場合は，そもそも 555 条は適用されない，と解することもできる。事実，賃借人は「占有者」ではなく「所持者 (détenteur)」にすぎない[78]。また，契約の終了にあたって，目的物を原状に復する義務を負っており（1730 条）[79]，賃貸人＝所有権者は補償なく収去を請求し得るように見える[80]。しかし，19 世紀後半の判例の展開により[81]，555 条の規律が契約当事者間にも及ぼされるに至る[82]。実際，本件でも，破毀院は，X

---

77) 原始規定については，以下のような疑義が提起されていた。V. Fayard, Marie-Claude *Les impenses,* thèse Lyon, préf de R. Nerson, L. G. D. J., 1969, n° 199, p. 226. まず，民法典の起草当初は，収去についても占有者の善意・悪意は問われていなかったが，護民院での審議の段階で，善意占有者に対する収去請求が否定されるに至った。これを取り込むべく第 3 項に但書，および第 2 文が付加される。ここで保持の場合の費用償還に関して問題が生ずる。善意占有者に対する補償については，増価分の方が額が小さければ所有権者はこちらを選択するはずである。すると，増価分の方が低額である場合には一般に，帰責性が認められる悪意占有者の方が多額の補償を得られることになってしまう。この点を是正したのが，第 2 節で後述する 1960 年 5 月 17 日の法律であった（後記本文 **223**）。
78) 参照，瀬川・前掲注 73) 53 頁。
79) 1730 条　賃貸人と賃借人との間で現況確認（état des lieux）がなされていた場合，賃借人は，それに従って，受領した当時の状態で目的物を返還する義務を負う。ただし，老朽化または不可抗力によって滅失または毀損した部分を除く。
80) Dross, William, *Le mécanisme de l'accession. Éléments pour une théorie de la revendication en valeur,* thèse Nancy II, 2000, n° 416, p. 413.
81) 瀬川・前掲注 73) 64 頁以下で詳細を極める。
82) Zénati-Castaing, Frédéric et Revet, Thierry, *Les biens,* 3ᵉ éd., PUF, 2008, n° 145, p. 223-224. 詳細について，V. Fayard, *supra* note 77, n° 59 et s., p. 66 et s.

の請求を退けるにあたって，賃貸借の存否を問題とせず，555条は新規の植栽・建築物・工作物の場合にのみ適用される[83]ことを理由としている。

もっとも，555条が適用されないとしても，物権法上の費用（impenses）償還の法理によれば，他人の所有物に費用を支出した占有者には，一定範囲で費用償還が認められる[84]。明文の規定は存在しないものの，その規律は，伝統的に，費用の性質に応じて三分される。第一が，必要費（impense nécessaire），第二が有益費（impense utile），第三が奢侈費（impense voluptuaire）である。

第一の必要費は，物の維持（entretien）・保全（conservation）のために要した費用として敷衍される。所有権者はその全額を償還しなければならない[85]。この帰結を基礎づけるために，事務管理が措定される場合がある。それによれば，本人＝所有権者のために支出され，それが有益であるとされれば[86]，事務管理者はそのすべてを請求することができる。しかし，費用償還が問題となる場面では，例えば，賃貸借等の契約に基づいて物を所持する者は自らの利益のために他人の事務を管理している。権原を有すると誤信する占有者であっても，他人の事務を自らの事務として誤信した者に相当する。いずれにも事務管理意思は認められない[87]。そこで，原因なき利得の法理が援用される[88]。所有権者自らが占有していたとしても物の保存のために支出することを余儀なくされたはずである，との論理を介すると，所有権者の許に，自らが支出すべきであった

---

[83] 現在の判例法も同様である。LARROUMET, *supra* note 74, n° 664, p. 371. V. aussi DROSS, William, *Droit civil., Les choses*, L. G. D. J., 2012, n° 65 et 65-1, p. 122-123; MALAURIE et AYNÈS, *Les biens*, 6ᵉ éd., L. G. D. J., 2013, n° 448, p. 146-147. なお参照，瀬川・前掲注73）81-82頁。

[84] しばしば物権法の概説書・教科書は，555条の解説を従物取得の箇所に置き，impenses理論のそれをrevendicationの効果を論ずる箇所に置くため（p. ex. TERRÉ et SIMLER, *Droit civil. Les biens*, 9ᵉ éd., Dalloz, 2014）連関が見失われるが，LARROUMET, *supra* note 74, n° 664, p. 371は明晰に整理している。

[85] ただし，果実取収のためのものとみなされる場合は必要費であっても返還されない。TERRÉ et SIMLER, *supra* note 84, n° 527, p. 413; DJOUDI, Jamel, *Rep. civ. Dalloz*, v° REVENDICATION, 2008（actualisé en avril 2015），n° 76. すると，果実収取権を有する善意占有者であれば償還が得られず，それを有しない悪意占有者であれば償還が得られるという逆転現象が生ずる。

[86] なお，ここでの有益性は，費用償還法理における有益費のそれとは異なる。V. LARROUMET, *supra* note 74, n° 665, p. 372-373. 前者は，あくまで，本人にとっての有益性であり主観的に把握されるが，後者は所有権者にとっての有益性を意味せず，増価の有無をもって客観的に判定される。V. aussi ZÉNATI-CASTAING et REVET, *supra* note 82, n° 204, p. 328-329.

[87] LARROUMET, *loc. cit.*

[88] ポチエの事務管理の拡張（前記本文**122**）にも同様の論理の階梯を見出すことができた。

「費用の節約」が観念される[89]。そして，この利得が返還される，と説明されることになる。

　第二の有益費については，占有者は，自らの出費額と物の増価額のうち小さい額のみの償還を得ることができる。第2節で見るように，このルールは，原因なき利得の法理による場合と同一である。事実，判決は，有益費償還を命ずるにあたって，端的に，原因なき利得に依拠することもある[90]。また，以上の必要費・有益費の償還は，費用支出者についても[91]，償還義務者についても，善意・悪意を問わない[92]。

　以上に対して，第三の奢侈費は返還されない。もっぱら出費者の興趣に従って出費されたものであり，定義上なんら所有権者にとって増価をもたらさない。原因なき利得に即していえば，奢侈費は，利得をもたらさない損失である[93]。なお，奢侈費によって付加された物が，主物を毀損せずにそれから分離され得る場合には，費用支出者は現物返還を請求することができる[94]。

---

[89] Dross, *supra* note 83, n° 66-3, p. 125. *Contra* Larroumet, *supra* note 74, n° 664, p. 371. 説得的な理由は示されていないが，必要費償還は完全には原因なき利得には対応しないとする。「費用の理論は，独自のメカニズムと考えられるべきであり，結局のところ，[そのように解した方が]ローマ法上の元来の法理にも適っている。」

[90] p. ex. Civ. 3ᵉ, 18 mai 1982, *Bull. civ.* III, n° 122, *JCP G* 1982, IV, 266, *D.* 1983, IR, 14 obs. Robert.（内容については後記本文 **224** 参照）

[91] この点は，非債弁済返還に関する1381条に依拠すると説明されることがある。後記本文 **246** 参照。

[92] Larroumet, *supra* note 74, n° 664, p. 371. p. ex. Civ. 3ᵉ, 12 mars 1985, *Bull. civ.* III, n° 50.（永代賃貸借（bail emphytéotique）の事案。賃貸された土地の一部が賃貸人 A に帰属していなかったことが判明したため，その所有権者 Y が賃貸人 X に対して明渡を請求した。Y が森林部分の農地化，湿地部分の排水，植栽，建築について収去を請求しなかったため，X はその費用償還を請求する反訴を提起した。原審は X の請求を認容した。Y は，土地が A に帰属していなかったことについて知ったのちに上記の改良工事を行っており，費用償還請求権を有しないと主張したが，破毀院は，555条［＊1960年5月17日の法律による改正後のそれ］は費用償還について占有者の善意・悪意を区別していない，として申立を棄却した。）

[93] Larroumet, *supra* note 74, n° 665, p. 373.

[94] Djoudi, *supra* note 85, n° 78. 根拠条文としては，用益権者による収去を認める599条3項が挙げられる。
599条　① 所有権者は，いかなる仕方であれ，用益権者の権利を害することができない。
　② 用益権者の側では，用益権の終了の時点で，自らがもたらしたと主張する改良について，たとえ物の価額がそれにより増大していたとしても，いかなる補償をも請求することができない。
　③ 前項の規定にかかわらず用益権者またはその相続人は，用益権者が設置した鏡，絵画またはその他の装飾品を収去することができる。ただし，［それらが設置された］場所を原状に復することを負担とする。

209 以上の費用償還法理には明文の規定がないと述べたが，有益費に関しては，555条がこれを規定している，と理解することもできる。555条は，占有者が善意の場合に償還されるべき費用を，所有権者の選択にかからしめていた。しかし，所有権者は，「土地の増価額」と「材料費・労務の対価額」との間に差がある場合，いずれか小さい方を選択するであろう[95]。すると，表現の仕方が異なるだけで，有益費に関する規律と同一の帰結が生ずることになる。結果として，二つの規律は，不当利得の観念という根拠を共有する[96]にはとどまらず，原因なき利得の制度を端的に適用したものとも理解され得る。本件の原審は「555条および action *de in rem verso* の諸原則に基づいて」Xの請求を認容していたが，実際には，これらを根拠としつつ，費用償還法理を妥当させていた，と考えることもできる。

　このように，以上の規律のいずれもが原因なき利得の制度を通じても説明され得るのであれば，これと区別して費用償還法理を構える必要は乏しいとも言われる[97]。この同質性の指摘は，本件の解釈に関して重要な示唆を与える。

　まず，以下の推論の前提として，本件のX―Y間には契約が存在していたことを確認しよう。555条所定の補償と同様に，費用償還法理についても，契約があればあらゆる費用償還が否定される，との理解は採られていなかった[98]。そのため，費用支出者の属性を問わず費用償還法理が一般法として適用される[99]。したがって，Xに対する有益費償還が認められていたとしてもおかしくはない。しかし，破毀院は，賃借人というXの属性から，「占用（occupa-

---

95) V. LE GALLOU, Cécile, *La notion d'indemnité en droit privé*, thèse Paris XII, préf. de A. Sériaux, L. G. D. J, 2007, n° 611, p. 473; DOUCHY, *infra* note 96, n° 104, p. 237.
96) LARROUMET, *supra* note 74, n° 677, p. 384-385; 瀬川・前掲注73) 53頁。*Contra* DOUCHY, Mélina, *La notion de quasi-contrat en droit positif français*, thèse Aix-Marseille III, préf. de A. Sériaux, Economica, 1997, n° 104, p. 237. 同書は，原因を欠いた財の移動を準契約一般の根拠として措定する（後記**290**）。555条が規律する場面については，建築物の保存を選択する所有権者は，附合の効果を享受しているにすぎないと理解する。換言すれば，法が附合という形で所有権者の利得に原因を付与している。したがって，ここでの補償は（著者の理解する）準契約には包摂されないことになる。
97) DROSS, *supra* note 83, n° 66-3, p. 125.
98) AUDIAT, note sous Civ., 28 mars 1939, *supra* note 71.
99) LARROUMET, *supra* note 74, n° 666, p. 374. なお，現在では，賃貸借関連の特別法の多くに費用償還の規律が設けられている。

tion)」の暫定性の認識と,「使用収益（jouissance）」権能が X にのみ帰属することを導いている。この判断はあらゆる賃借人に妥当するであろう[100]。したがって,「自らの利益および危険において」という一般的言辞の裏には, 原因なき利得法理を通ずることで, 契約当事者間での費用償還請求をおよそ否定する, という隠れた意図を見出すこともできる[101]。

210 以上の解釈が妥当であれば,「個人的利益の不存在」の要件は, 費用償還法理を契約当事者間にも及ぼすことができるか否か, という特定の論点に対する応答として登場したと考えることができる[102][103]。この場面で利得者の側

---

100) AUDIAT, note sous Civ., 28 mars 1939, supra note 71 は, 本件の争点について,「こうした性質を有しない費用［＝賃借人が負うべき通常の修繕費用］で, かつ, 土地に有益な改良をもたらした費用について, 小作人はその補償を請求できるか」と総括し, 本判決は否定的な回答を与えた, と説明していた。

101) Comp., GORÉ, François, L'enrichissement aux dépens d'autrui. Source autonome et générale d'obligations en droit privé français. Essai d'une construction technique, thèse Grenoble, Dalloz, 1949, n° 231, p. 239-240.「action de in rem verso は, 契約当事者間においては, 常に排斥される。なぜなら, 賃借人または小作人は, 賃貸借契約による債務とは別に不動産を改良した場合であっても, 常に自らの占用の一時的性格（caractère temporaire）を認識しており, したがって, 自らの危険において行為しているからである。」さらに, 用益権者の費用償還請求を排斥する 599 条 2 項も同様の思想によるものであるとする（V. aussi TERRÉ, SIMLER et LEQUETTE, supra note 7, n° 1070, p. 1119, note 4）。なお, Goré の議論の前提は, 損失が,「損失者の意思に反して（contre la volonté du appauvri）」生じたのでなければ, 利得の返還は認められない, というものである。したがって, これによれば,「個人的利益」の要件を構えるまでもなく, 任意に支出された費用はそもそも償還の対象とならない。

102) 契約終了後も引渡を拒絶して使用収益を続けた賃借人についても妥当する。Soc., 18 mars 1954, JCP 1954, II, 8168, obs. OURLIAC et DE JUGLART.（賃借人 X は, 賃貸借の終了ののちにも占有を続けていたが, のちに明渡命令を受けた。これに対して X は, 当該年の収穫物から賃貸人 Y が利得を得たとして, 費用の償還を請求した。原審は, Y には利得が存在せず, また, X の損失の原因は,「権利がないにもかかわらず頑に［Y の］所有地に留まり続けたこと（obstination à se maintenir sans droit sur la propriété）」にあるとし, X の請求を棄却した。X は, 原因の不存在は, 利得の保持を正当化する法律行為が存在しないという意味で理解されるべきであり, それが存在しない以上, Y は X の犠牲において利得することはできない, と主張して, 破毀を申立てた。破毀院は, 原審が, X は賃借人でも善意の占用者（occupant de bonne foi）でもなかったと認定したことを確認する。X は, 自らの占用（occupation）が仮の（précaire）ものであることを知っており, 執行の猶予が得られれば, 自らの播種から収穫を得られるものと考えて行動していたとする。その上で,「当該状況において, X は, 自らの危険において（à ses risques et périls）行動した」と判示し, 申立を棄却した。）事案, 判決内容ともにほぼ同様の判決として, V. Soc., 14 nov. 1957, JCP 1958, II, 10666, obs. JOLY. これらの判決は, 損失者の過失に関する判決としても引用され得る。賃借人が契約終了後も引渡を拒んだことそれ自体が過失に当たる考えれば, 二つの要件は重畳する。

103) この点は, 三者間の間接利得の事例でも問題となる。Civ. 3ᵉ, 26 févr. 1992, Bull. civ. III, n° 64.（Y 所有の農地に用益権の設定を受けた A は, 当該農地を Y の同意を得ることなく X に賃貸借し

に着目して，返還範囲を現存利得に限定したとしても，改良の場面のように物に一体化されてしまった利得については，返還をまったく否定するという帰結を導くことはできない。しかし，損失者の側に観点を移し，その主観的態様を考慮すれば，償還・返還をおよそ免ずることができる。

その後判例は，射程を拡大し，反射的利益を受けた利得者からの返還を封ずることを目的として「損失者の個人的利益」の要件を発展させた[104]。例えば，自らの土地において送電施設の延長工事を行った者は，隣地の所有権者がこの工事によって送電を受けることが可能となったとしても，action *de in rem verso* を通じてこの者に費用の一部負担を求めることはできない[105]。また，内

た [＊判決文では，「A は単独で（seule）X への農事賃貸借に同意した（a consenti）」とされている］。A の死亡により用益権が消滅したのち，Y は土地の占有を回復し，X の播種による小麦を収穫した。X が費用の償還を求めて訴えを提起。原審は，Y は A・X の賃貸借を無効とすることができたにもかかわらず，A の死後に占有を回復して収穫物を得ることで原因なく利得しているとし，X の請求を認容した。Y が破毀申立。破毀院は，「自らの利益および危険において労務を投じた者は，原因なき利得を援用することができない」とし，原判決を破毀した。) 本件は，所有権の巻き戻しを通じて利得が移動している点で，ブーディエ判決の事案に類似する。もっとも，利得者である Y と介在者である A は，所有権者（虚有権者）と用益権者であることに注意する必要がある。所有権者は，用益権の終了時に費用償還を要しない（599条2項）が，この規律が用益権者が締結した契約の相手方にも及ぼされるのであれば，Y は A に対して利得の返還を要しないであろう。また，用益権者は，農事賃貸借を単独では締結することができない（595条4項）。したがって，X は，用益権の存続期間中であっても，A が締結した農事賃貸借の無効（所有権者のみが提起し得る相対無効（nullité relative））を主張することができ，当然に農地を回復し得る地位にあった。これらの要素を Y の利得の原因とみなすのであれば，action *de in rem verso* はそもそも排斥されるべき事案であったと言える。しかし原審は，所有権者が無効訴権の提起を怠ったことを重視してこの訴権を認容したため，破毀院は，申立理由に応える形で，賃借人からの費用償還請求を「個人的利益」の要件を通じて排斥したものと考えられる。なお，所有権者の同意を得ていないことについて賃借人に帰責性を指摘することができるならば，後述の損失者の過失要件でも訴えは排斥され得る。

595条 [1965年7月13日の法律により改正] ④ 用益権者は，虚有権者とともにするのでなければ，農地，または，商業，工業もしくは手工業用の不動産を賃貸することができない。虚有権者の同意を欠く場合，用益権者は，裁判によって，当該行為を単独でなすことを許され得る。

104) BONET, Georges, La condition d'absence d'intérêt personnel et de faute chez l'appauvri pour le succès de l'action *"de in rem verso"*, *Mélanges offerts à Pierre Hébraud*, Université des sciences sociales de Toulouse, 1981, p. 59 et s. は，「個人的利益」の要件によって返還請求が否定される場面について，自らの財産の改良による場合（反射的利益が問題となる場合）と，他人物の改良ではあるが使用収益権能がある場合（賃貸借当事者間の関係を典型とする）とを区別する。

105) Civ. 1re, 19 oct. 1976, *Bull. civ.* I, n° 300. (建設予定の家屋の電化のために，送電施設の延長工事の費用を支出した X が，隣地に同じく家屋を建設中の Y に対して，費用を負担することなく送電施設への接続が可能となったことで利得を得ていると主張し，工事費用の負担を求めた。原審は，利得の存在を認定したが，これに対応する損失がないとする。また，本件の工事は，自らの不動産の電化という個人的目的によるのであり，「特定の原因を伴った自らに固有の利得（son unique avan-

縁当事者の一方が所有する不動産を改良した他方の当事者は，自らもその改良から受益することを企図していたのであれば，内縁関係終了後の費用償還を否定される106)。

以上の諸判決について確認されるべきは，いずれの事案においても，利得を正当化する原因・権原は存在しない，という点である。にもかかわらず action de in rem verso が否定されている点を捉えれば，損失に原因があった，と理解することができる107)。損失者は，自らの利益のために出費しており，この利益が「対応物（contrepartie）」として損失の原因を構成する，と説明される所以である108)。

それでは，しばしば個人的利益の延長線上に語られる109)「損失者の過失」について，同様の理解は可能であろうか。

第2款 損失者の過失110)

211 損失者の過失の不存在の要件は，当初，破毀院により傍論において指

---

tage avec une cause déterminée)」が存在する，として請求を棄却した。X は，破毀申立において，損失は「財産の増大がなかったこと（défaut d'augmentation du patrimoine)」として把握されるべきであると主張したが，破毀院は，工事が「自らの利益および危険において」行われた場合には，action de in rem verso は認められないとした。破毀申立棄却。）

106) Civ. 1re, 7 juill. 1987, n° de pourvoi 86-11129, inédit, RTD civ. 1988, 132, obs. MESTRE. （Y と内縁関係にあった X は，Y が取得した不動産を改装した。内縁関係の解消後，X が Y に仕事および材料の費用を請求。原審はこれを棄却した。破毀院は，action de in rem verso は損失者が自らの利益および危険において行動した場合には認められないとし，X は自らの生活環境の改善のために行動しており，かつ，内縁関係が一時的なものであること（précarité）に伴う危険を引き受けていると判断した原判決を正当とした。破毀申立棄却。）補充性の要件の内容を具体化した Civ. 3e, 29 avr. 1971, supra note 24 と事案が酷似する。そこでは，費用を支出した者が建設業者であったという特殊事情があり，正規に請負契約を締結していれば報酬を得ることができた，と非難することも不可能ではなかった。とはいえ，仮定に依拠する脆弱な論理であることは否めない。それに比して，個人的利益の要件によって action de in rem verso を排斥する場合には，損失の対価を得られたにもかかわらずそれを得なかったことに帰責性を求めるのではなく，損失の対価は既に得られている，と評価することになり，仮定を含まない論理を構築することができる。なお，損失者が自ら仕事を行ったのではなく，その費用を支出した，という事案について，ほぼ同様の文言で action de in rem verso を否定した判決として，V. aussi Civ. 1re, 24 sept. 2008, Bull. civ. I, n° 211, D. 2009, 140, note LEMOULAND.

107) FLOUR, AUBERT et SAVAUX, supra note 10, n° 49, p. 53.

108) NGUEBOU-TOUKAM, supra note 10, p. 927; CONTE, supra note 65, n° 44, p. 248. V. aussi TERRÉ, SIMLER et LEQUETTE, supra note 7, n° 1070, p. 1119.

109) 清水・前掲注 63)。

110) 先行業績として，参照，清水・前掲注 63)。本款の記述は，清水論文が執筆された時点よりの

摘され[111]，次の 2 件の判決によってその射程を拡大された。

○破毀院第一民事部 1953 年 5 月 6 日判決[112]。

　【事案】 4 人の子の監護権を有していた A（妻）は，Y（夫）との離婚訴訟中に死亡した。子は A の母である X の許で養育された。Y は，X に対する仮処分命令（référé）を取得し，子の引渡を求めたが，X がこれを拒んだため執行はなされなかった。約 10 年後，X は，Y に対して，子の養育費等を請求した。原審はこの請求を棄却。X が命令に反して監護権を保持し続けたことを理由とする。破毀を申し立てた X は，Y は執行を求め続けるべきであったと主張し，Y の利得が自らによる子の引渡の拒否に起因するとしても，当該利得に原因はないとする。

　【判旨】 破毀院は，Y は執行を試みたが功を奏さなかったことが原審によって摘示されており，X は，引渡命令に従わなかったことを理由として，養育費等の支払を Y

ちの展開を補うものとして構想されたが，BEAUCHARD, Jean, Études sur l'enrichissement sans cause: la faute de l'appauvri, V. Mannino et Cl. Ophèle (dir.), *L'enrichissement sans cause. La classification des sources des obligations,* Université de Poitiers, L. G. D. J., 2007, p. 71 et s. の廣ül訳・前掲注 2）の登場によりその意義は減殺された。

111) Req., 22 févr. 1939, *D. P.* 1940, 1, 5 (2ᵉ esp.), note RIPERT. (Y は，クリーニング業を営む A に対して，営業財産を賃貸した。その中には，洗濯船（bateau-lavoir）が含まれていた。この船が災害 [＊詳細は不明] により毀損したため，A は X に修繕を請け負わせた。しかし，A は支払不能の状態にあり，X は請負代金を得られなかった。X が所有権者である Y を相手方として訴えを提起。原審は X の請求を棄却。X の破毀申立理由は多岐に亘るが，営業財産に関する 1909 年 3 月 17 日の法律ならびに原因なき利得の諸原則に対する違背の主張に関して，破毀院は，Y の利得の原因について次のように判示した。一方で，原審は，Y・A 間の契約において X は賃貸借の終了後目的物を良好な状態（bon état）で返還する義務を負っていたのであり，X がもたらした価値が Y の資産に帰属することには正当な原因があると判断した。賃貸借契約における原状回復義務により，毀損した船を修繕する義務が A の負担とされていたことが，この判断を導いている。他方，原審は，X は，営業財産の賃貸借の公示の欠如により，契約の相手方の資格を確認することができなかったものの，A の真の［資産］状況（situation véritable）について照会することなく契約を締結したことに X の懈怠（négligence）が認められるとし，Y の損失は，A の支払不能の帰結であり，かつ，X 自らの不注意（imprudence）の帰結であるとした。破毀院は，この判断を正当とし，申立を棄却した。）損失者の過失に関する初期の破毀院判決としてしばしば参照されるが，利得の原因の存在のみで X の請求を退けるのには十分であり，破毀院は X の申立に応えたにすぎないと考えることができる。

112) Civ. 1ʳᵉ, 6 mai 1953, *D.* 1953, 609, note GORÉ. 評釈者である Goré は，本人の明示の禁止があるにもかかわらず他人の事務を管理した者が，費用償還請求を行うことができるか，という問題を扱うものとして整理する。なお，Goré は，テーズの段階では，損失者の過失を重視していなかった。V. GORÉ, *supra* note 101, n° 236, p. 244. 反対に，利得者の過失について，不法行為責任との関係で詳細に論じている。V. n° 271 et s., p. 283 et s. action *de in rem verso* の要件として，「利得者に過失が存在しないこと」を挙げ，結論において，不法行為訴権と action *de in rem verso* との併用を認めない。もっとも，この帰結は補充性によっても導くことが可能であるとする（n° 286, p. 298）。不法行為訴権との関係での補充性について，前掲注 17）参照。

に求めることを禁じられるとした。破毀申立棄却。

○ 破毀院商事部 1968 年 6 月 8 日判決[113]

【事案・判旨】 中古車を購入した Y は，売主である X に修理を依頼した。X は約 2 年に亘って自動車を引渡さなかったため，Y は判決を得てこれを取戻した。その際になされた鑑定の結果，Y は修理代金として 1,700 フランを支払うものとされた。Y は，返還の遅延による損害の賠償を求めてあらためて訴えを提起。これに対して X は，1953 年モデルであった本件中古車を，1956 年当時のモデルに改造したために要した費用として，6,805 フランの支払を求める反訴を提起した。事務管理ならびに原因なき利得を根拠とする。

事務管理について，原審は，X による改造は，契約に規定されたものではなく，また，Y のために行われたとの立証がないため事務管理も成立しないとした一審判決を支持した。破毀院も，X は，Y の指示を得ることができたにもかかわらずそれを怠っているとして，事務管理の成立を否定した。

他方，原因なき利得について，原審は，Y の利得の立証がないとしたが，これに加えて，X は Y との合意を無視し得なかったとする。X は，破毀申立において，新しいモデルに合わせた改造は，中古車の価額を増大させるものであり，Y は利得している旨，また，Y の指示を請わなかったことは訴権を不受理とする事由ではない旨を主張する。破毀院は，Y との合意を無視した X は，原因なき利得を主張し得ないとした。破毀申立棄却。

いずれの事案においても，利得に原因がないことは前提とされている。この場合に，損失者の主張を排斥するためには，当時の判例法からすれば，損失者が個人的な利益において費用を支出した，と評価される必要がある。あえて 1953 年判決の事案にそれを見出すとすれば，子の監護権を保持し続けることが個人的利益であった，と考えることになるが，第 1 款で検討した諸事案における金銭評価し得る利益とは大きく異なる。実際，破毀院は，端的に損失者の行動の違法性を難じた。実際，X は，子を引渡すことによって損失を回避することができたにもかかわらずそうしていなかった[114]。

これに対して，1968 年判決の事案では，損失者による改良は，対価を得る

---

113) Com., 8 juin 1968, *JCP* 1969, II, 15724, obs. PRIEUR.
114) V. FLOUR, AUBERT et SAVAUX, *supra* note 10, n° 51, p. 56.

ことを企図したものであるとはいえ，改良された目的物それ自体から利益を得ようとしてなされたわけではない。よって，個人的利益の要件はおよそ機能せず，損失者の帰責性を問題とする必要があった，と理解することができる[115]。結果として，契約の内容に従わずになされた改良について，注文者は対価を提供することを要しないこととされた。

212 その後も，いくつかの破毀院判決が公にされるが[116]，次の事案に対する一連の判決から，損失者の過失の要件の実際上の機能を抽出することができる。

〇破毀院第一民事部 1974 年 10 月 22 日判決[117]・破毀院第一民事部 1979 年 4 月 3 日判決[118]

【事案・判旨】 公証人 A は，代金 18 万フランで公証人の職（étude, office）（事務所を含む）を同業の X に譲渡することを約した。この取引には以下のような背景があった[119]。同じ年に A に対する検査（inspection）（＊検査主体は明記されていないが，おそらく，公証人の業務を監督する公証人地方評議会（conseil régional des notaires）であると思われる）が行われた際，A の職業上の口座に 50 万フランを超える負債（passif）が発見されたため，A は，公証人職の譲渡によってこれを清算する旨の命令を受けていた。その後 A は，辞表，および，譲渡代金によって負債を清算する旨を承認する書面を作成した。残額は A 個人および A の父・妻が負担すべきものとされた。以上の背景の下に，X との間で譲渡の合意が交わされた。X は小切手により即座に代金債務を弁済した。これは，A が不動産取引を行うべく前払を要求したためであった。X は前払する代わりに（en contrepartie），A から同額の債務承認証書を受領した。その証書には，「譲渡の仮契約（compromis）」がなされた旨，および，期間 6 カ月，年 5 分の利息が合意された旨が記載されていた。この取引は，公証人職

---

115) ただし，X—Y 間の合意への言及は，契約に基づいて請求し得ない事柄を action *de in rem verso* に基づいて請求することはできない，という意味での補充性要件にも関わるであろう。幾度も指摘しているように，諸要件の境界は一義的には定まらない。
116) 清水・前掲注 63) 198 頁以下に譲る。
117) Civ. 1re, 22 oct. 1974, *Bull. civ.* I, n° 272, *JCP* 1976, II, 18331, note THUILLIER. 原審：Toulouse, 22 janv. 1973, *D.* 1973, 509, note AUBERT.
118) 移送審に対する上告審：Civ. 1re, 3 avr. 1979, *Bull. civ.* II, n° 110, *Defrénois* 1979, art. 32077, n° 54, note AUBERT.
119) V. AUBERT, note sous Toulouse, 22 janv. 1973, *supra* note 117, p. 511.

の譲渡の通常の態様に反する。公証人職の譲渡を受ける者は，代金支払の前に宣誓を行わなければならない。この義務に反したことがのちに問題となる。

その後Aは，背任により刑事訴追を受け，譲渡は実現されなかった。しかしAは，前払金を他の債権者に対する弁済に用いていた。そのため，Xの請求により，Aに対して返還ならびに損害賠償を命ずる判決が下されたものの，その執行はなされなかった（＊直後にAは自殺する。Aの相続人も破産状態にあった（ruine）ことが認定されている）。その後Xが死亡。Xの相続人 X_2 は，公証人保証地方金庫（Caisse régionale de garantie des notaires)[120]（以下Y）を相手方とし，action de in rem versoを根拠として訴えを提起した。X_2 は，第一に，公証人職の譲渡は，辞任する公証人が最後に行う職業上の活動であり，その不履行による損害もまた保証の対象となると主張する。第二に，Xが前払した金銭により顧客に対するAの債務が弁済されており，その結果として，Yは顧客に対する保証金の支払を免れて利得を得た，と主張する[121]。

原審は，保証金支払請求については，公証人職の譲渡はAの職業上の活動ではなく，YはXに対してなんら保証する義務を負わないとした。他方，action de in rem versoに基づく請求についてはこれを認容し，Yに対して，149,990.90フランの支払を命じた。第一に，Yは正当な原因がなければAの資産の増大を通じて利得することはできない，と規範を提示し，Aが公証人職を譲渡し得なくなったことにより，Xが支払った金銭は原因を欠くこととなった，とする。第二に，Xには宣誓を行う前に譲渡代金を弁済したという職業上の規範への違背があるものの，Aとの合意の履行が不能となったことにより，原因なく弁済された金銭の返還を求めることができる，とする。Yが破毀申立。

破毀院は，原判決は，Xの損失の端緒（origine）として，宣誓義務の懈怠というXの過失（faute）を指摘しながら，Yを相手方とする action de in rem verso の行使を正当としたが，これは，1371条および原因なき利得に関する諸原則に違背するものであったとして，原判決を破毀した。

X_2 は，移送審（Limoges, 4 mai 1977）においても，同様の主張を展開したが棄却されたため，再度破毀申立を行った。原因なき利得について，X_2 の破毀申立は，損失

---

[120] 公証人保証地方金庫については，参照，山本和彦『フランスの司法』（有斐閣，1995）437頁。
[121] Yによる保証を受けるのは，当該地方の公証人の顧客（clientèle）である。公証人の民事責任に基づく顧客に対する損害賠償の支払が保証される（1955年5月20日のデクレ11条「共同金庫（caisse commune）は，控訴院の各管轄地域において，公証人地方評議会の監督の下に，顧客に対して公証人の責任を保証する。」）。支払不能の状態にあったAは，Xからの信用がなければ損害賠償責任を負い，結果として，Yに支払義務が課されていた，という関係が想定される。そうでなければ，XのYに対する請求には意義が見出されない。

者から action de in rem verso の利益を奪う過失は，利得者に対して損害を惹起する過失（＊不法行為責任の要件としての過失）と理解されるべきであるとする。また，衡平の諸原則（les principes d'équité）は，利得者が自らにとって偶発的（fortuite）なものでしかない損失者の過失を援用することを認めないばかりか，そもそも過失は利得の正当な原因とはならないと主張した。その上で，原審が，過失が Y に損害をもたらすものであったか否かについて探求しなかったことを難ずる。また，X_2 は，原審の判示から，Y に利得が存在したことは明らかであったとも主張する。以上より，原審は，「損失と Y の利得との間に，<u>端緒の不可分性（indivisibilité）</u>が存在することを，矛盾なしに否定することはできなかった」［下線筆者］とする。

　ここで破毀院は，第一の破毀院判決とは微妙に異なる論理を用いる。まず原審の判示内容について，「自らに固有の利益および自らの危険において行動し（agissant dans son propre intérêt et à ses risques et périls）」，職業上の規範に反して 18 万フランを支払った X には過失があり，この過失は，Y の利得に直接的な影響（retentissement direct）を有するものではなかったとしても，損失の端緒であり，したがって，action de in rem verso の利益を奪うものであった，と要約する。もっとも，原審は，<u>X の損失と Y の利得との関係が間接的（médiate）</u>であり，この二つの要素の間の不可分性は立証されていないと評価しているが，これは，過失を損失の端緒とする判断と矛盾しないとする。以上より，原審は申立理由に既に応えており，判決は適法に正当化されているとした。破毀申立棄却。

　第一の破毀院判決は，過失の不存在を action de in rem verso の要件として明確に定式化した初めての判決であると評価されている[122]。注意されるべきは，本件が三者間の不当利得の事案であったことである[123]。損失者と利得者との間に介在者が差し挟まれるからこそ，損失者側の要件が単独で機能する[124]。利得に原因が欠けていたとしても，介在者との関係次第では，損失に

[122) THUILLIER note sous Civ. 1re, 22 oct. 1974, *supra* note 117.
[123) *loc. cit.* によれば，これ以前の 4 件の判決には，間接利得の事案に対して，先例としての価値が認められない。1939 年 2 月 22 日判決（前掲注 111））の棄却の実質的な理由は，そもそも営業財産の所有権者に利得の原因があったことであり，他方，1953 年 5 月 6 日（前記本文 **211**），1957 年 11 月 14 日（前掲注 102）），1968 年 6 月 8 日（前記本文 **211**）の 3 判決では，いずれの事案でも，過失が損失および利得の直接の原因であったとする。すなわち，両項目の一方には原因があり他方にはそれが欠ける，という状況は生じていなかったものとされている。
[124) Y は，X が A に対しても訴権を行使していることから，自らに対する請求は action de in rem verso の補充性に反するとも主張していた。原審は，A の相続財産が支払不能状態にあることは「明白（notoire）」であったとして，これを退けている。他の訴権の不存在という意味での補充性

原因がある，と評価され得る関係が作出されている。

　X_2 による第二の破毀申立理由とそれに対する破毀院の応答は，さらなる示唆を与える。X_2 は，損失者の過失を民事責任におけるそれと同様に理解することで，第一の破毀院判決の不明確さを攻撃する。仮にこの理解が正当であったとすれば，Y は損害を被っていない以上，X_2 の不当利得返還債権が Y の損害賠償債権との相殺により消滅することはない。他方，Y の利得に原因がないことに注意を向けさせる。これに対して破毀院は，原判決の要約に際し，既に確立されていた損失者の個人的利益の要件によって議論を補強せざるを得ない。また，「損失と利得との間に端緒の不可分性がある」，すなわち，両要素間に因果関係がある，という X_2 の議論には，正面から応答していない。というのも，一方で，破毀院は，原判決は「過失が損失の端緒である」と評価したものと要約する。他方で，端緒の不可分性の有無を，第三者が介在する間接利得の事例であったか否か，という問題として把握し，間接性の摘示は過失の有無に関する判断と矛盾しない，としている。申立理由との齟齬は明らかである。

　以上の敷衍によって，第一の破毀院判決が，三者間の原因なき利得についての判断枠組みに直ちには接合されないことが理解されよう。X には A に対する弁済という損失があり，Y にはこれと因果関係を構成する利得がある。介在者である A は支払不能の状態にあり，補充性は障害とならない。また，X は損失の対価を得られていない。すなわち，損失には原因が欠ける。さらに，Y と A との間にも利得を原因づけ得る関係が存在しない。action *de in rem verso* の要件は充足されているように思われる。X の過失が Y に損害を与え，損害賠償債権と不当利得返還債権とが相殺される，と評価することもできない。にもかかわらず，X_2 の請求は，action *de in rem verso* の成否に一見して関わらない X の宣誓の懈怠という理由で退けられたのである。われわれは，破毀院の判断の実質に立ち入らなければならない。

　まず，本件の X―A 間の取引について検討しよう。X による譲渡代金の前払は，消費貸借と性質決定されていた[125]。利息の合意の存在はこの評価にと

　　は，介在者の支払不能の場合には要件として機能していない。参照，加藤・前掲注4) 744 頁以下。
125) なお，消費貸借された金銭が一旦返還された上で再度代金が支払われることが企図されていた可能性もある。この間隙を利用すれば，宣誓義務を果たすことは可能であり，事後的な適正化の道は残されていたと考えられる。

って決定的であり，Xは，譲渡が実現されない可能性を了知していることが窺われる。しかし，第一の破毀院判決の原審であるトゥールーズ控訴院は，前払の事実から逆に，XがAの支払不能の可能性に気付き得なかったことを導いていた。評釈者のオベールは，控訴院判決について既に懐疑的であり，X—A間の取引の不自然さ，とりわけ，通常の公証人職の譲渡の経過とは異なり，宣誓さえ行わずに前払がされていることに着目し，Xのaction *de in rem verso* を不受理とし得る過失の存在を指摘していた[126]。これに応えるかのように，第一の破毀院判決がXの過失を指摘している。つまり，X—Aの関係性から，宣誓義務の懈怠は，Xの前払の不自然さの表徴であり，非難されてしかるべきAの行動にXが加担したことが，action *de in rem verso* 排斥の実質的な理由であった，と解される。以上の推論が妥当であれば，損失者の過失の要件は，他のすべての要件が充足されてもなお，利得追及が遮られなければならないと評価される事案において，損失者から訴権による保護を奪うための切り札として援用された，と言うことができる[127]。

213 この要件は，のちには別様に機能することとなる。第一に，銀行等に対して，高度の注意義務を求めるために用いられる[128]。破毀院商事部は，過失の程度によって解決を分け，不注意（imprudence）または懈怠（négligence）の場合には，action *de in rem verso* が認められるとしていた[129]。しかしのち

---

126) AUBERT, note sous Toulouse, 22 janv. 1973, *supra* note 117.
127) DJOUDI, Jamel, La faute de l'appauvri: un pas de plus vers une subjectivisation de l'enrichissement sans cause（à propos de Cass. com., 18 mai 1999）, *D.* 2000, chr. 609, spéc., n° 17.「人は，次のように考えずにはいられないであろう。結局のところ，過失は，都合のよい論拠であり，既に予定されていた解決を容易に基礎づける道具だったのである。過失は，予め正当であると考えられた損失に関して，その真の原因についての推論を省いてくれるのである。［…］利得の原因の分析の代わりに，損失者の行動が検討される。しかし，真の問題は，利得者の一身（personne）において，利得が原因を有しているかどうかである。」
128) PIN, *supra* note 4, n° 14 は「事業者［専門家］の過失（faute professionnelle）」と題して銀行や請負人の過失を扱うが，これと並列的に前記の事案を「公証人の過失」として扱う。しかし，顧客との関係で過失が問われているわけではなく，他の判決との判断構造の差異は明らかである。
129) Com., 23 janv. 1978, *JCP G* 1980, II, 19365, obs. THUILLIER, *Défrénois* 1979, art. 31928, n° 7, note AUBERT.（X銀行に口座を有していたY社は，Aに対して，Yの名において小切手に署名することについて権限（pouvoir）を与えていた。Yは，1968年9月25日に，Xに対して，Aへの授権が撤回された旨を伝えた。しかし，Xは，Aが署名した小切手について，同年9月27日および10月14日に，支払人として弁済した。Xは，自らが小切手を決済することでYの債務が消滅しており，

には，過失の程度を問わずにこの訴権を排斥する130)。この理解を突き詰めれば，損失についてなんらかの帰責性を要求することは常に可能であるとも指摘される131)。他方，第一民事部は，数は多くないものの，例えば，損失者に刑事過失があった事案で，action *de in rem verso* を排斥していた132)。

　結果としてYは利得しているとして，弁済した金額の返還を求める訴えを提起した。原審は，Xは顧客から指示（instruction）を受けることを怠っており，この懈怠が損失の原因であったとして，Xの請求を棄却した［＊利得の有無については判断していない］。破毀院は，「本件におけるように，不注意（imprudence）または懈怠（négligence）を犯したという事実は，自らの損失によって他人を利得させた者から，原因なき利得に基づく求償権（recours）を奪うものではない」とし，債務の消滅によってYが利得したかどうかについて探究しなかったとした。原判決破毀。）なお，本判決は，第2篇第1章第2款において検討する他人の債務の弁済の事案における真の債務者に対する求償に関するものとしても整理することができる。V. SALVAT, Odile, Le recours du tiers contre la personne dont il a payé la dette, *Defrénois* 2004, art. 37863, p. 105 et s., spéc., n° 10, p. 115.
130) Com., 16 juill. 1985, *Bull. civ.* IV, n° 215, *D.* 1986, 393, note J. L. A（AUBERT）.（Yが債権者Aに対して振出した手形は，Bへ裏書譲渡された。小切手に金額の記載がなかったことから，Yは，支払人であったX銀行に対して，支払差止め（opposition au paiement）を求めたが，XはBに弁済してしまった。Yの引当資金（provision）が不足していたため，Xは，Yに対して損害賠償を請求。破毀院まで争われたが，Xの損害の発生原因は，Yの資金なき小切手の振出ではなく，Xの情報の取り扱い（service informatique）に起因する錯誤であるとされ，Xの敗訴が確定した。Xは，法的基礎（fondement juridique）を変更し，原因なき利得を主張してあらためて訴えを提起。原審は，別訴に対する破毀院判決と同様に，Xの損失は錯誤に起因するとしつつも，債務なしに（indûment）なされた弁済によって，Yは，Aに対する債務から解放され，事実上（*ipso facto*）利得を得たとして，Xの請求を認容した。破毀院は，原審は，損失の端緒（origine）であったXの過失をはっきりと摘示しながら（caractérisant），Xの action *de in rem verso* を正当と認めたが，これは，原因なき利得の諸原則に反するとした。原判決破毀。）Com., 24 févr. 1987, *Bull. civ.* IV, n° 50.（Yから米を購入することとなったAは，X銀行から，荷為替による信用（crédit documentaire）を得た。YはXから代金の弁済を受けたが，Aがこれについて異議を申し立て，貨物船の年式が古いものであったために必要となった保険料の追加支払（surprimes）に相当する金額の支払をXに対して求めた。Xは，この訴訟において，Yを担保のために呼出し，自らがAに対して支払うべき金額を請求した。原審は，AおよびXの請求を認容した。Yが破毀申立。破毀院は，原審が，荷為替信用状には，貨物船の古さに起因する追加支払は送り状の請求金額から控除されることが記載されていたことを摘示し，また，Xが，貨物船の年式を調査することを怠ったことからXには過失があると認定したにもかかわらず，原因なき利得を根拠としてXの請求を認容したことを難じた。上記 1985 年 7 月 16 日判決と同様の文言を用いて，原判決を破毀した。）Com., 4 juin 1991, *D.* 1993, IR, 58（1re esp.）, obs. VASSEUR.（Yは，X銀行の口座からの自動徴収（prélèvement automatique）によって納税していたが，1984 年 12 月分について，送金（virement）を行わないようXに指示した。しかし，この情報は，銀行間決済の時点に間に合わず，送金がされてしまった［6,630 フラン］。そのため，Xは，債務なしに引き落された額と同額の借方（actif）を記帳することで返還に代えた。Yが，のちに国庫（trésor public）から返還を受けたため［4,791 フラン］，Xは，返還された額についてYの原因なき利得を主張し，訴えを提起した。原審はXの過失が損失の端緒であったとして，Xの請求を棄却した。破毀院同旨。）
131) V. DJOUDI, *supra* note 127, n° 21.
132) Civ. 1re, 18 janv. 1989, *Bull. civ.* I, n° 21.（Xは，自らを包括受遺者とする遺言をAの死亡に先立つ日付を付して偽造し，占有付与（envoi en possession）を得た上で，相続財産中の不動産につい

214 損失者の過失について，学説はいかなる議論を展開してきたのであろうか。公証人の事案について原判決に評釈を付し，過失要件の定式化に寄与したオベールは，商事部および第一民事部の判決の評釈において，「何人も自らの過失によって惹き起こされた損害の賠償を受けることはできない」という法格言を援用する[133]。さらに，損失には，過失という原因がある，とも評価する。すなわち，action *de in rem verso* の要件として，損失の原因の欠缺を要求することによって判例を整合的に理解しようとする[134]。実際，損失者の過失要件は，損失者の個人的利益の要件の延長線上に登場したものであった[135]。ここから，この要件を，利得に原因がない場合に求められる損失の原因の探究という文脈に位置づける学説が見られる[136]。また，不法原因給付の法理との類似性も指摘される[137]。他方，民事責任の規範の不用意な混入を批判し，過失により損害が生じた場合にのみ，利得返還と損害賠償との相殺によって返還額が減額されれば十分であるとする主張が見られる[138]。これは，後述の非債弁済に関する規範との類比から導かれる。民事責任規範による不当利得規範の調整を主張するこの学説は，判例に見られる原因概念の不明確さを批判する。

て移転登録税を支払うとともに，改良工事を行った。その後 X は，偽造遺言の使用により訴追され，有罪判決が確定した。X が，原因なき利得および非債弁済を根拠とし，A の相続人である Y らを相手方として，登録税の負担など，不動産について自らが支出した費用の償還を求めた。原審は X の過失を理由として請求を棄却。X は，Y らには損害がなく，自らは賠償義務を負わないと主張したが，破毀院は，X が刑事過失（faute pénale）を犯し，これが「損失の原因」であったことを認定し，X から action *de in rem verso* の利益を奪った原判決は正当であったとした。破毀申立棄却。）

133) Aubert, note sous Com., 23 janv. 1978, *supra* note 129, p. 377. V. aussi *id*., note sous Civ. 1re, 3 avr. 1979, *supra* note 118, p. 1182.
134) *loc. cit.* もっとも，Aubert は共著の教科書においては，衡平に基礎づけられる action *de in rem verso* に特有の「道徳的要請（ordre moral）」が判例を説明するとする。V. Flour, Aubert et Savaux, *supra* note 10, n° 51, p. 56 [Aubert 存命時の旧版と記述は同様]。Aubert の理解の動揺について，V. Billiau, note sous Civ. 1re, 11 mars 1997, *infra* note 140, p. 408.
135) 参照，清水・前掲注 63)。
136) Conte, *supra* note 65, n° 9, p. 233-234. 二つの原因概念によって説明を試みる。本論文について，参照，清水・前掲注 63) 209 頁以下。
137) 不法原因給付の法理と同様に理解する学説として V. Périnet-Marquet, Hugues, Le sort de l'action *de in rem verso* en cas de faute de l'appauvri, *JCP* 1982, I, 3075, spéc., n° 27. 本論文についても，参照，清水・前掲注 63) 206 頁以下。
138) *ibid.*, n° 13.

「［たしかに］客観的な原因を欠いた損失は不当な損失となるが，［この場合，］損失者の過失は，action *de in rem verso* との関係においては，中立的要素（élément neutre）である．［…］この問題について，裁判官が採る一見矛盾した立場は，実定法が見せる原因概念についての躊躇を反映している．したがって，調和の方法を模索することが不可欠であるように思われる．」139)

215　学説の展開を背景として，第一民事部は，過失の程度に応じて扱いを違えることによって，一定の合理化を試みることとなった．

○破毀院第一民事部1997年3月11日判決140)

　【事案】　A所有の不動産を取得するために設立された民法上の組合Yは，X銀行が振出していた小切手によって代金を弁済した．のちにXは，当時の取締役が小切手の振出しに関与したことを認めながらも，Yとの間に消費貸借はなく，Yの債務承認もなかったとして，Yに小切手の額面相当額を返還するよう催告し，さらに，訴えを提起した．原審は，Yの原因なき利得を根拠として，Xの請求を認容した．Yが破毀申立．Xには，小切手の振出しの際に求められる「初歩的な注意（précaution élémentaire）」が欠けていたにもかかわらず，原因なき利得に基づく返還請求の障害となる過失があったか否かについて原審は探求しなかったと主張した．

　【判旨】　破毀院は，「不注意（imprudence）または懈怠（négligence）があったという事実は，自らの損失によって他人を利得させた者から，原因なき利得に基づく求償権（recours）を奪うものではない」として，申立を棄却した141)142)．

---

139) *ibid.*, n° 28.
140) Civ. 1ʳᵉ, 11 mars 1997, *Bull. civ.* I, n° 88, *D.* 1997, 407, note Billiau, *CCC* 1997, n° 113, note Leveneur.
141) 本判決は，Civ. 1ʳᵉ, 18 janv. 1989, *supra* note 132 との関係において，第一民事部の判例変更であるとされる．Billiau, note sous Civ. 1ʳᵉ, 11 mars 1997, *supra* note 140. 同旨の判決として，前記本文**198**で補充性に関して引用したCiv. 1ʳᵉ, 3 juin 1997, *supra* note 31 を挙げることができる．V. aussi Civ. 1ʳᵉ, 13 juill. 2004, *Bull. civ.* I, n° 208. (X社とY社は，契約譲渡のための事前交渉を行っていたが，決裂するに至った．交渉以前から，Yは，6年以上に亘って，X所有の広告掲示板（panneaux d'affichage）を使用していたため，Xは，原因なき利得を理由としてその使用料に相当する金額の支払を求め訴えを提起した．原審は請求を認容．Yが破毀申立．Xが掲示板の使用を禁止せずに放置したこと，また，代金を請求することについて懈怠があったことを摘示しながら，原因なき利得の返還を認めたことを難じた．破毀院は，単なる不注意または懈怠は，原因なき利得を主張する権利を奪うものではないとし，破毀申立を棄却した．) Civ. 1ʳᵉ, 19 déc. 2006, *Bull. civ.* I, n° 557. (Yは，Aとの消費貸借の期限前の弁済として，小切手を振出した．Aの取引銀行であったX銀行は，この小切手の移転を受け，直ちにAの口座に振込を行った．その後，Xは，小切手を紛失し，支払

第1篇 損失補償としての不当利得返還

過失の程度によって action *de in rem verso* の受理可能性が左右されるとする理解は，かつては商事部が採っていたものであった（前記**213**）。しかし，商事部は，第一民事部の判例変更後も過失の程度による区別を認めず[143]，解決が分かれる状況が続いている。

○破毀院商事部1999年5月18日判決[144]

【事案】 X市の主計官（trésorier principal）は，Y銀行に開設されていたAの当座預金口座に対して振込を行った。これにより，Aの口座の負債が減少した。Xは，非債弁済された金銭の返還をAに請求し認容されたが，新たに，Yを相手方として原因なき利得の返還を求めた（＊Aの支払不能が想定される）。原審は，Xの請求を

人から弁済を受けることができなかった。そこでXは，Yを相手方として，action *de in rem verso* を行使した。原審は，Xに複数の重過失（lourdes fautes）があったとし，請求を棄却した。原審は，小切手の決済の実務を考慮し，小切手の引出資金（provision）の存否に配慮することなくAに弁済することは通常考えられず，小切手を紛失したとすれば，Xは，Aの口座の負債として小切手の額を訂正記入（contre-passation）していたはずであるとする。また，14万フランを超える小切手を1999年12月に受領したXが，2000年4月になってその紛失に気付いたことは「まったく異常（parfaitement anormal）」であるとする。Xが破毀申立。破毀院は，小切手の紛失という単なる過失（seule faute）は，原因なき利得との関係では，重過失を構成しないと評価し，不注意または懈怠は原因なき利得に基づく訴えを奪うものではないとした。原判決破毀。）

142) しかし，次の判決は，他の判決と一見して矛盾する。Civ. 1re, 15 déc. 1998, *Bull. civ.* I, no 363, *D.* 1999, 425, note Saint-Pau, *RTD civ.* 1999, 400, obs. Mestre.（Yは，テレビアンテナの修理をX社に依頼したが，仕事を行う前に見積書（devis）作成することを求めた。しかしXは，これを作成することなく工事を完成させた。Yが代金の支払を拒んだため，Xは支払命令（injonction de payer）を得た。これに対してYが抗告。原審は，Xは契約上の債務を負わないとしたが，原因なき利得の存在を認め，請負代金相当額の弁済を命じた。Yの破毀申立に対して，破毀院は，「action *de in rem verso* は，損失が原告の過失に起因するときには行使され得ない」とし，見積書を作成しなかったことを確認しながら，Xの過失の有無について判断しなかった原判決は法的基礎を欠くとして，これを破毀した。）本判決により，第一民事部は，再び元来の立場に回帰したかのように見える。V. Mestre, obs. p. 106. もっとも，過失の軽重によって解決を分けるべきであるとする学説は，請負人が見積書を作成しなかったことに，故意に等しい過失（faute délibérée）を見出し，この場合には，action *de in rem verso* は認められないと理解する。p. ex. Flour, Aubert et Savaux, *supra* note 10, no 51, p. 55. 基準を明確に示すことは不可能であるが，他の事案と比較すると，本件の請負人は，契約を締結する機会を自ら放棄するような行動を取ったと理解することが可能である。すなわち，対価の意味での損失の原因を備えることができたにもかかわらずそうしなかった，と評価し得る。なお，立証の不首尾によって利得追及が妨げられる事案としても整理することができる。他の判決にも見られたように，補充性要件と過失要件とはしばしば重畳する。

143) Aubert, Jean-Luc, Quelques remarques sur la faute de l'appauvri dans l'enrichissement sans cause, *Études offertes à Jacques Dupichot*, Bruylant, 2004, p. 1 et s., spéc., p. 3 は，「奇妙な立場の逆転（curieuse interversion des positions）」と評する。

144) Com., 18 mai 1999, *Bull. civ.* IV, no 104, *JCP* G 1999, II, 10194, note Karm.

437

認容。Yは利得の存在について争うとともに，Xの過失を主張して，破毀を申し立てた。

　【判旨】　破毀院は，損失が損失者の過失に起因する場合には，action de in rem verso は「目的を達し得ない（ne peut aboutir）」[145]とし，Xの錯誤を認定しながら請求を認容した原判決は，1371条および原因なき利得の諸原則に反するとした。原判決破毀。

　事案の詳細は定かではないが[146]，Aに対する判決が功を奏さず，また，Xの弁済がAに対するYの債務の消滅を帰結したと解し得るならば，本件は，後述する他人の債務の弁済の事案であり（後記 **238** 以下），Xの請求は真の債務者への求償であるとも解される。

216　損失者の過失要件は，action *de in rem verso* の制度目的に関わることが指摘される[147]。action *de in rem verso* は，資産間の均衡の実現を目指すのか，それとも，利得者から「不当な（injuste）」利得を奪うことをその役割とするのか。この問題について，この訴権が依拠する衡平概念の変容を指摘することができる[148]。

---

145) この文言が，本件での制裁が不受理ではなく，棄却であったと理解するものとして，V. Karm, note Com., 18 mai 1999, *supra* note 144. さらに，非債弁済における過失相殺的処理との類似性を指摘し，この方向性が望ましいとする。【補論 1】で指摘するように，新条文はこの旨を明確化した。
146) 預金契約の性質の観点から，より綿密な検討を要する。V. Djoudi, *supra* note 127, n° 17-19. 当座預金（compte courant）契約の更改効（effet novatoire）や不可分性（indivisibilité）の原則により，損失と利得との因果関係が断たれる可能性を指摘する。その上で次のように述べている。「錯誤による弁済と利得との間の緊密な関係が立証されるとしても，当座預金口座を性格づける一般的な充当（affectation）の原則，および，貨幣が種類物であること（fongibilité de monnaie）を考えれば，弁済と利得との間には，純粋な意味での偶発的事象しか見出されないであろう。そうでないとすれば，［運悪くも銀行口座に弁済として送金してしまった］この社会のすべての債権者が，銀行を相手方として action *de in rem verso* を行使できることになってしまうであろう。」
147) Romani, Anne-Marie, La faute de l'appauvri dans l'enrichissement sans cause et dans la répétition de l'indu, *D.* 1983, chr. 127, spéc., n° 21 et s.
148) 本来的に action *de in rem verso* が道徳的な基礎を有していることを前提とする場合には，逆向きの理解が示される。V. Albiges, Christophe, *De l'équité en droit privé*, thèse Montpellier, préf. de R. Cabrillac, L. G. D. J., 2000, n° 89, p. 50.「したがって，この morale への依拠は，action *de in rem verso* の根拠に照らして，とりわけ，衡平との明白なつながりに照らして，正当化されるように見える。しかしながら，そうした依拠は，曖昧で不確実な性格のものであるため，破毀院の判例が率先してその役割を限定したのである。」

第1篇　損失補償としての不当利得返還

　われわれは，オーブリー＆ローの action *de in rem verso* 論（前記 **136** 以下）について，資産上の所有権に基づく revendication からコンディクチオへの転換，および，例外的な事務管理訴権の承認として考察した。これに対してある著者は，action *de in rem verso* が revendication に基礎づけられていたが故に，失われた価値そのものの返還が実現されることとなったと理解する[149]。すなわち，オーブリー＆ローの理論が依拠する衡平は，資産間の均衡の意味で把握される。そして，この機能が，過失要件を付加する判例によって否定されたことを指摘し，原因なき利得は，もっぱら利得の「不当性」を問うものへと変容したと評価する[150]。

　「判例の枠組みにおいては，この訴権は，もはや，排他的な意味において，均衡のための訴権（action d'équilibre）であるとは思われない。」[151]

　実際，損失者の行動になんらかの帰責性が認められる場合，action *de in rem verso* を支える衡平の理念は，利得の返還を認めることを躊躇させる。判

---

[149] ROMANI, *supra* note 147, n° 22-23. V. aussi ROUAST, André, L'enrichissement sans cause et la jurisprudence civile, *RTD civ.* 1922, p. 92. (cité aussi par ROMANI, *loc. cit.*)「裁判所は，一般的な衡平感（sentiment général de l'équité）に依拠するのではなく，非常に明確な規範に依拠する。この規範によれば，あらゆる給付は，対応する給付によって均衡させられなければならない。他人の犠牲による利得から生ずる不均衡は，填補されることのないままであってはならないのである。」 *Comp.*, AUBERT, *supra* note 143, p. 6. 原因なき利得の根拠は，資産間の均衡を実現することにあるのではなく，資産間の不均衡が action *de in rem verso* の要件であるにすぎないとする。「この訴権の根拠は，衡平に見出されるが，衡平は，受け入れ難い不正（injustice inacceptable）を承認してしまう場合を例外として，確認された不均衡を維持しないよう要請する」。さらに，Aubry et Rau の action *de in rem verso* が衡平に依拠していたことが注記される（*ibid.*, p. 6, note (27)）。

[150] ROMANI, *supra* note 147, n° 23. *Comp.*, PÉRINET-MARQUET, *supra* note 137, n° 27. 損失者の過失に対するサンクションが不法行為責任の被害者の過失に対するそれの場合よりも甚大であることに触れたのちに次のように述べる。「したがって，伝統的な解決に根拠を求めるためには，広義において理解された衡平に立ち戻らなければならない。この考え方によれば，損失は，それが不当（injuste）でない場合でなければ，賠償（réparation）をもたらし得ないこととなろう。[…] しかし，この道徳の次元での論証（argumentation d'ordre moral）は，唯一可能な論証ではない。利得の正・不正は，過失に照らして判定され得る。」結論としては，過失の有無の評価は，経済的意味での不均衡の有無に還元されるとする。

[151] ROMANI, *supra* note 147, n° 26. V. aussi LECÈNE-MARÉNAUD, Marianne, Le rôle de la faute dans les quasi-contrats, *RTD civ.* 1994, p. 515 et s., spéc., n° 20, p. 523.「過失がなければ原因を欠いたであろう利得」を保持させることにつながるという推論は，「原因の「経済的（économique）」側面を消尽させる危険を冒して，原因の「道徳的（moral）」側面を優先させるように思われる」とする。

例は態度決定を迫られ，損失者に対して，保護を受けるに値する一定の資格を要求するに至る。過失を犯した者は損失の対価を奪われ，原因のない利得が取り残される。結果として，action *de in rem verso* は，資産間の客観的均衡の回復という機能の一端を奪われたと言うことができるであろう。損失者の主観的態様を問う過失の要件は，action *de in rem verso* が依拠する衡平の概念について，その道徳的把握を象徴するように思われる[152]。

---

152) この点で，Ripert の改説は象徴的な意義を帯びる。前記本文 **184**。

第2章　補償の範囲

217　本章では action *de in rem verso* の効果論を検討する。これにより，**序**で設定した「現存利得への制限」の態様如何という課題に対して，現代法から一定の答えを抽出する。

具体的には，第一に，「二重の上限」と称される返還されるべき利得の範囲の確定基準を参照する。これにより，action *de in rem verso* が，利得を取り残しつつ損失のみを補償する訴権であることが明らかになる（第1節）。その上で，損失者が一方的に不利な状況に置かれることに鑑みて，金銭評価の方法を改善しようとする学説上の議論を参照する（第2節）。

第1節　二重の上限

218　action *de in rem verso* による返還の範囲は，利得と損失のうち，より少ない方に限定される[1]。これは，「二重の上限（double plafond）」[2]と称され，利

---

[1] 最も明瞭にこの旨を述べる判決として，V. Civ. 1re, 19 janv. 1953, *D.* 1953, 234.（元妻 A の両親 Y らの不動産を占用（occupation）していた X は，当該不動産に対して行われた修繕について，それによって生じた増価に相当する額の支払を求めた。争点は，X の占用の根拠である。原審は，占用が A の厚意による委譲（concession bénévole）を基礎とすると認定し，X の請求を認容した。これに対して Y らは，破毀申立理由において，他物権である居住権（droit d'habitation）ないし賃貸借契約にあるとし，そもそも action *de in rem verso* は排除されると主張する。また，仮に action *de in rem verso* が認められるとしても，その額は，不動産の増価と費用のいずれか少ない方に限られると主張した。破毀院は，居住権の設定や賃貸借は X・Y 間の「法律行為（acte juridique）」となり，結果として Y らは利得を保持することができたが，このような関係が存在しないとした原審は正当であったとする。よって，X が行使し得たのは action *de in rem verso* ということになるが，原審は，Y らに増価分の支払を命じていた。この点が破毀理由となる。破毀院は，冒頭において「action *de in rem verso* は，ある者の資産が，正当な原因なく他の者の資産の損失から利得する場合に認められるが，この訴権がもたらすものは，後者に，利得および損失を表象する二つの額のうちの，より高くない（la moins élevée des deux sommes représentatives, l'une de l'enrichissement, l'autre de l'appauvrissement）方に等しい補償（indemnité）でしかない」と判示した。原審は増価が費用を超えるものでなかったか否かについて検討しておらず，「利得者が義務づけられる補償額を確定する二重の制限（double limite）を尊重しなかった」とする。原判決破毀。）

[2] より少ない方が返還される場合には，天井＝上限（plafond）と称され，より多い方が返還される場合には，床＝下限（plancher）と称される。V. Malaurie, Philippe, *Cours de droit civil 1974-*

得返還によって，利得者が以前より貧しくなってはならず，損失者が以前より富んではならない，と敷衍される[3]。action *de in rem verso* によって実現される帰結は，必ずしもすべての利得の返還を許容しない点で，また，多くの場合損失額限りの返還を実現する点で，しばしば「損失補償（indemnité）」と表現される[4]。この規律は，第1章で言及した物権法上の有益費償還のルールと同一であり，action *de in rem verso* が他人物への費用投下の事例を主たる適用場面としていることを示している[5][6]。

219 「二重の上限」の規律は，返還の範囲とは別に，金銭評価の基準時にも関わる。二つの「上限」は異なる時点で金銭評価される。損失は，それが発生した時点で金銭評価され，名目主義（nominalisme）[7]が妥当し，事後の再評価

1975, *Problèmes actuels du droit des obligations: Le droit civil des restitutions*, Les cours de droit, 1974, p. 136. 1974年当時における各種補償の評価システムの詳細について，*ibid.*, p. 137 の表を参照。原因なき利得は，夫婦財産の清算時の償還（récompense）や revendication に伴う占有者に対する有益費償還と同様のルールとして位置づけられている。これに対して，double plafond を用いず，名目的な費用の償還を認めるシステムとして，事務管理における有益費償還（1375条）および非債弁済における費用償還（1381条）が挙げられる。なお，原因なき利得は，後記本文 **220** の1960年1月18日判決の原判決に限って，返還の時点での返還額の再評価が行われる価値債務のシステムにも腑分けされる。

3) Flour, Aubert et Savaux, *Droit civil, Les obligations*, t. 2. *Le fait juridique*, 14e éd., Sirey, 2011, n° 57, p. 65.
4) p. ex. *ibid.*, n° 57, p. 65, note 1.
5) 前掲注1) に引用した判決も他人物への費用投下の事例である。他の判決として，p. ex. Civ. 1re, 15 déc. 1976, *Bull. civ.* I, n° 408. (不動産の改良の事案［＊当事者の属性は不明］。原審は，増価について考慮することなく，損失者 X が支出した費用の返還を命じていた。その根拠として，本件のように「利得が利得者が節約し得た一定額の金銭である場合」には，二重の上限に対する例外が認められ，損失者は支出した費用の全額を得ることができるとしていた。利得者 Y が二重の上限の適用の誤りを主張して破毀申立。破毀院は，利得は不動産の増価分とされなければならないとして，原判決を破毀した。） 詳細は定かではないが，原審は「必要費」の償還を命じていた可能性がある。その理由づけはたしかに一般的にすぎるが，利得者の費用の節約を指摘して全額返還を導いている点で，物権法上の費用償還法理と同様の論理を経ている。したがって真の争点は，本件での支出をいかなる性質の費用と理解するかに存していた，と考えることもできよう。そう解釈してよければ，破毀院は，「必要費」という原審の理解を否定し，「有益費」のルールが参照されるべきであった，と解していることになる。
6) この意味で，フランス法上の action *de in rem verso* は，多くの場合，ドイツ法および日本法の不当利得類型論における「費用利得」を返還させる訴権である，と言ってもよい。
7) 民法典の条文としては，消費貸借に関して次のように規定される。
 1895条 ① 金銭消費貸借から生ずる債務は，常に，契約に明記された数額（sommes numériques）についてのみ存在する。
 ② 弁済期の以前に貨幣［価値］の騰貴または下落があった場合にも，債務者は，借受けた数額

（実質評価）(revalorisation) はなされない。他方，利得の評価時は，原則として訴えの提起時である。したがって，その時点までの利得の消滅が許容されることになる8)。第1部で既に見たように，この「訴えの時点での現存利得」という解決は，訴権が衡平にのみ基づくことから導かれていた。すなわち，事務が有益でさえあれば，支出の時点で金銭評価された費用のすべてが返還される事務管理の制度と対照されていた9)。

また，現物返還の原則が指摘されることがあるが10)，action de in rem verso の適用事例は主として費用の償還であり，判決は見当たらない。利息については，起算点が問題となる。現在では，判決時から発生するものとされる11)。これは，判決が下されるまでは，原因なき利得の返還債権は発生しない，と理解されるためである12)。

220 以上が原則であるが，次の判決は，利得と損失とが異なる時点で金銭評価される，との原則に対して問いを投げかけた。

〇破毀院第一民事部 1960 年 1 月 18 日判決13)

　　【事案】　X 夫妻は，ドイツ軍の侵攻のために，1940 年 6 月 10 日に転居を余儀なくされた。留守中，当時 Y_1 市の市議会議員の職にあった Y_2 は，X が経営していた商

を返還する義務を負い，かつ，弁済時に通用する貨幣においてその額を返還することのみを義務づけられる。
8) FLOUR, AUBERT et SAVAUX, supra note 3, n° 58, p. 54. 費用支出の対象となった不動産が火災等の偶発的事象によって滅失した場合を例に取り，返還額がゼロになる可能性を指摘する。しかし，管見の限り，利得消滅の結果，利得額が損失額を下回った事案は見当たらない。
9) V. ESMEIN, note sous Civ. 1re, 18 janv. 1960, infra note 13, p. 754. 現在でも，事務管理の有益費の評価基準時は，費用の支出時である。ただし，有益性の判断は，もっぱら事務管理者の意図によるのではなく，事務管理者の行為が時宜に適ったものであったか否か (opportunité) に依存するものとされ，客観化されている。それでも，action de in rem verso に比べて事務管理者に有利に運用されていることが指摘される。以上について，V. FLOUR, AUBERT et SAVAUX, supra note 3, n° 12, p. 15-17.
10) V. BONET, Georges, JurisClasseur, civ., App. Art. 1370 à 1381, 2e cahier, 1988, n° 259. ここで引用されるのは，Aubry et Rau である。
11) ibid., n° 260. ただし，利息の発生は，訴えの時点であるとする判決も存在した。V. Civ. 1er, 16 nov. 1983, Bull. civ. I, n° 275. これに賛同するものとして，V. SÉRIAUX, Alain, Droit des obligations, 2e éd., PUF, 1998, n° 94, p. 337.
12) BONET, supra note 10, n° 260.
13) Civ. 1re, 18 janv. 1960, D. 1960, 753, note ESMEIN, JCP 1961, II, 11994, note GORÉ.

店を開放し，在庫商品を住民に分配した。この所為により，略奪 (pillages) も発生した。その後自宅に戻った X は，失われた商品の価額を 4 万フランと見積もり，原因なき利得を根拠に，Y_2 および Y_1 市を相手方として同額の支払を求める訴えを提起した。一審 (le 9 juin 1943) は，Y_1 市に対して支払を命じ，その額について鑑定が命ぜられた。鑑定意見に基づき新たに判決 (le 9 déc. 1957) (＊よって鑑定に 14 年以上を要したことになる) が下され，Y_1 市の支払額は，1,104,749 フランとされた。Y_1 市が破毀申立。第一に，原審が，Y_1 市は自らの行為によって自らの無形資産 (法人としての財産) (patrimoine moral) に利得を生ぜしめたと判示していたことを指摘し，action de in rem verso は，物的な利益 (profit matériel) として表象される利得についてでなければ受理されないと主張した。第二に，無形利得 (enrichissement moral) が生じたとしても，この利得と X の損失との間には相関関係がないとする。

【判旨】 破毀院は第一の申立理由に直接応答することなく，原因なき利得に基づく請求を受理した一審判決の既判力によってこれを不受理とした。他方，第二の申立理由は受理され，原判決は法的基礎の欠如により破毀された。その理由は以下のようなものであった。冒頭において，「action de in rem verso は，他人の犠牲におけるあらゆる不当な利得をサンクションするが，この訴権は，損失者が受けた損害 (préjudice) を，これと相関する被告の利得の限りにおいて (dans la mesure de l'enrichissement) 賠償する (réparer) こと以外の目的を有するものではない[14]」とする。その上で，「この利得を金銭評価するために，裁判官は，<u>当該訴権が提起された日付</u>に身を置かなければならない (doit se placer)。ただし，<u>例外的な状況 (circonstances exceptionnelles)</u> があるために，利得を生ぜしめた所為の日付において補償額 (indemnité) を確定することが許容される場合にはその限りでない」[下線筆者] と判示した。この命題を基礎として，次のように原判決を難ずる。第一に，原審が Y_1 市の資産に利得が生じたとしながら，この利得のうちに Y_1 市にとって外的事情である略奪によって失われた商品の価額をも含めたことに矛盾があるとする。第二に，原審は，「X の損失を評価することしかせず，かつ，これを行うべく，訴えの提起の日付ではなく，<u>判決の日付に身を置いていた</u>」[下線筆者] ことを譴責する。この操作について，「鑑定人が利得の算定は不可能であると宣言したことのみを理由としている」が，これでは X の損失に相関する Y_1 市の利得について説明が与えられていないとした。原判決破毀。

---

14) MALAURIE, supra note 2, p. 150 によれば，破毀院は，原判決が民事責任に関する規範を action de in rem verso に適用していたことを難じている，と評価する。実際，不法行為責任であれば，損害のみが尺度となり，利得額は参酌されない。

本判決については，二つの問題を区別しなければならない。第一に問われたのは，原判決が「無形利得」と性質決定した Y_1 市の利得について，これを損失＝Xの店頭の商品の価額と同視できるか否か，という問題である。本来の利得者は，市の住民であることに疑いないが，特定することは事実上不可能である。故に法人たる市が利得者として措定された。これに対して破毀院は，略奪された分を利得に算入した点もさることながら，そもそも原審による利得の把握のあり方を難じている。すなわち，損失＝商品の価額のみに依拠し，これを利得と同視することが否定されている。利得と損失とは別々に評価されなければならない。

　第二に，利得および損失をいつの時点で評価すべきか，という点も問われている。一般論の提示部分によれば，利得の評価は訴権の提起時になされるのが原則であり，発生時の評価，すなわち，損失と同時点での評価が例外的に認められるにすぎない[15]。同時評価が認められたとしても，その時点を判決時とすることは許されない。この意味で，損失額の再評価は拒絶されている。

221　本判決に評釈を付したエスマンは，二つの疑問を提起する。第一に，訴えの時点での利得の評価という通説は，民事責任による損害賠償額の評価の基準時が判決の時点とされたこと[16]とバランスを失しているのではないか[17]。

---

15) *Comp.*, Com., 4 janv. 1949, *Bull. civ.* II, n° 9. (Yは，ドイツ軍の侵攻の直前に，行政庁の許可を受けて，X社の建築現場から強化コンクリートに用いられる環状の鉄筋 (fers ronds pour béton armé) を徴用した［＊Yの属性は不明］。終戦後，Xがその価額の返還を請求。原審はこれを原因なき利得に基づく請求として認容した。返還額に不服のあったXが破毀申立。第一に，自らの請求は非債弁済返還ないし使用貸借に基づくものであったと主張し，Yが悪意であったかどうかを検討していないと難じた。この申立理由は排斥されている。なお，Xは 1379 条および 1880 条を援用しており，弁済・引渡の時点からの利息の返還を求めたものと考えられる。他方第二に，Xは，原審が利得の金銭評価時をYによる徴用が行われた時点としたことを争った。破毀院は，利得の評価は訴えの時点でなされるが「例外的な状況に照らして」Yが占有を開始した時点で評価することができたとする。破毀申立棄却。) 1960 年 1 月 18 日判決の原審と比較すると，同時評価を許容する点では同様であるが，評価時を利得の発生時とする点では対照的である。Xの主張の内容が明らかでないため確言し得ないものの，損失者であるXが原判決の評価方法を難じている点で，目的物の価額の上昇を想定できるように思われる。もっとも，二重の上限が適用されるならば，損失額が固定される限り，利得額の増額評価がされても返還額は同一となるはずであり，紛争の実態は定かではない。

16) 判例の展開について，V. PIERRE-FRANÇOIS, Georges L., *La notion de dette de valeur en droit civil*,

本件事案のように訴えから判決の時点までに相当の年月が経過する場合には，利得額の変動が想定される。

他方第二に，そもそも損失額が損失の発生時に固定され，利得は訴えの時点で金銭評価されるという従来の考え方によるならば，訴えの時点までの貨幣価値の変動のリスクを損失者が一方的に負担することとなる，と批判する[18]。前記事案は，第二次大戦の混乱の中で生じた事案であり，貨幣価値の下落を指摘することができる。

222 これに対して，次の破毀院判決は，「二重の上限」を採用しつつ，損失を発生時に評価した原判決を支持する。事案は複雑であり争点は多岐に亘るが，action *de in rem verso* に関する部分を中心として記述しよう。

○破毀院第一民事部 1973 年 2 月 15 日判決[19]

【事案】 A の妻 B は 1927 年に死亡した。A・B の夫婦財産は法定共通制下にあり，共通財産については A が半分の持分を有する。また，B の相続財産の四分の一については A を権利者とする用益権が設定されていた。B の法定相続人は娘 Y（1921 年生）のみである。A・B の共通財産の内訳は，積極財産として，B 死亡の 3 年前に購入された不動産（以下本件不動産），および，そこで営まれていた小売業に関する営業財産，消極財産として，総額 7 万フランの 2 個の債務であった。その後，A は X_1 と再婚し（1929 年），子 X_2・X_3 をもうけた。B の相続発生から 33 年を経た 1960 年に，Y（その夫も共同原告である）が，父である A を相手方として，自らに対する後見の清算（reddition de compte de tutelle），および，A・B の共通財産ならびに B の相続財産の清算・分割を求め，訴えを提起した。訴訟係属中に A が死亡（1965 年）。相続人は，X_1・X_2・X_3 および Y であったが，Y は相続を放棄した。Y は，あらためて X_1・X_2・X_3 を相手方として，後見の清算および共通財産・相続財産の清算・分割を求め

---

17) *Essai d'une théorie*, thèse Paris, préf. de P. Raynaud, L. G. D. J., 1975, n° 76-77, p. 56-58. 当初は発生時の損害額を賠償させることが原則であったが，「判決時」に損害額を金銭評価する旨の一連の判決（Req., 24 mars 1942, *S.* 1942, I, 135 を嚆矢とする）により，判決時の評価が原則とされるに至った。判例法の展開は，貨幣価値の下落を背景とすると指摘される。
18) ESMEIN, note sous Civ. 1re, 18 janv. 1960, *supra* note 13, p. 754. 「利得者は，未だに自らを豊かにしているもの（ce dont il est encore plus riche）を返還しなければならない。民事責任についてはそうしないのに，なぜ［原因なき利得については］訴えの時点に状況を固定するのであろうか。」
18) *loc. cit.*
19) Civ. 1re, 15 févr. 1973, *Bull. civ.* I, n° 61, *D.* 1975, 509, note SAVATIER.

第1篇　損失補償としての不当利得返還

て訴えを提起。これに対して鑑定人が選任された（第一審）。鑑定結果に基づく清算・分割を行わせるため，事件を他の第一審級の裁判所に移送する旨の判決が下された（原判決）。X_1・X_2・X_3が破毀申立。

破毀申立理由は多岐に亘るが，action de in rem verso に関わるのは，A の固有財産および A・B の共通財産から本件不動産に関して支出された費用の償還である。X_1・X_2・X_3 は，Y が負担すべきであった額に相当する補償を求めていた。第一審が命じた鑑定は，費用から生じた利得を確定するためのものであり，本件不動産から生じた果実を対象としていた。これについては，賃料を基に計算され，また，それぞれの時期における経済状況が反映されていた。他方，費用，すなわち損失については，支出時点での<u>名目額（montant nominal）</u>が指示されていた。X_1・X_2・X_3 はこの点を不服とする。破毀申立理由は，第一に，1469 条 3 項[20]に基づく償還（récompense）を，第二に，555 条 3 項に基づく費用償還を求めていた。前者は現存利得を返還の下限とする。後述するように（後記 **223**），後者は 1960 年法によって，返還額について，判決時点での評価が認められたものである。action de in rem verso は，この二つの請求との関係における補充的請求とされていた。

【判旨】　破毀院は，X_1・X_2・X_3 の主張を逐一覆すとともに，そもそも鑑定内容は果実＝利得額の「再評価を意味するものではなかった」と判示する。その上で，「action de in rem verso は，特別の規定が存在しないときに適用されるが，この訴権に関する規範によれば，損失者に支払われるべき補償は，利得および損失を表象する二つの金額のうち，より高くない（moins élevée）方に等しい」とした。その上で，X_1・X_2・X_3 の費用支出によって「第一の共通財産［＊＝A・B の共通財産］にもたらされた利得は，明らかに，<u>実際に支出された（effectivement déboursées）</u>金額を上回るものであった」［下線筆者］ことを原判決は確認しているとして，破毀申立を棄却した。

原告は，複数の条文を提示して返還されるべき額の増額を企図したが，結局得ることができたのは，action de in rem verso に基づく「実際に支出された」費用の「名目額」でしかなかった。利得額についての鑑定は，これが損失額を

───────
[20] 1469 条［1965 年 7 月 13 日の法律により改正］　③　借出された価額（valeur）が，共通財産制の解消の日付において借りた側の財産中に存在する財（bien）を取得，保存，または，改良するために用いられていたときは，償還の額は，現存する利益（profit subsistant）を下回ることができない。取得，保存，または，改良された財が，共通財産制［が適用される期間］の間に譲渡された場合には，利益は譲渡の日において評価される。新たな財が，譲渡された財に代位された場合には，利益は，その新たな財について評価される。

447

下回らないことを確認するにとどまっている。仮に利得額が減額評価されていたとしても，損失額を上回っていれば，結論を左右しない。

第2節　価値債務論

223　前記に引用した1960年の判決の当時，物権法の諸条文の改正が準備されていた。1960年5月17日の法律（以下「1960年法」）は，貨幣価値の下落に対応すべく[21]，返還・償還されるべき費用ないし価額を，返還・償還の時点，すなわち判決の時点で評価させようとする[22]。第1節で原因なき利得との同質性を指摘した555条の費用償還ルール（前記**208**）も対象とされていた[23]。同様の規律は，原因なき利得制度一般にも及ぼされるべきではないのか[24]。1960

---

21) FAYARD, Marie-Claude *Les impenses,* thèse Lyon, préf de R. Nerson, L. G. D. J., 1969, n° 203-204, p. 231-233. なお，この改正は，新フランへの移行（1960年1月1日，1新フラン＝100旧フランとする）とほぼ時を同じくした。

22) Loi du 17 mai 1960, *D.* 1960, 194. 以下の条文が改正された。果実の返還に関する548条，549条，添付に伴う費用ないし価額の償還に関する554条，555条，566条，570条，571条，572条，574条，576条，消費物上の用益権である準用益権（quasi-usufruit）の終了時の価額返還に関する587条，616条，互有壁に関して相隣者間の費用の償還について定める658条，660条，661条である。

23) 555条［1960年5月17日の法律により改正］　①　植栽，建築物および工作物が，第三者によって，かつ，その者の材料によってなされたとき，土地の所有権者は，本条第4項の規定が適用される場合を除き，それらを保持する，または，当該第三者にそれらを収去するよう義務づける権利を有する。

　②　土地の所有権者が植栽，建築物および工作物の収去を請求する場合，収去は，第三者の費用で，その者に対するいかなる補償もなしに行われる。第三者は，場合により，土地の所有権者が被った損害について損害賠償を支払う旨の有責判決を受けることがある。

　③　植栽，建築物および工作物の保存を選択する場合，所有権者は，自らの選択に従って，土地が受けた価額の増加に相当する額，または，当該建築，植栽および工作物の現状を考慮して<u>返還の日付において評価された材料の費用および労務の対価</u>を償還しなければならない。

　④　植栽，建築物および工作物が追奪を受けた第三者によってなされたが，その者が善意を理由として果実の返還を命ずる有責判決を受けなかった場合は，所有権者は，当該工作物，植栽および建築物の収去を請求することができず，その選択に従って，前項に規定された［二つの］額のいずれかを償還する。

　価値債務論に示唆を与えるのは第3項の下線部であるが，同じく第3項において，本篇第1章注77) で言及した占有者の善意・悪意による返還範囲の不均衡も是正されている。善意の占有者に関する第4項も第3項を参照しており，現在では，費用償還については善意・悪意を問わず規律が統一されている。

24) 1960年判決に評釈を付した Esmein は，返還時の再評価の一般化を主張する最先鋒であった。V. ESMEIN, L'évaluation de l'indemnité due à l'occasion de certaines acquisitions ou restitutions de biens, *Gaz. Pal.* 1960, 2, Doct. 1, spéc., p. 2. 1960年5月17日の法律により改正される「規定は数多く，それらの規定から立法者が念頭に置いている一般的規範の存在が示唆されると考えることもで

第1篇　損失補償としての不当利得返還

年判決の原審が提起したのはこの問題であった，と理解することができる[25]。実際，判決時点で損失額＝利得額を評価した原審は，訴額の 25 倍を超える額の返還を命じていた。これは貨幣価値の変動に由来する当事者間の不均衡を考慮した点で，評価に値するものとされていた[26]。

しかし，1973 年判決に明らかなように，判例法において，1960 年法の趣旨が action *de in rem verso* に敷衍されることはなかった[27][28]。明文規定を欠く

きよう。すなわち，正当な原因を欠く利得を理由として義務づけられる補償は，当該補償が弁済されるべき時点，あるいは，［弁済時に］近接するなんらかの時点に身を置くことで評価されるべきである，という規範である。」

[25] ESMEIN, note sous Civ. 1re, 18 janv. 1960, *supra* note 13, p. 754.

[26] GORÉ, note sous Civ. 1re, 18 janv. 1960, *supra* note 13.「破毀院とは逆に，不均衡を評価すべく (pour évaluer le déséquilibre) 判決の時点に身を置いたことについて，事実審判事に賛意を示さなければならない。」しかし，Goré は，立法者の選択は意識的になされたと考え，1960 年 5 月 17 日の法律が対象としなかった事案への拡張には反対する。

[27] 1973 年 2 月 15 日判決について，FLOUR, Jacques, Pot-pourri autour d'un arrêt: Civ. 1re, 15 févr. 1973, Casier, *Defrénois* 1975, art. 30854, p. 145 et s., spéc., p. 197 は，次のように評する。「またしても，価値債務の一般化の支持者は失望することであろう。彼らが裁判官に対して承認を強く勧めてきた価値債務のうち，原因なき利得に基づく補償はより重要なものの一つであった。*versio in rem* の周りに常につきまとう不明確さという暈（halo d'imprécision）は，この望みの実現にはとりわけ好都合であるように思われていた。二つの未完成の制度を組み合わせることは，より古くからより強固に構成されてきた二つの制度を結合するよりは容易であった。［判決には］きちんとした理由づけもなかっただけに，なおさらそうすることが拒否されたことは手痛いことであろう。」

[28] FLOUR, *loc. cit.* は，1973 年 2 月 15 日判決を原理的判決と評価する。しかし，次のような判決も存在した。Civ. 1re, 15 mars 1967, *Bull. civ.* I, n° 102.（相続発生後不分割［共有］(indivision) 状態にあった不動産について，X ら［2 名］が，共同不分割権者［共有権者］(coindivisaire) Y の反対があったにもかかわらず，現物での分割をなし得なくするような工事を行った。Y による除却ならびに原状回復請求に対して，X らが原因なき利得に基づく反訴を提起した。原審は，X らの請求を認容し，競売代金の七分の四を取得するものとした［＊この不動産は既に分割手続きに服していたようである］。破毀院は，「利得者は，その利得および債権者の損失を限度としてでなければ義務を負わない」と判示し，原審が X らに帰属するものとした競売代金は，両当事者がその存在について予め知り得るものではなく，利得にも損失にも関係ない，とした。原判決破毀。）事案の詳細は不明であるが，原審の返還額の認定が恣意的であり，算定の基礎が示されていなかったことが非難されたとまではいい得るであろう。MALAURIE, *supra* note 2, p. 155-156 は，本件原審は，のちに実現された競売代金を基準として補償額を導いている点で，X らの出費額を競売時点で再評価しており，価値債務論を妥当させていたとする。これを破毀院が否定したと理解すれば，1973 年 2 月 15 日判決を待たずして，価値債務論の action *de in rem verso* への類推適用は否定されていたことになる。推論で補おう。(1)この原審の金銭評価が利得についてのそれであり，かつ，(2)損失額がそれよりも高額であったとすれば，二重の上限という規律に抵触しなかったはずである。よって，この規律への違背のゆえに原判決が破毀されているのであれば，原判決は，(1)(2)のいずれか，あるいは，両方と反対の内容を意味していたことになる。すなわち，(1')競売代金を参照した金銭評価が損失額についてのそれであった，(2')そもそも損失額が利得額よりも低額であった，あるいは (1') (2') の両方であった，ということになろう。原審に価値債務論を見出す Malaurie は，(1') を想定していることになる。

449

物権法上の費用償還についても，収去可能な建築物等ではなく，土地に一体化した（incorporé）改良が問題とされ，555条が適用されない[29]場面では，原因なき利得の規範が呼出され，返還時の再評価が認められない[30]。

価値債務の可能性[31]　**224**　損失者に貨幣価値の変動のリスクを負わしめないためには，いかなる方法が考えられるか。学説は二つの考え方を提示していた[32]。第一に，一旦，損失および利得の発生時にそれぞ

---

29) 瀬川信久『不動産附合法の研究』（有斐閣，1981）81-82頁。

30) p. ex. Civ. 3e, 18 mai 1982, *Bull. civ.* III, no 122, *D.* 1983, IR, 14 obs. ROBERT.（無主物（biens vacants）[＊背景事情は不明であるが，相続人の不在が想定される]とされた土地を国が競売により売却。競落人AはBにこれを転売した[1951年]。本家土地上には建築物があったが管理状態が悪かったため，X_1は修繕を行った［同年］。その後X_1はX_2に売却［1964年］。X_2もさらに大規模な修繕を加えた。X_2による本件土地の取得から4年後［1968年］，所有権者であると主張するYがrevendicationを行使し，本件土地を取戻した［＊いずれかの時点でYが相続人である旨が判明したものと思われる］。X_2はYに費用償還を請求。X_2は同時にX_1の追奪担保責任を追及したため，X_1も訴訟に参加し，自らに対する費用償還をYに請求した。一審はこの請求を容れ，鑑定ののちYに対して，X_2の出費に相当する7万フラン，および，X_1の出費に相当する5万フランの支払を命ずる判決を下した。原審同旨。Yは，第一に，X_2の出費のすべてが土地の増価をもたらしてはいないと主張して破毀申立。破毀院は，「Yは善意取得者X_2の出費から不当に利得することはできない」ことを前提に，鑑定に拘束されることなく専権的判断権に基づいて増価を7万フランと認定したにすぎないとする。なおYはX_2による留置権の行使についても争ったが排斥されている。他方Yは，第二に，X_1への補償について，鑑定ではX_1の出費は75万旧フランとされていたにもかかわらず，原判決がこれを増価分と同視し，かつ，新フランに引き直す際に再評価したことを難じた。この申立理由に対して破毀院は，「1371条および原因なき利得を規律する諸原則」を適用法条として掲げ，「利得者は自らの利得および債権者［＊ママ］の損失を限度としてでなければ義務づけられない」とする。その上で，損失は「出費の名目額を基準とする」として，原判決を一部破毀し移送した。なおX_2の占用に対する補償（indemnité d'occupation）について，原判決が，Yの訴えの時点［1968年］ではなく，1973年［＊理由不明］から義務づけられるとした点も破毀されている。）X_1・X_2のいずれの請求も費用償還法理に基づくものと解されるが，破毀院は原因なき利得に基づく請求と理解している。その上で，X_1の請求については，出費と増価とを同額と評価した原審の判断を維持し，X_2の請求については，出費が再評価されたとしてこれを否定している。後者について，1960年1月1日当時の新旧フラン（1:100）の交換比率によれば，鑑定による75万旧フランは，7,500フランとされるべきであったことになる。X_1の出費が新フラン導入後であったのに対して，X_2のそれが導入以前であったことが解決を分けていることになる。

31) FLOUR, *supra* note 27, p. 193 et s.; PIERRE-FRANÇOIS, *supra* note 16, no 241 et s., p. 205 et s.; RAYNAUD, Pierre, Les dettes de valeur en droit français, *Mélanges offerts à Jean Brethe de la Gressaye* Université de Bordeaux, 1967, p. 611 et s., spéc., no 18, p. 619-620. さらに，近時のテーズとして，V. PIGNNARE, Louis-Frédéric, *Les obligations en nature et de somme d'argent en droit privé. Essai de théorisation à partir d'une distinction,* thèse Montpellier, préf de J.-P. Tosi, L. G. D. J., 2010, no 147 et s., p. 115 et s. ドイツ法上の議論を参照しつつフランス法における価値債務論の実際上の目的を剔抉している（もっとも，原因なき利得それ自体を論じているわけではない）。本来は価値債務論の全体像を明らかにする必要があるが，本書の枠を超える。なお，このテーズ全体の特徴については，参照，大澤逸平「〈学会展望〉フランス法」国家学会雑誌125巻11・12号676頁以下（2012）。

32) RAYNAUD, *supra* note 31, no 13, p. 611-613の区別による。

れの金銭評価を行い，その名目額を事後に再評価するという方法が考えられる。すなわち，返還債務を価値債務（dette de valeur）とする考え方である[33]。前掲1960年判決に対するエスマンの評釈を嚆矢とするこの主張[34]は，教科書レベルにも反映される[35]。

　第二は，損失の評価時点を利得の評価時点と一致させ，判決時にこれらを評価するという方法である。これは，1960年の民法改正，損害賠償ないし扶養料（pension alimentaire）における評価方法と同様のものである。換言すれば，損失および利得の存否の判断とその金銭評価とを区別し[36]，異なる時点において行うことを意味する。存否の判断の際に，一旦金額として損失が把握されるのであれば，第一の方法と第二の方法は同一の帰結を生ずる。

　以上の二つの方法は形式的には区別されるものの，学説上，「価値債務の観念（idée）」[37]として包括される。すなわち，債務の本来的な目的が価値であり，それが金銭によって表象されるにすぎない場合について，事後に再評価をするにせよ，金銭評価時を異ならしめるにせよ，実際の返還額の確定を可能な限り先送りすることが目指されている。次の判決は，この主張に部分的に応答するものとして注目を集めた。

○破毀院1982年10月26日判決[38]

　【事案】　外科医の夫Yを補助すべく，報酬を得ることなく麻酔医として労務を提供した妻Xが，離婚後に原因なき利得に基づく補償（indemnité）を請求した（＊別産制下の夫婦であるため，共通制であれば認められる償還（récompense）に依拠し得なかったが故にaction de in rem versoが提起されている）。原審はXの請求を認容。

---

33) 価値債務論全般についての先行業績として，参照，設楽浩吉「フランス法における『価値債務』論」明治大学大学院紀要25巻(1)（法学篇）143頁以下（1988）。

34) Flour, supra note 27, p. 195 は，Esmein, note sous Civ. 1re, 18 janv. 1960, supra note 13 を始祖とするこの理解は，1975年時点において通説（doctrine courante）であるとする。ただし，Esmein自身は価値債務の語を用いていない。

35) p. ex. Carbonnier, Jean, Droti civil, t. 4, Les obligations, Thémis, PUF, 6e éd., 1969, n° 5, p. 22 et n° 121, p. 445.

36) Flour, Aubert et Savaux supra note 3, n° 57-58, p. 65-66.

37) Raynaud, supra note 31, n° 3, p. 613. Terré, Simler et Lequette, Droit civil, Les obligations, 11e éd., Dalloz, 2013, n° 1338, p. 1389-1390 は，損害賠償額や扶養料についても，「価値債務の観念（idée de dette de valeur）」を指摘し，金銭債務の再評価とは区別している。

38) Civ. 1re, 26 oct. 1982, Bull. civ. I, n° 302, JCP 1983, II, 19992, note Terré.

Yが，利得は訴えの時点で，損失は発生の時点で評価されなければならないと主張し，いずれをも同一時点で評価した原判決の破毀を申し立てた。

【判旨】　破毀院は，「報酬なしに提供された労務（travail fourni sans rémunération）」は，逸失利益（manque à gagner）としての損失と利得とを「同時に発生させるものであった（a été générateur, à la fois）」とした原判決を正当とし，実際にそうされたように，原審は同一の時点において損失と利得とを評価しなければならなかった，とした。また，原判決が両項目の評価時を離婚請求時としたことをも是認している。その理由については，原判決の文言を要約する形で，「離婚時以前には妻が夫の意に反する請求をなすことは道義上不可能（impossibilité morale）であった」としている。破毀申立棄却。

労務の給付に限られるにせよ，損失と利得とが同一の時点で評価されることが肯定されている。その時点は，1960年法が認めるような返還時ではないものの，「二重の上限」が基準時とする損失の発生時に比して，幾分なりとも遅らしめられている。

225　価値債務論は，「二重の上限」論の射程に関する問題提起である。それが action de in rem verso による返還を訴えの時点での現存利得に制限することのみを目的とするのであれば，必ずしも金銭評価の時点が利得と損失とで区別される必要はない[39]。損失発生後の利得の消滅が認められればそれで足りる。存否の判断と区別される金銭評価について，その評価時点は，同時であってもよい。前掲1960年判決の原審の判断は，同時評価の萌芽として把握される。それは，利得と損失との同一性を語り得る「例外的状況」に限られるとはいえ，金銭評価の時点を判決時としていた。また，前掲1982年判決は，必ずしも価値債務論の全面的肯定を意味しないとは言え[40]，二つの要素の評価時点を同一時とする。

---

[39]　以下について，Flour, Aubert et Savaux, supra note 3, n° 57-60, p. 65-68.
[40]　Malaurie, Aynès et Stoffel-Munck, Droit des obligations, 7ᵉ éd., L. G. D. J., 2015, n° 1068, p. 587 は，価値債務論が肯定されたものとして引用する。他の学説について，V. Pin, JurisClasseur civil, Code, App. art. 1370 à 1381, 2007（la dernière mise à jour, 26 juin 2015）, fasc. 40, n° 34. Contra, Libchaber, Rémy, Recherches sur la monnaie en droit privé, thèse Paris I, préf. de P. Mayer, L. G. D. J., 1992, n° 334-335, p. 271-272. 1982年10月26日判決に対して慎重な態度を取る。

なお，2005年の債権法改正草案（カタラ草案）は，「二重の上限」を分析的に理解し，現存利得への制限を維持しつつ（1336条），損失の金銭評価を利得についてのそれと同じ時点で行うこと（1339条）を提案していた[41]。

226 判例法理に一貫性は見出されないものの，事案の多様性から一定の含意を引き出すことができる。直ちに金銭で表現される「費用」，あるいは，金銭債務の弁済が損失である場合と，現物支出や労務支出の場合とで評価のあり方は異なり得る。前者の場合には，損失は発生時点で既に金銭評価がされている。すると，「価値債務の観念」をこれに適用することは，金銭債務に関する名目主義の原則に反する[42]。諸判決の事案を参照しても，費用または金銭債務の弁済の事例については，名目主義が妥当し（1973年判決），損失発生時になされた金銭評価が維持されている。他方，現物支出・労務支出の場合には，金銭評価の時点をずらすことが可能とされる[43]（1960年判決原審・1982年判決）。物の増価や債務の消滅といった明確な利得の指標が存在しないことが後者の解決を許容する実質的な所以であるとすれば，翻って，前者について次のような考察も許されよう。

費用の多寡は，損失者の才覚や外的原因によって変動し得る。利得の返還が増価の限りにとどめられるのであれば，費用が過大となったとしても，利得者はそれを押し付けられない。この点にこそ「二重の上限」の実際上の機能が認められる。action *de in rem verso* の効果に限って言えば，費用支出者の厚意＝

---

41) 1336条　原因なく他人を犠牲として利得する者は誰であれ，これによって損失を受ける者に対して，利得および損失の額のうち，より少ない方に等しい補償（indemnité）を義務づけられる。
　1339条　利得および損失は，訴えの日付において評価される。ただし，利得者が悪意である場合には，利得は，利得者がそれを得た時点で評価される。
　但書の利得者の悪意の場合の規律は，目新しいものであった。当時は，一部の学説が利息の起算点を利得の発生時に遡らせるために援用していたにすぎない。V. Terré, Simler et Lequette, *supra* note 37, n° 1074-1, p. 1123-1124. V. aussi Romani, Anne-Marie, *Rép. civ. Dalloz*, v° Enrichissement sans cause, mars 2012 (actualisé en avril 2015), n° 398. 前者の学説が，過失要件について道徳的性格を強調していたことを想起されたい（本篇第1章注64）。損失者の過失と同様に，いわばこの制度の道徳化のための限定であると解される。なお，善意・悪意が action *de in rem verso* とは本来的には相容れないことについて，V. Bonet, *supra* note 10, n° 265. 2016年改正による新条文について，
　【補論1】を参照。
42) Libchaber, *supra* note 40, n° 334, p. 271.
43) en ce sens, Malaurie, *supra* note 2, p. 156.

事務管理意思を根拠として利得の多寡にかかわらず費用を返還させる事務管理との対比が，未だに影響を及ぼしているように思われる[44]。いずれにしても，現存利得（enrichissement actuel）という語は，わが国の不当利得法において，善意の利得者については現存利得の返還のみが指示されることと一見符合するように見える。しかし，語の同一性は概念内容の同一性を意味しない。

【補論 1】

新1303条　事務管理および非債弁済が成立しない場合であっても，他人を犠牲にして不当な利得を受ける者は，それにより損失を被った者に対して，利得および損失の価額のうちより小さい価額に相当する補償（indemnité）を義務づけられる。

新1303条の1　利得は，それが損失者による債務の履行，または，損失者の恵与の意図から生ずるのでないときに，不当とされる。

新1303条の2　① 損失が，個人的利益のために損失者がなした行為から生ずる場合は，補償は認容されない。
② 損失が損失者の過失から生ずる場合は，補償は裁判官によって減額することができる。

新1303条の3　損失者に対して他の訴権が認められるとき，または，その訴権が時効などの法的障害により妨げられるときは，損失者は不当利得を根拠とする訴権を有しない。

---

[44] *ibid.*, p. 139 は，原因なき利得に価値債務論を及ぼし得ない理由の一端として，事務管理者による費用償還請求について，出費時の金銭評価がされていること（p. ex. Civ. 27 déc. 1963, *Bull. civ.* I, n° 131）を挙げる。利他的に行動した事務管理者は損失者よりも優遇されるべきことを前提とすれば，（償還されるべき費用の範囲についてはなお優遇が認められたとしても）金銭評価方法について前者よりも後者に有利な解決を採用するのは「馬鹿げている（absurde）」とする。V. aussi FLOUR, AUBERT et SAVAUX, *supra* note 3, n° 60, p. 68.

新1303条の4　出費の日付において確認された損失，および，訴えの日付において現存するものとして確認された利得は，判決の日付において価額評価される。利得者が悪意である場合に義務づけられる補償は，損失および利得の価額のうちより大きい価額に等しいものとする。

227　オルドナンスの成立[45]により，民法典はついに action *de in rem verso* を法定するに至った。もっとも，その呼称としては「enrichissement sans cause」ではなく，「enrichissement injustifié」が採用された。これは，契約の有効要件としての原因が姿を消したことに対応する[46]。

　原則規定である新1303条の冒頭の文言（「事務管理および非債弁済が成立しない場合であっても」）は，不当利得が準契約中の一般法であることを確認する。すなわち，他の準契約である非債弁済と事務管理の規定を特別法とし，不当利得関連規定はそれらが適用されない場合の受け皿として機能することが確言された[47]。

　さらに同条は，不当利得の観念を直接的に援用しつつ，「二重の上限」による「補償（indemnité）」を原則的効果としている。学説判例の多くが用い，オルドナンス案も採用していた「返還（restitution）」の語が忌避されている点が目を惹く。action *de in rem verso* は「利得返還」ではなく「損失補償」を導く訴権である，というわれわれの理解と軌を一にするものといえよう。もっとも，

---

[45] 準契約部分の諸規定は，François Terré を長とする道徳・政治学アカデミーの草案に概ね依拠している。それらの趣旨説明は Philippe Rémy による。V. Rémy, Des autres sources d'obligations, Terré (dir.), *Pour une réforme du régime général des obligations*, Dalloz, 2013, p. 31-50. この草案は，債権債務関係のレジーム（総論）（régime général des obligations）および証拠を主たる内容としつつ，冒頭に「債権債務関係の他の発生原因（les autres sources des obligations）」の標題の下に準契約関連規定を置く。「autres」の語は，「契約・民事責任以外の」という意味で用いられている。契約法改正草案（2009），民事責任法改正草案（2011）が先行して公表されたことに対応する。以下では，三草案を区別して，「テレ・契約法草案」「テレ・責任法草案」「テレ・レジーム草案」とする。

[46] オルドナンス案について検討する Chénedé François, Observations et propositions de modifications. Les « quasi-contrat », *JCP G* 2015, p. 60 et s., spéc., n° 15 を参照。契約の有効要件について定める新1128条は，(1)当事者の同意，(2)当事者の契約締結能力，(3)内容の適法性と確実性（contenu licite et certain）のみを掲げる。かつての原因概念に依拠した法理が，新1162条以下において，「契約の内容」に関するものとして整理されている。

[47] 新1301条の5は，「事務管理者の行為が，事務管理の要件を満たさないものの，事務の本人を利する（profite）場合，本人は，不当利得の諸規定に従って管理者に補償する義務を負う」とする。

後述するように，補償の範囲については，パラダイム転換が見られる。

228 要件に関しては，制度の名称変更に呼応して「原因」の語を用いずに記述される。第一に，利得の不当性を導く要件であった「原因の不存在」は，新1303条の1において，損失が「債務の履行」または「恵与の意図」から生ずるのではない場合，と定式化された。「債務」の語は広汎であり，契約上の債務ばかりでなく，法定の債務をも含み得る[48]。

他方，第二に，「損失の原因」との重複を指摘されていた損失者の主観的態様に関する2要件（「個人的利益の不存在」「過失の不存在」）は，原因概念との関係を絶たれつつ[49]，新1303条の2に一括された。もっとも，それぞれの要件不充足の帰結は異なるものとされている。個人的利益による場合は，およそ補償が否定されるが，過失による場合は，裁判官による補償の減額を導くにすぎないものとされ，これを不受理事由と構成する諸判決を否定する。また，過失の程度も問われていないが，この点は，裁判官の評価権能に委ねる趣旨と解される。評価権能を強調するならば，補償額がゼロとされることもあり得よう[50]。なお，過失を減額事由とする点は，【補論2】で検討する非債弁済における弁済者の過失に関する規律との間で一貫性を確保するものでもある[51]。過失の程度が問われない点も非債弁済と同様である。

次いで，新1303条の3は，補充性要件について定めている。一見したところ判例法との懸隔は検出されないが，「他の訴権」とのみ言及し，その相手方を「利得者」と特定しない点は，利得者と損失者との間に別の者が介在する間接利得の事例において，損失者がこの者を相手方として訴権を有する場合の利得追及を否定する趣旨に解することもできる。新条文が大きく依拠するテレ・レジーム草案（注45）参照）の趣旨説明は，介在者が存する「間接利得」につ

---

48) en ce sens, RÉMY, *supra* note 45, p. 44.
49) *ibid.*, p. 45 は，TERRÉ, SIMLER, et LEQUETTE, *supra* note 37, n° 1069, p. 1128 を引用しながら「道徳的要素」と定義し，「これによって，損失者の行為態様について，裁判官のコントロールが可能となる」としていた。さらに，「損失の原因」の概念を拒否した旨を強調していた。
50) オルドナンス案について，CHÉNEDÉ, *supra* note 46, n° 16; VIRASSAMY, Georges, Observations sur le projet de réforme du droit des contrats et des obligations, *Les Petites affiches,* n° spécial (sous la dir. de J. Ghestin), 3-4 sept. 2015, p. 96 et s., spéc. p. 99.
51) RÉMY, *supra* note 45, p. 46.

いてはなんら規律が置かれていないと述べているが[52]，上述の不当性要件に関する新1303条の1における「債務の履行」もまた，介在者に対する債務の履行を含み得ると理解することができ，適用次第では，フランス法の特殊性の一つを成す第三利得者に対する利得追及がおよそ否定される可能性も皆無ではないであろう。

229 以上のように，要件に関する諸規定は，判例法を細部では修正するが，内容は比較的穏当である。しかし，補償の内容および範囲に関する新1303条の4は，action *de in rem verso* に一大変革をもたらしている[53]。

まず，第一文は，価値債務論を肯定する。より正確に言えば，利得・損失の存否の評価とそれらの金銭評価とは，それぞれ異なる時点で行われる旨が明らかにされている。すなわち，損失は「出費（dépense）」の時点で，利得は訴えの時点で，存否が確定される。利得については「現存するものとして（tel qu'il subsite）」との注記が付される。他方，それぞれの価額評価の基準時は「判決時」に統一された。

判例法に対する学説の批判を容れたものであるが，直ちに困難に逢着せざるを得ない。本論で述べたように，損失が金銭の出捐による場合，発生時点の当該額面は，判決時に再評価され得るのであろうか[54]。【補論3】で見るように，オルドナンスは原状回復については名目主義の原則を堅持している。仮に不当利得の場合に限って原則を否定したのであれば，この事案の特殊性が指摘されなければならない。背後に隠された実際的考慮を摘出してよいとすれば，二重の上限という効果が，多くの場合損失の名目額しか得られない損失者に酷な結果をもたらすことが重視されていると考えることもできる。言い換えれば，利得者の善意・悪意を問わずに利得消滅が肯定されるため，現状の制度は利得者に一方的に有利なものであったところ，これを損失額の再評価によって幾分な

---

52) *ibid.*, p. 45.
53) オルドナンス案について，V. MOLIÈRE, Aurélien, La consécration de l'enrichissement injustifié: premiers regards sur le projet d'ordonnance et premières propositions de remaniement, *Les Petites affiches*, 14-15 mai 2015, p. 6 et s., spéc., n° 23.
54) この条文もテレ・レジーム草案に由来するが，RÉMY, *supra* note 45, p. 46-47 は，555条を引用しながら価値債務性の肯定を誇るのみで，名目主義の否定には触れない。

りとも是正しようとしている。しかしながら,「利得者の善意・悪意を問わない」というポイントは,本条の第二文によって根本的に覆されてしまった。

　第二文は,悪意の利得者に対して,二重の上限の規律を転倒させ,利得と損失の二つの価額のうち「より大きい額」の補償を課している。反対解釈により,「より小さい額」の補償（新1303条）は,善意利得者に適用されるルールとなり,結果として,日本民法703条・704条の書き分けに近似する。従来の二重の上限を善意者の保護として再定義する趣旨であるにせよ,悪意者へのサンクションを意図したものであるにせよ[55],損失に関する価値債務論の肯定とともに,今後の「不当利得による補償」の高額化が予想される。

　なお,利得者の属性については,カタラ草案も悪意利得者に固有の効果を規定していた（1339条）。これは,利得の価額評価時を発生時とするものであり,悪意者には利得消滅を認めないことを眼目としていた（注41）参照）。これに対して,新条文によれば,損失・利得の存否評価・価額評価のいずれについても新1303条の4第一文が定める原則が適用され,そうして確定された損失額と利得額とが補償の基準となる。損失額が過大である場合には,悪意者に対して,利得消滅の不享受にはとどまらない不利益が課される可能性がある。

　テレ・レジーム草案は,新1303条の4第二文（草案13条）の射程はさらに広いものと主張する[56]。第一に,善意・悪意で効果が分かれる非債弁済との一貫性を標榜する。他方第二に,テレ・責任法草案を想起させる。同草案は,「加害者が故意に営利目的の過失（faute lucrative）を犯した場合について,原状回復的損害賠償（dommage et intérêts restituoires）[57]の創設を提案している」[58]。

---

55) Chénedé, *supra* note 46, n° 18 は,新条文（論述の対象はオルドナンス案であるが,内容は同一である）により,裁判官は利得者の「誠実性」「倫理性」を考慮に入れることが可能となる,と評価する。また,損失者の過失が減額事由とされることとの均衡を見出す。しかし,後者は民事責任に依拠した解決とも理解することができ,そうであれば,利得者の許に減額分に相当する損害が想定され,それに応じた減額が導かれよう。これに対して,悪意者に対する補償の積み増しは,それぞれ確定された損失と利得のいずれかからの選択によるものであり,損害に応じた調整の余地はない。V. aussi Molière, *supra* note 53, n° 23. オルドナンス案について,損害者の行動態様は過失を通じて,利得者のそれは悪意を通じて評価される,と整理し,準契約と民事責任との差異を減ずるものであるとする。

56) Rémy, *supra* note 45, p. 47.

57) 各草案を検討する邦語文献として,参照,廣峰正子「フランス債務法改正作業における懲罰的賠償の処遇」日仏法学28号91頁以下（2015）。

58) Rémy, *supra* note 45, p. 47.

これ以上の敷衍はなく，推論で補うよりほかはないが，おそらくこの言明は，テレ・責任法草案の趣旨説明において，不当利得と不法行為のいずれの方途を通じても，いわゆる利得の吐き出し（dégorgement）[59]が実現され得る，と述べられていた[60]ことに関係する。実際，他人の知的財産権を侵害して得られた利益を念頭に[61]，加害者に故意の営利目的過失が認められる場合，裁判官は「原告が被った損害の賠償に代えて，被告が得た利益（profit）の額」を命ずることができる旨の条文（54 条）が提案されていた。趣旨説明によれば，この規定は，被害者に，填補賠償と原状回復賠償との選択を認めるものとするが，その必要性は，他のヨーロッパ諸国の法とは異なり，フランス法が不当利得返還訴権と不法行為訴権との競合を認めていない点に求められていた[62]。換言すれば，action *de in rem verso* は不法行為訴権との関係でも補充性を呈するが故に，加害者が損害を超える利益を得たとしても，不法行為訴権が指示され，利得の吐き出しはなされ得ない，との認識が示されていた。しかし，テレ・責任法草案の公表当時（2011 年）には，action *de in rem verso* を通じたとしても，二重の上限により，返還の範囲は多くの場合損失額に限定されていたであろう。そうであるとすれば，補充性が否定され，訴権競合が実現されたとしても，すべての利得を損失者に帰属させることはできなかったはずである。このように民事責任草案の起草者の不当利得法に関する（当時における）現状認識には疑義を差し挟むことができるが，不当利得法の改正が先行した結果，不法行為を通じては得られない帰結が不当利得を通じて得られる，という状況が生じたように見える。

　しかし，他人の権利の侵害から得られた「すべての」利得に相当する補償は，実際に新 1303 条の 3 を通じて得られるのであろうか。おそらく二つの問題が解かれなければならない。第一に，直前に示唆したように，不法行為訴権との関係での補充性が肯定されてしまえば，より有利な解決が導かれる不当利得に

---

59) V. DESCHEEMAEKER, Eric, Quasi-contrat et enrichissement injustifiée en droit français, *RTD civ.*, 2013, 1, spéc., p. 23.
60) RÉMY-CORLAY, Pauline, De la réparation, TERRÉ (dir.), *Pour une réforme du droit de la responsabilité civile*, Dalloz, 2011, p. 191 et s., spéc., p. 200.
61) *ibid.*, p. 201.
62) ただし「特別に理由づけられた判決（décision spécialement motivée）」を要する。また，第二文では，填補賠償を超える部分については責任保険の保障範囲から外れる旨が規定される。

依拠することが否定されてしまう。そうであるからこそ，テレ・責任法草案は不当利得に依拠しない手段を創設しようとしていたはずである。新1303条の3の趣旨を十全に活かすためには，何よりもまず補充性の射程の再検討が必要である。第二に，二重の上限が裏返されることで利得額が補償として提示され得るとしても，利得者が得たものすべてが損失と相関関係ないし因果関係を肯定されるとは限らない。想定される知的財産権侵害の事案では，損失は，権利者＝損失者自らがそれを実施していれば得られたであろう利益，すなわち「実現の機会を奪われた利益（gain manqué）」として算出される[63]。すると，利得者の才覚で，あるいは，経済状況等の外的要因の帰結として利益が増大した場合には，不当利得によってその部分を剥奪することはできないはずである。

230 以上，新条文の内容を簡単に敷衍したが，すべての論点について当然ながら実際の運用を注視していかなければならない。それでも現時点でなんらかの評価を与えるとすれば，今次の改正には，フランス不当利得法の特異性の喪失を見て取ることができる。原因の語を消去したことの是非は措くとしても，非債弁済を意識した善意・悪意の区別の取り込みに顕著であり，また，過失を要件のレベルでは否定し，補償額評価の際の考慮事由として整理した点にも，民事責任法との機能分担・不当利得法の純化を指摘し得るであろう。

　他方，判例法の中核的部分を取り込み，その実情に即して「返還」ではなく「補償」と表現した点は，以下に検討する二つの制度との大きなコントラストを意識させる。

---

63) DESCHEEMAEKER, *supra* note 59, p. 23.

第2篇　給付物の返還と原状回復

231　1970年代に「返還・原状回復（restitutions）」の一般法の析出を試みたマロリーは，action *de in rem verso* を通じた返還について，「利得」のみに固執すると，利得者に意図せぬ損失がもたらされてしまうことを指摘し，これを「陥穽（traquenards）」と表現していた。その上で，「二重の上限」はこれを回避するものであるとして，次のように説明する。

> 「[action *de in rem verso* による] 返還は，この分野におなじみの観念，すなわち，事物の原状への回復（remise des choses en l'état），かつての状態への復帰（retour au *statu quo ante*）という観念によっては支配されていない。むしろここで実現されるのは，不均衡を補塡する補償（indemnité）を通じてなされる均衡の回復（rétablissement d'un équilibre）である。原因なき利得には，遡及の観念（idée de rétroactivité）はなんら見出されない」[1]。

ここに見られるように，また，第1篇でわれわれが検討したように，action *de in rem verso* は，当事者をかつての状態に復することを目的としていない。これと対比される「返還」としては，非債弁済のコンディクチオが一方に存し，所有権を根拠とする返還訴権が他方に存する。それでは，契約消滅後の返還関係については，いずれが用いられるのか。あるいは，これらとは異なる制度がこの返還関係を規律するのか。

以上の問題を解くべく，本篇では，まず，非債弁済返還訴権を中心として「給付された物の返還」の細則を明らかにする（第1章）。引き続いて，無効とされた契約による給付の返還関係の独自性の有無を検証する（第2章）。

---

1) MALAURIE, Philippe, *Cours de droit civil 1974-1975, Problèmes actuels du droit des obligations: Le droit civil des restitutions,* Les cours de droit, 1974, p. 147.

第1章　非債弁済返還訴権

232　これまでわれわれは，コンディクチオと revendication との関係，および，両返還訴権と無効・取消訴権との関係の解明に視点を限定し，非債弁済返還の具体的規律の検討を疎かにしてきた。本章は，この欠缺を補充するものである。同時に他の制度との対照を意識する。第一に，非債弁済返還訴権と原因なき利得の制度との差異について検討する（第1節）。次いで第二に，契約消滅後の返還関係への架橋を兼ねて，非債弁済返還訴権と revendication との混成の実際を垣間見る（第2節）。以上は概ね，前者が非債弁済返還訴権の要件論，後者がその効果論に相当する。

第1節　非債弁済返還と原因なき利得

233　本節は，非債弁済返還訴権と action de in rem verso との関係を問う。まず，錯誤要件に関する議論を参照して，非債弁済返還における原因概念を把握する（第1款）。元来の action de in rem verso では損失の原因が重視されないことと対照的に，非債弁済の返還に際しては，損失＝弁済の原因の探求が不可欠となる。action de in rem verso とコンディクチオとの差異が示唆される。しかし，他人の債務の弁済の事例においては，action de in rem verso との交錯が見られる（第2款）。

　本論に入る前に，非債弁済返還の要件について列挙することとしよう。弁済者＝返還請求者が立証すべき要件は，債務の不存在，および錯誤である。受領者＝返還義務者の錯誤や善意・悪意は，返還の範囲に影響するのみであり，要件のレベルでは問われない[2]。なお，自然債務の弁済の場合には返還は認めら

---

[2] DOUCHY-OUDOT, Mélina, *Rép. civ. Dalloz*, v° RÉPÉTITION DE L'INDU, 2012, n° 101 et s. V. p. ex. Civ. 1re, 11 mars 2014, *Bull. civ.* I, n° 37, *RDC* 2014, 622 obs. LIBCHABER。（ニューカレドニアにおける事案。虚有権者 X および用益権者 A は，農地について B と永代賃貸借を締結。B は賃料を A に弁済していた［＊用益権者は使用収益権能を根拠として賃貸借を締結し得るが，農地については虚有権者の同意を要する（595条4項。第1篇第1章注103）参照］。ただしこの場合も賃料債権は用益権者に帰

れない（1235条2項3））。

第1款　錯誤要件4)と弁済の原因

234　伝統的に，非債弁済者が返還を得るためには，債務の不存在に関する錯誤を立証しなければならないとされてきた5)6)。錯誤の立証がなければ，恵与の意図（intention libérale）等の他の弁済原因が推定される7)。非債弁済者がこの推定を覆さなければならない。もっとも，1376条8)は，弁済受領者の錯誤

属する］。その後，Aについて補佐が開始されたため，Bは補佐人Y［＝財産管理の役務を提供する非営利社団］に対して弁済を続けた。しかし，ハリケーンの影響で土地区画が再編され，本件農地は用益権の対象ではなくなり，Xの所有権下に存することとなった。のちにこの事実を知ったXが，区画再編後の既払賃料について，Yを相手方として返還を請求［＊賃貸人たる地位の承継が前提とされている］。一審は請求を認容。控訴院は，「弁済は債権者に対してなされなかったとしても，Aの権利について誤信していたYは，Aのために善意でこれを受領していた」と判示し，Yの控訴を容れ，請求を棄却した。Xの破毀申立に対して，破毀院は，Xの訴権を，非債弁済返還訴権ではなく，action de in rem verso とみなし，「利得者の善意は損失者から action de in rem verso を奪うものではない」とした。原判決破毀。）本件は，真の債権者が弁済受領者に対して返還を請求している点で特殊性を帯びる。実際，Xは賃貸人としてBに賃料支払を請求することができた。おそらくXはBの支払能力を不安視したものと考えられる（V. LIBCHABER, obs.）。いずれにしても，Xは非債弁済者Bの返還債権を代位行使していると理解することができる（可否について V. TERRÉ, SIMLER et LEQUETTE, Droit civil, Les obligations, 11ᵉ éd., Dalloz, 2013, n° 1059, p. 1108）。控訴院は，弁済受領者の善意を根拠として請求を封じたが，破毀院は，請求原因を別様に解しつつ，受領者の主観的態様を問わない旨を判示した。LIBCHABER, obs. は，非債弁済返還訴権と理解されたとしても，同一の結論が導かれ得たとする。

3) 序注5）参照。
4) 先行研究として，参照，吉井啓子「フランスにおける非債弁済をめぐる近時の理論状況——錯誤要件を中心として」石田喜久夫先生古稀記念『民法学の課題と展望』（成文堂，2000）749頁以下。学説判例について簡明に整理されている。なお，法継受の観点から，参照，笹川明道「他人の債務の誤想弁済における弁済受領者の利得消滅——民法707条1項と民法703条との関係について」九大法政研究72巻3号853頁以下（2006）。フランス民法典1377条2項に由来する債権者による証書の毀滅の場合に返還請求を排除する日民707条1項が，善意の利得者の利得消滅を定める703条と調和的に理解され得るか否かが検討されている。
5) DEFRÉNOIS-SOULEAU, Isabelle, La répétition de l'indu objectif, RTD civ. 1989, 243, spéc., n° 3, p. 244. 以下の概説的記述も同論文に依拠する。
6) 錯誤の立証は詐欺または強迫の立証によって代替され得る。p. ex. Civ. 1ʳᵉ, 11 juin 1958, Bull. civ. I, n° 304; Soc., 16 oct. 1980, Bull. civ. V, n° 749（詐欺）; Com. 16 juin 1981, Bull. civ. IV, n° 279.（強迫）
7) 立法府での Tarrible の説明が援用される。« il（＝le solvens）serait censé avoir voulu donner ce qu'il savait n'être pas dû. »［下線筆者］（cité aussi par DEFRÉNOIS-SOULEAU, supra note 5, n° 4, p. 245）この言明は古法時代の規範と同一であるとされる。実際，Ferrière に次のような記述がある。V. FERRIÈRE, Claude Joseph de, Dictionnaire de droit et de pratique, nouv éd., Chez la Veuve Brunet, 1769, t. 2, p. 492.「［非債弁済返還訴権の］第二の要件は，弁済が錯誤によってなされたことである。なぜなら，自らが義務づけられていないことを知りつつ（sciemment）弁済する者は，純粋な恵与によって与えることを欲していたと推定されるからである。」
8) 非債弁済返還に関する条文訳については，序注5）を参照。

463

を要求するものの，非債弁済者の錯誤には言及していない。したがって，非債弁済者の錯誤の要件は，1377条の他人の債務の弁済の場合の独自の規律と解する余地があった。

学説は，当事者間に債務がなんら存在しない類型を「客観的非債弁済（paiement de l'indu objectif）」と称して他人の債務の弁済＝「主観的非債弁済（paiement de l'indu subjectif）」と対比し，前者については非債弁済者に自らの錯誤の立証は課されないと説明していた[9]。しかし判例は，客観的非債弁済の場合であっても，錯誤の立証が必要であるとし[10]，学説の批判に晒されていた。そのような状況下で，錯誤の立証を免除する立場を示したのが次の全部会判決である。

〇破毀院全部会1993年4月2日判決[11]

【事案】　X社は，希望退職を募り，これに応えた被用者に対して，法定額を超える

---

9) 1993年判決以前の学説の状況について，DEFRÉNOIS-SOULEAU, *supra* note 5, n° 3-4, p. 244 et s.; 吉井・前掲注4) 755頁以下。

10) DEFRÉNOIS-SOULEAU, *supra* note 5, n° 10 et s., p. 248 et s. が引用する諸判決を参照。一例として，V. Soc., 18 oct. 1979, *Bull. civ.* V, n° 757.（クリスマスの特別手当を退職者に支払った使用者からの返還請求について，錯誤の立証がなく，恵与の意図が推定されるとして返還請求を排斥した原判決を支持。一部破毀判決であるが，他の争点に関わる。）社会保障機関による給付が非債弁済であった場合については，早くから立証の負担を軽減する解決が採られていた。*ibid.*, n° 17, p. 251-252. 後掲注11) の1984年7月17日判決以前の状況は，公役務（services publics）が問題となる場合には立証負担が軽減され，私人が非債弁済者である場合には錯誤の立証が要求されるという状況にあったとされる。背景として行政判例の展開を指摘するものとして，V. GHESTIN, Jacques, La réparation du dommage résultant du versement de prestations de sécurité sociale payées par erreur, *JCP G* 1973, I, 2528, spéc., n° 19 et s.

11) Ass. plén., 2 avr. 1993, *Bull. civ.* Ass. plén. n° 9, *D.* 1993, 373, concl. JÉOL, *RTD civ.* 1993, 820, obs. MESTRE. V. aussi CHAUVEL, Patrick, Indu objectif et erreur du solvens: après l'arrêt de l'Assemblée plénière du 2 avril 1993, *Dr. soc.* 1993, 901. 本判決に対する学説の評価について，参照，吉井・前掲注4) 758頁以下。1993年判決を準備した判決として，以下の1984年の判決が引用される。V. p. ex. KAMDEM, Jean-Faustin, L'évolution du régime de l'action en répétition de l'indu objectif, *JCP G* 1997, I, 4018, cite Civ. 1re, 17 juill. 1984, *Bull. civ.* I, n° 235, *D.* 1985, 298, note CHAUVEL. (X銀行は，従業員の長期に亘るストライキのために，顧客口座への入金業務を遅延させていた。顧客企業Aの従業員への給与振込［＊Xに開設されている口座に入金されていた］を先に行うこととし，既に準備されていた情報プログラムをこの操作に充てることとした。その結果，給与振込の日付が実際に支払われるべき日付に先立つこととなり，その間に利息が発生した。多くの従業員はXからの利息返還の求めに応じたが，Yは返還を拒否した。Xが返還を請求。原審は，錯誤の立証がないとしてXの請求を棄却した。破毀院は，「返還請求の対象である利息が義務づけられていなかったことは立証されていた」とし，これに加えて錯誤の立証を要しないとした。原判決破毀。）本判決の事案については，Y以外の被用者が総じて返還に応じていたことによって他原因の推定が破ら

第 2 篇　給付物の返還と原状回復

補償（任意退職補償（indemnité de départ volontaire））を支払うこととした。この補償が，使用者側の社会保障分担金の算定基準額（assiette des cotisations de sécurité sociale）に含まれ，それに応じた分担金を負担する義務を負うと考えた X は，当該地方の保険者 Y（社会保障・家族手当分担金徴収連合会（URSSSF, Union de recouvrement des cotisations de sécurité sociale et d'allocations familiales））に対して，任意にこれを弁済した。その後，自主退職者に対する補償の増額は上記算定基準額には含まれない旨の破毀院判決が現われたため[12]，X は，Y に対して分担金の返還を求めた。原審は，支払の以前にも同旨の破毀院判決が存在したことを理由に，弁済の時点で X は債務を負っていなかったとして，請求を認容した。これに対して Y が，弁済ののちに現れた破毀院判決によってでなければ非債弁済であったことは明らかではなく，事後の判例変更に基づく返還請求は認められないと主張して破毀申立。

【判旨】　破毀院は，純粋な法的理由（motifs de pur droit）（＊民事訴訟法典 1015 条）に基づいて判決理由を差し替えた。すなわち，1235 条および 1376 条を掲げ，X が債務を負っていなかった旨を再言したのちに，「X は，他のいかなる立証も義務づけられることなく，分担金の返還を得ることができた」とした。破毀申立棄却[13]。

錯誤要件による原因探究の遮断[14]　**235**　錯誤要件については，原因概念との関係において，これを検討することができる。既に見たように，古法時代には，原因の問題は証書への記載の有無に即して議論されていた。再言すれば，債権者は，債務証書に原因記載がなくとも，債務の存在を主張することができる。すなわち，債務負担について原因の存在が推定される。請求を免れようとする債務者は，原因の不存在を立証することによって推定を覆さなければならない[15]。

れ，こうした場合に限って錯誤の立証が不要とされた可能性が残る。
12)　Soc., 27 nov. 1985, *Bull. civ.* V, n° 563.
13)　その後の判決として，V. Civ. 1re, 11 avr. 1995, *Bull. civ.* I, n° 173, *JCP G* 1995, II, 22485, note Sériaux.（Y は，X（Hauts-de-Seine 県商工業雇用協会）から失業給付（allocation-chômage）の給付を受けることとなった。しかし，Y が受給要件を満たしていなかったことが判明したため，X は既に支払われた給付の返還を求めた。原審が請求認容。Y は，X は受給開始決定の時点で Y が受給要件を満たしていないこと了知していたのであり，錯誤を援用することができないと主張した。破毀院は，1235 条および 1376 条によれば，債務なしに弁済されたものは返還に服するとし，原審は，本件の給付が非債であったことを摘示しており，X は他の事項について立証の義務を負わないとした。破毀申立棄却。）
14)　以下の推論について，V. Defrénois-Souleau, *supra* note 5, n° 28 et s., p. 256 et s. ただし，証書の原因との対比は行われていない。
15)　Terré, Simler et Lequette, *supra* note 2, n° 356, p. 406-407 et n° 368, p. 416-417. 原因の立証に関す

第 2 部　各種返還制度の現代的諸相

　では，原因が存在しないにもかかわらず弁済してしまった場合，すなわち非債弁済の場合はどうか。ここでも 1132 条16)に基づく原因の推定がはたらくとされる。ただし，注意されるべきは，返還債務の原因として弁済が措定されるのではなく，「弁済の原因」が推定されることである17)。非債弁済においては債務の不存在が与件となる18)。すると，推定される弁済の原因は，先存債務以

> る現代法上の諸論点について，本来は網羅的な検討が必要であるが，1315 条 1 項と 1132 条との関係について，以下の判決により例解するにとどめる。反対証書（contre-lettre）について他原因の立証責任を債権者に課す，すなわち立証責任を転換する判決である。V. Civ. 1re, 20 déc. 1988, *Bull. civ.* I, n° 190, *D.* 1990, 241, note MARGUÉNAUD.（Y は，A から不動産を賃借した。その際，Y を権利者とする先買権（droit de préemption）が約定された。Y は当該不動産を X に売却する旨の私署証書を作成。X は，代金の一部を小切手によって弁済し，残額については消費貸借に基づく返還債務として同額を承認する旨の証書に署名した。その後 A は，先買権が行使される以前に不動産を B に売却，続いて B が X に転売する旨の合意が交わされた。X は Y を相手方として，消費貸借に基づく債務承認の無効を主張するとともに，小切手の返還および損害賠償の支払を請求した。原審は，債務が消費貸借以外の原因によることの立証がないとして，X に対して債務承認証書に記載された額の弁済を命じた［＊おそらく Y が反訴として弁済を請求していたものと考えられる］。X が破毀申立。破毀院は，1315 条 1 項［＊本注末尾参照］および 1132 条［＊第 1 部第 1 篇第 2 章注 5）参照］を適用法条とし，「債務の原因が誤ったものであることが立証されるときには（lorsque la cause de l'obligation est démontrée fausse），自らの債権が他の適法な原因に基づくことを立証する負担は，受益者（bénéficiaire）［＝証書上の債権者］に課される。受益者がこれを立証しない場合には，その主張は排斥されなければならない」とした。債務証書が消費貸借によるものでない旨を Y が認めているにもかかわらず，実際には売買代金債務を対象とすることを隠蔽（dissimulation）する反対証書であることの立証がないとして X に弁済を命じた原判決は，上記 2 条文に反するとした。原判決破毀。）Y が消費貸借でない旨を自白したのは，他人物売買の無効に伴う損害賠償，または，債務不履行によるそれを免れるためであったと考えられる。この自白によって事実上問題は解決しているが，1132 条によれば債務者である X が立証責任を負う結果，債務承認の原因が売買の隠蔽であることを立証しない X は，債務を免れることができない。しかし，原因が誤っていることが明らかであるとき（本件では Y の自白による）に，他の原因の立証を債務者に課すことに意義は認められない。原因の真正さの推定は既に破られている。破毀院は，この場合には，立証責任が転換される，逆から言えば，1315 条 1 項の本則に戻り，請求者＝債権者が債務の存在を立証するという解決を採用したものと解される。以上の立証負担の構造は，非債弁済におけるそれと通底すると考えることができる。例えば，社会保障機関による弁済について，債務の不存在が立証されさえすれば，恵与等の他の原因を推定し得る場面は皆無に近いであろう。推定の基礎が欠けるとき，他の原因の不存在の立証に代替する錯誤の立証は，上記の判決における売買の隠蔽の立証と同様に無意味である。これと対比するとき，主観的非債弁済の事例において錯誤の立証を要する理由は，債務者への恵与や事務管理等の他原因が存在する蓋然性が高いことに求めることができよう。
> 1315 条　①　債務の履行を請求する者は，債務［の存在］を証明（prouver）しなければならない。
> 　　　　　②　反対に，［債務から］解放されたと主張する者は，弁済またはその債務の消滅をもたらした事実を立証（justifier）しなければならない。

16)　第 1 部第 1 篇第 2 章注 5）参照。
17)　p. ex. COLIN et CAPITANT, avec JULIOT DE LA MORANDIÈRE, *Cours élémentaire de droit civil français*, 8e éd., Dalloz, t. 2, 1935, n° 234, p. 222.

466

外の原因である。債務の不存在の立証のみでは，この推定を覆すことができない。ここに錯誤要件が課される必要が生ずる。錯誤要件について古典的論考を著したルスアルン（LOUSSOUARN, Yvon）は，この要件と原因概念との関係を次のように剔抉していた。

　「[…] この場合 [＝弁済の原因となる債務が存在しない場合] には，弁済者が，いかなる債務も存在しないのに弁済を行ったと考えるならば，それは奇妙なことのように思われる。人間のあらゆる行為には動機（mobile）がある。弁済受領者に対する弁済者の債務がなんら存在しないとき，弁済者は，自然債務の履行，または，恵与を企図していたと想定することができる。債務者ではない者によって真の債権者に対して弁済された債務が問題となるときにも，弁済者は，真の債務者のために弁済する旨を企図していたと考えることができる。したがって，弁済は，外観上は存在するが実際には存在しない原因（cause apparente mais inexistante）以外の原因を有すると考えることができる。たしかに，弁済受領者によって他の原因の存在が立証される場合を除き，[裁判官は] 非債弁済であると宣言し，返還を認めることもできるであろう。しかしこれは1132条の原則に牴触する。同条は，原因の推定について定めているが，この推定は弁済にも及ぼされなければならない。立証責任は転換される。すなわち，弁済者が原因がないことを立証するのでなければ，弁済は有効である。

　この立証を行うために，弁済者は，外観上の原因が実際に存在すると信じたために弁済を行った旨を明らかにしなければならない。こうして，錯誤の必要性が登場する。ここでの錯誤は，弁済者によって追求された目的が，存在しない債務の履行であったことを明らかにする役割を担う。錯誤は，1132条による原因の推定の排除を可能とする道具立てである。」[19)20)]

---

18) 非債弁済が，先存債務の存在を前提としない物の供与（datio）として表象され，同一の構造を有する要物契約たる消費貸借と類比されていたことからも示唆される。物の引渡があるからこそ相手方が義務づけられる。無名要物契約とコンディクチオとの関係をも想起されたい。前記本文 **14** 参照。

19) LOUSSOUARN, Yvon, La condition d'erreur du « solvens » dans la répétition de l'indu, *RTD civ.* 1949, 212, spéc., n° 20, p. 229.

20) V. aussi CATALA, Nicole, *La nature juridique du payement,* thèse Paris II, préf. de J. Carbonnier, L.

論旨を敷衍しよう。1132条によって原因が推定される結果，原因の不存在の立証は，債権者の請求を退けるためであれ，弁済された物の返還を求めるためであれ，常に債務者に課される。非債の立証に加えて要求される錯誤の立証は，自然債務の履行・恵与の意図等の他の原因の不存在の立証を代替する。では，非債の立証のみで返還が認められる場面と，さらに錯誤の立証が要求される場面との間には，いかなる差異が見出されるであろうか。三つの非債弁済事例を区別して考えることができる。

236 (1) 弁済の前提であった債務が無効である場合（原状回復への非債弁済規定の適用の可否の問題については本篇第2章参照），非債弁済返還訴権が無効訴権と同時に行使されるならば，返還の可否について判断される以前に，債務の無効，すなわち弁済の原因の不存在が明らかにされる。相対無効の場面であっても，債務者による追認の存否も同時に判断されているとすれば[21]，他の原因を探究

G. D. J., 1961, n° 222, p. 312.「無効事由が付着した債務が弁済者に行為するよう命ずるときは，この債務の外観（apparence）が存在しなかったならば弁済はなされなかったであろう，と考えることが可能である。逆に，給付に先だって外観上もいかなる債務も存在しないときには，給付が，原因なしになされたことは意外な（surprenant）ことであり，弁済者に法的意思（volonté juridique）［＝恵与の意図等］が存在することが，よりもっともらしく見えることになる。」債務がなんら存在しない場合について，V. *ibid.*, n° 235, p. 323.「弁済者の側に錯誤があることの確認は，ここでもまた［＝債務が無効である場合と同様に］，法律行為が存在する可能性（éventualité d'un acte juridique）を排除することに役立つ。先存債務が存在しない場合も，［弁済に際して］なんらかの法的意思が表示されていた可能性が残る」。Catalaのテーズの前提は，債務が存在する場合の弁済は法的事実（fait juridique）であるが，債務が存在しない場合，すなわち非債弁済の場合には，弁済自体が，無効行為の追認，贈与（特に手渡贈与（don manuel）），第三者弁済といった法律行為となる可能性がある，というものである。原因がないのに行為するはずがない，という推定を基礎として，他の原因が存在する可能性が探究される必要がある，ということになる。V. aussi MAURY, Jacques, *Essai sur le rôle de la notion d'équivalence en droit civil français*, thèse Toulouse, 2 vol., Jauve & C., 1920, t. 2, p. 12-13.「あらゆる約束が原因を前提とするとすれば，弁済もまた原因を前提とする。返還請求が可能とされるには，この推定が破られ，意思の要素が消失せられ，［当事者が］諸状況の客観的地平（terrain des situations objectives）に立ち戻るのでなければならない」。非債弁済は，*datio* という損失者の意思による行為を前提としている。さらに，違法であれ不道徳であれ，有効な意思（volonté efficace）が存在しない場合には，*condicito ob turpem causam* が生じ，意思を消滅させる事実が到来したり，逆に到来しなかった場合，すなわち，条件の無効または到来の場合には，*condicito sine causa* ないし *condictio causa data causa non secuta* が生ずる。これと同列に非債弁済が位置づけられる。「錯誤があり，意思が存在しない場合，語の正確な意味における *condicito indebiti* が生ずる。したがって錯誤は，まさに，原因なき利得が見出され得るために要求される諸要件のうちの一つである。」

第 2 篇　給付物の返還と原状回復

する必要はない。故に，無効な債務による弁済については，従来から錯誤の立証は不要とされてきた[22]。

　(2)　主観的非債弁済，すなわち，他人の債務の弁済の場合には，返還請求の相手方である債権者は真の債務者に対する債権を有している以上，この者には弁済を受領する権原（titre）が存在する[23]。非債弁済者＝返還請求者は，自らが債務者ではないことを立証しても，権原を否定することはできない。真の債務者との関係で，弁済の原因が推定される。これを覆し得るのは，自らが債務者であったと誤信した事実のみである。したがって，錯誤の要件は維持される。なお，1377 条の錯誤要件は，弁済の有効性に対する弁済受領者の信頼保護をも機能とするとされる[24]。受領者による証書の毀滅の場合（1377 条 2 項），および，弁済の有効性を信頼して受領者が担保を消滅させた場合[25]の返還訴権の不受理という規律も同様の意義を有する。しかし，非債弁済者は，なんら救済を得られないのであろうか。ここで登場するのが，真の債務者への求償の問題である。この求償は，後述するように，原因なき利得の制度によって基礎づけられ得る。

　(3)　以上と対比すれば，弁済の前提であった債務がなんら存在しない客観的非債弁済の場合には，弁済受領者に受領権原がなかったことを立証し，か・つ・，自らの弁済に他の原因がなかったことを立証しなければならない。前者が非債の立証であり，後者が錯誤の立証に相当する。ここで 1993 年全部会判決のように，錯誤の立証を不要とするならば，相手方に受領権原＝原因がないことの立証のみで返還が実現される。換言すれば，客観的非債弁済の場面で弁済者に

---

21)　V. Loussouarn, *supra* note 19, n° 21, p. 229 は，絶対無効の場合には錯誤の立証は不要とするが，相対無効の場合には錯誤を要求する。後者においては，先存債務以外の原因として，弁済による無効行為の追認が考えられるためである。
22)　p. ex. Planiol et Ripert, *Traité pratique de droit civil français*, 2ᵉ éd., t. 7, Obligations, 2ᵉ partie, L. G. D. J., 1954, n° 740, p. 27-28. V. aussi Douchy-Oudot, *supra* note 2, n° 28.
23)　Douchy-Oudot, *supra* note 2, n° 80.
24)　*ibid*., n° 79.「［…］弁済者の誤信（croyance erroné）の機能は，価値の移転の原因という問題を解決することではなく，債権者たる弁済受領者を保護することに存する。受領者は，自らの債権を理由として，自らに対して義務づけられている物を受領したと正当に考えることができたのである。弁済者の誤信は，二人の善意の者の間で，保護の順序を決定するために要求される。弁済者の錯誤が存在しない場合には，債権者たる受領者が優先して保護を受けることになり，弁済者は返還を請求することができなくなる。」
25)　1377 条 2 項の類推適用による。V. *ibid*., n° 83-84.

469

課されるのは，利得の原因の不存在の立証のみとなる。ブーディエ判決を受けて理論化されたのちの action *de in rem verso* が，当初はもっぱら利得の原因の存否を問題としていたことに立ち返れば，客観的非債弁済と原因なき利得との構造的な同一性を主張することが可能となる[26]。

以上の区別は，非債弁済者の属性を顧慮する諸判決をも説明する。ここで問題とされるのは，錯誤と過失との関係である。

弁済者の過失　**237**　非債弁済の返還が認められるためには，弁済者の錯誤は宥恕され得る（excusable）ものでなければならないとされる。つまり，錯誤が過失（faute）を構成する場合には，返還訴権が不受理とされる可能性がある。類型ごとに異なる解決が採られる。

客観的非債弁済については，前述したように，錯誤が要件とされない以上，弁済者の過失もまた返還請求の要件とはされない[27]。過失は，受領者に損害を惹起した場合にのみ考慮される。弁済者は損害賠償義務を負い，返還の対象が金銭であれば，返還額は相殺により減額される。当初この解決は，公的機関による非債弁済の事例において，「甚大な錯誤（erreur grossière）」が重過失（faute grave）を構成し，それが「異常な損害（préjudice anormal）」をもたらした場合に認められるにすぎなかった[28]。しかし，現在では，重過失・異常損害を要件とする判例は変更されている[29][30]。すなわち，非債の立証のみによって

---

26) *condicito indebiti* と action *de in rem verso* とを分ける唯一のポイントは，前者における錯誤要件であるとされていた。V. p. ex. Beudant, Charles avec la coll. de Rodière, René, *Cours de droit civil français*, 2ᵉ éd., t. 9 bis, Les contrats et les obligations, Arthur Rousseau, 1952, nº 1721, p. 340. この要件が否定されれば，二つの訴権の同質性を標榜することができよう。

27) Douchy-Oudot, *supra* note 2, nº 106.

28) p. ex. Soc., 21 mars 1972, *Bull. civ.* IV, nº 237.（退職年金の非債弁済の事案。原審は，年金基金側の懈怠（négligence）を認定し，ここから，錯誤がなかったとして返還訴権を退けた。これに対して破毀院は，弁済者の懈怠は，「甚大な錯誤」に起因し，それを理由として長期に亘って弁済が行われ続けた結果，受領者に「異常な損害」をもたらす場合には，民事責任を生ぜしめ，返還額の減額をもたらすことがあるとする。もっとも，返還訴権の障害とはならず，弁済受領者に対して，「請求し得なかった金銭の全額を保持することを許すものではあり得ない」とした。原判決破毀。）原審が，過失と錯誤との排他性を前提としているのに対して，破毀院は，二つの要素を異なる次元で併存させている。

29) p. ex. Soc., 17 oct. 1996, *Bull. civ.* V, nº 328.（事案の詳細は不明。原判決は，甚大な錯誤と異常な損害がないとして非債弁済受領者による損害賠償請求を排斥。破毀院は，不法行為の一般条項である1382条を掲げ，「自らの過失によって損害を惹起した社会保障金庫は，これを賠償しなければならない。過失が甚大であったか否か，損害が異常であったか否かは，重要ではない」として，原判決を破毀した。）

返還が認められるが，受領者が過失および損害を立証すれば，返還額が縮減される，という解決が確立されるに至っている[31]。調整は，非債弁済返還の制度内ではなく，民事責任の領域で実現される。

他方，主観的非債弁済，すなわち，他人の債務の弁済の場合には，弁済者の過失は，返還訴権の不受理を帰結する[32][33]。前述のとおり，非債弁済者には弁

---

[30] さらなる問題は，返還債務を超える損害賠償は認められるか，というものである。学説においては肯定説と否定説とが競い合っているが，判決は存在しない。非債弁済返還と民事責任とが異なる制度であることを前提とすれば，後者における全額賠償（réparation intégrale）の原則により，損害賠償額が返還額を上回ることに疑問は生じないはずである。V. Douchy-Oudot, *supra* note 2, n° 112.

[31] 近時の判決として，V. Civ. 1ʳᵉ, 16 mai 2006, *Bull. civ.* I, n° 248.（銀行 X が同一の振込指図について二重に弁済した。銀行の返還請求を容認した原判決に対して，一方の受領者 Y が，この訴権は過失により不受理とされるべきであったと主張して破毀申立。破毀院は，本件は主観的非債弁済の事案ではなく客観的非債弁済の事案であるとして，申立を棄却した。）損害賠償債権との相殺による減額の有無は争点となっていないが，後述の主観的非債弁済に関する判例法理を奇貨とする破毀申立を退けていることから，過失の不存在は返還の要件ではないことが前提とされている。

[32] Com., 23 avr. 1976, *Bull. civ.* IV, n° 134, *D.* 1997, 562, note Vermelle.（A を振出人とする手形を持参した Y に対して，支払人として指定されていた X 銀行が手形債務を弁済。その後 X は，A の決済口座は負債超過の状態にあり，また，支払委任を受けておらず，弁済は錯誤によるものであったと主張して，Y を相手方とする非債弁済返還訴権を行使した。原審は，Y は争いのない債権について弁済を受けたのであり，債務なしに利得してはいないこと，また，X は自らの過失を援用し得ないことを理由として，X の請求を棄却した。X が破毀申立。破毀院は，「債務者でない者が錯誤によって行った弁済は，受領者が，その債務者が自らに対して負っていたものを受領したにすぎないときで，かつ，弁済者が，慎重さが命ずる注意（les précautions commandées par la prudence）を払わずに弁済したことについて非難されるべきであるときには，返還を請求する権利を与えない」と判示した。その上で，支払委任の有無について確認せずに弁済した X が，過失に相当する懈怠（négligence fautive）を犯したと判断した原判決は正当であったとした。破毀申立棄却。）Com., 22 nov. 1977, *JCP G* 1978, II, 18997, note Gégout.（振出人による引受の署名の真偽を確認することなく，裏書譲渡を受けた者に弁済した銀行に過失があるとした。）*Comp.*, Com., 12 janv. 1988, *Bull. civ.* IV, n° 22, *D.* 1989, IR, 329.（X が A の指図により Y の口座に記帳を行ったが，過誤により同額の記帳が再び行われてしまった。X が Y に返還請求。X の過失が認定され，返還請求は棄却された。破毀院同旨。）本件では，Y は A に対する債権をほかにも有していたため，他人の債務の弁済となるが，一度目の弁済によって A が解放されていれば，客観的非債弁済となる。二つの類型は，同一当事者間で連続して生じ得る。

[33] 順位を誤った弁済の事例として，V. p. ex. Com., 26 nov. 1985, *Bull. civ.* IV, n° 281.（A の管財人である X は，A の不動産の売却によって得られた代金から当該地方の租税徴収権者 Y に弁済した。しかし，この金銭は，抵当債権者であった B（URSSAF）に弁済すべきものであった。X が Y を相手方として返還訴権を行使。原審は，X の過失に相当する懈怠（négligence fautive）を認定し請求を棄却した。X が 1377 条への違背を主張して破毀申立。破毀院は，「債務者ではない者が錯誤によって行った弁済は，受領者が，債務者が自らに対して負っているものを受領したにすぎないときで，かつ，債務者が，慎重さが命ずる注意を払わずに弁済したことについて非難されるべきであるときには，返還を請求する権利を与えない」と判示した原判決は正当であったとした。）本件では，B に劣後するとはいえ，Y も債権者であり，非債弁済受領者に利得保持の原因があると考えることもできる。

済の原因の推定を覆すために錯誤の立証が課されるが，その際，錯誤の態様をも問われることを意味する。これにより権原ある非債弁済受領者がより厚く保護される。しかし，この判例法理は，近時否定されるに至った。

○破毀院第一民事部 2010 年 2 月 17 日判決[34]

　【事案】　訴外 A は保険会社 Y との間で，貯蓄型の保険を契約した。返戻金の受取人は A であるが，満期に A が死亡していた場合は配偶者 X が受取人となる旨の約款があった。その後 A と X が離婚，A は Z と再婚した。しかし X は離婚後も自らが受取人の地位を有すると誤信し，A に代わって保険料を弁済し続けていた。A が死亡したのちに X が保険金の支払を請求。Y は，受取人は配偶者 Z であるとして支払を拒んだ。X が Y を相手方として保険金の支払を求める訴えを提起。一審はこれを棄却したため，X は請求原因を変更し，Y および Z を相手方として既払保険料の弁済は非債弁済であったと主張し，その返還を請求した（＊Z に対する請求は真の債務者への求償権を根拠とする）。原審は，X が通常払うべき注意を怠ったとし，返還訴権を不受理とした。

　【判旨】　破毀院は，「弁済者の過失は非債弁済返還訴権の行使要件を構成しない。ただし，場合によっては，返還額から損害賠償額が控除される」と判示し，原判決を破毀した。

　この判決により，弁済者の過失は，主観的非債弁済の場合でも，不受理によってはサンクションされず，損害賠償をもたらすにすぎないこととされた。したがって，あらゆる非債弁済について規律が統一されたことになる。新たな判決の射程はその文言上広範であるが，非債弁済者の属性がそれまでの事案とは大きく異なる点に注意を要する。この判決が登場する以前は，金融機関が非債弁済者である事案が多く，action de in rem verso において損失者の過失が問題とされる事案（前記 **213・215**）との類比が可能であった。これに対して，本判決では，保険会社が受領者であり，弁済者が本来の債務者でないことに注意を払い得る地位にあった。この点を強調すれば，判決の射程を限定することも可能であるように思われる。とはいえ，受領者の損害の金銭評価次第で，返還

---

34) Civ. 1re, 17 févr. 2010, *Bull. civ.* I, n° 41, *D.* 2010, 864, note Dissaux, *JCP G* 2010, 685, note Dagorne-Labbé.

額がゼロとされ得るのであれば，不受理の場合と帰結は同様となる。

　また，主観的非債弁済に関するかつての解決は，以下の前提の下に許容されていたとも考えることができる。すなわち，過失によって第三者弁済と同様の事態を招いた非債弁済者には，この弁済によって債務からの解放という利得を得た真の債務者に対して求償権を有する。救済の可能性が残される結果，受領者に対する非債弁済返還訴権を排斥することに問題は生じないと考えることができた。款を改めて検討しよう。

第2款　他人の債務の弁済と原因なき利得[35]

238　主観的非債弁済の場合における真の債務者への求償（recours）について，当初破毀院は厳格な態度を取っていた。すなわち，弁済による代位（subrogation）が成立する場合でなければ，求償を認めなかった[36]。そもそも，1377条

---

35) 以下について，主として，V. PERRUCHOT-TRIBOULLET, Vincent, L'indu à trois, *RTD civ.* 2003, 427; SALVAT, Odile, Le recours du tiers contre la personne dont il a payé la dette, *Défrénois* 2004, art. 37863, p. 105 et s.

36) V. PERRUCHOT-TRIBOULLET, *supra* note 35, p. 439-442. ただし，先駆的な判決として，次の判決を挙げることができる。Civ. 1re, 12 mai 1987, *Bull. civ.* I, n° 146, *RTD civ.* 1988, 348, obs. MESTRE. （会社の備品を清掃中の従業員Aが，X社製の洗浄剤をスプレー式の用具に充填したところ，この用具が爆発した。Aが負傷。Xがこの損害について責任を負うものとされ，Xの保険者であったYが賠償金を支払うこととなった。破毀院は，Xに対する有責判決について一部破毀し，アンジェ控訴院へ移送する判決を下した。同控訴院も，Yは支払義務を負わないとした。本件事故が，約款規定の保険事故ではなかったことによる。本判決は，この控訴審判決に対する破毀院判決である。Xは，破毀申立において，約款の解釈やYの助言義務（obligation de conseil）違反について争ったが，その主張は排斥された。他方，Yは，付帯の破毀申立において，原判決が，Xに対して，Aに既に支払われた金額をYに返還するよう命ずる一方で，AのYに対する返還義務については否定したことを難じた。1236条2項［＊後掲注39］参照］は，債務者の名において，かつ，その者の債務の履行として弁済がなされた場合には，利害関係のない第三者による弁済をも有効とするが，Aは，Yに対する直接訴権を行使し得るのであり，Yが弁済した金銭はこの訴権に対応するものであるため，Yは利害関係のない第三者ではないと主張する。これは，AとYとの間に直接の債権債務関係があると誤信したために，Aに弁済がなされたと主張するものであり，非債弁済返還請求の相手方がXではなくAであることを導く論拠である。逆にここから，Xには支払能力がないことが想定される。この主張に対して破毀院は，補償の支払を受領したとはいえ，被害者であるAも，Aの保険者（Eure-et-Loir県疾病保険金庫）も，非債弁済を受領したとは言えないとする。さらに，原審は，Yが，Xの「計算および［債務の］弁済として（pour le compte et en l'acquit）」と記載された受領証（quittances）が交付されることに配慮を示していたという事実を摘示していることから，非債弁済の「真の受益者（vrai bénéficiaire）」はXであり，Yの求償はXに対して行われなければならないとした。）事案からは，Xが支払不能であるために，Yは，XさらにはAの保険者（＊Aに対する補償の支払を既に行っていたことが推測され，その結果として，Aの債権について代位することとなる）に対して，非債弁済の返還を主張したものと推測される。これに対して破毀院は，AとYが債権者と債務者との関係に立たないこと，および，返還義務者はY

2項による求償は，弁済受領者による証書の毀滅の場合の例外的な規範であり，非債弁済については，返還関係の当事者が限定されることが原則と解される[37]。しかしこの原則は，当初は原因概念によって，のちには不当利得の観念によって，緩和される。

○破毀院第一民事部 1992 年 6 月 2 日判決[38]

【事案】 成人障害者手当（allocation aux adultes handicapés）を受給していた A は，義父 X と生活を共にしていた。A の死亡後，X は，A の相続人 Y に対して，A の手当は第三者による扶助（assistance d'une tierce personne）を根拠とするものであり，この手当から自らに報酬が支払われるべきであると主張し，手当相当額を請求した。また，A が X 宅に居住していた期間，X が納めていた住民税（taxe d'habitation）相当額の償還をも請求した。原審はいずれの請求をも棄却した。住民税の納付について，X は，他人の債務の弁済であることを主張し，弁済の事実のみによって債務者に対する求償が認められるとし，X・A 間に合意があることを要求する原判決は，1236 条[39]に違背すると主張して破毀申立。

【判旨】 破毀院は，「他人の債務を，［他人の債務であると］知りつつ弁済し，債権者の権利に代位しなかった者は，弁済に先行する原因（cause）が，弁済された金額

の非債弁済の「受領者」ではなく，その「真の受益者」たる X であること，という二つの論拠から，A の返還義務を否定したものと理解することができる。さらに，原因なき利得の用語法で事態を記述するならば，X により弁済されようが，Y により弁済されようが，本件事故の被害者である A には利得を保持する原因が存在する。これを，「非債弁済を受領しなかった」と説明したと考えることもできる。Y と X との間に Y による弁済を基礎づける関係が存在しないことは，A の与り知るところではない。他方，Y の弁済＝損失には原因が存在しない。そのために，この損失に対応する利得を得た者からであれば，返還を受けることができる。破毀院は，この利得は X の許にあると考えているものと理解し得る。故に，A に対する債務の弁済を免れた X は，Y の求償を受けなければならない。なお，Mestre, obs. *RTD civ.* 1988, 348 は，本件の評釈において，非債弁済の受領者を「現実の受領者（*accipiens* réel）」と称し，非債弁済によって利得を得た者を「観念的な受領者（*accipiens* intellectuel）」とする。この表現は，近年，真の債務者に対する求償権を説明するための概念としてしばしば援用される。p. ex. Perruchot-Triboullet, *supra* note 35, p. 439; Douchy-Oudot, *supra* note 2, n° 75.

37) Perruchot-Triboullet, *supra* note 35, p. 433. V. aussi Flour, Aubert et Savaux, *Droit civil. Les obligations*, t. 2. *Le fait juridique*, 14ᵉ éd., Sirey, 2011, n° 28, p. 31.
38) Civ. 1ʳᵉ, 2 juin 1992, *Bull. civ. I*, n° 167, *D.* 1992. somm. 407, obs. Delebecque, *JCP G* 1992, I, 3632, note Billiau, *RTD civ.* 1993, 130, obs. Mestre.
39) 1236 条 ① 債務は，共同債務者または保証人のように，それについて利害を有するすべての者がこれを弁済することができる。
② 債務は，それについてなんら利害を有しない第三者もこれを弁済することができる。ただし，この第三者は，債務者の名において，かつ，債務者の弁済としてこれを行うこと，または，自らの名において弁済を行う場合には，債権者の権利に代位しないことを条件とする。

を弁済者に償還する債務を債務者にもたらすものであったことを立証する責任を負う」とし，いかなる「権原（titre）［＊ママ］」の立証もなかったとしてXの請求を退けた原判決は正当であったとした。破毀申立棄却。

代位の成立は求償権の要件とはされていないものの，予め返還債務を基礎づけ得る原因として，弁済に先行する原因が要求されている。よって，Xは，Aの返還義務を導くために，委任や事務管理40)を立証しなければならない41)。しかしその後，同じ第一民事部は，原因概念に依拠することなく求償を認めるに至る。援用されたのは不当利得の観念であった。

○破毀院第一民事部 2001 年 4 月 4 日判決42)
　【事案】　Aは，Y社に対して住宅の建築を注文した。引渡を受けたのちに，礎石および壁に亀裂が生じた。Aが加入していた住宅保険の保険者であるX共済は，この亀裂は乾燥により自然に生じたものであるものと認定して，所定の保険金をAに弁済した。しかしのちに，鑑定がなされ，本件の亀裂は，Yに帰されるべき建築の瑕疵によるものとされた。Xは，YおよびYの保険者であるZを相手方として，償還を求めて訴えを提起した。原審は，Xによる弁済は法定代位の要件を満たしているとして，Xの請求を認容した。Y・Zが破毀申立。

---

40) 事務管理が立証された事案として，V. Civ. 1re, 12 janv. 2012, *Bull. civ.* I, n° 4, *RDC* 2012, 835, obs. KLEIN (2^e esp.)．
41) SALVAT, *supra* note 35, n° 1, p. 106. 原因の立証がないことを理由に債務者に対する求償を排斥した判決として，V. Soc., 31 janv. 1996, *D.* 1997, 306, note THULLIER．
42) Civ. 1re, 4 avr. 2001, *Bull. civ.* I, n° 105, *D.* 2001, 1824, note BILLIAU, *JCP G* 2002, I, 134, n° 18, obs. BARTHEZ. 本判決を準備した判決として，V. Civ. 1re, 13 oct. 1998, *Bull. civ.* I, n° 299, *D.* 1999, 500 (2^e esp.), note MARTIN, *Droit & Patrimoine*, 1999, n° 22355, obs. CHAUVEL, *JCP G* 1999, I, 143, note VIRASSAMY. (YとAとの不動産売買について，公証人Xは代金を売主であるAに弁済した［＊詳細は定かではないが，Xは，受任者としてAから代金を受領したと誤信したようである］。Xは，買主Yに対して同額の支払を求めて訴えを提起，原審はこれを認容した。Yが破毀申立。非債弁済返還訴権は，弁済を受領した者，または，その計算において弁済が受領された者（celui pour compte duquel il［＝paiement］a été reçu）を相手方として行使することができるが，その計算において弁済がなされた者（celui pour compte duquel le paiement a été effectué）を相手方としては行使し得ないと主張し，XのYに対する非債弁済返還訴権を認めた原判決は1377条1項に違背すると主張した。破毀院は，「錯誤によって，自らの金銭で他人の債務を弁済した者は，債権者の権利に代位しないとしても，債務者を相手方とする求償権（recours）を有する」と規範を提示する。その上で，Xの帳簿の抄本（extraits de la comptabilité）が，Xが援用する錯誤の現実性（réalité）を立証するものであること，ならびに，不動産の代金がYによって支払われていなかったことを確認して，上記のように判断した原判決は正当であったとした。破毀申立棄却。)

第2部　各種返還制度の現代的諸相

　【判旨】　破毀院は，純粋な法的理由に基づいて理由を差替え，「何人も他人の出費において利得することはできない，という法の一般原則を適用すれば，錯誤のために，自らの金銭によって他人の債務を弁済した者は，たとえ，債権者の権利に代位することがなくとも，債務者を相手方とする求償権を有する」とする。もっとも，Xが本件の瑕疵を自然現象によるものであると誤信して弁済したことを確認していた原判決は，自らの判決を適法に正当化している，として破毀申立を棄却した[43]。

　本判決は，原因なき利得法理の補助を得て，「この規範〔＝真の債務者に対する求償〕に対して伝統的に付与されてきた射程を拡大した」[44]。その判示内容を原因なき利得に即して敷衍すれば，利得者＝真の債務者側の要件である利_得_の_原_因_の_存_否_は，損失者＝弁済者の錯誤の立証の有無に左右される，したがって，弁_済_＝_損_失_の_原_因_の_有_無_に連動する，と表現することもできる[45]。

239　この判決の登場を機に，学説は，非債弁済返還訴権と action *de in rem verso* との関係について議論を展開している。争点は，真の債務者への求償は，債権者に対する非債弁済返還訴権と補充的な関係に立つか否かである[46]。相手

---

43)　その後の判決として，V. Soc., 20 déc. 2001, *Bull. civ.* V, n° 395.（医師Yは，第三支払者との協定（convention de tiers payant）〔＊社会保障機関が被保険者に代わって医療給付の対価を支払うことに関する全国的な協定〕に参加していなかった。Yの診療を受けたAは，Yに直接報酬を支払った。その後，Yは，債権者Bによって保全差押え（saisie conservatoire）を受けたため，Aに対する療養給付について自らをYの債務者であると誤信した疾病金庫Xは，Bに弁済した。のちにXは，Yを相手方として非債弁済の返還を請求した。原審は，Xの請求を認容。Yは，非債弁済返還訴権は，「弁済を受領した者（celui qui a reçu le paiement），または，自らの計算において弁済が受領された者（celui pour le compte duquel il a été reçu）を相手方としてでなければ，認められ得ず，自らの計算において弁済が行われた者（celui pour le compte duquel le paiement a été effectué）を相手方としては，提起され得ない」と主張し，Xの訴権は不受理とされるべきであったとして，1235条および1376条への違背による破毀を申し立てた。破毀院は，本文に引用した2001年4月4日判決と同様の文言を用い，YがXに対して対価を支払うべき給付は存在しなかったことを認定し，Xの訴えを認容した原判決は正当であったとした。）

44)　Salvat, *supra* note 35, n° 13, p. 117.

45)　en ce sens, *ibid.* n° 13, p. 116.

46)　Civ. 1re, 1er févr. 1984, *Bull. civ.* I, n° 45〔前記本文 **201**〕. は，前妻が負うべき子に対する扶養義務について，前妻に対する返還訴権が支払不能により無力化したのちに，後夫に対する請求を認めていた。V. aussi Salvat, *supra* note 35, n° 17, p. 121, note (56). ほかに非債弁済返還訴権との関係での補充性を明らかにするものと解される判決として，V. Civ. 1re, 5 juill. 1989, *Bull. civ.* I, n° 278.（過失に基づく非債弁済によって受領者＝被保険者の従業員Xに損害を惹起した弁済者＝保険会社Yが，損害賠償による返還額の減額を回避すべく，非債弁済返還ではなく，原因なき利得に依拠して返還

方を異にするとはいえ，action *de in rem verso* と非債弁済返還訴権との選択が認められるのであれば，この事例の特殊性が論証される必要がある[47]。

　もっとも，判決の文言は，観念としての不当利得を指摘するにすぎず，必ずしも，非債弁済者の訴権を action *de in rem verso* としたわけではない[48]。「何人も他人の犠牲において利得することはできない」という法格言が，一般原則でしかなく，数多くの訴権を基礎づけるとすれば，action *de in rem verso* がその要件効果とともに呼出される必要はない。したがって，不当利得の観念を媒介とした[49]，非債弁済返還訴権の「観念的な弁済受領者（*accipiens* intellectuel）」への行使[50]，または，直接訴権の行使[51]と考えることが可能である，と主張される。さらに近時では，真の債務者を端的に返還義務者とすれば足りるとの見解が多数を占めつつある[52]。

を得ようとした事案。Y は被保険者 A が保険料を支払っていなかったにもかかわらず，X に保険給付を続けていた。Y が X に対して返還を請求。原審は，不注意または懈怠は action *de in rem verso* を奪うものではない，という当時の破毀院商事部の判例に依拠してこの請求を認容したが，破毀院第一民事部は，不法行為の一般条項である 1382 条を適用法条として，客観的非債弁済返還における過失に関する規範を適用し，原判決を破毀した。）法的障害の回避を禁止するための補充性（前記本文 **197**）を指摘することができる。V. Pin, *JurisClasseur civ.*, App. Art. 1370 à 1381, 2007 (la dernière mise à jour, 26 juin 2015), fasc. 30, n° 35.

47) Salvat, *supra* note 35, n° 17 et s., p. 120 et s. の論証は困難を極める。本件が三者間の利得移動の事案であることを前提とすると A の支払不能を要するが，それが立証されておらず，Y への訴えが認められない可能性がある。なぜ補充性要件が課されないのか，その理由を探らなければならない。自らの立論に沿って補充性要件を操作するものの，最終的には，企業や社会保障機関は，顧客や被保険者を自らの錯誤の犠牲にしてはならない，という実質的な衡量に帰着せざるを得なくなる。

48) しかし，多くの評釈が action *de in rem verso* であると仮定した上で，その諸要件の充足の有無を検討する。p. ex. Billiau, note sous Civ. 1re, 4 avr. 2001, *supra* note 42, n° 5.

49) Douchy-Oudot, *supra* note 2, n° 75 は，非債弁済返還訴権と原因なき利得の返還訴権が混成された（confondues）と表現する。V. aussi Bénabent, Alain, *Droit civil. Les obligations,* 14e éd., Domat, L. G. D. J., 2014, n° 477-1, p. 344. 原因なき利得の観念に基礎づけられた（独自の）「償還（remboursement）」と表現する。

50) Mestre, obs. Civ. 1re, 12 mai 1987, *supra* note 36.

51) Perruchot-Triboullet, *supra* note 35, p. 442.

52) Libchaber, obs. sous Civ. 1re, 9 mars 2004 (*Bull. civ.* I, n° 81), *Defrénois* 2004, art. 37983, n° 55, p. 996.（保険者 X は交通事故被害者 Y に対して保険金を第三者弁済したが，弁済後に保険事故に該当しないことが判明したため，非債弁済の返還を請求した。原審は請求を認容。破毀院は，本件弁済は，Y にとっては非債弁済を構成せず，他方で，本来の義務者 A［＊本件では強制加入の自賠責保険を管掌する基金（Fonds de garantie automobile）］を「利するものであった（bénéficié）」とする。さらに，A に対する求償権が存在する旨を付言して原判決を破毀した。）「bénéficié」の語は A の利得を示唆するが，破毀院は求償権の根拠をそれ以上明示していない。この点を強調することで，非債弁済返還訴権の相手方が端的に拡張された旨が説かれる。V. aussi, Flour, Aubert et Savaux, *supra* note 37, n° 28, p. 31; Terré, Simler et Lequette, *supra* note 2, n° 1059, p. 1108.

第2部　各種返還制度の現代的諸相

　求償に関する不当利得の観念の援用は，action de in rem verso が元来三者間の不当利得を規律するべく法の世界に登場したことを想起させる。真の債務者の許での利得の原因の不存在は明らかでありながら，これに加えて錯誤の立証＝損失の原因の不存在の立証が要求される点に鑑みても，介在者（ここでは非債弁済受領者＝債権者）が存在する場面においてこそ，損失者の主観的態様が問われる（前記 **212**），という関係性を指摘することができるであろう。そのように名づけるか否かにかかわらず，非債弁済返還の制度においても，action de in rem verso の一つの側面が継承されている。

【補 論 2】

新 1302 条　①　あらゆる弁済は債務を前提とする。債務なく受領されたものは，返還 (restitution) に服する。
②　任意に弁済された自然債務については，返還は認められない。

新 1302 条の 1　自らに対して義務づけられていないものを，錯誤によって，または，その旨を了知しつつ受領する者は，そのものを，債務なしになされた受領の相手方に対して返還しなければならない。

新 1302 条の 2　①　錯誤によって，または，強迫の下で，他人の債務を弁済した者は，債権者を相手方として返還訴権を行使することができる。ただし，この権利は，債権者が，弁済ののちにその権原を毀滅した場合，または，その債権を対象とする担保を消滅させた場合には，消滅する。
②　返還は，錯誤によって自らの債務が弁済された［＝債務から解放された］者に対しても請求することができる。

新 1302 条の 3　①　返還は，1352 条乃至 1352 条の 9 の規定に服する。
②　返還は，弁済が過失による場合には，減額することができる。

240　非債弁済に関する改正は，比較的軽微である。まず，形式的な点とし

て，非債弁済返還を固有に指称していた「répétition」の語が「restitution」に改められた[53]。これは，新1302条の3が返還の態様・範囲について新1352条以下へと先送りしている点に明らかなように，非債弁済と契約消滅後の原状回復とを包含する「restitutons」の総則規定が設けられたことに対応する。その内容については【補論3】で検討する。

客観的非債弁済（新1302条の1）と主観的非債弁済（新1302条の2）とを書き分けている点は従来の規定と同様であるが，後者について，以下3点の明確化が見られる。第一に，判例法を踏襲し，錯誤に加えて強迫の場合も，返還訴権がもたらされることが明記された[54]。第二に，受領者への返還請求が制限される事由として，証書毀滅のほかに，担保消滅が付加された。この点も判例法を反映したものである。

第三に，旧1377条2項を整理し，真の債務者に対する求償が証書毀滅の場合に限って認められる，との解釈を明示的に排除した。すなわち，旧1377条2項但書が第2項として括り出され，結果として，およそ主観的非債弁済であれば，債務者に対する求償が認められることになる。求償の根拠については，本論で検討したように，判例法では原因なき利得が参照される傾向が見られた。新条文はこの点について沈黙し，「restitution」とのみ言及する。すると，この返還は，受領者による返還と同様に，新1352条以下の規律に従うことになる。しかし，受領者に対する「非債弁済されたもの自体」の返還請求と，真の債権者に対する「非債弁済による債務解放という利得」の返還請求とは本来は区別されるべきものとも考えられる[55]。まさにこの差異を背景として，後者について原因なき利得法理が援用されていた，と考えることもできよう。

最後に，新1302条の3第2項は，新1352条以下への先送りの直後に付加さ

---

[53] なお，オルドナンス案では，「répétition」の語が残されていた。
[54] 判例は詐欺の場合も要件の充足を肯定する（前掲注6）参照）。これを排斥する趣旨でないとすれば，詐欺は錯誤に包含されていると解釈される。
[55] オルドナンス案は，この点を考慮していたのであろうか，「restitution」ではなく「remboursement」の語を用いていた。テレ・レジーム草案も，BÉNABENT, *supra* note 49 を引用して，「remboursement」としていた。RÉMY, Philippe, Des autres sources d'obligations, TERRÉ (dir.) *Pour une réforme du régime générale des obligations*, Dalloz, 2013, p. 42. オルドナンス案について同旨を述べるものとして，V. CHÉNEDÉ, François, Observations et propositions de modifications. Les « quasi-contrat », *JCP G* 2015, 60, spéc., n° 13, p. 64。

479

れている点から，非債弁済返還に限って適用される特則とみなされる。その内容は，非債弁済者の過失は減額事由としてのみ考慮される[56]，というものであるが，判例法を採用したものであるとすれば，ここでの減額は，弁済受領者の不法行為に基づく損害賠償債権と非債弁済者の返還債権との相殺を根拠とすることになろう（前記 **237**）。既述のとおり，不当利得に関して損失者の過失に対する制裁を不受理ではなく減額としたことと軌を一にする（前記 **228**）。

第 2 節　非債弁済返還と所有権に基づく返還

241　本節では，非債弁済返還訴権の効果を概観する。採られるべき視点は，所有権に基づく返還訴権（revendication）（＊これまでと同様に原語で表記する）との関係性である。第 1 部で検討したように，非債弁済のコンディクチオは，物権変動システムの変容の影響を直接的に被り，対人訴権性を否定され，revendication として表象されていた。それどころか，revendication に関する規定が，果実の返還に関するもの（549条）を除き民法典には欠けるが故に，その効果を明らかにすべく非債弁済の規定が参照される，という逆転現象が生じている[57]。「弁済が特定物を目的としてなされた場合［…］，非債弁済返還訴権は，真の revendication としてその姿を現す」[58]。

　以下では，弁済物それ自体の返還として，現物返還と価額返還との関係を検討する（第1款）。次いで，「付随的返還」のタイトルの下に，弁済物から派生する果実・利息の返還，および，弁済物に投下された費用の償還を扱う（第2款）。

---

56) オルドナンス案は「錯誤による弁済が過失から生ずる場合」としていたが，この書き振りでは，非債弁済者の錯誤を要しない客観的非債弁済の場合には適用されない，という帰結が導かれ得た。新条文は，前記の判例法上の規律の統一との齟齬を批判する学説（V. CHÉNEDÉ, supra note 55, n° 14）を容れたものと解される。

57) V. DROSS, William, *Droit civil. Les choses*, L. G. D. J., 2012, n° 60, p. 115.

58) MARTY, Gabriel et RAYNAUD, Pierre avec JESTAZ, Philippe *Les obligations*, t. II, *Le régime*, 2ᵉ éd., Sirey, 1989, n° 242, p. 215, cité aussi par DROSS, William, *Le mécanisme de l'accession. Éléments pour une théorie de la revendication en valeur*, thèse Nancy II, 2000, n° 325, p. 325.

第1款　弁済された物の返還

現物返還と価額返還　**242**　確認するまでもないが，非債弁済返還訴権の第一の効果は，弁済された物の現物返還である。1379条は，不動産または有体動産を対象として，非債弁済された物が「現存する場合は現物で」返還される旨を規定している。もっとも，第1節で参照した諸判決から明らかなように，特定物が返還の対象となることは稀である。実際，多くの事案において，金銭の非債弁済が問題とされていた[59]。したがって，現物返還の原則性は，少なくとも非債弁済制度が固有に規律する事案では，（原状回復が非債弁済返還を通じて実現されるのではないと解する限りにおいて，）大きな意義が認められない。

しかし，前述のとおり，まさしくこの条文に，revendication の細則が読み込まれている。同条は，価額返還が認められる場合について，受領者の「過失によって物が滅失または毀損された場合」と明示している。しかし同条の第二文は，「悪意で受領された場合は」受領者は「偶発的事象（cas fortruit）」による滅失をも担保するとする。反対解釈により，善意の受領者は，偶発的事象による場合は価額返還を免れ，過失が認定された場合に限ってこれに服することになる。過失によらない滅失毀損について，危険（risque）負担の規律として表現すれば，弁済受領者＝返還債務者が善意の場合には，非債弁済者＝返還債権者が債権の満足を得られない点で「債権者主義（*res perit creditori*）」が妥当し，悪意の場合には，弁済受領者＝返還債務者がなお価額返還債務を負う点で「債務者主義（*res perit debitori*）」が妥当する，と言うことができる。

受領者が善意の際の規律は，債務者の過失の有無を基準としていることから，特定物債務の不能消滅に関する1302条[60][61]と同様であるとも指摘される[62]。

---

59) BÉNABENT, *supra* note 49, n° 471 et s., p. 337 et s. は，この点を強調すべく，金銭について用いられる「versement」の語を選択し，「非債払渡（versement indu）」と表現する。
60) 1302条　① 債務の目的であった有体かつ特定物が，滅失し，取引を禁じられ，または遺失されてその存在がまったく知られないときは，債務は，物が債務者の過失によることなく，かつ，債務者が遅滞に附される以前に滅失しまたは遺失された場合に［限り］，消滅する。
　② 債務者が遅滞に附されていたときであっても，その者が偶発的事象について責任を引き受けなかった場合で，物が引渡されていたとしても債権者の許でも同様に滅失したであろう場合に［限り］，債務は消滅する。

しかし他方で，善意の受領者が滅失について責任を負わないのは，非債弁済によっては所有権が移転しないからである，とも説明することができる[63]。すなわち，1379条は，「所有者危険負担（*res perit domino*）」の原則を適用したにすぎず，受領者は過失を犯した場合にのみ責任を負う，と解されることになる。そして，過失の有無を問わず価額返還を義務づけられるのは，悪意受領者にのみ妥当する例外則ということになる。

　以上の論理の階梯を辿ることで，1379条は，revendicationの効果を直接的に規定したものとして解釈し直される。実際，revendicationが提起された場合も，帰責されない滅失毀損について，善意占有者は返還を免れるが，悪意占有者はこれを免れず価額返還に服する，と言われる。まさしくこの規律を説明するために1379条が論拠として援用される[64]。

---

　　③　債務者は，自らが主張する偶発的事象を立証するよう義務づけられる。
　　④　盗品の喪失は，それがいかなる仕方で滅失し，または遺失されたかにかかわらず，それを窃取した者による代価の返還を免除しない。
61)　さらに，一部滅失に関する1245条にも同旨を指摘できる。
　　1245条　有体かつ特定物の債務者は，引渡の時点における現状での物を提供することで［債務から］解放される。ただし，物について生じた毀損が債務者の行為または過失から生じたものではなく，債務者が責任を負う［他の］者の過失から生じたものでもない場合，または，その毀損前に債務者が遅滞に附されていなかった場合に限られる。
　　1302条，1245条のいずれも，特定物債務の債務者が負う保存義務（obligation de conservation）＝善管注意義務（1137条）を根拠とすると説明される。V. Morançais-Demeester, Marie-Luce, La responsabilité des personnes obligées à restitution, *RTD civ.* 1993, p. 757 et s., spéc., n° 11.
　　1137条　①　物の保存について注意する義務は，合意が当事者の一方のみの便益を目的とする場合であれ，共通の便益を目的とする場合であれ，保存を負担する者は，すべての合理的な注意を払うよう義務づけられる。
　　②　この義務は，一定の契約に関して，拡大され，または，縮小される。この点に関する諸契約の効果は，それらの関する章で説明される。
　　（＊2014年8月4日の法律により，「善良な家父としての注意（soins d'un bon père de famille）」の語が「合理的な注意（soins raisonnables）」に置き換えられた。）
62)　Dross, *supra* note 57, n° 64, p. 120. ここでは，1302条1項が遅滞の前後で解決を分ける点について，悪意の有無と同視することもできると述べる学説が引かれる。V. Esmein, Radouant et Gabolde, *Traité pratique de droit civil français par Marcel Planiol et Georges Ripert*, L. G. D. J., t. 7, 1931, n° 746. しかしDrossはこの同視を否定する。1379条における悪意は「受領時」に認定されるものであり，所有権者からの請求を受けて遅滞に陥ってはじめて責任加重が生ずることを意味する1302条とは相容れないためである。
63)　Marty et Raynaud avec Jestaz, *supra* note 58, n° 242, p. 215.「偶発的事象による物の滅失は，原則として，所有権者であり続けていた弁済者の危険に置かれる。したがって，この滅失によって，善意の受領者は解放されるのである。」［下線筆者］
64)　悪意の占有者の危険負担について1379条を論拠とする学説として，V. p. ex. Zénati-Castaing, Frédéric et Revet, Thierry, *Les biens*, 3ᵉ éd., PUF, 2008, n° 203, p. 326; Djoudi, Jamel, *Rep. civ. Dalloz*,

第 2 篇　給付物の返還と原状回復

受領者による譲渡

243　註釈学派に即して検討した1380条についても，1379条と同様の現象が見られる。第 1 部でわれわれが着目したのは，この条文が，第三者に対するrevendicationを否定する趣旨を有するか否か，という問題であった。否定されるのであれば，非債弁済のコンディクチオはなお対人訴権であると言い得たが，註釈学派の論者は，論拠はそれぞれ異なるものの，弁済者は所有権者であって転得者を追及し得る，と解していた。現代では顧みられることも稀であるが，いまなお同様の理解が前提とされていると考えることができる[65]。

1380条の内容をいま一度確認しよう。同条は，非債弁済受領者が弁済物を転売した場面につき，この者が善意であれば売却代金のみの返還を指示する。これは，受領者の原因なき利得を否定することを意味するとされる[66]。よって，第三者への無償譲渡の場合は，利得を得ていない受領者はなんら返還義務を負わない[67]。他方，悪意の受領者は，譲渡が有償か無償かを問わず，弁済物の価額を返還しなければならないとされる[68]（1380条の反対解釈[69]）。

この規律もまた，revendicationの細則として援用される。例えば，不動産についてrevendicationが提起された場面で，善意占有者がこの不動産に附属する動産を第三者に転売していた場合，即時取得により第三者に対する追及はなし得ないとしても，善意占有者はその代金の返還を義務づけられる，と説かれる[70]。さらに，現代におけるrevendicationの主たる適用場面である所有権

---

　v° REVENDICATION, 2008 (actualisé en avril 2015), n° 70. *Comp.* TERRÉ et SIMLER, *Droit civil, Les biens*, 9ᵉ éd., Dalloz, 2014, n° 526, p. 412. 悪意占有者の責任につき1379条を援用するが，同時に，1302条 2 項を論拠として，悪意占有者が，滅失が所有権者の許でも同様に生じたであろうことを立証した場合にはこの限りでない，と理解する。

65) p. ex. DROSS, *supra* note 57, n° 63-1, p. 119-120 は，果実返還に関してではあるが，この旨を前提とする。果実が転売されたとしても，第三者が現物でそれを保持していれば，また，即時取得も成立せず外観（apparence）法理の適用もなければ，revendicationによる取戻は可能であると理解する。
66) p. ex. MARTY, RAYNAUD et JESTAZ, *supra* note 58, n° 242, p. 215.
67) DROSS, *supra* note 57, n° 63-1, p. 119.
68) p. ex. MARTY, RAYNAUD et JESTAZ, *supra* note 58, n° 242, p. 215. 価額評価の基準時については，訴えの時点とされる。V. STRICKLER, Yves, *JurisClasseur civ.*, Art. 1376 à 1381, 2010 (la dernière mise à jour, 26 juin 2015), Fasc. unique, n° 123.（判決の引用はない）著者は弁済物の価額が弁済時よりも高額化していた場合のみを念頭に置いているが，逆の場合については定かではない。このとき，やはり訴えの時点で評価されるとすれば，弁済物の価額下落は弁済者＝所有権者が負担することになる。この問題については，註釈学派の当時には議論がされていた。第 1 部第 1 篇第 2 章注18）参照。
69) DROSS, *supra* note 58, n° 329, p. 328, note 95.

留保について，留保買主が目的物を転売した場合，売買代金債権への代位 (subrogation) が認められている（現 2372 条)[71)72)]ことに注意を向けることもできる。これは，特定物債務の債務者に関する 1303 条[73)]を根拠とするとも解される。同条によれば，この者が偶発的事象による物の滅失を理由として債務を免れたとしても，その代償物としてなんらかの権利を取得した場合には，これを債権者に移転する義務を負う。非債弁済において，受領者による転売の場合に代金を返還させる（または，代金債権への代位を認める[74)75)]）1380 条の規律に類比され得るであろう[76)]。

244 以上のように，1379 条，1380 条は，revendication の効果を規律したものとしても解釈され得る。換言すれば，価額返還にせよ売却代金の返還にせよ，現物返還がなされ得ないことで失われかけた所有権の効力を復元するものと評することができる。ある学説は，revendication は現物を目的としなくとも存

---

70) TERRÉ et SIMLER, *supra* note 64, n° 526, p. 412. 1380 条は引かれないものの，無償譲渡の場合は善意占有者は返還義務を負わないと述べており，同条に黙示に依拠していることは明らかであろう。果実についても同様の理解が前提とされている。V. aussi DROSS, *supra* note 58, n° 307, p. 307. この規律に関して 1380 条を明示的に引用する（ただし，条文番号は誤って 1381 条とされている）。同旨の学説として，ESMEIN, Paul, *Droit civil français de Aubry et Rau*, 6ᵉ éd., t. 3, Librairies téchniques, 1938, §322 を挙げる。

71) 2372 条［2006 年 3 月 23 日のオルドナンス 346 号により新設］ 所有権は，転得者に対する債務者の債権，または，物に代位した保険金［請求権］に及ぶ。

72) V. SIMLER et DELEBECQUE, Philippe *Droit civil. Les sûretés. La publicité foncière*, Dalloz, 6ᵉ éd., 2012, n° 733, p. 665-666.

73) 1303 条 物が債務者の過失なしに滅失し，取引を禁じられ，または遺失されたときは，債務者は，その物に関してなんらかの代償たる権利または訴権がある場合には，それを債権者に譲渡するよう義務づけられる。

74) 2005 年の債権法改正草案（カタラ草案）は，契約消滅後の原状回復についてではあるが，これを理由とする特定物の返還に関して，売買代金それ自体またはその債権への代位を認める条文（1163 条の 5 第 2 項）を置いていた。V. SERINET, Yves-Marie, Exposé des motifs. Restitutions après anéantissement du contrat（art. 1161 à 1164-7), CATALA, Pierre (éd.), *Avant-projet de réforme du droit des obligations et de la prescription*, La documentation française, 2006, p. 60. 代位について議論するためには，担保物権法についてより詳細な検討が必要であり，示唆にとどめる。

75) 現代ではほとんど論じられることはないが，註釈学派の時代には，非債弁済者は，第三者による代金弁済前でも当該債権を行使し得るか否かが問われ，肯定されていた。V. DEMOLOMBE, *Cours de code Napoléon*, 3ᵉ éd., t. 31, *Traité des engagements qui se forment sans convention*, t. 8, A. Durand, 1882, n° 399, p. 336. 現代における所有権留保の規律に類比し得るであろう。

76) GHESTIN, Jacques, LOISEAU, Grégoire et SERINET, Yves-Marie, *Traité de droit civil. La formation du contrat*, 4ᵉ éd., 2 vol. L. G. D. J, 2013, n° 2919, p. 1582.

続すると理解し，この場合の訴権を「所有権に基づく価額返還訴権（revendication en valeur）」[77]と表現する。こうしたrevendicationとの類比は，物それ自体の返還とは区別される果実・利息の返還および費用償還にも見られる。

第2款　付随的返還

果実・利息の返還　**245**　revendicationとの同質性を端的に示すのは，弁済物から生ずる果実の返還に関する1378条である。同条は，悪意者は「弁済時以後に生じた果実・利息の返還を義務づけられる」と規定する。反対解釈により，善意者はそれらの返還を免れる。滅失毀損・第三者への譲渡とは異なり，果実の返還についてはrevendicationの細則が民法典内に存在する（549条[78]）が，いずれの条文も返還義務者（＝弁済受領者または占有者）の善意・悪意によって解決を分ける。善意であれば返還を免ぜられ，悪意であれば返還を義務づけられる[79]。なお，果実・利息に類比される使用利益も問題となるが，非債弁済返還の文脈ではほとんど議論がされていない[80]。

費用償還　**246**　非債弁済者は，弁済物の保存に供された必要費および有益費を償還しなければならない。1381条は「悪意占有者に対してであっても」，必要費および有益費の償還を義務づける。よって善意占有者

---

[77] Dross, *supra* note 58, n° 308 et s., p. 309 et s.「[以上の] 分析から，弁済者は，受領者に対して，弁済として引渡された物のrevendicationを行使していることが明らかとなる。したがって，revendication en valeurの制度は，民法典1376条以下の諸条文にこれを見出すことができる。これらの条文は，弁済として引渡された物について，弁済者に対して価額返還以外の方法で［＝現物で］の返還がなされ得なくなる場面を対象としている。」(n° 339, p. 337) なお，このテーゼは，従物取得が生ずる場面で，従物の旧所有権者からの補償請求一般について，これを失われた所有権の回復を目的とするrevendication en valeurと構成し得ると主張するものである。その母型として，非債弁済の諸規定が参照されている。

[78] 549条 [1960年5月17日の法律（前記本文**223**）により改正] 単なる占有者は，善意で占有する場合にのみ，果実を自らのものとする。反対の場合には，この者は，物の返還を請求する所有権者に対して，物とともにその産出物を返還するよう義務づけられる。この産出物が現物で存在しない場合は，返還の日付におけるその価額の返還を義務づけられる。

[79] なお，果実とは区別される産出物（produit）については，占有者の善意・悪意による区別が否定される。V. Terré et Simler, *supra* note 64, n° 525, p. 411. ここにいう「produit」は，鉱物など，所有物の本質的要素（substance）を毀損しなければそれから分離し得ず，かつ，果実とは異なり一度の収取しかなし得ないものを指す。逆にいえば，果実は，本質を毀損せずに，かつ，定期的に（périodiquement）収取されるものに限られる。V. Dross, *supra* note 57, n° 13 à 13-2, p. 16-18.

[80] ただし，Civ. 1re, 17 janv. 1990, *infra* note 81, Civ. 3e, 28 mars 1968, *infra* note 84における占用補償を参照。

は当然に償還を受けることができ，当事者の主観的態様は問われない。なお，この条文は，「占有者」の語を用いる点で，非債弁済による所有権移転を否定する最も簡便な論拠を成していた（前記 **69**）。

　物権法上の費用償還のルールについては，第 1 篇で若干の検討を試みた。その規律について，明文を欠くとされていたことを確認しよう。そのため，1379 条におけるのと同様に，revendication が行使された場合の占有者からの費用償還に関して，この 1381 条が論拠として引用される場合がある。とりわけ，悪意占有者に対しても費用償還を要することがこの条文から導かれる。この点について，次の判決は，興味深い論点を提供する。

〇破毀院第一民事部 1990 年 1 月 17 日判決[81]

　【事案・判旨】　A（夫）は，Y（妻）との別居（séparation de corps）判決を受けたのちに，共通財産に属していた不動産が自らに帰属したものと考え，X にこれを売却した。売買契約の締結から間もなくして，売買証書を作成した公証人が A の権利に瑕疵がある可能性を認識し X にその旨を伝えた。しかし，X は引渡を受けて占有を開始し，自らの費用で改装工事を行わせた。その後，公証人の予測どおり，この不動産が共通財産に属していたことを確認する判決が下された（＊判決文からは定かではないが，Y の訴えによるはずである）。これを受けて分割がなされ，不動産は最終的に Y に帰属した。Y が X に引渡を請求[82]。X が費用償還の反訴を提起。争点は，公証人からの情報提供により，X は悪意占有者とみなされるか否か，という点であった。原審は，権利の瑕疵を認識しながら改装工事に踏み切った X の「不注意（imprudence）」を認定し，必要費・有益費の償還を否定した。X から破毀申立。

81）Civ. 1re, 17 janv. 1990, inédit., n° de pourvoi 87-19069, *D.* 1990, IR, 37.

82）この引渡請求について，A—X 間の売買契約の効力も争点となっていた。しかし原審は，無効を宣言することなく，もっぱら共通財産の分割の遡及効に依拠して，Y の請求を認容していた。X は破毀申立理由においてこの点を難ずる。仮に本件売買は無効であるとしても，無効事由は他人物売買（1599 条）であり，この無効は相対無効であるため，買主によってでなければ援用され得ない，と主張した。破毀院は「売買の無効は契約当事者間でしか効果を有し得なかった（ne pouvait avoir d'effet qu'entre les parties contractantes）」として，分割の遡及効のみに依拠して「Y の所有権を認めた」原判決を正当とした。この判示は，無効の第三者効を否定する趣旨ではない。かえって，分割の遡及効＝第三者効の帰結として，A—X 間の契約の有効・無効にかかわらず，Y が所有権者として返還請求し得ることを意味する。なお，本件では，X は，A の権原の真正性（véracité）に関して「一般的錯誤（erreur commune）」が認められると主張し，外観法理の適用を求めていたが，原審・破毀院ともにこれを否定した。原審は，公証人の情報提供により権原の真正性に対する疑義が生じていることを強調し，破毀院もその旨を適示している。外観法理について後記本文 **259** 参照。

【判旨】　破毀院は，1381 条を適用法条とし，必要費・有益費の償還は悪意占有者に対してであっても義務づけられると判示する。その上で，X は不動産の「利用および保存に必要な」費用の償還を請求していたにもかかわらず，原審はその「不注意」のみを根拠として請求を棄却しており，1381 条に反するとした。原判決破毀。

　原判決において「悪意」ではなく「不注意」が償還否定の根拠とされていた点に注意を要する。破毀院の要約によれば X は必要費の償還を請求していたものと解されるが，必要費もまた原因なき利得に依拠して説明することができた（前記 **208**）。こうした同視が可能であるとすれば，原審は，X の請求を原因なき利得を根拠とするものとみなしており，故に，損失者の過失要件の不充足を通じて請求を封ずることができた，と考えることができる（なお，過失の程度によって解決を分ける判決が大勢を占めるのは 1990 年代後半のことである。前記 **215**）。すると，多くの場合，悪意占有者には「自らの権原の不存在を認識しつつ費用を支出した」点で，帰責性が認められ得るであろう[83]。費用償還法理一般について原因なき利得を根拠として措定してしまうと，1381 条の規律とはおよそ異なる帰結が生ずることになる。以上から，本件での破毀院の判示は，費用償還法理への原因なき利得の浸潤を押しとどめるものと解される。そのた

---

[83] en ce sens, Dross, *supra* note 58, n° 408, p. 405. 555 条による費用償還についてではあるが，action *de in rem verso* における損失者の過失要件との齟齬を指摘している。555 条では，他人の土地上で植栽・建築・工作をなした占有者には，仮に悪意ではないとしても，所有権を侵害している点で過失を指摘することができるとし，次のように述べている。「原因なき利得の枠組みの下では，過失が常に損失者の訴権の不受理事由を構成し，かつ，555 条が原因なき利得法理の一適用事例であることを前提とすれば，建築者から土地の所有権者に対して提起される補償訴権（action en indemnité）がシステマティックに拒絶されなければならないことになろう。」このののち，損失者の過失要件に関する判例法理の揺らぎを確認し，軽微な不注意を善意に，不受理の制裁を受ける過失を「悪意」に読み替え得るか否かを検討する。(おそらく悪意占有者に対しては所有権者は収去請求を選択するはずであるという前提を基に，) 555 条でも善意であれば償還が許容され，悪意であればそれがおよそ否定される，として規律の一貫性を標榜してみせる。しかしながら，既に指摘したように（前掲注 77)），このテーズは，555 条による費用償還は revendication en valeur であるとし，その原型を非債弁済返還訴権に見出す。よって，過失が問われるか否かは，「非債弁済者の過失」に関する判例法理に見出されることになる（n° 409-413, p. 407-411）。実際，このテーズ出版の当時は客観的非債弁済に限ってではあるが，過失は不受理事由とされず，減額事由とされていた（前記本文 **237**）。本文では「非債弁済受領者の善意・悪意」を問うており，以上の理解をここで引用するのはミスリーディングであるが，上記の 555 条と action *de in rem verso* との関係の指摘は貴重である。なお，Dross は，1381 条それ自体には，批判的態度を取る。とりわけ，必要費と有益費とを区別するようでありながら，両者を「物の保存のため」として一括している点が批判され，不文の費用償還法理の論拠としては 555 条が優れているとする（V. n° 118, p. 118-119）。

めに 1381 条が活用されている。

247 第 1 篇で扱った「損失者の個人的利益」の要件にも見られたように，原因なき利得と費用償還法理との間には，同質性と異質性を同時に指摘することができる。ここで暫定的なまとめを行おう。まず同質性として，第一に，利得者＝償還義務者の善意・悪意を問わないことが挙げられる。第二に，費用償還法理では有益費のみに妥当するが，利得＝増価と損失＝費用支出とのいずれか小さい方の返還＝償還のみが認められる，すなわち二重の上限が適用される。1381 条にはその旨は規定されていないものの，判例においては，有益費の評価方法は同一とされている[84]。他方，異質性としては，原因なき利得は損失者の主観的態様を問うのに対して，費用償還法理は費用支出者の善意・悪意を不問とする。

費用償還法理と原因なき利得とがいずれも不文の規範であるのに対して，1381 条は民法典の原始規定であることにも注意を向けることができる。後者は，元来は二重の上限を規定せず，費用支出者＝弁済受領者の主観的態様を問わない。1381 条を原型とすれば，この二つの規律のいずれも，判例が原因なき利得の返還を制限するべく定式化した規範であることが一層明瞭となるであろう。

248 非債弁済の効果を概観したが，章を改めるにあたって，以下の 2 点を

---

84) p. ex. Civ. 3^e, 28 mars 1968, *Bull. civ.* III, n° 138. (X は，Y から不動産を購入すべく売買予約を締結した。X による代金弁済および公証人証書の取得を待って完結権が行使されるものとされていたが，X の懈怠によりいずれの条件も実現されなかった。しかし，X は，Y の完結権行使の以前に不動産の引渡を受け，さらに，自らの費用で工事を行っていた。売買予約の未完を理由とする Y の引渡請求に対して，X は，費用償還を求める反訴を提起した。原審は，Y への引渡を命じつつ，費用償還をも肯定する。X は悪意占有者であるが，すべての必要費，および，不動産の増価を限度とする有益費の償還を受けることができるとした。償還額を不服として X が破毀申立。1381 条は有益費の償還について上限を規定していないと主張した。破毀院は，増価の限度で有益費の償還を認めた原判決には，1381 条の適用の誤りはないとした。破毀申立棄却。さらに，X は留置権をも主張していたが，これは善意の占有者にしか認められない（V. p. ex. DJOUDI, *supra* note 64, n° 79）とされ，引渡を命じられていた。X は，破毀申立理由において，本件の取引が真正の売買であると誤信していたと主張。これを根拠に，自らは買主たる資格で不動産を占有していた善意占有者であった［論拠として不動産税を弁済していたことを挙げる］のであるから，留置権を行使し得たとするが，破毀院はこの主張を排斥している。なお，X は，月 250 フランの占用補償（indemnité d'occupation）の支払を命じられていた。）

確認しよう。第一に，既に強調したように，金銭が問題となる1378条を除き，非債弁済の効果に関する民法典の条文は，固有の非債弁済ではほとんど適用をみない。しかし，契約が無効されたのちの原状回復が非債弁済返還訴権を通じて実現されるのであれば，特定物が返還される事案は豊富に見出されはずであり，1379条以下の規定が頻繁に適用されるようにも思われる。第二に，費用償還に関する1381条を除き，非債弁済返還訴権の効果規定は，受領者の善意・悪意で解決を分けていた。したがって，原状回復もこの区別を前提とするように見える。これらの推測の当否の検証が次章の課題となる。

第2章　契約消滅後の原状回復

249　あらためて前提を確認しよう。遡及効を伴う[1]無効[2]または解除により契約が消滅（anéantissement）した場合で，かつ，当該契約上の給付が既に履行されていた場合には，当事者は，契約が存在しなかったのと同様の状況を実現するよう義務づけられる。以下で扱うのはこの「原状回復」，および，その具体的現れとしての「返還」である。いずれの原語も「restitution（s）」であるが，これまでと同様に適宜使い分けを要する。以下では，契約消滅の効果それ自体を指す場合は「原状回復」，その帰結として当事者に義務づけられる具体的内容を指す場合は「返還」とする。

無効訴権と返還訴権　**250**　第1部で指摘したように，契約の遡及的消滅後の原状回復を論ずるにあたっては，二つの問題が解かれなければならない。第一に，消滅した契約に基づいて給付された物の返還のための訴権が，無効・取消訴権や解除訴権など，行為の効力を奪う訴権と区別されるか否か，という問題があった。これについては，註釈学派の無効論，および，無効の新理論に即して既に検討した。第二に，民法典上の固有の規律を欠

---

1) 遡及効を伴わない無効や解除については扱わない。無効について，Ghestin, Jacques, Loiseau, Grégoire et Serinet, Yves-Marie, *Traité de droit civil. La formation du contrat*, 4ᵉ éd., 2 vol. L. G. D. J, 2013, nº 2728 et s., p. 1416 et s. 解除について，拙稿「フランスにおける契約の解除（2）——解除訴訟における判事の役割を中心として」法学協会雑誌123巻8号1614頁以下（2006）。V. aussi Boucard, Hélène, Les conséquences de l'anéantissement du contrat: restitutions et enrichissement sans cause (droit français), *RDC* 2013, p. 1669 et s., spéc., nº 8.

2) 失効（caducité）からも遡及的な契約の消滅が生ずる場合がある。失効とは，「契約の成立後に生ずる事象により契約の有効性の本質的要件が失われた場合」のサンクションと定義される。V. Terré, Simler et Lequette, *Droit civil, Les obligations*, 11ᵉ éd., Dalloz, 2013, nº 82, p. 110-111. 例えば，特別法上の撤回権（droit de repentir）が行使された結果として契約の有効要件である同意（consentement）が欠ける場合，売買予約において完結権が行使されないまま期間が徒過した場合，などが挙げられる。また，互いに条件づけ合う形で複数の合意が交わされ一方の非実現が他方の失効を導く場合も含まれる。例えば，公証人証書の取得を停止条件とする旨が売買とは別に合意された場合，当事者の過失によらずこれが得られないと売買それ自体も効力を失う（具体例として，本篇第1章注84）および後記本文**269**参照）。失効した契約に基づいて既に履行がなされていれば，その遡及効により原状回復が必要となる。Ghestin, Loiseau et Serinet, *supra* note 1, nº 2072, p. 779-780.

く原状回復について，他の制度に依拠されるべきか否か，という問題を挙げることができる。ただし，この問題が第一の問題と論理的関係に立つ場合とそうでない場合がある。すなわち，返還の局面を切り出したとしても，それを実現する訴権を独自のものとするか，他の訴権の効果として表象するかは開かれている。また，後者であったとしても，原状回復の場面にのみ妥当する規律を用意するか，他の制度の規律を応用するかも自明ではない。例えば，次の判決に対する学説の反応は，興味深い対立を見せる。

○破毀院第一民事部 2002 年 9 月 24 日判決[3]
　【事案】　X は，Y 銀行に対して，自らの当座預金口座からなされた約定利息債務の弁済について，これが非債弁済であったと主張してその返還を請求した。これに対して Y は，X の無効訴権は 5 年の時効（1304 条）（＊1968 年 1 月 3 日の法律により 10 年から 5 年に期間短縮）により消滅しているとして，不受理の抗弁（fin de non-recevoir）を提出した。原審は，X が行使した訴権は利息の合意の無効訴権ではなく，一般法上の 10 年の時効（＊商事時効）に服する非債弁済返還訴権であるとして請求を認容した。Y が破毀申立。
　【判旨】　1376 条および 1304 条を適用法条とし，「無効の結果として生ずる返還は，非債弁済の返還ではなく，もっぱら無効の諸規範に関わる（les restitutions consécutives à une annulation ne relèvent pas de la répétition de l'indu mais seulement des règles de la nullité）」と判示した。その上で，本件における返還（répétition）は，口座開設契約中の利息の合意に関する条項についての無効訴権の帰結でしかなく，この訴権は利息支払債務の承認から 5 年の期間内でなければ行使されないとした。原判決破毀。

　この判決に評釈を付したオベールは，次のような議論を展開する[4]。原状回復への非債弁済の諸規範の適用の有無は，これまで必ずしも活発に議論されてこなかったとはいえ，長きに亘って問われ続けてきた問題であった。本判決の定式は，「法の世界に生じた小規模の地震の表徴かもしれない（Elle pourrait être la manifestation d'un petit séisme juridique.）」。しかし，判例がなした明確な区

---
3) Civ. 1re, 24 sept. 2002, *Bull. civ.* I, n° 218, *D.* 2003, 369 note AUBERT.
4) AUBERT, note *loc. cit.*

別は，パラドクスを胚胎している。原状回復の規律が「《無効の諸規範》に先送りされることで，非常に不確実な規範の集成（un corps de règles assez incertaines）が参照の対象となる」（《 》は原文）。学説は，規範が明らかでないからこそ，非債弁済に関する諸条文の適用の可否を論じてきたのではなかったか。しかし，「破毀院は，一般原則の形態で否定的回答を与えた。この回答は人を驚かせるものであろう」。

もっとも，本判決は，オベールも述べているように，事案に対する解決としてはまったく論理的である。仮に原状回復が非債弁済の諸規定によって規律されるとしても，その前提として無効が宣言されなければならないことに変わりはない。無効訴権が時効消滅すれば，非債弁済返還訴権はもはや行使され得ない。判決がいう「無効の諸規範」を時効規範と解し，射程を限定することも可能である5)。しかしながら，この判決は，2005年の債権法改正草案（以下「カタラ草案」）にも影響を及ぼしていた。非債弁済に関する節に置かれた1331条を参照しよう。

> 1331条　弁済を正当化した債務が，事後に（par la suite）無効とされる，解除される，または，他の態様でその原因（cause）が消失するときは，[弁済された物の]返還がなされる。

準契約の節の起草を担当したコルニュ（CORNU, Gérard）は次のように趣旨を説明する。

> 「[…] 類を見ない革新点は，[非債弁済の] 返還（restitution）の規範が，義務づけられていたものの弁済が事後的に無効または解除の効果によってその原因を欠く場合にも及ぼされることである。この事例は，[非債弁済返還制度の] 枠をはみ出ている。弁済は非債ではなかった。しかし [事後に] 原因が欠けた。こうしてこの事例は，原因の不存在の論理に取り込まれ，類推によ

---

5) *loc. cit.* 時効に関する判示にしか意義を認めない。また，次のように述べている。「新たな準契約を考案するよりも，必要があれば無効制度の目的に固有の要請に適応させるとしても，原則としては法典によって明文で規定されかつ組織化された準契約である非債弁済の制度に依拠する方が好ましいように思われる。結局のところ，こうした方が，より簡単で，より明瞭で，より確実である。」

る拡張［適用］（l'extension analogique）が正当化される。」[6]

しかし，起草委員会の代表であるカタラ（CATALA, Pierre）が付した注釈は，この条文に懐疑的である。

「疑問符（Point d'interrogation）［が付される］：この規定は準契約の領域から外れるものである。これは，無効の理論〔そのサンクションの理論〕に属する事案への［非債弁済の］拡張適用である。そもそもこの拡張適用は，今日では疑問視されている。参照，Civ. 1re, 24 septembre 2002, D. 2003, 369。」（〔　〕は原文）[7]

時効期間に関する判決が，原状回復の独自性を主張する側に有利な論拠とされ[8]，これを非債弁済に即して論ずる立場に再考を迫る，という事態は，先に指摘した二つの問題の交錯が未だに残存していることを示唆する。事実，改正草案は，非債弁済への依拠と矛盾するように，原状回復について詳細な規定を置いていた[9]。それらは，1970年代に先鞭をつけられ，1990年代以降[10]，判

---

[6] CORNU, Gérard, Exposé du motif, CATALA, Pierre (éd.), Avant-projet de réforme du droit des obligations et de la prescription, La documentation française, 2006, p. 76.
[7] CATALA, note sous l'article 1131, ibid., p. 155.
[8] p. ex. MALAURIE, AYNÈS et STOFFEL-MUNCK, Les obligations, 6e éd., L. G. D. J., 2013, n° 723, p. 346.（＊最新版である第7版では引用されていないため，旧版を掲げる。）
[9] 1161条から1164条の7までの19箇条。条文訳については，参照，荻野奈緒「財産権移転型契約が解消された場合の使用利益返還義務に関する覚書──カタラ準備草案の検討を手がかりとして」同志社法学63巻3号1527頁以下（2011），1572-1574頁。起草担当者は，精力的にこの分野に取り組んできたYves-Marie Serinetである。趣旨説明として，V. SERINET, Exposé du motif, Avant-projet, supra note 6, p. 55 et s. この起草作業への評価として，V. BÉNABENT, Autour de la méthode générale, ainsi que des nullités et autres sanctions, RDC 2006, p. 33 et s., spéc., p. 35.「思うに，そもそも一般的に言って，原状回復の問題は，非債弁済の返還の制度に包含される方が妥当である。というのも，無効な契約の履行としてなされた払渡（versements）は，まさに非債のそれ（versements indus）であ［り，これに関する制度が適用され］る。［原状回復と非債弁済との］二元性（dualité）にこだわろうとするにしても，そうする場合には，二つの制度を調和させなければならないであろう。しかし，これは行われていない。」（p. 35-36）なお，司法省のイニシアチヴで起草され，2009年5月に非公式に回付された草案（以下「司法省草案」）では，無効等のサンクションに関する款ののちに，「契約の消滅に起因する原状回復（Les restitutions consécutives à l'anéantissement du contrat）」と題された款が置かれ，91条乃至97条の8ヶ条が規定されていた。細部に違いはあるものの，概ねカタラ草案の規律の原則部分を採用していた。テレ草案については【補論3】を参照。

例および学説が試みてきた理論的整序の成果である。

原状回復の根拠 **251** 本論に入る前に，学説において原状回復ないし返還債務の根拠（fondement）として語られてきたことを確認しよう[11]。第一に，原因なき利得が援用される。契約の遡及的消滅の結果，履行された給付は原因を欠き返還に服する。とりわけ，労働契約の無効後の原状回復はこれによるものとされている[12]。「物」の給付を前提とする非債弁済の規定が準用され得ないことを理由とする[13]。しかし，原因なき利得返還の要件および効果の厳格さが批判される[14]。第二に，これ以外の契約一般については，非

---

10) 1987 年の時点において，MESTRE, obs. sous Civ. 1re, 2 juin et 22 juill. 1987, *RTD civ.* 1987, 528 は次のように述べていた。「現代の重要な著作によって解明されつつあるとはいえ，原状回復の問題は，われわれの契約法の中で，おそらくもっとも扱いにくい（délicats）問題の一つであることに変わりはない。」

11) 以下について GUELFUCCI-THIBIERGE, Catherine, *Nullité, restitutions et responsabilité,* thèse Paris I, préf. de J. Ghestin, L. G. D. J., 1992, n° 637 et s., p. 369 et s.; ANDRÉ, Marie-Elisabeth, DUMONT, Marie-Pierre et GRIGNON, Philippe, *L'après-contrat,* Éditions Francis Lefebvre, 2005, n° 66 et s., p. 66 et s. V. aussi, GHESTIN, LOISEAU et SERINET, *supra* note 1, n° 2883, p. 1537-1541.

12) GUELFUCCI-THIBIERGE, *supra* note 11, n° 639, p. 370. 労働契約の無効に関する問題一般について，V. COUTURIER, Gérard, La théorie des nullités dans la jurisprudence de la Chambre sociale de la Cour de cassation, *Études offertes à Jacques Ghestin,* L. G. D. J., 2001, p. 273 et s. V. p. ex. Soc., 8 avr. 1957, *D.* 1958, 221, note MALAURIE.（職業訓練契約（contrat d'apprentissage）の無効の事案。「無効な契約はいかなる効果をも生じ得ない。[…] 契約が履行された場合には，当事者は，かつてそうであった状態に復されなければならない。[…] 債務の性質により，受領したものを相互に返還し合うことが不能である場合には，各当事者の給付の価額，および，相手方が当該給付から得た利得（avantage）が考慮される」と判示し，職業訓練中であった X が実際に役務を提供していたか否か，また，X が職業人しての育成（formation professionnelle）という利得を得ていなかったか否かについて探究することなく，X に通常の被用者と同額の給与を支払うよう命じた原判決を破棄した。）*Comp.*, Soc., 2 févr., 1961, *D.* 1961, 236.（外国人労働者との違法な労働契約の無効の事案。原因なき利得を根拠とする労働者の請求を action *de in rem verso* の補充性により不受理とした原審に対して，無効の遡及効により，労働者は，給付の価額および被用者が得た利得が考慮された上で，補償を受け得るとした。原判決破棄。）同旨の判決として，Soc., 15 févr. 1978, *D.* 1980, 30, note LYON-CAEN.

13) DOUCHY-OUDOT, *Rép. civ. Dalloz,* v° RÉPÉTITION DE L'INDU, 2012, n° 14; GUELFUCCI-THIBIERGE, *supra* note 11, n° 640.

14) 原因なき利得の原状回復への適用に対する批判として，MALAURIE, Marie, *Les restitutions en droit civil,* thèse Paris II, préf. de G. Cornu, Cujas, 1991, p. 51.「原因なき利得［の制度］において非常に洗練されたものとして引き出された諸規範を，原状回復の理論に及ぼすことはできない。逆に，原状回復を規律する諸原則は，原因なき利得には適用されない。[…] 原因なき利得と原状回復との間の類縁関係（parenté）は否定され得ないが，原因なき利得は，ひとりの貧しき親族（un parent pauvre）でしかなく，返還の共通法に影響を与えない特殊な制度である。前述の特殊な事例［*相続回復訴権，詐害行為取消権，相続法における法定復帰権（droit de retour légal），未成年者による取消・原状回復］を除けば，原状回復は，債務者の利得を尺度としない。原状回復は，元の資産への財の逆流（reflux）である。逆流を超えるあらゆる事項は，厳格な意味からすれば，原状

債弁済に依拠される。改正草案の非債弁済規定もその旨を前提としていたように，契約が無効とされる結果，弁済は事後的に原因を欠いて非債化する（indu postérieur）[15]。受領された物は返還されなければならない。しかし，受領者の善意・悪意による効果の区別が忌避される[16]。例えば，1379条に依拠すると，受領者が善意であり，かつ，その過失によらずに物が滅失した場合には，この者は返還をおよそ免れてしまう。また，1380条によれば，目的物の転売によって現物返還がなし得ない場合，善意の受領者は転売代金の返還のみを義務づけられる（前記**243**）。これらの規律は，返還義務者が善意の場合に限られるとはいえ，契約に基づく履行を維持することを帰結し[17]，契約をなかったものとするという原状回復の目的に反する。したがってそもそも返還義務者の主観的態様を問題とすべきではないと主張される[18]。

回復に属さない。例えば，権原を無効とされた取得者であっても，契約から取得した利益を返還する必要はない。」［下線筆者］このテーゼについて，参照，清水元「〈紹介〉マリー・マロリー『民法における返還』」東北学院大学論集・法律学49・50号13頁以下（1997）。

15) DOUCHY-OUDOT, *supra* note 13, n° 26 et s. 前記本文 **236** で指摘したように，返還請求者に錯誤の立証責任は課されない。p. ex. Civ. 3ᵉ, 27 mars 1985, *Bull. civ.* III, n° 62.（農地の売買に際して，借地人が交代。旧借地人Yが投じた肥料について新借地人Xがその費用を償還した。しかし売買が無効とされ旧借地契約も効力を取戻したため，XがYに返還を求めた。原審はこれを認容。YがXの非債弁済について錯誤の立証がないとして破毀申立。借地人の交代に際して金銭の授受を禁じ，支払われた金銭は返還される旨を定める農業法典 L. 414-784 条の適用で十分であり，錯誤の立証は不要とした。破毀申立棄却。）

16) GUELFUCCI-THIBIERGE, *supra* note 11, n° 652-653, p. 378; AUBERT, note sous Civ. 1ʳᵉ, 24 sept. 2002, *supra* note 3. V. aussi NIZARD DE SAINT-DIDIER, Stéphanie, *La répétition de l'indu*, thèse Paris II, dactyl., 1998, n° 54 et s., p. 42 et s. 非債弁済との関係における原状回復の独自性の論拠として以下の5点を掲げる。第一に，理論的には事後的な非債化として非債弁済の制度に依拠させることができるが，無効の遡及効を参酌する方が原状回復を規律するのに有益である。第二に，民法典の規定は，当初から非債であった場合をサンクションすることのみを想定している。第三に，非債弁済返還では契約の当事者を履行以前と同一の状態に置くことができない。第四に，非債弁済返還は一方的返還（restitution unilatérale）であり，双務性とは相容れない。第五に，無効は自動的に（automatiquement）返還をもたらすのであり返還のために別の訴権を提起する必要がない。

17) LAGARDE, Xavier, Retour sur les restitutions consécutives à l'annulation d'un contrat, *JCP G* 2012, Doc. 54, spéc., n° 3.

18) 実際，非債弁済返還の規範が援用されるとしても，利息の起算点について1378条が参照されるにすぎないとされる。V. GUELFUCCI-THIBIERGE, *supra* note 11, n° 638, p. 370. p. ex. Civ. 1ʳᵉ, 4 oct. 1988, *Bull. civ.* 1988, I, n° 273.（絵画の売買の事案。原審は，本質的性状の錯誤による無効を認め，売主の代金返還に関して支払日からの利息を付した。破毀院は，1378条を適用法条とし，売主の善意・悪意について判断されていないとして利息の起算点に関する部分を一部破毀した。）Com., 4 janv. 2000, inédit, n° 96-16197, *CCC* 2000, com. 79, obs. LEVENEUR（中古車売買の事案。目的物の製造年月日について売主の沈黙の詐欺（réticence dolosive）が認定され，売買が無効とされた。利息の起算点について売主が争ったが，1378条を根拠として悪意の売主は受領の日から利息を付さなければ

第2部　各種返還制度の現代的諸相

　このように，原因なき利得にせよ，非債弁済にせよ，既存の準契約の援用は必ずしも妥当な帰結を導かない。ここから第三に，独自の準契約として原状回復を措定し，返還債務を基礎づけることがなされる[19]。さらに，第四に，契約それ自体を根拠とする見解も存在する。「原状回復は，契約の清算という処理（opération）の一部である」[20]。このように考えれば，例えば，保証契約（cautionnement）[21]や物的担保[22]が，非担保債務の消滅ののちにもなお，返還債務を担保し続けることが正当化される[23]。また，双務契約においては原状回復が契約当事者双方に返還を義務づける点を強調して，「裏返された双務契約（contrat synallagmatique renversé）」[24]，「逆向き契約（contrat à l'envers）」[25]とも表

ならないとした原判決を正当とした。破毀申立棄却。）

[19] GUELFUCCI-THIBIERGE, *supra* note 11, n° 658 I, p. 382-383. 準契約の独立のカテゴリーとして「無効原因が付着しその後無効とされた契約の履行たる給付がなされたこと（l'accomplissement d'une prestation en exécution d'un contrat entaché d'une cause de nullité puis annulé）」を挙げ，この「法的所為（fait juridique）」が返還債務の発生原因となるとする。近時では，V. SERIAUX, Alain, *Manuel de droit des obligations*, 2ᵉ éd., PUF, 2014, n° 103 et s., p. 149 et s. 原因の欠如を根拠とするが，原因なき利得・非債弁済とは異なる準契約とする。なお，ANDRÉ, DUMONT et GRIGNON, *supra* note 11, n°69, p. 67 は，不法行為責任を援用する学説の存在を指摘し，POISSON-DROCOURT, Les restitutions entre les parties consécutives à l'annulation d'un contrat, D. 1983, chr. 85 を引用するが，同論文は，返還債務を「契約外の債務（obligations extracontractuelle）」とは述べているものの，明示に不法行為責任に依拠しているわけではない。ただし，民事責任（無効について不法行為責任，解除について契約責任）を根拠とする近時の学説として，V. ROUVIÈRE, Frédéric, L'évaluation des restitutions après annulation ou résolution, *RTD civ.* 2009, p. 617 et s.,

[20] ANDRE, DUMONT et GRIGNON, *supra* note 11, n° 68, p. 67.

[21] p. ex. Civ. 1ʳᵉ, 25 mai 1992, *Bull. civ.* I, n° 154.（消費貸借の無効の事案。その無効後も連帯保証人は弁済を義務づけられるとした。）

[22] p. ex. Civ. 3ᵉ, 5 nov. 2008, *Bull. civ.* III, n° 167, *Défrénois* 2008, art. 38874, n° 4, p. 2513, obs. SAVAUX.（消費貸借の無効の事案。契約上の返還債務を担保する抵当権が無効の帰結としての返還債務をも担保するとした。）

[23] この問題は，消費貸借の無効について検討されている。V. p. ex. FLOUR, AUBERT et SAVAUX, *Droit civil, Les obligations*, t. 1, *L'acte juridique*, 16ᵉ éd., 2014, n° 361, p. 378-379. これに対して，代金支払債務の担保が，売買の無効後に買主が義務づけられる価額返還債務をも対象とし続けるか否かは定かではない。管見の限り判決は見当たらないが，金銭の返還が契約上の義務でもある消費貸借では債務の同一性を語ることができる。しかし，売買では価額返還債務は現物返還から転じたものであり，代金支払債務とは対象を異にする。なお，消費貸借が無効とされる場合，当然に利息支払債務は消滅する。しかし，期限の利益も消滅するため借主は無効によってかえって不利な状況に置かれ得る。これを理由として無効の主張が手控えられることに鑑みて，無効事由が貸主側に帰責される場合，特に貸付に際しての金融機関の強行規定違反の場合，サンクションとして，契約全体の無効ではなく利息請求権のみの失権（déchéance）が規定される。以上の問題は，法律の規制目的との関係においてサンクションの有効性（efficacité）が顧慮される，という観点から議論されている。V. OUERDANE-AUBERT DE VINCELLES Carole, *Altération du consentement et efficacité des sanctions contractuelles*, thèse Paris 2, préf de Y. Lequette, Dalloz, 2002, n° 125 et s., p. 114 et s.

現される。

252　以上の根拠論のうち，第三・第四のそれは，原状回復の独自性を標榜する。しかし，判例法は，返還されるべき対象に応じて論拠を使い分けているように見える。結論を先取りすれば，給付された物それ自体の返還については，無効・解除の遡及効を貫徹させるべく，他の準契約の援用が否定される（第1節）。これに対して，給付された物に投じられた費用の償還，および，それから生ずる果実・利息・使用利益の返還については，必ずしも独自の規律は用意されず，モザイク的に他の制度が適用ないし準用されていた。規律のあり方の差異は，とりわけ当事者の善意・悪意を顧慮するか否か，という点をめぐって検出される。しかし，近時の判例法は，使用利益の返還に関して新たな理解を提示し，既存の枠組みに反省を迫っている（第2節）。

以上のまとめが既に前提としているように，原状回復に関する論点は，主として特定物の返還が問題となる場合の処理の如何である。役務や使用収益を目的とする契約の原状回復については論旨の展開に必要な限りで言及するにとどめる。

第1節　給付された物の返還

253　無効・解除の遡及効は，消滅した契約に基づく給付の「全部返還（restitutions intégrales）」を指示する。制限能力者による返還を現存利得に制限する1312条[26]，および，返還それ自体を封ずる不法原因給付の法理[27]は，この原則に対する例外として整理することができる。

返還の態様としては，非債弁済返還と同様に，原状回復についても「現物返還（restitutions en nature）」が原則とされる。所有権は一旦移転したがそれを基

---

24) CARBONNIER, *Droit civil*, t. 2, *Les biens, Les obligations*, Quadrige, PUF, 2004, n° 1022, p. 2100-2111.
25) p. ex. MALAURIE, AYNÈS et STOFFEL-MUNCK, *Droit des obligations*, 7ᵉ éd., L. G. D. J., 2015, n° 723, p. 358-359; LAGARDE, *supra* note 17, spéc., n° 4.
26) GHESTIN, LOISEAU et SERINET, *supra* note 1, n° 2771 et s., p. 1445 et s.
27) *ibid.*, n° 2796 et s., p. 1465 et s. いずれの論点についても議論は蓄積されているが，本書では扱わない。

礎づけた契約の遡及的消滅により元の所有権者の許に復帰したと説明するにせよ，なされた給付は非債弁済であってそもそも所有権は移転していなかったと説明するにせよ，特定物を給付した者は所有権者として現物返還を求めることができる[28]。しかし，なんらかの理由で現物返還がなされ得ない場合には，「価額返還（restitutions en valeur）」ないし「等価物による返還（restitutions par équivalent）」[29] が認められる。このとき当然に価額の金銭評価が必要となる。この評価は，契約の遡及的消滅の具現化，および，当事者間の均衡という，ときに矛盾する二つの要請を同時に満たさなければならない[30]。

254 現物返還と価額返還との関係については，以下の三つを区別する必要がある。第一に，金銭が返還の対象である場合，遡及効により金銭の弁済者はその所有権者の地位に復帰する。しかし当然に，封金など特定性が維持され物権的な取戻を観念し得る例外的場面を除き，消費ないし混和によりその所有権は失われる。物権的追及はなし得ない以上，所有権者として返還請求し得ると説明することに大きな意義は認められない[31]。なお，金銭の返還は，金銭債務の名目主義に基づき，弁済されたそれと同額で，したがって再評価されずに実現される[32]。

　第二に，請負・雇傭など役務給付を目的とする契約，または，賃貸借など使用収益を目的とする契約については，そもそも給付の性質上，現物返還は観念

---

28) BOUCARD, *supra* note 1, n° 10 の明快な整理を参照。V. aussi DESCHEEMAEKER, Eric, Quasi-contrat et enrichissement injustifié en droit français, *RTD civ.*, 2013, 1, spéc., p. 18-19.

29) V. PINNA, Andrea, *La mesure du préjudice contractuel,* thèse Paris 2, préf de P.-Y. Gautier, L. G. D. J., 2007, n° 457 et s., p. 422 et s. もっとも，この表現は，特定物を金銭評価することで実現される返還には馴染まず，種類物（chose de genre）ないし代替可能物（chose fongible）の返還について用いられるべきとも考えられる。当然ではあるが金銭を代表とする後者の返還については，その滅失による不能は観念されない。en ce sens, GHESTIN, LOISEAU et SERINET, *supra* note 1, n° 2894, p. 1552. V. aussi MALAURIE (M.), *supra* note 14, p. 83 et s.

30) en ce sens, AYNÈS, Rapport introductif (pour Actes du colloque du 22 oct. 2007, L'anéantissement rétroactif du contrat), *RDC* 2008, p. 9 et s., spéc., n° 8.「問われている問題は，かつての状態への復帰（retour au *statu quo ante*）ではなく，均衡の回復である。これは，給付を維持すると不均衡がもたらされてしまうという点にもっぱら鑑みて要請される。」この言明は後述する使用利益の返還の可否に関するものであるが，価額評価のあり方にも妥当する。

31) BOUCARD, *supra* note 1, n° 6. このために，金銭の返還は，多くの場合，契約の遡及的消滅の債権的効力として説明されるとする。

32) p. ex. ROUVIÈRE, *supra* note 19, n° 19.

されず，価額によって返還が実現される[33]。この際，返還されるべき価額を約定されていた報酬・賃料と同額であると評価してはならない。同額であれば契約の履行を追認するに等しいためであり，これを避けるべく役務・使用収益の客観的価値に依拠しなければならない[34]。ただし，価額の金銭評価は事実審の専権的評価権限に服するため，役務・使用収益の返還は報酬・賃料と同額とされたとしても，このこと自体によって破毀の制裁を受けることはない[35]。

これらの規律については，これ以上の叙述を要しないであろう[36]。以下で検

[33] GHESTIN, LOISEAU et SERINET, *supra* note 1, n° 2896, p. 1555, n° 2914, p. 1576. なお，請負については555条の適用の可否が問題となる。後掲注144）を参照。

[34] *ibid.*, n° 2918, p. 1579-1580, n° 2920, p. 1582-1584. 労働契約に関して前掲注12）の判決の文言を参照。

[35] p. ex. Ch. Mixte, 9 nov. 2007, *Bull. civ.* mixte, n° 10.（賃貸借の無効の事案。原審は賃借人が義務づけられる返還について，使用収益に対応する占用補償（indemnité d'occupation）を約定賃料を基に算定した。遡及的に消滅した契約に依拠することはできないとする破毀申立理由に対して，事実審裁判官は専権的評価権能（pouvoir souverain d'appréciation）を行使したにすぎないとした。破毀申立棄却。）

[36] ただし，役務提供について常に価額返還が認められることについて，新たな問題が指摘されている。V. Civ. 1re, 20 mai 2010, *Bull. civ.* I, n° 118, RDC 2011, 169, obs. GRIMALDI (C.).（X社は，複合商業施設［＊ディズニーランドヨーロッパ］を経営するA社との間で，同施設内での営業につき，商事賃貸借を締結した。その契約によれば，Xは，契約期間中，施設に出店するすべての事業者によって構成される団体（非営利社団）（association）Yへの加入および拠出金の支払を義務づけられるとされていた。Xが，AおよびYを相手方として，この強制加入条項の無効を，また，Yに対して既払の拠出金の返還を請求した。無効については，結社の自由を基本権として保障するヨーロッパ人権条約11条，および，非営利社団からの脱退禁止条項を無効とする1901年7月1日の法律4条への違背を主張する。原審はこの請求を認容し原状回復を命じたものの，同時に，Xに対してYが提供した役務［＊商業施設の管理，広告や販売促進］の対価を原因なき利得とし，その返還をも命じた。Xの返還額は拠出金と同額と認定されている［＊したがってYの返還債務と相殺される］。Yが破毀申立。破毀院は，条項の無効およびYからXへの拠出金の返還については原判決を維持したものの，XからYへの役務の対価の返還については，原判決を破毀した［＊よってYの破毀申立によるにもかかわらずXに有利な帰結が導かれる］。人権条約13条への違背を根拠とする。すなわち，拠出金相当額の支払をXに命じる原判決は，同条が締約国に［したがってその裁判所に］要求する「実効的訴訟（recours effectifs）」の保障を欠くことを理由とする。）Xの返還額を拠出金相当額とすることで無効な契約が維持されたのと同様の状況をもたらしたことが破毀理由であるのか，それとも，そもそも返還を命ずること自体が結社の自由に反するのか，定かではなかった。前者であれば役務の価額返還を命ずることは否定されていない。その後この旨を明らかにする判決が第三民事部から現れ，続いて第一民事部もこれに追従した。V. Civ. 3e, 23 nov. 2011, *Bull. civ.* III, n° 198, RDC 2012, 515, obs. SEUBE.（ほぼ同様の事案について，既払拠出金の返還のみを命じ，役務の価額返還を命じなかった原判決を破毀。「団体に加入しないという基本的自由への違背を理由とする無効の場合であっても，履行された契約の無効から導かれる相互の返還（restituions réciproques）の原則［の適用］は妨げられない」と判示した。）Civ. 1re, 12 juill. 2012, *Bull. civ.* I, n° 161, JCP G 2012, 1103, note SERINET.（商事賃貸借は既に解約されており条項の無効は争われていないが，返還についてはほぼ同様の事案。第三民事部判決の原審とは異なり，本件の原審は拠出金の返還，役務の価額返還の両方を命じていた。賃借人からの破毀申立を棄却。「［強制

第2部　各種返還制度の現代的諸相

討するのは，給付の対象が特定物であり，本来現物返還が指示されるが，それが不能となり，価額返還に転ずる場合である。現物返還の原則の意義を明確化した上で（第1款），価額返還の具体的内容を検討する（第2款）。

第1款　現物返還の原則

(1)　現物返還不能と無効訴権の不受理

255　かつての判例法は，特定物について，現物での返還をなし得ない場合には，無効訴権または解除訴権それ自体が受理されないという解決を採用していた[37)38)]。この解決は，契約の効力を剥奪する訴権と，その効果としての原状

加入条項について宣言された無効の効果により，当事者は当初の状態に復されると判示し，ここから，X社［＊賃借人］は自らが利益を得た役務について価額返還を義務づけられるとした」原判決は正当であり，拠出金と同額とした点も返還されるべき価額を「専権的に評価した」にすぎないとした。）さらに，第一民事部の同旨の判決として，Civ. 1re, 2 oct. 2013, inédit, n° de pourvoi 12-24867.（賃借人が裁判上の清算に服しており，拠出金返還請求は清算人から提起されているが，役務の価額返還を許容している点ではまったく同旨）。第一民事部の3判決は明らかに矛盾するが（V. p. ex. FLOUR, AUBERT et SAVAUX, supra note 23, n° 366, p. 386），無効の遡及効からは，当事者相互に返還が導かれ，一方の返還を認めつつ他方を認めないという帰結は採り得ない。基本権の実効的保障のために無効を認めるとかえって実効的保障が阻害される，というパラドクスが生じている。これを解消する方法としては，例えば基本権を侵害する条項を強制した賃貸人に民事責任を課して返還額を調整することぐらいしか考えられないが（V. SEUBE, obs.），そもそも強制加入団体を作りそれに維持管理や販売促進を担わせるという契約実務が再考されるべきであろう。実態調査を要するため示唆にとどめる。

37) GHESTIN, LOISEAU et SERINET, supra note 1, n° 2720 et s., p. 1407 et s. V. aussi SERINET, L'effet rétroactif de la résolution pour inexécution en droit français: Rapport français, in M. Fontaine et G. Viney (dir.), Les sanctions de l'inexécution des obligations contractuelles. Études de droit comparé, Bluylant, L. G. D. J., 2001, p. 589 et s., spéc., n° 29 et s., p. 606 et s.

38) しばしば援用されるのは次の判決である。事案は特殊であり，判決の射程は定かではない。Civ. 17 déc. 1928, D. 1929, 1, 103.（共通制下にあったX（夫）とY（妻）は，裁判上の別産宣言（séparation de biens judiciaire）を受けた［＊これにより離婚を経ずに共通財産の清算・分割が義務づけられる］。XはYに土地aを譲渡［＊おそらく無償］していたが，この別産宣言の結果，aはXに帰属すべきものとされた。aには，Xの債務aを担保する抵当権が設定されていた。Xはaの返還を請求せず，Y所有の別の土地bの譲渡を受けた［＊この操作は交換契約と性質決定される。あるいは，Yの返還債務の代物弁済と解することもできる］。Xは，bをZに転売した。Xは，転売代金によって債務aを弁済し，抵当権を抹消することを企図していた。その後Yが死亡。Xは，相続人であるY2ら（子・孫）を相手方として，上記交換契約について無効訴権を行使し［＊無効事由は不明］，aの返還を請求した。Y2が不受理の抗弁（fin de non-recevoir）を提出。原審は，Xの請求を認容したが，XによるYに対するbの返還，すなわち，当該時点でZが所有するbの返還が不能である場合に備えて，交換が行われた時点でのbの価額をY2らに返還する義務を「無視しない（ne méconnaît pas）」という内容の証書をY2らに交付することを条件とした。Y2らがこの条件ではXの返還債務の履行が担保されないと主張して，破毀申立。破毀院は，1705条を適

回復とが区別されていなかったことを傍証するように見える[39]。

　もっとも，諸判決を参照すると，交換（échange）が問題となることが多く[40]，両当事者が現物返還を義務づけられた状況で，留置権（droit de rétention）が認められていたにすぎない，と解する余地がある。しかし，売買にもこの規範を適用する判決も散見され[41]，規範の射程が問われていた。一部の学

　　用法条として，「交換の無効は，その必然的帰結（conséquence nécessaire）として，当事者を当該行為がなされる以前の状態に復帰させるが，各当事者は，自らが与えた物が返還されるまで，交換を権原として受領した物を留置する権利を有する」とし，原審が義務づけた証書は拘束力を有さず，Y_2らにはいかなる担保も提供されていないとした。原判決破毀。）1705条は，当事者の一方が追奪を受けた場合，他方は損害賠償または自らが給付した物の返還を受けることができるとしている。原審は，交換契約の無効によりXはaについてrevendicationを行使し得ることを前提に，このrevendicationを追奪と同視し，Y_2らのrevendicationに代わる価額返還債権を基礎づけたものと考えられる。これに対して破毀院は，XのrevendicationとY_2らのrevendicationとの間に牽連性（connexité）があることを前提として，原審のような引換給付の合意では不十分であり，現物であれ価額であれXによる返還が提供されなければ，Xの請求は不受理の制裁を受けると解しているのであろう。匿名評釈者は，このように解さなければ，返還を義務づけられる当事者は，相手方の支払不能に晒されるとする。本件の不自然な取引から，Xの支払不能が想定できるならば，Y_2らの保護の必要性は高まる。しかし，無効の遡及効によりY_2らがZからbを取戻すことができ，その費用をXに求償し得るならば，問題は生じないはずである。しかし本件では，XによるZへの転売の日付は1899年12月22日であり，Yの死亡が1925年1月6日であることから，Zは，善意であれば中断がなければbを時効取得していたと思われる（2265条〔現2272条1項〕）。以上より，事案の特殊性を鑑みれば，判決の結論は妥当であろう。
　　1705条　交換によって受領した物について追奪を受けた当事者は，損害賠償を申し立てる（conclure）か，または，自己の物の返還を請求するかの選択権を有する。

39) GUELFUCCI-THIBIERGE, *supra* note 11 n° 703, p. 406.

40) GHESTIN, LOISEAU et SERINET, *supra* note 1, n° 2720, p. 1407-1408. p. ex. Bordeaux, 7 mars 1845, *S.* 1846, 2, 179.（交換契約の解除の事案〔＊解除請求の理由は不明〕。「交換契約において，当事者の一方は，反対給付として受領した物の返還が不能の状態にあるときは，解除の請求は受理されない」とする。その上で，返還をなし得ない当事者は，見積もられた価額（valeur estimative）を目的物に置き換えることは許されないとした。）Civ. 2 juin 1886, *D.* 1886, 1, 460.（X市と私人Yとの間でなされた土地の交換〔＊Xによる土地収用に伴う代替地の取得〕が上位行政庁の決定により覆されたため〔＊評釈者はこれを完全無効（nullité radicale）とする〕，Xがrevendicationを行使。原審は，留置権を根拠としてYの不受理の抗弁を容れた。Xが破毀申立。破毀院は原審の判断を正当とした。Xが取得したかつてのYの所有地には教会が建築されており，Yが使用収益し得る状態にして返還するのでなければ，Xの無効請求は認められないとしている。）

41) p. ex. Douai, 30 mai 1949, *D.* 1949, 592, note H. L.（XはYから農業用トラクターを買受けたが，その排気量は契約中で予定されていたものよりも小さいものであった。Xは，元の購入価格より30,000フラン安くこれを転売した。Xが当初契約の代金額と転売のそれとの差額を請求。原審は，この訴えを目的物の同一性の欠如による無効訴権〔＊相対無効訴権〕と解し，Xはこれを有するとする。しかし，転売により目的物の返還は不能であるため，Xは無効訴権を行使することができないとした。控訴院同旨。本判決につき評釈者は，前掲注38）の1928年12月17日判決と同様の解決を採った判決であるとし，無効訴権排斥の理由を売主の留置権に求めている。なお，Xは原因なき利得をも主張していたが，当事者間に契約がない場合を前提とするとして排斥された。Com., 27 juill. 1949, *Bull. civ.* II, n° 316.（動産売買の解除の事案。目的物のオーブンが買主によって

説は，射程を限定し，現物返還が不能なあらゆる場合に妥当するのではなく，自らの所為で不能を惹起した者が無効請求する場合に，この者に対するサンクションとして不受理が言渡されるとする[42]。あるいは，双務契約における両債務の牽連性が返還の場面にも及ぼされることを前提に，返還請求を受けた者は，不履行の抗弁（同時履行の抗弁）(exception d'inexécution) の一種として不受理の抗弁を提起し得ると説明されていた[43]。しかし，不履行の抗弁が一時的な履行確保手段でしかないのに対して，不受理という制裁は契約の消滅をおよそ不可能とするものであり，アナロジーは機能しないと批判される[44]。

他方，現物返還を原則とし続けることは，現物を返還し得ない者に無効の訴えを差し控えさせるという帰結を生じ，違法な契約を取り残すことにつながる，との批判も見られた[45]。とりわけ，信用供与売買（＝割賦購入あっせん）(vente à crédit)[46]の無効など，無効事由が公序 (ordre public) に関わる場合には，買主に無効の主張を手控えさせてはならないとされる[47]。

256 その後判例は変更される。現物返還の不能は，それが価額返還に転ず

破壊 (démolition) されたため，解除は不能である［＊つまり現物返還は不能である］とする破毀申立に対して，不能が当事者の過失によるときには，「損害賠償の付与によって正しく代替される」としてこれを棄却した。）損害賠償額の如何によっては，解除と同等の帰結がもたらされ得るが，この判示は，解除それ自体は認められないことを前提とする。Comp., Com., 27 avr. 1971, Bull. civ. IV, n° 108.（信用供与売買の事案。消費貸借の貸主による買主の返還訴権の代位行使について (action oblique)。この訴権は「買主がトラックを転売し返還をなし得ないのであるから，受理され得なかった」とした原判決を支持した。)

42) Malaurie (M.), *supra* note 14, p. 94. V. aussi Bousiges, Annie, *Les restitutions après annulation ou résolution d'un contrat*, thèse Poitiers, 1982, dactyl., p. 185 et s. 当時の学説の詳細について，V. Ghestin, Loiseau et Serinet, *supra* note 1, n° 2721-2722, p. 1411-1412.

43) p. ex. Malaurie (Ph.), *Cours de droit civil 1974-1975, Problèmes actuels du droit des obligations: Le droit civil des restitutions*, Les cours de droit, 1974, p. 180-181. その他の学説について，V. Ghestin, Loiseau et Serinet, *supra* note 1, n° 2722, p. 1409-1412.

44) en ce sens, Ghestin, Loiseau et Serinet, *supra* note 1, n° 2723, p. 1412-1413.

45) p. ex. Malaurie (M.), *supra* note 14, p. 100.

46) 信用供与売買に関する1955年5月20日のデクレ第585号および同デクレ第1条の適用に関する1956年8月4日のデクレ第775号による。これらは，1978年1月10日の法律 (loi Scrivener) に吸収された（9条2項）。現在では，信用供与売買は，消費法典において，消費信用 (crédit à la consommation) の一種として規制されている。詳細について，V. Ghestin, et Desche, Bernard, *Traité des contrats. La vente*, L. G. D. J., 1990, n° 333 et s., p. 376 et s. V. aussi Pousson, Alain, Les effets produits par un contrat atteint d'une nullité totale, *RRJ* 1996, p. 695 et s., spéc., p. 716.

47) p. ex. Sayag, Alain, La nullité des ventes non conformes à la réglementation du crédit, *JCP* 1972, I, 2451, n° 18.

第 2 篇　給付物の返還と原状回復

るという帰結をもたらすにすぎず，無効訴権は受理されることとされた[48]。かつての規範が返還義務の双務性を前提としていたのであれば，それが否定されたことになり，返還義務は契約当事者の各自に独立に発生する旨が明らかにされた，と解することもできる[49]。

　また，新たな判例法によれば，滅失・転売いずれの態様であっても，現物返還が不能であると認定されさえすれば価額返還が指示されるのであるから，返還義務者が善意か悪意か，また，当該不能事由がこの者に帰責されるか否か（imputabilité），はなんら問われないことを意味する[50]。したがって，これらを基準として解決を分ける非債弁済返還の規定は適用されていないと言える[51]。また，売買を例として危険負担の枠組みで敷衍すると，両当事者に帰責性のな

---

48) GHESTIN, LOISEAU et SERINET, supra note 1, n° 2727, p. 1416 ; MALAURIE (M.), supra note 14, p. 95 ; BOUSIGES, supra note 42, p. 191 et s. p. ex. Com., 11 mai 1976, Bull. civ. IV, n° 162. (X は Y から農業機械を購入した。代金の一部は X 所有の中古機械の代物弁済 [＊いわゆる「下取り」に相当] によって，その余は，Z による消費貸借によって支払われることとされた。Y に Z が立替払する信用供与売買である。その後 X は，1955 年 5 月 20 日のデクレへの違背を主張し，本件売買契約の無効を求めて訴えを提起した。同デクレによれば，現実払（payer comptant）分が代金総額の 25％ を超える信用供与売買は無効とされる。原審は X の請求を認容。Y が破毀申立。申立理由の第一点は，X は当該契約の無効について認知しており，不法原因給付の法理により，無効訴権は受理されない，というものである。破毀院は，原審が，前記デクレの規定は公序に関するものであり，無効は絶対的（absolue）であるとして訴えを受理したことを正当とする。Y は第二に，本件目的物は，X による使用の結果，売買時点の状態での返還は不能であるため，無効訴権は受理されないと主張する。破毀院は，「相互の返還は，宣言された売買契約の無効の必然的な帰結であり，それが特定物に関わる場合であっても，現物または価額によって履行することができる」[下線筆者] とし，原審が無効訴権を受理したことは正当であったとした。破毀申立棄却。) この判決は，当事者の主張に応えるべく価額返還について論じているが，原審は（相当程度の減価が想定されるものの）現物返還を命じていた。したがって，正確には現物返還不能の事案ではない。なお，破毀院は，使用による損耗分を売主が返還すべき代金相当額から控除しなかった点について，原判決を一部破毀している。後記本文 **276** 参照。Com., 29 févr. 1972, Bull. civ. IV, n° 77, D. 1972, 623. (トレーラーの転売による現物返還不能の事案。価額返還は可能であるとして，鑑定を命じた原判決を正当とした。) Civ. 1ʳᵉ, 16 oct. 1979, Gaz. Pal. 1980, 1, Pan. 61. [本判決の事案については，後記本文 **270** で再度論ずる]（絵画の売買の事案。売主の無効請求に対して，買主自らがなした転売によって返還が不能となったと主張したが，原審は，等価物での返還は可能であるとして，無効訴権を受理した。破毀院同旨。) これらの判決は，当事者が現物返還不能による不受理を主張しているため，価額返還が認められる旨を明示的に述べているが，不能の認定後ただちに価額返還を導く判決は，当然に同一の理解を前提としている。

49) BÉNABENT, La révision du passé entre les parties, RDC 2008, p. 15 et s., spéc., n° 4,「ときに用いられる『逆向き契約』という表現は，たしかに啓発的であるが，実際には非常に欺瞞的である。[…] 各給付がもともとは双務契約に基づいて交換されたものであっても，その返還はなんら双務的ではなく，それぞれ独立に取り扱われる。」

50) GUELFUCCI-THIBIERGE, supra note 11, n° 811-813, p. 464-465.

51) en ce sens, FLOUR, AUBERT et SAVAUX, supra note 23, n° 362, p. 380, note 4.

い現物返還不能について，返還義務者である買主がその危険を負担していることになる。「物の危険（risque de la chose）」[52]について債務者主義（*res perti debitori*）を指摘できるが，遡求的に所有権者の地位に復帰したとみなされる売主がこれを負担していないことを強調すれば，物の引渡ののちにこれを現実に支配していた者に危険を負担させているものと評することもできる[53]。

　なお，同じく原状回復が問題となる瑕疵担保責任に基づく解除訴権（action rédhibitoire）（1644条）[54]については，買主の現物返還が不能である場合には，代金の返還が認められない，という解決が採られている[55]。もっとも，この帰結は，買主からの損害賠償請求（1645条・1646条）[56]を通じて調整され得るため，実際上の不都合はないとされる[57]。

---

52) 危険負担については，日本法上の「給付危険」に相当する「物の危険」と「対価危険」に相当する「契約の危険（risque du contrat）」が区別される。p. ex. MALAURIE (M.), *supra* note 14, p. 131 は，原状回復では契約の消滅が前提となるのであるから，契約の危険はなんら問題とならないとする。

53) en ce sens, LAGARDE, *supra* note 17, n° 7. Comp., DUBARRY, Julien, *Le transfert conventionnel de propriété. Essai sur le mécanisme translatif à la lumière des droits français et allemand*, thèse Paris I, préf de B. Dauner-Lieb et R. Libchaber, L. G. D. J., 2014, spéc., n° 801 et s., p. 446 et s. 一部価額返還の場合（特に Com., 21 juill. 1975, *infra* note 136）をも念頭に置きつつ，判例法を債務者主義と整理する。その上で，この規律は，「契約上の返還義務［＊賃貸借・使用貸借などのそれ］の規律に近い」とし，原状回復の関係が契約関係から切り離されていないと指摘する（n° 810）。この議論は，フランス法が有因主義であることを前提に，本来契約消滅後の返還関係は所有権に基づいて組織されるはずである，という認識を相対化する文脈に置かれている。その上で，ドイツ法の給付利得の規律を検討し，その差額説もまた契約関係を原状回復の局面に反映したものと評価し（n° 823），仏独法の収斂を指摘している。

54) 1644条　1641条および1643条の場合において，買主は，物を返還して代金の返還を受けるか，または，物を保持して鑑定人によって評価される代金の一部の返還を受けるか，いずれかを選択する。

55) 以下について，SERINET, *supra* note 37, n° 34 et s., p. 609 et s. V. aussi MALAURIE, AYNÈS, et GAUTIER, Pierre-Yves, *Les contrats spéciaux*, 7ᵉ éd., L. G. D. J., 2014, n° 409, p. 246 spéc., note 8; GHESTIN, et DESCHE, *supra* note 46, n° 754, p. 817. p. ex. Com., 6 juill. 1999, *Bull. civ.* IV, n° 155. (Y から中古トラックを購入した X は，買取の選択権を付してこれを Z に賃貸した。X が瑕疵担保責任による解除を請求し，原審はこれを認容。しかし，原審は，清算手続きに服していた Z を相手方とする X の revendication を棄却した確定判決を摘示していた。破毀院は，ここから，X の返還不能が帰結するとして，原判決を破毀した。)

56) 1645条　売主が物の瑕疵を認識していた場合は，この者は，買主に対して，自らが受領した代金の返還に加えて，すべての損害を賠償するよう義務づけられる。
　1646条　売主が物の瑕疵を知らなかった場合は，この物は，買主に対して，代金の返還および売買によって生じた費用の償還のみを義務づけられる。

57) SERINET, *supra* note 37, n° 35, p. 610. V. aussi GHESTIN, LOISEAU et SERINET, *supra* note 1, n° 2882, p. 1536. 損害賠償が価額返還と同様の帰結を導くことを指摘し，この訴権は「その性質上，原状回復を組織し得るものとみなされる」とする。p. ex. Civ. 1ʳᵉ, 12 janv. 1994, *Bull. civ.* I, n° 23. (中古車売買の事案。一審では，買主 X の瑕疵担保責任に基づく解除ならびに損害賠償の請求が認容されたが，

他方，現物返還に多額の費用を要することを理由に返還義務者が自ら価額返還を提供したとしても，返還請求権者は，現物返還がなお可能であればそれを請求し得ると指摘されることがある[58]。具体例として挙げられるのは，石油の供給契約（contrat de distribution）において，供給者が，被供給者に使用させていた貯蔵タンクの返還を現物で求める事案である[59]。タンクは土地に据え付けられており，被供給者は，甚大な費用を支出してこの請求に応えなければならない[60]。事実審レベルでは，現物返還の請求を権利濫用（abus de droit）として退ける判決も見られたが[61]，破毀院はこれを是認していた[62]。もっとも，以上

　判決ののちに目的物が大破した状態（état d'éparse）にあることがわかり，原審は，Xの請求を棄却した。Xは，物の滅失は，解除の遡及効により所有権者であり続けたとみなされる売主がその危険を負担するとして破毀を申し立てたが排斥された。他方，原審は，本件の滅失がXに帰責されるとして，損害賠償についてもXの請求を棄却していた。破毀院は，これについては，「物の滅失は，売買の解除の障害になるとしても，買主から損害賠償を請求する権利を奪うものではなかった」として，原判決を一部破毀した。）

58) SCHMIDT-SZALEWSKI, J., Les conséquences de l'annulation d'un contrat, *JCP G* 1989, I, 3397, n° 17.
59) この規範によって窮状に陥るのが大企業の傘下にあるガソリンスタンドの経営者であることから，「pompiste de marque」問題と称されていた。なお，この問題は，代金額不確定（indétermination du prix）による枠契約（contrat-cadre）の遡及的無効を否定し，適用契約（contrat de l'application）限りでの調整を支持する1995年の全部会判決の登場を促した一つの背景をなした。Ass. plèn., 1er déc. 1995 (4 arrêts), *Les grands arrêts de la jurisprudence civile*, 12e éd., Dalloz, 2008, t. 2, n° 152-155. 代金額確定の問題については，参照，中田裕康「売買契約——売買の多様性とその本質」北村一郎編『フランス民法典の200年』（有斐閣，2006）376頁以下，特に392頁以下。および，392頁注(63)が引用する先行文献を参照。
60) 返還のための費用は返還義務者が負担することが原則である。V. SCHMIDT-SZALEWSKI, *supra* note 58, n° 17.
61) 事実審判決多数。V. MALAURIE (M.), *supra* note 14, p. 97.
62) p. ex. Com., 25 oct. 1983, *Cah. dr. ent.*, 1984, 2, 22.（供給者［石油会社］にとって，被供給者［ガソリンスタンド経営者］は競業者であり，現物返還を求めてタンクの再利用を拒否することに正当な理由があるとして，権利濫用であるとの主張を退けた。）なお，供給契約中に規定される現物返還条項は，その後競争委員会（Conseil de la concurrence）によって無効とされることとなった。V. MALAURIE (M.), *supra* note 14, p. 97-98 cite Décision, n° 87, D. 34 du Conseil de la Concurrence, 29 sept. 1987, *BOCCRF* (Bulletin officiel de la Concurrence, de la Consommation et de la Répression des fraudes) 1987, p. 304（未見）．これに従う判決として，Paris, 5 mai 1988（未見）(cité par *loc. cit.*)。引用によれば，本判決は「供給者による貯蔵施設の使用貸借または賃貸借が，小売業者が出資を抑制しつつ市場に参加することを容易ならしめるとしても，そのままの［＝同一の物の］（*in specie*）返還は，購入および委託に関する排他的契約の不可欠な補充的要素（complément）ではない」とする。MALAURIE (M.), *op. cit.*, p. 99 は，留保を付しつつも，この判旨は一般的であり，契約条項によって事前に定められた返還ばかりでなく，無効や解除ののちの返還債務一般にも及ぶとする。もっとも，契約の終了による返還（＝正常な返還（restitution normale））と契約の無効または解除に伴う返還（＝不正常な返還（restitution anormale））とで破毀院の立場が分かれていたとも述べており（p. 101），論旨は定かではない。

の問題は，供給契約の一部を成す使用貸借（prêt à usage）に関するものにすぎない。この契約では，無効を機縁とするか否かにかかわらず，契約終了時には借主は目的物を返還しなければならない。したがって，価額返還の提供を拒絶する権利は，原状回復のすべての事例において妥当するものとは言えない。

257 不受理の制裁を課すかつての諸判決は，その多くが動産の返還に関わることに留意されるべきである。不動産については，滅失は問題とならず，また，転売されたとしても原則として第三者追及が可能であるために[63]，契約の相手方に対する価額返還の問題は稀にしか生じないものと推測される[64]。

それでは，契約の遡及的消滅に対して，第三者の取引の安全にはなんら配慮がなされていないのであろうか。パラグラフを改めて概観しよう。

(2) 第三者に対する現物返還請求

258 無効の第三者効[65]ないし物権的効力については第1部で検討したが，現代の学説に即して若干の検討を付加する[66]。ここでも念頭に置かれるのは売買である。買主が目的物を転売したか，その上に物権を設定したか，あるいは物の使用収益を目的とする契約を締結したか，いずれの場面でも，売買が遡及的に消滅すると，売主は所有権者の地位に復帰し，第三者から目的物を取戻すことができる[67][68]。

---

63) 売主による無効訴権の提起の目的はまさにこの点に存するとされる。ANCEL, *infra* note 66, n° 5 et n° 7, note 20.

64) 管見の限り，不動産について契約の相手方に価額返還を求める事案は見られない。ただし，取得時効が成立している可能性を指摘し得た Civ., 17 déc. 1928, *supra* note 38 の事案は示唆的であり，不動産に限っては，現物返還不能による無効訴権の不受理という規範が維持されていると解することも不可能ではない。

65) 第三者効として，契約複合（ensemble contractuel）ないし相互依存諸契約（contrats interdépendants）の無効の連鎖も問題となるが扱わない。

66) GHESTIN, LOISEAU et SERINET, *supra* note 1, n° 2852 et s., p. 1514 et s.; GENICON, Thomas, *La résolution du contrat pour inexécution,* thèse Paris II, préf. de L. Leveneur, L. G. D. J., 2007, n° 745 et s., spéc., n° 747; ANCEL, Pascal, La rétroactivité et la sécurité des tiers, *RDC* 2008, p. 35 et s., n° 10; SAVAUX, Les nullités en cascade, M. Boudot et P. M. Vecchi (éd.), *La théorie des nullités,* Université de Poitiers, L. G. D. J., 2008, p. 111 et s., spéc., n° 8-10, p. 116-119. なお，BOUCARD, *supra* note 1, n° 16 は，第三者に対する現物返還請求に関する判決は稀であるとする。

67) p. ex. Civ. 1re, 23 avr. 1958, *Bull. civ.* I, n° 206.（不動産売買の無効の事案。返還請求を受けた第三者からの破毀申立に対して，次のように判示している。「不動産の所有権をある者に付与した契約

この際，買主が第三者との間で締結した売買は自動的に無効とされるわけではない[69]。実際，第二売買が効力を有し続けるが故に，第三者は買主に対して追奪担保訴権を提起し得る[70]。追奪担保責任については，伝統的に，以下のような第三者保護機能が指摘される[71]。まずA―B―Cと売買が連鎖した場面を想定しよう。このとき「追奪担保義務者は追奪し得ない（Qui doit garantie ne peut évincer）」[72]という規範により，Bは，Cに対して自ら無効・解除を主張して，Cから現物返還を得ることができないものとされる[73]。さらに，この規範は，A―B間の無効・解除にも間接的な影響が及ぶ。ここで「現物返還不能による無効訴権の不受理」という規律が克服されたことを確認しよう。A―Bの売買の無効が相対無効（例えばA側の詐欺）でありBのみが無効訴権を有している場合，たしかにBは訴権を行使することができるが，上記の規範によりCから追奪することはできないため，現物返還ではなく価額返還が指示される。したがって，Cが現物返還請求を受けるのは，A―B間の契約について，Bで

が同意の瑕疵によって無効とされた場合，取得時効［の成立］のみを例外として，この者が当該不動産について与えたすべての物権の無効［＊ママ］が帰結することが原則である。この規範は，一般的かつ絶対的である。［なぜなら］取得者の権利は，売主の権利の存在とその有効性に依存する［からである］。」）

68) 所有権者の資格において代償物の請求も認められる。p. ex. Civ. 1re, 18 oct. 1983, *Bull. civ.* I, n° 233.（パン屋の営業財産の売買の事案。そのうちに含まれる不動産に附属するパン焼き窯が火災により滅失し，買主が契約していた損害保険から保険金が支払われることとなった。のちに売主が買主の代金不払を理由に解除を請求。売主は所有権の復帰を理由に保険金請求権も自らに帰属すると主張して訴えを提起したが棄却された。破毀院は，解除の遡及効は保険者にも対抗し得るとして，原判決を破毀した。）同旨の判決として，Civ. 1re, 11 mars 1986, *Bull. civ.* I, n° 58.
69) SAVAUX, *supra* note 66, p. 117. V. aussi BOUCARD, *supra* note 1, n° 18.
70) ANCEL, *supra* note 66, n° 9. 第二売買は「失効」すると考えるべきとする。失効は原則として遡及しないため，売買契約に基づく担保訴権はなお効力を有すると説明し得ることになる。
71) *ibid.*, n° 12. 担保義務者＝買主からの第一売買の無効請求を認めないという形態での第三者保護について，第1部第1篇第2章注278）でGaudemetの議論を既に紹介した。以下は，Ancelに依拠しながら，現代法に即してこれを敷衍したものである。
72)「追奪担保の義務を負う者は，自ら訴権を行使したとしても，抗弁によって排斥される（Quem de evictione tenet actio eumdem agentem repellit exceptio）」
73) Cからの請求であれば帰結は異なる。V. Civ. 1re, 11 juin 2002, *Bull. civ.* I, n° 163.（中古車がZ→A→B→Cと譲渡された。この自動車は1993年製とされていたが，Cの許で1992年製であることが判明。CがBに対して錯誤による無効を請求，次いでBもAに対して同じく錯誤による無効を請求した。原審はBの請求について，Aへの現物返還をなし得ないことを理由にこれを棄却した。破毀院は，「無効の必然的帰結である相互の返還」は，「現物または価額で履行することができる」として，原判決を破毀した。）Cの請求の成否は判決文からは明らかでないが，B―C間の契約も無効とされ現物返還がなされたのであれば，Bもまた現物返還が可能であろう。すると原判決の内容と明らかに矛盾するため，Cはなんらかの理由で現物返還をなし得なかったものと解される。

はなくAが無効訴権を行使し得る場合のみとなる。すなわち，A—B間の契約の無効が，絶対無効（例えば公序規定違反），あるいは，Aのみが提起し得る相対無効（例えばB側の詐欺）である場合に限って，CはAに対する現物返還を義務づけられる。こうして，Aに現物返還請求が許されるのは無効によって保護されるべき地位にあったからである，という説明が妥当することになる。また，解除については，Aが不履行当事者とすると，解除訴権はもっぱらBに帰属する。Bは，無効の場合と同じく，Cから現物を取戻す必要なく価額返還のみを義務づけられる。つまり，解除について非があるAは，Cから現物返還を得ることができない。以上より，AからCに対する現物返還が請求されるのは，無効にせよ解除にせよ，Aの地位に非難可能性がないからである，とまとめることができる。AとCとの間での利益衡量がなされ[74]，Aの属性に鑑みて現物返還が認められる，と説明することも可能であろう。

　以上の議論については，無効ないし解除訴権と返還訴権とが連動していることの妙味を指摘できる。これが別個の手続きによる，あるいは前者が裁判外で実現されるのであれば，契約の消滅が先に実現され，Aは所有権者たる地位を回復するため，非難されるべき者であったか否かを問わず，Cに対して所有権に基づく返還訴権を行使し得ることになる。したがって，二つの過程を分離する法体系の下では[75]，無効・解除の対抗可能性を否定するにせよ，債権行為と物権行為とを峻別するにせよ，その構造上必然的に，実体法のレベルでCを保護する制度を構築しなければならない。とはいえもちろん，フランス法の下でも，Aに帰責性がなく無効訴権・解除訴権が認められる場面では[76]，追奪担保義務に依拠した説明は機能しない以上，利益衡量の結果，Cの要保護性

---

74) GENICON, *supra* note 66, n° 759, p. 547, cité aussi par ANCEL, *supra* note 66, n° 5. 解除について次のように述べる。「解除の［第三者］対抗に関するフランス法の特異な解決は，第三者の権利と［相手方の］不履行を被った被害者の権利との間で，すなわち，アプリオリに対等な地位にある対抗的二者（protagonistes qui ont *a priori* un égale mérite）の間でなされる本来的になにものにもとらわれない裁定（un arbitrage, en soi discrétionnaire）の帰結である。」もっとも，Ancelも指摘するように（*ibid.*, n° 12, note 43），Geniconは追奪担保に関する議論を展開していない。

75) ドイツ法に関する近時のフランス語論文として，V. LEHMANN, Matthias, Les conséquences de l'anéantissement du contrat: leçons du droit allemand, *RDC* 2013, p. 1654 et s. また，独仏の所有権移転の制度を対照させ，原状回復にまで議論を及ぼす近時のテーゼとして，V. DUBARRY, *supra* note 53. 第三者からの取戻について，spéc., n° 852 et s., p. 477 et s.

76) ただし，解除については，約定解除が通例であり，また法定解除についても裁判外の一方的解除が認められていることを指摘しなければならない。参照，拙稿・前掲注1) 1632頁以下。

が高いと判断されるのであれば，別の手当てが必要となる。

259 無効の物権的効力に対して第三者を保護する実体法上の規範としては，以下の四つを挙げることができる[77]。第一に，当然ながら，第三者は，不動産の時効取得（現2272条1項［30年］，同2項［善意かつ正権原に基づく占有者について10年］)[78]，動産の即時取得（現2276条1項）を通じて保護される。

第二に，第三者保護は，買主が行った保存行為（acte conservatoire)・管理行為（acte d'administration）の効力を維持することによっても図られる[79]。これらの行為が所有権に対する侵害の程度において低いためであると説明される[80]。保存行為としては，寄託契約，損害保険契約，修繕・管理のための諸契約などが挙げられる[81]。他方，管理行為について[82]特に問題とされるのは，買主が締結した賃貸借である。管理行為とされれば，賃貸借が売主に対抗され，売主は現物返還を受けたとしても賃貸人の地位の引受を免れないが[83]，処分行為（acte de disposition）と性質づけられれば，売主は revendication の一環として明渡を請求することができる[84]。管理行為として保護されるためには，確定日付によって賃借権の対抗要件を備えているか否かに加えて，賃貸借の契約期間，および，賃借人保護の特別法の有無が基準となる。期間としては，9年までの

---

[77] GHESTIN, LOISEAU et SERINET, *supra* note 1, n° 2854 et s., p. 1516 et s. なお無効それ自体の対抗が否定される場合がある。組合・会社の無効は第三者に対抗できない（1844条の16，同一条文として商法典 L. 235条の12）。V. aussi ANCEL, *supra* note 66, n° 11.

[78] ANCEL, *supra* note 66, n° 15. 占有期間の承継（現2265条）の結果，第三者自身の占有期間が10年または30年に亘る必要はない。ただし，消滅した契約による譲渡以後の占有のみが積算の対象となるため，過去30年の譲渡の経過を契約書に記載する公証人実務では買主保護には不十分であるとする（*ibid.*, note 47）。

[79] 以下について，GHESTIN, LOISEAU et SERINET, *supra* note 1, n° 2858 et s., p. 1520 et s.

[80] en ce sens, ANCEL, *supra* note 66, n° 13.

[81] BÉNABENT, *Droit des obligations*, 14ᵉ éd., Domat, L. G. D. J., 2014, n° 235, p. 187-188. また，特定物の売買の文脈からは外れるが，租税の弁済，社会保障期間への保険料の弁済なども保存行為の一種として保護される。GHESTIN, LOISEAU et SERINET, *supra* note 1, n° 2860, p. 1522.

[82] 営業譲渡の場面での労働契約の維持についても，管理行為として論じられる。*ibid.*, n° 2858, p. 1520-1521.

[83] BOUCARD, *supra* note 1, n° 17.

[84] ここでも売買の無効が直ちに賃貸借の無効を導くわけではなく，買主＝賃貸人に権原が欠ける結果として他人物の賃貸借となり，売主から追奪を受ける，という関係となる。賃貸人は担保義務を負担し続ける。他人物賃貸借の有効性について，HUET, Jérôme, DECOCQ, Georges, GRIMALDI, Cyril et LECUYER, Hervé, *Traité de droit civil. Les principaux contrats spéciaux*, 3ᵉ éd., L. G. D. J, 2012, n° 21132, p. 636.

短期であれば管理行為とされ、それ以上であれば処分行為とされる蓋然性が高くなる。特別法については、例えば賃借人の更新権が強固なものであれば、期間の長短によらず、処分行為に該当し得る[85]。以上の規律に根拠を提供する民法典の条文としては、買戻条項付きの売買（vente à réméré）に関する1673条2項が挙げられる[86]。条文に見られる「詐害性の不存在（sans fraude）」は、しばしば善意に読み替えられ[87]、前記の時効規範や下記の外観法理との同質性が語られる[88]。

　第三に、外観法理（théorie de l'apparence）[89]の適用の可能性が模索される。第三者が保護を受けるには、前主の権原についての善意では不十分とされる。すなわち、「正当な錯誤（erreur légitime）」ないし「（全人に）共通の錯誤（erreur commune）」が必要である。前主が「あらゆる者にとって所有権者であるとみなされる」のでなければならない[90]。もっとも、ほとんどすべての学説が適用の可能性を指摘するものの、主たる事例は表見相続人ないし表見受任者に関わる[91]。この法理に依拠して契約の無効・解除の第三者効を制限したと評価し得る判決は稀である[92]。

---

85) 以上の賃貸借に関する判例法について、V. Malaurie, Aynès et Gautier, supra note 55, n° 635 et s., p. 349 et s.; Collart-Dutilleul, François et Delbecque, Philippe, Contrats civils et commerciaux, 10ᵉ éd., Dalloz, 2015, n° 442, p. 389-390.
86) Savaux, supra note 66, n° 11.
　1673条［1959年1月7日のオルドナンスにより改正］②　売主は、買戻約款の効果によって自らの不動産の占有を再び開始するときは、取得者がその上に設定したすべての負担および抵当権を免れつつ、それを取戻す。ただし、この約款が、当該負担および抵当権の公示に先立って抵当権保存所において適式に公示されたていたことを条件とする。［この条件が満たされない場合］売主は、取得者が詐害なしに（sans fraude）行った賃貸借を履行する義務を負う。
87) en ce sens, Boucard, supra note 1, n° 17, cite Civ. 3ᵉ, 25 oct. 1983, Bull. civ. III, n° 196.（解除の事案。売主への商事賃貸借の対抗について、賃借人の善意を要求する。また、本件賃貸借について9年の期間が約定されていたが、このことのみでは処分行為と性質づけるに十分ではないとする。）
88) Ghestin, Loiseau et Serinet, supra note 1, n° 2861-2862, p. 1523-1525 が引用する諸学説を参照。正当化根拠として、第三者の善意に加え、賃貸借の継続性の確保の要請、売買当事者間の黙示の委任や事務管理が挙げられる。また、以下の外観法理の適用事例としても整理されている。
89) 参照、上井長久「フランス判例法における表見所有権について——不動産取引における第三者保護の法理」明大法律論叢46巻4号101頁以下（1973）。
90) Ghestin, Loiseau et Serinet, supra note 1, n° 2867, p. 1527.
91) 上井・前掲注89）が検討する諸判決を参照。
92) Ancel, supra note 66, n° 18 は、2件のみを挙げる。1件目は管理行為の枠を超えた賃貸借を外観法理によって対抗可能とするものである。他方2件目は抵当権を同じく対抗可能とする。いずれも、第三者に所有権それ自体を取得させたものではない。Civ. 1ʳᵉ, 2 nov. 1959, Bull. civ. I, n° 448（不動産の購入についてAの委任を受けたB［*代理権が認定されている］は、Xから自己名義でこれを

260 最後に，既に第 1 部で検討したが（前記 **112**），土地公示制度上の第三者保護を概観しよう。ここでは無効と解除とで異なる規律が用意されている。

無効については，1955 年 1 月 4 日のデクレの制定当初と変わらず，公示の対象となる行為について提起された無効の訴えおよびそれに関する判決の欄外付記による公示が要求される[93]。訴えの公示の欠如は不受理を帰結する。しかし，訴えの以前に権利を得た第三者にはなんら公示がなされない[94]。そのため，この第三者は，返還訴権を包含する無効訴権の被告となる場合がある[95]。さらなる不都合として，欄外付記の方法によるため，無効の訴えの対象となる行為それ自体が公示されていなければ，この訴えも公示に服することがない。したがって，私署証書（acte sous seing privé）による所有権移転行為については，不受理のサンクションはおろか，第三者への情報提供さえなされない[96]。また，公示の欠如の援用は，裁判官が職権でこれを行うのではなく，当事者が「訴訟不受理事由（fin de non-recevoir）」を通じてこれを行うため[97]，「訴えの登記が

購入した。B は当該不動産を Y に賃貸。X が売買の無効を請求し認容された。X が Y に明渡を請求。管理行為とはされなかったものの，Y の善意および共通の錯誤が認定され賃貸借が維持された。）Civ. 1re, 3 avr. 1963, *D.* 1964, 306. （父 A が，贈与を偽装し，姦生子（enfant adultérin）Y に不動産を譲渡した事案。のちに Y は B のために不動産に抵当権を設定した。A の相続人である X が，偽装贈与の無効，ならびに，抵当権の無効を主張。原審は，贈与の無効を宣言しつつ，抵当権を有効であるとする。破毀院同旨。）なお，後者の判決は，外観法理によって保護される第三者は，「表見所有権者，真の所有権者のいずれからもその権利を取得しておらず，法律の効果によって与えられた」としている。仮に所有権自体が維持された場合には，第三者による所有権の取得の性質は，承継取得ではなく，原始取得ということになる。

[93] 28 条 4 号。条文訳は第 1 部第 1 章第 2 章注 284）を参照。判決の公示は，無効認容判決，棄却判決を対象とする。また，取下げの事実も公示される。

[94] ANCEL, *supra* note 66, n° 18.

[95] GHESTIN, LOISEAU et SERINET, *supra* note 1, n° 2869, p. 1530.

[96] 買主が公示の欠如を不受理事由として援用する点で特殊な事案であるが，この点が争点となった判決として，V. Civ. 1re, 14 nov. 1967, *Bull. civ.* I, n° 330. （売主 X と買主 Y は私署証書によって不動産の売買予約を締結した。Y は予約完結権を行使したが，公署証書は作成されず，したがってその公示もなされなかった。その後 X が過剰損害を理由として取消を請求したのに対して Y が不受理の抗弁を提起。原審は，Y は特定承継人でありこの抗弁を有しないとした。破毀院は理由を差し替え，「公示されていない行為の取消のための訴えはなんら公示の対象とはならず」，公示の相対効の帰結として「第三者との関係では不動産は取消訴権の原告の資産（patrimoine）から逸出していないのであるから，この者は訴えの公示の欠如によって害されることはなかった」とした。破毀申立棄却。）

[97] p. ex. Civ. 3e, 18 janv. 1995, *Bull. civ.* III, n° 22. （無効の主張が控訴審段階で追加され認容された事案。原判決はその公示の欠如について確認をしていなかったと難ずる破毀申立に対して，破毀院は

なければ訴訟が進行しない」という解決は採られていない。すなわち，被告が訴訟中のいずれの段階でも不受理を援用し得ることに対応して，[97]原告も事実審のいずれの段階でも公示を追完することができるものとされている[98]。こうした規律の柔軟化は，公示によって保護され得る第三者＝revendicationの被告ではなく，無効の訴えの直接の被告が，判決の引き延ばしのためにその欠如を主張することが多いことを背景とする，と指摘される[99]。しかし，公示がされる時点が後れる分だけ，第三者が情報提供を受けないままに登場する可能性は高くなる。訴えの公示はほとんど機能していないと批判され，「遡及効の勝利」が語られる[100]。

他方，判決の公示については，その懈怠のサンクションは，事後の訴訟不受理や権利の対抗不能ではなく，利害関係者から公示義務者に対する損害賠償請求に限られる[101]。なお，この損害賠償は，訴えの公示の欠如の場合も認められる。

261 解除についても瞥見しておこう。売買の解除に関しては，同じく1955年1月4日のデクレにより，民法典2108条（現2379条）[102]が改正され，先取

「当事者のみが公示の欠如による訴訟不受理事由を援用する資格を有する」としてこれを棄却した。申立理由は1955年のデクレの規定は公序規定であると争っていたが，これについても「[この訴訟不受理事由は]当事者の個別利益のために規定されている」としている。）

98) p. ex. Civ. 3e, 18 nov. 2009, *Bull. civ.* III, n° 256.（訴訟開始の段階で公示がされなければならないとする破毀申立に対して，公示は控訴審段階でも可能であり，また，一審判決を公示するだけで十分であるとした。）

99) GHESTIN, LOISEAU et SERINET, *supra* note 1, n° 2870, p. 1532.

100) MERCOLI, Sylvain, *La rétroactivité dans le droit des contrats,* thèse Nancy II, préf. de G. Goubeaux, PUAM, 2001, n° 192, p. 210.

101) 1955年1月4日のデクレ22号30条4号第1文　自らの権利を公示し，かつ，法定の期間が徒過する以前に生じた公示の欠如を理由とする損害，または，28号3号乃至9号に規定された行為の不完全もしくは不正規な公示を理由とする損害を被ったことを立証するすべての利害関係人は，損害賠償を請求することができる。

102) 2379条［1955年1月4日のデクレにより改正，2006年3月23日のオルドナンスにより条文番号変更］　①　先取特権を有する売主または不動産の取得のために金銭を供与した貸主は，登記によってその先取特権を保存する。この登記は，2426条および2428条に定める方式において，かつ，売買行為から起算して2ヶ月の期間内に，その者から率先して（à sa diligence）行わなければならない。先取特権は，当該行為の日付に従って順位を有する。
　②　売主の先取特権の消滅ののち，または，前項によって認められた期間内にその先取特権の登記が行われない場合は，1654条に定める解除訴権は，取得者として不動産に対する権利を取得し，かつ，それを公示した第三者を害して行使することができない。

第 2 篇　給付物の返還と原状回復

特権の公示に連動する形で整備がなされた。すなわち，売買から 2 カ月の期間内に先取特権が登記されなければ，解除訴権は，同一物件の売買を公示した第三者に対抗することができない[103]。したがって，先取特権の公示がなければ，第一売買が解除されたとしても，その買主から不動産を取得した第三者は売主からの返還請求に晒されない。なお，条文が明記しているように，無効の場合とは異なって，この公示の欠如は，第三者からでなければ援用されず，当事者によっては援用されない[104]。もっとも，同条が適用されるのは，買主の代金不払による解除 (1654 条) の場合に限られる。それ以外の義務の不履行による解除に関しては，先取特権の公示が欠けても対抗不能は帰結しないものとされている[105]。この場合の解除は，無効の場合とまったく同様に，訴えおよび判決の公示にしか服さないため，やはり実効性を欠くと批判される[106]。

他方，解除条項による約定解除 (résolution conventionnelle) については，当該条項自体の公示が必要とされる[107]。そのサンクションも，特定承継人に対する解除自体の対抗不能であり，裁判上の解除 (résolution judiciaire) に比べて強化されている[108]。

　1654 条　買主が代金を支払わない場合は，売主は売買の解除を請求することができる。
103)　対抗不能を援用する第三者は，自らの権利を公示していなければならない。GENICON, *supra* note 66, n° 756, p. 544.
104)　*ibid.*, n° 756, p. 544, spéc., note 62.
105)　*loc. cit.*; ANCEL, *supra* note 66, n° 18. 両著者ともに次の判決を引用するが，事案は複雑である。Civ. 3e, 17 mars 1981, *Bull. civ.* III, n° 56.（公共工事のために設立された公私共同会社 (société d'économie mixte) である X は，民事組合 A に農地を 1 フランで売却したことを公示した。しかし，先取特権については付記されていなかった。なお，本件売買契約では，A は当該農地を馬術場として整備しこれを運営する義務を負うことが合意されていた。その後この土地には，Y を権利者とする抵当権が設定され公示された。X が A の整備・運営義務への違反を理由に解除を請求。原審はこれを認容したが，先取特権の公示の欠如により X は解除訴権を Y に対抗できず，翻って Y の抵当権は X に対抗し得るとした。売買代金は 1 フランであるとしても A が負った義務が代金に相当するとし，X による解除は 1654 条の代金不払を理由とするそれであることを前提とする。X が破毀申立。破毀院は，A が負った「為す債務 (obligation de faire)」は代金支払債務とはみなされないとして原判決を破毀した。）2108 条（現 2379 条）を適用して抵当権を保護するには，X の解除が 1654 条のそれでなければならない。この点が破毀の対象となっていることから，破毀院は，為す債務の不履行による解除には 2108 条が適用されないと解していることになる。換言すれば，1654 条によるのではない解除訴権は，先取特権の公示の有無とは無関係に，第三者に対抗し得る。
106)　GENICON, *supra* note 66, n° 756, p. 545.
107)　1955 年 1 月 4 日のデクレ 28 条 2 号第 1 文 [2010 年 6 月 10 日のオルドナンスにより改正]［以下の行為は義務的に公示される。］一時的な譲渡禁止条項，処分権を制限するその他のすべての条項，および，本条 1 号によって公示に服する行為の解除または撤回をもたらし得る条項を確認するために別個に作成された生存者間の行為。ならびに，これらの条項の存在を確認する裁判所の判決。

262　以上のように，所有権留保条項とも性質づけられる[109]約定解除，および，その沿革を反映して（前記**62**）先取特権の公示を要する代金不払解除を別とすると，その他の裁判によって実現される契約の遡及的消滅は，訴えおよび判決の公示にのみ服し，原則として対抗不能のサンクションを課されない。したがって，第三者は，善意であっても，また，自らの売買を公示したとしても，現物返還を義務づけられ得る。「ここには，公示を要する合意による所有権移転の対抗との非対称的関係（asymétrie）が見られる。[契約の] 消滅の物権的効力は，契約（それ自体）の物権的効力以上に強力である。」[110]

第2款　価額返還とその評価

263　契約の遡及的消滅に伴って価額返還が命じられる場合，返還すべき価額はいかにして算出されるか。契約の履行時から契約の消滅時までに一定の期間が経過していることが通例である以上，その間に契約目的物＝返還目的物の価額には増減が生じているはずである。この増減をいかにして価額評価に取り込むかが課題となる[111]。価額返還の程度の広狭に応じて区別して論ずることが便宜である。

　まず，現物返還がおよそ不可能な場合を「全部価額返還」として検討する。第1款で扱われた問題の細則にあたる。他方，現物返還はなお可能であるが，目的物に減価（moins-values, dépréciation）が生じていた場合にも，その補償を認めるか否かが問われる。この問題を「一部価額返還」として扱う。

---

108) 同デクレ30条1号第4文　本デクレ28条1号に規定された権利の解除もしくは撤回，または，無効もしくは取消が，遡及効をもたらすときは，それらの出来の根拠となる条項が出来の以前に公示された場合，または，法律にその事由が規定されている場合でなければ，覆滅される権利を有する者の特定承継人に対抗できない。
109) 道垣内弘人『買主の倒産における動産売主の保護』（有斐閣，1997）89頁以下。
110) Boucard, *supra* note 1, n° 18
111) Malaurie (M.), *supra* note 14, p. 72.「原状回復の目的は，法的状況が一定の期間のうちにその帰結を展開させたとしても，常に，かつての状態への復帰（retour au *statu quo ante*）をたしかなものとすることである。したがって，原状回復は，原理的かつ重大な困難を生ずる。いかにして時間がもたらす帰結を消し去るのか（comment effacer l'effet du temps）[が問われる]。」

(1) 全部価額返還

264 1970年代に返還・原状回復の問題に精力的に取り組んだマロリー（Malaurie, Philippe）は，価額の評価方法として，以下の三つが認められるとする[112]。なお，以下の記述を導く1970年代の諸判決は，自動車・機械の売買を対象とする。既述の信用供与売買に関する規範（前記**255**）への違背を理由とする無効が原状回復をもたらしている。

第一は，いくつかの事実審判決に見られた解決であり，給付された物の返還時点での価額を指示する[113]。1960年改正（前記**223**）後の555条などに見られる物権法上の費用償還と同様の評価方法である。この方法によれば，所有権者である売主が，買主に帰責されない毀損（dégradation, détérioration），老朽化（vétusté），市場における同種の物の価値下落＝陳腐化（obsolescence），さらには買主の使用による（通常）損耗（usure）など，内容を問わず，契約締結時から返還時までに物に生じた減価のすべてを引き受けることになる。その一方で，同種の動産の市場価格の上昇など，買主の所為によらずに生じた増価（plus-value）があれば，売主はこれを自らのものとすることができる[114]（買主の所為

---

112) 以下は，Malaurie (Ph.), note sous Com., 18 nov. 1974, *D.* 1975, 625, *infra* note 119 に負う。V. aussi Poisson-Drocourt, *supra* note 19, n° 11-12.
113) p. ex. Rouen, 1ᵉʳ, juill. 1969, *D.* 1970, 235.（自動車［新車］売買の事案。信用供与契約の無効により売買も無効とされた。買主が目的物を転売していたため，価額返還が命じられたが，その額は返還時の価額とされた。具体的には，同一の自動車の価額から損耗・減価指数（coefficient d'usure et de dépréciation）に使用年数を乗じた額を控除した額とした。）この判決は，第三の解決を採用する破毀院判決によって否定されている。V. Com., 29 févr. 1972, *supra* note 48. なお，Ghestin, Loiseau et Serinet, *supra* note 1, n° 2923, p. 1588, note 381 は，Paris, 26 mai 1972, *infra* note 133 をも全部価額返還の事案として引用するが，一部毀損したがって一部価額返還の事案である
114) 株式の譲渡の無効に関する次の判決に顕著である。Com., 29 mars 1994, *Bull. civ.* IV, n° 137, *D.* 1995, 520, note Moury, *RTD civ.* 1994, 860, obs. Mestre.（X は A 社の株式 160 株を Y に無償で譲渡した［1970年］［＊X の A 社での地位は不明であるが，A 社の商号には X の氏が冠されている］。Y は A 社の代表取締役に就いた。のちに Y は Z に株式を 5,500 フランで譲渡した［1981年］。X が XY 間の譲渡および YZ 間の譲渡の双方の無効を主張し訴えを提起。原審は，後者を有効としたが，前者については，売買と性質決定し，代金の定めがないとしてこれを無効とした［1989年］［＊贈与，または，Y が取締役として果たすべき役務への事前報酬という性質決定が否定されたことを意味する］。その上で，価額返還として，Y に対して，判決当時の価額 75,200 フランからその 1 割を控除し，67,680 フランの支払を命じた。控除分は，Y の「精力的かつ賢明な経営（gestion dynamique et avisée）」による株式の増価分に相当するる。X が返還額を不服として破毀申立。破毀院は，「株式［の価値］の保存のために買主が支出した必要費または有益費を除き，返還額についていかなる減額もなされ得なかった」とし，原判決を破毀した。）本判決は原状回復に伴う費

による場合は費用償還が認められ得る。後記 **269・270**）。以上は，遡及効の論理を貫徹させ，売主が所有権者であり続けたとみなすことから帰結する。なおこの解決は，動産上に用益権が設定された場合の解決と同様である（589条）[115]）。

　第二は，端的に代金額を返還対象物の価額とみなす解決である[116]）。この場

用償還を否定した判決としても引用されるが（p. ex. GHESTIN, LOISEAU et SERINET, *supra* note 1, n° 2907, p. 1569; PINNA, *supra* note 29, n° 432-433, p. 404-405），売買時点での価額ではなく返還時点でのそれを指示した判決としても引用することができる。しかし，後述のとおり売買時点の価額の返還が現在の判例法理であるとすれば，齟齬を来す。この判例法理は自動車等の一般の動産についてのみ妥当すると解するか，あるいは，本件は非債弁済返還が問題とされた事案であると解する必要がある。後者であると仮定すると，Yの悪意を指摘し得ることを前提とする限りにおいて，(1) 1380条の反対解釈により物の価額の返還が指示され，(2) その評価基準時は弁済時よりのちの時点（本篇第1章注68）に引用した文献は「訴えの時点」とする）とされるため，平仄は合う。必要費・有益費に関する判示も「保存のため」という1381条と同様の文言を用いている。以上の推論が妥当であれば，第一の価額評価システムは，非債弁済返還の効果規定を原状回復に準用したものである，と考えることもできる。その上で，Yの善意・悪意が問われていないのであれば，原状回復に即した修正が施されていることになる。しかしながら，正反対の解決を採る判決が現れた。Com., 14 juin 2005, *Bull. civ.* IV, n° 130.（X は A 社の株式を Y 社に売却［1987年］したが，その価額が不当に低く評価されたことについて Y の詐欺を主張し無効を請求した。原審はこれを認容。Y が他者に株式を売却していたため価額返還を命じた。その額は，1993年当時の株式の価額および1987年から1992年の配当額に相当するものとされた。Y が破毀申立［＊詐欺に関する主張は割愛］。破毀院は，「本件譲渡の無効は，売主に対して，無効とされた行為［がなされた］時点（au jour de l'acte annulé）の価額の返還をもたらす」とし，原判決を破毀した。）1993年が基準時とされた理由は判決文からは不明であるが，非債弁済返還であるとされているのであれば，Yの訴えの時点と考えることもできる。契約時＝弁済時よりは後ろの時点を基準時としている点で，原審の判断は前記1994年3月29日判決に沿ったものであり，また同一の商事部がこれを否定したのであるから，本判決は判例変更と解することができる。近時の同旨の判決として，Com., 14 mai 2013, inédit, n° de pourvoi 12-13637. なお，ROUVIÈRE, *supra* note 19, n° 25 は，1994年判決の解決を妥当とする。本件の無効は，対価を提供せずに株式を取得していた買主に帰責されるものであったと理解し，この場合は売主が所有し続けていれば得られたであろう利益の賠償として返還時の価額を得ることができたとする。この論理によれば，買主の詐欺が認められた2005年6月14日判決の事案でも売主は損害賠償を請求し得たことになる。さらに同論文は，株式の価額については金銭と同様の名目主義が妥当するとも主張する（n° 19）。

115) MALAURIE (Ph.), *supra* note 43, p. 174-175 et 181-182.
　589条　用益権が，衣類または家具のように直ちには消費されないものの，使用によって次第に毀滅する物を含む場合には，用益権者は，その用途にしたがった使用態様において，それを使用する権利を有し，自らの悪意または過失によって毀滅されたのでなければ，用益権の終了時に，［その時点の］現状のままで当該物を返還する義務のみを負う。
116) p. ex. Paris, 31 oct. 1973, *D.* 1974, 583, note MALAURIE, *Gaz. Pal.* 1974, 1, 283, note F. BRUN. GHESTIN, LOISEAU et SERINET, *supra* note 1, n° 2923, p. 1589 は，この判決を第三のシステムの嚆矢として引用するが誤っている。同書は判決文の一部を切り取っているにすぎない。実際，判決文は「当事者を無効とされた契約以前の状態に復するためには」，買主に売買代金の返還を義務づけつつ「売主に契約締結時の商品の価額に等しい額を支払わせる」ことが妥当であるとする。この限りでは第三のシステムに該当するが，判決はさらに，この価額が「売買代金額に等しいことに異論の余地はない（…valeur dont il n'est pas contesté qu'elle soit égale au prix de vente）」としている。

合には，原則として，売主の債務と買主の債務は対等額で相殺されることとなる。しかし，代金が物の実際の価額を反映しているとは限らない[117]。また，契約は遡及的に消滅している以上，約定の代金を参照することはそもそも認められないと批判される[118]。

第三は，次の判決に示された方法であり，売買時点での物の価額（≠代金額）を返還させる。したがって，契約時から返還時までに生じた価額の変容は考慮されない。

○破毀院商事部 1974 年 11 月 18 日判決[119]

　【事案】　X は Y に対して工作機械を売却した。代金 95,000 フランの四分の一（23,750 フラン）は，Y が振り出す手形によって支払われ，残り四分の三（71,250 フラン）は，金融機関 A からの消費貸借により X に対して直接支払われることとされた。その後 Y が，20,000 フランを X に弁済した段階で支払不能に陥り裁判上の清算の手続きに服することとなった。A が 1955 年 1 月 4 日のデクレへの違背を主張し，Y を相手方として消費貸借契約の無効を，また，X を相手方として弁済された金銭の返還を請求した。原審はこれを認容。X—Y 間の売買契約も無効とされ，X は，A および Y の管財人に対して，代金として受領した金銭を返還するよう命ぜられた。X が破毀申立[120]。返還額を不服とする。原判決は，買主である Y に対しては，Y の管財人が本件目的物を転売していたため（＊この転売の有効性も争われている），鑑定の結果本件動産の売買契約締結の時点での価額とされた 76,000 フランの返還を命じていた。これに対して X は，現物での返還が得られない場合には，売買代金相当額である 95,000 フランが返還されなければならないと主張する。また X は，A について，原審が A の公序への違背を認定しながら返還を受けることを認めており，これは A に「非債の利得（enrichissement indu）」を得させるものであり，A による無効請求は排斥されるべきであったとも主張する。

　【判旨】　破毀院は，売買契約の無効から生ずる X の Y に対する返還債権の存在を肯定し，その額を売買の時点における本件機械の価額とした原判決を支持する。なぜ

---

117) MALAURIE (Ph.), *supra* note 43, p. 184. 売買代金には，税，引渡費用，利潤が含まれ，目的物それ自体の価額と同一ではないとする。
118) GHESTIN, LOISEAU et SERINET, *supra* note 1, n° 2919, p. 1579-1580, n° 2921, p. 158.
119) Com., 18 nov. 1974, *D.* 1975, 625 note MALAURIE (Ph.).
120) Y は，原判決が，A—X 間の契約ばかりでなく，Y—A 間の売買契約をも無効としたことを難じていたが，破毀院は，原審は後者の無効を職権によって宣言したのであり，申立には理由がないとしている。信用供与売買の無効は公序に反し，職権摘示が可能な絶対無効に跡付けされる。

なら，仮にこの額を代金と同額であるとすれば「無効の売買の履行となってしまった」であろうからである。他方，XがAに返還すべき価額については，原審が専権的に確定し得るものであり，Aに「不当利得（enrichissement injuste）」を得させるものではなかったとした。破毀申立棄却。

　破毀申立が依拠する第二の方法では両返還債権が相殺される結果，原状回復による財の移転はなんら生ずることがない。破毀院が指摘するように，売買が維持されてしまうに等しい。現物返還の原則から価額返還の許容へと移行する時期において一時的に混乱した判例も，その後は，契約締結時の価額の返還という判例法を確立するに至った[121]。

　しかし，代金を返還しつつ，目的物をも得られない売主は，代金と物の価額との差額を失うこととなる。しかも，買主の不履行から紛争が惹起されたこと

---

121) V. TERRÉ, SIMLER et LEQUETTE, supra note 2, n° 424, p. 468-469, note 3; GHESTIN, LOISEAU et SERINET, supra note 1, n° 2923, p. 1588-1589. 同書は確立された判例法であるとする。p. ex. Com., 9 juin 1975, D. 1976, 220.（[原審] Paris, 31 oct. 1973, supra note 116）（第二のシステムを採用した原判決を破毀する。）Civ. 1re, 12 déc., 1979, Bull. civ. I, n° 318.（畜産業を営むXは，飼料業者であるY社との間で，農事統合契約（contrat d'intégration agricole）[＊農業生産者と流通業者との契約] を締結した。YはXに債務の弁済を求めたが，Xは，Yが納入した飼料の品質の低さを理由にこれを拒絶し，本件契約が1964年7月6日の法律16条 [＊現農水産業法典 L. 326-6条] に規定された内容を備えていなかったことを理由にその無効を請求した。原審はこれを容れ，Yに対しては目的物の契約不適合を理由とする損害賠償を，Xに対しては既に引渡された飼料の代金額と同額の価額返還を命じた [＊Xの返還債務は，代金額225,752フランから賠償額42,052フランを控除した額となる]。Xが破毀申立。破毀院は，飼料の代金額にはYが得るべき利益が含まれていたこと，また，これを価額返還の額と同視すると「無効な売買の履行」をもたらしてしまうことを指摘する。その上で，代金額が引渡時点での飼料の実際の価額（valeurs réelles）と同額であるか否かを探求していないとして原判決を破毀した。）Com., 19 janv. 1993, Bull. civ. IV, n° 20.（Yは自動車整備業の営業財産をXに売却した。代金の一部のみが支払われ，残額は事後に支払われることとされた。この営業財産には営業所の賃借権が含まれていたが，Xが売買以前に弁済期にあった賃料を弁済していなかった。Xはこれを所有権者Zに弁済したが，その後賃料の支払を拒絶。Zが賃貸借を解約した [＊Xはその後営業所を別の借地に移転した]。Yは，Xに対して訴えを提起し，残代金の支払および賃貸借の解約による損害の賠償を求めた。Xが反訴として，営業財産の売買代金の弁済に関する1935年6月29日の法律12条 [＊本条は新商法典を組織する2000年9月18日のオルドナンスにより廃止] が要求する契約内容の明示がなされていなかったとして，当該売買の無効を請求した。原審はこれを容れたが，Xに帰責される賃貸借の解約によって，営業財産の他者への転売がなし得なくなったことを滅失（perte）と評価し，Xに残代金と同額の弁済を命じた [＊原審はこれを損害賠償と表現するが，破毀院は価額返還と解している]。破毀院は，返還されるべき価額は「売買の日付における営業財産の価額」であったとし，その価額を評価しなかった [＊＝代金額と同額とした] 原判決を，法的基礎の欠如により破毀した。なお，破毀院は，本件売買の無効は，1935年法によるのではなく，同意の瑕疵によるものと解している。）さらに，株式の売買の事案について，前掲注114）を参照。

に鑑みれば，契約時点での価額の評価は，買主を過度に保護するものと評価されなくもない。不均衡はいかにして是正され得るであろうか。

価値債務論 **265** 本判決に評釈を付したマロリーは，価額の評価についても「価値債務」の観念を妥当させようとする[122]。それは，売買時の物の客観的価額を返還時に金銭評価することで達成される。具体的には，売買当時の状態の目的物が，返還がなされる時点の市場において，いくらの代金額で売買されるかが検討される[123]。これによって，毀損と損耗は帰責性の有無にかかわらず買主が負担し，時間の経過による老朽化と市場に依存する陳腐化は売主が負担することになるとされる[124]。

この理解に対しては，複数の難点が指摘されている[125]。第一に，売買当時の動産が返還時の市場において価値を有するとは限らない。マロリー自身が指摘するように，動産売買の目的物は，多くの場合「急速な価値の目減り（dépérissement rapide）」を被る消費財（biens de consommation）である[126]。第二に，物の価額返還については衡平な負担の分配が図られているとしても，代金の返還については，その返還を義務づけられる買主が貨幣価値の変動のリスクを負担している。双務的関係において，一方を価値債務化するのであれば，他方もそうされなければならないのではないか。しかし，金銭債務については名目主義の原則が障害となる[127]。

---

[122] V. aussi MALAURIE, AYNÈS et STOFFEL-MUNCK, *supra* note 25, n° 723, p. 358-359; GHESTIN, LOISEAU et SERINET, *supra* note 1, n° 2923, p. 1590.

[123] MALAURIE (Ph.), note sous Com., 18 nov. 1974, *supra* note 119, p. 627. 「1969 年に購入された物に関して 1975 年になされる価額返還については，1969 年の新車に 1975 年の時点でいくらの値がつくかが評価されなければならない。」

[124] AGOSTINI et DIENER, note sous Com., 21 juill. 1975, *D.* 1976, 582, *infra* note 136, spéc., p. 586. 価値債務論をさらに敷衍し，損耗分について会計上の減価償却（amortissement）をも参照すべきとする。もっとも，結論においては，売買当時の価額の返還を妥当とする。

[125] 以下について，*ibid.,* p. 585 et s.

[126] 消費財（biens de consommation）は，一回の使用によって減失する消費物（chose consomptible）と非消費物（chose non consomptible）との中間に位置づけられる。V. MALAURIE (Ph.), *supra* note 43, p. 173.

[127] p. ex. Civ. 1re, 7 avr. 1998, *Bull. civ.* I, n° 142.（Y が，X に対して，弁護士法人の持分（parts）を譲渡。しかし，Y の非（torts）によって売買は解除された。解除請求に際して X は「全部返還」および損害賠償を請求していた。後者の内容は，X が支払った金銭を用いて Y が行った投資（placement）について，その利益の返還を求めるものであった。原審はこの請求を棄却。X は，原判決によれば自らを犠牲にして過失ある者に利得を得させることになること，また，解除の帰結としての返還は果実にも及ぶものであること，さらに，代金返還債務は価値債務として判決の時点

これに対して，前記 1974 年 11 月 18 日判決が採用した売買当時の物の価額を返還させるという解決は，代金額の名目的評価との均衡を考慮しており，互いが返還する物の価額の変動を自らが負担することで均衡を保とうとするものである，と言うことができる[128)][129)]。すなわち，この解決は，価値債務論とは異なる仕方で，売買の双務性を原状回復の局面においても顧慮している。

また，第一の方法と比較すれば，第三の方法による場合，物に減価が生じても，契約当初の価額に拘束される点で，買主が減価の一切を引き受けている。逆に売主は，物が現存していれば増価が生じていたであろう状況においても，これを享受することができない。既に指摘したように，帰責性を問わない価額返還の肯定それ自体，返還義務者に，すなわち，返還時までに所有権者であった者に，危険を負担させるものと解することができるが，全部価額返還の計算方法もまたこの旨を前提としていると言える。しかし，一部価額返還については，混乱が生じている。

(2) 一部価額返還

266 以上の規律は，現物返還がおよそなされ得ない場合を対象とする。これに対して，給付された物はなお現存しているものの，目的物に減価が生じている場合には，いかなる解決が採られるであろうか。ここでも非債弁済返還の規律は適用されず，善意・悪意は解決を分けない。しかし，物の減価について

で再評価されるべきであること，を主張した［＊判決文からは確言し得ないが，売主は法定利息以上の利益を得ていたものと推測される。利益がこれを下回るものであり，また，返還されるべき代金に法定利息が付されていたのであれば，買主はこれを不服とはしないであろう］。破毀院は，「売買契約の解除の場合に，売主は，代金を返還しなければならないが，この代金は，場合により利殖されたとしても，売主が受領した金額のみを対象とする」とし，「全部賠償（réparation intégrale）」［＊ママ］の規範に反することなく，また，価値債務の観念に依拠することもなかった原判決は，解除の遡及効の原則に矛盾していないとした。破毀申立棄却。）Civ. 1re, 19 mars 1996, *Bull. civ.* I, n° 139.（株式の売買の事案。返還されるべき代金額について鑑定を命じ，株式の現在価値［＊売買時より下落していた］を反映させようとした原判決を，「返還（répétition）は，売買の時点で支払われた名目の代金額（prix nominal）についてでなければ行われ得ない」として破毀した。）

128) V. Agostini et Diener, note sous Com., 21 juill. 1975, *infra* note 136, p. 587.
129) これに対して，カタラ草案は，金銭債務については名目主義を維持しつつ（1163 条の 2），物の価額返還についてはマロリーが提唱した価値債務の発想に依拠していた（1163 条の 6）。価値債務論の採用に対する評価について，V. Bénabent, *supra* note 49 p. 15 et s. 条文に賛意を表する（n° 14, p. 19）ものの，金銭の名目主義との不均衡を指摘し，ヨーロッパ共通契約法に関するパヴィア草案（160 条の 4）による金銭債務の事後の実質評価の肯定を称揚する（n° 17, p. 20）。

の帰責性の有無が問題となると言われる[130]。引き続き売買を例に取ると，買主は自らに過失（faute）[131]があれば損害賠償として補償を上乗せしなければならず[132]，偶発的事象，または，帰責性のない老朽化・陳腐化によるのであれば，それを要しない[133]。逆向きに表現すれば，売主は，買主に帰責性があれば追加の価額返還を享受し，それがなければ現物の現状での返還に甘んじる。つまり，返還義務者に帰責されない物の危険は遡及的に所有権者であり続けたものとみなされる者が負担することになる[134]。

130) p. ex. POISSON-DROCOURT, *supra* note 19, n° 29.
131) GHESTIN, LOISEAU et SERINET, *supra* note 1, n° 2910, p. 1571-1572. 同書は，判例法について，返還義務者に過失があれば民事責任に基づく減価補償が組織されると説くが，論旨は定かではない。同書が引用する二つの判決はいずれも過失を問題としていない。第一に引かれる Com., 22 avr. 1997, inédit, n° de pourvoi 94-22101 は，帰責性を指摘しなかった原判決を破毀するが，動産の賃貸借の事案であり，返還者は保存義務および終了時の原状回復義務を負っている。これらの義務への違反を論じれば足りるであろう。無効の遡及効を強調しこれらの義務も負っていなかったと解すれば，かえって過失を指摘することは困難となる。第二に引かれる Com., 16 déc. 1975, *Bull. civ.* IV, n° 308, cité aussi *infra* note 172 についてはのちに事案とともに検討するが，著者の主張になんら見合うものではない。ただし，同書は結論においては帰責性という基準を放棄する。後掲注 137) を参照。
132) Civ. 1re, 6 déc. 1967, *Bull. civ.* I, n° 358. (X は Y から一定数の雌羊をまとめて買い受けた。その後雌羊は細菌性伝染病であるブルセラ症と見られる症状を発した。X が，伝染病に罹った家畜の売買を禁ずる旧農業法典 240 条 [＊同旨の条文は現農水産業法典 L. 223-7 条に見られる] を援用して無効を請求。原審はこれを認容し，Y に代金の返還を，X になお生存している雌羊の返還を命じた。その際，原審は，目的物の一部滅失 [＊雌牛の一部の死亡] について X はそれが伝染病によることを立証していないとしながら，この滅失は所有権者であり続けたものとみなされる X が負担するとし，減失分の価額返還を命じていなかった。Y が破毀申立。破毀院は，原判決が滅失の危険を負担するとしても，X の過失が立証される場合は効力でないとして，原判決を破毀した。) 本判決は，原審の認定を要約する際に，Y が A から雌牛を調達したことを摘示している。一見判示内容とは無関係であるが，感染が A の許で生じた可能性を示唆しているようにも思われる。そうであるとすれば，Y は X から現物の引渡を受けた上で A に対してこれを提供しつつ（これが必要なことについて前記本文 **256**）瑕疵担保責任に基づく解除を請求し得ることになる。この点の評価が原審と破毀院との判断を分けた可能性もある。
133) 事実審判決ではあるが，V. Paris, 26 mai 1972, *JCP* 1973, II, 17419, obs. A. S. G. (ブルドーザーの売買の事案。信用供与契約の無効により売買も無効とされた。目的物は火災に遭い，通常の使用を可能とするためには，当初の価額の 50% 弱の修繕費用を要する状態にあった。無効が言い渡され現物返還がなされたが，さらに補償の支払が命ぜられたため，買主が控訴。パリ控訴院は，機械の「一時的な占有者（possesseur provisoire）」である買主は，「偶発的な毀損（détérioration accidentelle）」から生ずる「例外的な価値の喪失（perte de valeur exceptionnelle）」であっても，それが帰責される限り補償を命ぜられるとした。同時に，傍論として，売主は所有権者であり続けたとし，機械の老朽化や，通常損耗による減価を負担しなければならないとする。なお，原因なき利得を根拠として買主に使用利益の返還をも命じている。）返還された目的物の減価が売主の負担とされる（したがって返還額に減価補償が上乗せされない）一方で，使用収益の返還を命じていることが注目される。使用による損耗と使用利益の返還とが排他的関係に立ち得ることについて，後記本文 **276** 参照。

しかし，そもそも，一部価額返還の場合についてのみ帰責性を問うことは正当化されないようにも思われる。というのも，全部価額返還は現物返還不能を前提とするが，目的物の毀損の程度においてより重大であるにもかかわらず，買主は，自らの帰責性の有無にかかわらず，価額返還を義務づけられることと整合しない。さらに，原状回復の場面で，返還義務者に過失を指摘し得るか否かも一つの問題であろう。引き続き売買を念頭に置けば，たしかに遡求効の帰結として買主は所有権者たる資格を事後に奪われるが，それが実現されるまでの間は所有権者として行動していたはずである。この者に事後的になんらかの注意義務を擬制することには躊躇を覚える。この旨を意識する学説は，次のように述べている。「所有権者として通常の行動を取ったにすぎないのに，その行動が事後的に他人の物を毀損させたとみなされ，過失と性質づけ直されるのであれば，これはフィクションとしての無効の遡及効から導かれる非常に嘆かわしい帰結である」[135]。この議論が妥当であれば，買主は帰責性の有無にかかわらず，契約の消滅時点までに生じた一切の減価について補償を免れないと考えるべきことになろう。実際，買主に帰責されない偶発的事象による毀損の場合にも減価補償を義務づける破毀院判決が存在する[136][137]。

134) BOUCARD, *supra* note 1, n° 12. V. aussi BÉNABENT, *supra* note 49, n° 21, p. 22. 買主に帰責されない老朽化については補償が得られないことについて「所有者危険負担の原則が有効性を誇る唯一の砦 (bastion)」と表現する。Civ. 1re, 8 mars 2005, *infra* note 208 を引く。

135) GUELFUCCI-THIBIERGE, *supra* note 11, n° 809, p. 463. 無効事由の存在につき買主が善意であればなおさらであり，悪意であったとしてもそのことと物の毀損との間に直ちに因果関係が肯定されるわけではないとする。Comp. PINNA, *supra* note 29, n° 439, p. 408-409 は，解除については，買主に物の減価については帰責性が認められなくとも損害賠償が認められるとする。例えば買主の代金不払により解除がされたが，返還された目的物が減価を受けていた場合，当該売買がなければ売主は他者に目的物を売却することができたはずであると考えられるため，減価分は買主の不履行＝過失によって生じたものとみなされ，その塡補が認められるとする。この解決は，買主の詐欺など無効事由が買主に帰責される場合にも妥当するであろう。もっとも，以上の推論は，物の減価それ自体について帰責性があるか否かという問題とは無関係である。

136) Com., 21 juill. 1975, *Bull. civ.* I, n° 215, *D.* 1976, 582, note AGOSTINI et DIENER.（工作機械のエンジンの売買の事案。信用供与売買の規範への違背により売買が無効とされたのち，現物返還が命じられた。しかし，目的物は，引渡から返還までの間に損傷（損害）(dommage) を受けていた。原審は，所有者危険負担の原則からこれを売主の負担とし，補償なしに現状での物の返還を受けるよう命じた［＊原審は解除と構成しているが，破毀院は無効と考えている］。売主が破毀申立。「無効にもかかわらず契約が履行された場合，当事者は，かつてそうであった状態に復されなければならない」が，物が受けた損傷を売主の負担とした［下線筆者］原審は法的基礎を与えていないと判示した。原判決破毀，移送。）判決文からは必ずしも明らかではないが，評釈者は，本件における物の損傷は，偶発的事象によって生じていたとする（V. aussi PINNA, *supra* note 29, n° 436, p. 406）。売主がこ

判例法に一貫性はなく138），その準則を記述し得ないものの，帰責性が認められない場合も減価補償を要すると理解した方が，全部価額返還の準則とも平仄が合うように思われる。ただし，一貫性を十全に確保するには，減価補償の評価方法139)を，全額価額返還についての「契約締結時の価額」という評価方法に合わせる必要がある。これがなされていないのであれば，かえって後者の評価方法が便宜的なものにすぎないことが露呈するであろう。

　なお，減価補償の実際は，給付時から返還時までの返還義務者による物の使用の有無に依存する。この問題は，のちに検討する使用利益返還の問題と密接に関連する。第2節で詳述する。

267　まとめに代えて，非債弁済返還が適用されたと仮定した場合の価額返還との差異を論じよう。註釈学派以降の通説に従って，非債弁済では所有権が移転しないこと，したがって遡及効による所有権の復帰を語らないことを前提とすると，受領者は，弁済がなされた時点から他人物の占有者として保存義務を負うと考えることができた（前記**242**）。過失はこの義務への違背として構成される。あらためて確認すると，1379 条は，善意受領者についてのみ過失を要求しており，悪意受領者は過失の有無を問わず，偶発的事象による場合も

　　れを負担する旨が否定されている以上，買主は減価補償を義務づけられることになろう。
137) GHESTIN, LOISEAU et SERINET, *supra* note 1, n° 2912, p. 1574-1575. 前掲注 131）で見たように，著者は帰責性を基準としていたが，前掲注 136）の判決の文言を引きながら次のように述べている。「元の状態への復帰という衡平［法］（équité du retour au *statu quo ante*）が『引渡から返還までの間に売却物が被った損傷を売主に負担』させたままにしないよう命じている」。衡平を持ち出す点で論証の困難を自白しているが，引き続いて，本判決が所有者危険負担の例外を認めるものと理解し，その論拠を探る。所有権と占有とが異なる者の許にあることが問題の根源であるとし，原状回復の局面では，所有権者は物の危険を負担し得る地位にないとする。また，POISSON-DROCOURT, *supra* note 19, n° 10 を引用し，物の滅失・毀損について損害保険によって備えることができたのは買主のみであるとも述べ，結論として「滅失（perte）［＊ママ，文脈上「一部滅失」であろう］は返還債務者が負担する」［下線筆者］とする。その上で，前掲注 134）に引用した Bénabent を論拠として，所有権者は老朽化と陳腐化のみを負担すると理解する。
138) 前掲注 132）に引用した判決と前掲注 136）に引用した判決とを比較。
139) なお，GHESTIN, LOISEAU et SERINET, *supra* note 1, n° 2924, p. 1590-1592 は，評価方法の統一を意識し，一部価額返還の評価方法を論じるが，減価補償には帰責性を要するとの理解を前提とするため，混乱している。すなわち，減価補償を損害賠償と理解し，返還時ないし判決時での金銭評価が認められるとする。しかし，全部価額返還に関する判例法を所与とするならば，売買時の目的物の価額を評価した上で，毀損された状態で返還される現物の価額との差額を補償額とみなすことが理に適っているはずである。

滅失・毀損について責任を負うとしている。この責任過重は，悪意者に対するサンクションと考えられることになる。

　これと比較した場合，原状回復における価額返還は（一部価額返還について偶発的事象による減価の補償を要すると解する限りではあるが），二つの解釈を許容する。売買を例に取ると，第一に，遡及効を尊重して売主が所有権者であり続けたとみなす場合，買主は，物の危険を負担して補償を義務づけられる点で，非債弁済における悪意受領者と同視され得ることになる。たしかに，買主に（物の滅失毀損についてではなく）無効事由または解除原因について帰責性が認められるのであれば，買主は，自らの権原の瑕疵を認識している，または，認識すべきであったと考えることができ，悪意受領者と同等の地位にあるとみなすことも可能となる。しかし，無効事由・解除原因について売主側に帰責性がある場合，あるいは，両方に帰責性がない場合は，この推論を維持することは困難である。

　他方第二に，遡及効の擬制が導く論理にあえて反して，一時的にせよ買主の許に所有権が移転していたことを重視するならば[140]，原状回復は非債弁済とは正反対の状況を前提とすることになる。すると，買主は常に減価補償を要するという準則こそが，所有者危険負担の原則に適う。また，過失ないし帰責性を問わない点で，民事責任の規範の混入も回避される。

　第二の推論が正しければ，売主は，一部価額返還を通じて給付された物それ自体に対応する内容の返還を受けることになる。このように理解すると，遡及効の論理には一見反するように見えながら，原状回復は，売主，すなわち本来の所有権者に，給付された物を元の状態のままに取戻させるメカニズムである，と評価することができる。こうした評価は付随的返還にも妥当するであろうか。

---

140) en ce sens Lagarde *supra* note 17, n° 7.「買主は物を使用収益することができたのであり，この使用によって負担（charges）が課されたとしてもこのことはある意味では買主にとって歓迎すべきことである。なぜなら，買主は使用収益したからといってなんら非難されるべきことはしていなかったからである。買主は，自らがそれをなす権利を有していた一定期間，物を使用収益していたにすぎない。」

第2節　付随的返還

268　以上の議論は，給付された物それ自体の返還に関わる。次いで議論されるべきは，物に投じられた費用の償還および物から派生する利益の返還の要否である。これらを「付随的返還」として検討するが，いずれについても他の返還制度との混交が見られる。

　前者については，原因なき利得法理の影響の下に，費用支出者の属性が解決を分ける（第1款）。後者については，利息・果実の返還については物権法または非債弁済返還の規律が参照される。これと一見して類比される給付された物の使用から得られた利益については，判例法の混乱を経て原状回復に独自の規律が用意された。とはいえ，この規律にも原因なき利得の影響を感じ取ることができる（第2款）。

第1款　費用償還

269　以下で扱われるのは，特定物の給付を受けた者が，この物に費用を投下し，増価をもたらした場面である[141]。返還の目的物を区別して論じよう。

　まず，不動産については，物権法の適用に支障はない。第一に，例えば，売買契約が消滅する以前に買主が植栽・建築・工作を行っていた場面では，555条が適用される。555条の「第三者」を買主に読み替えると，売主が建築物等の収去を望む場合は，買主は悪意でなければならない[142]。他方，売主がこれを保持することを選択する場合は，買主の善意・悪意にかかわらず材料費・労務の対価または土地の増価を補償しなければならない[143)144]。第二に，555条

---

141) 現物返還が可能な場合，返還義務者の所為によらずに目的物に増価が生じていたとしても，返還を受ける者は補償を義務づけられない。Ghestin, Loiseau et Serinet, *supra* note 1, n° 2908, p. 1569-1570 は，追奪担保義務に関する 1633 条と比較している。
　1633 条　売却物が追奪時に価額の増大を受けていた場合には，取得者の所為とは無関係であっても，売主は，買主に対してその物が売買代金を超えて有する価額を支払う義務を負う。

142) en ce sens, *ibid.*, n° 2895, p. 1554. ただし引用される判決は売買の事案ではない。

143) *ibid.*, n° 2907, p. 1567, cite Civ. 3e, 6 déc. 1978, *Gaz. Pal.* 1979, 1, somm. 122.（売買の解除の事案。解除の帰結として，買主は，売主との関係で 555 条にいう「第三者」であるとし，補償を認めた。）V. aussi Civ. 3e, 13 janv. 1999, inédit, n° de pourvoi 96-12077.（成年被後見人である X₁ は Y に土地を売却。後見人 X₂［非営利社団］が無効を請求した。原審はこれを容認し原状回復を命じた。X₁ は

が適用されない改良については，費用償還法理ないし原因なき利得の法理が適用される[145]。したがって，必要費は全額償還[146]，有益費は増価の限度での償還が命じられる。非債弁済返還に関する1381条が費用償還法理と同視される

Yが土地上に設置した工作物（ouvrage）[＊ただしYは「居住（habitation）」していたとも認定されているため，建築物（construction）が正しいであろう]を保持することを選択していたため，Yが反訴を提起。555条に従った補償を求め，増価について鑑定を請求した。原審は，Yが廉価で土地を買い受けたこと，6年に亘ってそこに居住していたこと，また，X_1の能力制限について悪意であったことを理由として，Yの請求を棄却した。Yが破毀申立。破毀院は555条を冒頭に掲げ，第三者が設置した工作物を保持する決定をした所有権者は，その者が善意であったか悪意であったかによらず，補償を義務づけられるとした。原判決破毀。）

144) 555条の適用は，建築に関する請負契約の消滅の場合にも争われるが，これを否定するのが判例法である。注文者は収去請求をなし得ないが，請負人に対する補償義務を負わない。V. GHESTIN, LOISEAU et SERINET, *supra* note 1, n° 2896, p. 1555. 判決についても同書を参照。しかし，注文者の保護の観点から建築住居法典に詳細な規定が置かれる「個人住宅建築契約（contrat de construction de maison individuelle）」について，判例法の混乱が生じている。まず，この契約についても一般法上の請負と同様に555条の適用を否定して収去請求を封ずる判決がある。V. Civ. 3e, 24 avr. 2013, *Bull. civ.* III, n° 56.（注文者Xは Y 社との間で個人住宅建築契約を締結した。建物は完成したが X は引渡を受領せず残代金の支払を拒んだ。Yが代金の支払を求める訴えを提起したのに対して，Xは建築住居法典中の強行法規への違反［＊契約書の不備を中心に多数の無効事由が認められた］を理由に無効を請求し，Yの費用での建物の収去を求めた。原審は無効については認容したが，収去請求を否定した。破毀院は，個人住宅建築契約の無効の場合，注文者は555条を援用して収去を求めることはできないとした。破毀申立棄却。）さらに，注文者が建築物を保持する場合に，555条に基づく補償を否定する判決もある。V. Civ. 3e, 17 juin 2015, PB, n° de pourvoi 14-14372. *JCP G* 2015, 788, obs. SERINET, *D.* 2015, 2198, n° 2, obs. GEORGET. しかし，前掲2013年判決から約2カ月後に，555条に依拠することなく収去を認める判決がある。Civ. 3e, 26 juin 2013, *Bull. civ.* III, n° 83.（追加費用の負担について注文者Xと建築者Yとの間に争いが生じたところ，Xが無効を請求し，Yの費用での完成前建物の収去を求めた。原審は無効については認容したが，XはYが支出した費用を償還しなければならないとし，その額の確定のために鑑定を命じた。Xが破毀申立。破毀院は，本件の無効は「注文者を保護するための公序規定への違反」によるのであり，注文者は「建築者への補償を要することなく土地の原状回復（remise en état）を求めることができる」とした。原判決破毀。）判例変更ではないとすれば（＊事実，前掲2015年判決は555条の適用をあらためて否定している），2013年4月24日判決の事案と6月17日判決の事案との差異が結論に影響を与えた可能性もある。前者では建物が完成している点で建築者の保護の必要性が高いと言える。これに対して，後者では建物が未完成であったために強行法規の趣旨に忠実に注文者を保護したものと解することもできよう。とはいえ，6月17日判決の文言は一般的であり，555条を援用していなければ4月24日判決の事案でも収去が認められていたとも考えられる。GEORGET, obs.（評釈者は破毀院判事補）は端的に不整合を指摘し，今後の判例法の展開を予告している。なお，GHESTIN, LOISEAU et SERINET, *supra* note 1, n° 2896, p. 1556-1557 は，6月17日判決について，公序に反する契約について注文者に無効請求を手控えさせないという配慮を見て取り，無効がサンクションとして効果的か否かという観点から正当化を試みている。

145) GHESTIN, LOISEAU et SERINET, *supra* note 1, n° 2907, p. 1568.

146) 必要費には，不動産の維持管理費用とは別に，租税負担が含まれる。V. *ibid.*, p. 1569, cite Civ. 3e, 16 avr. 2013, inédit, n° de pourvoi 12-15190.（解除の事案。遡及効により売主が負担すべきであったことを導く。）

のであれば、原状回復は非債弁済返還訴権を通じて実現される、と理解することもできる。既述のとおり（前記**246**）、いずれが根拠であるとしても、費用支出者の善意・悪意は問われない。しかし、以下の２件の判決は、この命題を問い直しているように見える。

○破毀院商事部1995年3月7日判決[147]

【事案】　Yから営業財産（種子・園芸用品販売業）を買い受けたXは、のちにYの詐欺を主張し売買の無効を請求した。原審はこれを認容し、Yに原状回復および損害賠償を命じた。また、原審は、営業財産に含まれていた庭園についてXが行った維持管理から生じた営業財産の増価を認定し、Yの返還額に増価相当額を含めていた。この点についてYが破毀申立。

【判旨】　「営業財産の買主は、自らが被った売主側の詐欺を理由としてその譲渡の無効［判決］を得たのであり、［…］その改良のために自らが支出した費用の償還を受けることができる」と原審は判示することができた。破毀申立棄却。

原判決の要約の形式においてではあるが、判決の文言は、「無効事由が売主側に存するが故に、買主からの費用償還が許容される」と読むことができる。反対解釈が許されれば、無効事由が買主側にあれば、あるいは、例えば錯誤などいずれにも帰責されないものであれば、費用償還は認められない、と考えることもできよう[148]。すると、本判決は費用支出者の属性を問題としていることになる。この推論が正しければ、原状回復の一部としての補償は、それをもたらした無効の性質に依存する。より具体的に言えば、当該無効がいずれの当事者に帰責されるかが解決を分けることになる。この論理は、以下の判決から明らかなように、原因なき利得の法理によっても説明され得る。

○破毀院第三民事部2003年1月15日判決[149]

【事案】　Y（売主）とX（買主）との間で、停止条件付で土地の売買がなされた（＊条件の内容は不明であるが、不動産売買の実務に照らせば、「停止条件付売買」は売

---

147) Com., 7 mars 1995, *Bull. civ.* IV, n° 69.
148) en ce sens, ROUVIÈRE, *supra* note 19, n° 24.
149) Civ. 3ᵉ, 15 janv. 2003, *Bull. civ.* III, n° 7, *JCP G* 2003, I, n° 172, obs. PÉRINET-MARQUET.

買予約の一種であり，公証人証書の取得およびその公示をもって真正の売買を成立させるものと考えることができる）。この売買契約には，条件の成否未確定の間，Xの「事前占用（occupation anticipée）」を認める旨の合意が付帯された（＊条件の内容が上記のとおりであれば，所有権移転は条件成就時に実現することになる。したがってこの付帯合意は所有権移転以前の占有開始を基礎づけるものである150)）。のちに，Y側の懈怠により条件不成就が確定し，売買は遡及的に失効（caducité）した。Xは占用中に土地を改良していたため，その費用をYに請求した（＊留置権については争われておらず，おそらく土地の引渡は既になされている）。原審は，Xの請求を action de in rem verso と理解しこれを認容。償還額については，増価額が費用より低額であったと認定し，前者に限定した。Yが破毀申立。Xは自らの権原の暫定性を認識しつつ改良工事を行っており，action de in rem verso は過失により不受理とされるべきであったと主張した。

【判旨】　破毀院は，Xは「将来の所有権者として，したがって暫定的な保持者（détenteur précaire）としてではなく占用を開始しており，善意占有者とみなされる」と判示して必要費・有益費の償還を認めた原判決は正当であったとした。破毀申立棄却。

（破毀院が要約する）破毀申立理由は，原審が善意占有者であることの・み・を理由として損失者の過失の不存在を認定した点を難じており，破毀院はこの申立に応えるべく善意を問題としたにすぎない，とさしあたりは理解することができる。しかし既に幾度か指摘したように，費用償還法理が原因なき利得と同視される限りにおいて，後者における損失者側の要件，すなわち，過失および個人的利益の不存在が問われることになる151)。実際，本件では，条件不成就・

---

150) この取引について，V. BOUCARD, supra note 1, n° 11, note 80. 公証人実務では所有権移転時期を代金弁済時に一致させるために売買予約などの事前契約（contrats préparatoires）が締結されるが，その際，事前の占用開始の合意がしばしばなされることを指摘する。さらに，このとき，売買が完結されない場合への備えとして，この合意を「使用貸借」としておくことが多いという。これは，使用利益を（将来の）買主に帰属させ，その返還をめぐる紛争を生じさせない配慮であるとする（また，賃貸借として性質決定されてしまい賃借人を保護する諸規定が適用されることをも防ぐことができる）。使用貸借が合意されていなかったために占用補償が命じられた事案として，V. Civ. 3e, 3 juill. 2002, Bull. civ. III, n° 157. 本件もまた使用貸借の合意がなかったが故に生じた紛争と理解される。この合意があれば借主には費用償還請求権が帰属しない。
1886条　物を使用するために［使用貸借の］借主がなんらかの出費を行った場合であっても，この者はその償還を請求することができない。
151) Comp., Com., 19 mai 1998, Bull. civ. IV, n° 160, D. 1999, 406, note RIBEYROL-SUBRENAT, RTD civ. 1999, 106, obs. MESTRE. （映画館業の営業財産の譲渡の事案。買主Xが無効請求。賃貸借の存在を秘

失効による契約の消滅は売主＝利得者に帰責されており，ここから翻って買主＝損失者が善意占有者と認定された可能性が高い。そして，この属性が，「損失者の過失の不存在」という原因なき利得の要件の充足を導き，償還を基礎づけたのであれば，費用支出者の善意・悪意を問わないという命題は維持されていないといっても過言ではない。もっとも，解除については，それを惹起した不履行当事者からの費用償還を認めるかのごとき判決が散見され[152]，契約消滅の事由によって解決が分かれている可能性がある[153]。

270 他方，動産については，費用償還法理の適用はなく，原因なき利得が援用されると言われる[154]。両者で返還額に違いがなければ，いずれであるかは帰結に差異をもたらさないが，前記の不動産に関する判決を参照すれば，原因なき利得の端的な援用は，費用支出者＝損失者の属性の顧慮を導くであろう。しかし，次の判決は，異なる理解を提示する。

〇破毀院第一民事部 1992 年 5 月 25 日判決[155]

【事案・判旨】 Yは，Xから 55,000 フランで絵画を買い受けた。この作品（《*Ver*-

匿した売主 Y の沈黙の詐欺（réticence dolosive）を理由とする。原審は，X の請求を容れたが，それまでの営業で得られた利益を Y に返還するよう命じた。X が破毀申立。破毀院は，「Y に詐欺が帰責されるとしながら，その過失により Y が action *de in rem verso* を奪われると判断しなかった」原判決は 1371 条に違背すると解した。原判決破毀。）本件で問題とされたのは，目的物の使用利益の補償であるが，その請求が action *de in rem verso* によるものとされると，過失を犯した当事者はこれを援用し得なくなる。この理解と使用利益の補償をおよそ否定する 2004 年の破毀院判決との関係について，後記本文 **278** 参照。

152) V. Civ. 3e, 18 mars 1981, *Bull. civ.* III, n° 62; Civ. 3e, 15 avr. 1992, *Bull. civ.* III, n° 133. いずれも不動産売買の解除の事案について，有益費の認定が法的基礎を欠くとして原判決を破毀する。しかし，償還それ自体については否定されていない。営業財産の売買の解除について，ほぼ同旨の判決として，V. Civ. 1re, 19 janv. 1977, *Bull. civ.* I, n° 38. 以上の事案のいずれでも，買主側の非（torts）ないし不履行が解除をもたらしている。Pinna, *supra* note 29, n° 431, p. 403-404 は，判例法について，解除の場合は，支出者の善意・悪意を問わずに有益費償還が認められると解する。
153) Contra Rouvière, *supra* note 19, p. 638. 無効・解除を問わず，帰責性の有無を費用償還の可否に直接的に結びつけている。解除については，Civ. 1re, 7 avr. 1998, *supra* note 127 を引く。売主の非による場合について代金返還に加えて損害賠償を認めたものと理解するが，判決は一般論として損害賠償の可能性を指摘するにすぎず，代金額の返還を命じた原判決を正当としている。著者の主張を基礎づけるものではない。
154) Ghestin, Loiseau et Serinet, *supra* note 1, n° 2907, p. 1568.
155) Civ. 1re, 25 mai 1992, *Bull. civ.* I, n° 165, *JCP G* 1992, I, 3608, obs. Billiau, D. 1993, somm. 235, obs. Tournafond, *CCC*, 1992, n° 174, obs. Leveneur.

rou») は，ロココ期の著名な画家であるフラゴナール（Fragonard）の影響下にある無名画家によるものとされていた，その後，Yが自らの費用で修復および調査を行ったところ，フラゴナール自身によって描かれたものであることが判明した。Yは，これを5,150,000フランでA（ルーヴル美術館）に転売した。その後Xが，物の本質的性状（qualités substantielles）についての錯誤を主張し，売買の無効を求めて訴えを提起した。パリ控訴院はこれを認容し，本件売買を無効とするとともに，転売により現物での返還がなされ得ないことを確認し，Yに価額による返還を命じた。その額は，転売代金からYがXに支払った代金を控除した5,095,000フランであった。Yが破毀申立。売買の無効の結果として，Yには，Xの原因なき利得を根拠とする自らの労務の価額の返還を求める権利が帰属するはずであると主張した。破毀院は，これを容れ，労務の価額の返還について探究しなかったとして，原判決を一部破毀し，返還額をあらためて評価させるために事件をアミアン控訴院に移送した156)。

　アミアン控訴院は，Yの労務の価額を評価し，Xに対して補償として1,500,000フランの支払を命じた。訴訟参加していたZ（Banque du Louvre），およびXが破毀申立。

　Zによる破毀申立は，Yは，個人的利益および自らの危険において修復を行ったのであり，1371条（*action *de in rem verso* の根拠法条として援用されている）を根拠として補償を得ることはできないと主張するものであった。破毀院は，「売買の無効によってX―Y間の法的関係が消滅すると判示することで，黙示的に，Yの所有権，および，修復作業を行うYの個人的利益は遡及的に消滅した」と判断した原判決を是認し，Zの申立を棄却した。

　他方，Xによる破毀申立は，原判決はYの干渉（immixtion）から得たXの利得を根拠づけていない，というものであった。破毀院は，次のように判示してこれをも退けた。「控訴院は，Xが得た利得は，本件において，絵画の真正性（authenticité）の立証の帰結であると判示し，［…］これによって，Xの利得は，絵画の当初の商品としての価額（valeur marchande）とYの労務の帰結としてXのものとなった価額――これは，絵画を取得したAが支払った代金額により明らかである――との間の差額に等しいとしたのであり，［…］Xの利得――明らかにYの損失を大きく上回る――の存在を専権的に（souverainement）確認した［にすぎない］」。

　さらに，X・Zは，原判決が補償の計算の根拠（*修復費用および修復に要した時間）を示していないことをも難じたが，破毀院は，原審はYの損失を専権的な評価権限を行使して評価したにすぎない，としてこれをも棄却した。

---

156) 価額返還の可否について既に引用した判決である。Civ. 1re, 16 oct. 1979, *supra* note 48.

事案の特殊性に大きく依存するが、一連の判決は興味深い論点を提供している。第一に、第一控訴審（パリ控訴院）の判決は、転売代金そのものを返還させており、非債弁済に関する1380条を適用していると理解することができる。「売買時点での物の価額」を返還させる判例法理から逸脱することになるが、この法理は金銭債権の名目主義との均衡を図るための便法とも評し得た（前記**266**）。本来的には物の実際の価額の返還が認められるべきであり、また、絵画のように代替可能性がない物については代金額以外に価額を導く指標がないと解すれば、第一控訴審の解決は正当化され得る。また、動産が問題となる他の事案では目的物（自動車・機械等）は現物で存在していれば減価が想定されるのに対して、本件では著しい増価が生じている点に特異性が見出される。ここから、無効について売主に帰責性が認められない本件のような事案において、「売買時点での物の価額」のみを返還させ（本件でこの規律に従えば、やはり代金額に依拠せざるを得ず、よって対当額で相殺されるであろう）、買主に増価を丸取りさせることへの躊躇を見出すこともできる。

　しかし、目的物の増価は、買主Ｙの調査・修復の賜物であった。この点を考慮すべく原因なき利得に依拠した[157]費用償還が模索される。しかし、原因なき利得が呼出されてしまうと、損失者の属性が問われざるを得ない。売主側の利害関係人であるＺはまさにこの点を突き、「個人的利益」の要件を援用する。これに応えた第二控訴審（アミアン控訴院）判決は、原因なき利得返還を肯定すべく、無効の遡及効を基に、Ｙの個人的利益が所有権とともに遡求的に消滅したとした。とはいえ、結論は妥当であるとしても、遡及効に仮託してしまうと、あらゆる無効事例に射程が及び、「個人的利益」の要件はなんら機能しないことになろう。実際、一部価額返還について論じたように、遡及効の意義を限定し、返還義務者が所有権者として行動していたことを強調すると、そ

---

[157] なお、本件が非債弁済の事案と理解されているのであれば、本来は非債弁済者に費用償還を義務づける1381条が適用されるはずである。学説上の議論は見当たらず推測の域を出ないが、1381条は、償還義務者を「物の返還を受ける者（Celui auquel la chose est restituée）」としており、文言上、価額返還の場合には補償が認められない、とも解される。この理解が正しければ、第一の破毀判決は、原因なき利得の法理を通じてこの欠缺を補おうとしたと解されることになる。あるいは、本篇第1章注83）で指摘したように、1381条は有益費についても「保存のための」それに限定しているために、原因なき利得が参照された、と考えることもできる。

の善意・悪意を問わず「個人的利益」が肯定されるはずである。このように，費用償還についても，遡及効の理解の仕方次第で，正反対の帰結が導かれ得る。

271 判例の準則を定式化することは困難であるが，価額返還については当事者の属性を問わない一方で，費用償還についてはこれを問うのであれば，後者への原因なき利得法理の浸潤を指摘せざるを得ない。あるいはそもそも費用償還は原状回復の射程から外れる，と説明することもできる。原状回復は「契約がなければ物が有したであろう価額」を返還させるにとどまり，「契約があったが故に生じた増価」は原因なき利得の制度に服すると表現してもよいであろう。

以上の推論が正しければ，付随的返還は原状回復とは異なる論理によって実現されるという命題が導かれ得る。以下に検討する使用利益の返還についても，同様の観察が妥当する。

第 2 款　果実・利息・使用利益の返還[158]

272 契約に基づいて物が給付された時点から，この契約が消滅するまでの間に，当該物からなんらかの利益[159]が引き出された場合，物とともにこれを返還する必要はあるか。民法典上に規律を見出すことができる果実・利息の返還と，それを見出し得ない使用利益の返還とが区別される。なお，使用利益のうち，不動産のそれについては，「占用補償（indemnité d'occupation）」の語が用いられる。

(1)　果実・利息の返還

273 無効・解除の遡及効を前提とし，給付者を所有権者，受領者を占有者であったとみなす場合，給付された物から生ずる果実・利息の帰趨は，物権法に依拠することになる。あらためて確認すれば，善意の占有者は果実を自らのものとすることができ，悪意の占有者のみが果実の返還に服する（549条）[160]。

---

158) 先行業績として，参照，荻野・前掲注9）。とりわけ，遡及効に関する二つの理解の対抗の析出から多くの示唆を得た。
159) GENICON, *supra* note 66, n° 958 et s., p. 690 et s. は，「物が産み出す効用（utilité）」と表現する。
160) 果実が現物で存在していなければ，価額返還に服するが，第1篇で参照した1960年5月17日

既述のとおり（前記 **245**），非債弁済の規定を参照しても同様である（1378 条）。他方，利息についても，果実と同視して物権法のルールによるにせよ，明示的にこれと同視する非債弁済の規定（1378 条）によるにせよ，善意・悪意が解決を分けることになる[161]。なお，善意の返還義務者であっても，自らの権原の瑕疵を認識した時点，すなわち，返還の訴えまたは返還請求を内包する無効・解除の訴えの時点からは[162]，果実・利息の返還を義務づけられる。

以上のように，果実・利息の帰趨は，返還義務者の善意・悪意によって定まる[163]。しかし，原状回復の規律から当事者の主観的態様の評価を一律に排除する学説は，返還義務者の善意・悪意による解決を批判し，全部返還の原則により，すべての果実・利息が返還されなければならないとする[164]。また，原状回復の関係は純粋な債権的関係であるとされ，善意・悪意を分ける物権法の論理の混入が批判される[165]。解除についてではあるが，この旨を明らかにし

―――――――――
の法律（第 1 篇第 2 章注 22））により，価額は返還時点で再評価される。

[161] GHESTIN, LOISEAU et SERINET, *supra* note 1, n° 2904, p. 1566-1567. 判決についても同書を参照。果実の返還とは異なり，利息については判例法が確立されているとする。Contra BOUCARD, *supra* note 1, n° 6. 利息の返還については，判例法は常に善意・悪意に従っているわけではないとし，Civ. 1re, 4 mai 1982, *Bull. civ.* I, n° 154 ; Civ. 3e, 7 juill. 2004, *Bull. civ.* III, n° 150 を挙げる。いずれも問題とされている利息を遅延利息と性質づけ，売主の善意・悪意を問題としない。また，弁済時ではなく無効の訴えの時点からの利息を付す。

[162] p. ex. Civ. 3e, 27 nov. 2002, *Bull. civ.* III, n° 244.（X から不動産を買い受けた Y は，まず A に，次いで B にこれを賃貸した。X が解除請求［＊理由不明］。これが認められたのち，別訴で果実の返還として Y が得た賃料相当額の返還を請求した。原審は Y の善意を理由に X の請求を棄却。X の破毀申立に対して破毀院は，訴えの時点以降は「占有者［ママ］は自らの善意を援用できない」とした。申立棄却。）移送審で賃料相当額の返還が命じられたため，今度は Y が新たに破毀申立を行った。これについて後掲注 169）参照。無効について同旨の判決として，Civ. 3e, 12 févr. 2013, inédit, n° de pourvoi 11-27030, cité aussi par GHESTIN, LOISEAU et SERINET, *supra* note 1, n° 2903, p. 1565, note 223.

[163] p. ex. WINTGEN, Robert, L'indemnité de jouissance en cas d'anéantissement rétroactif d'un contrat translatif, *Defrénois* 2004, art. 37942, p. 692 et s., spéc., n° 2, p. 692.

[164] GUELFUCCI-THIBIERGE, *supra* note 11, n° 802 et s., p. 459-460. 売買に即して次のような議論を展開する。第一に，全部返還の原則は，売主への目的物の果実の返還を帰結する。遡及効の論理によって，果実は売主の財産に帰属し続けたとみなされるためである。この観点から，遡及効の適用排除として善意の返還義務者の果実収取を正当化する通説が批判され，また，悪意者の果実返還義務の根拠を悪意者へのサンクションと理解する学説が退けられる。第二に，返還者は債務者でしかないとし，物権法の論理の混入が批判される。その論拠として POTHIER, *Traité de la procédure civile*, n° 748, éd. par Bugnet, t. 10, p. 358（取消状の entérinement の効果として果実・利息の返還が課される旨を論ずる箇所）を引用している。金銭の利息についても同様である。第三に，非債弁済返還の規定の援用が拒否される（n° 805, p. 460-461）。以上は Bufnoir の理論に類比されよう（前記本文 **104**）。ただし，著者は，果実と区別される使用利益については，給付物の返還とはみなされないとし，その返還を否定する（n° 821, p. 469）。

第 2 部　各種返還制度の現代的諸相

た判決も存在する[166]）。

　しかし，まったく正反対の方向で善意・悪意を問わない帰結も考えられる。再び一部価額返還で論じたところに立ち戻ると，遡及効の射程を限定し，契約が消滅するまで返還義務者は所有権者であったと考えれば，この者は，果実にせよ利息にせよ，物から生じた派生物を保持し得ることになろう[167]）。善意占有者と同様の果実収取権が認められると説明してもよい。この論理は，のちに検討する（後記 **277** 以下）果実・利息とは区別される使用利益の返還を封ずる判決に見出すことができる。その際にあらためて議論するが，果実・利息の返還と使用利益のそれとの間で一貫性が確保されるか否かが問われなければならない。

274　果実・利息については，費用償還との関係で解かれるべき問題がある。物権法の規律によれば，所有権者は，占有者（条文上は「第三者」）が果実の産出のために支出した費用を償還しなければ，果実を得ることができない（548 条）[167-2]）。反対解釈により，果実を収取した者は，そのために自らが支出した費用の償還を受けることができない[168]）。さらに別様に表現すれば，果実の返

---

165) 善意・悪意を問わず，果実と利息との相殺を主張する立場もまた，同様の発想に立脚している。p. ex. GAUDEMET, Eugène, *Théorie générale des obligations*, Sirey, 1937 (rééd. Dalloz, 2004), p. 164. 学説の状況について，V. SERINET, *supra* note 37, n° 69 et s., p. 631 et s. *Contra* GUELFUCCI-THIBIERGE, *supra* note 11, n° 807, p. 461-462. 自動的相殺を提唱する学説について，果実と利息とが等しいという誤った前提があるとして，これをも拒絶する。V. aussi GHESTIN, LOISEAU et SERINET, *supra* note 1, n° 2901, p. 1563-1564.

166) PINNA, *supra* note 29, n° 444, p. 412-413, cite Civ. 3ᵉ, 22 juill. 1992, *Bull. civ.* III, n° 263, *JCP G* 1992, I, 3632, obs. VIRASSAMY.（Y が X から土地を購入。代金の一部のみが弁済され残額は 5 年間の分割で支払われるものとされた。Y はこの土地を小作に出していた。Y の不払を理由に X が解除および損害賠償を請求。原審はこれを認容し，原状回復の一環として Y に対して収取した果実＝小作料の全額を X に返還するよう命じていた。Y が破毀申立。悪意占有者は果実の返還を義務づけられるとしても，X の訴えの時点以降でなければ悪意とはみなされないと主張した。破毀院は，原状回復を解除の「法的帰結（conséquences légales）」であるとのみ判示し，すべての果実の返還を命じた原判決を正当とした。破毀申立棄却。）

167) en ce sens, LAGARDE, *supra* note 17, n° 6.「場合によって民事責任がその機能を果たすことは排除されないとしても，一貫したシステムは，善意か悪意かに従った当事者の区別を脇に追いやるはずである。そして，貨幣であれ［その他の］有体物であれ，それらの使用収益に対するあらゆる補償を排除するはずである。」民事責任の適用については，後記本文 **278** 参照。

167-2) 548 条［1960 年 5 月 18 日の法律により改正］　物から産出される果実は，第三者が行った耕作，仕事，播種の費用を償還することを負担としてでなければ所有権者に帰属しない。当該費用の価額は償還の日付において評価される。

534

還を義務づけられる者であっても，自らの出費がなければ果実は生じ得なかった場合には，出費に相当する果実を保持し得る[169]。果実が現物では存在せず価額返還に服する場合には，その額と償還されるべき額とが相殺され，残額がいずれかの当事者に帰属することになる[170]。

　善意・悪意で解決が分かれるとすると，ここでの果実返還義務者は悪意であることが前提となる。これに対して，第1款で見た目的物それ自体が増価を受けていた場合の費用償還については，action *de in rem verso* が範型を提供する限りにおいて，支出者の主観的態様が問われ，悪意の返還義務者はなんら償還を得られない可能性があった。これが本則であれば，果実収取費用の償還のル

---

168) Pinna, *supra* note 29, n° 431, p. 403-404 et n° 443, p. 412; Terré et Simler, *Droit civil,* Les biens, 9ᵉ éd., Dalloz, 2014, n° 527, p. 412-413. p. ex. Civ. 1ʳᵉ, 9 nov. 2004, *Bull. civ.* I, n° 259. (A 市から港湾施設の一部の委託（amodiation）を受けた Y が，同所に住宅を建設し X らに分譲した。しかしのちに A が Y を遅滞に附した上で契約を解約した［＊おそらく A は土地を取戻している］。これを受け，X は，Y を相手方として，売買の無効，代金の返還，損害賠償を求めて訴えを提起した。破毀院での争点は，X が納税していた土地税（impôts fonciers）相当額の償還であった。原審はこれを認容。Y が破毀申立。破毀院は，土地税は不動産の果実を収取していた者［＊＝X］が弁済しなければならないと判示する。その上で，X が善意であり，所有権者として行動し，訴えの時点まで賃料を得ていたことを認定しながら，返還を認めたとして，原判決を破毀した。）なお，X の損害賠償請求については，別訴によっており，これについて同日に判決が下されている。V. *Bull. civ.* I, n° 264. (ここでは，X が得た果実［＊他人への賃貸が想定される］を損害賠償から控除し得るか否かが争われていた。原審はこれを否定。破毀院は，収取された果実は「売買の無効の遡及効とは無関係に善意占有者に認められる利得（avantage）である」としながら，賠償額の算定にあたってこれを考慮しなかったことを難じ，原判決を破毀した。）後者の判決については，使用利益返還に関する判例法の展開との関係で論ずる必要がある。後記本文 **278** 参照。

169) Ghestin, Loiseau et Serinet, *supra* note 1, n° 2902, p. 1564, cite Civ. 1ʳᵉ, 20 juin 1967, *Bull. civ.* I, n° 227. (X は行政庁により農地を没収（confiscation）された［＊おそらく刑事罰としての没収］。競売が組織され Y が当該農地を競落した。その後没収が解除され，競売も無効とされた。Y から農地の返還を受けた X は，無効が言い渡されるまでに Y が収取した果実の返還を請求。原審は Y の善意を前提に，訴えの時点以降の果実の返還を命じた。Y が破毀申立。原審は「占有開始時の状態での物がもたらし得た果実」と「占有者の勤労（industrie）の帰結たる果実」とを区別しなかったことを難ずる。破毀院はこの主張を容れ，原判決を破毀した。なお，1960 年 5 月 17 日の法律による改正後の 548 条・549 条が適用されるべき事案であったことも破毀理由となっている。548 条の費用償還にせよ，549 条の果実の価額返還にせよ，返還時に再評価される。）Contra Civ. 3ᵉ, 29 juin 2005, *Bull. civ.* III, n° 148. (Civ. 3ᵉ, 27 nov. 2002, *supra* note 162 の事案に関する再度の破毀申立による。X は，目的物は「占有開始時点の状態では果実を生み出し得るに適していなかった」と主張［＊この主張は，買主自らの出費によって目的物が賃貸借し得るものへと改良されていた，と敷衍できる］。破毀院は，「実際に収取された果実の返還は，売買契約の消滅の法的帰結でしかない」として申立を棄却した。) X の主張は，果実の返還の否定ではなく，自らが支出した費用の償還を求めるものと解される。あるいは，費用と果実の価額との相殺を主張している。

170) Com., 29 mars 1994, *supra* note 114 を参照。破毀院によって結局は否定されたが，原審は，株式の価額返還について，返還義務者の増価への貢献分を控除していた。

ールは，例外として位置づけられる。しかしながら，のちに検討するように（後記 **280**），以上の整理は否定されつつある。

(2) 使用利益の返還

275 現物返還がなされる場合に，返還義務者は，履行を受けてから契約が消滅するまでに享受した「使用利益（jouissance）」を，価額補償の形態で返還する必要があるか。この問題については，判例法の混乱が指摘されていた。実際，返還の根拠自体，果実・利息との類比によるのか，より高次の規範たる原因なき利得によるのか，一貫性は見られない。もっとも，使用利益をもたらした物の性質を区別すると，一定の説明が可能であった。動産と不動産とに分けて検討しよう。

動産の使用利益 **276** 既に示唆したように（前記 **266**），動産の使用利益の返還の可否は，減価補償の可否に関係する[171]。すなわち，物の減価のうち，返還義務者の使用に起因する「損耗」は，動産から使用利益を引き出したが故に生じたものと理解することができる。これによって，判例法理に一定の整合性を見出すことも可能であった。まず，使用利益と損耗とを区別して規律する判決を参照しよう。

〇破毀院商事部 1975 年 12 月 16 日判決[172]

【事案】 X は，Y から採石場で用いられる運搬機械を購入した。X がこれを用いて作業していたところ，ブレーキの故障により機械が損傷した。X が Y に対して無効（＊無効事由の詳細は定かでないが，破毀申立理由に「違法な原因」という表現が見られる。おそらく，信用供与売買に関する規範への違背が無効事由であろうと思われる）を請求し認容された。原審は原状回復について，機械の損傷について Y に帰責性がなかったことから（＊隠れた瑕疵に起因する損傷ではなかったことを意味する），その修繕費用は X が負担するものとした。その一方で，機械の使用の対価として X に補償を命じた。X が破毀申立。後者について X は，違法な原因の故に契約が無効とされたのであるから，Y は契約に基づく請求を行い得ないと主張する（＊要約が簡

---

[171] V. SERINET, note sous Civ. 1re, 11 mars 2003 et Civ. 3e, 12 mars 2003, *D.* 2003, 2522, spéc., p. 2523. なお参照，荻野・前掲注 9) 91 頁以下。
[172] Com., 16 déc. 1975, *Bull. civ.* IV, n° 308.

潔にすぎ，自明ではないものの，不法原因給付の法理の適用による返還請求の否定を求めているものと解される）。
　【判旨】　機械の使用利益の返還について，原審は，契約に基づく債務を根拠としたのではなく，Xの原因なき利得を根拠としたにすぎないとし，破毀申立を棄却した。

　本件の機械の損傷が自らの使用による損耗ないし毀損であると理解すれば，買主は使用利益を二重に返還していると考えることができる。すなわち，修繕費用を負担することで損耗分を原状に復しつつ，原因なき利得と評価された使用の対価をも返還しなければならない[173]。これに対して次の判決は，いずれか一方のみの補償で足りるとする。

〇　破毀院商事部1976年5月11日判決[174]
　【事案】　農業機械の信用供与売買の事案。買主Xが無効を請求し認容された。売主Yが破毀申立。Yは，自らが返還する代金額から，本件機械の使用の対価たる「賃料（loyer）」（＊ママ）を控除しなかったことを難ずる。すなわち，原審の判断は，買主にとって信用供与売買の無効が「不当な利得（enrichissement injuste）」の源泉となる旨を認めるものである，と主張する。また，買主Xに過失があること，売主が「賃料」を得られないとすればこれは自らに対する「真の私的罰（véritable peine privée）」となること，さらに，買主の無償使用の許容は衡平に反することをも，申立理由とする。
　【判旨】　売買契約は当初から無効であったのであり，現物にせよ価額にせよ，返還

---

[173] *Comp.*, Com., 15 mars 1988, *Bull. civ.* IV, nº 105.（Xは，Yから機械を購入したが，代金全額を支払わないまま裁判上の清算の手続きに服することとなった。Yからの解除の請求が認容され，Yに対しては支払済の代金の返還が，Xに対しては目的物の返還が命じられた。その後Yは，解除の判決ののちの機械の使用による減価の補償を請求した。原審は，原因なき利得を根拠としてこの請求を認容した。Xは，action *de in rem verso* の補充性やYの過失［＊機械の留置の理由をYによる代金返還の懈怠とする］を主張して，破毀申立。破毀院は，原判決はaction *de in rem verso* の要件の充足を示す事実を摘示していたと判断し，申立を棄却した。）本件の判示は，解除後の使用についてのみ妥当するものと解され（V. Serinet, note *supra* note 171），他の判決とは射程を異にするものと考えられるが，Bénabent, *supra* note 81, nº 228, p. 182, note 46 は，1975年判決と同旨の判決として引用している。なお，解除後の目的物の保持は他人物の保持であると理解すれば，保存義務を肯定することができ，これによって減価補償を導くこともできる。en ce sens, Genicon, *supra* note 66, nº 949, p. 684. この旨を明確に述べる判決として，Civ. 1re, 11 avr. 1995, inédit, nº de pourvoi 93-10930 を引く。
[174] Com., 11 mai 1976, *supra* note 48. 使用利益・減価補償以外の判示内容については同注を参照。そこでも注記したように，原審は現物返還を命じている。

を通じて，当事者は以前の状態に復されなければならない。しかし，「無効な合意が実際に履行されたことによって当事者にもたらされた利得」を請求することは認められないとし，「賃料」の支払請求を不受理とした原判決は正当であったとした。その一方で，原審が買主に対して「使い古された物（matériel usagé）」の返還を命じたことについて，売主は「新品の（neuf）機械を引渡しており，価額を減じた目的物の現状での返還は，補償によって補完されなければならなかった」として，原判決を一部破毀した[175]。

　破毀院は，原因なき利得に基づく「賃料」の支払請求を退けるものの，現状のままでの返還は認められないとしている。ここで，「使い古された物（matériel usagé）」という表現に着目しよう。この現物を補完する補償は，Xによる使用（usage）の対価と考えることができる[176]。すると，使用利益に相当する「賃料」をこれと別に返還させることは，同一の対象について二重に返還させることを意味する。修繕費用と使用利益の双方を返還させる前掲1975年12月16日判決と対照すると，本判決は，現物返還に上乗せされる補償と使用の対価とは排他的な関係にあり，一方が支払われれば他方は排斥される，という前提を置いているように思われる。この観察は，次の判決によって補強される。

○破毀院第一民事部1987年6月2日判決[177]
　【事案・判旨】　農業用機械の売買の事案。信用供与売買に関する規範への違背により売買を無効とする判決が確定したのちに，売主Xが，返還された機械の修繕に要した費用を買主Yに請求した。原審はこの請求を認容。Yが破毀申立。

---

[175] この判決について，MALAURIE (M.), *supra* note 14, p. 263 は，善意・悪意で解決を分ける非債弁済の論理が妥当しないことを導く判決と理解する（V. aussi POISSON-DROCOURT, *supra* note 19, n° 29）が，「返還者は，たとえ善意であっても，原則として，異常な毀損（détériorations anormales）を負担する」とし，物の減価の度合いによって諸判決を整合的に理解しようとしている。非債弁済返還の規定が用意する解決が妥当しないことはそのとおりであるとしても，毀損の程度がnormaleかanormaleかで取り扱いを分ける点は，徒に議論を混乱させるだけのように思われる。

[176] V. SERINET, note *supra* note 171; FLOUR, AUBERT et SAVAUX, *supra* note 23, n° 362, p. 380. V. aussi GHESTIN, LOISEAU et SERINET, *supra* note 1, n° 2911, p. 1572-1573. 後述の2004年混合部判決を受けて，2003年当時の評釈の叙述にニュアンスが付される。

[177] Civ. 1re, 2 juin 1987, *Bull. civ.* I, n° 183.

Yは，無効の効果によって，Xは機械の所有権者であり続けたとみなされ，Yの過失によって修繕が必要となったことが立証されなければ，Xが修繕費用を負担しなければならないと主張した。破毀院は「無効である契約が履行された場合には，当事者は，かつてそうであった状態に復されるのでなければならない」とし，補償について過失の立証を要しないとした。

他方，Yは，返還以前の使用に対応する補償をも請求していた。原審はこれをも認容していたが，破毀院は，「当初から（dès l'origine）」売買は無効であったのであり，Xは，使用の対価としての補償を得ることができないとし，使用利益の返還について原判決を一部破毀した。

買主の負担とされた修繕費用が，使用による損耗に対応するものであれば，この費用こそが使用収益の対価に相当する，と解することができる。これに加えて，補償を得ることはできない[178]。返還の名目が何であれ，買主の二重の負担が回避されてさえいれば，原判決は破毀の制裁を受けなかったであろう[179]。

以上のように，動産に関しては，なんらかの仕方で買主の使用利益は返還の対象に含められている。しかし，瑕疵担保責任に基づく解除の事案では，使用利益の返還を否定する判決も存在した[180]。のちに見るように（後記**279**），こ

[178) 同旨として，参照，荻野・前掲注9) 101-102頁。
[179) 使用による減価補償を命ずるその後の判決として，Civ. 1re. 4 oct. 1988, *Bull. civ.* I, n° 274.（Yから中古車を買い受けたXは，これをAに転売した。X—A間の売買が合意解約されたのち，Xは当該中古車が盗難車であることを知った。これを理由にX—Y間の売買の解除を請求し認容された。原審は，原状回復として目的物と代金の返還を命じた。Yが破毀申立。第一売買から解除までに2年の期間が経過しており，Xはその間の使用による減価に対応する補償を義務づけられるべきであったとする。破毀院はこれを容れ，原判決を破毀した。）Civ. 1re, 22 nov. 1988, *Bull. civ.* I, n° 334.（瑕疵担保責任の事案。XはYから新車を購入したが，のちに瑕疵が発見されたため解除を請求し認容された。1644条によれば，解除の場合当事者は目的物と代金を返還し合うか，買主が目的物を保持して売主が代金の一部を返還するか，が選択されなければならない。しかし，原審は，Xが売買時から解除請求時までの間に本件自動車を65,000 km走行させたことを理由に，Yに代金額の半分に相当する額のみの返還を義務づけていた。Xが破毀申立。破毀院は，解除請求を受けた原審は現物返還に損耗による減価に相当する補償を加えることができたと判示する。しかし，原審は代金減額請求を受けていなかったとし原判決を破毀した。）なお，後者は破毀判決ではあるが，請求原因が異なることがその理由であり，使用による減価を考慮した原審の判示内容それ自体を否定しているわけではない。
[180) Civ. 1re, 11 mars 2003, *Bull civ.* I, n° 74, D. 2003, 2522, note SERINET.（中古車売買の事案。自動車の故障を理由として，買主Xは，瑕疵担保責任に基づく解除および損害賠償を請求した。売主Yは使用の対価の補償を求める反訴を提起。原審は，Yの請求を認容し，Xに損害賠償として補償の支払を命じた。Xが破毀申立。破毀院は，「売買の解除の遡及効を理由として，売主は，買主に

の瑕疵担保に関する事案から，従来の判例法理が掘り崩されることになる。

不動産の使用利益 **277** 他方，不動産については，使用利益の返還に対応する「占用補償（indemnité d'occupation）」が広く認められていた[181]。例えば，次の判決を挙げることができる。補償は原因なき利得[182]を根拠とするものとされる。

○破毀院第三民事部 2003 年 3 月 12 日判決[183]

【事案】 目的物であった家屋が都市計画に関する規制に反していたために，売買が無効とされた。売主 X が，引渡時から無効判決時までの占用補償を請求。原審は，売買には当初から無効事由が付着していたとして，売主の請求を棄却した。X が破毀申立。

【判旨】 1371 条および原因なき利得に関する諸原則を適用法条として，買主が 7 年間に亘って家屋を占用していたことを認定しながら補償を排斥した原判決は上記条文および原則に違背するとして，これを破毀した。

学説は，使用利益の返還について，動産・不動産の別に注意を払うことなく，第三民事部は本判決のように使用利益の返還を積極に解していたが，第一民事部は，例えば前掲 1987 年 6 月 2 日判決のように，消極に解していたと整理する[184]。さらに，商事部は前掲 1975 年 12 月 16 日判決において躊躇を示したが，

よる自動車の単なる使用（seule utilisation）に対応する補償を得ることができない」とし，1184 条［後掲注 213-2］参照）［＊1644 条ではないことに注意］に違背したとして，原判決を破毀した。）前掲注 179）の 1988 年の 2 判決とは異なる判断がなされていることに注意。なお，この判決は，「単なる使用」という文言を用いる点で，2004 年混合部判決の嚆矢としても引用され得る。

181) p. ex. Civ. 3e, 12 janv. 1988, *Bull. civ.* III, n° 7.（家屋の売買が瑕疵担保責任に基づいて解除された事案。買主の善意を認定して売主による占用補償の請求を排斥した原判決を破毀した。ただし，売主が瑕疵の存在について悪意であった場合には補償は認められないと付言している。）Civ. 3e, 17 nov. 1999, inédit, n° de pourvoi 98-15186.（不動産売買の解除の事案。善意の買主について，賃貸借によって得た果実の返還と占用補償との返還とをともに免除した原判決を，果実と占用補償とは異なるとして破毀した。）

182) V. p. ex. Com., 19 mai 1998, *supra* note 151. 同注で指摘したように，action *de in rem verso* に依拠する場合には，損失者，すなわち使用利益の返還を請求する売主の過失が問われる。

183) Civ. 3e, 12 mars 2003, *Bull. civ.* III, n° 63, D. 2003, 2522, note SERINET.

184) 参照，荻野・前掲注 9）92-95 頁。第一民事部について引用される 1987 年 6 月 2 日判決（前記本文 **276**）・2003 年 3 月 11 日判決（前掲注 180））は動産に関わり，第三民事部について引用される 1988 年 1 月 12 日判決（前掲注 181））・1994 年 1 月 26 日判決（Civ. 3e, 26 janv. 1994, inédit, n° de

前掲 1976 年 5 月 11 日判決（以上の 3 判決につき前記 **276**）において消極に転じた，と説明されていた[185]）。

278 以上の混乱（ただし，動産について減価補償と使用利益の補償とが同視されるならばこの限りでない）は，次の混合部判決によって整序される。しかしこの判決により，原状回復法は新たな困難を抱えてしまったように見える。

○破毀院混合部 2004 年 7 月 9 日判決[186]）
　【事案】　X は，家屋 a を Y に売却するとともに，隣接する家屋 β を代金 330,000 フランで Z に売却した。a と β が重なり合うように建造されており，居住に支障を来したため，Z が X に対して代金の一部の返還を請求した。この訴訟に担保のために呼出された Y も，X との売買の無効を請求した。一審は，X が，家屋の状況を説明しなかったことについて，詐欺的挙動（manœuvres dolosives）があるとして売買を無効とし，X に対して，売買代金の返還ならびに損害賠償（＊売買費用）の支払を命じた。鑑定が行われたのちに，X は，占用補償の支払を求める反訴を提起した。しかし，X の反訴は棄却され，あらためて代金の返還および契約費用等に相当する賠償の支払が命じられた。X が控訴。原審は，X の主張を容れ，Y に対して，占用補償金として 195,000 フラン（＊月 3,000 フラン×65 カ月）の支払を命じ，X が支払うべき金額と相殺される旨の判決を下した。Y が占用補償についての判断を不服として破毀申立。第一に，そもそも無効による相互の返還は履行によって生じた利得には及ばないとする。第二に，補償が認められる可能性があるとしても，売主の過失による売買の無効の場合にはその限りではないとして，1234 条ならびに 1304 条への違背を主張する。第三に，無効事由について善意である者に占用補償の支払を命ずることは，善意占有者の果実収取を認める 549 条・550 条に違背すると主張した。
　【判旨】　破毀院は，申立理由の第一点について，1234 条を掲げ，「売主は，売買の無効の遡及効を理由として，不動産の単なる占用に相当する補償を得ることができな

---

pourvoi, 91-20934，荻野・前掲注 9) 94 頁参照）・2003 年 3 月 12 日判決（本文）は不動産に関わる。

185) p. ex. Wintgen, *supra* note 163, n° 3, p. 693. ただし，本論文は，使用による減価と単なる占用とを区別する立場に立つ。

186) Ch. Mixte, 9 juill. 2004 *Bull. civ.* mixte, n° 2, *Bull. d'information de la Cour de cass.*, n° 607 du 1er nov. 2004, rapport Pinot et avis de av. gén. Guerin, *JCP G* 2004, I, 132, obs. Viney, *JCP G* 2004, I, 173, obs. Serinet, *JCP G* II, 10190, note François, *Defrénois* 2004, art. 38035, p. 1402, obs. Libchaber, *CCC* 2004, n° 168, note Leveneur, D. 2004, 2175, note Tuaillon, *RTD civ.* 2005, 125, obs. Mestre et Fages, *RDC* 2005, 280, obs. Stoffel-Munck.

い」[187)[下線筆者]とした。他方，第二点について，1382条を適用法条として「無効とされた売買の善意の当事者のみが，過失を犯した当事者に対して，無効とされた契約の締結を理由として被った損害を賠償するよう命ずる有責判決を請求することができる」[下線筆者][188)として，原判決を破毀した。申立理由の第三点は採用されていない。

　1234条が適用法条とされたことには批判があるものの[189)，破毀院は，この条文を根拠として，売買の無効の遡及効から導かれるのは，互いに給付した物の返還のみであると判断した。「遡及効を理由として」，「単なる（seule）」占用に対する補償を受けることはできない。給付された物の使用利益の処遇は，遡及効によっては基礎づけられ得なくなり，「原状回復の外側に」[190)放逐された。
　それでは，「遡及効を理由とせずに」補償を得ることはできるであろうか。これに応えるのが後段の判示である[191)。原審は，売主Xの詐欺を認定してい

---

187) « [...] le vendeur n'est pas fondé, en raison de l'effet rétroactif de l'annulation de la vente, à obtenir une indemnité correspondant à la seule occupation de l'immeuble, [...] » [下線筆者]「en raison de」の句が，売主が補償を得られないことの理由とされているのか，それとも，売主がこれを根拠に補償を得ることはできない，すなわち，他の根拠であれば得られる，と理解されているのか，が解釈の分かれ目となる。前者であるとした場合，無効の遡及効から占用補償の否定という帰結を一段の論理で導くには無理がある。遡及効は，一方で補償を排斥し，他方で，補償を認める論拠となる（V. FRANÇOIS, note, supra note 186, p. 2322)点で中立的である。さらに，前段から当事者の善意や過失にかかわらずそもそも補償が排斥されることが導かれるのであれば，論理的に，第二の申立理由を取り上げる必要がない（V. GENICON, supra note 66, n° 965, p. 698.）。
188) « [...] la partie de bonne foi au contrat de vente annulé peut seule demander la condamnation de la partie fautive à réparer le préjudice qu'elle a subi en raison de la conclusion du contrat annulé [...] » [下線筆者]
189) SERINET, note, supra note 186, n° 5. 債務の消滅事由を列挙するにすぎない1234条によっては無効の遡及効を導き得ないとする。条文訳は第1部第1篇第1章注13)。
190) AUBERT, obs. sous Com., 11 mai 1976, Defrénois 1977, art. 31343, n° 8, p. 396 cité aussi par SERINET, note sous Civ. 1re, 11 mars 2003 et Civ. 3e, 12 mars 2003, supra note 171, n° 7.
191) 以上の論理は，PINOT, rapport, supra note 186 において展開されている。「[本件について]提起される問題は，売主は，契約の遡及的消滅の以前の買主による物の使用を塡補する補償を得ることができるか，というものである」。この問いは，二つに分析される。一方に，「使用収益に対する補償は，原状回復の範囲に含まれるか」すなわち，「補償は，善意の占有者が取得する法定果実となるか（si elle peut constituer un fruit civil comme tel acquis au possesseur de bonne foi）」という問いがある。他方，「[上記の問いが]否定に解されたとして，なんらかの[他の]根拠に基づいて，この占用に対する補償が与えられ得るか」が問われる。考え得る他の根拠として，非債弁済返還，民事責任，原因なき利得が検討される。非債弁済については，2002年9月24日判決[前記本文**250**]が引用され，否定される。民事責任については，損害の発生原因を，無効な契約の不履行や，契約の無効それ自体とせず，「のちに無効とされる契約が締結されたこと」それ自体に求める

た。これに対して，買主 Y は，解除の事案で「売主の過失または悪意」を根拠として占用補償を否定する第三民事部の判決を援用していた[192]。前掲 2003 年 3 月 12 日判決が述べるように占用補償が原因なき利得の返還であるとすれば，損失者の過失は action de in rem verso を不受理とし得る[193]。詐欺をはたらいた売主 X の請求を退けるためには，これで十分のように見える。

しかし破毀院は，原因なき利得の制度を援用することなく[194]，民事責任に論拠を求めることで占用補償請求の可能性を残すことを選択した。この損害賠償は，契約の消滅を前提とする以上，不法行為責任に基づく[195]。賠償されるべき対象は，「無効な契約を締結したが故に生じた損害」と考えられる[196]。本

GUELFUCCI-THIBIERGE, *supra* note 11, n° 818 et s. が引用される。おそらくこの理解が，判決に反映されている。しかし，判決が示した，善意の売主「のみ」が補償を請求し得る，という帰結は引出されていない。最後に，原因なき利得について検討され，各種の要件が原状回復と相容れないことが示される。例えば，MALAURIE (M.), *supra* note 14, p. 283 et s. を引用し，action de in rem verso の援用は「原状回復の全体構造 (économie générale des restitutions)」を無視することにつながるとしている。判決における原因なき利得への言及の欠如はこの報告に由来するであろう。

192) 破毀申立理由は，第三民事部の 2 件の判決を引用する。V. PINOT, rapport *supra* note 186. Civ. 3ᵉ, 20 déc. 1995, inédit, n° de pourvoi 93-18181.（山荘 (chalet) の売買の合意解除の事案。買主 X は売主 Y の代理人 A に代金の一部を支払っていたが，それを立証できなかった。このため金融機関から貸付［＊残額の弁済に充てられる予定であったと考えられる］を受けられず，Y の同意を得て契約を解除した。その後 Y が占用補償を求めて訴えを提起。原審はこれを認容。X が破毀申立。破毀院は，代金の一部を Y に弁済しなかった A の過失［＊必ずしも判然としないが A の着服が疑われる］を認定しながら占用補償を認めた原審は 1184 条に違背するとした。正確には「売主の過失」ではないが，代理人 A は売主側の利害関係者とまではいい得る。）Civ. 3ᵉ, 12 janv. 1988, *Bull. civ.* III, n° 7, *supra* note 181.（瑕疵についての売主の「悪意」が問題とされている。）なお，部は異なるが，action de in rem verso を根拠とすると理解しているのであれば，Com., 19 mai 1998, *supra* note 151 が直接的な論拠となり得た。

193) *Comp.*, TUAILLON, note *supra* note 186, p. 2177. そもそも売主には損失がない可能性を指摘する。en ce sens, LEVENEUR, note, *supra* note 186, n° 168, p. 19.「物の使用が売主に損失をもたらすわけではない。」V. aussi, GHESTIN, LOISEAU et SERINET, *supra* note 1, n° 2900, p. 1562. 同様の観察ののち，「いずれにしても，本件では，詐欺をはたらいた者は，この詐欺により訴権を奪われる」とし，Com., 19 mai 1998, *supra* note 151 を引用する。

194) 破毀院は，原審の判断について要約する際に，「買主が物から引き出した利得 (l'avantage qu'ils [= les acquéreurs] ont retiré de la chose)」という語を用い，損害 (préjudice) と対照させている。V. TUAILLON, note *supra* note 186, p. 2177.

195) V. GUELFUCCI-THIBIERGE, *supra* note 11, n° 229 et s., p. 147 et s. 無効に伴う損害賠償の性質論については扱わない。主たる論点は，ドイツ法の影響の下で展開された契約責任説（後掲注 196）の積極利益・消極利益の区別を含む）をフランス法において維持し得るか否かである。

196) *ibid.*, n° 139, p. 100. 履行利益の賠償が認められれば，契約の消滅という無効の帰結に反する。V. *ibid.*, n° 850, p. 485. V. aussi GHESTIN, LOISEAU et SERINET, *supra* note 1, n° 2952, p. 1602. 契約締結により被った損害についても，契約責任に基づく賠償項目である「被った喪失 (perte subie)」と「逸失利益 (gain manqué)」とに分析されるとし，使用利益の賠償を前者に含める。後者には，「積極利

件の事案に即していえば,「契約が締結されなければ,被害者＝売主が物を使用してそこから引き出し得たであろう利益」[197]と定義され得る。つまり,無効とされた契約に基づいて当該物を引渡していなければ,それを自己使用または他人へ賃貸することで得られたはずの使用利益または法定果実に相当する,と敷衍することができる[198]。

もっとも,損害賠償に関する判決の理解は定かではない。善意の当事者が,相手方の過失による損害の賠償を受け得ることはよいとしても,この者「のみ (seule)」がそれを許されるという理解は妥当であろうか。事案は詐欺に関わるため一般化することは躊躇われるとしても,無効事由について悪意であることのみによって,損害賠償請求権を奪われるという帰結が,民事責任の論理によって正当化されるものではないようにも思われる[199]。むしろ,費用償還請求の場面と同様に,action *de in rem verso* の規律の隠れた参照を指摘することができよう[200]。

益［履行利益］(intérêt positif)」は含まれず,「消極利益［信頼利益］(intérêt négatif)」のみが含まれるとする。具体的には契約締結に向けて支出された費用を想定する (*Contra* FLOUR, AUBERT et SAVAUX, *supra* note 23, n° 374, p. 393. 契約締結費用を「perte subie」とする)。なお,積極利益・消極利益の概念対に見られるように,無効に伴う損害賠償は,契約締結過程での合意の破棄を中心として論じられており,使用利益の返還を取り込み得る枠組みは整備されていない。実際,使用利益は,そもそも売主にとって「perte subie」とはみなさないとも批判される。V. STOFFEL-MUNCK, note, *supra* note 186, p. 269.

197) PINNA, *supra* note 29, n° 452, p. 419.

198) *loc. cit.* しかし著者は,売買において,売主はそもそも自己使用を考えていないとする。よって,本来賠償されるべき対象は,消滅した売買の買主以外の者へ目的物を売却する「機会の喪失 (perte d'opportunité)」(ママ) であり,買主の使用利益と同視することができない。それでも使用利益を賠償させようとするならば,「不履行当事者が実現した利益」(＊同書は解除を念頭に置くため「partie inexécutante」とする) が賠償の対象となると考えなければならないとし,2004年混合部判決の理解を暗に批判している。なお,「不履行当事者が実現した利益」という表現に顕著なように,このテーゼの眼目は,契約上の債務の不履行の場面で,不履行当事者が得た利益を剝奪し得る旨を論証することにある。

199) GENICON, *supra* note 66, n° 965, p. 698 は,解除について次のように論ずる。占用補償が否定される理由は,双方の非による (aux torts réciproques) 解除の場合には両者が負う損害賠償債務が相殺される,という論理に求めることができる。そうではなく,賠償を請求する者の悪意を理由とするのであれば,「民事責任のメカニズムに,要求されていない要件を付加したことになる」。そもそも「補償の付与は原告の善意に依存しない」。*Contra* GHESTIN, LOISEAU et SERINET, *supra* note 1, n° 2950, p. 1601. 2004年混合部判決を引用して善意者のみが損害賠償を請求し得ることは自明であるとする。その上で,当然の反対解釈として悪意者の請求否定が導かれるとする。さらに,この規律に不法原因給付の法理を見出すことは誤りであるとし,被害者の過失によって正当化する。よって,違法または良俗に反する契約のように,両当事者が無効原因について悪意であった場合は,(過失相殺に相当する)「責任共有 (partage de responsabilité)」となり,賠償請求は否定されるとする。

第2篇　給付物の返還と原状回復

　また，買主による549条・550条についての申立理由が採用されていないことに注意を向けると，本判決は，使用利益と果実とを区別したと考えることができる。この理解に呼応するように，個人的使用と他人への賃貸借による法定果実の収取とを区別し，後者についてのみ返還を命ずる事実審判決が見られた[201]。破毀院のレベルでも，果実については，依然として物権法に依拠した解決が維持されている[202]。しかし，使用利益と果実・利息とを区別することに合理性は見出されないと批判される[203]。現に収取されたそれの返還の可否が論じられる果実とは異なり，利息については運用の有無を問わず法定利息の返還を要する。現実の使用を要さずに生じ得る使用利益の返還を一律に否定するならば，利息の返還も否定されるべきであるようにも思われる。

動産の使用利益・再論　**279**　このように複数の疑義が呈され得るものの，本判決によって[204]，少なくとも不動産については，

---

200) 2004年混合部判決以前の諸判決について同旨を指摘するものとして，V. KESSLER, Guillaume, Restitutions en nature et indemnité de jouissance, *JCP G* 2004, I, 154, spéc., n° 7.
201) V. p. ex. Colmar, 28 avr. 2005, *Juris-data* n° 278524 (www.lexisnexis.com), cité aussi par GENICON, *supra* note 66, n° 964, p. 696.（不動産売買の解除の事案［＊解除の事由は不明］。解除を請求した売主が，買主が目的物を他人に賃貸借することによって得た賃料に相当する価額の返還を求めた。買主は2004年混合部判決を挙げて，返還の必要はないと主張したが，控訴院は，「個人的な使用（l'usage personnel）に対応する占用補償」と法定果実たる賃料とは異なるとし，同判決の援用を失当とする。その上で，買主の善意を指摘し，訴えの時点からの賃料を返還しなければならないとした。）
202) V. Civ. 1ʳᵉ, 9 nov. 2004, *supra* note 168. 買主は目的物を他人に賃貸していたものと考えられるが，その返還の可否は，占用補償のように売主の善意・悪意ではなく，買主のそれを基準としている。Civ. 3ᵉ, 29 juin 2005, *supra* note 169 も2004年判決以降の判決であるが，第一の破毀判決である Civ. 3ᵉ, 27 nov. 2002, *supra* note 162 と同様の理解を前提としているならば，果実の返還はやはり買主の善意・悪意（本件では訴えの時点以降の悪意）に依存する。GENICON, *supra* note 66 n° 964 bis, p. 697 は，2004年混合部判決を意識しながら「気まぐれ（fantaisiste）」「混沌（chaotique）」と表現する。
203) p. ex. PINNA, *supra* note 29, n° 455, p. 422. これを意識して，カタラ草案は，破毀院判決とは異なり，使用利益と果実とを同視し，返還に服せしめていた（1164条の2）。また，返還義務者の善意・悪意を区別することもしない。利息についても同様である（1164条の1）。
204) ROUVIÈRE, *supra* note 19 は，2004年混合部判決とその後の判例の展開を承けて，原状回復法の根拠とされる遡及効概念の説明力の欠如を批判し（p. 624-625），新たな構想を披瀝する。すなわち，混合部判決の民事責任に関する判示を発展させ，帰責性の有無によって，使用利益返還の可否，金銭評価基準時の前後が規律されるとする。例えば，無効について，売主に詐欺・強迫など帰責性が認められる場面（＊混合部判決の事案では売主の詐欺が問題とされていた）では，使用利益の返還が否定されるものの，逆に買主に帰責性がある場面では，それが肯定される（＊p. ex. 不当に低い代金で木材を購入した買主に対して，価額返還として代金額を超える「現実の価額（valeur réelle）」の返還を要求する Civ. 1ʳᵉ, 16 mars 1999, *Bull. civ.* I, n° 95 を挙げ，当該返還額に売主が契約を締結していなければ得られたであろう利益が含まれるとする（p. 631））。本論文の大胆さは，以上を新たな解決として提言するにとどまらず，これまでの判例法を十全に説明し得ると考える点に存

無効の遡及効による原状回復と使用利益の返還とが区別されたことはたしかである。その後，無効に関して複数の同旨の判決が見られ[205]，また解除も射程に収められた[206]。

もっとも，「単なる」占用という表現を別意に解することも可能である。すなわち，使用が減価を生じさせた場合には，その補償が排除されていない可能性がある[207]。既述のとおり（前記**276**），動産については損耗に対する補償を使用と同視し得た。不動産についても，家屋については，使用による損耗は生じ得るであろう。動産や家屋についてこの補償を排斥しないための限定が「seule」であったと考えられると指摘されていた[208]。事実，解除について，遡及効に関して混合部判決と同一の理解に立ちつつも，動産の使用による減価に相当する補償を認める判決があった[209]。

する。論文末尾に一覧表が付される（p. 638）。
205) Civ. 3ᵉ, 2 mars 2005, *Bull. civ.* III, nº 57.（不動産の売買において，買主が代金全額を支払う前に，売買を撤回（révocation）［＊約定の権利であったのか否かは定かでない］したのに対して，売主が占用補償を請求した事案。破毀院は，混合部判決と同一の文言を用いて，補償を認容した原判決を破毀した。）Civ. 3ᵉ, 24 mai 2005, inédit, nº de pourvoi 04-13532.（詐欺による不動産売買の無効の事案。原因なき利得に依拠して占用補償を認めた原判決を破毀）Civ. 3ᵉ, oct. 2005, inédit, nº de pourvoi 04-15354, *CCC* 2006, nº 45, note LEVENEUR.（錯誤による不動産売買の無効の事案。占用補償を認めた原判決を一部破毀）なお，いずれの判決においても適用法条は 1234 条である。
206) Civ. 1ʳᵉ, 15 mai 2007, *Bull. civ.* I, nº 193.（不動産および営業財産の解除の事案。不動産の一部が公道を占拠していたが，売主は行政庁の指導に従っていなかった。これを理由として買主が解除を請求。原審はこれを容れたうえ占用補償を命じた。買主の破毀申立に対し，［解除に関する 1184 条ではなく］1234 条を適用法条として，2004 年判決と同様の文言で原判決を破毀した。）Civ. 3ᵉ, 19 sept. 2008, inédit, nº de pourvoi nº 07-12824, *RDC* 2008, 255, obs. GENICON.（未完成目的物を含む売買（vente en état futur d'achèvement）［＊民法典 1601 条の 3 以下］の解除の事案。上記と同じく 1234 条を掲げ，2004 年混合部判決と同様の文言で占用補償を認めた原判決を破毀した。）ただし，後者の事案の特殊性として，解除判決後も買主が返還を拒んでいたことが挙げられる。事実の詳細は判然としないが，原審はこれを理由に「買主は売主の過失を援用できなかった」として占用補償を命じていた。解除自体は売主の非によるのであれば，破毀院は，解除後の買主側の過失は占用補償の可否に影響を与えないと解していることになろう。
207) en ce sens, ROUVIÈRE, *supra* note 19, nº 8.
208) GENICON, *supra* note 66, nº 962, p. 694. 同旨として参照，荻野・前掲注 9) 95-96 頁。瑕疵担保責任による解除について，2004 年混合部判決以前に「単なる使用」の語を用い動産の減価補償を否定した判決として，Civ. 1ʳᵉ, 11 mars 2003, *supra* note 180. さらに，同じく瑕疵担保の事案について，使用による減価と「老朽化」とを区別する判決も存在した。Civ. 1ʳᵉ, 8 mars 2005, *Bull. civ.* nº 128.（中古車売買の事案。事故により瑕疵が発見されたため，買主が瑕疵担保責任に基づく解除を請求。一方，売主は，買主の使用による減価の補償を請求した。原審は，返還されるべき代金額から損耗分の減額は認められないとした。破毀院は，「買売の解除の遡及効によって，買主は，自らが行った使用のために物が受けた減価について，<u>老朽化に起因する分を除いて</u>，売主に補償する義務を負う」［下線筆者］として，原判決を破毀。）

しかしながら，瑕疵担保責任[210]に基づく解除について，まったく正反対に（しかも一般法上の解除に関する判決（注209）参照）と同日付けで）減価補償を認めない判決（2件）[211]が現れる[212]。解決の相違を正当化しようと腐心する学説も

---

209) Civ. 1re, 21 mars 2006, *Bull. civ.* I, n° 165, *RDC* 2006, 1230, obs. VINEY, *CCC* 2006, comm. 130, note LEVENEUR, *JCP E* 2006, 2406, obs. HOUIN-BRESSAND. (X は Y から中古車を購入したが，予定された品質を満たさなかったため，「契約適合性の欠如（défaut de conformité）」を理由として1184条に基づく解除を請求した。原審はこれを認容。目的物と代金の返還のみを命じ，Y が主張した減価補償については，立証が尽くされていないとしてこれを棄却した。Y が破毀申立。原審の判断は立証責任を転換するものであると主張する。破毀院は，「適合性の欠如を理由とする売買の解除の遡及効により，売主は買主に対して，この者による使用を理由に物が被った減価に相当する補償を請求することができる」とするが，減価の存在および程度の立証の負担は売主に課されると判示する。その上で，専権的な評価権限に基づき Y が提出した証拠を評価して減価が立証されていないと判断した原判決を正当とした。破毀申立棄却。）*Comp.*, Com., 30 oct. 2007, *Bull. civ.* IV, n° 231, *D.* 2007, AJ, 2872. (X は Y から動産を買受けたが，目的物が「注文内容に適合しない（non conformité à la commande）」ものであったため，解除を請求し認容された。他方，Y は X の使用による目的物の減価分の補償を請求したが，原審は，X に過失がなかったことを理由にこれを棄却した。Y が破毀申立。原判決は 1184 条に違背すると主張する。破毀院は，「売買の解除の遡及効を理由として，売主は，物の単なる使用に相当する補償を得ることはできない」として破毀申立を棄却した。）動産について，2004 年混合部判決とほぼ同様の文言を用いている。ただし，原審は，目的物についていかなる毀損もなかったとしており，破毀院もこれを摘示している。したがって，減価ないし毀損を生じさせない単なる使用についてのみ，補償が認められないとされた可能性が残るであろう。逆に言えば，補償を得るためには，使用の結果として，実際に減価が生じるのでなければならないと言える。

210) 瑕疵担保責任の効果を確認しておこう。買主は，(1) 物を返還して代金の返還を受けるか，(2) 物を保持して代金の一部の返還を受けるか，いずれかを選択する（1644条，前掲注54））。売主が瑕疵について悪意であった場合は，代金の返還に加えて損害賠償を義務づけられる（1645条，前掲注56））。他方，売主が瑕疵について善意の場合は，代金および契約によって生じた費用を返還する（1646条，前掲注56））。目的物が瑕疵を理由として滅失した場合は，売主がこれを負担し，買主に対して代金を返還しなければならない（1647条1項）。これに対して，偶発的事象によって滅失した場合は，買主の負担とされる（同2項）。すなわち，買主は目的物の価額の返還を要する。1647条 ① 瑕疵を有する物が，その劣悪な品質の帰結として滅失した場合は，当該滅失は売主がこれを負担する。売主は，買主に対して，代金の返還および前二箇条に規定されたその他の損害賠償（dédommagements）について義務を負う。
　② 前項の規定にかかわらず，偶発的事象によって生じた滅失は，買主がこれを負担する。

211) Civ. 1re, 21 mars 2006, *Bull. civ.* I, n° 171, *D.* 2006, 1869, obs. GALLMEISTER, note MONTFORT, *RDC* 2006, 1230, obs. VINEY. (X は Y から新車を購入。しかし多くの不具合が生じたため，瑕疵担保責任に基づく解除を請求した［＊Y は製造者であるシトロエンを担保のために訴訟参加させている］。原審はこれを認容し損害賠償をも命じた。Y が破毀申立。X が購入から返還するまでの間の使用［＊走行距離 10,000 km］によって生じた減価が補償されるべきであったとする。また，2004 年混合部判決を意識して，自らが求めているのは「単なる使用」の補償ではなく，「損耗」による損害の賠償であると主張。破毀院は「隠れた瑕疵の担保責任に関しては，買主が 1644 条の解除訴権を行使する場合，売主は，受領した代金の返還を義務づけられるが，売却物の使用またはこの使用に起因する損耗に相当する補償を得ることができない」とした。破毀申立棄却。) Civ. 1re, 21 mars 2006, *Bull. civ.* I, n° 172, *RDC* 2006, 1230, obs. VINEY, *CCC* 2006, comm. 130, note LEVENEUR.（上記判決と同様の事案で，補償を認めた原判決を破毀。)

見られたものの²¹³⁾，説明は困難を極める。というのも，判決に現れた事案はほぼ同一であり，買主が目的物の「[契約] 適合性の欠如（défaut de conformité)」を主張して一般法上の解除（1184条）²¹³⁻²⁾を請求すれば売主は使用の対価たる減価補償を享受するが，瑕疵担保責任を追及される場合にはこれを得られない，という状況が生じていた²¹⁴⁾。売主は買主による訴権の選択次第でお

---

212) 2014年判決以前にこの問題を総覧する論考として，V. CHEVALLIER, Jacques-Emmanuel, Les conséquences de l'action réchibitoire pour vice cachés à travers l'exemple du secteur automobile, RTD com. 2010, p. 231 et s.

213) p. ex. GENICON, supra note 66, n° 949, p. 684, note 212. 四つの可能性を指摘する。(1) 瑕疵ある目的物からは利益を引き出すことができない。(2) 事業者である売主に責任を加重している。(3) 1644条の文言が目的物と代金の返還にしか言及していない。(4) 買主は損害賠償として契約締結費用の賠償しか得られないこととの均衡（V. 2006年の3判決と同日付けの infra note 221）を意識している。しかし，(1) については，目的物はなお有用性が認められる場合があり（infra note 221 の事案を意識させる），(2) については，売主が事業者であるとは限らない，と否定するが，(3) (4)の可能性を残す。ただし，2006年の3判決の文言は簡潔にすぎると批判している。

213-2) 1184条　① 解除条件は，両当事者のうちの一方がなんらその義務を果たさない場合には，双務契約に常に黙示に含まれる。
　② この場合において，契約はなんら当然には解除されない。自らに向けられた義務がなんら履行されなかった当事者は，あるいは，その履行が可能であるときには他方当事者に合意の履行を請求するか，あるいは，損害賠償とともに合意の解除を請求するか，選択権を有する。
　③ 解除は，裁判上で請求されなければならず，被告には状況に応じて期間が付与され得る。

214) さらに，消費動産売買に関する EC 指令（n° 44/1999/CE）との齟齬も指摘される。V. CHEVALLIER, supra note 212, n° 4. 同指令 15 段第1文は，「構成国は，消費者に対するあらゆる償還（remboursement）は，この者が財の引渡を受けて以降それについて行った使用（usage）を考慮して減額され得る旨を規定することができる」としていた。これを国内法化し，消費法典中に「契約適合性担保（garantie de la conformité du bien au contrat）」を創設した 2005年2月17日のオルドナンス第 136 号には同旨の規定は見られないものの，買主は，契約適合性担保責任とは別に民法典上の瑕疵担保責任を追及し得るとされている（L. 211-13条）。すると，前者では使用利益を考慮しての売主の返還額の減額が可能であるのに対して（ただし，オルドナンス成立以前は一般法上の解除に基づく。V. Civ. 1ʳᵉ, 21 mars 2006, infra note 221. しかし，買主が消費者と認定され得たか否かは定かではない），後者ではそれが認められない，という識別は一応成り立ち得た（DESCHAYES, note sous Civ. 1ʳᵉ, 19 févr. 2014, infra note 215, p. 376 は，反語の形でこの旨を指摘する）。2005年のオルドナンスについては，参照，馬場圭太「EU 指令とフランス民法典——消費動産売買指令の国内法化をめぐる動向」甲南法学 46 巻 3 号 189 頁以下（2005）。その後，EU 裁判所の判決により新たな展開が見られた。CJUE, 17 avr. 2008, C-406/06.（上記指令3条の解釈に関するドイツの国内裁判所からの先決裁定請求。同条は目的物が契約に適合しない場合につき，売主による代品引渡（remplacement）を認めていたが，指令の国内法化後の BGB（439条および346条）について，売主が当初の目的物の使用の対価を買主に請求し得るとの解釈が指令3条に照らして許容されるか否かが争われた。CJUE は，消費者保護という立法趣旨を強調しつつこれを否定する。その上で，上記 15 段との整合性についても検討し，同段は解除の場合に限られるとして射程を限定した。使用の対価の償還は「得られた利得の相互の返還」の適用によるとする［判決理由 39 段］。この判決の射程が解除一般に及ぶと解するのであれば，以下に見る 2014年2月19日判決への影響を語ることができる V. SAVAUX, note sous Civ. 1ʳᵉ, 19 févr. 2014, infra note 215, p. 363, note (37)。しかし，CJUE が行った射程の限定を強調すれば，使用の対価を返還することが本則とも解される。なお，

第2篇　給付物の返還と原状回復

よそ異なる地位に置かれてしまう。この不統一を是正するのが次の判決である。

○破毀院第一民事部 2014 年 2 月 19 日判決[215]
　【事案】　X は 2002 年に Y から中古車を 35,000 ユーロで購入。しかし 2006 年にこれが故障したため，X は瑕疵担保責任に基づく解除を請求し認容された。原審は，原状回復として，X に目的物の現物での返還を，Y に売買代金と法定利息の返還を命じた。Y が破毀申立。原審は X の使用による減価を考慮しておらず，第一に，契約解除の一般条文である 1184 条に，第二に，原因なき利得の根拠条文である 1371 条に違背すると主張した。
　【判旨】　「控訴院は，<u>売買の解除</u>を言渡したのちに，無益な探求（recherche inopérante）をなす必要なく，正当にも（à bon droit），売買目的物の使用または使用から生ずる損耗に起因する減額を認めずに売主は受領した代金の返還を義務づけられると判示した」［下線筆者］。破毀申立棄却。

　買主は瑕疵担保に基づく解除を選択しており，従来の法理によっても減価補償は否定される。しかし，これまでの判決は「隠れた瑕疵の担保責任に関しては（en matière de garantie des vices cachés）」との文言を付してその射程を限定すべく配慮していた。これに対して本判決は「売買の解除（résolution de la vente）」という一般的な文言を用いている。複数の評釈が，この点に射程を拡大する破毀院の意思を見て取る[216]。実際，こののちに，解除の一般法について同旨の判決が現れ[217]，また，無効についても同様の理解を前提とするよう

SAVAUX, *loc. cit.* は，EU 売買規則案（n° 2011/0284 [COD]）の 174 条が，無効・解除後の原状回復に関して，（例外を許容しつつも）使用の対価の弁済を要求していることを指摘する。ヨーロッパレベルでの統一の動向，また，国際条約上の規律については，本書の枠を超えるため，以上の示唆にとどめる。

215)　Civ. 1re, 19 févr. 2014, *Bull. civ.* I, n° 26, *RDC* 2014, 358, note SAVAUX, *RDC* 2014, 374, note DESCHAYES, D. 2014, 544, obs. COUSTET, D. *2014*, 642, note PELLET, D. 2015, 529, III-C-n° 2, note MEKKI ET AMRANI-MEKKI, *RTD civ.* 2014, 358, obs. BARBIER, *JCP E* 2014, 1125, note SEUBE.

216)　Les notes, *supra* note 215. 本書の原論文の書評において，荻野奈緒教授も同旨を指摘している。参照，荻野奈緒「民法学のあゆみ」法律時報 87 巻 13 号 367 頁以下（2015），371 頁注 4。

217)　Com., 10 févr. 2015, *Bull. civ.* IV, *Gaz. Pal.* 2015, 2255, obs. HOUTCHEFF.（信用賃貸借［＝ファイナンスリース］の解除の事案。解除の一般法である 1184 条に基づく。原審は売主の代金返還について，借主［＝ユーザー］が負担するものとされていた賃料相当額を控除した。借主の破毀申立に対して，2014 年 2 月 19 日判決と同様の文言を用いて原判決を破毀した。）この判決によって，2014 年判決の判示が瑕疵担保の事案にのみ妥当するものではないことが明らかになったと言える。

に思われる判決が現れている[218]。

　以上の判例法の展開により，物の使用収益の返還は，対象が不動産か動産かを問わず，また，契約消滅事由が無効か解除かを問わず，さらに，解除について一般法上のそれか瑕疵担保責任によるそれかをも問わず，原則として否定されることとなった。他方，少なくとも不動産については，2004年混合部判決が認めた例外がなお意義を有し，善意者は損害および相手方の過失を立証し得る限りにおいて，不法行為責任を通じて使用利益の返還に相当する賠償を得ることができるものと解される。この規律が動産にも及ぼされるか否かは明らかではないが[219]，肯定されると仮定した場合，原状回復の他の項目にも影響が及ぶ。動産の使用利益返還は減価補償＝一部価額返還とも見ることができた（前記**276**）。他方で，一部価額返還については返還義務者の過失ないし帰責性を問うか否かについて学説判例の対立があった（前記**266**）。動産・不動産を問わず使用利益の返還一般を不法行為責任に基礎づけることは，一部価額返還の可否を過失に依存させる理解を補強することになろう。しかし，今度は，全部価額返還について帰責性が問われないこととの齟齬が顕著となる[220]。

　このように，判例のカズイスティクに左右され続けてきた原状回復法は，いずれかの項目に変容が生ずると他の項目が問い直されるという状況にある。実

---

218) Civ. 1re, 10 déc. 2014, n° de pourvoi 13-23903, *RDC* 2015, 230, obs. LAITHIER. （畜産業を営むXは，Y社との間で，期間12年間の農事統合契約（contrat d'intégration agricole）を締結し，Xが七面鳥の卵の生産を担い，Yがこれを流通することが約された。契約締結から5年後，Xが，農事法典L. 326-6条が要求する内容が契約中に規定されていなかったことを理由に無効を請求。これを認容した原審は，Yが卵の販売から得た利益のうちの一定額の返還を命じた。Xが破棄申立。破毀院は，原状回復は契約の履行としてなされた給付のみを対象とし，給付から引き出された利益（bénéfices）は考慮されないとした。原判決破毀。）卵は現存していないはずであり原審は全部価額返還を命じたものと思われる。売買の場合の規律に従えば，納入時の卵の実際の価額に依拠して算出されるであろう。Xの販売利益が問題とされているが，価額返還の評価ルールに反したことが実際上の破毀理由と考えられる。この点を難ずるためとはいえ，「給付物から引き出された利益」という文言は使用利益の補償を封ずる論理と同一と評価されよう。

219) 管見の限り，現在までのところ動産についてこの旨を明らかにする判決は見当たらない。瑕疵担保の事例に典型的であるように，動産売買では売主側に契約の消滅について帰責性がある場合が多いことによるであろう。

220) ただし，全部価額返還についても，付随的返還を考えることはできる。議論は見られないものの，売買について考えれば，売主には利息の返還を要求しつつ，買主には売買時点の価額の返還のみで果実（例えば，動産の賃貸借）にせよ使用利益にせよ物から得られた利益をなんら返還させないのであれば，均衡を失するとも言えるであろう。少なくとも買主の許に物が現存していた期間については，これらを観念することはできるはずである。

第 2 篇　給付物の返還と原状回復

際，前掲 2014 年 2 月 19 日判決の理解は，付随的返還のもう一つの項目にも波及した。

費用償還・再論　**280**　一切の使用利益の返還を否定する判例法理は，費用償還にも影響を及ぼしている。第一に，瑕疵担保に基づく解除に関して必要費の返還を否定する（前記の使用による減価補償を否定する 2 判決（前掲注 211）参照）と同日付けの）判決がある[221]。次いで，ほぼ同様の事案で提起された適合性の欠如に基づく解除に関して，買主が支出した費用を使用収益を得るためのものと理解して，その償還を否定する判決がある。なお，解除一般について使用利益返還を否定する前掲 2014 年 2 月 19 日判決と同日付けである。

〇破毀院第一民事部 2014 年 2 月 19 日判決[222]

　【事案】　X は Y から競走馬を購入。引渡ののち，跛行が判明したため，目的物の契約適合性の欠如（défaut de conformité）を理由として解除を請求し認容された。その際，原状回復として代金額の返還は認められたが，解除までの期間に支出された飼育費用・蹄鉄管理費用の償還は否定された。原審は，本件売買契約の目的には，種牡馬としての利用および X の娘の乗馬訓練が含まれているとし，X の費用はこれらの目的を実現するためのものであったとした。X が破毀申立。

　【判旨】　原審は，X が支出した費用は「競争［馬としての利用］とは別に X が享受した馬の使用収益の対応物（contrepartie）であった」と正確に判示した，とした。破毀申立棄却。

　この判決については，二様の説明が妥当する。第一に，使用収益を果実に類

---

[221] Civ. 1re, 21 mars 2006, *Bull. civ.* I, n° 173.（X は Y から雌馬を購入。隠れた瑕疵が見つかったため，解除を請求し認容された。また，原審は雌馬の飼料および蹄鉄管理費用の償還を認めた。Y の破毀申立に対して，破毀院は，この費用は契約締結に直接的に関係する費用ではないとして原判決を破毀し事件を移送した［＊この判断は，1646 条に関係する］。X はあらためて費用償還を請求。移送審はこの請求を棄却。X があらためて破毀申立。瑕疵担保責任について特別の規定があるとしても，原状回復については一般法たる 1184 条が適用されるべきであるとし，買主が目的物およびその果実の返還を負うのに対応して，売主は代金および目的物の「維持および保存のために支出された費用」を返還しなければならない，と主張した［＊1184 条を掲げるが，費用償還に関する文言は非債弁済の 1381 条を参照している］。破毀院は，原審は瑕疵担保に関する特則［＊1644 条］を正しく適用したとする。また，X は Y の善意を争っていないことを摘示している。）

[222] Civ. 1re, 19 févr. 2014, inédit, *RDC* 2014, 374, note Deschayes, *D. 2014*, 642, note Pellet, *RTD civ.* 2014, 358, obs. Barbier.

比すると，その収取費用であるが故に買主は償還を得られない（前記**274**），と解することができる。他方で第二に，費用償還が action *de in rem verso* に基づくものであるとすれば，買主の「個人的利益」が償還の否定を導き得る。いずれであったとしても，この判決は，使用利益の返還を否定する判例法理のコロラリーと考えることができる。すなわち，使用利益の返還を免れてそれを自らのものとしつつ，これに加えて使用利益を引き出すために支出された費用を請求することは，売主に二重の負担を強いることを意味するが故に，後者の請求が否定されている，と考えられる[223]。

281 以上のように整理される現在の判例法理は，付随的返還を他の制度に委ね，原状回復のメカニズムを，消滅した契約の清算として純化させるものと評されている[224]。（使用利益に対応する費用・果実収取費用以外の）費用償還は物権法または原因なき利得の法理が，果実・利息の返還は物権法または非債弁済返還の制度が，（2004年混合部判決の射程が動産にも及ぶのであれば）使用利益の返還は民事責任法が規律する。

　しかし，これらの間には一貫性が見出されない。第一に，当事者の主観的態様の顧慮のあり方が異なる。費用償還は元来これを問わないように見えながら，原因なき利得法理の浸潤を受けて償還請求者の属性を問うていた。2004年混合部判決によって民事責任法の領域へと放逐された使用利益の返還も，同様に損害賠償請求権者の善意を要求する。これに対して，（異なる立場に立つ判決も散見されたものの）果実・利息の返還については，返還義務者の善意・悪意が問われる。第二に，使用利益の返還と果実・利息のそれとが別異視されているが，前者を否定し，悪意者に限るとはいえ後者を肯定することは妥当であろうか。唯一の可能な説明は，使用利益返還が民事責任に基礎付けられることとの類比の下で，悪意者の果実・利息返還義務は損害賠償の一種として肯定されている，というものであろう。とはいえ，この説明は，第一の不整合，すなわち，使用利益返還については損害賠償請求権者＝返還請求者の属性を問い，果実・利息

---

223) en ce sens, DESCHAYES, note sous Civ. 1re, 19 févr. 2014, *supra* note 222., p. 375.
224) PELLET, note sous Civ. 1re, 19 févr. 2014, *supra* note 222, p. 642. 2014年判決以前に，LAGARDE, *supra* note 17 はこの旨を既に指摘していた。

の返還については返還義務者の属性を問う，という不整合を克服し得ない。

このように一貫的な体系は依然として確立されていないが，付随的返還を放逐した点を強調すれば，原状回復が固有に規律するのは「給付された物それ自体の返還」である，と記述することは許されよう。第1節で見たように（前記 **267**），価額返還の規律はこの旨を前提としているものと解し得た。

しかし，この言明は，民法典の改正によって根底から覆されてしまった。原状回復は，給付された物の返還のもう一つのメカニズムである非債弁済返還に回収されている。

【補 論 3】

新1352条　金銭以外の物の返還は，現物で，または，それが不能であるときは，返還の日付において評価された価額で行われる。

新1352条の1　物を返還する者は，その価額を減少させた毀損および損傷について責めを負う。ただし，その者が善意であり，かつ，毀損および損傷がその者の過失によらない場合はその限りでない。

新1352条の2　① 物を善意で受領しこれを売却した者は，売買代金のみの返還を義務づけられる。
② 物を売却した者が悪意でこれを受領していた場合で，返還の日付における物の価額が売買代金額を超えるときは，この価額を返還しなければならない。

新1352条の3　① 返還は，物がもたらした果実および使用収益の価額［の返還］を含む。
② 使用収益の価額は，裁判官によって，返還が命じられる日付において評価される。
③ 反対の約定がある場合を除き，果実の返還は，それが現物で存在していないときは，債務の弁済の日付の物の状態について返還の日付において評価さ

れる価額に従って行われる。

新1352条の4　解放されていない未成年者，または，保護を受けている成年者が義務づけられる返還は，その者が無効とされた行為から得た利益に応じて減額される。

新1352条の5　返還額を確定するにあたっては，返還を義務づけられる者のために，物の保存のための必要費，および，物の価額の増大をもたらした費用が考慮される。後者の費用［の償還］は，返還の日付において評価される増価を限度とする。

新1352条の6　金銭の返還は，法定の率による利息，および，金銭を受領した者によって支払われた租税［相当額］を含む。

新1352条の7　［物または金銭を］悪意で受領した者は，弁済時からの利息，収取した果実，または，使用収益の価額［の返還］を義務づけられる。善意で受領した者は，訴えの日付からでなければそれら［の返還］を義務づけられない。

新1352条の8　役務給付の返還は，価額によって行われる。その価額は，給付がなされた日付において評価される。

新1352条の9　債務の弁済のために設定された担保は，当然に，返還債務に振り向けられる。ただし，保証人は，期限の利益を奪われない。

282　オルドナンスによる新条文は，契約の遡及的消滅（無効[225]・失効[226]）・解

---

[225] 新1178条　① 有効であるために必要とされる諸要件を満たさない契約は，無効である。無効は，裁判官によって言い渡されなければならない。ただし，当事者が，共同でなす合意によって無効を確認する場合はその限りでない。
　② 無効とされた契約は，決して存在しなかったものとみなされる。
　③ 履行された給付は，1352条乃至1352条の9に規定された諸条件に従った返還をもたらす。

除[227]）後の「原状回復」ないし「返還」と非債弁済（新1302条の3，前出【補論2】）の効果としての「返還」とをひとくくりにした「Les restitutions」の節を設け[228]，「債権債務関係総論（régime général des obligations）」の章にこれを置いた[229]。

新たな規定群は返還の目的物によって書き分けられている。冒頭の新1352条は，「金銭以外の物（chose autre qu'une somme d'argent）」の返還について，現物返還を原則とした上で，それが不能の場合の価額返還を規定する。以下新1352条の1から新1357条の5（および新1357条の7）が，返還の内容を具体化する。詳細については後述するが，これらは特定物の返還に対応している。そ

---

　④　契約の無効とは無関係に，損害を受けた当事者（la partie lésée）は，非契約責任［＝不法行為責任］の一般法に定める諸条件に従って，被った損害の賠償を請求することができる。
226)　新1187条　①　失効は，契約を終了させる。
　②　失効は，1352条乃至1352条の9に規定された諸条件に従った返還をもたらす。
227)　新1229条　①　解除は，契約を終了させる。
　②　解除は，場合により，解除条項が規定する諸条件に従って，あるいは，債権者によってなされた通知の債務者による受領の日付において，あるいは，裁判官が定めた日付において，あるいは，裁判官が日付を定めなかった場合は裁判への呼出しの日付において，効果を生ずる。
　③　交換された給付が，解除された契約の完全な履行によってでなければその有用性を見出し得ないときは，当事者は，互いが取得したもののすべてを返還しなければならない。交換された給付が，契約の相互の履行に応じて［既に］その有用性をもたらしたときは，反対給付なくされた最後の給付より以前の時期については，返還をもたらさない。後者の場合，解除は［遡及効のない］解約（résiliation）と性質づけられる。
　④　返還は，1352条乃至1352条の9に規定された諸条件に従って行われる。
228)　非債弁済との統合への批判として，SERINET, Observations sur le projet de réforme du droit des contrats et des obligations, Les Petites affiches, 2015, n° 176-177, p. 59 et s. spéc., p. 65. (1) 非債弁済返還の規定は為す債務の消滅後の返還にはまったく適していないこと，(2) 受領者の善意・悪意を考慮する点で原状回復とはそもそもの発想を異にすること，(3) 非債弁済返還は，それをもたらした「当初の［財の］流れ（flux initial）」と無関係に規律され，双務性を考慮に入れることができないこと，を指摘する。
229)　各草案について規定の位置を確認しよう。(1) カタラ草案および司法章草案（2008年7月版）は，無効の節ののちに「契約消滅後の原状回復」を置き，解除等ののちの原状回復についてもこれを参照させていた。(2) テレ・レジーム草案は，契約・民事責任ではない「他の債権債務関係発生原因」の下に原状回復を収める。もっとも，レジームの一部として規律しているわけではなく，非債弁済関連規定を無効・失効・解除後の原状回復にも適用する方針を採用していた。今次の改正は，内容において(2)の手法を採りつつ，規定の位置を検討し直したものである。したがって，非債弁済関連規定は，適用範囲・要件については準契約の章，効果については原状回復の章に分割されることとなった。オルドナンス案について，KLEIN, Julie, Observations et propositions de modifications. Les restitutions, JCP G 2015, 74, spéc., n° 2 は，原状回復の独自性については評価を控えつつ，無効にも準契約にも関連づけられないためにかえってその根拠（fondement）が不分明になったとする。また，実務上の問題として，（カタラ草案に見られた）訴訟手続きへの配慮がない点，原状回復に適用されるべき時効規範が明らかでない点に危惧を表明する。

ののち，新1352条の6が金銭の返還について，新1352条の8[230]が役務給付の返還について規定する。前者に関しては，付随的返還の細則のみが規定される（後述するように，新1357条の7は利息・果実・使用利益のすべてに関係する）。すなわち，金銭の返還義務者は，法定利息，および，返還請求者によって納付された租税相当額をも返還する。返還される金銭本体の評価に関する規定を欠く点は，名目主義を維持する趣旨に解されよう。役務給付の返還については，その性質上現物返還が観念されないことを前提に，価額返還がなされる。その評価については，役務給付の特性を反映して，返還時の再評価はなされず，給付がなされた時点で評価される[231]。

なお，債務の消滅の章に規定されていた制限能力者による返還を利得の限りに制限する旧1312条が，新1352条の4として採録されている。また，新1352条の9は，判例法を確認し，原債務についての担保が返還債務についても維持される旨を規定する[232]。

物それ自体の返還 **283** 「金銭以外の物」の返還の検討に戻ろう。今次の改正は，原状回復の独自性を標榜する判例法・学説を否定し，従来の非債弁済の規律をほぼそのまま保存した。したがって，弁済受領者＝返還義務者の善意・悪意が原状回復にも影響する。

第一に，返還目的物の減価補償の要否が善意・悪意に依存する[233]。新1352条の1は，返還義務者が過失の有無を問わず返還対象物の毀損（dégradation）・損傷（détérioration）について責任を負うことを本則とする。これに但書が付され，善意かつ無過失の返還債務者についてのみ責任を免ずることとされた。書き振りこそ異なるものの，旧1379条とほぼ同旨である。

---

230) オルドナンス案は，役務給付の返還に関して，まったく同内容の条文（1354条の4・1354条の7）を備えており，急拵えであることを自白していた。
231) Klein, *supra* note 229, n° 7, note 5.
232) 規定の内容は一般的であり，その適用は消費貸借の場面に限らないように思われる。例えば，代金支払債務について担保が約されていた場合を想定しよう。引渡が先履行されたのち買主の許で目的物が滅失，その後，売買が無効または解除されると，買主は価額返還義務を負うが，代金が支払われていないため担保も存続しているのであるから，価額返還義務が被担保債務となる可能性がある。なお，Serinet, *supra* note 228, p. 69 は，オルドナンス案1353条の8（表現は異なるが新1352条の9と同旨）に，消費貸借に対象を限って第2項（原債務が消滅しても保証人の期限の利益は失われない）を置く提案をしていた。よって，第1項の射程は消費貸借以外にも及ぶものと解されている。
233) なお本条の主語は「物を返還する者」であり，全部価額返還を射程に収めていない。

第二に，返還義務者によって目的物が転売された場面でも，この者の善意・悪意が帰結に差異をもたらす。新 1352 条の 2 は，第 1 項に旧 1380 条を採録して善意の返還義務者に代金のみの返還を義務づける。その一方で，新たに悪意の返還義務者による売却について第 2 項を備えた。「返還の日付における物の価額」が返還されるとする。この点は，従来は解釈で補われていた（前記 **243**)[234]。ここで注目すべきは，悪意の転売者の返還について，返還時の「物の価額が売買代金額を超えるとき」に限って，前者が返還されるとされている点である。逆に，代金額が物の価額を超える場合＝高く売った場合は，代金額の返還が指示されることになろう。こうすることで，いずれの場合も悪意者が転売から得た利得を吐き出させることができることになる。新条文が不当利得において悪意者の返還範囲を拡大（前記 **229**）していたことに対応するものと解される。これらは悪意の返還義務者へのサンクションとして整理することができる。しかし翻って，善意の受領者には適用場面を限定せずに常に代金額を返還させることとの間で，不均衡が生ずるのではないか。善意者に代金額の返還の・みが義務づけられることは，代金額が物の価額よりも低い場合＝安く売った場合，あるいは，代金額がゼロの場合＝贈与がされた場合に，この者の責任を軽減する趣旨と理解し得る。しかし，代金額が物の価額よりも高い場合＝高く売った場合にも代金額の返還を求めるのであれば，悪意者に対するサンクションと理解される規律が，善意者にも及ぼされてしまう。よって，善意転売者の代金額返還は「物の価額が代金額を下回るとき」に限られてもよいであろう。こうすれば，返還請求者の損失である「物の価額」と返還義務者の利得である「代金額」とでいずれか額の小さい方が返還されることになり，不当利得法において善意者への特典として整理された「二重の上限」の規律と平仄が合うことになる[235]。

---

[234] なお，転得者に対する現物返還請求の可否については触れられないが，これまでと同様に，第三者に対する revendication の行使を否定する趣旨ではないであろう。

[235] なお，カタラ草案は，旧 1380 条に物的代位のメカニズムを見て取り，返還義務者の善意・悪意を問わずにこれを一般化していた（本篇第 1 章注 74)）。その起草者である Serinet は，オルドナンス案（当時 1353 条の 6，変更なし）における善意・悪意の区別を批判する（SERINET, *supra* note 228, p. 68)。「[1380 条に依拠することで達成された] 簡素化は，今度は，裁判官による善意・悪意の評価の必要性 [を導入してしまったこと] によって裏切られる。」この言明と新条文と対比すると，争点は二つに分節されることがわかる。第一に，転売による現物返還不能の場面を，物的代位

284 以上とは別に，価額返還に関するルールが一新されている。冒頭条文である新1352条は，現物返還不能の場合に返還される価額について「返還の日付において」評価される[236]と規定する。二つの観点から検討されるべきである。

第一に，全額価額返還に関する従来の判例の準則は「契約締結時点での物の実際の価額」の返還であったことを確認しよう（前記**264**）。この判例法が否定されたことになる。また，価値債務論が採用されたのではないとすれば[237]，既に指摘したように，「返還の日付において」評価される価額には，契約時点以降に生じた目的物の減価・増価が反映されることになる。よって，物に生じた減価の一切を返還請求者が負担し，逆に，増価の一切をこの者が享受する。この規律は，原状回復における特定物の返還請求者を「所有権者であり続けた」ものとみなすものであり，返還義務者が給付から返還までの間に「所有権者として行動していた」ことをなんら考慮しないことを意味する。このように解すると，非債弁済による所有権移転を否定し，弁済者が所有権者であったと考える民法典以後のフランス法の前提との整合性が確保されるように見える。

しかし，第二に，物に減価が生じ一部価額返還が組織される場面との均衡が問われなければならない。繰り返しになるが，新1352条の1は，返還義務者の減価負担を原則としつつ，善意・無過失の返還義務者についてのみ減価の負担を免ずる。そもそも，全部価額返還では，現物返還不能が過失によるのか偶

によって説明するか，不当利得によって説明するかが問われる。しかし第二に，物的代位についてカタラ草案がそうしたように，また，不当利得について従来の判例法上の二重の上限がそうであったように，いずれの説明に依拠したとしても，返還義務者の善意・悪意は顧慮されないと考えることもできた。新条文は善意・悪意の区別を維持し，また，不当利得についてこの区別を返還範囲の広狭に直結させたのであるから，本文で展開したような調整が必要となるはずである。逆に，「原状回復は不当利得を根拠としない」との前提を堅持するのであれば，原状回復に関して善意・悪意の区別を前面に押し出したことの意義，換言すればこれを非債弁済返還規定に準拠させたことの意義が熟考されてしかるべきであろう。結局のところ，原状回復・不当利得のいずれにも範型を提供し得る非債弁済返還の理解のあり方が問われている。

236) オルドナンス案1353条は価額返還の評価基準時について規定していなかった。新1352条は，この点を批判するKlein, *supra* note 229, p. 77の修正案とまったく同一である（なお，新条文は，同論文の修正案を多くの点で採用している）。

237) Klein, *supra* note 229と同じく基準時の提示がないことを批判する，Blanc, Natahlie, Les restitutions. Réponse à la conculsion, *Gaz. Pal.* 2015, nº 154-155, p. 14 et s., spéc., nº 8は，評価対象をも明記する修正案を提示していた。「［…］価額は，債務の弁済の日付の物の状態に従って，返還の日付において評価される。」カタラ草案も採用していた価値債務論が反映されている。

発的事象によるのかが問われないことに疑義を呈することができるが（前記**267**），偶発的事象の場面を前提としたとしても，全部価額返還の評価方法が所有者危険負担の論理に基礎づけられ，一部価額返還の場面でも同様の論理によるべきであるとすれば，返還義務者に帰責性のない減価については，補償の否定が原則とされるべきであろう。その上で，返還義務者に過失ないし帰責性がある場合にのみ減価補償が認められると解した方が一貫する。新1352条の1の規律は，善意者については，結論において同様の状況をもたらすとしても，原則と例外との関係は逆であるようにも思われる。他方，新1352条の1によれば悪意者は常に減価補償を義務づけられるが，この者が返還時点まで所有権者として行動していたと評価するのであれば，権原の瑕疵を認識していたこの者を所有権者とみなすことになり，明らかに矛盾する。よって，偶発的事象による減価の補償は悪意者へのサンクションと解するよりほかない。なお，あらためて注記すれば，この理解は旧1379条に妥当するものであった（前記**242**）。

付随的返還　　**285**　「金銭以外の物」にかかる付随的返還は，以下のように規律される。第一に，物から得られる果実および使用利益が返還の対象となることが確認された（新1352条の3第1項）。第二に，果実の返還は，その現物での返還を原則としつつ，それをなし得ないときは，返還時に評価される価額の返還に転ずる（同3項）。価額評価は「債務の弁済の日付の物の状態」を基準とするものとされており（同項），弁済（＝契約消滅の場合は履行）時以降の市況の変動は考慮されない。過去の対象につき現在の時点で評価がなされる点で，価値債務の観念を指摘することができる[238]。なお，この第3項は，任意規定であり，別段の定めを置くことが認められている。第三に，使用利益の返還について，その価額は返還時に評価される（1352条の3第2項）。第四に，新1352条の7は，返還の範囲に関して，果実・利息・使用利益を区別することなく，従来の非債弁済返還に準じた規律を用意する（利息返還に関する旧1378条を参照）。すなわち，受領者＝返還義務者が悪意であれば，弁済時＝履行時以降に生じたもの[239]が返還され，善意であれば，訴えの時点以降の分に限定さ

---

238) SERINET, *supra* note 228, p. 68 は，オルドナンス案について，主たる給付の返還には価値債務論を反映せず，果実・使用利益にのみこれを反映することを難ずる。Serinet が起草したカタラ草案では，前者についても価値債務論を肯定していた。前掲注129）参照。
239) 果実については「悪意受領者が収取した果実（les fruits qu'il a perçu）」とされており，未収取

れる。物権法を参照しても，果実収取権を有する善意占有者であっても，訴えの時点からは権原の瑕疵を認識しているとの判断を介することによって，同様の規律が導かれ得る。第五に，費用償還について，新1352条の5は，返還額の確定にあたって，返還義務者が支出した「物の保存のための必要費」と「物の価額を増大させた費用」を考慮するものとする。旧1381条と比較すれば，「保存のための必要費および有益費」という同条の定式の不首尾を是正して，二つの費用項目を書き分けたものと解される。その上で，有益費の返還範囲について，返還時に評価される増価を上限とするものとされた。原因なき利得に関する二重の上限のルールが採用されている[240]。

286 以上の規律について，何を差し置いても指摘されるべきは，使用利益返還を肯定すること自体が，2004年混合部判決（前記**278**）以降の判例法理に反する，という点である。すなわち，「遡及効は物それ自体の返還のみを義務づける」という判例法の理解が覆された。よって，遡及効は，「当事者が契約がなかったならば置かれていたであろう状態への復帰」，として理解されていることになる。この点は，果実と使用収益とを区別する判例法の不整合を是正するものとしてさしあたりは正当化されよう。不動産を例に取れば，買主にとって，他人に賃貸して法定果実として使用収益を回収するか，自らが利用するかは問われないことを意味する[241]。しかし，動産の場合，自己使用による減価は使用利益と同等のものと評価することができた。ここで，一部価額返還の規律を想起すると，悪意者は，減価を補償した上で，使用利益をも返還しなければならなくなる。ただし，減価補償については，「毀損および損傷」と明示されており，使用による「損耗」はこれとは区別される可能性もある。という

の果実を含まない。受領者の所為にせよ，他の事由によるにせよ，果実が収取され得なくなった場合も返還が否定されることになろう。
240) もっとも，支出額（＝損失額）も上限となる旨は明記されていない。とはいえ，返還の対象が「物の価額の増大をもたらした費用」と明記されており，費用を超える増価がもたらされたとしても，増価の返還は指示されないであろう。
241) BLANC, *supra* note 237, n° 8. ただし，賃貸もせず自己利用もせず放置した場合については，条文上は必ずしも明らかではない。果実返還は未収取分を含まないこととの均衡を考慮すれば，返還が否定されるようにも思われるが，金銭については法定利息に依拠している点で，主観的事情を問わずに客観的に使用利益が算定されると考えることもできる。いずれにせよ，価額評価は，裁判官による評価（新1352条の3第2項）に全面的に委ねられることになる。

よりも，この点を区別しなければ，悪意者に二重の返還を強いることになってしまう。逆に，善意者は，過失が認定されない限り減価補償を負わず，また，使用利益の返還は訴えの時点以降でなければ義務づけられない。善意者に関する規律と悪意者に関するそれとのいずれを原則とするかにも依存するが，果実・利息・使用利益を区別することなく物権法の果実返還規定と同様の規律を設けている点で，新条文は遡及効の射程を広く捉え，返還請求者を所有権者であり続けたものとみなしていることはたしかであろう。

　そうした理解は，費用償還に関する新1352条の5とも軌を一にする。同条は，物権法上の費用償還法理と同様に，償還義務者，償還請求者のいずれについてもその善意・悪意を問わない。ここで問われるべきは，償還請求者＝費用支出者の主観的態様を問ういくつかの判決（前記**269**・**270**）との整合性である。もっとも，それらの判決は，原状回復は非債弁済返還規定に服さないことを前提に旧1381条を適用せず，したがって不文の原因なき利得法理（あるいは原因なき利得法理による修正を受けた同じく不文の費用償還法理）を適用する結果，損失者＝費用支出者の過失ないし個人的利益を要件としていた。改正の結果，明文の規律が備えられたのであるから，今後はこれらの要件は課されないものと推測される。

287　以上のように整理される新条文は，原状回復を消滅した契約の客観的清算とは考えていない。また，付随的返還を原状回復の内部に再び取り込んでいる。いずれの選択も当事者の善意・悪意を問うことを意味するが，これは，従来の非債弁済返還の効果規定に若干の手直しを加えただけにとどめたことの論理的帰結である。アナクロニスムを承知で敷衍すれば，契約消滅後の返還関係を非債弁済のそれと同視する20世紀前半の通説的見解（前記**191**）が，また，これに依拠した我妻博士の観察（前記**2**）が，長く険しいまわり道を経てついに実定法たる地位を獲得したものと評することもできる。

結　び

288　徒に長大なこれまでの論述は，たしかに系譜上の錯綜を一定程度解消し得たとしても，返還請求の諸法理を統合する何かを導くものではなかった。われわれはそもそも個別的にしか論じ得ないものを一度に論ずるという過ちを犯したのかもしれない。以下では，諸制度が用意する解決を返還の類型として記述することによって，展望を開くよう試みる。

289　広義の観念としての「原因なき利得」を想定するドゥモーグ（Demogue, René [1872-1938]）は，多様な制度を概観した上で，次のような評価を与えている。

「この問題は立法者によってまとめて検討されることがなかった。その帰結として生ずるのは，条文または判例が確立した諸々の解決における，統一性の欠如（un manque d'unité）である」[1]。

返還の範囲が区々であり（損失それ自体の返還か現存利得の返還か），善意・悪意の向きも様々であり（1378条と555条），一般的には対人訴権でありながら時に対物訴権とされることもある。「しかしながら，解決における大いなる複雑さは，一定の例外によって制限されることはあっても，ある種の一般的な観点に帰着するものである」[2]。彼が採用した観点は，「利得者の資産に帰属したものは何か」，というものであった。返還の原基として，物（chose），金銭（somme d'argent），増価（plusv-alue）を識別し，それぞれの返還態様について，action *de in rem verso* との差異を記述している[3]。

第一に，「物」が利得者の資産に帰属した場合の返還として，動産または不

---

1) Demogue, René, *Traité des obligations en général*, I. *Sources des obligations*, t. 3, Arthur Rousseau, 1923, n° 80, p. 125.
2) *ibid.*, n° 80, p. 126.
3) *ibid.*, n° 81, p. 126 et s.

結 び

動産の（現物での）回復（remise），を挙げる[4]。ここでの返還態様の特殊性は，物が第三者の許に現物で存在するときに許容される返還訴権の「特殊な力（force particulière）」に見出される。物を移転する権原が存在しないとき，あるいは，無効または解除の帰結として権原が欠けているとき，返還訴権は，第三者から物を取戻すことを許容する。「revendication は，action *de in rem verso* の特別な姿として立ち現れる」[5]。第三者が保護されるには，（民法典の条文上は）取得時効によるほかない。

第二に，金銭が対象となる場合，すなわち，金銭の受領，金銭債務からの解放が利得である場合には，現存している金銭ではなく，同額の金銭が利得の尺度とされる。例えば，非債弁済の返還は，原則として，支払われた全額の返還を指示する。制限能力者が受領者である場合（1312条）を例外とするものの，金銭については現存利得への制限が認められない[6]。

第三の類型は，「容易に返還され得る物や金銭」ではなく，「資産（の状況）の改善（amélioration du patrimoine）」が利得となる場合である。従物取得による増価，他人物への費用投下など，多様な形態を採る。この場合に返還されるべきは，支出された費用など，損失それ自体ではない。利得と損失という請求され得る二つの対象のうち，より少ない方が返還される。また，利得は現時点で存在していなければならない。これが「狭義において，原因なき利得と称される場合である」[7]。以上の諸類型は，あらためて次のように整理される。

「現物を取戻すことができる場合には，所有権の理論（théorie de la propriété）が適用される。出捐された金銭のみを考慮して，あらゆる［他の］探究（recherche）を回避することができる場合にも同様である。やむを得ない

---

[4] ほかに，従物取得の場面において，必要費・有益費から区別される奢侈費が化体した物を，主物から損害なしに分離し得る場合を挙げる。

[5] *ibid.*, n° 81, p. 127, note 2, cite Planiol, II, n° 939. 第3版には次のような記述がある。V. PLANIOL, *Traité élémentaire de droit civil conforme au programme officiel des facultés de droit*, 3ᵉ éd., F. Pichon, 1904, t, 2 n° 938 bis, p. 316-317. 物権はすべての者に対抗し得るが，これを原基とする action en revendication は，物の現在の所持者（détenteur actuel）のみを相手方とする。この者は他人の物を返還するという「債務」を負っている。ここから，「action en revendication は，物の所有者に課される準契約上の債務をサンクションするものとして立ち現れる」とする。

[6] DEMOGUE, *supra* note 1, n° 81, p. 129.

[7] *ibid.*, n° 81, p. 132.

場合にのみ，真の原因なき利得の理論が適用される。すなわち，損失より多くを請求させない，現在の利得の返還が組織される。以上が実務のシステムであり，深遠さを欠くとはいえ，便宜に適っている。」[8]

以上の類型化は，われわれの叙述にも符号するであろう。現物にせよ金銭にせよ，他人の資産へと移転した物それ自体が追及される場合と，狭義の原因なき利得と称される場合との間には，決定的な差異が見出される。revendication，また，コンディクチオは，原則として，物それ自体の返還を目的とする。これに対して，action *de in rem verso* は，二重の上限の適用を受け，損失を補償するにとどまる。

290 ドゥシー（Douchy, Mélina）のテーゼ[9]は準契約（quasi-contrat）に共通する基礎として，原因なく価値（valeur）が移転した場合の「かつての状態への復帰（retour au *statu quo ante*）」，すなわち，資産間の均衡の回復（rééquilibrage）を措定する。その上で，準契約の類型ごとに，「均衡の回復の尺度（mesure）」が異なる，と理解する。

　action *de in rem verso* は，二重の上限を通じて均衡を回復する。損失が10で利得が8であれば，8が返還され，8であったものが12に増えたとしても10のみが返還される。衡平に基礎付けられる action *de in rem verso* においては，「損失者に補償を与えることが求められるのであり，この場合，利得者に利得以上のものを返還させる債務を課して，この者を貧しくすることは妥当ではない」[10]。非債弁済の返還においては，損失と利得とは同一であり，10が弁済された場合には10が返還される。ただし，受領者の善意・悪意が解決を分ける点に特殊性が見出される[11]。事務管理は，二つの制度の例外として位置づけられる。1375条が本人に課す義務は，「事務管理者の損失」を均衡回復の尺

---

[8] *ibid.*, n° 82, p. 133. こののち Demogue は，「より省察を経ているとはいえ，適用が困難な他のシステム」として，原因なき利得に関する当時までの主要学説を逐一検討する。

[9] Douchy, Mélina, *La notion de quasi-contrat en droit positif français*, thèse Aix-Marseille, préf. de A. Sériaux, Economica, 1997.

[10] *ibid.*, n° 20, p. 44.

[11] *ibid.*, n° 20, p. 45.

結　び

度とする。10の費用を負担した事務管理者は，要件が満たされる限りにおいて，常に10の返還を得ることができる。本人の許での利得の多寡は考慮されない。

　以上の確認ののちに，準契約が実現する均衡回復について，原状回復（restitution）と損失補償（indemnisation）の二分法が展開される。原状回復は，「元の資産への財の再編入（réintégration）」である。1379条が示すように，現物返還が原則となり，現物の価額の増減があれば，元の物の価額に即して，減価補償や費用償還が行われる。「この解決は，原状回復法（droit des restitutions）の静的な性格（caractère statique）によって正当化される」[12]。これに対して，損失補償は，「資産上の損失をもたらす行為の帰結を，可能な限り治癒する」ことを目的とする。「損失こそが，『かつての状態への復帰』のための操作の枢要部分（nerf）となる」。利得が尺度とされるとしても，損失を評価するためにそうされるにすぎない。利得と損失とは必ずしも等価ではない。ここでは，原状回復とは異なり，失われた価値（valeur perdue）が返還されるとは限らない[13]。

　本書もまた，ドゥモーグと同様の示唆をわれわれに与える。第一に，物それ自体の取戻を目的とするrevendicationとコンディクチオとが，契約消滅後の原状回復の局面において交錯して現れる。第二に，事務管理とaction de in rem versoは類似の制度として把握され，いずれも，損失の補償を目的とする。後者がrevendication（ツァハリエ）やコンディクチオ（オーブリー＆ロー）と類縁関係の下に捉えられることがあっても，それらとは効果において分岐する。

＊　＊　＊

291　いかに自明ではあれ，給付された物それ自体の返還と損失の補償との対抗を強調することによって，われわれは，フランスにおける返還法の二つの構成原理たる「原状回復」と「不当利得」に辿り着くことができたのかもしれない。しかし，本書が試みた個別の訴権に密着した思考は，限界を露呈する。方法論の更新を企図しつつ，取り残された課題を提出して，結びに代える。

---

12)　*ibid.*, n° 20, p. 46.
13)　*ibid.*, n° 23, p. 51.

第一に指摘されるべきは，制度の縦割り的な思考から脱却し，事案に即した横断的な検討をなす必要性である。われわれが扱わなかった分野として，家族財産法上の返還を挙げることができる。action *de in rem verso* に即して若干の検討は試みたが，婚姻を経ないパートナー関係におけるこの訴権の活用は，婚姻パートナー間の法定財産制である共通制（communauté）を代替するものとして要請されたものであった。夫婦財産制の規律のなかでも共通財産と固有財産との間でなされる利得返還＝償還（récompenses）は不当利得の観念の重要な適用事例であり，詳細な検討が加えられるべきであった。また本書は，相続法上の返還関係および共有者間の費用償還をまったく扱っていない。

　第二に，原因概念について，さらなる考察が必要である。われわれは，コンディクチオの所在の探究に性急にすぎ，原因概念の多様な意義に対して十分な分析を施し得ていない。とりわけ，不法原因給付の法理を考察の外に置いてきたことは非難されてしかるべきであろう。また，贈与の撤回等に見られる規律についても参照する必要があった。それがかつてのコンディクチオの主要な適用領域であったことを考えれば，これもまた不当な範囲の限定であった。

　これらの論点はわれわれの考察を問い直すはずである。「諸法理」を提示したにすぎない本書は，増補と更新を義務づけられている。

事項・人名索引

※ 索引中の数字は，行頭の段落番号を表す
※ 頻出する項目については，初出の，または重要な段落を掲げた．

【あ 行】

action *de in rem verso* ……………………6
　　——のコンディクチオ化……………179
アラザ判決………………………………164
アルグー…………………………………30, 53
意思主義…………………………………67, 80
一部価額返還……………………………266
一般抵当権………………………………62
因果関係…………………………………167
オーブリー＆ロー………………79, 92, 136

【か 行】

外観法理…………………………………259
解除………………………………………62
買戻訴権…………………………………57
下級所有権（準所有権）………………60
瑕疵担保責任……………………………256, 279
過剰損害…………………………………49, 85
価値債務…………………………………224, 265
間接利得…………………………………170, 201
管理行為…………………………………259
危険負担…………………………………242
客観的非債弁済…………………………234
キュジャス………………………………42
共通担保…………………………………154
強迫訴権…………………………………57
組合・会社………………………………128, 150
契約の相対効……………………………147
契約の対抗………………………………176, 185
血族取戻権………………………………57, 59
原因………………………………………5
原因なき利得……………………………114, 289
原因無記載の債務証書…………………11
原状回復…………………………………5, 51
（契約消滅後の）原状回復……………249
原状回復（取消）訴権…………………83
現存利得…………………………………122, 131, 226
現物返還…………………………………255
顕名………………………………………128
公示………………………………………260

衡平………………………………………6, 216
コキーユ…………………………………52
個人的利益………………………………204, 206, 270
誤想の権原………………………………40
（無効の）古典理論……………………81
ゴドゥメ…………………………………105
コルメ＝ド＝サンテール………………76
混合訴権…………………………………5, 56, 72, 105, 107
コンディクチオ…………………………4, 12
　解放のための——……………………13
　原因欠缺故の——……………………6, 34, 41
　原因故に与えられたが原因が続かないことによる——………………………26
　非債弁済の——………………………5, 36
　法律による——………………………59, 64, 125
混和………………………………………38

【さ 行】

債権者平等………………………………157, 173
サヴィニー………………………………4, 12
先取特権…………………………………62, 153, 162
錯誤………………………………………234
資産………………………………………119, 134, 136
資産上の所有権…………………………134
事実上創設された組合…………………198
事実上の障害……………………………201
自然法律…………………………………64
実体法と証拠法の未分化………………11
事務管理…………………………………6
事務管理意思……………………………121
事務管理反対訴権………………………122, 138, 141
奢侈費……………………………………208
ジャピオ…………………………………81, 99
充当………………………………………60, 61
主観的非債弁済…………………………234, 238
準契約……………………………………6, 122, 290
準対物訴権………………………………44, 58
準転用物訴権……………………………118
上級所有権（本来的所有権）…………60
小尚書局…………………………………50
尚書局……………………………………49

569

事項・人名索引

譲渡···44
消費貸借···12
使用利益···276, 277
所有権に基づく価額返還訴権····························244
所有権に基づく返還訴権··································4
所有者危険負担···································242, 267
ジラール··180
真の債務者への求償·····································238
（無効の）新理論···································81, 99
正原因··13
絶対無効··81, 87
全部価額返還··264
全部返還··253
占有の不当利得··2
占用補償··277
先履行··24, 29
相対無効··81, 87
遡及効··106, 267
損失者の過失·······························211, 212, 269
損失者の個人的利益···································210
損失の原因··203
損耗··276

【た 行】

対応物··188
対人訴権··138
対物訴権··135
対物的対人訴権···56
ダゲソー··33
単純合意··14
単純約束··16
ダンチ···21, 25
地域的法律··59
直接訴権··190
ツァハリエ··133
追奪担保訴権···258
適合性の欠如···279
撤回［解除］可能な所有権····························112
デュラントン······································71, 90
転用物訴権·······································6, 115
等価性··187
ドゥシー··290
同時提起による混合訴権化·····························56
当然無効··47, 64
ドゥモーグ··289
ドゥモロンブ······························73, 95, 110, 143
トゥリエ·······································70, 88, 130

特定承継··79
特有財産···117, 124
ドマ···6, 23, 24
取消··44, 64
取消状··5, 22, 48
取消訴権··44, 56
取消判決··50
取引行為··12, 120
取戻権··59
取戻訴権··56
取戻判決··50

【な 行】

何人も他人の犠牲［出費］において利得することはできない···6
二重の上限···218

【は 行】

裸の（無方式）合意····································14
早まった消費貸借······································42
反覆権··81, 100
引渡···5
引渡主義··80
非債弁済··68, 191, 287
非債弁済返還訴権·································93, 233
必要費··208
ビュフノワール··································101, 104
費用償還·······································207, 246, 269
ブーディエ判決······································160
夫婦財産制···198
フェリエール······································16, 31
附合··207
不真正事務管理·································141, 166
付随的返還·····································268, 285
不存在··81, 84, 92, 96
ブタリク··53
プチトン··166
不当利得説···169
不当利得の観念······································114
プラニオル·····································112, 181
フルーリー······································29, 51
ブレヴォ＝ド＝ラ＝ジャネス·····················19, 38
分割所有権··60
弁済者の過失···237
弁済による代位······································238
弁済の原因·····································201, 235
放棄··15, 49

事項・人名索引

封地取戻権	59
法的関係説	168, 175
法的障害	197
法の緻密さ	121
法務官	5, 51, 88
ボーマノワール	15
補充性	151, 177, 195
保存行為	259
ポチエ	5, 34, 40, 53
ボドリー＝ラカンチヌリ	77
ボワソー	20

【ま 行】

マルカデ	74
無因主義	4, 41, 80
無効化可能	81, 94, 96
無効訴権	100, 250, 255
無効の主張はなんら実現されない	48
無効または取消権	81, 84
無名契約	14
名目主義	219
命令権	51
メルラン	128
物に書かれた対人訴権	57, 109
問答契約	13, 15

【や 行】

有因主義	4, 41, 80, 113
有因的引渡主義	80
有益費	208

【ら 行】

ラベ	161, 165
ラロンビエール	72, 142
利得の吐き出し	229
リペール	182, 184
ロラン	75, 96, 108, 111, 144
ロワゼル	48

《著者紹介》

齋藤　哲志（さいとう　てつし）
　1979 年　山形県に生まれる
　2003 年　東京大学法学部卒業
　2005 年　東京大学大学院法学政治学研究科修士課程修了，
　　　　　　同助手
　2007 年　同助教（職名変更）
　2008 年　北海道大学大学院法学研究科准教授
　2013 年　東京大学社会科学研究所准教授，
　　　　　　現在に至る

《主要論文》

「フランスにおける契約の解除（1）（2・完）──解除訴訟における判事の役割を中心として」法学協会雑誌 123 巻 7 号・8 号（2006）
「用益権の法的性質──終身性と分肢権性」日仏法学 28 号（2015）

フランス法における返還請求の諸法理
　──原状回復と不当利得
French law on restitution and unjust enrichment

2016 年 8 月 31 日　初版第 1 刷発行

著　者　齋　藤　哲　志

発行者　江　草　貞　治

〔101-0051〕東京都千代田区神田神保町 2-17

発行所　株式会社　有　斐　閣

電話（03）3264-1314〔編集〕
　　（03）3265-6811〔営業〕
http://www.yuhikaku.co.jp/

印刷・株式会社三陽社／製本・大口製本印刷株式会社
© 2016，齋藤哲志．Printed in Japan
落丁・乱丁本はお取替えいたします．
★定価はカバーに表示してあります．
ISBN 978-4-641-04818-8

JCOPY　本書の無断複写（コピー）は，著作権法上での例外を除き，禁じられています．複写される場合は，そのつど事前に，（社）出版者著作権管理機構（電話03-3513-6969，FAX03-3513-6979，e-mail: info@jcopy.or.jp）の許諾を得てください．

本書のコピー, スキャン, デジタル化等の無断複製は著作権法上での例外を除き禁じられています。本書を代行業者等の第三者に依頼してスキャンやデジタル化することは, たとえ個人や家庭内での利用でも著作権法違反です。